Capital
WEINCOMPASS

Mario Scheuermann

Capital WEINCOMPASS

Die Spitzenweine der Welt und ihr Marktwert

FALKEN

Inhalt

Globalisierung und Atomisierung

Zwei gegenläufige, aber nicht widersprüchliche Entwicklungen kennzeichnen die Weinszene zum Beginn des neuen Jahrhunderts. Zum einen erleben wir eine immer schneller fortschreitende Globalisierung der Weinwelt, zum andern aber auch eine Atomisierung einzelner Weinbergsflächen zu immer kleineren Mikrocuvées. Das Tableau der zu beobachtenden Weine wird immer unübersichtlicher, der Kurszettel an der Weinbörse immer länger. Entsprechend schwierig gestaltet sich für den Weinfreund, den Sammler oder Investor die Orientierung. Der Weincompass ist als Leitfaden gedacht für diese Weinwelt, die aus den alten Fugen gerät.

Auf der einen Seite begrüßen wir die totale Verfügbarkeit jedes Weines, auch wenn er aus so entlegenen Winkel der Erde kommt wie den Weiten Patagoniens oder den Hochtälern Boliviens. Dank des Internets sind selbst solche Exoten theoretisch rund um die Uhr für jedermann erhältlich. Zum anderen werden viele Crus angesichts ihrer winzigen Produktionsmenge und der gleichzeitig weltweiten Nachfrage zu sündhaft teuren Phantomweinen, die realiter nur noch einer privilegierten Kundschaft zugänglich sind. Für den meist gar nicht so hohen Releasepreis sind sie nur über Mailinglisten zu haben. Am Markt erreichen sie dann aber schnell Flaschenpreise, die sie selbst für sehr gut verdienende Menschen unerschwinglich machen. Solange die New Economy, das e-business allein im Silicon Valley aber nach wie vor pro Tag 64 Menschen zu Millionären macht, wird sich daran auch nichts ändern.

Von Importeuren hört man immer häufiger wahre Revolvergeschichten aus einer Weinbranche, die an Klondyke erinnert. Dass man auf einem Weingut als Händler oder Journalist seinen Besuch rechtzeitig anmeldet, ist eine Selbstverständlichkeit und dafür, dass prominente Winzer wie z. B. Bernard Dugat-Py nur einen Besuch pro Jahr akzeptieren, haben wir alle volles Verständnis. Aber die jüngste Entwicklung gibt zu denken. Einige der prominenten Minibetriebe in Kalifornien – aber auch anderswo – empfangen grundsätzlich keine Besuche mehr. Der Importeur muss die schriftlich übermittelte Zuteilung wie ein Urteil akzeptieren oder er ist aus dem Spiel. Vertragsbrüche waren in den Jahren 1999 und 2000 an der Tagesordnung. Kontingente, die eigentlich für die Verschiffung nach Europa bereitstanden, wurden, nachdem der Wein 100 Punkte bekommen hatte, einfach umgeladen und für ein Vielfaches des Preises nach den USA verkauft, ohne den europäischen Geschäftspartner auch nur davon in Kenntnis zu setzen. Am schlimmsten treiben dies im Augenblick einige Australier bzw. Kalifornier, die einen Vertrag z. B. über die Lieferung von 240 Flaschen abschließen, drei Wochen später die Menge um die Hälfte kürzen und dazu den Preis verdoppeln. Wer das nicht akzeptiert, bekommt gar nichts.

Mit solchen Revolvermethoden zeigt sich die Marktwirtschaft von ihrer hässlichsten Seite. Ich kenne keine Branche, in der sie so hemmungslos wütet wie in der Weinwelt.

Welchen Sinn macht es eigentlich, über solche Mikrocuvées zu schreiben? Eigentlich, da bin ich mir mit einer ganzen Reihe Kollegen einig, sollte man diese Weine allesamt totschweigen. Andererseits sind sie für den amerikanischen Weinguru Robert Parker der willkommene Ausweg aus der 100-Punkte-Falle, in die er sich selbst hineinmanövriert hat. Nur wenn er ständig neue 99- oder 100-Punkte-Weine vorstellt, bleibt ihm das Interesse an seinen Weinbriefen erhalten. Im Gegensatz zum *Wine Spectator* oder dem *Beverage Testing Institute* in Chicago, die sehr vorsichtig sind bei der Vergabe von Höchstnoten, hat er die Zahl seiner 100-Punkte-Weine in den letzten Jahren deutlich inflationiert. Und jede kontroverse Diskussion über sein Urteil bringt ihm neue Abonnenten. Ergebnis: Über Weine mit weniger als 95 Punkten spricht schon kaum einer mehr. Und das ist eigentlich sehr schade. Wäre es also nicht besser, z. B. alle Crus, die weniger als zwei Hektar umfassen und/oder weniger als 10 000 Flaschen produzieren, zu negieren? Diese Frage wurde im Kollegenkreis des öfteren schon ernsthaft diskutiert. Leider wäre dies keine praktikable Lösung; denn dann blieben z. B. die meisten Trockenbeerenauslesen auf der Strecke und viele der allerfeinsten Burgunder. So finden Sie in diesem Buch ganz selbstverständlich nebeneinander Weine, von denen es gerade mal die Menge eines Barriques gibt, und solche, von denen der Erzeuger jährlich 300 000 oder 400 000 Flaschen füllen kann. Entsprechend weit klaffen die Preise auseinander. Gemeinsam ist diesen Weinen ihre sehr hohe Qualität und ihr Potenzial für die Lagerfähigkeit, was vergleichbar hohe Bewertungen rechtfertigt.

Anders sieht es aus bei den unzähligen Prestigeabfüllungen, die Monat für Monat von inkompetenter Seite zu Kultweinen hochgejubelt werden. Weltweit hat nämlich die Publikums- und Boulevardpresse ihr Interesse am Thema Wein entdeckt. Auch die PR-Abteilungen der Tourismusbranche wissen längst, dass sich ihre Region oder ihr Land über das Thema Wein vortrefflich verkaufen lässt. Was dann in bunten Bildern und blumigen Worten den unbedarften Lesern vorgestellt wird, ist meist nur teuer, aber das Geld nicht wert. Es sind, genau genommen, reine Lifestyle-Produkte, die sich dank ihres Designs, eines cleveren Verbundmarketings und einer netten »story behind« gut verkaufen. Das Interesse ist ihnen aber nur genau so lange sicher, bis der nächste dieser Glitzi-Bizzi-Weine auftaucht. Man sollte solche Produkte ehrlicherweise gleich über Modeboutiquen und Designshops verkaufen. In diesem Buch haben sie keinen Platz.

★

Waren das noch Zeiten, als die Kenntnis um die Grand und Premier Crus aus Bordeaux und Burgund, die besten Riesling-Fuder von Rhein und Mosel und dazu allenfalls noch die Nobelmarken von Port und Champagner ausreichten, um als veritabler Weinkenner eine gute Figur zu machen. Erinnern wir uns. Es ist noch gar nicht solange her. »Schablis« war in aller Munde. Chianti trank man noch aus dem Bastfiask. Das Piemont war für die meisten noch ein Buch mit sieben Siegeln und Überseeweine kannte man nur vom Hörensagen.

Wie anders heute. Die Regale des Handels sind gefüllt mit einer viele Verbraucher verwirrenden Vielfalt an Kreszensen aus allen Weinbauregionen der Erde: wohlklingende Namen mit immer bunteren Etiketten, Marken- und Marketingweine in auffallenden Flaschen, sündhaft teure Kultgetränke, scheinbar preiswerte Supermarkt-Schnäppchen, biedere Hausmannstropfen und immer mehr regionale Spezialitäten. Deutschland ist zum wichtigsten Weinimportland der Welt aufgestiegen. Ein Viertel des weltweiten Exportvolu-

mens, nämlich 12,2 Mio. Liter, gelangte 1998 in die Bundesrepublik. Ein neuer Rekord.
Vor allem die Importe aus Übersee verzeichneten Ende der 90er-Jahre einen sprunghaften Anstieg. 1998 erreichten sie 3,4 Prozent des gesamten Importvolumens nach der Menge, im Wert aber 6,1 Prozent. Damit sind die überseeischen Weinerzeuger nach den traditionellen Ländern Italien, Frankreich und Spanien die Nummer vier auf dem deutschen Markt. Vor zehn Jahren lag ihr Anteil noch deutlich unter einem Prozent. Für die kommenden Jahre erwarten die Experten einen Anstieg auf mindestens fünf bis acht Prozent Marktanteil.
Es wird spannend werden; denn auch die europäische Weinbauszene ist wieder in Bewegung geraten. Durch den Fall des Eisernen Vorhangs rückten traditionsreiche Regionen Mitteleuropas, allen voran Ungarn mit den Regionen Tokaj und Villány, wieder in unser Blickfeld. Im katalanischen Priorat zeigten gleichzeitig Winzer, dass man mit konsequentem Qualitätsstreben eine vergessene Weinbauregion quasi über Nacht wieder zum Leben erwecken kann, wachgeküsst wie Dornröschen. Ein Lehrstück, das sich viele Önologen vor allem der jüngeren Generation, aber auch manche clevere Weininvestoren zum Vorbild genommen haben.
Und so werden wir uns in den kommenden Jahren immer wieder an neue Appellationen gewöhnen müssen, auch an die Namen bislang völlig unbekannter oder unterschätzter Rebsorten. Manche von ihnen waren so gründlich vergessen wie die uralte Bordelaiser Sorte Carmenère in Chile, die alle für eine wurzelechte Variante des Merlot aus der Vorreblauszeit hielten und sich wunderten, dass chilenische Merlots so völlig anders schmeckten als die aus Pomerol. Inzwischen sind sortenreine Carmenères zu begehrten Spezialitäten geworden. Oder Argentinien, wo die andere alte Bordelaiser-Sorte Malbec derzeit eine Renaissance erlebt. In dieses Bild passt auch die Erkenntnis, dass es vielleicht ein wenig voreilig war, weltweit den Cabernet Sauvignon zu favorisieren. Spät reifend bringt er selbst in Bordeaux nicht immer die erwünschten Ergebnisse und ist eigentlich nur geeignet als Basis eines Cuvées. Ganz anders der früh reifende Merlot und vor allem der Syrah von der Rhône. Egal ob im österreichischen Burgenland, in Südafrika oder Neuseeland – die Winzer erkennen, dass sie mit diesen Sorten auf der sichereren Seite sind.
Das vielleicht bemerkenswerteste Ereignis in der zweiten Hälfte der 90er-Jahre, dessen Auswirkungen wir mit den Jahrgängen 1998 erstmals voll wahrnehmen, ist die Renaissance des Châteauneuf-du-Pape, ausgelöst durch den Druck der australischen GSMs. Es ist das erste Mal in der modernen Weinbaugeschichte, dass eine Entwicklung aus der Neuen Welt die alte Weinwelt nachhaltig beeinflusst. Noch vor drei Jahren habe ich geschrieben: Die zehn besten Châteauneuf-du-Pape kommen heute aus Australien und verstecken sich hinter dem Kürzel GSM für Grenache, Syrah, Mourvèdre. Doch an der Rhône hat eine jüngere Generation die australische Lektion schnell gelernt und zeigt, dass auch hier bei entsprechender Selektion alter Rebstöcke aus nur namhaften Weinen schnell große Weine werden können.
Einer der interessantesten Aspekte der Globalisierung ist das Phänomen der Flying Winemakers, Winzer oder Önologen, die heute dank schneller Transport- und Kommunikationsmöglichkeiten weltweit Präsenz zeigen können. So zeichnet der Franzose Michel Rolland (Château Bon Pasteur) für mindestens ein Dutzend oder mehr Weine in diesem Buch verantwortlich, und das nicht nur in seiner Heimat Bordeaux, sondern auch in Italien (Masseto) und Chile (Clos Apalta). Auch deutsche Winzer zieht es immer häufiger in die Ferne. Das Gespann Breuer und Philippi vinifiziert den Mont du Toit in Südafrika und demnächst auch einen Wein in Portugal. Jean Michel Arcaute (ehemals Château Clinet) zog es dagegen nach Argentinien.

Einem anderen Megatrend folgend kauften in den 90er-Jahren Konzerne wie Southcorp in Australien, LVMH und Axa in Frankreich oder Suntory in Japan sich ganze Weinimperien, bestehend aus großen Kellereien, traditionsreichen Châteaubetrieben, aber auch kleinen Boutiquewineries. Sie investierten zweistellige Millionenbeträge in die Qualitätssicherung sowie in Vertrieb und Marketing. Robert Mondavi in Kalifornien setzte dagegen auf ein Joint-Venture-Konzept und ging im Rahmen seiner »Family of Wine« strategische Allianzen mit anderen familienbetriebenen Großunternehmen wie Chadwick (Chile), Rothschild (Frankreich), Frescobaldi (Italien) und neuerdings auch Rosemount (Australien) ein. Der Grundgedanke, der hinter all diesen verschieden angelegten Engagements steht, ist in Abwandlung einer Scharnhorstschen Maxime immer der gleiche: getrennt produzieren und vereint schlagen. So wie es heute aussieht, wird das 21. Jahrhundert wohl diesen Weinmultis gehören.

★

Bei den Vorarbeiten für den *Weincompass* wurde zunächst unabhängig von der Bewertung der Weine für alle Betriebe ein Image-Ranking erstellt. Diese Liste (vgl. Seite 10 ff.) basiert auf den jeweils wichtigsten nationalen Bewertungen sowie den Benotungen durch führende Weinautoren und -magazine. Im Wesentlichen wurden dafür herangezogen: Parkers Wine Advocate, Wine Spectator, Beverage Testing Institute in Chicago. Es flossen aber auch die Bewertungen durch Michel Betanne, Michel Dovaz genauso ein wie die von Michael Broadbent, Hugh Johnson u. a. Daraus resultierte eine Prestige-Liste.
Zum anderen wurde auf der Basis der höchsten Preise, die die Güter für ihre Weine in der Vergangenheit erreicht haben, für jeden Wein ein voraussichtlicher Spitzenpreis am Markt geschätzt. Eine weitere Liste zeichnet das Verhältnis der aktuellen Marktpreise zu diesen Spitzenpreisen auf. Diese drei Listen wurden indiziert, also in eine 100-Punkte-Skala umgerechnet, und die Ergebnisse addiert. Zusätzlich flossen die aktuellen Bewertungen des Autors ein, wobei die fünf Weine, die 100 Punkte erhielten (The Malcolm Barossa Shiraz 1996 von Magpie, Hanisch Vineyards Shiraz 1998 von Veritas, Essencia 1993 von Pajzos, Kiedrich Gräfenberg TBA Goldkapsel 1999 von Weil und Muskateller TBA 1998 von Bürklin-Wolf), einen Hebefaktor von 1,5 erhielten. Das Ergebnis ist der *Capital-Index*, getrennt nach den vier Kategorien Rotweine, Schaumweine, Süßweine und Weißweine. Dieser Index-Wert lässt Aussagen über das spekulative Potenzial dieser Weine in der Zukunft zu. Der theoretische Höchstwert liegt bei 450.
Capital-Index, Scheuermann-Note, die produzierte Flaschenmenge, den bei Redaktionsschluss (15.10.2000) aktuellen Marktpreis sowie die Platzierung des jeweiligen Weins auf den Rankings für Rot-, Weiß-, Süß- und Schaumweine finden Sie jeweils bei der Degustationsnotiz. Soweit die Weine in Deutschland erhältlich sind, erfolgt die Preisangabe in DM. Einzelne Weine sind allerdings nur direkt im Ursprungsland beim Winzer erhältlich; in diesem Fall ist der Preis in der Landeswährung genannt, eine Umrechnung in den DM-Preis (Beträge gerundet) findet sich im Anschluss in Klammern.
Da die vorgestellten Weine am Markt sehr gefragt sind und vielfach nur geringe Mengen produziert werden, ist es nicht möglich, zu jedem Erzeuger oder gar zu jedem Wein eine Bezugsquelle für Deutschland, Österreich und die Schweiz anzugeben. Im Anhang finden Sie deshalb Listen renommierter Weinhändler, deren Spezialgebiete jeweils genannt sind. Sie können Ihnen bei der Suche nach Ihren Favoriten behilflich sein.

Das Gutsranking

Platzierung	Weingut	Kapitel	Punkte
1	Haut-Brion	Frankreich	1013
2	Yquem	Frankreich	964
3	Romanée-Conti	Frankreich	962
4	Lafite-Rothschild	Frankreich	912
5	Penfolds	Neue Welt	890
6	Latour	Frankreich	887
7	Margaux	Frankreich	864
8	Cheval Blanc	Frankreich	863
9	Jaboulet	Frankreich	854
10	Pétrus	Frankreich	843
11	Mouton-Rothschild	Frankreich	807
12	Taylor	Iberien	792
13	Leroy	Frankreich	780
14	Guigal	Frankreich	763
15	Comte de Vogüé	Frankreich	761
16	La Mission	Frankreich	756
17	Chapoutier	Frankreich	752
18	Clarendon Hills	Neue Welt	742
19	Harlan	Neue Welt	738
20	Clinet	Frankreich	705
21	Moët & Chandon	Frankreich	704
22	Gaja	Italien	702
23	Kracher	Mitteleuropa	695
24	Dominus Winery	Neue Welt	683
25	Léoville Las Cases	Frankreich	669
26	Lafleur	Frankreich	660
27	Bollinger	Frankreich	659
28	Vieux Certan	Frankreich	651
29	Shafer	Neue Welt	641
30	Krug	Frankreich	635
31	Pesquera	Iberien	632

Platzierung	Weingut	Kapitel	Punkte
32	Veuve Clicquot	Frankreich	630
33	Müller, Egon	Mitteleuropa	626
34	Latour-à-Pomerol	Frankreich	624
35	Henschke	Neue Welt	612
36	L'Eglise-Clinet	Frankreich	610
37	Giacosa, Bruno	Italien	594
38	Pingus	Iberien	593
39	Ramonet	Frankreich	592
40	Ducru-Beaucaillou	Frankreich	590
41	Lynch-Bages	Frankreich	589
42	Avignonesi	Italien	587
43	Phelps	Neue Welt	584
44	Vega Sicilia	Iberien	581
45	Mondavi	Neue Welt	580
46	Caymus	Neue Welt	578
47	Antinori	Italien	573
48	Ausone	Frankreich	569
49	Opus One	Neue Welt	563
50	Beaucastel	Frankreich	562
51	San Guido	Italien	555
52	Méo-Camuzet	Frankreich	552
53	Niebaum-Coppola	Neue Welt	549
54	Artadi	Iberien	546
55	Palmer	Frankreich	545
56	Trimbach	Frankreich	544
57	Beau-Séjour	Frankreich	542
58	Rousseau, Armand	Frankreich	541
59	Bürklin-Wolf, Dr.	Mitteleuropa	538
60	Marquis d'Angerville	Frankreich	533
61	Sociando-Mallet	Frankreich	532
62	Pichler	Mitteleuropa	530
63	Querceto	Italien	528
64	Ridge	Neue Welt	527
65	Rampolla	Italien	521
66	Müller-Catoir	Mitteleuropa	519

Platzierung	Weingut	Kapitel	Punkte
67	St Hallett	Neue Welt	518
68	Sauzet	Frankreich	512
69	Pupille, Le	Italien	511
70	Pavie	Frankreich	510
71	Condado de Haza	Iberien	509
72	Dalla Valle	Neue Welt	508
73	Le Pin	Frankreich	507
74	Fonterutoli	Italien	506
75	Prüm, J. J.	Mitteleuropa	505
76	Chiarlo	Italien	504
77	Torres	Iberien	500
78	Heitz Cellars	Neue Welt	498
79	d'Arenberg	Neue Welt	497
80	Bründlmayer	Mitteleuropa	496
81	Rosemount Estate	Neue Welt	493
82	Churchill	Iberien	492
83	Montus	Frankreich	489
84	Tirecul	Frankreich	488
85	Dagueneau	Frankreich	486
86	Altare	Italien	478
87	Pavie-Decesse	Frankreich	477
88	Josmeyer	Frankreich	476
89	Dugat-Py	Frankreich	474
90	Schloss Vollrads	Mitteleuropa	473
91	Schloss Schönborn	Mitteleuropa	472
92	Breuer	Mitteleuropa	471
93	Mauro	Iberien	470
94	La Spinetta	Italien	466
95	Ferreira	Iberien	465
96	Kanonkop	Neue Welt	464
97	Mas de Daumas Gassac	Frankreich	462
98	Ornellaia	Italien	462
99	Gunderloch	Mitteleuropa	458
100	Turley	Neue Welt	457
101	Etude	Neue Welt	456

Platzierung	Weingut	Kapitel	Punkte
102	Troplong-Mondot	Frankreich	451
103	Seavey	Neue Welt	450
104	Tertre-Roteboeuf	Frankreich	449
105	Melton, Charles	Neue Welt	448
106	Bryant Family	Neue Welt	447
107	Angélus	Frankreich	446
108	Au Bon Climat	Neue Welt	445
109	Canon-la-Gaffelière	Frankreich	443
110	Finca Allende	Iberien	439
111	Screaming Eagle	Neue Welt	438
112	Vieille Julienne	Frankreich	436
113	Il Poggiolo	Italien	435
114	La Fiorita	Italien	433
115	Palacios, Alvaro	Iberien	432
116	Buhl, von	Mitteleuropa	429
117	Knoll	Mitteleuropa	427
118	Weil	Mitteleuropa	426
119	Triebaumer	Mitteleuropa	425
120	La Negly	Frankreich	424
121	Flora Springs	Neue Welt	423
122	Vicchiomaggio	Italien	421
123	Landmark Vineyards	Neue Welt	419
124	Colin, Marc	Frankreich	418
125	La Massa	Italien	417
126	Masi	Italien	417
127	Valandraud	Frankreich	417
128	Monbousquet	Frankreich	415
129	Faiveley	Frankreich	414
130	Pavie-Macquin	Frankreich	413
131	Brolio	Italien	412
132	Lapostolle	Neue Welt	411
133	Isole e Olena	Italien	407
134	Pol Roger	Frankreich	394
135	La Mondotte	Frankreich	390
136	Bon Pasteur	Frankreich	388

Platzierung	Weingut	Kapitel	Punkte
137	Foradori	Italien	388
138	Loosen, Dr.	Mitteleuropa	385
139	Bassermann, von	Mitteleuropa	384
140	Feiler-Artinger	Mitteleuropa	382
141	Burge Family	Neue Welt	378
142	Lehmann, Peter	Neue Welt	378
143	Portugal Ramos	Iberien	378
144	Fox Creek	Neue Welt	376
145	Heger, Dr.	Mitteleuropa	376
146	Jamek	Mitteleuropa	376
147	Johanneshof	Mitteleuropa	376
148	Montevetrano	Italien	376
149	Tasca d'Almerita	Italien	376
150	Kesselstatt, von	Mitteleuropa	375
151	Cailloux	Frankreich	373
152	Errazuriz	Neue Welt	373
153	Rosenblum	Neue Welt	373
154	Tement	Mitteleuropa	372
155	Noon	Neue Welt	371
156	Concha y Toro/Rothschild	Neue Welt	370
157	Othegraven, von	Mitteleuropa	370
158	Torbreck	Neue Welt	368
159	Veritas	Neue Welt	368
160	Collelungo	Italien	367
161	Clos Saint Martin	Frankreich	367
162	Umathum	Mitteleuropa	366
163	Veenwouden	Neue Welt	365
164	Seña	Neue Welt	364
165	San Leonardo	Italien	364
166	Vall Llach	Iberien	363
167	L'Hermitage	Frankreich	362
168	Franus	Neue Welt	361
169	Krutzler	Mitteleuropa	361
170	Anima Negra	Iberien	360
171	Heinrich, J.	Mitteleuropa	358

Platzierung	Weingut	Kapitel	Punkte
172	Heinrich, Gernot	Mitteleuropa	357
173	Grand Pontet	Frankreich	355
174	Koehler-Ruprecht	Mitteleuropa	354
175	Los Vascos	Neue Welt	354
176	Pégau	Frankreich	354
177	Saxenburg	Neue Welt	346
178	Delaire	Neue Welt	343
179	KWV	Neue Welt	342
180	Frey	Mitteleuropa	338
181	Pajzos	Mitteleuropa	337
182	Diel	Mitteleuropa	336
183	Greenock Creek	Neue Welt	333
184	Nenin	Frankreich	331
185	Sassetti	Italien	327
186	Prieuré de St-Jean de Bébian	Frankreich	309
187	Hirtzberger	Mitteleuropa	292
188	Niepoort	Iberien	292
189	Vinattieri	Mitteleuropa	288
190	Clos de l'Oratoire	Frankreich	287
191	Colgin Cellars	Neue Welt	287
192	Karlsmühle	Mitteleuropa	285
193	Les Capitelles	Frankreich	285
194	Molitor, Markus	Mitteleuropa	285
195	Sine qua non	Neue Welt	284
196	Classic McLaren	Neue Welt	283
197	La Gomerie	Frankreich	283
198	Hamilton Russell	Neue Welt	282
199	Velich	Mitteleuropa	282
200	Warrenmang	Neue Welt	282
201	Rol Valentin	Frankreich	281
202	Usseglio, P.	Frankreich	281
203	ADW/Australian Domaine Wines	Neue Welt	280
204	Montes	Neue Welt	280
205	Neumayer	Mitteleuropa	280
206	Kaapzicht	Neue Welt	279

Platzierung	Weingut	Kapitel	Punkte
207	Lengs & Cooter	Neue Welt	279
208	Bois de Boursan	Frankreich	278
209	Pöckl	Mitteleuropa	278
210	Catena	Neue Welt	276
211	Provins Valais	Mitteleuropa	275
212	Verrazzano	Italien	274
213	Sabon, Roger	Frankreich	273
214	Almaviva	Neue Welt	272
215	Mas Martinet	Iberien	272
216	Gracia	Frankreich	271
217	Charbonnière	Frankreich	270
218	Croix de Labrie	Frankreich	269
219	Brivio	Mitteleuropa	267
220	Andréas	Frankreich	264
221	Flichman	Neue Welt	260
222	Autard, Paul	Frankreich	255
223	Santa Laura	Neue Welt	255
224	San Giusto di Rentenanno	Italien	251
225	Le Corti Corsini	Italien	244
226	Meyer-Näkel	Mitteleuropa	235
227	Seghesio	Neue Welt	233
228	Königschaffhausen	Mitteleuropa	231
229	Keller, Franz	Mitteleuropa	230
230	Slaley	Neue Welt	230
231	Clos du Caillou	Frankreich	224
232	Ehn	Mitteleuropa	211
233	Pasanau	Iberien	210
234	Il Carnasciale	Italien	204
235	Cauhapé	Frankreich	202
236	Magpie	Neue Welt	199
237	Maugey	Frankreich	195
238	Boekenhoutskloof	Neue Welt	193
239	Saima	Iberien	193
240	Szepsy, Istvan	Mitteleuropa	193
241	Gere & Weninger	Mitteleuropa	192

Platzierung	Weingut	Kapitel	Punkte
242	Spice Route	Neue Welt	192
243	Bouchard Finlayson	Neue Welt	191
244	Gross, Alois	Mitteleuropa	191
245	Quinault-L'Enclos	Frankreich	188
246	Huber	Mitteleuropa	187
247	Bon Père Germanier	Mitteleuropa	186
248	Viking	Neue Welt	186
249	Laible	Mitteleuropa	185
250	Arachon	Mitteleuropa	183
251	Schloss Gamlitz	Mitteleuropa	183
252	Haut-Condissas	Frankreich	183
253	Gialdi	Mitteleuropa	182
254	Hahn, J. J.	Neue Welt	182
255	Saint Dominique	Frankreich	182
256	Griffe de Cap d'Or	Frankreich	181
257	Kaufmann, A.	Mitteleuropa	181
258	Clos Badon Thunevin	Frankreich	180
259	Bovard	Mitteleuropa	179
260	Massy, Luc	Mitteleuropa	176
261	Miceli	Italien	174
262	Alta Vista	Neue Welt	172
263	Mont du Toit	Neue Welt	167
264	Providence	Neue Welt	143
265	Barossa Ridge	Neue Welt	97
266	Mouchão	Iberien	94
267	Schwarz	Mitteleuropa	94
268	Grès Saint Paul	Frankreich	92
269	Mont d'Or	Mitteleuropa	91
270	Ville de Lausanne	Mitteleuropa	89
271	Zwalu	Neue Welt	89

Die nächste Hausse kommt bestimmt

Nach der heftigen Preisexplosion Mitte der 90er-Jahre, als sich die Weine für die Bordelaiser Spitzengewächse beinahe über Nacht verdoppelten, hat sich der Handelsplatz Bordeaux wieder ein wenig beruhigt. Händler und Winzer mussten lernen, dass sich doch nicht jeder beliebige Preis am Markt durchsetzen lässt. Aber Vorsicht! Das kann sich genauso schnell wieder ändern. Die nächste Hausse kommt bestimmt. Fragt sich nur wann.

Ob die Einschätzung der letzten fünf Jahrgänge von 1995 bis 1999 so pauschal, wie sie bisher publiziert wurde, in allen Fällen den Weinen gerecht wird, wage ich zu bezweifeln. Fest steht, dass der 1999er nicht den von vielen erhofften finalen Jahrhundertjahrgang gebracht hat, mit dem sich trefflich hätte spekulieren lassen. Aber das heißt nicht, dass es 1999 keine Weine gab, die das Prädikat »outstanding« verdienen. Dieser Jahrgang ist nur ungemein ungleichmäßig geraten und entzieht sich daher einer generalisierenden Klassifizierung. Differenziert betrachtet muss man zu der Feststellung kommen, dass es vom begnadeten Spitzenwein bis zur grottenschlechten Plörre alle Varianten gibt, dass aber auch der große Name allein keine Gewähr bietet. Mein Rat: Finger weg vom lahmenden Fußvolk und nur in die wenigen Spitzen investieren. Dies sind kaum mehr als 30 Châteaux. Bei diesen werden die 99er, komme was da wolle, überproportional im Preis steigen.

1997 und 1998, das zeigt sich heute, waren so schlecht nun auch wieder nicht wie manche taten, nur im Preis halt zunächst in der euphorischen Schlussphase des Booms zu hoch. Wie es mit diesen Weinen weitergehen wird, entscheidet sich letztlich mit der Qualität des 2000er. Sollte er tatsächlich so gut sein, wie einige sagen, die ihn bereits in die Nähe des 90ers rücken oder ihn darüber stellen, dann wird im Frühjahr 2001 mit der Primeur-Kampagne eine neuen Preisrunde eingeläutet. Mittelfristig kann das dazu führen, dass auch die älteren Jahrgänge wieder teurer werden. Das lässt sich jetzt schon bei den 95ern und 96ern beobachten, die – wenn auch in kleinen Schritten – kontinuierlich steigen.

So ärgerlich das auch sein mag, das Ende der Fahnenstange für die Bordeaux-Preise ist längst noch nicht erreicht. Was wir in den letzten zwei Jahren erlebt haben, war nur eine Verschnaufpause bei einem langfristig anhaltenden Anstieg der Preise. An der Börse würde man sagen, es gab eine längst überfällige technische Korrektur des Marktes auf ein solideres Niveau, von dem es dann wieder aufwärts gehen kann.

Alles deutet darauf hin, dass der Markt im Augenblick den Eingangspreis für große Weine auf einem höheren Niveau neu definiert. Lange Zeit – etwa bis Anfang der 90er-Jahre – lag der Schwellenwert bei 100 bis 150 DM und wurde gehalten von den ersten Gewächsen aus dem Médoc, dem Graves und St-Emilion. Lediglich einige Winzer aus Pomerol (z. B. Le Pin) und einige besonders rare Burgunder (Montrachet, Romanée Conti) erzielten schon bei der Veröffentlichung deutliche höhere Preise.

Doch seit Newcomer aus Übersee wie Seña und Almaviva sich in diesem Premiumsegment tummeln und Australier und Kalifornier zu Fantasiepreisen gehandelt werden, definieren sich die Platzhirsche in Bordeaux und Burgund jenseits der 250- bzw. 300-DM-Grenze. Im Visier haben sie aber längst die Schallmauer der 200 Dollar: Beim derzeitigen Kurs sind das 450 DM und selbst unter normaleren Bedingungen noch 400 DM.

In puncto Qualität und Tradition ist Bordeaux in der Welt der feinen Weine noch immer das Maß aller Dinge. Daran konnten bislang auch die kalifornischen Mega- und Ultrapremiumweine nichts ändern. Aber die Konkurrenz für das Bordeaux-Establishment wird größer und härter – vor allem auch im eigenen Land.

In Burgund sind die Weine seit dem wunderbaren Jahrgang 1990 reicher geworden. Entsprechend begehrt, stiegen auch hier die Preise deutlich an und werden es mit den kommenden hervorragenden Jahren sicher noch weiter tun. Dasselbe gilt für die Rhône, wo nach den nördlichen Appellationen Hermitage und Côte Rotie jetzt auch der Süden aus seiner lang anhaltenden Lethargie erwacht ist. Mit den Jahrgängen 1998 und 1999 meldete sich das traditionsreiche Châteauneuf-du-Pape mit zahlreichen hochkarätigen Weinen an der Qualitätsfront zurück. Preislich liegen die meisten dieser Weine noch unter der 100-DM-Schwelle. Sie sind also angesichts ihrer mittlerweile wieder weltweit gelobten Qualität eindeutig in die Kategorie der Schnäppchen einzuordnen.

Auch im Languedoc, der einstigen Hochburg der Land- und Tafelweine, herrscht Aufbruchstimmung. Strenge Regeln wie in Bordeaux und Burgund gibt es hier nicht. Es sind vor allem junge einheimische Winzer, aber auch Quereinsteiger aus anderen Berufen und ausländische Investoren mit Visionen und dem nötigen Kapital, die derzeit diese ganze Region umkrempeln. Das ist in der Tat ein auch für Frankreichs großartige Weinhistorie beispielloser Vorgang, der sich allenfalls mit der Erschließung Burgunds durch die Zisterzienser im 12. Jahrhundert vergleichen lässt. Bis dato unbekannte Terroirs wurden binnen zehn Jahren mit Pioniergeist und technischer Präzision nach den allerneusten Erkenntnissen exploriert und bepflanzt. So entstanden Dutzende von Lagen mit Charakter und unverwechselbarer, ureigener Identität. Diese entfesselte Dynamik, die einen an Kalifornien und Australien erinnert, setzt neue Maßstäbe für Europa.

Im Augenblick sind es zwar meist noch Spitzencuvées mit sehr limitierten Produktionsmengen, die auf den Markt kommen und entsprechend schnell ausverkauft sind. Aber sie sind nur die Speerspitze für das, was kommen wird. Denn im Gegensatz zu Burgund, der Rhône und Bordeaux stehen hier beträchtliche Flächen mit bestem Terroir für Neuanpflanzungen zur Verfügung. Solche Weine können langfristig also auch in größeren Mengen produziert werden. Machen wir uns darauf gefasst, dass wir schon bald die Namen der neuen Appellationen des Midi wie Aniane, La Clape, Pic St. Loup, Montpeyroux etc. büffeln müssen. Hier eröffnet sich ein ganzer Kosmos neuer, interessanter Weine, und einige davon sind schon heute so gut, dass sie in dieses Buch Aufnahme finden konnten. Ihre Zahl dürfte sich binnen Jahresfrist verdoppeln.

Château Andréas

6, Rue Guadet
F-33570 Montagne-St-Emilion
Tel. +33/5 57 55 09 13
Fax +33/5 57 55 09 12

Daten | Fakten

Inhaber	Vignobles Rochet Cap de Rive
Rebfläche	1 ha
Rebsorten	100 % Merlot
Jahresproduktion	3000 Flaschen

Ähnlich wie bei La Griffe de Cap d'Or handelt es sich auch bei diesem neuen Wein, der 1998 erstmals gemacht wurde, um eine Luxuscuvée aus der Werkstatt von Jean-Luc Thunevin in Zusammenarbeit mit Vignobles Rochet Cap de Rive, denen eine Reihe von Châteaux gehört, so u. a. auch der Haut Cadet in Saint-Emilion, ein Grand Cru, der seine Weine vor allem nach Belgien exportiert. Die Trauben für Château Andréas stammen aus einer Parzelle mit einem besonders hochwertigen Terroir und ca. 25 Jahre alten Rebstöcken, die auf einem lehmigen Kalksteinboden mit einem hohen Anteil an Silikaten wachsen. Der Ertrag wurde auf maximal 15 hl/ha reduziert.

1999 Château Andréas

Dunkles Rubinrot. Schöne rote Fruchtkonzentration. Der süßeste unter den neuen Thunevin-Weinen. Opulent, sehr charmant, ein wenig zugänglicher und gefälliger als der La Griffe de Cap d'Or, mit einem leicht schwülstigen Boudoirduft, den man eigentlich eher Richtung Pomerol erwartet.

Capital-Index	***120***
Scheuermann-Note	***90***
Anzahl der Flaschen	***3000***
Marktpreis	***DM 75,00***
Platzierung	***307 (rot)***

Château Angélus

Mazerat
F-33330 St-Emilion
Tel. +33/5 57 24 71 39
Fax +33/5 57 24 68 56

Daten | Fakten

Inhaber	De Boüard de Laforest und Söhne
Rebfläche	23 ha
Rebsorten	50 % Cabernet franc, 47 % Merlot, 3 % Cabernet Sauvignon
Jahresproduktion	110 000 Flaschen Grand Vin, 15 000 Flaschen Zweitwein Carillon de Angélus

Die 1996 erfolgte Aufnahme von Château Angélus in den exklusiven Kreis der elf Premiers Grands Crus Classés von Saint-Emilion mit dem Status B hat Kenner nicht überrascht. Denn seit 1985, als das Château bereits einmal vergeblich einen Antrag auf diese Aufstufung gestellt hatte, hat sich die Qualität der Weine gegenüber den 60er-und 70er-Jahren drastisch verbessert. Angélus lieferte in den 90er-Jahren eine wirklich großartige Serie von Weinen. Unabhängig davon, wie gut oder schwach der jeweilige Jahrgang eingestuft wurde, Angélus zählte stets zur Spitze und galt daher als unterbewertet. Nach der offiziellen Aufwertung des Gutes sind die aktuellen Weine des Betriebes noch gesuchter als bisher. Die Preise haben schnell angezogen. Legendäre Jahrgänge wie 89 und 90 sind praktisch vom Markt verschwunden.

Die Qualitätssteigerung war möglich geworden, nachdem der Besitzer Hubert de Boüard de Laforest auf Anraten des Önologen Michel Rolland die Vinifizierung auf den neuen Saint-Emilion-Stil umgestellt hatte, der in Wahrheit ja nichts anderes ist als die traditionelle Formel zur Produktion eines Premier Cru. Statt in Tanks werden seither die Weine in kleinen Eichenfässern vergoren und ausgebaut, die jedes Jahr zu ca. zwei Dritteln erneuert werden. Die Weine werden im Gegensatz zu früher auch nicht mehr gefiltert. Dadurch haben sie an Farbe und Dichte, Aromenreichtum und Struktur gewonnen. Für den Grand Vin werden auch nur die besten Partien verwandt. Aus dem geringeren Traubengut wird ein Zweitwein gekeltert, der Carillon de Angélus heißt.

Das Weingut ist schon seit mehreren Generationen im Besitz der selben Familie, allerdings hieß es in früherer Zeit Mazerat und wurde nicht immer in direkter Linie weitergegeben. Anfang der 20er-Jahre hatte man einen sehr alten, umfriedeten Weinberg mit dem Namen Angélus gekauft, der im Volksmund deshalb diesen Namen trug, weil man von hier aus das Angelusläuten von drei Kirchen gleichzeitig hören kann: La Chapelle de Mazerat, Eglise de Saint-Martin de Mazerat und Celle de Saint-Emilion. 1955 wurde das Gut unter diesem Namen klassifiziert und durch Zukauf (als letztes drei Hektar von Beauséjour) seither kontinuierlich vergrößert. Heute umfasst die Rebfläche 25 Hektar in besten Südlagen im Mazerat-Tal westlich der Städtchens Saint-Emilion. Château Canon und die beiden Beauséjour-Güter sind die unmittelbaren Nachbarn. Die Rebstöcke wachsen auf kalkhaltigem Lehm und Sandböden mit Tonsilikaten. Ihr Alter wird mit 35 bis 40 Jahren angegeben. Bei den Rebsorten dominieren Cabernet franc (50 Prozent) und Merlot (47 Prozent), sie werden durch 3 Prozent Cabernet Sauvignon ergänzt. 1999 zählte Angelus zu den besonders stark vom Hagel betroffenen Gütern. Das hat die verfügbare Menge glatt halbiert. Der Qualität hat es dank einer rigorosen Selektion erstaunlicherweise so gut wie keinen Abbruch getan, außer dass dieser Wein, unter besseren Umständen geerntet, sich vermutlich ziemlich weit Richtung 100 Punkte bewegt hätte. Dennoch waren im Frühjahr die Reaktionen auf den 99er Angélus sehr gespalten und reichten von krasser Vorverurteilung über kritisches Wohlwollen bis zu Lobeshymnen. Eine Nachverkostung im Sommer im direkten Vergleich mit dem bereits gefüllten 98er hat mich in meinem ursprünglichen und spontanen Wohlwollen für diesen Wein nur bestärkt. Angesichts der geringen Flaschenanzahl sicher ein Wein mit spekulativem Potenzial, wenn sich erst einmal herumgesprochen hat, wie gut er in Wahrheit ist.

1998 Château Angélus

Dunkles Rubinviolett. Konzentrierte Nase mit roter Beerenfrucht, etwas Toast und Mineralität, Unterholz, Kaffee und Trüffel, im Augenblick noch stark vom neuen Eichenholz der Barriques geprägt, was zu einem deutlichen Vanilleton führt. Ein konzentrierter und dennoch eleganter Wein mit feiner Säurestruktur und einem kräftigen Tanningerüst. Etwas Bitterschokolade am Gaumen.

Capital-Index	***154***
Scheuermann-Note	***93***
Anzahl der Flaschen	***96 000***
Marktpreis	***DM 137,00***
Platzierung	***115 (rot)***

1999 Château Angélus

Tiefdunkles Violett. Ein Bukett, süß wie reife Kirschen und Brombeere, ein Hauch Minze, feiner Toast, Schokolade, später auch etwas wie provenzalische Kräuter und eingelegte Oliven. Lässt schon in der Nase seine Tiefe und Opulenz erkennen. Rund, fruchtfleischig, dickflüssig wie Blut, etwas schwarzes Tannin am Gaumen. Steht dem 98er eigentlich in nichts wirklich nach. Er ist lediglich einen Tick kürzer im Abgang und nicht ganz so mineralisch, dafür hat er aber diese wirklich betörende Süße und einen herrlichen schokoladigen Schmelz.

Capital-Index	***155***
Scheuermann-Note	***92***
Anzahl der Flaschen	***48 000***
Marktpreis	***DM 115,00***
Platzierung	***109 (rot)***

Château Ausone

F-33330 St-Emilion
Tel. +33/5 57 24 70 26
Fax +33/5 57 74 47 39
www.chateau-ausone.com

Daten | Fakten

Inhaber	Micheline, Alain und Catherine Vauthier
Rebfläche	7 ha
Rebsorten	50 % Merlot, 50 % Cabernet franc
Jahresproduktion	20 000–25 000 Flaschen Grand Vin, 7000 Flaschen Zweitwein

Die fünf Jahrgänge von 1995 bis 1999 werden in den Annalen dieses Gutes mit goldenen Lettern geschrieben werden. Es sind die Jahre des Wiederaufstiegs, eines glückhaften Finales am Ende eines Jahrhunderts, in dem Château Ausone alle Höhen und Tiefen und zum Schluss eine lange, lange Durststrecke durchmachen musste.

Jahrelang hatten sich vor allem die Gerichte mit dem Fall Ausone und dem Streit der Besitzerfamilien beschäftigt. Für die Sammler großer Weine war das Gut kein Thema mehr. In repräsentativen Proben wurde Ausone nur noch der Vollständigkeit halber angestellt.

Erst als 1995 die Richter zugunsten der Vauthiers entschieden, kam neuer Schwung in das alte Gemäuer am Rande des Städtchens Saint-Emilion. Die Kalksteinhöhle, in der sich die Keller befinden, und das kleine Gutshaus wurden wieder zur Pilgerstätte, der jeder, der sich mit der Spitze der Bordelaiser Weine beschäftigt, mindestens einmal im Jahr seine Reverenz erweisen muss.

Seit 1995 bringt Ausone Jahr für Jahr Weine hervor, die zur Spitze der Appellation zählen. Und mit denen dieses Gut seinem Ruf gerecht wird, der es auf den Sockel der Premier Grand Crus der Kategorie A stellt. Außer Ausone wird nur Cheval Blanc diese Ehre zuteil. In den kommenden Jahren wird der Anteil an Cabernet franc gesteigert werden, womit Château Ausone auch in dieser Hinsicht mit Cheval Blanc gleichzieht. Darüber hinaus wird, wie man auf Château Ausone verlauten lässt, der Grand Vin »einen Hauch von Cabernet Sauvignon und Petit Verdot« enthalten.

Ob Château Ausone tatsächlich der einstige Landsitz des in Burdigala (Bordeaux) geborenen römischen Staatsmanns und Dichters Decimus Magnus Ausonicus (310–385 n. Chr.) war, ist nach wie vor ungewiss. Sicher ist, dass Ausonius als Konsul und Erzieher des Kaisers Gratianus lange Zeit in der ältesten Stadt Deutschlands lebte: Augusta Treverorum, heute bekannt als Trier. Im Jahr 371 schilderte Ausonius in dem Gedicht »Mosella« seine Moselfahrt – und besang damit wohl als erster römischer Dichter ein deutsches Weinbaugebiet. Da sage noch einer, Wein sei nicht völkerverbindend!

1998 Château Ausone

Dunkles Rubinrot. Verschlossen, sehr schöne Säure, langer Abgang. Enorme Fruchtkonzentration, hart, herbe Tannine. Im Abgang etwas dichter, auch etwas weicher, mehr Süße als der 96er. Opulenter, erstaunlich zugänglich, vereinigt den schroffen Charakter des 96ers und den Liebreiz des 97ers auf einem höheren Niveau.

Capital-Index	***337***
Scheuermann-Note	***96***
Anzahl der Flaschen	***25 000***
Marktpreis	***DM 297,00***
Platzierung	***3 (rot)***

1999 Château Ausone

Undurchsichtiges, tiefes Rubinrot. Dicht und konzentriert in der Nase. Aber am Gaumen dann doch etwas weniger opulent, etwas eleganter, dabei auch strenger und härter in den Tanninen, etwas dürrer, sperriger. Also eindeutig mehr Ausone-Stil mit einer deutlich steinigen, kantigen Mineralität. Schöne Würze am Gaumen, Schokolade im sehr langen, tiefen Abgang.

Capital-Index	***336***
Scheuermann-Note	***94***
Anzahl der Flaschen	***25 000***
Marktpreis	***DM 295,00***
Platzierung	***4 (rot)***

Château Beau-Séjour Bécot

F-33330 St-Emilion
Tel. +33/5 57 74 46 87
Fax +33/5 57 24 66 88

Daten | Fakten

Inhaber	Gérard und Dominique Bécot
Rebfläche	16,5 ha
Rebsorten	70 % Merlot, 24 % Cabernet franc, 6 % Cabernet Sauvignon
Jahresproduktion	70 000 bis 75 000 Flaschen, dazu 15 000 bis 20 000 Flaschen des Zweitweins Tourelle de Beau-Séjour Bécot

Das Weingut entstand durch die Teilung von Château Beau-Séjour im Jahre 1869. Die Anbaufläche umfasst heute 16,5 Hektar Kalktonböden auf dem Plateau von Saint-Martin-de-Mazerat westlich des Städtchens Saint-Emilion, im Herzen der Appellation. Es handelt sich um einen uralten Weinberg, der im Laufe der Jahrhunderte immer wieder Namen und Besitzer wechselte und seit 1969 der Familie Bécot gehört. Die Böden mit einem fossilienreichen Muschelkalkuntergrund zählen zu den wertvollsten der Appellation. Das Durchschnittsalter der hier gepflanzten Rebstöcke wird mit 40 Jahren angegeben. Als kellertechnischer Berater wirkt auch hier der beinahe schon allgegenwärtige Önologe Michel Rolland aus Libourne.

Beau-Séjour Bécot wurde 1985 in der Revision der Klassifikation vom Premier Grand Cru Classé B zum Grand Cru Classé herabgestuft, obwohl der Wein sich deutlich verbessert hatte. Der Grund für die Degradierung lag nicht so sehr im Glase (obwohl die Weine damals tatsächlich schwächer waren als heute), sondern in den Bestimmungen der Appellation Saint-Emilion: Die Familie Bécot hatte zwei benachbarte kleine Châteaux aufgekauft, um das Rebgelände zu arrondieren. Das Gut hatte sich damit um 8,5 Prozent Rebfläche vergrößert. Gérard und Dominique Bécot waren zudem der Meinung, dass sich dadurch die Substanz des Weingutes deutlich verbessern würde.

Das Syndikat jedoch sah solches Tun als Todsünde an und zog seine Konsequenzen. Mehr noch, das Château fiel dermaßen in Ungnade, dass es selbst der neuesten Ausgabe der englischen »Bordeaux-Bibel« Cocks-Féret von 1998, die über weitaus geringere Güter in schöner Ausführlichkeit zu berichten weiß, gerade mal eine einzige spärliche Zeile wert war: Rebfläche und Jahresproduktion. That's all. 1996 wurde die Erweiterung wieder rückgängig gemacht, mit dem Ergebnis, dass die Bécots (ähnlich wie Graf Neipperg auf Canon La Gaffelière mit seinem La Mondotte) die Parzelle La Gomerie (vgl. S. 46) nun separat vinifizieren und ausbauen – und gewissermaßen als Belohnung dafür Beau-Séjour Bécot den Status eines Premier Grand Cru Classé B zurückerhielt.

Die Geschichte ist deswegen besonders drollig, weil der Wein aus der strittigen Rebfläche, der reinsortige Merlot La Gomerie, der sich am Pomerol-Luxuswein Le Pin orientiert, von der Fachpresse mit Ovationen aufgenommen wurde und qualitativ durchaus einem Deuxième Cru aus dem Médoc entspricht. Gleichzeitig wurde in den letzten Jahren die Qualität des Grand Vins von Beau-Séjour Bécot kontinuierlich gesteigert. Er gehört heute ohne Frage zur ersten Garde der neuen Saint-Emilions, wobei er aber stets härter und tanninbetonter, schroffer und kantiger ist als beispielsweise der aus allen Nähten platzende La Mondotte.

1998 Château Beau-Séjour Bécot

Tiefes Rubinviolett mit Glanz. Schöne Nase mit sehr reifer Frucht. Konzentriert, aber verhalten. Etwas Kaffee und Toast. Kräftige Säure, reichlich Tannin, etwas Nougat am Gaumen und dann Bitterschokolade im Abgang. Konzentriert, lang, hinterlässt einen dicken, rauen Pelzbelag im Mund.

Capital-Index	***154***
Scheuermann-Note	***93***
Anzahl der Flaschen	***70 000 bis 75 000***
Marktpreis	***DM 125,00***
Platzierung	***110 (rot)***

1999 Château Beau-Séjour Bécot

Schwarzrubin. Konzentrierte schwarze Früchte und Toast, Kaffee, Schokolade. Konzentrierte intensive Frucht, die einem im ersten Moment den Atem raubt und die Sprache verschlägt. Das hatte man 1999 angesichts der Hagelkatastrophe von der dieses Weingut besonders betroffen war, nun wirklich nicht erwartet. Wuchtiges Tannin. Dann eine lauernde Süße ganz tief im Hintergrund. Perfekte Balance. Bei aller Wucht und Heftigkeit des Weins ist seine Struktur wie mit dem Lineal und Zirkel gezeichnet von trigonometrischem Ebenmaß. Dank sorgfältigster Selektion ein nahezu perfektes Dreiecksverhältnis aus Frucht, Säure und Tannin.

Capital-Index	***162***
Scheuermann-Note	***95***
Anzahl der Flaschen	***70 000 bis 75 000***
Marktpreis	***DM 59,00***
Platzierung	***86 (rot)***

Château Le Bon Pasteur

SCEA Fermière des Domaines
Rolland Maillet
F-33500 Pomerol
Tel. +33/5 57 51 10 94
Fax +33/5 57 25 05 54

Daten | Fakten

Inhaber	Michel Rolland
Rebfläche	6,5 ha
Rebsorten	80 % Merlot, 20 % Cabernet franc
Jahresproduktion	50 000 Flaschen

Obwohl er zu 80, gelegentlich auch zu 90 Prozent aus der Merlottraube gekeltert wird, vereint der Wein von Château Le Bon Pasteur im Idealfall die Finesse und die Frucht eines Pomerol mit dem Körper und der Kraft eines Saint-Emilions. Kein Wunder; denn dieser prächtige Cru von nicht mal sieben Hektar Größe befindet sich genau an der Grenze dieser beiden Terroirs in Maillet. Die im Schnitt 30 Jahre alten Reben stehen hier auf Lehm-, Kies- und Sandböden. Gegründet wurde das Gut 1920 von Hermine und Joseph Dupuy, deren Kinder Geneviève und Serge Rolland den Besitz nach und nach vergrößerten, bis er Mitte der 50er-Jahre seine heutige Größe erreichte. Inzwischen kamen auch noch Weinberge in Lalande-de-Pomerol, Saint-Emilion und Fronsac dazu. Seit 1978 trägt hier ihr Enkel Michel Rolland die Verantwortung zusammen mit seiner Frau Dany. Die beiden betreiben in Libourne außerdem ein Weinlabor, zu dessen Kunden Dutzende der namhaftesten Bordelaiser Betriebe zählen.
Wie sähe die Weinwelt ohne Michel Rolland aus? In Saint-Emilion ist er geradezu allgegenwärtig. Er berät aber auch Ornellaia in Italien, Harlan Estate in den USA, Casa Lapostolle in Chile. Er selbst hat sich im ungarischen Tokaj an einem Weingut beteiligt. Er ist heute einer der einflussreichsten Önologen der Welt.

Das familiäre Château Le Bon Pasteur ist für ihn der Nukleus all dieser Aktivitäten, gleichermaßen bevorzugtes Experimentierfeld und Vorzeigebetrieb. Seit Anfang der 80er-Jahre gibt er von hier aus den Ton an und zeigt seinen Kollegen, wo es lang geht: Abschaffung der maschinellen Ernte und Rückkehr zur parzellenweise Handlese, Wiedereinführung der späten Ernte für die Merlot-Trauben zur Erreichung einer höchstmöglichen Reife der Trauben, Ausdehnung der Maische- und Gärdauer, malolaktische Gärung im Barrique, langer Holzfassausbau bis zu 22 Monate in überwiegend neuer Eiche.
Rolland ist einer der wenigen Bordelaiser Winzer, der noch selbst das Holz für seine Fässer in Allier kauft, trocknet und anschließend selbst zu Fässern verarbeiten lässt. Was wie eine Revolution daherkam, war und ist freilich nichts anderes als die Rückkehr zu den Tugenden der Großväter. Wie dem auch sei. Im Endergebnis haben Rolland und seine Jünger die Übertechnisierung in den Kellern und die Qualitätsnivellierung in den Weinbergen gestoppt, die selbst nobelste Crus in den 70er-Jahren an den Rand des Ruins gebracht hatten. Nicht zuletzt dank des Wirkens von Michel Rolland erleben die roten Gewächse vor allem rechts, aber auch links von der Gironde seit Mitte der 80er-Jahre ein wahrhaft glanzvolles Comeback.

1998 Le Bon Pasteur

Tiefdunkles Schwarzrubin. Konzentrierte Nase: Holzkohle, schwarze Beerenfrucht. Kantig, wuchtig. Strenge Tannine. Sehr konzentriert und verschlossen. Zeigt nichts, hat aber sehr viel im Gepäck. Ein harter Bursche, gut ausgestattet für eine lange Reise.

Capital-Index	***146***
Scheuermann-Note	***92***
Anzahl der Flaschen	***keine Angaben***
Marktpreis	***DM 95,00***
Platzierung	***158 (rot)***

1999 Le Bon Pasteur

Dunkles Rubinrot. Schöne dichte Fülle. Eindrucksvolle Nase mit viel Konzentration der schwarzen Früchte, etwas Lakritze, Trüffel. Schöne Fülle und Opulenz in der Nase und am Gaumen. Gute Tannine, sehr gut integriert, Süße von sehr reifen Brombeeren und Kirschen. Dazu schöne Röstaromen. Sehr langer Abgang.

Capital-Index	***147***
Scheuermann-Note	***91***
Anzahl der Flaschen	***keine Angaben***
Marktpreis	***DM 83,00***
Platzierung	***153 (rot)***

Château Canon-La-Gaffelière

B. P. 34
F-33330 St-Emilion
Tel. +33/5 57 24 71 33
Fax +33/5 57 24 67 95
vignobles.von.neipperg@wanadoo.fr
www.neipperg.com

Daten | Fakten

Inhaber	Comtes de Neipperg
Rebfläche	24,5 ha
Rebsorten	55 % Merlot, 40 % Cabernet franc 5 % Cabernet Sauvignon
Jahresproduktion	72 000 Flaschen

Ende des 18. Jahrhunderts gehörte dieses Château, das heute zu den führenden Betrieben in Saint-Emilion zählt, einem Monsieur Boitard La Poterie und hieß zu dieser Zeit Canon-Boitard. Es brachte stets elegante weiche Weine hervor, denen es aber an der Statur fehlte, die sie heute auszeichnet. 1953 kaufte Monsieur Meyrat, der spätere Bürgermeister von Saint-Emilion, die Weinberge auf dem südlichen Hang der Hügel von Saint-Emilion und leitete zunächst eine positive Entwicklung für das Weingut ein. Bereits ein Jahr später wurde es als Canon-La-Gaffelière zum Premier Grand Cru Classé gekürt.

Nach einer kurzen Blütezeit Anfang der 60er-Jahre erwarb Joseph Hubert Graf von Neipperg 1971 das inzwischen heruntergewirtschaftete Château samt Clos L'Oratoire, La Mondotte und Château Peyraud im Viererpack. Doch erst mit der Übernahme der Betriebsführung durch seinen Sohn Stephan im Jahre 1984 begann für Canon-La-Gaffelière der Aufstieg in die Erste Liga der Region. Zunächst wurden die Weinberge in Ordnung gebracht mit einer verbesserten Dränage, organischer Düngung, Begrünung und rigorosen Ertragsbegrenzungen auf 30 bis 35 hl/ha. Die Edelstahltanks wurden durch große hölzerne Gärbottiche ersetzt und die Barriques, in denen der Wein je nach Jahrgang 13 bis 22 Monate lagert, werden seither jährlich zu 50 bis 90 Prozent erneuert. Teilweise gibt Graf von Neipperg dem Wein zwei bis drei Prozent Vin de Presse zu, Wein, der bei einer zweiten Pressung mit 2 bar gewonnen wird. Dadurch verstärkt er Struktur und Abgang seiner Kreszenzen. Während der Gärung erhält der Most mit einem ausgeklügelten System kleine Sauerstoffdosagen. Das Ergebnis sind seit 1988 eine Reihe großartiger Jahrgänge. Selbst in eher problematischen Jahren wie 1997, 1998 und auch 1999 ist es ihm gelungen, dieses Qualitätsniveau mit bemerkenswerter Konstanz zu halten.

1998 Château Canon-La-Gaffelière

Dunkles Schwarzrubin, dicht und undurchsichtig. Impressive, konzentrierte Frucht (Brombeere, Kirsch), feine Würztöne, Kaffee- und Röstaromen. Gute Balance aus Säure, Frucht und Tannin. Balanciert, ausgewogen, vermittelt den Eindruck höchster Reife. Sehr langer Abgang, sehr tief. Großes Potenzial.

Capital-Index	***149***
Scheuermann-Note	***94***
Anzahl der Flaschen	***keine Angaben***
Marktpreis	***DM 79,00***
Platzierung	***138 (rot)***

1999 Château Canon-La-Gaffelière

Dunkles Rubinrot. Konzentrierte Nase mit einem schönen Duft von Schokolade und roten Früchten. Vereint Eleganz mit Konzentration und Opulenz, samtige, reife Tannine, zeigt einen verführerischen Schmelz. Langer Abgang.

Capital-Index	***147***
Scheuermann-Note	***92***
Anzahl der Flaschen	***keine Angaben***
Marktpreis	***DM 79,50***
Platzierung	***149 (rot)***

Château Griffe de Cap d'Or

6, Rue Guadet
F-33330 St-Emilion
Tel. +33/5 57 55 09 13
Fax +33/5 57 55 09 12

Daten | Fakten

Inhaber	Vignobles Rochet Cap de Rive
Rebfläche	6 ha
Rebsorten	100 % Merlot
Jahresproduktion	18 000 Flaschen

Im zweiten Jahrgang gibt es von diesem vergleichsweise noch preisgünstigen Juwel aus der Appellation Saint-Georges-Saint-Emilion immerhin 18 000 Flaschen. Es handelt sich dabei um eine von Jean-Luc Thunevin (Château Valandraud) vinifizierte Spitzencuvée. Die Trauben stammen aus den Weinbergen des außerhalb Frankreichs wenig bekannten Château Cap d'Or, und zwar aus dem Teil mit den ältesten Rebstöcken(30 bis 40 Jahre). Sie liegen nach Süden ausgerichtet auf dem oberen Teil der Côte. Der Wein besteht zu 100 Prozent aus Merlot und wird komplett in neuen Barriques ausgebaut.

1999 Château Griffe de Cap d'Or

Schwarzrubin. Sehr starke Impression in der Nase: Holz, Rauch und Toast, dunkle Beeren, Vanille, pfeffrige Würze, Pfefferkuchen, Trüffel. Intensiv, opulent und saftig. Einerseits süß und konzentriert, andererseits auch eine gewisse Strenge und ein hohes Maß an Mineralität. Klingt sehr lange und tief nach. Wow!

Capital-Index	***117***
Scheuermann-Note	***94***
Anzahl der Flaschen	***15 000***
Marktpreis	***DM 32,50***
Platzierung	***321 (rot)***

Château Cheval Blanc

F-33330 St-Emilion
Tel. +33/5 57 55 55 55
Fax +33/5 57 55 55 50
cheval.blanc@chateau-cheval-blanc.com

Daten | Fakten

Inhaber	Albert Frère und Bernard Arnault
Rebfläche	37 ha
Rebsorten	60 % Cabernet franc, 40 % Merlot
Jahresproduktion	150 000 Flaschen

Wie einige hochherrschaftliche Güter im Médoc ist auch Château Cheval Blanc in Saint-Emilion heute nicht mehr im Besitz einer Winzerfamilie. 1998 erwarben der belgische Finanz- und Medienunternehmer Albert Frère und Bernard Arnault, Chef des Luxuskonzerns LVMH (Louis Vuitton-Moët-Hennessy), je zur Hälfte das Anwesen, in dessen Besitz sich zuvor insgesamt 40 Aktionäre geteilt hatten. Der Kaufpreis wurde nicht genannt. Experten schätzen ihn auf mindestens eine Milliarde Francs. Der 73-jährige Frère ist eine der bekanntesten Unternehmenspersönlichkeiten Belgiens. Über seine Familienholding Frère-Bourgeois ist er unter anderem an der RTL-Tochter CLT sowie an den Konzernen Petro Fina, Audiofina und Suez-Lyonnaise beteiligt. Genau wie Arnault ein Mann mit Geldnase, einer, der sich genau überlegt, in was er investiert.

In diesem Fall sind es 37 Hektar erstklassiges Rebgelände an der Grenze von Saint-Emilion zu Pomerol, die zu rund drei Fünfteln mit Cabernet-franc-Reben bestockt sind. Damit hat Cheval Blanc den höchsten Anteil dieser Sorte aller hochrangigen Bordeaux-Güter, schon darin unterscheidet sich der Wein grundlegend von allen seinen Nachbarn. Hinzu kommt die Beschaffenheit des Bodens, das berühmte Kiesbett von Cheval Blanc, das an die Weinberge im Médoc oder in den Graves erinnert. Hier erreichen die Cabernet-franc-Trauben eine Reife und Fülle wie nirgends sonst im Bordelais. Das Terroir, das Zusammenspiel von Boden, Klima und Reben, legt so den Grundstein für jene dichte, opulente Struktur, die die Weine von Cheval Blanc über Jahrzehnte zu wundervoller Eleganz reifen lassen. Nur wenige Güter haben, über ein Jahrhundert betrachtet, mit solcher Zuverlässigkeit und Konstanz bedeutende Weine hervorgebracht. Allerdings gehörten die Weine der letzten Jahrgänge nicht eben zu den Glanzlichtern in den Annalen dieses berühmten Châteaus.

Man war also gespannt darauf, was Regisseur Pierre Lurton in einem extremen Problemjahrgang wie 1999 leisten würde, um seine neuen Eigentümern zufrieden zu stellen. Um es kurz zu machen: Es ist für mich der beste Cheval Blanc seit 1990. Die Ernte konnte genau einen Tag vor dem großen Regen abgeschlossen werden. Durch sorgfältige Präparation der Weinberge und durch penible Selektion erreichte man eine für den Jahrgang bemerkenswerte Reife der Trauben, wobei der Anteil der Sorte Merlot bei diesem ansonsten vom Cabernet franc dominierten Wein im Jahrgang 1999 bei 55 Prozent liegt, also deutlich über den sonst üblichen 30 bis 35 Prozent. Das verleiht dem Wein mehr Schmelz und Süße, auch einen Hauch von Exotik.

1998 Château Cheval Blanc

Kein ganz großer, aber ein interessanter Cheval Blanc mit einer intensiven dunklen Farbe und einem Bukett voller dunkler Beerenaromen, eingerahmt von leicht rauchigen, mineralischen Komponenten. Deutlich besser als der 97er, aber nicht die Klasse des folgenden 99ers. Hat einen mittleren Körper und zeigt in seiner primären Fruchtphase eine ausgeprägte Süße. Charmant und fein strukturiert.

Capital-Index	***328***
Scheuermann-Note	***96***
Anzahl der Flaschen	***100 000***
Marktpreis	***DM 297,00***
Platzierung	***6 (rot)***

1999 Château Cheval Blanc

Dunkles Rubinrot. Nase konzentriert, sehr feine rote Fruchtaromen zwischen Kirsche und Cassis, unterstützt von zarten Holztönen, etwas geröstete Mandeln, Vanille, Gewürze. Eine ähnliche Balance, Perfektion und Eleganz wie bei Margaux. Konzentration sehr reifer roter Früchte mit entsprechender Süße, perfekt eingebaute Tannine, saftig, sehr lang nachklingend.

Capital-Index	***328***
Scheuermann-Note	***96***
Anzahl der Flaschen	***100 000***
Marktpreis	***DM 295,00***
Platzierung	***5 (rot)***

Château Clinet

F-33500 Pomerol
Tel. +33/1 39 87 42 43
Fax +33/1 39 85 81 91
info@chateauclinet.com
www.chateauclinet.com

Daten | Fakten

Inhaber	Jean-Louis Laborde
Rebfläche	9 ha
Rebsorten	80 % Merlot, 10 % Cabernet franc, 10 % Cabernet Sauvignon
Jahresproduktion	48 000 Flaschen

Vor 15 Jahren noch ein vergessenes Dornröschen, zählt Château Clinet heute wieder zu den glanzvollen Stars von Pomerol. Der Prinz, der es wachgeküsst hat, heißt Jean-Michel Arcaute. Er heiratete Mitte der 80er-Jahre in die Besitzerfamilie Audy ein, und übernahm 1986, beraten von dem Star-Önologen Michel Rolland, die Regie. Er führte Prinzipien wie die späte Lese ein, eine strenge Selektion der Trauben, eine deutlich verlängerte Fermentation und den Einsatz von bis zu 80 Prozent neuem Holz. Noch im Jahr 1982, dem Wunderjahrgang, fiel Clinet allenfalls dadurch auf, dass sein Wein unglaublich dünn und wässrig war. Der letzte passable Jahrgang von diesem Chateau, der 61er, lag gut zwei Jahrzehnte zurück, und der letzte große Wein, der 47er, über dreißig Jahre.
Seit 1988 zählt Château Clinet wieder zur ersten Garnitur von Pomerol. In den zwölf Jahren von 1988 bis 1999 legte Arcaute eine fast makellose Serie hin, darunter acht Jahrgänge mit Bewertungen zwischen 93 (1996) und 100 Punkten (1989). Diese Zeit wird als die »Goldenen Jahre« in die Annalen dieses Châteaus eingehen. Anfang 2000 hat sich Arcaute verabschiedet und Clinet an seinen ehemaligen Partner Jean-Louis Laborde verkauft und er beschäftigt sich seither in erster Linie mit dem Aufbau seines neuen Gutes in Argentinien (vgl. Alta Vista). Der 99er Château Clinet trägt nur noch zum Teil seine Handschrift. Wie die Zukunft von Clinet ohne Arcaute aussieht, muss man abwarten.
Die Voraussetzungen für große Weine sind natürlich nach wie vor gegeben: Château Clinet liegt auf einer jener Kiesbänke, die in der Günz-Eiszeit (600 000 bis 550 000 v. Chr.) hier abgelagert wurden, und auf denen sich auch die Terroirs von Figeac und Cheval Blanc befinden. Der Boden weist eine gewisse oberflächliche Ähnlichkeit zum Haut-Médoc auf: sehr steinig, aber im Unterschied zu Saint-Emilion findet man in Pomerol reichlich Eisenerz, so genanntes »crasse de fer« im Untergrund. Das Alter der Rebstöcke von Château Clinet liegt heute bei fast 40 Jahren. Aber es war ja der sehr persönliche extreme Ausbaustil, mit dem Arcaute das Profil dieses Weins schärfte. Er ist ein erklärter Gegner jeglicher Form von Schönung und Filtration. Er pflegt stattdessen zur Stabilisierung der Weine einen sehr langen Ausbau im Fass, der bis zu 28 Monaten dauern kann.

1998 Château Clinet

Dunkles Schwarzrubin. Eine enorme Farbtiefe, noch tiefer als beim 97er und 96er. Nase mit viel Schokolade, dickes Himbeer- und Brombeerkompott. Am Gaumen dickflüssig, große Konzentration, schwarze Aromen von Mokka, vor allem im Abgang. Dicht und sehr lang und tief. Ähnlich wie bei L'Eglise-Clinet: die pure Schokolade, aber härter und etwas bitterer.

Capital-Index	***183***
Scheuermann-Note	***94***
Anzahl der Flaschen	***keine Angaben***
Marktpreis	***DM 137,00***
Platzierung	***50 (rot)***

1999 Château Clinet

Schwarzes Rubinviolett. Nach dem exzeptionellen 98er ist dies ein Wein, der mir bei dieser ersten Verkostung aus dem Fass etwas schwächer im Körper vorkam. Aber das kann täuschen. Die extrem harten, pelzigen Tannine verdeckten die Frucht fast vollständig. Zeigte eine ziemlich heftige Säure, ließ aber die Fülle etwas vermissen.

Capital-Index	***182***
Scheuermann-Note	***90***
Anzahl der Flaschen	***keine Angaben***
Marktpreis	***DM 110,00***
Platzierung	***52 (rot)***

Clos Badon Thunevin

6, Rue Guadet
F-33330 St-Emilion
Tel. +33/5 57 55 09 13
Fax +33/5 57 55 09 12

Daten | Fakten

Inhaber	Jean-Luc Thunevin
Rebfläche	6 ha
Rebsorten	75 % Merlot, 25 % Cabernet franc
Jahresproduktion	20 000 Flaschen

Clos Badon ist der neueste Geniestreich aus der Hexenküche des Monsieur Thunevin. Der ist einerseits eine der umstrittensten Persönlichkeiten auf der Bordelaiser Bühne. Andererseits war sein kleiner Laborraum im Frühjahr 2000 während der Primeur-Kampagne das am stärksten frequentierte Anlaufziel in Saint-Emilion. Dieser Klassewein stammt aus einem kleinen Weinberg in der Nachbarschaft von La Gaffelière unterhalb von Château Pavie, das den Rang eines Premier Cru Classé innehat. Jean-Luc Thunevin hat diesen Weinberg im Juli 1998 gekauft und ihn mit dem Jahrgang 1998 auch erstmals in seinem Valandraud-Stil vinifiziert. Die Erträge liegen deutlich unter 40 hl/ha.

1999 Clos Badon Thunevin

Dunkles Rubinrot. Sehr verschlossen. Am Gaumen eine opulente, süße Fruchtkonzentration: Brombeere, Kirsche, dazu sehr schöne harmonische Tannine, etwas Minze, samtige Textur. Langer Abgang.

Capital-Index	***116***
Scheuermann-Note	***91***
Anzahl der Flaschen	***20 000***
Marktpreis	***DM 40,00***
Platzierung	***325 (rot)***

Clos de l'Oratoire

Château Peyreau
B. P. 34
F-33330 St-Emilion
Tel. +33/5 57 24 71 33
Fax +33/5 57 24 67 95
vignobles.von.neipperg@wanadoo.fr
www.neipperg.com

Daten | Fakten

Inhaber	Comtes de Neipperg
Rebfläche	10 ha
Rebsorten	95 % Merlot, 5 % Cabernet franc
Jahresproduktion	48 000 Flaschen

Dieser Weinberg war ursprünglich ein Teil von Château Peyreau. Er wurde im 19. Jahrhundert abgetrennt und von einer Familie Beylot erworben, die ihn als eigenständiges Gut aufbaute und das Herrenhaus inmitten eines Parks errichten ließ. Seit der Überarbeitung von 1990 der ursprünglichen Klassifizierung von Saint-Emilion wird er als Grand Cru Classé bewertet, und dies obwohl der Weinberg in einer weniger günstigen Lage auf sandigen Böden am Fuß eines Nordhangs liegt. Umso erstaunlicher ist es, welche Qualität die Weine hier in den letzten Jahren unter der Regie von Stephan Graf Neipperg (Château Canon-La-Gaffelière) erreicht haben, und zwar einerseits dank einer strikten Ertragsbegrenzung auf 37 hl/ha und zum andern durch eine konsequente Vinifizierung mit häufigem Aufrühren während der Mazeration, biologischem Säureabbau im Holz und einmaligem Abstich nach langem Lager auf der Grobhefe. Der Wein reift bis zu 18 Monate in zu 50 Prozent neuen Barriques, ehe er unfiltriert gefüllt wird.

1998 Clos de l'Oratoire

Schwarzrubin. Herrlicher Brombeerduft. Ein ungeheuer dichter Wein, viel Schokolade in der Nase und am Gaumen. Konzentrierte Frucht, mächtig, sehr harmonische Bitterstoffe. Schwerer, schwarzer Saft. Sehr langer Abgang.

Capital-Index	***125***
Scheuermann-Note	***91***
Anzahl der Flaschen	***keine Angaben***
Marktpreis	***DM 60,00***
Platzierung	***272 (rot)***

1999 Clos de l'Oratoire

Dichtes, dunkles Rubinrot. Opulent, schöne dichte Art, fleischig und süß, zeigt eine saftige Beerenfrucht mit deutlichen Röstaromen, Kaffeenoten, kräftige Tannine. Sehr langer Abgang.

Capital-Index	***126***
Scheuermann-Note	***92***
Anzahl der Flaschen	***keine Angaben***
Marktpreis	***DM 60,00***
Platzierung	***266 (rot)***

Clos Saint-Martin

SCI Les Grandes Murailles
F-33330 St-Emilion
Tel. +33/5 57 24 71 09
Fax +33/5 57 24 69 72

Daten | Fakten

Inhaber	Familie Reiffers
Rebfläche	1,33 ha
Rebsorten	75 % Merlot, 25 % Cabernet franc
Jahresproduktion	9600 Flaschen

Mit seinen 1,33 Hektar ist Clos Saint-Martin das kleinste der klassifizierten Weingüter von Saint-Emilion. Der mit einer Mauer umfriedete Weinberg liegt ganz im Süden hinter der namensgebenden Kirche von Saint-Martin, einem ehemaligen Pfarrbezirk in unmittelbarer Nähe von Saint-Emilion. Bis ins letzte Jahrhundert beherbergte Clos Saint-Martin denn auch das Pfarrhaus der Kirche, und der heutige Weinkeller war der Weinkeller des Pfarrers. Dieser sehr alte Weinberg, der in unmittelbarer Nachbarschaft der Premiers Grands Crus Angélus und Canon und der beiden Beau-Séjour-Güter liegt, mit denen er sich praktisch das Terroir teilt, besaß in der Region schon immer ein ausgezeichnetes Renommee, stand aber nie wirklich im Rampenlicht. Erst in den letzten Jahren, als mehr und mehr das Interesse an den so genannten Mikrocuvées erwachte, wurde man auch auf diesen natürlichen Miniatur-Cru aufmerksam. Der Weinberg mit seinem lehmigen Kalksteinboden ist nach Süden ausgerichtet und zu 75 Prozent mit Merlot, zu 25 Prozent mit Cabernet franc bestockt. Die Reben erreichen heute ein Alter von 30 Jahren. Der Clos Saint-Martin befindet sich seit über 100 Jahren im Besitz der Familie Reiffers, der auch die Weingüter Les Grandes Murailles und Côte de Baleau in Saint-Emilion gehören. Vor einigen Jahren wurde der Weinkeller vollständig instand gesetzt und mit Inoxtanks ausgerüstet. Man pflegt eine relativ lange Maischegärung von bis zu 25 Tagen und baut den Wein 18 Monate überwiegend in neuen Barriques aus, die je nach Jahrgang jährlich zu 80 bis 100 Prozent erneuert werden.

Im Jahrgang 1999 gehörte Clos Saint-Martin zwar zu den im September vor der Ernte vom Hagelschlag betroffenen Weinbergen, aber das hat nicht verhindert, dass hier durch eine strenge Selektion einer der besten Weine der Dekade entstand, was mit einiger Sicherheit in Verbindung mit der geringen Anzahl der verfügbaren Flaschen den Preis für diesen Wein in die Höhe treiben dürfte.

1999 Clos Saint-Martin

Dunkles Schwarzrubin bis Violett. In der Nase Bombeere und Cassis, die pure Fruchtkonzentration, und das schwarze Toast von neuem Holz. Ein toller Wein, den man so kaum je nach St-Emilion einordnen würde, sondern eher in die Neue Welt. Eine fleischige Konzentration am Gaumen mit viel Saft, Süße und Schmelz. Langer Abgang.

Capital-Index	***132***
Scheuermann-Note	***91***
Anzahl der Flaschen	***6000***
Marktpreis	***DM 80,00***
Platzierung	***232 (rot)***

Château Croix de Labrie

F-33330 Vignonet
Tel. und Fax +33/5 57 24 64 60

Daten | Fakten

Inhaber	Michel Puzio
Rebfläche	37,47 Ar
Rebsorte	Merlot
Jahresproduktion	6000 Flaschen

Wenn es so etwas wie eine Steigerung für den Begriff des Château de Grarage gibt, dann heißt sie wohl Vin de Salon. So nennt Michel Puzio scherzhaft seinen Wein Croix de Labrie. Da er sonst nicht ausreichend Platz zur Verfügung hat, stehen die Barriques, in denen der Wein reift, im Wohnzimmer. Der winzige Weinberg – er umfasst gerade mal 3747 Quadratmeter – liegt im Südosten der Appellation von Saint-Emilion und ist ausschließlich mit Merlot-Reben bestockt, die vierzig Jahre alt sind und auf altem Kiessand wachsen. Der Ertrag wird mit 2 Tonneaux angegeben, das wären acht Barriques. In der Tat vinifiziert Puzio gemeinsam mit seinem Mentor Jean-Luc Thunevin (Château Valandraud) seit 1998 nur jeweils vier bis fünf Barriques dieses Weins.

1999 Croix de Labrie

Dunkles Rubinrot. Duft von Blaubeeren und Brombeeren, etwas Waldboden, Moos und Toast, Schokolade. Gute Tanninstruktur, viel schwarze Aromen, macht einen pelzigen Mund. Etwas kaffeebitter am Gaumen, nicht ganz so süß. Guter Abgang.

Capital-Index	***125***
Scheuermann-Note	***90***
Anzahl der Flaschen	***6000***
Marktpreis	***DM 80,00***
Platzierung	***276 (rot)***

Château Ducru-Beaucaillou

F-33250 St-Julien Beychevelle
Tel. +33/56 73 16 73
Fax +33/56 59 27 37

Daten | Fakten

Inhaber	Familie J. E. Borie
Rebfläche	52 ha
Rebsorten	65 % Cabernet Sauvignon, 25 % Merlot, 5 % Cabernet franc, 5 % Petit Verdot
Jahresproduktion	220 000 Flaschen

Neben Château Léoville Las Cases gilt Ducru-Beaucaillou als bestes unter den 1855 klassifizierten zweiten Gewächsen in Saint-Julien. Wie im Falle von Léoville Las Cases gibt es viele Stimmen, die das Gut am liebsten als Premier Cru klassifiziert sähen. Robert Parker nannte es neulich den »Lafite-Rothschild von Saint-Julien«. In einigen jüngeren Jahrgängen wie 1995 und 1996, aber auch 1982 und 1989 und besonders bei den Klassikern wie 1970 und 1961 würde ich dem zustimmen, aber ansonsten halte ich die Bezeichnung »Super Second« für zutreffender.
Die Qualität der Weine bewegt sich, von einzelnen Ausreißern wie z. B. 1990 abgesehen, auf einem sehr hohen und gleichmäßigen Niveau, aber der letzte Kick fehlt mir meist doch. Die Weine zeichnen sich aus durch Balance und Konstanz, aber sie regen nicht wirklich auf. Sie können von superber Eleganz sein, aber es fehlte ihnen doch meist das letzte Quäntchen Charisma. Ein schmaler Grat, jedoch genau der Unterschied, der aus einem großen Sopran eine wirkliche Primadonna assoluta macht. Aber manchmal blitzt eben doch jenes Fünkchen Genialität auf. Und die beiden aktuellen Jahrgänge sind ein gutes Beispiel dafür, was ich damit sagen will. Der 98er Ducru ist grundsolide auf hohem Niveau, aber nicht mehr. Die Fassmuster des Jahrgangs 1999 versprechen dagegen eine neue Sternstunde.
Das Weingut Ducru-Beaucaillou liegt, umgeben von einem Park mit schönem alten Baumbestand, in Sichtweite der Gironde. Es befindet sich seit 1941 im Besitz der Familie Borie, der auch die beiden Châteaux Grand Puy Lacoste und Haut-Batailley gehören. Im Gegensatz zu manch anderem Château, das heute eher der Repräsentation dient, wird Ducru-Beaucaillou von der Familie bewohnt. Der Name leitet sich einmal von einem der Vorbesitzer im 19. Jahrhundert, der Familie Ducru-Ravez, ab und zum anderen von »Beaux Cailloux« was soviel bedeutet wie »schöne Kiesel« und den Untergrund beschreibt, auf dem die Reben wachsen. Die Rebstöcke erreichen im Durchschnitt ein Alter von knapp 40 Jahren und sind mit 10 000 Stock pro Hektar sehr dicht gepflanzt.

1998 Château Ducru-Beaucaillou

Rubinrot. Verhaltene Nase. Ein schöner, aber zunächst sehr strenger Wein. Verschlossen. Konzentriert. Mächtige Säure. Tannine, die dem Wein einen kernigen, harten und kantigen Charakter geben. Hat aber genügend Körper, um das gut auszuhalten und die Tannine zu integrieren. Eine sehr positive mittlere Zukunft.

Capital-Index	***182***
Scheuermann-Note	***92***
Anzahl der Flaschen	***keine Angaben***
Marktpreis	***DM 76,00***
Platzierung	***51 (rot)***

1999 Château Ducru-Beaucaillou

Dunkles Rubinrot. Kirsche, Kaffee, dunkle Schokolade, feine, aber fast schon exotische Würze. Sehr komplexe Aromen. Am Gaumen ein sehr schön balancierter, eleganter Wein mit feiner Süße. Schöne Konzentration, sehr würzig, erdig und lang nachklingend.

Capital-Index	*179*
Scheuermann-Note	***93***
Anzahl der Flaschen	***keine Angaben***
Marktpreis	***DM 90,00***
Platzierung	***56 (rot)***

Château L'Eglise-Clinet

F-33500 Pomerol
Tel. +33/5 57 25 99 00
Fax +33/5 57 25 21 96

Daten | Fakten

Inhaber	Familie Durantou
Rebfläche	6 ha
Rebsorten	75 % Merlot, 25 % Cabernet franc
Jahresproduktion	22 000 Flaschen

Bei unserem vorletzten Besuch im Frühjahr 1999 erteilte Denis Durantou mir und meinen beiden Begleitern eine spannende Lehre. Er ließ uns nicht nur eine Assemblage seiner Fässer probieren, sondern führte uns mit dem geheimnisvollen Lächeln einer Sphinx zwei Muster vor, aus denen ein weniger charakterfester Winzer längst superteure Mikrocuvées gemacht hätte.
Die erste Probe, 100 Prozent Merlot von 45 Jahre alten Rebstöcken auf steinigem Boden, war hyperkonzentriert und dicht in allem: Farbe, Bukett und Geschmack. Dickflüssig, sehr weich, sehr opulent und mit Extrakten aufgeladen. Enorme Konzentration mit viel Kaffee, Mokka, Schokolade. Die zweite Probe bestand aus Merlot und Cabernet franc aus mindestens 65 Jahre alten Reben. Sie war nicht ganz so opulent, aber sehr lang im Abgang, zeigte mehr Struktur und Biss. Ein wahres Monster mit einer heftigen Attacke der Aromen: dunkle Beeren, überreichlich Tannin, Schokolade, Mokka.
Jedes Fassmuster für sich genommen: glatte 100 Punkte. Es fehlte nicht an finanziellen Verlockungen, mit denen Denis Durantou überredet werden sollte, so etwas separat zu füllen. Vor allem amerikanische Händler bekommen da leicht die blanken Dollarzeichen in die Augen und spielen schon mal Onkel Dagobert. Für Durantou kommt das aber nicht infrage, egal was man ihm dafür bieten würde. Was er uns zeigen wollte, war schlicht das Herzstück seines L'Eglise-Clinet. Das zu selektionieren, hieße dem Grand Vin die Seele rauben.
Und einer der wesentlichen Gründe für die heutige konstante Qualität der Weine von L'Eglise-Clinet liegt in der Tatsache begründet, dass die Rebbestände des Gutes zum Teil deutlich älter sind als die der meisten anderen Pomerol-Güter. L'Eglise-Clinet war einer der wenigen Crus in Pomerol, die nach dem verheerenden Frost des Jahres 1956 ihren Bestand nicht roden mussten. Er überstand auch die Fröste von 1985 und 1987. Da die Weinberge beim Ort lagen, waren sie besser vor den Frösten geschützt. Das Durchschnittsalter der Rebstöcke wird heute mit über 40 Jahren angegeben, einige sind aber bis zu 100 Jahre alt. Das Alter und der Klon-Typus der Weinstöcke sind wohl letztendlich das Geheimnis der Qualität von L'Eglise-Clinet, was sich in hohen Bewertungen, leider aber auch in rasant steigenden Preisen niederschlägt; denn die relativ kleine Produktion reicht längst nicht mehr aus, um die weltweite Nachfrage zu befriedigen.

1998 Château L'Eglise-Clinet

Konzentrierte Nase: Kaffee, Nougat, Röstaromen, Gewürze. Schöne Süße, sehr langer Abgang, dick, strotzend vor Extrakten, eine sehr feste, komplette und reiche Struktur. Wobei die barocke, ausladende Opulenz die Tannine fast völlig verschluckt.

Capital-Index	***260***
Scheuermann-Note	***96***
Anzahl der Flaschen	***12 500***
Marktpreis	***DM 297,00***
Platzierung	***16 (rot)***

1999 Château L'Eglise-Clinet

Zugegeben: Der 99er L'Eglise-Clinet ist natürlich nicht so ein Riese wie der extraordinäre 98er, aber ihn wie Robert Parker mit weniger als 90 Punkten abzuspeisen ist schon einigermaßen merkwürdig. Vielleicht hatte ich auch nur mehr Glück mit den beiden probierten Mustern. Der Wein zeigte im Frühjahr 2000 eine dunkles, tiefes Rubinrot und duftete intensiv nach Kirsche und Schokolade. Er war dick und konzentriert, aber auch sehr weich und süß.

Capital-Index	***209***
Scheuermann-Note	***92***
Anzahl der Flaschen	***11 000***
Marktpreis	***DM 245,00***
Platzierung	***29 (rot)***

Château La Gomerie

F-33330 St-Emilion
Tel. +33/5 57 74 46 87
Fax +33/5 57 24 66 88

Daten | Fakten

Inhaber	Gérard und Dominique Bécot
Rebfläche	2,6 ha
Rebsorten	100 % Merlot
Jahresproduktion	9000 Flaschen

Mit Château La Gomerie hat es eine ähnliche Bewandtnis wie mit dem sündhaft teuren La Mondotte von Graf Neipperg. Es handelt sich um einen kleinen Weinberg, in diesem Fall von gerade mal 2,6 Hektar Größe in allerbester Lage, der direkt an ein renommiertes Terroir angrenzt, nämlich an Château Beau-Séjour Bécot auf dem Plateau östlich von Saint-Emilion. Dessen Besitzer Gérard Bécot erwarb dieses göttliche Fleckchen Erde mit seinen über 35 Jahre alten Merlot-Rebstöcken Mitte der 90er-Jahre. Seinem Gut einverleiben, was angesichts der unbestrittenen Qualität des Terroirs eigentlich nur positiv gewesen wäre, durfte er es nach den Regeln der Union des Grand Crus auf keinen Fall, wollte er nicht seinen Status als Premier Grand Cru B riskieren. Also beschloss er, daraus einen jener neuen Kult- und Garagenweine zu machen, die sich einerseits einer weltweiten Zuneigung von Sammlern, Weingenießern und Publizisten erfreuen, andererseits natürlich das Klassifikationssystem von Bordeaux allein schon durch ihre traditionslose Existenz total infrage bzw. auf den Kopf stellen.

Natürlich waren zu den Zeiten, als man die einzelnen Klassifikationen in Bordeaux festlegte, längst noch nicht alle Terroirs in ihrer wahren Bedeutung, ihrem Wert erkannt; denn die diversen Klassifikationen beruhten in Wahrheit ja eher auf Kriterien wie Marktbedeutung, Reputation, Höhe der erzielten Preise etc. als auf der Untersuchung von Boden und Mikroklima. Das spielt erst heute eine entscheidende Rolle. Überdies umfasst der Begriff Terroir ganz eindeutig auch den Humanfaktor, nämlich das Handwerk und die Imagination des Winzers. Und was das angeht, gehört Gérard Bécot, beraten vom Star-Önologen Michel Rolland, zu den Großen seiner Zunft.

Im Gegensatz zum Wein des Stammhauses Beau-Séjour Bécot handelt es sich bei La Gomerie um einen reinen Merlot, und in sofern ähnelt sein Charakter auch stark dem benachbarten Pomerol. Bécot ist ein Verfechter einer langen Maischestandzeit von vier bis fünf Wochen und des langen (bis zu 20 Monate) Ausbaus in 100 Prozent neuen Eichenfässern: Danach wird der Wein ungeschönt und ohne Filtration abgefüllt. Bisher sind zwar erst fünf Jahrgänge von diesem Luxusgeschöpf erschienen, aber das reichte aus, um es ganz schnell in die erste Reihe und damit ins Zentrum des Interesses zu katapultieren. Im Jahrgang 1999 gehörte La Gomerie zwar zu den vom Hagelsturm am 5. September betroffenen Flächen, aber dem Wein des Hauses hat weder dies noch die etwas frühere Lese wirklich geschadet.

1998 Château La Gomerie

Dunkles Rubinrot. Expressive Farbe. Sehr schöne Frische in der Nase. Konzentrierte, dicke Kirschmarmelade mit einem Hauch von Minze. Saftig und schokoladensüß. Große Eleganz und Balance. Die pure Harmonie. Sehr langer Abgang. Nichts Raues und Wildes, geschmeidige Eleganz, stoffig und opulent.

Capital-Index	***134***
Scheuermann-Note	***96***
Anzahl der Flaschen	***16 500***
Marktpreis	***DM 129,00***
Platzierung	***215 (rot)***

1999 Château La Gomerie

Schwarzrubin. In der Nase ein total hedonistischer Traumstoff: Cassis, Brombeere, Minze. Hohe Konzentration. Wieder ein bemerkenswerter, großer Wein, und das trotz der widrigen Umstände. Nicht ganz so fett am Gaumen wie in den letzten Jahren, sondern strenger, säurebetonter, mit sehr vielen schwarzen Aromen bis tief hinein in den langen Abgang. Macht mit dieser vielschichtigen Opulenz – dem Spiel zwischen Süße und Strenge – total Spaß.

Capital-Index	***130***
Scheuermann-Note	***94***
Anzahl der Flaschen	***16 500***
Marktpreis	***DM 180,00***
Platzierung	***246 (rot)***

Château Gracia

St-Christophe-des-Bardes
F-33330 St-Emilion
Tel. +33/5 57 24 77 98
Fax +33/5 57 74 24 72

Daten | Fakten

Inhaber	Michel Gracia
Rebfläche	1,83 ha
Rebsorten	75 % Merlot, 25 % Cabernet franc
Jahresproduktion	3000 Flaschen

Für dieses Miniweingut – einen der Shooting Stars der späten 90er-Jahre in Saint-Emilion – wäre selbst die Bezeichnung »Château de Garage« eine maßlose Übertreibung. Kleiner und bescheidener geht's eigentlich wirklich nicht mehr. Michel Gracia, der im Hauptberuf Baumeister und Restaurator ist, vinifiziert seinen Wein mitten im Städtchen Saint-Emilion, sozusagen im Hinterhof. Eine Art größerer Lagerraum reicht ihm für seine 18 neuen Barriques, in denen der Wein rund 18 Monate ausgebaut wird, ehe er ihn ohne Schönung unfiltriert abfüllt. Auch Gracia ist ein Verfechter der Methode des biologischen Säureabbaus in Verbindung mit neuem Holz. Drei Jahrgänge genügten, um aus diesem »Château sans Château« einen der begehrten neuen Kultweine des Libournais zu machen. Die winzige Rebfläche, ein Weinberg mit 30 Jahre alten Merlotreben und etwas Cabernet franc, umfasst gerade mal 1,83 Hektar im Nordwesten von St-Christophe-des-Bardes mit kalkhaltigen Lehmboden und ist als Grand Cru klassifiziert.

Seit 1997 zaubert Gracia einen Wein von hinreißender Fülle und opulenter Dichte. Dazu werden die Trauben nicht nur sorgfältig von Hand gepflückt, sondern auch vor dem Keltern auf das Genaueste Beere für Beere selektioniert. Das führt zu extrem niedrigen Erträgen. 1999 waren es beispielsweise nur 21 hl/ha. In einem so schwierigen Jahr ist das allerdings die Voraussetzung für einen überragenden Erfolg.

1999 Château Gracia

Dunkles Schwarzrubin. Hohes Maß an Konzentration schon in der Nase: dunkle Beeren, kompotthaft verdichtet, Kaffee, Schokolade und eine schon orientalisch anmutende Würze. Am Gaumen eine jener hedonistischen Weinkonfitüren, die einen betörend sinnlichen Charme entwickeln, aber irgendwie auch etwas amorph wirken, zumindest in diesem frühen Stadium.

Capital-Index	***123***
Scheuermann-Note	***91***
Anzahl der Flaschen	***3000***
Marktpreis	***DM 110,00***
Platzierung	***289 (rot)***

Château Grand-Pontet

F-33330 St-Emilion
Tel. +33/5 57 74 46 88
Fax +33/5 57 24 66 88

Daten | Fakten

Inhaber	Familie Pourquet-Bécot
Rebfläche	14 ha
Rebsorten	75 % Merlot, 15 % Cabernet franc, 10 % Cabernet Sauvignon
Jahresproduktion	70 000 Flaschen

Im Trio Infernal, das Monsieur Bécot im März 2000 vorstellte, war dieses Château neben Beau-Séjour Bécot und La Gomerie die unbekannte Größe, so unbekannt, dass die meisten es übersahen oder einfach vergaßen, es zu probieren. Dabei war es bereits in den letzten zwei, drei Jahren als eine Art Geheimtipp gehandelt worden. Doch mit dem 99er Jahrgang gelang ein Quantensprung. Der Grund ist einfach zu erklären. Bis vor kurzem waren die Bécots vor allem damit beschäftigt, den Wiederaufstieg ihres Beau-Séjour zum Premier Grand Cru zu erreichen und gleichzeitig ihr Prestigeprojekt La Gomerie zu forcieren. Da blieb wohl nicht genug Zeit für Grand-Pontet, dessen Wein ein bisschen mit der linken Hand gemacht wurde. Das hat sich ganz offensichtlich geändert. Der Wein ist dichter und konzentrierter geworden, nicht nur in der Farbe.

Grand-Pontet hieß früher einmal Château Petit-Bols oder Château Franc-Petit-Bols, nach einem nahe gelegenen Ulmenwäldchen. Es war einer der zahlreichen Pachthöfe der Familie Laveau, die u. a. auch die Weingüter Soutard und Grand-Mayne besaß. Als Jean Laveau 1836 ohne direkten Nachfolger starb, wurden seine Güter innerhalb der Verwandtschaft aufgeteilt. Petit-Bois fiel an eine seiner Nichten, deren Tochter heiratete den Abgeordneten Gabriel Combrouze. Er gab 1929 dem Anwesen seinen jetzigen Namen Grand-Pontet. Gabriel Combrouze wurde im Alter von einunddreißig Jahren zum Bürgermeister von Saint-Emilion gewählt und hatte dieses Amt nahezu fünfzig Jahre inne, von 1896 bis 1946. Achtzehn Jahre lang war er auch Abgeordneter des Departements Gironde. Nach seinem Tod 1946 wurde Grand-Pontet einige Jahre von seiner Witwe und seinem Enkelsohn geleitet. 1965 wurde es vom Handelshaus Barton et Gestier übernommen, das die Weine von Grand-Pontet hauptsächlich in England absetzte.

Als Barton et Gestier sich 1980 von zahlreichen Weinbergen und Immobilien trennten, schlossen sich die drei verwandten Familien Bécot, Eigentümer von Beau-Séjour Bécot, Pourquet und Berjal zusammen, um den Kauf zu finanzieren und um den Betrieb des Weinguts zu übernehmen. Heute gehört es Sylvie Pourquet, der Schwester des berühmten Gérard Bécot, der sich um die Vinifizierung der Weine kümmert.

1998 Château Grand-Pontet

Tiefdunkles, opakes Rubinrot. Konzentrierter, dicker Kirschsaft, Brombeerkonfitüre. Am Gaumen eine starke Säure. Konzentriert, aber auch Harmonie und Eleganz.

Capital-Index	***129***
Scheuermann-Note	***90***
Anzahl der Flaschen	***24 000***
Marktpreis	***DM 90,00***
Platzierung	***255 (rot)***

1999 Château Grand-Pontet

Dunkles Schwarzviolett. Eine Superfarbe! In der Nase eine höllisch dichte Konzentration von fruchtigem Kompott: Brombeere, Blaubeere, Pflaumenmus ... Am Gaumen perfekte Konzentration mit mächtigen Tanninen, viel Pelz, kräftige Säure. Ein Wein mit viel Kraft und vor allem Schmackes. Total animierend durch die Art, wie er mit seinen strotzenden Pfunden wuchert.

Capital-Index	***132***
Scheuermann-Note	***93***
Anzahl der Flaschen	***24 000***
Marktpreis	***DM 90,00***
Platzierung	***234 (rot)***

Château Haut-Brion

135 Av. Jean-Jaurès
F-33608 Pessac
Tel. +33/5 56 00 29 30
Fax +33/5 56 98 75 14
info@haut-brion.com
www.haut-brion.com

Daten | Fakten

Inhaber	Domaine Clarence Dillon S. A.
Rebfläche	43 ha
Rebsorten	37 % Merlot, 45 % Cabernet Sauvignon, 18 % Cabernet franc
Jahresproduktion	120 000 Flaschen

Wie schon in einigen vorangegangenen Jahren der letzten Dekade des 20. Jahrhunderts hatte Château Haut-Brion auch 1999 in diesem nicht einfachen Jahrgang wieder die Nase vorn im Wettlauf um den besten Graves-Wein, mit einer Nasenlänge Vorsprung vor seinem Schwestergut La Mission. Und so konnte Haut-Brion das Jahrhundert gleich mit zwei äußerst profunden Jahrgängen beschließen: 1998 und 1999.

Schon auf den ersten Blick unterscheiden diese beiden Weingüter sich von allen anderen renommierten Schlössern des Bordelais durch das landschaftliche Ambiente. Sie liegen umgeben von ihren zusammen rund 65 Hektar großen Weinbergen nicht auf freiem Feld oder an den Hängen der Girondemündung, sondern wie ein riesiger Clos mitten in der Vorstadt Pessac, umarmt von Häuserblocks, Straßen und Bahnlinien. Eines scheint mir sicher: Durch zivilisatorische Einflüsse wie Abstrahlwärme oder Windschutz ist hier in den letzten Jahrzehnten ein eigenes Kleinklima entstanden, das mit dem restlichen Pessac-Léognan heute nicht mehr allzu viel zu tun haben dürfte.

Es sind immer wieder gerade solche Jahre mit einem nicht ganz optimalen Witterungsverlauf, in denen Haut-Brion seine besondere Qualität zeigt, und das ist in erster Linie die Qualität des Bodens. Der Weinberg liegt mitten auf der massivsten und dicksten Kiesinsel des ganzen Bordelais; sie ist neun Meter mächtig, von tonhaltigen Sandschichten durchzogen und sitzt einem Kalkplateau auf. Die Dränage ist optimal, sodass auch die heftigen Septemberregenfälle mit einer Niederschlagsmenge, die mehr als doppelt so hoch war wie in diesem Monat üblich, den Trauben nichts anhaben konnten. Dieses einzigartige Terroir, das als geradezu prototypisch für das gesamte linke Ufer gelten darf, ist heute – da beide Châteaux sich im Besitz der amerikanischen Familie Dillon befinden und J. B. Delmas als Önologe auf beiden Gütern für die Vinifizierung zuständig ist – neben dem Alter der Reben das Einzige, was es von La Mission unterscheidet, von dem es buchstäblich nur durch eine Straßenbreite getrennt ist. Die Böden sind im Prinzip gleich, nur der Anteil und die Verteilung der wasserspeichernden Tonschichten sind verschieden, und das hat einen entscheidenden Einfluss auf den Wasserhaushalt und die Möglichkeit der Wurzeln, Mineralstoffe aufzunehmen. Zudem sind die Rebstöcke von Haut-Brion mit einem Alter von 40 Jahren doppelt so alt wie jene von La Mission.

Haut-Brion ist ein Château mit Geschichte, das erste Weingut von Bordeaux, dessen

Wein, wenn auch verballhornt, in der englischen Literatur namentlich erwähnt wird: Im Tagebuch des Dr. Johnson findet sich eine lobende Bemerkung über den »vortrefflichen Wein von Ho-Bryan«. Als einziges Graves-Gut wird es 1855 als Premier Cru klassifiziert. Im 20. Jahrhundert schließlich war es das erste namhafte Gut, das schon sehr früh in überseeischen Besitz verkauft wurde, lange bevor das eigentliche Château-Monopoly begann. Es war Clarence Dillon, ein New Yorker Finanzmanager, der das Château samt dem Weinberg im Jahr 1935 erwarb. Sein Sohn Douglas, später Finanzminister im Kabinett Kennedy, und dessen Schwester Joan sind die heutigen Besitzer.

1998 Château Haut-Brion

Rubinrot. Sehr frische, klare Nase und nur ganz wenig Stallduft. Schöne saftige Frucht, Säure besser integriert. Mächtige Tannine. Sehr konzentrierter, reifer Wein, herb, aber lang am Gaumen. Kaffeebohnen im Geschmack. Einer der ganz großen Haut-Brions dieser letzten Dekade des 20. Jahrhunderts. Streng und verschlossen.

Capital-Index	***272***
Scheuermann-Note	***95***
Anzahl der Flaschen	***120 000***
Marktpreis	***DM 237,00***
Platzierung	***11 (rot)***

1999 Château Haut-Brion

Dunkles, tiefes Rubinrot mit starkem Pupurrand. Sehr komplexes Bukett. Der typische kleine Stallstinker ist schon da, Leder, Toast, aber auch Schokolade und Backobst. Geradezu opulente Frucht (Blaubeere, Cassis) und Süße. Eine schon fast übermächtige Konzentration. Kernig, bissige Tannine, reichlich Säure, aber dazu ein fleischiger, dicker Körper und eine raue samtige Textur. Ein extremer Wein von erstaunlicher Komplexität. Für mich auf dem linken Ufer der absolute Primus in diesem so schwierigen Jahr.

Capital-Index	***276***
Scheuermann-Note	***97***
Anzahl der Flaschen	***120 000***
Marktpreis	***DM 225,00***
Platzierung	***10 (rot)***

1999 Château Haut-Brion blanc

Strohgelb. Sehr zarte nussige Nuancen in der Nase, frische Traubenfrucht. Schöne Fülle, feine süße Frucht, geschmeidig, große Eleganz. Keine Härte, keine Kante, balanciert, schöne Länge im Abgang.

Capital-Index	***266***
Scheuermann-Note	***93***
Anzahl der Flaschen	***12 000***
Marktpreis	***DM 150,00***
Platzierung	***4 (weiß)***

Château Haut-Condissas

Château Rollan de By
F-33340 Bégadan
Tel. +33/5 56 41 58 59
Fax +33/5 56 41 37 82

Daten | Fakten

Inhaber	Jean Guyon
Rebfläche	21 ha
Rebsorten	70 % Merlot, 25 % Cabernet Sauvignon, 5 % Petit Verdot
Jahresproduktion	keine Angaben

Normalerweise sind die Winzer des rechten Ufers, also im Libournais, zuständig für die so genannten Mikrocuvées, die seit einigen Jahren die Preise am Markt von Bordeaux und den Pulsschlag in den Adern der Händler und Sammler in Schwindel erregende Höhen treiben. Doch es gibt solche Weine auch links der Gironde, im Médoc. Bestes Beispiel ist Château Haut-Condissas, die Prestige-Cuvée von Jean Guyon, dem Besitzer von Château Rollan de By im äußersten Nordwesten der Appellation Médoc, früher Bas-Médoc genannt. Man muss schon ziemlich weit hinaus fahren in das flachgewellte Dünenland nahe am Atlantik, um dieses kleine, unscheinbare Château ausfindig zu machen. Vielleicht liegt es daran, dass die Gurus der Szene, allen voran Robert Parker, kaum Notiz nahmen von dem sensationellen Aufschwung, den dieser Wein seit 1995 genommen hat.

Eine wahre Blitzkarriere. Im Jahr 1989 kaufte Jean Guyon, Chef eines angesehenen Pariser Einrichtungshauses mit familiären Wurzeln in Burgund und der Champagne, in Bégadan einen ersten kleinen Weinberg von zwei Hektar in einer herausragenden Lage nahe dem Ufer der Gironde auf einem Kalksteinplateau mit sandig-steiniger Auflage. Zwei Jahre später schon wurde dieses Château Rollan de By um sieben Hektar erweitert und als Cru Bourgeois klassifiziert. 1995 erreichte das Gut seine heutige Ausdehnung von 21 Hektar und belegte beim Coupe de Cru Bourgeois einen dritten Platz. Im gleichen Jahr brachte Guyon erstmals seine Prestige-Cuvée Haut-Condissas auf den Markt. Aus den ältesten (25 bis 30 Jahre) und besten Rebstöcken seiner Weinberge formte Guyon einen kompromisslosen und stark merlotbetonten Super-Premium-Wein, von dem es anfangs nur 2400 Flaschen gab. Inzwischen hat sich die Menge fast verdreifacht, aber der Nachfrage kann man damit nicht gerecht werden.

Denn ganz unbemerkt blieb dies alles natürlich nicht. Bei zwei großen Bordeaux-Verkostungen der Grand Jury Européen (GJE) belegte Château Haut-Condissas sensationelle Spitzenplätze, wobei das zu diesem Zeitpunkt völlig unbekannte Gewächs die größten und namhaftesten Güter hinter sich ließ. Der 95er belegte bei einem Tasting der GJE in Singapur einen respektablen 19. Platz und der 96er in Meran gar den dritten Rang. Beide Weine, der 95er wie auch der 96er, stammen aus exzellenten Jahrgängen und sind allemal beeindruckend. Aber der 98er und der 99er übertreffen sie nochmals um einiges an Konzentration; denn inzwischen hat man sowohl im Weinberg wie auch im Keller reichlich dazugelernt. Guyon strebt schon beim Anschnitt der Reben stets eine starke Reduktion der Erntemenge an, im Falle von Haut-Condissas nicht mehr als 35 hl/ha. Er pflegt eine lange Maischegärung in großen Holzbottichen und den Ausbau inklusive der malolaktischen Gärung in neuen Barriques. Die Weine werden nur mit Eiweiß geklärt und unfiltriert abgefüllt.

1998 Château Haut-Condissas

Tiefes schwärzliches Rubinviolett. Supernase: Brombeere, Kirsche, Blaubeere. Totale, überwältigende primäre Frucht. Schöne Süße und Opulenz. Schokolade und Kaffee am Gaumen, Schwarzwälderkirschtorte, Sachertorte. Für den Jahrgang 1998 ein absoluter Ausnahmewein. Raue Oberfläche, aber sinnlich hedonistischer Kern. Wenn dieser Wein wirklich ohne Filtration nur mit Eiweißschönung so auf die Flasche kommt, wird das ein richtiger Hammer.

Capital-Index	***122***
Scheuermann-Note	***94***
Anzahl der Flaschen	***2400***
Marktpreis	***DM 100,00***
Platzierung	***297 (rot)***

1999 Château Haut-Condissas

Dunkles, dichtes Rubinviolett. Schöne profunde Kirschnase mit Mandelton, Kirschkern, schönes neues Holz. Konzentration. Sehr guter Stoff, schöne Dichte und Opulenz, viel Säure und Tannin. Zeigt besonders deutlich die Härte und Kargheit des Terroirs. Langer Abgang. Saftige Sauerkirschfrucht. Sehr pelzig.

Capital-Index	***119***
Scheuermann-Note	***91***
Anzahl der Flaschen	***6000***
Marktpreis	***DM 100,00***
Platzierung	***310 (rot)***

L'Hermitage de Matras

Château Matras
F-33330 St-Emilion
Tel. +33/5 57 24 72 46
Fax +33/5 57 51 70 19

Daten | Fakten

Inhaber	G.F.A. du Château Matras
Rebfläche	3 ha
Rebsorten	75 % Merlot, 25 % Cabernet franc
Jahresproduktion	21 000 Flaschen

Diese Mikro-Cuvée von Château Matras wurde 1997 erstmals vorgestellt und etablierte sich mit dem Jahrgang 1998 als überzeugender Geheimtipp. Der Wein stammt aus einem winzigen Grand Cru, der an Matras angrenzt und früher dem Erzbischof von Bordeaux gehörte. Der Weinberg liegt unterhalb von Angélus auf 90 Metern Höhe um eine ehemalige kleine Kirche, die nach der Revolution säkularisiert worden war. Sie dient heute dem Besitzer Francis Gaboriaud, einem ehemaligen U-Boot-Ingenieur und Technik-Freak, als Kelterhaus und Barrique-Chai. Die Reben haben ein durchschnittliches Alter von 45 Jahren, ihr Ertrag wird mit 27 hl/ha sehr niedrig gehalten. Der Ausbau erfolgt zu 100 Prozent in neuen Eichenfässern. Der Wein wird ohne Schönung unfiltriert abgefüllt.

1998 L'Hermitage de Matras

Dunkles tiefes Schwarzrubin. Dicke englische Konfitüre in der Nase: Brombeere und Cassis mit Minze. Ein fülliger, süßer Wein mit harmonischem Tanningehalt und einer seidigen Oberfläche. Schöne Säure und hohe Fruchtkonzentration, am Gaumen im Gegensatz zur Nase eher von roten als von dunklen Früchten geprägt.

Capital-Index	***133***
Scheuermann-Note	***91***
Anzahl der Flaschen	***6000***
Marktpreis	***DM 98,00***
Platzierung	***217 (rot)***

1999 L'Hermitage de Matras

Dunkles Rubinrot. Schöner, opulenter Wein. Gute Konzentration. Schöne, frische Art und wie schon in den Vorjahren die für L'Hermitage typische Himbeer- und Kirschsüße, viel Schokolade, rote Früchte, sehr lang nachklingend.

Capital-Index	***132***
Scheuermann-Note	***90***
Anzahl der Flaschen	***6000***
Marktpreis	***DM 98,00***
Platzierung	***226 (rot)***

Château Lafite-Rothschild

F-33250 Pauillac
Tel. +33/1 53 89 78 00
Fax +33/1 53 89 78 01

Daten | Fakten

Inhaber	Domaines Baron de Rothschild
Rebfläche	100 ha
Rebsorten	70 % Cabernet Sauviognon, 25 % Merlot, 3 % Cabernet franc, 2 % Petit Verdot
Jahresproduktion	240 000 Flaschen Grand Vin, 240 000 Flaschen Zweitwein

Der unzerstörbare Mythos von Château Lafite ruht auf dem Fundament gleich mehrerer Superlative. Zum einen ist das Gut neben Château d'Yquem in Sauternes, Château Haut-Brion in Graves und Schloss Johannisberg im Rheingau der einzige Grand Cru der Welt, dessen beständige Qualität sich (einschließlich aller Höhen und Tiefen, die ein solches Dasein mit sich bringt) über vier Jahrhunderte verfolgen lässt. Dank Malcolm Forbes führte Château Lafite zum anderen noch immer die Liste der teuersten Weine aller Zeiten an. Mehr noch – insgesamt fünf Mal ist Lafite in den Top Ten der Auktionsrekorde verzeichnet.

Der große Tiefpunkt des Gutes, als Elie de Rothschild die Geschäfte eher mit der linken Hand von Paris aus führte, liegt jetzt schon gut ein Vierteljahrhundert zurück, aber der erneute Weg an die Spitze ist länger und härter als der jähe Abstieg. Als 1975 mit dem tatkräftigen Eric de Rothschild die jüngere Generation die Zügel in die Hand nahm, und der damalige Regisseur Jean Crète mit der Erneuerung der Weinberge begann, verbesserte sich die Situation allmählich. Unter Gilbert Rokvam, von 1982 bis 1994 technischer Direktor, machte man weitere Fortschritte und legte den Grundstein für den heutigen Erfolg. Rokvams Nachfolger Charles Chevalier fährt jetzt die Ernte ein. Seither gab es auf Lafite keine Ausfälle mehr, ja der Grand Vin streitet regelmäßig mit um die Krone des jeweils besten Jahrgangsweins im Médoc.

Der Stil allerdings hat sich verändert. Die Weine sind fruchtiger und auch etwas zugänglicher und charmanter geworden, nicht mehr so tanninbetont streng und spröde wie früher, als sie sehr lange in Barriques ausgebaut wurden. Ob diese modernen Weine allerdings jemals den extrem langen Atem der Legenden aus dem 19. Jahrhundert erreichen werden, scheint mir doch eher fraglich. Jahrgänge wie 1811, 1832, 1848, 1864, 1865, 1870 oder 1893, in denen Lafite alles übertraf, was sonst an Rotwein produziert wurde, werden wohl nie wieder erreicht werden.

Sei's drum, auf Lafite werden heute weder Kosten noch Mühen gescheut, um in jedem Jahrgang das Beste aus dem Terroir herauszuholen. 1999 beispielsweise wurden mit einer wahren Armee von Lesehelfern alle Weinberge inklusive des viertklassierten Gewächses vom Nachbargut Château Duhart-Milon-Rothschild (44 ha) statt in 15 in nur 10 Tagen gelesen und die Trauben noch im Weinberg separiert, sodass ausgetretener Saft und Regenwasser in den Bütten blieben und man trockene Trauben ins Kelterhaus brachte. Die Selektion war extrem streng: nur 40 Prozent für den Grand Vin und 44 Prozent für den Zweitwein Carruades de Lafite. Während der 98er nur aus Cabernet Sauvignon (81 Prozent) und Merlot (19 Prozent) bestand, handelt es sich beim 99er um eine komplexere Cuvée: 74 Prozent Cabernet Sauvignon, 18,5 Prozent Merlot, 6 Prozent Cabernet franc und 1,5 Prozent Petit Verdot.

1998 Château Lafite-Rothschild

Dunkles Rubinrot. Kirschfrucht, feine Holzspuren. Relativ schlank, kräftige Säure. Guter Abgang. Die Tannine sind sanfter, weicher. Ein eher auf Eleganz angelegter Wein, der nicht die Konzentration von Latour und auch nicht die Opulenz von Margaux hat. Zeigt Süße am Gaumen: Schokolade, vollreife Kirschen, Cassis. Gefällt mir wesentlich besser als der 97er.

Capital-Index	***232***
Scheuermann-Note	***93***
Anzahl der Flaschen	***240 000***
Marktpreis	***DM 298,00***
Platzierung	***22 (rot)***

1999 Château Lafite-Rothschild

Dunkles Rubinrot. Das Bukett wird beherrscht von dem Duft roter und schwarzer Früchte (Cassis, Kirsche), in den aber die charakteristische Mineralität des Terroirs von Lafite deutlich eingebunden ist. Am Gaumen erfreut er mit seidigen Tanninen, er ist sehr feinporig strukturiert, filigran. Wirkte auf mich extrem feminin und elegant.

Capital-Index	***263***
Scheuermann-Note	***91***
Anzahl der Flaschen	***240 000***
Marktpreis	***DM 185,00***
Platzierung	***14 (rot)***

Château Lafleur

Château Grand-Village
F-33240 Mouillac
Tel. +33/5 57 84 44 03
Fax +33/5 57 84 83 31

Daten | Fakten

Inhaber	Marie Robin
Rebfläche	4,6 ha
Rebsorten	50 % Merlot, 50 % Cabernet franc
Jahresproduktion	18 000 Flaschen

Wenn der Begriff der »Golden Forties« für die zweite Hälfte der Vierzigerjahre im Bordelaiser Weinbau auf ein Weingut ganz besonders zutrifft, dann auf Château Lafleur in Pomerol. 1945, 1947, 1948, 1949, 1950 – was für ein makelloses Diadem kostbarer Weine. Sie zählen ohne Zweifel zu den ganz großen Trinkerlebnissen des abgelaufenen Jahrhunderts. Vor allem, wenn man bedenkt, unter welch scheinbar »unprofessionellen« Bedingungen (nach heutigen Maßstäben) sie zustande kamen. »Cru de Garage« nennen die Schlossherren auf der anderen Seite der Gironde mit mildem Spott ein solches Miniatur-Château, dessen »Schloss« nur aus einem winzigen Wohn- oder Wirtschaftshaus besteht. Der Chai diente in dieser Zeit ebenso als Stall wie als Fasslager. Neue Barriques waren eher die Ausnahme.

Gegründet wurde diese kleine Domäne gegen Ende des 19. Jahrhunderts von Henry Greloud, später wurde sie von André Robin übernommen. Der zusammenhängende Weinberg wurde nach dem Muster eines französischen Gartens angelegt, d. h. er wurde durch zwei sich kreuzende Alleen in vier gleichmäßige Parzellen geteilt. Die Rebfläche von Château Lafleur liegt auf allerbestem Terroir zwischen Pétrus und Le Gay in einem mineralstoffreichen, eisenhaltigen und tiefgründigen Kiesbett am nördlichen Rand des Plateaus von Pomerol und misst kaum mehr als viereinhalb Hektar. Sie ist je zur Hälfte mit Merlot und Cabernet franc bestockt. Da das Gut von dem verheerenden Frost des Jahres 1956 weitgehend verschont blieb, weisen die Rebstöcke trotz Neuanpflanzungen ein Durchschnittsalter von fast 40 Jahren auf.

Mit dem Jahrgang 1985 legte die betagte Besitzerin Mademoiselle Marie Robin, die das Weingut (ebenso wie das Château Le Gay) nach dem Zweiten Weltkrieg von ihren Eltern übernommen und über Jahrzehnte gemeinsam mit ihrer inzwischen verstorbenen Schwester Thérèse bewirtschaftet hatte, die Leitung des Gutes in die Hände von Sylvie und Jacques Guinaudeau, Nachfahren des Gründers Henry Greloud. Dieses junge Paar, dem auch Château Grand-Village gehört, renovierte Château Lafleur, wahrte dabei jedoch dessen Eigenart. Die veralteten Anlagen wurden ersetzt, und Jean-Claude Berrouet, der Önologe von Pétrus, übernahm die Aufsicht über die Vinifikation. Nach wie vor wird der Weingarten sehr behutsam und naturnah bestellt. Gedüngt wird der Weinberg nur mit Kuhmist, Schädlinge bekämpft man ausschließlich mit Bordelaiser Brühe und Schwefel. Seit 1987, als ein Teil des Weinbergs neu bepflanzt und mutig der ganze Jahrgang zurückgestuft wurde, gibt es auch einen Zweitwein – Pensées de Lafleur. Der Anteil der neuen Barriques wurde in den letzten Jahren auf rund zwei Drittel erhöht. Aus dem einstigen charismatischen Bauernwein ist so ein Klassiker geworden, ein Wein, der sich allerdings seinen exotischen Reiz bewahrt hat, der ihn manchmal im Glas wie einen Burgunder oder einen Rhônewein erscheinen lässt, so würzig, hitzig und süß kann er schmecken.

1998 Château Lafleur

Dunkles, dichtes Rubinrot. Eine burgundische Nase, sehr typisch für Lafleur: rote Früchte (Himbeere), Zimt, Sandelholz, Tabak, orientalische Gewürze. Einerseits sehr offen und zugänglich mit seiner saftigen portweinsüßen Frucht, andererseits aber auch lang und überraschend tief mit sehr fein abgestimmten Tanninen. Ich erwarte hier für die Zukunft einen eher eleganten Lafleur, mit einer Finesse, wie sie dieser Wein nur selten zeigt.

Capital-Index	***264***
Scheuermann-Note	***93***
Anzahl der Flaschen	***6000***
Marktpreis	***DM 596,00***
Platzierung	***13 (rot)***

Château Latour

Saint-Lambert
F-33250 Pauillac
Tel. +33/5 56 73 19 80
Fax +33/5 56 73 19 81

Daten | Fakten

Inhaber	François Pinault
Rebfläche	65 ha
Rebsorten	75 % Cabernet Sauvignon, 21 % Merlot, 3 % Cabernet franc, 1 % Petit Verdot
Jahresproduktion	350 000 Flaschen

Seit 1994 gehört das traditionsreiche Weingut Château Latour, einer der Blue Chips des Bordelais, zum Geschäftsimperium des französischen Milliardärs François Pinault. Er hat die klassische Biografie eines Selfmademans: Als Sohn eines Schreiners in der Nähe der bretonischen Hafenstadt St-Malo aufgewachsen, arbeitete er sich zum reichsten Mann Frankreichs empor. Er ist Besitzer des Kaufhauses Galérie Printemps in Paris und des Londoner Auktionshauses Christie's, der Versandhauskette La Redoute und des Nachrichtenmagazins Le Point sowie des italienischen Modehauses Gucci. Die Aufzählung zeigt: Der Mann liebt es, in Dinge mit Rang und Namen zu investieren. Das Kleinod Latour war ihm 720 Millionen Francs wert.

Auch für ein Investment in kleinerem Rahmen – am besten in Magnum oder Original-Holzkiste (OHK) – ist Latour immer ein sicherer Wert, allerdings eher in der Kategorie »Pensionsfonds« und nicht für den schnellen Zockergewinn. Die Anfangsinvestition ist im Vergleich zu anderen Spitzen-Châteaux zwar relativ moderat, denn der »Emissionswert« von Château Latour liegt in der Regel eher im mittleren Bereich der Premiers und weit unter dem der »Garagenweine« aus Pomerol und Saint-Emilion. Aber die Preissteigerungen halten sich bei Château Latour in den ersten zehn, 15 Jahren eher in Grenzen. Die Aufzeichnungen von Farr Vintners, dem führenden Londoner Winebroker House, verzeichnen für Château Latour in den 90er-Jahren Steigerungen zwischen 71 Prozent (1995) und 133 Prozent (1988) bis zu 354 Prozent (1985). Lediglich der 90er tanzte mit einem rasanten Anstieg um 616 Prozent aus der Reihe. Andererseits erreichen ältere, genussreife Jahrgänge wie der 61er oder die Weine der 40er- und 50er-Jahre dann Preise von 6000 Mark und mehr pro Flasche und damit Gewinnspannen jenseits von 1000 Prozent.

Das liegt daran, dass Château Latour in der Jugend selten ein Genusswein ist. Andererseits gehört er zu den langlebigsten Rotweinen der Welt. Manchem Jahrgang von Latour sagen Kenner nach, er werde seine ganze Reife vielleicht nie offenbaren. Auch im Alter von 60, gar 80 Jahren können sie von einer unerwarteten Frische sein. Jahrgänge wie 1921, 1928, 1929 und 1945 sind jetzt auf dem Höhepunkt! Dies verdanken sie einerseits dem Terroir, schwarzem, tonhaltigem, mit dicken Kieseln durchsetztem Boden. Ebenso entscheidend ist aber auch die konsequente, kompromisslose Selektion, die traditionell auf Latour gepflegt wird: Nur die Trauben der alten, über 40-jährigen Reben werden für den Grand Vin gekeltert. Der Rest geht in den Zweitwein Les Forts de Latour.

1999 hat François Pinault praktisch die ganze Belegschaft von Château Latour ausgewechselt. Eine plausible Erklärung dafür blieb er der interessierten Weinwelt bis heute schuldig. Auf die Weine hat dieser Mannschaftswechsel aber bis jetzt keinerlei erkennbare Auswirkungen gehabt. Der 1999er mit seinem 25-prozentigen Anteil perfekt selektionierter Merlot-Trauben, die am 14. September rechtzeitig vor dem Regen mit höchster Reife und hoher Zuckergradation geerntet wurden, beweist, dass man der konsequenten Qualitätsphilosophie treu zu bleiben gedenkt. Der Grand Vin 1999 von Château Latour gehört schon jetzt zu meinen absoluten Jahrgangsfavoriten.

1998 Château Latour

Dunkles, tiefes Rubinrot. Hat sich seit der ersten Primeurverkostung bestens entwickelt, ist aber auch jetzt noch vollkommen verschlossen. Konzentriert mit stark pelzigen Tanninen. Zeigt seine Opulenz, seine Süße nur, wenn man ganz lange und tief in ihn hineinschmeckt. Sehr zurückhaltend, aber nicht ganz so abweisend wie sonst bei jugendlichen Latours. Ein wortkarger Wein, der sich feuilletonistischen Beschreibungen noch entzieht. Begriffe wie sperrig, kantig und rau wären nicht zutreffend, andererseits ist er auch nicht wirklich opulent. Vielleicht: glattpoliertes Urgestein?

Capital-Index	***281***
Scheuermann-Note	***94***
Anzahl der Flaschen	***350 000***
Marktpreis	***DM 185,00***
Platzierung	***9 (rot)***

1999 Château Latour

Schwarzviolett. Nase sehr verschlossen, aber erkennbar konzentrierte dunkle Beerenfrucht neben den rauchigen Eichentönen der Barrique. Ein im Anfang strenger Wein mit viel Tannin und kräftiger Säure, der zunächst etwas kantig wirkt, dann aber eine für Latour eher unübliche frühe Opulenz zeigt. Deutlich mehr konzentrierte Frucht als der 98er zum gleichen Zeitpunkt, auch mehr Süße. Der sehr reife Merlot macht sich klar bemerkbar. Ein Charming Vintage, wie er bei Latour nur selten vorkommt. Dürfte durch den Barriqueausbau noch an Statur gewinnen.

Capital-Index	***264***
Scheuermann-Note	***94***
Anzahl der Flaschen	***300 000***
Marktpreis	***DM 259,00***
Platzierung	***12 (rot)***

Château Latour à Pomerol

F-33500 Pomerol
c/o Ets. J.-P. Moueix
54, quai du Priourat
B. P. 129
F-33502 Libourne
Tel. +33/5 57 51 78 96
Fax +33/5 57 51 79 79

Daten | Fakten

Inhaber	Mme Lily Lacoste
Rebfläche	8,4 ha
Rebsorten	85 % Merlot, 15 % Cabernet franc
Jahresproduktion	36 000 Flaschen

Wie lange haben wir auf diesen Wein gewartet? Zehn Jahre, zwanzig Jahre? Oder noch länger? Vor allem in den 40er- und 50er-Jahren produzierte das kleine Château Latour, das, um Verwechslungen mit dem großen Bruder in Pauillac zu vermeiden, stets den Zusatz »à Pomerol« trägt, eine Serie sagenhafter Weine, die zum Allerfeinsten gehören, was die Schatzkammern von Pomerol zu bieten haben.

Andererseits mussten wir uns in Erwartung des nächsten wirklich großen Jahrgangs dieses Crus einige Jahrzehnte in Geduld üben. Selbst der 82er oder auch der 90er zählen weiß Gott nicht zur absoluten Spitze. Es handelt sich um respektable Weine, und wäre das Château weniger prominent, würde man sie wohl exzellent nennen. Aber so werden sie gemessen an jener unglaublichen Serie Ehrfurcht gebietender Weine aus den Jahren 1945, 1947, 1948, 1959 und 1961 – einer fulminanter als der andere.

Dies änderte sich mit dem Jahrgang 1998. Dieser 98er Latour à Pomerol ist die längst fällige Einlösung eines Versprechens – des Versprechens eines großen Terroirs, eines Tages wieder einen wahrhaft großen Wein hervorzubringen. Nun kann man zwar bei einem solchen Baby weder die zu erwartende Größe noch das Alter wirklich verlässlich vorhersagen. Aber im Gegensatz zu menschlichen Kindern, die unkontrolliert heranwachsen, ist Wein, wenn er erst einmal auf die Flasche gefüllt ist, den Gefahren seiner Umwelt weniger ausgesetzt. Im Gegensatz zu den Fassproben ist dies ein klar definiertes Ausgangsmaterial. Und so bin ich nach der Verkostung des 98er Latour à Pomerol nach seiner Füllung im Sommer 2000 ziemlich zuversichtlich, dass es ein großer Wein ist, mit einer sehr langen Lebensdauer, mit dem das Château an seine Glanzzeit vor über 30 Jahren anknüpft, ohne jedoch an die Qualität des 61ers mit seinen 100 Punkten heranzureichen.

Die gut acht Hektar große Rebfläche der Domäne besteht aus zwei unterschiedlichen Parzellen, 1971 wurde der Besitz um den Clos des Grandes Vignes erweitert. Die größere Parzelle liegt nahe der Kirche auf einem tiefgründigen Kiesbett im Herzen von Pomerol. Der kleinere Teil steht auf sandigem Untergrund im Westen an der Route nationale 89. Diese beiden Weinberge sind zu 85 Prozent mit Merlot und 15 Prozent mit Cabernet franc bestockt. Die Rebstöcke haben ein Alter von ungefähr 35 Jahren.

Die im 19. Jahrhundert gegründete Domaine, die ihren Namen einem kleinen spitzen Türmchen verdankt, befand sich seit Beginn des 19. Jahrhunderts im Besitz jener Familie Loubat, die 1925 auch das nahe gelegene Château Pétrus kaufte. Als Madame Loubat im Jahr 1961 starb, erbte ihre Nichte Lily Lacoste den größten Teil dieses Besitzes und verpachtete ihn an das Handelshaus Moueix. Seit der Übernahme durch dieses Unternehmen zeichnet mit Jean-Claude Berrouet derselbe Önologe für die Weine von Château Latour à Pomerol verantwortlich, der auch bei Pétrus für die Vinifikation zuständig ist.

1998 Château Latour à Pomerol

Dunkles Rubinrot. Wunderbare Konzentration: schwarze Fruchtkonfitüre mit Marzipan-Mandelton, Rumrosinen, geröstete Pflaumen, Mokka. Was für ein mächtiger, gewaltiger Wein, kraftvolle Säure, kräftiges Tannin, das aber von einem portweinartig dicken Körper umgeben ist. Sehr lang und sehr tief. Macht bereits in dieser jugendlichen Phase eine unbändige Freude. Hat aber auch Substanz für ein langes, langes Leben. In diesem Jahrgang zählt er für mich neben Pétrus und L'Eglise Clinet zur Spitze in Pomerol.

Capital-Index	***222***
Scheuermann-Note	***95***
Anzahl der Flaschen	***36 000***
Marktpreis	***DM 101,00***
Platzierung	***26 (rot)***

1999 Château Latour à Pomerol

Natürlich steht der 99er im Schatten des überragenden 98er, aber so schwach wie einige über ihn reden, scheint mir dieser »Rohling« nun doch nicht zu sein, kurzlebiger wahrscheinlich und vielleicht auch kurzweiliger. Dunkles Rubinrot. Sehr dicht, zunächst sehr frisch: Blaubeere, Kirsche. Mit der Zeit mehr Würze von Sandelholz, auch getrocknete Feigen. Ein schöner samtiger Wein, sehr weich, mild nicht so attackierend wie der 98er. Eine eher geschmeidige Opulenz. Dürfte eine relativ frühe Trinkreife erreichen, d. h. zehn, 15 Jahre statt der 30 oder 40, die ich dem 98er zutraue.

Capital-Index	***237***
Scheuermann-Note	***90***
Anzahl der Flaschen	***36 000***
Marktpreis	***DM 70,00***
Platzierung	***21 (rot)***

Château Léoville Las Cases

F-33250 St-Julien-Beychevelle
Tel. +33/5 56 73 25 26
Fax +33/5 56 59 18 33

Daten | Fakten

Inhaber	Familie Delon
Rebfläche	84 ha
Rebsorten	65 % Cabernet Sauvignon, 20 % Merlot, 12 % Cabernet franc, 3 % Petit Verdot
Jahresproduktion	500 000 Flaschen

Ein Vierteljahrhundert hatte Michel Delon Léoville Las Cases in der dritten Generation geführt, nachdem er es in den späten 70er-Jahren von seinem Vater Paul übernommen hatte. Im Juli 2000 erlag er im Alter von 74 Jahren einem Herzinfarkt. Sein Sohn Jean-Hubert, seit 1992 bereits in der Leitung von Léoville Las Cases tätig und Leiter des Pomerol-Gutes Château Nenin, das von der Familie 1997 erworben wurde, hat jetzt die Regie auf Léoville Las Cases übernommen.

Unter den drei Léoville-Gütern Barton, Las Cases und Poyferré, die alle drei als Deuxièmes Crus klassifiziert sind, nimmt Château Léoville Marquis de Las Cases, so der volle Name, eine Sonderstellung ein. Noch vor Château Ducru-Beaucaillou gilt es als die Nummer eins unter den Zweiten Gewächsen in Saint-Julien, und nicht wenige Fachleute, darunter auch Robert M. Parker, sind der Meinung, dass man es in einer überfälligen Revision der Klassifikation von 1855 heute in den Rang eines Ersten Gewächses erheben sollte.

Das Weingut, eines der größten in der Region Bordeaux, umfasst eine Rebfläche von insgesamt 84 Hektar. Der Rebsortenspiegel ist ganz klassisch angelegt: ein Cabernet-Sauvignon-Anteil von knapp zwei Dritteln wird ergänzt durch ein Fünftel Merlot, 12 Prozent Cabernet franc und 3 Prozent Petit Verdot. Der wichtigste Weinberg, ein 40 Hektar großer, ummauerter Clos auf einem Kiesrücken in Sichtweite der Gironde, liegt in unmittelbarer Nachbarschaft von Château Latour, und diese Affinität zu Pauillac ist vielleicht das eigentliche Geheimnis der Qualität des Gutes. Hauptmerkmal seiner Weine ist eine geschliffene Eleganz, verbunden mit Tiefe und Struktur, wie sie sonst nur die Premiers Crus aufweisen.

Das andere Geheimnis war das kompromisslose Streben Michel Delons nach Perfektion. Nicht selten degradierte er deshalb auch in guten Jahren die Hälfte oder sogar zwei Drittel der Weinmenge für den Zweitwein Clos du Marquis, ja sogar für einen Drittwein namens Bignarnon. Dadurch hielt er die Jahresproduktion trotz der Größe des Gutes mit bloß ungefähr 25 000 Kisten eher klein. Er gab die Weine nur in kleinen Tranchen auf den Markt und trieb damit die Preise hoch. Eine Praxis, mit der er sich viele Händler und Käufer zu Feinden machte, die ihn aber seinem erklärten Lebensziel näher brachte – dem Château, wenn schon nicht in der offiziellen Klassifizierung, so doch in puncto Preis den Status eines Premier Grand Crus zu sichern.

So kam im Frühsommer der 1999er Las Cases mit einem Primeurpreis von 320 Francs die Flasche auf den Markt, weit über den anderen

»Super-Deuxièmes« wie Ducru-Beaucaillou (195 Francs) und Cos d'Estournel (180 Francs) je Flasche. Er kam damit schon recht nahe an die Ersten Gewächse von Bordeaux heran, die ihre Weine des 99er Jahrgangs mit ca. 460 Francs die Flasche veröffentlichten. Im Unterschied zu Baron Philippe de Rothschild war es Michel Delon aber nicht vergönnt zu erleben, dass sein Grand Vin in den Rang eines Premiers Crus erhoben worden wäre. Immerhin dürfte er sich mit den beiden letzten 90er Jahrgängen und ihrer absolut superben Qualität ein bleibendes Denkmal geschaffen haben.

1998 Château Léoville Las Cases

Dunkles Rubinviolett. Supernase zunächst mit einer totalen Expression des Terroirs: steinig, und hochmineralisch. Dazu eine perfekte Holznote über satter roter Kirsch- und Cassisfrucht. Öffnet sich mit Aromen wie gebackenen Kirschen, überreifen Brombeeren, Pflaumenkompott, auch etwas stark gerösteten Kaffeebohnen und dunklem Gebäck. Sehr konzentriert, dickfleischig, reife Tannine. Bei aller Wucht, Kraft und Tiefe aber auch Schmelz und eine herrliche Süße auf der Zunge. Ein überaus reicher und opulenter Wein.

Capital-Index	***188***
Scheuermann-Note	*93*
Anzahl der Flaschen	*120 000*
Marktpreis	*DM 137,00*
Platzierung	*39 (rot)*

1999 Château Léoville Las Cases

Dunkles, dichtes Rubinrot. Verschlossen, aber kompottartig verdichtet, etwas Nuss, Vanille und Tabak. Ein Wein mit einer deutlichen mineralischen Terroirnote, einer Statur, die den ganzen Mund füllt. Säure und Tannin sind perfekt eingebaut. Am Gaumen zeigt er noch eine massive Härte, Pelz an den Zähnen. Im Augenblick herrisch, etwas aggressiv, aber sicher eines Tages eleganter. Der Wein ist nicht so hedonistisch wie der 98er. Dennoch würde ich ihn im Gegensatz zu anderen Kommentatoren ein kleine Stufe über den 98er stellen. Eine Auffassung, die Inhaber und Kellermeister teilen.

Capital-Index	***182***
Scheuermann-Note	*94*
Anzahl der Flaschen	*100 000*
Marktpreis	*DM 225,00*
Platzierung	*53 (rot)*

Château Lynch-Bages

F-33250 Pauillac
Tel. +33/5 56 73 24 00
Fax +33/5 56 59 26 42

Daten | Fakten

Inhaber	Familie Cazes
Rebfläche	90 ha
Rebsorten	75 % Cabernet Sauvignon, 10 % Cabernet franc, 15 % Merlot
Jahresproduktion	420 000 Flaschen

Bei der Klassifikation von 1855 wurde dieses Weingut als Cinquième Grand Cru, als fünftes Gewächs, in die unterste Schublade der Médoc-Hierarchie eingestuft. In der Fachwelt und natürlich vor allem unter den Kennern und Sammlern dieses vergnüglichsten Weins der Appellation von Pauillac ist man sich einig, dass dies der Leistung dieses Châteaus und seines Terroirs längst nicht mehr gerecht wird. Heute müsste man es eigentlich als Deuxième Grand Cru einstufen.

Die Weinbergsfläche von Lynch-Bages liegt umgeben von den namhaftesten Crus der Region, den beiden Rothschild-Gütern Lafite und Mouton sowie den beiden Pichon-Gütern, auf einer der höchsten Kuppen von Pauillac, etwa einen Kilometer vom Stadtzentrum entfernt. Der Boden besteht aus einem typischen und für den Weinbau so wichtigen Kiesbett am Ufer der Garonne.

Der Name Lynch-Bages ist eine irisch-französische Wortkombination. Thomas Lynch, Sohn eines irischen Einwanderers, hatte 1740 die Tochter eines Bordelaiser Gutsbesitzers geheiratet, dessen Weinberge dann den Grundstock für das heutige Château bildeten. Bis 1824 blieb das Gut Eigentum der Familie. Nach mehreren Besitzerwechseln erwarb 1934 Jean-Charles Cazes das Château. Seit seinem Tod im Jahr 1972 wird es von seinem Enkel Jean-Michel Cazes geleitet, einem dynamischen und rastlosen Weinmanager, der die Vinifikation im Laufe der 70er- und 80er-Jahre energisch modernisierte und entscheidend verbesserte. Die Rebstöcke sind im Durchschnitt 35 Jahre alt. Alle weniger konzentrierten Trauben sowie jene aus jungen Reben gehen in die Produktion des Zweitweines, Château Haut-Bages Averous, von dem pro Jahr etwa 40 000 Flaschen hergestellt werden.

Die Erfolge ließen nicht auf sich warten: Der 85er war Wein des Jahres im »Wine Spectator« in New York. Spätestens seit einer großen Vertikalprobe 1988 in Oxford weiß man, dass dieser Wein ein Alterungspotenzial von gut vierzig Jahren haben kann. Seither ist die weltweite Nachfrage nach Lynch-Bages stark gestiegen. Es hat sich ein so stabiler starker Wiederverkaufsmarkt gebildet, wie ihn sonst nur erste und zweite Gewächse haben. Nach den beiden eher schwachen Jahrgängen 1997 und 1998 gelang mit dem 99er doch noch ein Wein, der das scheidende Jahrhundert für Lynch-Bages rundet.

1999 Château Lynch-Bages

Dunkles Rubinrot, dichte Farbe. Sehr schöne reife Konzentration in der Nase. Intensive Fruchtaromen von Brombeere und schwarzen Kirschen mit Schokolade. Schöner, eleganter Stoff, weich, trotz der reichlich vorhandenen (aber runden) Tannine. Sehr ausgewogen, opulent.

Capital-Index	***193***
Scheuermann-Note	***91***
Anzahl der Flaschen	***420 000***
Marktpreis	***DM 68,00***
Platzierung	***37 (rot)***

Château Margaux

F-33460 Margaux
Tel. +33/5 57 88 83 83
Fax +33/5 57 88 31 32
chateau-margaux@chateau-margaux.com
www.chateau.com

Daten | Fakten

Inhaber	Familien Agnelli und Mentzelopoulos
Rebfläche	78 ha
Rebsorten	75 % Cabernet Sauvignon, 20 % Merlot, 5 % Petit Verdot und Cabernet franc
Jahresproduktion	200 000 Flaschen Château Margaux, 200 000 Pavillon Rouge du Château Margaux

Wenn es zum Ende der 90er-Jahre ein Muster an Beständigkeit in Bordeaux gibt, dann ist dies Château Margaux. Der Jahrgang – so scheint es – spielt hier keine wirkliche Rolle mehr oder zumindest doch nur einen untergeordneten Part. Die Qualität des Terroirs und der unbedingte Wille von Corinne Mentzelopoulos und ihres versierten Regisseurs Paul Pontallier samt seiner Mannschaft, stets einen der besten Weine des Jahrgangs auf die Flasche zu ziehen, vollbringt hier Jahr für Jahr Wunder. So entstanden auch in den beiden weniger glücklichen Jahren 1998 und 1999 Weine von außergewöhnlicher Eleganz und Potenz.

Der 90 Hektar große Weinberg des Châteaus liegt zwischen dem Dorf Margaux und dem Fluss gegenüber der Île Margaux und gilt als die beste Lage der Appellation. Der Boden besteht aus Kies und Steinen auf einem Untergrund aus Lehm. Bei den Rebsorten pflegt man eine klassische Cuvée, in der Cabernet Sauvignon mit 75 Prozent dominiert und ergänzt wird durch 20 Prozent Merlot, 5 Prozent Petit Verdot und Cabernet franc. Das Geheimnis des Erfolges ruht auf zwei Säulen: einer äußerst peniblen Präparierung der Weinberge mit rigoroser Durchführung der Grünernte und einer strengen Selektion der Partien für den Grand Vin. Diese wurden 1999 gegenüber dem Vorjahr nochmals um fünf Prozent auf 38 Prozent reduziert. Ganz en passant wurde so der 99er Pavillon rouge einer der schönsten Zweitweine, die es je auf Margaux gegeben hat. Um ein solches rigoroses Qualitätsmanagement betreiben zu können, bedarf es natürlich eines langen finanziellen Atems.

Früher war das so auch auf Château Margaux nicht immer möglich. Noch vor wenig mehr als 20 Jahren stand dieses Vorzeige-Château, das auf der Liste der nationalen Monumente steht, die nicht an Ausländer verkauft werden dürfen, nämlich am Rande des Ruins und wurde von einer Bank zwangsverwaltet. Dass der aus Griechenland stammende Geschäftsmann André Mentzelopoulos, der mit dem Import von Lebensmitteln, mit Supermärkten und Immobilien ein dreistelliges Millionenvermögen verdient hatte, es erwarb, erweist sich im Nachhinein als ein Glücksfall für die ganze Appellation. Mentzelopoulos musste zwar zunächst eingebürgert werden, eher er 1977 für 72 Millionen Francs Herr auf Margaux werden durfte, und er starb auch viel zu früh, um seine Investition in voller Blüte zu erleben, aber seine Tochter Corinne baute das Anwesen mit dem Vermögen ihrer Familie zu einem der feudalsten Besitztümer im Bordelais aus. Schließlich brachte sie es in eine in Luxemburg beheimatete Finanzholding ein, an der auch die Familie Agnelli maßgeblich beteiligt ist, und sicherte so die Zukunft dieses noblen Crus auf lange Sicht.

1998 Château Margaux

Dunkles, tiefes Rubinrot. Enorme Würze und Konzentration in der Nase. Schöne Fülle. Cabernet wurde erst in der letzten September- und ersten Oktoberwoche geerntet, bei gutem Wetter. Konzentration von vollreifem Cabernet. Sehr lang am Gaumen, tiefer Abgang. Wunderschöne Schokoladentöne. Ein atypischer Margaux: sehr intensiv, Kraft statt Eleganz. Die kommt sicher später. Ein Ausbund an roter Beerenfrucht mit Saft und reichlich weichen, reifen Tanninen. Opulenz. Langer Abgang.

Capital-Index	*357*
Scheuermann-Note	***97***
Anzahl der Flaschen	***200 000***
Marktpreis	***DM 188,00***
Platzierung	***2 (rot)***

1999 Château Margaux

Dunkles Violettrubin. In der Nase eine sehr schöne konzentrierte Frucht, deutlich mehr neues Holz. Die pure seidige Eleganz, gepaart mit Kraft. Sehr reife Fruchtaromen, eher dunkle Früchte, etwas Vanille, feine Würze. Wunderschöne Süße, herrlicher Schmelz. Reife, weiche Tannine. Sehr lang und tief im Abgang. Selten einen so perfekten Wein en primeur probiert. Erinnert spontan an den 90er Margaux.

Capital-Index	*377*
Scheuermann-Note	***98***
Anzahl der Flaschen	***200 000***
Marktpreis	***DM 235,00***
Platzierung	***1 (rot)***

Château Maugey

Le Breton
F-33750 Saint-Germain-du-Puch
Tel. +33/5 57 51 22 00
Fax +33/5 57 52 22 55

Daten | Fakten

Inhaber	Jean-Marc Maugey
Rebfläche	15 Hektar, davon 1,4 Hektar Château Maugey
Rebsorten	68 % Merlot, 17 % Cabernet franc, 10 % Cabernet Sauvignon, 5 % Malbec
Jahresproduktion	8400 (1999)

In den vergangenen beiden Jahren konnte jeder, der in und um Bordeaux ohne Scheuklappen Weine probierte, spektakuläre Erfahrungen sammeln, Erfahrungen, die an den Grundfesten des Bordelaiser Klassifikationssystems rütteln. Da gibt es plötzlich Winzer in Appellationen wie Entre-deux-Mers oder in der Basisappellation Bordeaux A.O.C., die aufgrund ihres besonderen Engagements in den Weinbergen und einer rigoros altmodischen Arbeit im Keller Weine hervorzaubern, die den klassifizierten Gewächsen nahe kommen oder ihnen gar ebenbürtig sind. Damit wird natürlich nicht die Qualität der Terroirs von Médoc oder Saint-Emilion infrage gestellt. Aber es stellt sich die Frage, ob andere Terroirs nicht zu Unrecht oder auch nur aus Unwissenheit deklassiert wurden. Bestes Beispiel dafür ist Jean-Marc Maugey von Château Busqueyron. Mitten im Entre-deux-Mers beweist er seit 1996, dass es in dieser als reines Weißweingebiet geltenden Region möglich ist, Rotweine von einer herausragenden Klasse zu produzieren. Seit 1971 bearbeitet die Familie die Weinberge von Busqueyron ohne Chemie und Dünger nach biodynamischen Prinzipien. 1996 produzierte Jean-Marc Maugey, angeregt vom Weinsammler Hardy Rodenstock, der ihm die erste Partie neuer Barriques vorfinanzierte, seinen Prestigewein Château Maugey. Dazu wurden Trauben mit einer peniblen Selektion von Hand gelesen und mit einer 30-tägigen Mazeration samt den Stielen vergoren. Danach wurde dieser Wein nach der alten Regel des 19. Jahrhunderts über drei Winter in neuen Barriques ausgebaut und schließlich unfiltriert auf Flaschen gezogen. Jean-Marc Maugey hält nichts von früher Füllung, sondern glaubt fest an die alte Bordelaiser Winzerregel: »Das dritte Jahr macht den Wein.« Vom ersten Jahrgang gab es gerade mal 2900 Flaschen. Inzwischen werden 1,4 Hektar, also knapp zehn Prozent der Fläche von Busqueyron, für den Château Maugey bearbeitet, was immerhin zu einer Verdreifachung der Menge führte. Diese altmodischen Weine sind harte, ungehobelte Burschen, die eine längere Flaschenreife brauchen, um sich zu verfeinern. Kernige Weine wie aus einer anderen Zeit.

1998 Château Maugey

Dunkles Rubinrot. Deutliche Cassisfrucht in der Nase, dazu feine Kräuteraromen, Vanille und Toast. Sehr lang am Gaumen und im Abgang. Zeigt etwas mehr Süße und eine wunderschöne Würze. Ein saftiger, konzentrierter Wein mit dichten Tanninen und guter Säure.

Capital-Index	***117***
Scheuermann-Note	***90***
Anzahl der Flaschen	***4200***
Marktpreis	***DM 190,00***
Platzierung	***320 (rot)***

1999 Château Maugey

Dunkles Rubinrot. Zeigte schon im frühesten Stadium eine schöne Nase mit Nuss und Vanille, starken Röstaromen und einem Konzentrat roter Früchte. Kräftiger Körper. Gutes Tanningerüst, komplexe Struktur, mächtige Säure. Aromen von Cassis, gerösteten Mandeln, Laugengebäck mit dunkler Pflaumenkonfitüre.

Capital-Index	***118***
Scheuermann-Note	***91***
Anzahl der Flaschen	***8400***
Marktpreis	***DM 190,00***
Platzierung	***317 (rot)***

Château La Mission Haut-Brion

135 Av. Jean-Jaurès
F-33608 Pessac
Tel. +33/5 56 00 29 30
Fax +33/5 56 98 75 14
info@haut-brion.com
www.haut-brion.com

Daten | Fakten

Inhaber	Domaine Clarence Dillon S. A.
Rebfläche	21 ha
Rebsorten	45 % Merlot, 48 % Cabernet Sauvignon, 7 % Cabernet franc
Jahresproduktion	72 000 Flaschen

Es gehört zu den scheinbar unausrottbaren Märchen, die man sich über Bordeauxweine erzählt, dass La Mission wegen des etwas höheren Merlotanteils feminine Weine hervorbringe, während Haut-Brion als »kraftvoll und männlich« beschrieben wird. Das war aus unterschiedlichen Gründen sicher immer wieder mal so, aber es gab genauso häufig auch Phasen, in denen das Verhältnis umgekehrt war. Spannend ist es allemal, die Entwicklung dieser beiden Schwestergüter über die Jahrzehnte zu verfolgen, und Vergleichsproben, zumal verdeckte, wie sie letztes Jahr der Weinsammler Heinz Schmidt in der »Traube« in Grevenbroich veranstaltete, zählen stets zu den faszinierenden Höhepunkten für einen wahren Bordeauxfreak. Bei einem solchen Kopf-an-Kopf-Rennen quer durchs Jahrhundert kann man am Gaumen und auf der Zunge wirklich so manches wunderbare »Fotofinish« erleben!

Die wechselvolle Geschichte der beiden Güter lässt sich bis in die erste Hälfte des 16. Jahrhunderts zurückverfolgen. Der Weinberg von Haut-Brion war 1525 die Mitgift der Tochter des Bürgermeisters von Libourne, die Jean de Pontac heiratete. Das heutige Château La Mission war nur ein kleines, namenloses Pachtgut, das zu Haut-Brion gehörte. 1630 ging es in den Besitz der Lazaristenmönche der Mission von Saint-Vincent-de-Paul über. Ihnen verdankt der Wein seinen Namen und auch seinen von da an guten Ruf; denn es war kein Geringerer als der Kardinal Richelieu, der den Wein der Mönche besonders schätzte und ihn hoffähig machte. Während der Französischen Revolution wurden die beiden Güter enteignet und zugunsten der Staatskasse versteigert. Sie wechselten mehrfach ihre teilweise illustren Besitzer (Talleyrand war einer von ihnen), ehe in den 20er- und 30er-Jahren des 20. Jahrhunderts ihre zweite, noch strahlendere Blütezeit begann. 1919 wurde La Mission von der Familie Woltner erworben. In der Ägide von Henri Woltner stieg das Gut bis zu seinem Tode im Jahr 1974 zu einem der meistbeachteten Crus des gesamten Bordelais auf, dessen Weine regelmäßig auch die von Haut-Brion übertrafen, das immerhin 1855 als einziger Cru der Graves in die Riege der Premier Crus aufgenommen worden war.

Seit 1983, als die Woltners nach einem heftigen internen Familienzwist sich von La Mission Haut-Brion trennten, um in Kalifornien einen Neuanfang zu wagen, sind die Güter nach über 400 Jahren wieder vereint, und der Önologe J. B. Delmas zeichnet für die Weinbereitung beider Weine verantwortlich. Er benötigte einige Jahre, um vor allem den zum Ende der Ära Woltner vernachlässigten Fasskeller von La Mission wieder komplett mit neuen Barriques auszustatten. Ein Teil der Weinberge wurde neu angelegt, wodurch das Durchschnittsalter der Reben für einen Grand Vin zeitweilig relativ niedrig war. Spätestens mit dem superben 1989er fand das Gut aber wieder Anschluss an die Spitze und setzte diese Serie während der 90er-Jahre mit einer ganzen Reihe bemerkenswerter Weine fort. Heute ist La Mission selbst in kleinen Jahren wie 91 und 92 nicht schwach, sondern nur viel früher trinkreif. Im Jahrhundertendspurt der Jahre 1998 und 1999 ging La Mission zwar knapp hinter Haut-Brion als Zweiter durchs Ziel, aber beide zusammen haben es geschafft, das Feld der Graves-Güter zu deklassieren.

1998 Château La Mission Haut-Brion

Rubinrot. Charaktervolle Nase mit einer schönen Kirschnote und dem Duft frischer Erde. Mächtige Säure und stark gerösteter Kaffee am Gaumen. Etwas weniger Körper als Haut-Brion, etwas eleganter, geschmeidiger und fruchtiger, damit auch zugänglicher und wohl schneller reifend. Bittertöne im Abgang.

Capital-Index	***229***
Scheuermann-Note	***91***
Anzahl der Flaschen	***72 000***
Marktpreis	***DM 146,00***
Platzierung	***24 (rot)***

1999 Château La Mission Haut-Brion

Dunkles Rubinrot, im Kern aber granatrot und ein leicht heller Rand. Eine sehr verschlossene Nase, etwas Bitterorange, Cassis, auch etwas Schokolade und Kirsche. Auch hier sehr viel Säure, kerniges Tannin, aber dahinter ist mehr Frucht, samtige Textur, bitter im Abgang. Sehr viel schwarzer Toast, Mokka. Die Säure ist noch heftiger als beim Haut-Brion. Körper vielleicht etwas schlanker. Etwas mehr Eleganz als Haut-Brion, obwohl das Tannin einen schon monströsen Biss hat. Ein deutlicher Fortschritt, aber immer noch für den Körper ein ganz klein wenig zu tanninreich.

Capital-Index	***231***
Scheuermann-Note	***93***
Anzahl der Flaschen	***72 000***
Marktpreis	***DM 147,00***
Platzierung	***23 (rot)***

Château Monbousquet

F-33330 St-Emilion
Tel. +33/5 57 24 67 19
Fax +33/5 57 74 41 29

Daten | Fakten

Inhaber	Gérard Perse
Rebfläche	31,5 ha
Rebsorten	60 % Merlot, 30 % Cabernet franc, 10 % Cabernet Sauvignon
Jahresproduktion	130 000 Flaschen

Bis zum Beginn der 90er-Jahre war dies ein Wein, den man allenfalls als freundlich bezeichnen konnte, einer der üblichen kommerziellen Grands Vins, die es in Saint-Emilion noch immer zuhauf gibt. Dann verkaufte die Familie Querre das Gut an den finanzstarken Supermarktbesitzer und Manager Gérard Perse. Dieser Weinfanatiker machte daraus binnen eines Jahrgangs einen gefeierten Wein. Gleichzeitig legte er damit auch den Grundstein für ein mittlerweile weit ausgedehntes Weinimperium mit Pavie, La Clusière und Pavie-Decesse. Das bewährte Erfolgsteam von Alain Raynaud als Direktor und Michel Rolland als beratendem Weinmacher sorgte mit niedrigen Erträgen von maximal 30 hl/ha und einem konsequent modernen Ausbau (18 Monate neues Holz, keine Schönung, keine Filtration) schnell für eine ganz anders dimensionierte Reputation von Château Monbousquet, das seit 1994 auch als Grand Cru klassifiziert ist.

1998 Château Monbousquet

Dunkles, tiefes Rubin. Fruchtbetonte Nase mit reichlich Cassis, etwas Feigen. Attackierende Tannine, dabei aber fett und balanciert. Ein repräsentativer Wein für den Jahrgang. Reich an Finessen, elegant und kraftvoll. Bestimmt 20 bis 25 Jahre Lebenszeit.

Capital-Index	***118***
Scheuermann-Note	***93***
Anzahl der Flaschen	***80 000***
Marktpreis	***DM 68,00***
Platzierung	***314 (rot)***

1999 Château Monbousquet

Dunkles, tiefes Rubinviolett. Fruchtig, rund und samtig. Bereits heute in einer perfekten, frühreifen Form. Gezeichnet von einem hochreifen, alkoholschweren Merlot, dickes schwarzes Früchtekompott. Sehr harmonische Tannine. Zukunft für mindestens 15 Jahre.

Capital-Index	***117***
Scheuermann-Note	***95***
Anzahl der Flaschen	***80 000***
Marktpreis	***DM 125,00***
Platzierung	***319 (rot)***

La Mondotte

c/o Château Canon-La-Gaffelière
B. P. 34
F-33330 St-Emilion
Tel. +33/5 57 24 71 33
Fax +33/5 57 24 67 95
vignobles.von.neipperg@wanadoo.fr
www.neipperg.com

Daten | Fakten

Inhaber	Comtes de Neipperg
Rebfläche	4 ha
Rebsorten	80 % Merlot, 20 % Cabernet franc
Jahresproduktion	10 000 Flaschen

Dieser Weinberg liegt in St-Laurent-des-Combes zwischen Château Troplong-Mondot und Château Tertre-Roteboeuf. Das Terroir sollte also über jeden Zweifel erhaben sein. Doch das Institut National des Appellations d'Origine (INAO) sah das vor ein paar Jahren anders und verwehrte Stephan Graf Neipperg, diese vier Hektar mit mittlerweile 35 Jahre alten Reben seinem Château Canon-La-Gaffelière einzuverleiben, denn diese Fläche besaß nicht den dafür nötigen Grand-Cru-Status. Also beschloss der aus Schwaben stammende clevere Weingraf, den französischen Weinordnungshütern eine Lehre zu erteilen. Bis 1995 hatte er diesen Wein nur mit der linken Hand gemacht, da er sich noch zu sehr um den Auf- und Ausbau von Canon-La-Gaffelière selbst und von Clos l'Oratoire kümmern musste.

Selbst in diesem doch recht bedeutenden Jahrgang ist La Mondotte denn auch ein eher dünnes, himbeerduftendes Mickey-Mouse-Weinchen. Doch bereits mit dem 96er brachte Neipperg dann eine Mikrocuvée auf den Markt, die seither die renommierten Grands und Premiers Crus Jahr für Jahr blamiert, und zwar in jeder Hinsicht. Heute, nach nur vier Jahrgängen, ist La Mondotte eine der gesuchtesten Raritäten des Bordelais und übertrifft alle Platzhirsche, vor allem im Preis. Und wer weiß, wie eifersüchtig die Schlossherren darauf achten, in diesem Punkt ihre Nachbarn zu übertreffen, der ahnt, wie tief dieser Stachel sitzt. La Mondotte ist der permanente, weltweit akklamierte Beweis dafür, dass die Bordelaiser Klassifikationen dringend einer Überarbeitung bedürfen, wenn sie nicht ihre Glaubwürdigkeit verlieren wollen.

1998 La Mondotte

Dunkles Schwarzrubin. In der Nase eine enorme Konzentration der Fruchtaromen. Brombeere und deutlich Cassis mit etwas Minze, ähnlich, wenn auch nicht ganz so stark ausgeprägt wie bei Le Pin. Cassis und dazu Rauch und Tannin. Sehr saftig, dicht und tief. Reichlich Tanninpower, aber auch eine satte, fruchtige Süße im Hintergrund. Viel Kaffee und Bitterschokolade am Gaumen. Ein monströser, aber auch ein ganz großartiger Wein mit besten Zukunftsaussichten.

Capital-Index	***162***
Scheuermann-Note	***98***
Anzahl der Flaschen	***10 800***
Marktpreis	***DM 725,00***
Platzierung	***87 (rot)***

1999 La Mondotte

Dunkles Rubinrot. Schwarz und tintig. Konzentrierte Nase mit intensivem Duft von schwarzen Kirschen. Wieder ein großartiger Wein, aber er wirkt ein bisschen wie die etwas reduzierte Ausgabe des überwältigenden 98ers. Ein Wein mit dickfleischiger Statur mit Biss und zum Kauen. Schöne Fruchtsüße von Pflaumen, Kirsche und Cassis, dazu Kaffee, Schokolade und dunkle Tannine.

Capital-Index	***158***
Scheuermann-Note	***94***
Anzahl der Flaschen	***12 000***
Marktpreis	***DM 725,00***
Platzierung	***97 (rot)***

Château Mouton-Rothschild

F-33250 Pauillac
Tel. +33/5 56 59 22 22
Fax +33/5 56 73 20 44

Daten | Fakten

Inhaber	GFA Baronne Philippine de Rothschild
Rebfläche	78 ha
Rebsorten	77 % Cabernet Sauvignon, 10 % Cabernet franc, 11 % Merlot, 2 % Petit Verdot
Jahresproduktion	300 000 Flaschen

Was ist los mit Château Mouton? Seit bald zehn Jahren warten wir nun schon auf einen neuen, wirklich großen Wein dieses Premier Grand Crus in Pauillac. Einen Nachfolger des 89ers oder doch wenigstens mal einen Jahrgangsprimus wünscht sich die Fangemeinde. Jedenfalls einen Wein, der die Fantasie beflügelt und den Ausnahmestatus von Mouton rechtfertigt. Denn eines ist nach wie vor klar: Kaum ein anderer Wein hat einen so stabilen Wiederverkaufsmarkt auch für kleine, ja sogar für die schlechten Jahrgänge wie Mouton.

Der letzte Überflieger war der lange verkannte 89er. Ein historischer Wein auch aus anderen Gründen. Viele dürften ihn hauptsächlich wegen des witzigen Mauerfall-Labels von Baselitz gekauft haben. Aber jetzt, nach zehn Jahren zeigt sich in verdeckten Vergleichsproben immer deutlicher, dass er neben dem 89er Haut Brion die unbestreitbare Spitze des Jahrgangs markiert, und dass der 89er Jahrgang dem legendären 82er durchaus Paroli bieten kann. Auch in den Jahren 1995 und 1996 braucht Mouton sich zwar nicht zu verstecken; aber warum bescherte uns das Château in diesen beiden Superjahren nicht einen seiner so heiß geliebten Monsterweine?

Wer nun erwartet hatte, dass Mouton uns wenigstens zum Ausklang des Jahrhunderts nochmals einen dieser überdimensionalen Weine schenken würde, sah sich spätestens im Frühjahr enttäuscht, als die 99er en primeur vorgestellt wurden. Unter den Premiers des linken Ufers war Mouton für viele das eindeutige Schlusslicht. In meinen Augen reicht der 99er Mouton nicht mal an den 98er heran und wird auch von einigen zweiten und dritten Gewächsen übertroffen. Eine Investition in diesen Wein lohnt kaum, es sei denn, man will unbedingt seine Etikettensammlung vervollständigen. Wesentlich erfreulicher ist da schon der 98er, ein Wein, dem im Jahr davor mancher sicher Unrecht getan hat.

1998 Château Mouton-Rothschild

Tief dunkles Rubinrot. Verschlossen, konzentriert. Wieder so ein erstaunlicher weil für den Jahrgang ungewöhnlich mächtiger Wein. Der Triumph der Premier Crus gegen das Fussvolk. Triumph des Terroirs, Bestätigung der Klassifikation. Konzentration. Breites Kreuz, ein Wein mit Fleisch und Muskeln. Riecht etwas tintig, Blaubeeren, Brombeeren. Reife Frucht mit etwas Süße hinter dem starken Holzton.

Capital-Index	***217***
Scheuermann-Note	***93***
Anzahl der Flaschen	***280 000***
Marktpreis	***DM 185,00***
Platzierung	***28 (rot)***

1999 Château Mouton-Rothschild

Dunkles Rubinrot bis Violett. Konzentrierte, verschlossene Nase. Auch hier kommt die Süße vielleicht vom leicht höheren Merlotanteil, immerhin sechs Prozent mehr als 1998. Auch dieser Wein wirkt eher leicht, aber nicht dünn, deutlich kürzer im Abgang als der 98er. Es fehlt die Strenge, die Stringenz. Relativ weich und geschmeidig, auch wieder diese Schokogrenache, erinnert an Schokoladen- oder Marmorkuchen mit Kakao.

Capital-Index	***208***
Scheuermann-Note	***90***
Anzahl der Flaschen	***260 000***
Marktpreis	***DM 235,00***
Platzierung	***30 (rot)***

Château Nenin

F-33500 Pomerol
Tel. +33/5 57 51 00 01
Fax +33/5 57 51 77 47

Daten | Fakten

Inhaber	Familie Delon
Rebfläche	31 ha
Rebsorten	75 % Merlot, 25 % Cabernet franc
Jahresproduktion	keine Angabe, Zweitwein: Fugue de Nenin

Im Jahr 1997 hat die im Médoc ansässige Familie Delon (Château Léoville Las Cases und Château Potensac) sich auch im Libournais engagiert und dort Château Nenin erworben. Seither begann hier am Ortseingang von Pomerol eine rege Bautätigkeit. Die Veränderungen sind inzwischen unübersehbar und (was natürlich noch wichtiger ist) auch schmeckbar. Einige zehn Millionen Francs wurden und werden hier investiert. Der überhöhte klassische Portikus über dem Eingang zum neuen Betriebsgebäude erinnert an das berühmte Tor von Léoville und das soll wohl signalisieren: Hier entsteht ein herrschaftliches Château. Der neue Chai dahinter hat die Dimension einer Kathedrale. Außerdem wurde durch Zukauf von Weinbergen des Châteaus Certan-Giraud der Besitz auf 31 Hektar vergrößert. Und obwohl dies alles längst noch nicht fertig ist, gelang Jean-Hubert Delon auf dieser Baustelle mit dem alten Equipement bereits ein Jahr nach der Übernahme mit dem 98er Nenin ein Wein, wie es ihn hier schon seit 50 Jahren nicht mehr gegeben hat. Auch wenn mit dem 99er trotz radikaler Selektion dieses Ergebnis nicht wiederholt werden konnte, eines ist sicher: Auf Château Nenin hat mit dem 98er eine neue Zeitrechnung begonnen. Dieser Wein, der immer seine Liebhaber hatte und auch schon gelegentlich unter Kennern als Geheimtipp gehandelt wurde, ist auf dem besten Weg zum Sammlerobjekt. Selbst der Zweitwein, der nach dem Besitzerwechsel nicht mehr Saint-Roch heißt, sondern umgetauft wurde in Fugue de Nenin, ist in diesem Jahr vielen Grands Vins in Pomerol ebenbürtig oder gar überlegen.
Château Nenin war mit seinen ursprünglich knapp 25 Hektar immer schon einer der größeren Betriebe in Pomerol. Das schmucke kleine Château stammt aus dem 19. Jahrhundert und gehörte seit 1840 bis zum Verkauf vor drei Jahren der Familie Despujol. Das Potenzial für große Weine war immer vorhanden, aber es wurde meist nicht ausgeschöpft. So leistete man sich den Luxus, in unmittelbarer Umgebung des Châteaus auf bestem Terroir einen hübschen Park zu pflegen, statt Weinberge anzulegen. (Dies hat Delon als Allererstes geändert und schon sprießt im Holz des zweiten Jahres das erste junge Grün des künftigen Hausweinberges von Nenin aus der steinigen Erde.)
Doch auch hier gab es eine – wenn auch kurze – Glanzzeit. 1947 und 1949 entstanden auf Nenin schon einmal ganz großartige Weine, ebenso 1959 und dann nochmals 1970 und 1975. Danach versank der Wein im bäuerlichen Mittelmaß, um jetzt wie ein Phönix aus der Asche wieder aufzuerstehen.

1998 Château Nenin

Dichtes, schwärzliches Rubinrot. Ein komplexes, opulentes Bukett mit konzentrierter Brombeerkonfitüre, aber auch mit Teer, Lakritze und Mokka. Schon diese Nase signalisiert unverkennbar: Das ist groß! Unendlich saftig und gleichzeitig vollbepackt mit mächtigen Tanninen, die einen starken Pelzbelag an den Zähnen ergeben. Viele Bitterstoffe am Gaumen. Extrem langer Abgang mit harten, scharfen Röstaromen. Ein jugendliches Monster mit Biss und Zukunft für Jahrzehnte.

Capital-Index	***138***
Scheuermann-Note	***95***
Anzahl der Flaschen	***30 000***
Marktpreis	***FF 600,00***
	(ca. DM 180,00)
Platzierung	***196 (rot)***

1999 Château Nenin

Für Nenin ganz offensichtlich ein höchst schwieriger Jahrgang. Nach einer hyperstrengen Selektion mit 83 Prozent Merlot und nur 17 Prozent Cabernet franc konnte nur ein knappes Viertel der Ernte für den Grand Vin benutzt werden. Das Ergebnis ist immerhin respektabel: Dunkles, aber nicht so tiefes Rubinrot. In der Nase eine klare, feine rote Konfitüre. Am Gaumen saftig, gutes Tannin, aber nicht annähernd so kraftvoll wie der 98er, gute Säurestruktur, etwas Schokolade im Abgang.

Capital-Index	***132***
Scheuermann-Note	***89***
Anzahl der Flaschen	***30 000***
Marktpreis	***FF 600,00***
	(ca. DM 180,00)
Platzierung	***230 (rot)***

Château Palmer

Cantenac
F-33460 Margaux
Tel. +33/5 57 88 72 72
Fax +33/5 57 88 37 16
chateau-palmer@chateau-palmer.com

Daten | Fakten

Inhaber	S. C. I. du Château Palmer
Rebfläche	52 ha
Rebsorten	47 % Merlot, 47 % Cabernet Sauvignon, 6 % Petit Verdot
Jahresproduktion	120 000–130 000 Flaschen Ch. Palmer, 100 000–120 000 Zweitwein

Mit den beiden aktuellen Jahrgängen 1998 und 1999 läutet man auf Château Palmer eine neue Ära ein. Während der Primeurkampagne im März 2000 wurde ein neues Zweitweinkonzept unter dem Namen Alter Ego vorgestellt. Dieser Wein ersetzt die bisherige Réserve du Général. Die Gesamternte von Palmer wird seit 1998 in drei Stufen nach Barriques selektioniert. Nicht taugliche Weine werden sofort aussortiert und im Fass verkauft (1999 z. B. 5 Prozent der Ernte). Die besten, intensivsten Partien, die am meisten dem auf Finesse und Eleganz ausgelegten Palmer-Charakter entsprechen, bilden den Grand Vin. Im Jahr 1999 waren das 55 Prozent. Die etwas weniger typischen Partien werden für den Zweitwein verwendet (40 Prozent im Jahr 1999). Der Sortenspiegel von Erst- und Zweitwein ist aber grundverschieden. Beim Alter Ego überwiegt der Merlot, während beim Grand Vin von Palmer das Verhältnis zwischen Merlot und Cabernet eher ausgeglichen ist. Der 99er Alter Ego besteht aus 77 Prozent Merlot und 23 Prozent Cabernet Sauvignon, der Palmer des gleichen Jahrgangs aus 46 Prozent Merlot, 48 Prozent Cabernet Sauvignon und 6 Prozent Petit Verdot. Ein weiterer Unterschied: Der Alter Ego lagert 18 Monate in Barriques (20 Prozent neues Holz), der Grand Vin von Palmer 21 Monate (40 Prozent neues Holz). Der Alter Ego ist ein ausgesprochen hedonistischer Spaßwein, saftig mit schöner konzentrierter Kirschfrucht, Schokolade und maßvollem Tannin. Nichts zum Sammeln, sondern zum genussvollen Trinken, während man auf die Reife des Grand Vin wartet.

Das Château, benannt nach einem englischen General, der unter Wellington gegen Napoleon kämpfte, liegt mitten im Dorf Issan. Früher gehörten seine Weinberge auch zu Château d'Issan. Das pittoreske Gutshaus wurde 1860 errichtet, als romantisierende Idee eines mittelalterlichen Ritterpalais. Bei der Klassifikation von 1855 wurde Palmer nur als drittes Gewächs eingestuft. Seit dem legendären 1961er, der zu den besten dieses Jahrgangs zählt, hat man sich in der Fachliteratur darauf verständigt, dieses Gut als zweites Gewächs zu bewerten. In den Augen vieler erfahrener Degustatoren steht Château Palmer heute eindeutig der Rang eines »Super Second« zu. Nicht wenige fordern gar immer wieder – was ich (noch) für übertrieben halte – die Anhebung zum Premier Grand Cru.

Ein wesentlicher und damit kennzeichnender Charakterzug von Palmer ist in vielen Jahren eine gewisse nervige Art mit einer charakteristischen Säure, die in der Jugend hervorsticht, sogar ganz schön aggressiv sein kann. Sie begleitet den Wein ein ganzes Leben lang, dominiert ihn manchmal für immer, sodass er austrocknet, statt sich reifend zu runden. Doch wenn sie sich balanciert, erreicht der Wein eine perfekte Eleganz. Am ehesten geschieht dies in Jahren, die durch physiologisch voll ausgereifte Trauben die nötige Süße von Extrakt, Alkohol und Frucht mitbringen, wobei dem Merlot eine wichtige Rolle zukommt. Wenn es dann im Keller auch noch gelang, dem Wein ein adäquates Quantum an Tannin mitzugeben, kann Palmer eine beachtliche Konzentration und Opulenz erreichen, dann zeichnet ihn, wie David Peppercorn bemerkt, eine »fast schon burgundische Fülligkeit« aus.

1998 Château Palmer

Dunkles Rubinrot, Kaffeenoten und konzentrierte Frucht bestimmen das Bukett. Schöne Frucht am Gaumen. Sehr schöner Wein, balanciert, dicht, saftig. Süffig. Langer Abgang. Die Tannine sind gut eingebunden. Schöne Kaffeenoten am Gaumen und im Abgang. Ein muskulöser Wein mit Konzentration und Fülle.

Capital-Index	*177*
Scheuermann-Note	***91***
Anzahl der Flaschen	***120 000***
Marktpreis	***DM 101,00***
Platzierung	***60 (rot)***

1999 Château Palmer

Eine strenge Grünernte legte im Sommer den Grundstein zur Qualität dieses Weins in der Form absolut gesunder und früh zu voller Reife gelangter Trauben. Mit Ausnahme des Merlot wurde die Trauben vom 17. September bis 1. Oktober, also mitten im Regen geerntet. Man mag kaum glauben, was dabei herausgekommen ist: Dunkles Rubinviolett. Konzentrierte Kirschfrucht. Sehr eindrucksvoller, komplexer Wein. Opulent. Konzentriert, reichlich pelziges Tannin. Fleischige Frucht, wunderschöne Süße. Langer, tiefer Abgang. Neben Château Margaux der schönste Wein dieses Jahres in der Appellation, ja einer der herausragenden Weine des ganzen linken Ufers.

Capital-Index	*176*
Scheuermann-Note	***92***
Anzahl der Flaschen	***120 000***
Marktpreis	***DM 145,00***
Platzierung	***62 (rot)***

Château Pavie

F-33330 St-Emilion
Tel. +33/5 57 55 43 43
Fax +33/5 57 24 63 99
info@chateaupavie.com

Daten | Fakten

Inhaber	Gérard Perse
Rebfläche	37 ha
Rebsorten	Merlot, Cabernet franc, Cabernet Sauvignon
Jahresproduktion	180 000 Flaschen

Mit der Übernahme von Château Pavie aus dem Portfolio der Familie Valette (Troplong-Mondot) im März 1998 schwang sich Gérard Perse endgültig zum größten Besitzer hochklassiger Weinberge in Saint-Emilion auf. Wichtiger dürfte dem ehrgeizigen Schlossherrn von Monbousquet, der sein Vermögen mit dem Verkauf einer florierenden Supermarktkette gemacht hatte, gewesen sein, dass er dadurch sein Weinimperium mit der Krone eines Premier Grand Cru Classé schmücken konnte.

Château Pavie verfügt neben Figeac und Cheval Blanc mit knapp 37 Hektar über die größte Rebfläche unter den Premiers des rechten Ufers. Es liegt auf der so genannten Côte Pavie im Südosten der Stadt Saint-Emilion, einem uralten Stück Kulturland. Die Geschichte dieses Weinbergs reicht ähnlich wie bei Ausone bis in die spätrömische Zeit zurück, als auf diesen Hängen erstmals Weinberge angelegt wurden. Die Rebstöcke hier sind im Durchschnitt 45 Jahre alt, doch gibt es einige darunter, die sogar 100 Jahre alt sind und zu den ersten gehörten, die nach der Reblauskatastrophe angepflanzt wurden. Der Boden besteht hauptsächlich aus Kalkstein, entstanden aus fossilen Meerestieren sowie aus Lehm, wobei auf dem Plateau der Lehm tiefer reicht als am Hang; am Fuß des Hangs gibt es sieben Hektar sandigen Lehmboden.

Perse, ein in jeder Hinsicht zum Perfektionsmus neigender Unternehmer, machte in unglaublich kurzer Zeit Nägel mit Köpfen und schaffte in nur zwei Jahren eine atemberaubende Wende. Aus dem ordentlichen Allerweltswein, als der sich Pavie noch 1996 und 1997 präsentierte, wurde eines der hoffnungsträchtigsten Gewächse von Saint-Emilion, das erstmals nach Jahren die Qualität seines Terroirs widerspiegelt, ohne dass man das Gefühl hat, da wäre schon alles ausgereizt.

Perse verpflichtete den Önologen Michel Rolland als Berater und engagierte Alain Raynaud, den Besitzer von Quinault L'Enclos, als Direktor. Betrug der Durchschnittsertrag unter den Vorbesitzern noch 45 bis 50 hl/ha, hat Regisseur Laurent Lusseau den Ertrag um ein gutes Drittel auf 30 hl/ha begrenzt. Für Ausbau und Reifung der Weine wurden eine neue Cuverie und ein neuer Chai aus dem Boden gestampft. Sie gehören zu den modernsten und am besten ausgestatteten im gesamten Bordelais.

1998 Château Pavie

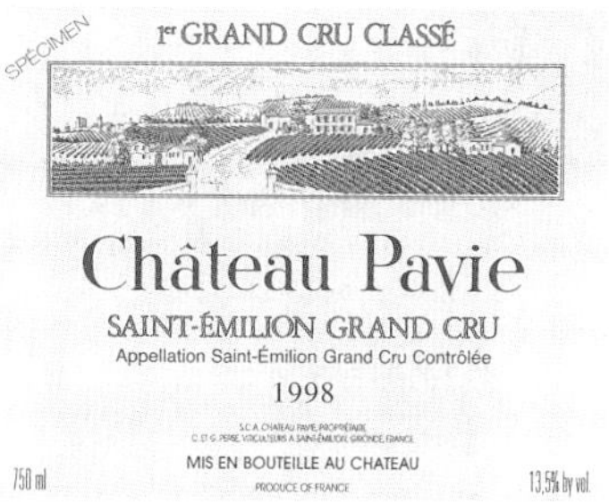

Dunkles Rubinrot. Konzentrierte Nase mit dunklem, alkoholischem Kirschkompott und dunklen Beeren. Dichter Stoff, sehr mächtige Tannine, die viel Pelz machen, aber nicht beißen. Eingehüllt von dicken Extrakten. Schöne fleischige Fruchtsüße. Extrem langer Abgang. Der beste Pavie seit bald 50 Jahren. Damals produzierte dieses Château mit den Jahrgängen 1950 und 1952 seine beiden letzten wirklich großen Weine, die auch heute noch aus Großflaschen viel Freude machen können.

Capital-Index	***159***
Scheuermann-Note	***95***
Anzahl der Flaschen	***80 000***
Marktpreis	***DM 118,00***
Platzierung	***93 (rot)***

1999 Château Pavie

Das Überraschendste an diesem Wein ist sein verschwenderisches Bukett: rote und schwarze Früchte von Himbeere bis Kirsche, komplexe südlich-heiße Würzaromen. Wenn Max Gerstl schreibt, man könne ihn auch mit einem Hermitage verwechseln, muss ich ihm Recht geben und füge hinzu: auch mit einem großen Burgunder oder einem Pomerol. Warum nicht La Fleur z. B.? Es ist ein außergewöhnlicher Wein, geprägt durch den jahrgangsbedingt überhöhten Anteil von zwei Dritteln Merlot. Konzentriert, aber in allem eleganter als der 98er, dem ich im Augenblick doch ein klein wenig den Vortritt lassen möchte; denn dieser überwältigende 99er Charmewein dürfte bei allem Plaisir doch schneller reif werden.

Capital-Index	*152*
Scheuermann-Note	***93***
Anzahl der Flaschen	***80 000***
Marktpreis	***DM 225,00***
Platzierung	***118 (rot)***

Château Pavie-Decesse

F-33330 St-Emilion
Tel. +33/5 57 24 67 19
Fax +33/5 57 74 41 29

Daten | Fakten

Inhaber	Gérard Perse
Rebfläche	17 ha
Rebsorten	90 % Merlot, 10 % Cabernet franc
Jahresproduktion	25 000–30 000 Flaschen

Der Hattrick ist gelungen, und zwar perfekt. Im dritten Jahr hintereinander kann der neue Besitzer dieses Gutes sich über einen Wein jenseits der 90-Punkte-Marke freuen. Kein Wunder, dass sich die Preise für Pavie-Decesse in dieser Zeit mehr als verdreifacht haben. Und Grund genug, an dieser Stelle alle drei Weine zu nennen, zumal der 97er zu den Spitzen dieses umstrittenen, in meinen Augen vielfach unterschätzten Jahrgangs zählt.

Im Juli 1997 erwarb Gérard Perse, der ehrgeizige Besitzer von Château Monbousquet und inzwischen auch von Château Pavie, dieses kleine Nachbargut von der Familie Valette (Troplong-Mondot) und stellte die Vinifikation, beraten von Dr. Alain Reynaud und Michel Rolland, radikal um. Er baute ein neues Fasslager, schaffte neue hölzerne Gärbottiche an, verlängerte die Maischestandzeit auf bis zu fünf Wochen und erhöhte den Anteil der neuen Barriques auf 100 Prozent. Der Wein wird darin 18 Monate ausgebaut, einschließlich der malolaktischen Gärung, ehe er ohne Schönung und Filtration abgefüllt wird. Seither ist die Qualität des früher eher mediokren Weines rapide angestiegen. Château Pavie-Decesse produziert je nach Jahrgang heute nur noch rund 25 000 bis 30 000 Flaschen, da die Erträge mit 24 hl/ha ziemlich niedrig liegen.

Das Château liegt oberhalb von Pavie an den Côtes von Saint-Emilion mit einer perfekten Südexposition. Für die Rebstöcke wird ein Alter von ca. 40 Jahren angegeben. Sie stehen auf Kalkstein mit Lehmauflage. Im Weinberg wird sehr traditionell gearbeitet, unter Verzicht auf Unkrautvertilger und mit einer radikalen Grünernte im Sommer. Die einzelnen Parzellen werden nicht nur getrennt gelesen, sondern auch separat vinifiziert und erst bei der Assemblage vermählt.

1997 Château Pavie-Decesse

Schwarzes, undurchsichtiges Rubinrot. Beeindruckt mit seinen Primäraromen total, wild, aufregend. Fülle, großer Stoff mit Saft. Wein dick wie Blut. Kraftvolle Tannine. Samtige Textur. Imposant. Eine der ganz großen Überraschungen des Jahrgangs.

Capital-Index	***150***
Scheuermann-Note	***91***
Anzahl der Flaschen	***25 000***
Marktpreis	***DM 149,00***
Platzierung	***135 (rot)***

1998 Château Pavie-Decesse

Tiefes Purpur. Ruppiger Stallduft, garstig. Wie schon 1997 einer der besten. Saftig, konzentriert, dicht, hat alles. Die abweisende Strenge täuscht. Dahinter öffnet sich, eine herrlich saftige Frucht. Hat den Biss der ganz großen Weine. Säure, enormes Tannin. Animierend und aggressiv zugleich.

Capital-Index	***152***
Scheuermann-Note	***93***
Anzahl der Flaschen	***25 000***
Marktpreis	***DM 149,00***
Platzierung	***124 (rot)***

1999 Château Pavie-Decesse

Dunkles Rubinrot. Schöne strenge Nase mit tiefgründiger schwarzer Frucht, aber auch Toast, Terroir und Tannin. Ein eleganter Wein mit schöner Statur und Struktur, weiche Tannine, opulente Frucht, langer Abgang.

Capital-Index	***151***
Scheuermann-Note	***92***
Anzahl der Flaschen	***25 000***
Marktpreis	***DM 149,00***
Platzierung	***130 (rot)***

Château Pavie-Macquin

F-33330 St-Emilion
Tel. +33/5 57 24 74 23
Fax +33/5 57 24 63 78

Daten | Fakten

Inhaber	Familie Corre-Macquin
Rebfläche	17 ha
Rebsorten	70 % Merlot, 25 % Cabernet franc, 5 % Cabernet Sauvignon
Jahresproduktion	80 000 Flaschen

Wie so viele andere Güter im Libournais verdankt auch Pavie-Macquin seinen steilen Qualitätsaufschwung in den 90er-Jahren dem Önologen und Vordenker Michel Rolland. Zusätzlich engagierte die Inhaberfamilie Corre-Macquin Nicolas Thienpont (Vieux Château Certan) als Managing Director. Mit den Jahrgängen 1989 und 1990 setzte diese positive Entwicklung ein und erreichte 1998 und 1999 ihren vorläufigen Höhepunkt. Aber man darf wohl getrost davon ausgehen, dass dies noch längst nicht das Ende der Fahnenstange sein dürfte.

Der zusammenhängende Weinberg von Pavie-Macquin liegt auf einem runden Hügel der Côte Pavie in unmittelbarer Nachbarschaft der Châteaux Pavie und Troplong-Mondot auf allerbesten Terroir und ist gesegnet mit einem fast schon mediterranen Kleinklima. Früher hieß das Weingut Puygenestous. Erst als es 1887 von Albert Macquin gekauft wurde, erhielt es seinen heutigen Namen. Durch ihn ist es untrennbar mit der modernen Weinbaugeschichte des Bordelais verbunden.

Er war einer der führenden Spezialisten seiner Zeit für das Pfropfen von Rebschößlingen auf amerikanische Wurzelstöcke, die sich gegen die aus Amerika eingeschleppte Reblaus (Phylloxera vastatrix) immun erwiesen. Die ganze Region verdankt ihm zu einem großen Teil die Regeneration der Weinberge nach der großen Reblauskatastrophe. Albert Macquin, 1850 geboren, stammte aus einer Familie berühmter Weinbauern aus dem Département Seine-et-Marne und hatte am Institut für Landwirtschaft Paris-Grignon studiert. Da er sich vor allem für die Probleme im Zusammenhang mit der Reblaus interessierte, besuchte er außerdem die landwirtschaftliche Schule von Montpellier und studierte dort die amerikanischen Zuchtpflanzstöcke. In Saint-Emilion, wo die Reblaus gerade ihr vernichtendes Werk begonnen hatte, schuf er Rebmuttergärten, in denen er Millionen von veredelten Pflanzen großzog. Er richtete außerdem noch eine Schule für die Aufpropftechnik ein, in der er Hunderte von Rebveredlern ausbildete.

Die Gewinne aus dem Verkauf der Pflanzen investierte er in den Aufbau eigener Weingüter. Macquin war auch in der Verwaltung anderer Güter tätig, so auf Château Figeac, das 1892 von Albert Villepique gekauft wurde. Albert Macquin starb 1911. Seine beiden Töchter, die zwei Brüder geheiratet haben, erbten den Besitz: Madame Frangols Corre die Domäne von Malsonneuve in Saint-Georges und Madame Antoine Corre das Weingut Pavie-Macquin. Ihre Kinder sind die derzeitigen Eigentümer.

1997 Château Pavie-Macquin

Dunkles Rubinviolett. Sehr intensive Nase mit viel Brombeere und Blauberee. Sehr dunkle Frucht, viel Tannine in der Nase. Springt einen förmlich an. Fleischig und saftig, lang tief und kräftig, noch dichtere Struktur als der Pavie-Decesse. Eine echte Fruchtbombe mit viel Tannin, unendlich saftig. Ein extremer Wein.

Capital-Index	***151***
Scheuermann-Note	***95***
Anzahl der Flaschen	***48 000***
Marktpreis	***DM 99,50***
Platzierung	***131 (rot)***

1998 Château Pavie-Macquin

Tiefes schwarzes Purpur. Enorme Konzentration in der Nase. Frischer Traubensaft und schwarzes Tannin, dunkle Beerenfrucht, Cassis. Enormer Saft, Kraft und Dichte. Röstaromen. Kräftige Säure, langer Abgang. Opulent, anmachend, strahlende Jugend.

Capital-Index	***143***
Scheuermann-Note	***93***
Anzahl der Flaschen	***48 000***
Marktpreis	***DM 210,00***
Platzierung	***173 (rot)***

Château Pétrus

c/o Ets. J.-P. Moueix
F-33500 Pomerol
54, quai du Priourat
B. P. 129
F-33502 Libourne
Tel. +33/5 57 51 78 96
Fax +33/5 57 51 79 79

Daten | Fakten

Inhaber	S. C. du Château Pétrus
Rebfläche	11,5 ha
Rebsorten	95 % Merlot, 5 % Cabernet franc
Jahresproduktion	36 000 Flaschen

Ist irgendwo von so genannten »Kultweinen« unserer Zeit die Rede, fällt meist der Name Pétrus als Erster. Wie keinem anderen haftet diesem Wein der Status an, ein Getränk der Schönen, Reichen und Erfolgreichen zu sein: unvorstellbar gut – und sündhaft teuer. Die Zahl der Anekdoten, die man sich in den Weinzirkeln über ihn erzählt, ist ebenso Legion wie die Zahl seiner legendären Jahrgänge vom großen Dreigestirn der 20er-Jahre 1921, 1928 und 1929 über 1945, 1947 und 1959 – alles unbestrittene 100-Punkte-Weine – bis zu den aktuellen Jahrgängen. Und der 99er macht da keine Ausnahme. Ob nun er oder Lafleur oder Le Pin die Nummer eins des Jahrgangs in Pomerol, ja möglicherweise im ganzen Bordelais ist, darüber lässt sich fraglos die nächsten Jahrzehnte trefflich streiten. Tatsache bleibt, dass Pétrus eines der wenigen Güter ist, dem im schwierigen Jahr 1999, das von vielen fälschlicherweise als letzter Jahrgang des 20. Jahrhunderts angesehen wird, ein Wein gelungen ist, der es verdient, unter die großen dieser Epoche gereiht zu werden. Damit ist er natürlich prädestiniert zum Sammlerstück. Auch wenn er qualiativ nicht an seinen Vorgänger, den fabulösen 1998er heranreichen dürfte.

Daran wird auch nichts ändern, dass Pétrus immer wieder ins Gerede gekommen ist, in jüngster Zeit wegen der Jahrzehnte lang offenbar verschleierten Besitzverhältnisse, früher wegen der vorübergehenden Einführung der Filtration oder neuer Erntetechniken, die in den 70er- und 80er-Jahren zu deutlichen Schwächen und Einbrüchen bei einigen Jahrgängen führten. Eine Episode, die aber spätestens mit dem Jahrgang 1990 beendet war. Dies alles tat seinem Ruf offenbar keinen Abbruch, im Gegenteil: Skandale und Skandälchen scheinen für diesen Glamourwein zum Business zu gehören. Zusammen mit La Romanée-Conti aus Burgund ist Pétrus nach wie vor der teuerste Rotwein der Welt, auch wenn einzelne Boutiqueweine aus Kalifornien ihnen da mittlerweile Paroli bieten. Zumindest dann, wenn man die Releasepreise der letzten Jahrzehnte und ihren rasanten Anstieg als Maßstab nimmt, bleibt dies Fakt. Bei alten Jahrgängen haben die Premiers Crus aus dem Médoc preislich die Nase vorn – wohl aber nur deswegen, weil so alte Weine von Pétrus bislang nicht aufgetaucht sind. Die ältesten bekannten Händlerabfüllungen stammen aus den Jahren 1899 und 1900 und – wie könnte es anders sein – sie schmeckten auch heute noch »sehr lecker«. Spekulationen, welchen Preis ein Pétrus 1865 bei einer Auktion erzielen würde, wenn er denn ausgerufen würde, sind müßig. Dass Pétrus schon im 19. Jahrhundert preislich auf der Stufe eines Deuxième Cru stand, ist in der deutschen Ausgabe des Cocks-Féret von 1893 nachzulesen. Die Mär, er sei erst in den 60er-Jahren berühmt geworden, lässt sich leicht widerlegen. Richtig ist dagegen, dass der erste massive Preisauftrieb zwischen 1979 und 1982 erfolgte, als Pétrus durch die steigende Nachfrage einer wachsenden Schar von Etikettentrinkern zum »ultimativen Snob-Wein« (Stuart Pigott) wurde.

1998 Pétrus

Dunkles, tiefes Schwarzrubin. Wenn Parker ihn mit dem La Mondotte des gleichen Jahrgangs vergleicht, kann man nur zustimmen. Es ist ein unglaublich reicher, dichter Wein, der sich mit seiner mächtigen Konzentration, seiner likörhaften Süße, seinen Schokoladen, und Kaffeearomen weit über den Schnitt dieses umstrittenen Jahrgangs erhebt. Dank einer mächtigen Tanninstruktur, dem fleischigen Körper hat er ein Riesenpotenzial. Ob er eines Tages tatsächlich 100 Punkte wert sein wird, bleibt aber abzuwarten.

Capital-Index	***286***
Scheuermann-Note	***97***
Anzahl der Flaschen	***36 000***
Marktpreis	***DM 1275,00***
Platzierung	***8 (rot)***

1999 Pétrus

Dunkles Schwarzviolett. Eine ziemlich perfekte Konzentration in der Nase: Brombeerfrucht, etwas Kaffee, leicht animalische Noten. Am Gaumen zunächst unglaublich opulent mit süßen roten Beerenfrüchten, einer erstaunlichen Eleganz, nur im Abgang fehlt es (noch?) etwas an Länge und Tiefe. Wo bleibt in diesem Wein das Tannin? Zählt in diesem Jahr ohne Frage zu den Größten. Aber wie groß? Diese Frage lässt sich jetzt noch nicht wirklich beantworten.

Capital-Index	***296***
Scheuermann-Note	***94***
Anzahl der Flaschen	***36 000***
Marktpreis	***DM 745,00***
Platzierung	***7 (rot)***

Château Le Pin

F-33500 Pomerol
Tel. +33/5 57 51 33 99,
+32/55 31 19 59 (Belgien)
Fax +32/55 31 09 66 (Belgien)

Daten | Fakten

Inhaber	GFA Château Le Pin (J. und A. Thienpont)
Rebfläche	1,98 ha
Rebsorten	100 % Merlot
Jahresproduktion	6000 Flaschen

Kaum ein anderer Wein ruft so kontroverse Meinungen und extreme Reaktionen hervor wie Le Pin in Pomerol. Ob er nun aus Blindproben als strahlender Sieger hervorgeht oder öffentlich hingerichtet wird, er liefert stets Stoff für heiße Diskussionen. Dabei darf man wohl davon ausgehen, dass die meisten Menschen, die über ihn reden, vermutlich noch nie eine Flasche davon getrunken haben; denn Le Pin ist einerseits extrem rar und natürlich auch wirklich unverschämt teuer. In den 90er-Jahren verzeichnete Farr Vintners, das wichtigste Wein-Brokerhaus am Handelsplatz London, für Le Pin die höchsten Preissteigerungsspannen aller Bordeauxweine: Der Preis für den von Parker mit 100 Punkten bewerteten 82er z. B. stieg von August 1991 bis Januar 2000 um sagenhafte 1358 Prozent und der 90er um 733 Prozent. Der Kistenpreis schwankt je nach Jahrgang zwischen 3250 Pfund (1988) und 14 000 Pfund (1982). Knapp zwei Hektar umfasst die Rebfläche von Le Pin und bei knappen Erträgen zwischen 11 hl/ha (1984) und 40 hl/ha (1986) bleibt die Jahresproduktion bei 5000 bis 8000 Flaschen. Le Pin ist der Prototyp dessen, was man heute ein »Château de Garage« nennt. Den Kern des Weingutes bildet ein Hektar Rebstöcke am höchsten Punkt des Plateaus von Pomerol mit wertvollstem, weil eisenhaltigem Terroir, der 1979 von der belgischen Familie Thienpont (Vieux Château Certan) aus dem Erbe von Madame Laubie erworben wurde. Mitte der 80er-Jahre arrondierte Jacques Thienpont diesen Besitz durch den Erwerb zweier Nachbarparzellen, der 65 Ar großen Domaine de la Vieille Ecole und eines weiteren namenlosen Stücks von gut 30 Ar, auf seine heutige Größe. Die Reben (92 Prozent Merlot, 8 Prozent Cabernet franc) haben ein Durchschnittsalter von über 30 Jahren. Zwei Drittel des Lesegutes werden vor der Vergärung entrappt. Der Wein wird eineinhalb bis zwei Jahre in neuen Barriques ausgebaut und ohne Filtration auf Flaschen gezogen. Auch die malolaktische Gärung findet in neuen Barriques statt. Entsprechend dicht und ruppig ist der Wein oftmals in seiner Jugend. Rauch- und Röstaromen überlagern dann schon mal seine Fruchtfülle. Der immer wieder angestellte Vergleich mit Pétrus ist (abgesehen davon, dass beide Weine ungefähr gleich teuer sind) gewagt; denn Le Pin hat zwar eine ähnlich dichte und komplexe Struktur, aber ein anderes, völlig eigenständiges Aromaspektrum. Die Weine aus der ersten Hälfte der 80er-Jahre können interessant sein, aber sie rechtfertigen ihre extremen Preise nur durch ihre Rarität. Ab 1986 ist das Niveau von Le Pin allerdings von Jahr zu Jahr kontinuierlich gestiegen. Der Zwerg aus Pomerol zeigt heute Muskeln und nicht mehr nur Fleisch. Den aktuellen Weinen traue ich daher eine wesentlich bessere Zukunft zu als früheren Jahrgängen.

1998 Le Pin

»You wanted to taste un verre de cassis?«, schmunzelte Monsieur Thienpoint, als wir die Garage unterm Haus betraten, durch die der Weg in den vanilleduftenden Fasskeller führt, und wo der 98er Le Pin in Tanks auf seine Füllung wartete. Tatsächlich! Was für ein total verrückter Wein! In der Nase zunächst Cassis pur! Dann aber mehr und mehr die exotischen Würzaromen bis hin zu geröstetem Pfeffer und Kokos und Zigarrenkistenduft wie man es von Le Pin gewohnt ist. Auch am Gaumen dominiert vorne süßes Cassis, dann aber schmeckt der Wein eher wie eine dickflüssige weiche Karamellcreme und dunkle Konfitüre.

Capital-Index	***193***
Scheuermann-Note	***96***
Anzahl der Flaschen	***6000***
Marktpreis	***DM 950,00***
Platzierung	***36 (rot)***

1999 Le Pin

Dunkles Rubinrot. Sehr tiefe Farbe. In der Nase ein überwältigender Schokoladenduft. Der Rohling dieses Weins ist sehr dicht, dick und konzentriert und ausgestattet mit einer schon portweinartigen, likörhaften Süße. Der erste Tanninschub ist total in der Opulenz dieses Weins aufgegangen. Eine schwelgerische Fülle der Aromen auch am Gaumen: dunkle Beeren, Schokolade, Vanille.

Capital-Index	***194***
Scheuermann-Note	***98***
Anzahl der Flaschen	***6000***
Marktpreis	***DM 1050,00***
Platzierung	***35 (rot)***

Château Quinault-L'Enclos

30, Boulevard de Quinault
F-33500 Libourne
Tel. +33/5 57 74 19 52
Fax +33/5 57 25 91 20

Daten | Fakten

Inhaber	Alain und Françoise Raynaud
Rebfläche	15 ha
Rebsorten	80 % Merlot, 10 % Cabernet franc, 10 % Cabernet Sauvignon
Jahresproduktion	50 000 Flaschen

Die Besitzer der legendären Pomerolgüter La Fleur de Gay und La Croix de Gay, Dr. Alain Raynaud und seine Frau Françoise, haben dieses Weingut im Stadtgebiet von Libourne, also direkt an der Grenze zu Pomerol, im Sommer 1997 gekauft. Sie investierten in die totale Erneuerung des Fassbestandes, reduzierten die Erträge auf deutlich unter 40 hl/ha und bringen den Wein ohne Schönung und Filtration auf die Flasche. Seither geht es mit der Qualität steil nach oben. Mit dem Preis leider auch.

1998 Château Quinault-L'Enclos

Was für ein lustvoller Wein! Tief in der Farbe, konzentrierte Beerenfrucht in der Nase, saftig, süß und schokoladig am Gaumen. Ein runder Körper, in den die Tannine völlig eingebettet sind. Vollkommen harmonisch, animierend.

Capital-Index	***116***
Scheuermann-Note	***93***
Anzahl der Flaschen	***16 000***
Marktpreis	***FF 700,00***
	(ca. DM 210,00)
Platzierung	***324 (rot)***

1999 Château Quinault-L'Enclos

Dunkles Rubinrot. Schöne dichte Konzentration schon in der Nase mit reichlich dunkler Beerenfrucht und Pflaumenkompott, rauchige Komponenten. Saftige Beerenfrucht auch am Gaumen mit deutlichen Tanninen, kräftiger Säure. Sehr schöne pelzige, samtige Art. Guter Abgang.

Capital-Index	***114***
Scheuermann-Note	***91***
Anzahl der Flaschen	***16 000***
Marktpreis	***FF 700,00***
	(ca. DM 210,00)
Platzierung	***333 (rot)***

Château Rol Valentin

F-33330 St-Emilion
Tel. +33/5 57 74 43 51
Fax +33/5 57 74 45 13
www.rol-valentin.com

Daten | Fakten

Inhaber	Eric und Virginie Prisette
Rebfläche	4,2 ha
Rebsorten	84 % Merlot, 8 % Cabernet franc, 8 % Cabernet Sauvignon
Jahresproduktion	10 000 Flaschen

Vielen prominenten Zeitgenossen gilt es heute als ein fashionables Hobby, sich ein Weingut zuzulegen: Politiker, Filmmagnaten, Schauspieler, Schlagersänger. Oft ist das natürlich mehr Show und nur selten, wie z. B. bei Gérard Depardieu oder Francis Ford Coppola, kommt etwas Gescheites oder gar Sammelnswertes dabei heraus. Im Fall des ehemaligen französischen Fußballprofis Eric Prisette ist es gar mehr als das. Fünf Jahrgänge sind bis jetzt von seinem Rol Valentin erschienen, und die genügten, um diesen Wein zu einem der heißesten Geheimtipps des Libournais zu machen. Kein Wunder, denn der weinbegeisterte Exfußballer ist eng befreundet mit Stéphane Derenoncourt, dem Macher von La Mondotte, Canon-La-Gaffelière und Pavie Macquin.

Die beiden haben einen Wein kreiert, der zu den besten der gesamten Region gehört. Das Erfolgsrezept ist denkbar einfach: Man nehme sorgfältig selektionierte Trauben von bis zu 40 Jahre alten Rebstöcken, baue den Wein 14 bis 18 Monate in 100 Prozent neuen Eichenholzfässern aus, ehe er, nur äußerst vorsichtig mit Eiweiß geklärt, unfiltriert abgefüllt wird.

Zehn Jahre lang stürmte Prisette für den Club von Lille in der französischen Ersten Division und holte sich mit der Mannschaft von Le Havre 1991 den Meistertitel in der Zweiten Division, ehe er 1994 seine Profikarriere beendete und die Fußballstiefel an den Nagel hängte. Seine ersparten Gagen investierte er in einen 3,5 Hektar großen Weinberg im nordwestlichen Teil des Plateaus von St-Emilion in der Nachbarschaft von Cheval Blanc und La Gomerie an der Grenze zu Pomerol. Inzwischen hat er das Areal durch Tausch und Kauf nicht nur auf 4,2 Hektar vergrößert, sondern auch die Qualität seines Terroirs (crasse de fer) entscheidend verbessert und den Anteil der Rebsorten geringfügig, für den Charakter des Weins aber entscheidend, verändert.

Bei der Primeurkampagne des Jahres 1999 war der 98er Rol Valentin für mich einer der herausragenden Stars des Jahrgangs, den man unbedingt noch kaufen sollte. Im aktuellen Jahrgang 1999 gehörte Rol Valentin zu den Gütern, die vom Hagelschlag betroffen waren. Prisette verlor 25 bis 30 Prozent seiner Trauben. Der Wein ist daher besonders knapp. Auch wird es vom 99er keinen Zweitwein geben.

1998 Rol Valentin

Tief dunkles Rubinviolett. Sensationelle Farbe. So intensiv war sie noch nie zuvor bei Rol Valentin. In der Nase: Kaffee, schwarze und rote Beerenfrüchte, Blaubeeren. Dichte Struktur. Große Fülle. Enorme Rasse und Kraft. Dunkle Toastnote, dunkler schwarzer Malzton am Gaumen. Reflektiert auf perfekte Art diesen Jahrgang, der in einigen Teilen des Libournais von wirklich herausragender Qualität ist. Der bislang beste und wohl auch zukunftsträchtigste Wein von Rol Valentin und ein Musterbeispiel dafür, dass die gängigen Qualitätsbewertungen für die Jahrgänge von 1995 bis 1998 nicht immer Gültigkeit haben.

Capital-Index	***130***
Scheuermann-Note	***95***
Anzahl der Flaschen	***10 000***
Marktpreis	***DM 170,00***
Platzierung	***248 (rot)***

1999 Rol Valentin

Dunkles, dichtes Rubinrot. In der Nase ein Konzentrat von Brombeeren und Kirschfrucht. Der Wein hat deutlich seinen Charakter verändert: Im Gegensatz zu den früheren Jahrgängen, als er eher Richtung Pomerol tendierte, mit opulenter Süße und orientalischen Würznoten, ist es jetzt ganz klar ein typischer St-Emilion. Er geht weniger in die Breite, hat aber an Länge, Struktur und Eleganz gewonnen. Er wirkt zunächst auch etwas härter und fester. Durch diese Neuorientierung und den auch jahrgangsbedingt im Vergleich zum Vorgänger nicht so opulenten Wein wird Rol Valentin im Augenblick etwas kontrovers beurteilt. Davon sollte man sich nicht beeindrucken lassen. Rol Valentin ist weiter im Kommen und dieser Wein wird eines Tages manchen verblüffen, der ihn jetzt kritisiert.

Capital-Index	***126***
Scheuermann-Note	***91***
Anzahl der Flaschen	***9000***
Marktpreis	***DM 155,00***
Platzierung	***267 (rot)***

Saint-Dominique

Château La Dominique
F-33330 St-Emilion
Tel. +33/5 57 51 31 36
Fax +33/5 57 51 63 04
Info@vignobles.fayat-group.com

Daten | Fakten

Inhaber	Clément Fayat
Rebfläche	4,6 ha, davon 2,7 ha in Produktion
Rebsorten	100 % Merlot
Jahresproduktion	5000 Flaschen

Diese brandneue Mikrocuvée aus Saint-Emilion, die 1999 erst zum zweiten Mal gemacht wurde, ist ein ähnlicher Fall wie La Gomerie und La Mondotte. Es handelt sich um einige nicht klassifizierte Parzellen, die früher einmal zum Grand Cru Classé Château La Dominique gehörten, einem Nachbargut von Cheval Blanc. Clément Fayat, der Inhaber von La Dominique, ein ehemaliger Straßenbaumeister, der insgesamt drei Châteaus im gesamten Bordelais besitzt, hatte diese insgesamt gut vier Hektar gekauft, um sie seinem Château einzuverleiben. Als man ihm dies verweigerte, begann er, önologisch beraten von Michel Rolland, in Marketingfragen von Jean-Luc Thunevin (Château Valandraud), die Merlots dieser alten Anlagen separat zu vinifizieren. Heraus kam ein bemerkenswerter Wein, der das klassifizierte Gewächs zumindest im Jahrgang 1999 deutlich übertraf.

1999 Saint-Dominique

Dunkles Rubinrot. Schöne konzentrierte Konfitüre in der Nase: Kirschen, Himbeeren, etwas Vanille. Am Gaumen reichlich Schokoladensüße und rote Beerenfrucht, dickflüssig, schöne dichte Struktur mit reifen Tanninen, sehr weich und opulent. Ein durch und durch vergnüglicher Wein.

Capital-Index	***112***
Scheuermann-Note	***90***
Anzahl der Flaschen	***5000***
Marktpreis	***DM 90,00***
Platzierung	***339 (rot)***

Château Sociando-Mallet

F-33180 St-Seurin-de-Cadourne
Tel. +33/5 56 73 38 80
Fax +33/5 56 73 38 88

Daten | Fakten

Inhaber	Jean Gautreau
Rebfläche	57 ha
Rebsorten	55 % Cabernet Sauvignon, 40 % Merlot und 5 % Petit Verdot und Cabernet franc
Jahresproduktion	300 000 Flaschen

Unter den bürgerlichen Gewächsen, den so genannten Cru Bourgeois, ist Sociando-Mallet der herausragende Superstar. Seit den 70er-Jahren werden hier dank des kompromisslosen Qualitätsstrebens seines heutigen Besitzers Jean Gautreau immer wieder Weine produziert, die es durchaus wert wären, in die Reihe der klassifizierten Gewächse aufgenommen zu werden. Bis es so weit kommt (falls so etwas im starren System von Bordeaux überhaupt möglich sein sollte), wird er wohl weiter als Pirat und Gigantenkiller bei Blindproben sein Legenden bildendes Dasein fristen, wo er im Kampf David gegen Goliath regelmäßig zweite und dritte Gewächse aus den vornehmeren Appellationen Pauillac, St-Julien oder St-Estèphe schlägt.

Der Namen des Gutes soll auf einen Landedelmann namens Sociando zurückgehen, der um das Jahr 1630 hier lebte; 1850 fügte eine Frau ihren Familiennamen Mallet hinzu. Jean Gautreau kaufte den völlig heruntergekommenen Besitz in St-Seurin-de-Cadourne nördlich von St-Estèphe mit damals 7 Hektar Rebfläche im Jahr 1969. Inzwischen hat er das Areal auf 57 Hektar auf sehr wasserdurchlässigen, stark kieshaltigen Kalkstein-Lehmböden ausgeweitet und sich dabei für eine sehr hohe Pflanzdichte von 8000 Stock pro Hektar entschieden. Unermüdlich arbeitet er daran, das Gut und das am Fluss gelegene Château nach oben zu bringen. Spätestens seit 1989, als der Wein Sieger im 5. Coupe des Crus Bourgeois du Medoc wurde, begann sich dies auch herumzusprechen.

Gautreau ist Qualitätsfanatiker. Die entrappten Beeren werden teils in Edelstahl- teils in Betontanks bei geregelter Temperatur sehr langsam über drei bis vier Wochen vergoren. Der Wein reift danach überwiegend in neuen Eichenfässern (Allier, Nevers und Vosges), ehe er nur durch Abstich geklärt, ungeschönt und unfiltriert abgefüllt wird. Solche Qualität hat ihren Preis, und so kostet Sociando-Mallet en primeur meist schon etwa das Doppelte eines anderen Cru Bourgeois. Da Weine dieses Gutes immer wieder auch von Robert Parker mit 90 und mehr Punkten bewertet wurden, hat sich ein recht stabiler Wiederverkaufsmarkt für diesen Wein gebildet, was für einen Cru Bourgeois ansonsten höchst außergewöhnlich ist.

Warum Robert Parker ausgerechnet den 99er mit nur 81 bis 83 Punkten »vernichtet« hat, weiß wohl nur er allein und vielleicht noch der liebe Gott. Die meisten anderen maßgeblichen Degustatoren waren im Frühjahr anderer Meinung. Die seriösen Bewertungen, die ich gefunden habe, reichten von 17+ bis 18+ (das entspricht 85/86 bis 91/92) Punkten. Ich selbst habe ihn dreimal verkostet, er lag immer über 90 Punkten. Sei's drum. Durch das Parker-Verdikt wird sich der Preis vielleicht nicht ganz so schnell nach oben bewegen wie in früheren Jahren, als er ihn zu seinen Favoriten zählte. Und das wäre für die Konsumenten doch erfreulich. Langfristig wird dies aber ein gesuchter Wein werden, der sich einreiht unter die besten Sociandos der 80er- und 90er-Jahre wie 1989, 1990, 1995, 1996.

1999 Château Sociando-Mallet

Dunkles Rubinviolett. Mit einer schönen Tiefe schon in der Nase, Kirscharoma und dunkler Toast. Saftige, fleischige Fülle von roten Früchten mit samtigen Tanninen. Langer Abgang. Neben der konzentrierten Frucht auch eine kräftige Säure.

Capital-Index	***196***
Scheuermann-Note	***91***
Anzahl der Flaschen	***250 000***
Marktpreis	***DM 45,00***
Platzierung	***34 (rot)***

Château Le Tertre-Rotebœuf

F-33330 St-Laurent-des-Combes
Tel. +33/5 57 24 70 57
Fax +33/5 57 74 42 11

Daten | Fakten

Inhaber	François und Emilie Mitjavile
Rebfläche	5,7 ha
Rebsorten	85 % Merlot, 15 % Cabernet franc
Jahresproduktion	25 000 Flaschen

Unter den neuen Kultweinen aus Saint-Emilion, die in den 80er- und 90er-Jahren für Furore sorgten, nimmt Château Le Tertre-Rotebœuf eine Sonderstellung ein. Es ist keine Mikrocuvée, auch kein Designerwein, sondern Terroir pur, das Ergebnis einer vollkommen leidenschaftlichen Hingabe eines Mannes an ein göttliches Fleckchen Erde. Der Mann heißt François Mitjavile und stammt aus Perpignan. Er ist von Hause aus Architekt und somit, was die Region und das Weinmachen betrifft, ein intellektueller, feinsinniger Seiteneinsteiger. Vor gut 20 Jahren heiratete er in die Familie ein, der das Château – ein charmanter Landsitz im Stil des 18. Jahrhunderts – mit dem ebenso skurrilen wie zungenbrecherischen Namen seit langem gehörte. Auf Deutsch heißt Le Tertre Rotebœuf soviel wie »der Hügel der Ochsenrülpser«, eine Anspielung auf die Laute, die die Ochsen von sich gaben, die hier früher unterm Joch ihre schweren Karren den Weg zum Plateau hochzogen. Die Erntehelfer, die für Mitjavile in dieser sehr steilen, amphitheatralisch angelegten Rebfläche in Saint-Laurent-des-Combes heute die Trauben lesen, können sicher ebenso gut ein Lied von diesen Strapazen singen.

Mitjavile bereitete sich auf sein zweites Leben als begnadeter Weinmacher gründlich vor und zwar zunächst mit einer Stage auf Château Figeac. Weitere Schützenhilfe erhielt er von Christine Valette (Troplong Mondot) und vor allem von Alain Vauthier (Château Ausone), mit dem er eng befreundet ist. So gerüstet, begann er die Vorteile des Terrains und des Mikroklimas voll auszuschöpfen. Das heißt, er reduzierte die Erträge scharf und zögert die Lese so lange hinaus wie nur irgend möglich, riskiert lieber eine Regenernte, als auf einige zusätzliche Tage der Reife zu verzichten. Sein Credo: Trauben, die den höchstmöglichen Reifegrad erreicht haben, schadet auch ein kräftiger Regen nicht. So sind seine extrem extraktreichen Weine, die zu 100 Prozent in neuem Holz ausgebaut werden, oft von einer gewissen Überreife gekennzeichnet und ziemlich hoch im Alkoholgehalt. Binnen weniger Jahre machte Mitjavile aus Tertre-Rotebœuf ein prestigeträchtiges Musterchâteau, dessen Weine weltweit gefragt sind.

1998 Château Le Tertre-Rotebœuf

Dunkles, dichtes Rubinrot. Intensive Röstaromen und Schokolade, Kakao, geröstete Nüsse. Sehr kraftvoll, schöne Säure, schwarze Beerenfrüchte. Große Konzentration. Dicker Saft, dichte Frucht, lebendig und animierend. Langer, etwas derber Abgang.

Capital-Index	***150***
Scheuermann-Note	***95***
Anzahl der Flaschen	***5000***
Marktpreis	***DM 190,00***
Platzierung	***133 (rot)***

1999 Château Le Tertre-Rotebœuf

Dunkles, dichtes Rubinrot. Konzentrierte Nase mit dunkler Beerenfrucht und einer pfeffrigen Würze: Piment, geröstete Paprika. Eine dichte, süße rote Frucht am Gaumen und auch hier eine kräftige Würze. Der Wein ist opulent, sehr lang und hat einen weichen, samtigen Schmelz.

Capital-Index	***144***
Scheuermann-Note	***92***
Anzahl der Flaschen	***5000***
Marktpreis	***DM 447,00***
Platzierung	***171 (rot)***

Château Troplong-Mondot

F-33330 St-Emilion
Tel. +33/5 57 55 32 05
Fax +33/5 57 55 32 07

Daten | Fakten

Inhaber	G. F. A. Valette, Leitung: Christine Valette
Refläche	30 ha
Rebsorten	80 % Merlot, 10 % Cabernet franc, 10 % Cabernet Sauvignon
Jahresproduktion	100 000 Flaschen Grand Vin, Zweitwein 30 000 Flaschen (seit 1985)

Château Troplong-Mondot gehört zu den bemerkenswerten Aufsteigern der 90er-Jahre. Dabei handelt es sich aber nicht um eines der mittlerweile zahllosen Boutiqueweingüter, die Mikrocuvées erzeugen, sondern um ein veritables Château von ordentlicher Größe mit einer stattlichen Menge zu vermarktender Weine. Der Weinberg von Troplong-Mondot liegt auf über 100 m Höhe im Nordosten von Saint-Emilion in der Nachbarschaft von Château Pavie. Er ist nach Südwesten und Süden ausgerichtet und ziemlich steil. Der Boden ist typisch für die Côtes von Saint-Emilion: Eine dicke Kalksteinschicht liegt über einem Lehmsockel mit Feuerstein-Einschlüssen und Kalksedimenten und einer perfekten natürlichen Dränage mit guter Wasserführung im Untergrund.

Im 18. Jahrhundert gehörten die Weinberge von Troplong-Mondot und dem benachbarten Château Pavie der Familie de Sèze. 1745 wurde das heutige Château errichtet. Diese Familie war eine der einflussreichsten Landadelsdynastien in der Gironde. Eines ihrer berühmtesten Mitglieder war Raymond de Sèze; er übernahm die Verteidigung des »Bürger Louis Capet«, wie Ludwig XVI. vor dem Pariser Revolutionstribunal offiziell hieß. Zu dieser Zeit war Pavie-Mondot einer der teuersten Weine Saint-Emilions. Ein späterer Besitzer, Raymond Troplong, arrondierte 1850 die Weinberge zu ihrer heutigen Größe von 30 Hektar. Er war Pair von Frankreich, ein berühmter Jurist, Kunst- und Literaturkenner, befreundet mit dem Schriftsteller Théophile Gautier, der mehrfach auf Troplong-Mondot weilte. Von 1852 bis zu seinem Tod 1869 war er Präsident des Senats. In der ersten Ausgabe von Cocks-Féret wird das Château als zweites in der Hierarchie von Saint-Emilion aufgelistet. Sein Neffe und Nachfolger Edouard Troplong verfügte beim Verkauf des Châteaus an die belgische Weinhändlerfamilie Thienpont den Doppelnamen.

Mitte der 30er-Jahre wurde das Château von den heutigen Besitzern, der Familie Valette, erworben. Alexandre Valette war ein erfolgreicher Pariser Weinhändler. Ihm gehörten bereits Château La France in Fronsac und Château La France in Quinsac, später erwarb er auch Château Pavie. Lange Zeit führte das Château ein Aschenputteldasein als ordentlicher, einfacher Studenten-Bordeaux für den kleinen Geldbeutel im Schatten von Pavie. Das änderte sich schlagartig, als 1981 die Urenkelin von Alexandre Valette, Christine, ihren Beruf als Journalistin an den Nagel hängte und die Geschäftsführung übernahm. Beraten von Michel Rolland hat sie Troplong-Mondot auf Erfolgskurs getrimmt, indem sie konsequent das Potenzial der alten Rebstöcke ausschöpft. Sie erreichen ein durchschnittliches Alter von 45 Jahren, wobei die ältesten aber 90 Jahre alt sind (1999). Durch die Einführung eines Zweitweins gelang es ihr, den Grand Vin dichter und kompakter zu gestalten, zugleich aber auch eleganter. A perfect Ladywine, und Christine Valette ist auf dem besten Wege, die nächste Grande Dame als Schlossherrin in Saint-Emilion zu werden.

1998 Château Troplong-Mondot

Dunkles, dichtes Rubinrot. Ein wunderbar saftiger und dichter Wein, schon in der Nase. Zeigt in allem ein hohes Maß an Konzentration. Süße Kirschfrucht, prächtige Tanninstruktur. Kräftiges Rückgrat, muskulös, opulent. Hat beides: komplexe Struktur und reichlich Fruchtfleisch.

Capital-Index	***156***
Scheuermann-Note	***93***
Anzahl der Flaschen	***87 000***
Marktpreis	***DM 73,00***
Platzierung	***103 (rot)***

1999 Château Troplong-Mondot

Schwarzrubin. Dunkles Kirscharoma und Brombeere in der Nase, etwas würziger Toast und Waldboden. Saftig und markant auch am Gaumen. Im Gegensatz zu Parker und anderen Kommentatoren bin ich nicht der Meinung, dass es diesem Wein an Konzentration mangelt, aber dies ist im ersten Jahr oft schwer zu beurteilen, da die Verkostungsmuster zu verschieden sind. Ich fand den Wein dicht und komplex, er besitzt reichlich Tannine, die ihm eine leicht aufgeraute Textur geben. Langer Abgang. Sicher steht er ein wenig im Schatten des überragenden 98ers. Aber es ist ein Wein zum Verlieben.

Capital-Index	***152***
Scheuermann-Note	***90***
Anzahl der Flaschen	***keine Angaben***
Marktpreis	***DM 80,00***
Platzierung	***121 (rot)***

Château Valandraud

6, Rue Guadet
F-33330 St-Emilion
Tel. +33/5 57 55 09 13
Fax +33/5 57 55 09 12
Thunevin@wanadoo.fr
www.Thunevin.com

Daten | Fakten

Inhaber	Jean-Luc Thunevin
Rebfläche	8 ha
Rebsorten	75 % Merlot, 20 % Cabernet franc, 5 % Malbec
Jahresproduktion	15 000 Flaschen

Für Weinenthusiasten in aller Welt ist Jean-Luc Thunevin so etwas wie ein önologischer Guru, für die Weinhändler von Bordeaux eher ein rotes Tuch. Bevor er sich auf das Weinmachen verlegte, hatte Thunevin erfolgreich mit Weinen gehandelt, und das tut er immer noch. Von daher ist er mit dem Geschäft bestens vertraut, und er kennt die Käufer hochwertiger Weine und ihre Vorlieben.

Nach einem ersten Versuch im Jahr 1990, der im Fass verkauft wurde, kreierte er in enger Zusammenarbeit mit Michel Rolland einen Saint-Emilion vom Reißbrett. Valandraud ist so etwas wie der erste Designerwein im Bordelais, benannt nach einem Tal (Vallon de Fongaban) und dem Mädchennamen von Madame Murielle Thunevin (Andraud). Die dreißig Jahre alten Rebstöcke verteilen sich auf mehrere Parzellen, eine zwischen Pavie-Macquin und La Clotte, die andere in Saint-Sulpice-de-Faleyrens. 1999 erweiterte Thunevin seinen Besitz um einen Weinberg namens Belair-Ouy. So etwas stellt natürlich den Terroirgedanken ziemlich radikal infrage. Andererseits zählt heutzutage nur das Ergebnis, und das ist nur mit einem einzigen Wort treffend zu beschreiben: Weltklasse.

Einen ungünstigeren Starttermin für dieses Unternehmen als die beiden sehr schwachen Jahre 1991 und 1992 hätte er sich allerdings kaum ausdenken können. Doch in der Euphorie nach dem Supertrio der Jahre 1988, 1989 und 1990 dachte wohl jeder, das gehe ewig so weiter. Auch unter den unerwartet sehr schwierigen Bedingungen gelangen Thunevin recht respektable Weine. Ab 1993 hat er dann Jahr für Jahr nur Mustergültiges produziert und verkauft inzwischen erfolgreich sein Konzept auch an andere Güter, denen er zu maßgeschneiderten Luxuscuvées verhilft, die über sein Negociantgeschäft vermarktet werden.

Für den Valandraud wird sowohl im Weinberg als auch im Keller, der sich unter dem Wohnhaus Thunevins mitten in der Stadt befindet, mit äußerster Sorgfalt gearbeitet, das Lesegut zweimal selektioniert und nach der manuellen Entrappung kommen die Beeren in eine Handpresse. Der Most gärt in Eichengebinden und kommt bereits vor der malolaktischen Gärung in neue Barriques, um eine bessere Verschmelzung von Frucht und Tanninen zu erreichen. Thunevin benutzt zu 100 Prozent neues Holz und filtert seine Weine nicht, aber er nutzt die Technik der »micro-bullage«, bei der die Weine nicht von Fass zu Fass umgepumpt werden, sondern von Zeit zu Zeit mit geringen Sauerstoffzugaben sozusagen »geimpft« werden.

1998 Château Valandraud

Dunkles dichtes Rubinrot. In der Nase konzentrierte schwarze Beerenfrucht, sehr exotische Würze und starke Röstaromen. Ein Wein mit einem üppigen, mächtigen Körper, kraftvolle Tannine. Sehr reife, süße Frucht.

Capital-Index	***163***
Scheuermann-Note	***93***
Anzahl der Flaschen	***12 000***
Marktpreis	***DM 450,00***
Platzierung	***79 (rot)***

1999 Château Valandraud

Schwarzrubin. Tolle Nase mit Brombeere, Toast und Nuss. Dicht, dickflüssig, opulent, sehr samtig, etwas Salami am Gaumen, etwas Süßholz und Lakritzwürze. Schöne, süße, schokoladige Art. Kaffee am hinteren Gaumen. Sehr komplex. Ungeheure Opulenz, aber auch etwas amorph und fast schon überkonzentriert. Eben typisch Valandraud.

Capital-Index	***163***
Scheuermann-Note	***94***
Anzahl der Flaschen	***15 000***
Marktpreis	***DM 499,00***
Platzierung	***81 (rot)***

Vieux Château Certan

F-33500 Pomerol
Tel. +33/5 57 51 17 33
Fax +33/5 57 25 35 08
vieuxchateaucertan@wanadoo.fr
www.vieux-chateau-certan.com

Daten | Fakten

Inhaber	Sté Civile du Vieux Château Certan, Familie Thienpont
Rebfläche	14 ha
Rebsorten	60 % Merlot, 30 % Cabernet franc, 10 % Cabernet Sauvignon
Jahresproduktion	55 000 Flaschen

Vieux heißt alt und diese Bezeichnung trägt das Château der Domaine Certan zu Recht, ist es doch nicht nur einer der bekanntesten Crus von Pomerol, sondern laut den Aufzeichnungen von Professor Enjalbert auch der älteste. Anfang des 16. Jahrhunderts wurde die Domaine samt Weinberg von der schottischen Familie Demay (nach anderen Quellen May) gegründet und 1785 taucht der Name Sertant erstmals in den Karten auf.
Im Zuge der Französischen Revolution wurde die Domaine in mehrere Besitztümer aufgeteilt. Im Jahre 1858 erwarb Charles de Bousquet 13,5 Hektar davon und ließ auch das ehemalige Château inmitten des Weinbergs wieder aufbauen. 1924 kaufte Georges Thienpont, Weinhändler aus dem belgischen Etikhose, den Besitz, der heute in der dritten Generation von seinem Enkel Alexandre Thienpont bewirtschaftet wird, einem etwas schüchtern wirkenden, vornehmen jungen Mann, der sein Handwerk auf Château La Gaffelière gelernt hat.
Der Vieux Château Certan war viele Jahrzehnte lang das Paradestück unter den großen Pomerol-Weinen. Erst in den 50er-Jahren musste er diesen Status an seinen Nachbarn Pétrus abtreten. Die zusammenhängende Weinbergsfläche von Vieux Château Certan liegt wie auch jene von Pétrus, L'Evangile oder La Conseillante im schönsten Teil, dem Zentrum des Plateaus von Pomerol auf der Hochterrasse aus dem Quartär, mit tonhaltigem Kiesboden an der Oberfläche und teils eisenhaltigem Untergrund. Der Weinberg profitiert von einem günstigen Mikroklima ohne Frühjahrsfröste. Die heute fast 40 Jahre alten Reben weisen eine für Pomerol unübliche Sortenvielfalt auf: 60 Prozent Merlot, 30 Prozent Cabernet Sauvignon und 10 Prozent Cabernet franc. Diese Zusammensetzung verleiht dem Wein einen ganz und gar eigenständigen Charakter, der gelegentlich eher an einen Médoc erinnert als an Pomerol. Nicht so allerdings die letzten drei Jahrgänge 1997, 1998 und 1999. Das waren Merlotjahre, in denen diese Sorte den Wein total dominierte, im Gegensatz zu 1993, 1995 und 1996. Da spielte sich der Cabernet franc in den Vordergrund.
Gelesen und vinifiziert wird nach traditionellen Methoden. Der Most gärt in offenen Holzwannen. Die Gärdauer beträgt zwei bis drei Wochen. Ausgebaut wird für 18 bis 22 Monate in Eichenholzfässern, die alljährlich zur Hälfte erneuert werden. Der Wein wird grundsätzlich unfiltriert gefüllt.

1998 Vieux Château Certan

Dunkles Rubinrot. Sehr schöne Konzentration des Merlot, der in diesem Jahr 90 Prozent der Cuvée ausmacht, mit zehn Prozent Cabernet Sauvignon kombiniert. Rote, fast likörartige Kirschfrucht mit schöner Säure. Etwas mehr Kraft und Charakter, mehr Struktur, dichter als die meisten Nachbarn. Ein Wein, den ich anfangs mit 90 Punkten etwas unterschätzt habe. Nach einem Jahr der Fassreife hat er deutlich an Struktur und an Länge im Abgang gewonnen. Zur dicken Fruchtsüße kamen eine pfeffrige Würze, etwas Tabakkistenduft und kräftigere Tannine hinzu. Es dürfte der wohl beste Vieux Château Certan der ganzen Dekade sein.

Capital-Index	***187***
Scheuermann-Note	***93***
Anzahl der Flaschen	***36 000***
Marktpreis	***DM 225,00***
Platzierung	***42 (rot)***

1999 Vieux Château Certan

Dunkles Rubinrot. Auch hier wieder ein deutliches Übergewicht des Merlot mit 80 Prozent, ergänzt aber um 15 Prozent Cabernet franc und nur 5 Prozent Cabernet Sauvignon. Das verleiht auch diesem Jahrgang wieder eine dichte, schöne Konzentration. Ein Wein, in dem alles harmoniert: die Süße, die weichen Tannine, die Dichte der Textur und die Fülle des Körpers.

Capital-Index	***192***
Scheuermann-Note	***92***
Anzahl der Flaschen	***36 000***
Marktpreis	***DM 165,00***
Platzierung	***38 (rot)***

Château d'Yquem

F-33210 Sauternes
Tel. +33/5 57 98 07 07
Fax +33/5 57 98 07 08
info@chateau-yquem.fr
www.chateau-yquem.fr

Daten | Fakten

Inhaber	Ste Civile du Château d'Yquem
Rebfläche	106 ha in Produktion
Rebsorten	80 % Sémillon, 20 % Sauvignon blanc
Jahresproduktion	110 000 Flaschen

Im April vergangenen Jahres war die Schlacht um Yquem endlich geschlagen. Nach über 400 Jahren in Familienbesitz gehört Château d'Yquem, eines der berühmtesten und wertvollsten Weingüter der Welt, nun zum französischen Luxuskonzern LVMH (Louis Vuitton-Moët-Henessy). Mit zwei knappen Statements auf ihren jeweiligen Homepages im Internet gaben Yquem und LVMH bekannt, dass man sich nach einer fast vier Jahre andauernden Übernahmeschlacht geeinigt habe. Jetzt ist LVMH im Besitz von 64 Prozent der Gesellschaftsanteile von Château d'Yquem, diese soll in eine Aktiengesellschaft umgewandelt werden. Dem »Wine Spectator« war dies eine 22-seitige Titelgeschichte wert.

Seit 1785 gehörte Yquem durch Heirat den Grafen de Lur-Saluces. Der junge Comte Amadée de Lur-Saluces heiratete in diesem Jahr die junge Françoise-Josephine, letzte Erbin der Familie Sauvage d'Yquem, die das im 12. Jahrhundert ursprünglich als Festung erbaute Anwesen 1593 aus dem Besitz der Krone erworben hatte. Ihren Nachkommen gelang es, diesen einmaligen Besitz über alle politischen, wirtschaftlichen und kriegerischen Wirren der folgenden zwei Jahrhunderte zu bewahren. 1996 kam es zum Bruch in der Familie. Einige Mitglieder, die dem letzten Herrn auf Château d'Yquem nicht wohlgesonnen waren, verkauften ihre Anteile im Wert von 550 Millionen Francs an LVMH. Seitdem musste sich Comte Alexandre de Lur-Saluces, Geschäftsführer auf Yquem und mit zehn Prozent Minderheitsaktionär, gegen einen hartnäckigen Übernahmeversuch vonseiten des LVMH-Chefs Bernard Arnault wehren. Teil des jetzt geschlossenen Agreements ist es auch, dass Alexandre de Lur-Saluces als Chairman of the Board und gleichzeitig als Direktor auf dem Gut weiterhin für die Kontinuität in Stil und Qualität der Weine verantwortlich zeichnen wird.

Yquem ist nur das Tüpfelchen auf dem i des Luxusimperiums, das Arnault in den letzten Jahren zusammengekauft hat. Darunter befinden sich neben Marken wie Givenchy und Kenzo, Ebel und Dior mittlerweile auch 13 Weingüter, Champagner- und Cognac-Häuser wie Pommery, Krug, Moët & Chandon oder Cloudy Bay in Neuseeland. Privat gehören Arnault auch 50 Prozent von Château Cheval Blanc. LVMH besitzt weltweit mehr als tausend eigene Boutiquen, die pro Jahr rund 20 Millionen Kunden zählen. Die Zukunft liegt aber auch hier im Internet. »eluxury. com« heißt die Adresse des Luxus-Portals von LVMH, in dem der Konsument alles findet, was gut und was teuer ist. In den kommenden Jahren – so ist zu hören – soll auch ein Teil der 8000 Kisten, die pro Jahr auf Yquem produziert werden, via Internet direkt verkauft werden. Dies wäre nur konsequent, aber gleichzeitig auch ziemlich heißes Eisen, denn es würde das Ende des Handelsplatzes Bordeaux einläuten. Was immer die Zukunft bringen mag, der aktuelle Jahrgang 1994 von Yquem wird noch ganz normal über den Handel ausgeliefert.

1994 Château d'Yquem

Helles Goldgelb. Duft nach Akazienhonig, Kakaocreme und exotischen Früchten. Ein Eindruck, der sich am Gaumen mit einem recht fetten und opulenten Körper fortsetzt, vielleicht etwas wenig Säure. Jetzt schon sehr gut zu trinken. Hat aber mit Sicherheit auch ein mittleres Potenzial von vielleicht 30 Jahren. Erfüllt die Erwartungen eines guten Jahrgangs mit einer eher kleinen Produktion.

Capital-Index	***338***
Scheuermann-Note	***93***
Anzahl der Flaschen	***96 000***
Marktpreis	***DM 298,00***
Platzierung	***1 (süß)***

Domaine Marc Colin et Fils

F-21190 Saint-Aubin
Tel. +33/3 80 21 30 43
Fax +33/3 80 21 94 44

Daten | Fakten

Inhaber	Familie Colin
Rebfläche	17 ha
Rebsorten	55 % Chardonnay, 5 % Aligoté, 40 % Pinot noir
Jahresproduktion	95 000 Flaschen

Trotz der hohen Bewertung (93 Punkte) im »Wine Spectator« ist Marc Colin noch immer einer der weniger bekannten Erzeuger für Chassagne-Montrachet und führt weiter den Status eines Geheimtipps von der Côte d'Or. Seine Weine sind daher – vom Montrachet einmal abgesehen – preislich noch echte Schnäppchen.

Die Domaine, die Marc Colin zusammen mit seinen beiden Söhnen Joseph und Pierre-Yves bewirtschaftet, liegt in Saint-Aubin, einem kleinen Dorf, etwas versteckt in einem Seitental, beim Montrachet sozusagen um die Ecke. Einige hundert Schritte von seinem Wohnhaus entfernt hat Colin in den letzten Jahren eine blitzsaubere, hochmoderne kleine Kellerei gebaut. Eine seiner Spezialitäten ist der Premier Cru Vide Bourse in Chassagne-Montrachet, eine kleine, nur 1,5 Hektar große und wenig bekannte Lage direkt neben dem Bâtard-Montrachet, wo Colin bemerkenswert reiche Weine erzeugt.

1998 Vide Bourse Premier Cru

Helles Goldgelb. Interessante Nase mit sehr reifer Frucht, Schokolade, kandierte weiße Früchte, etwas Quittengelee und Reineclauden. Am Gaumen opulent und sehr reich, saftig, wenn auch in der Säure etwas verhalten.

Capital-Index	***200***
Scheuermann-Note	***92***
Anzahl der Flaschen	***1500***
Marktpreis	***FF 120,00***
	(ca. DM 36,00)
Platzierung	***30 (weiß)***

1998 Chassagne-Montrachet Les Caillerets Premier Cru

Helles Goldgelb. In der Nase tropische Frucht, etwas grüne Banane und Lychees. Zu Beginn am Gaumen sehr geradlinig, saftig und fruchtig, mit reifen Zitrusaromen. Im Abgang eine schöne Schokoladensüße und ein feines Terroirschwänzchen mit zarten, erdigen Bittertönen.

Capital-Index	***209***
Scheuermann-Note	***92***
Anzahl der Flaschen	***keine Angaben***
Marktpreis	***DM 75,00***
Platzierung	***23 (weiß)***

1998 Montrachet

Brillantes helles Goldgelb. Perfekte Nase mit zartem Haselnusston, einer steinigen herben Mineralität, sehr seriös, ernst und verschlossen. Am Gaumen lang, mit einer Opulenz und tropischen Frucht, wie man sie nach diesem Bukett nicht erwartet. Auch am Gaumen, dann aber deutlich mineralisch. Sehr reif, elegant, überhaupt nicht fett, sondern ein Wein mit Finesse und Länge.

Capital-Index	***272***
Scheuermann-Note	***94***
Anzahl der Flaschen	***600***
Marktpreis	***FF 800,00 (ca. DM 239,00)***
Platzierung	***2 (weiß)***

Domaine Comte Georges de Vogüé

Rue Sainte-Barbe
F-21220 Chambolle-Musigny
Tel. +33/3 80 62 86 25
Fax +33/3 80 62 82 38

Daten | Fakten

Inhaber	Elisabeth Bertrand de La Doucette
Rebfläche	12,2 ha
Rebsorten	Pinot noir, Chardonnay
Jahresproduktion	30 000 Flaschen

Diese hoch angesehene Domaine in Chambolle-Musigny an der Côte de Nuits ist im Weltmaßstab gesehen nicht sehr groß: Bloß 12,2 Hektar umfasst ihr Weinbergsbesitz. Aber für burgundische Verhältnisse ist das ziemlich stattlich und der Gewölbekeller aus dem 15. Jahrhundert zählt zu den schönsten und eindrucksvollsten in Burgund. Vor allem ihre beiden Grands Crus Musigny und Bonnes Mares werden von Sammlern weltweit geschätzt und zu Recht gehortet. Die Domaine ist über 600 Jahre alt. Ihre Existenz verdankt sie einer Familie namens Musigny, über die wir herzlich wenig wissen. Sie lebte im 14. Jahrhundert in Chambolle, nach ihr wurde der Weinberg benannt.

Seit dem Jahr 1450 wird die Domaine in ein und derselben Familie vererbt. Durch Einheirat wechselten dabei aber die Namen der Besitzer immer wieder, bis 1766 Cerice François Melchior de Vogüé die letzte weibliche Nachfahrin der Familie Moisson ehelichte, der die Domaine damals gehörte. Seither haben mehrere Generationen der Vogüés den Besitz der Domaine durch Kauf, aber auch durch Tausch vergrößert und arrondiert. Denn im Gegensatz zu den meisten anderen Domainen, die sich nicht selten in der Vielfalt der Weine verzetteln, beschränkte und konzentrierte man sich hier auf die beiden Grands Crus Musigny und Bonnes Mares sowie auf den Premier Cru Les Amoureuses.

So ist die Domaine mit sieben Hektar heute der weitaus größte Besitzer des nur zehn Hektar großen Grand Crus Musigny. Er liegt unmittelbar oberhalb des Clos de Vougeot. Der Boden des hier um ca. 10 Prozent geneigten Hangs ist sehr stark kreidehaltig. Aus diesem Weinberg stammt auch das Prunk- und Paradestück der Domaine, der Musigny Vieilles Vignes. Das Oxford Companion of Wine nennt diesen Wein eine »eiserne Faust im Samthandschuh«. Tatsächlich ist es einer jener grandiosen Burgunderweine, die Subtilität mit Kraft vereinen. Der 45er ist eine der absoluten Weinlegenden in Burgund. Zwischendurch gab es auch hier eine immer wieder diskutierte Schwächephase in den Siebziger- und Achtzigerjahren, in denen die Weine möglicherweise mit Blick auf den amerikanischen Markt zu stark filtriert wurden. Aber selbst in dieser dunklen Zeit gab es Lichtblicke in Gestalt respektabler Weine wie den 78er oder den 85er Vieilles Vignes.

1987, im Todesjahr von Georges de Vogüé, ging auch der alte Kellermeister Alain Rumier, dessen Familie drei Generationen hindurch den Regisseur und Kellermeister gestellt hatte, nach 30-jähriger Tätigkeit in den wohlverdienten Ruhestand. Seither gehört das Gut

Elisabeth Bertrand de La Doucette und das neue Team mit dem Önologen Francois Millet und dem Verwaltungs- und Vertriebsdirektor Jean Luc Pepin an der Spitze wischte mit Jahrgängen wie 1989, vor allem 1990, aber auch 1991 schnell alle Zweifel vom Tisch. Diesem Trio ließen sie einen prachtvollen 95er und einen feinen 96er folgen und jetzt einen ausgesprochen opulenten und reichen 98er. Der Grundstein für diese Qualität wird Jahr für Jahr durch rigorose Vorarbeit im Weinberg gelegt. Durch Ausdünnen und Grünernte wird die Menge reduziert und die Qualität des Traubenmaterials verbessert. Gleichzeitig hat man die kellertechnischen Eingriffe auf ein Minimum reduziert.

1998 Musigny Vieilles Vignes

Dunkles Granatrot. Sehr komplexe, vielschichtige Nase: Nuss, Röstaromen, konzentrierte rote Frucht, feine Kräuteraromen, mit der Zeit auch Milchkaramell, etwas Likör, Mokka, Pflaumenkompott und etwas Mandel. Am Gaumen weich, opulent, schokoladig, mit ausdrucksvoller Süße, aber auch guter Säure. Sehr reich, voluminös und dichte Textur. Langer Abgang.

Capital-Index	*179*
Scheuermann-Note	***95***
Anzahl der Flaschen	***10 000***
Marktpreis	***DM 390,00***
Platzierung	***57 (rot)***

Domaine Bernard Dugat-Py

Rue Planteligone BP 31
F-21220 Gevrey-Chambertin
Tel. +33/3 80 51 82 46
Fax +33/3 80 51 86 41
DUGAT-PY@wanadoo.fr

Daten | Fakten

Inhaber	Jocelyne und Bernard Dugat-Py
Rebfläche	7 ha
Rebsorten	Pinot noir
Jahresproduktion	25 000 Flaschen

Der ebenso bescheidene wie fleißige Bernard Dugat-Py ist für mich der Held des Jahrgangs 1999 in Burgund. In seinem gotischen Gewölbekeller lagern einige Weine, die alles übertreffen, was ich je an rotem Burgunder jung verkostet habe. An der Spitze steht ein wirklich fabelhafter Chambertin, der einem mit einem Schluck klarmacht, was der Dumas'sche Musketier Athos meint, wenn er schwärmt: »Nichts lässt die Zukunft so rosig erscheinen, als wenn man sie durch ein Glas Chambertin betrachtet.«

Das wunderschöne Haus im burgundischen Stil, in dem sich diese Domaine befindet, ist uralt. Die ältesten Teile des Kellers stehen seit fast tausend Jahren. Der byzantinisch-gotische Teil wurde als Spital im 12. Jahrhundert von Mönchen des Klosters in Dijon gebaut. Das Wohnhaus, das sich seit 70 Jahren im Besitz der Familie befindet, ist 500 Jahre alt. Dagegen ist das Weingut noch sehr jung, steckt sozusagen noch in den Kinderschuhen. 1973 kaufte Bernard Dugat seinen Weinberg in Gevrey-Chambertin. Er war damals gerade 15 Jahre alt. Seither hat er es mit viel Fleiß und großer Beharrlichkeit auf 5,6 Hektar gebracht, darunter u. a. auch eine winzige Parzelle im Grand Cru Chambertin, aus dem sein Wunderwein stammt. Dugat ist ein Perfektionist der Weinbergsarbeit. Immer wieder lockern er und seine Frau, die den Besitz allein mit der Familie bewirtschaften, übers Jahr den Boden mit dem Pflug auf, dünnen mehrfach aus und selektionieren bei der Ernte Beere für Beere. Niedrige Erträge und hochreifes, absolut gesundes Lesegut bildet die Grundlage für die unerhörte Konzentration und die Reintönigkeit ihrer Weine. Der Besuch bei den Dugat-Pys war das absolute Highlight des Jahres für mich, da ich dieses Ergebnis bei allen Vorschusslorbeeren so nicht erwartet hatte: zehn Weine mit 95 und mehr Punkten.

1998 Charmes Chambertin

Ein Charmes Chambertin wie er sein soll. Ergebnis einer Ernte mit 35 hl/ha. Schwarzrubin. Ein Bukett von dunklen Früchten, dezente Terroirnote, sehr feine Röstaromen. Am Gaumen eine strahlende, opulente Frucht. Die Süße von reifen roten Beeren, eine ausdrucksvolle lebendige Säure und der Alkohol geben dem Wein das nötige Feuer. Er ist jetzt schon animierend und charmant. Durch die Tannine ist er aber auch gut strukturiert für eine längere Zukunft.

Capital-Index	***151***
Scheuermann-Note	***97***
Anzahl der Flaschen	***1800***
Marktpreis	***DM 160,00***
Platzierung	***129 (rot)***

1998 Cuvée Cœur du Roi Vieilles Vignes

Dunkles Rubinrot. In der Nase ein intensiv und süß duftendes, dunkles Fruchtkompott mit Schokolade und Marzipan. Mit der Zeit mehr und mehr Würze. Am Gaumen große Eleganz, konzentrierte süße, rote Frucht, reichlich reife, mürbe und gut eingebundene Tannine. Braucht im Glas eine ganze Stunde Zeit, um sich richtig zu öffnen. Ein dichter Stoff. Ergebnis eines Ertrags von weniger als 20 hl/ha.

Capital-Index	***149***
Scheuermann-Note	***96***
Anzahl der Flaschen	***2800***
Marktpreis	***DM 98,00***
Platzierung	***139 (rot)***

1998 Chambertin

Dunkles Rubinrot. Nase mit dem Duft von frisch gebackenem Himbeer- und Erdbeerkuchen, dazu Mokka und Schokolade. Am Gaumen extreme Opulenz, rote Kirschen und Schokolade. Unbändige Kraft und eine Wucht, die lange bleibt. Ein Spätentwickler. Dieser Wein lag im Sommer 2000 noch im Barrique und hatte gerade seine malolaktische Gärung hinter sich gebracht.

Capital-Index	***154***
Scheuermann-Note	***98***
Anzahl der Flaschen	***keine Angaben***
Marktpreis	***DM 390,00***
Platzierung	***111 (rot)***

Faiveley

8, Rue du Tribourg BP 9
F-21701 Nuits St. Georges Cedex
Tel. +33/3 80 61 04 55
Fax +33/3 80 62 33 37

Daten | Fakten

Inhaber	François Faiveley
Rebfläche	124 ha
Rebsorten	Pinot noir, Chardonnay
Jahresproduktion	800 000 Flaschen

Das Haus Faiveley in Nuits St. Georges ist ein klassischer Négociant Eléveur, also eine Kombination aus Händler und Erzeuger. Mit insgesamt 124 Hektar ist Faively eine der größten Domainen Burgunds u. a. mit Besitz in den Grands Crus Clos de Vougeot, Mazis Chambertin, Echézeaux, Musigny und der Monopollage Clos des Cortons. Trotz dieses weitläufigen Besitzes werden jährlich etwa 20 Prozent Trauben zugekauft, vor allem zur Abrundung des Sortiments mit Weißweinen aus Chablis und aus kleineren Lagen, über die das Haus selbst nicht verfügt.

Das 1825 gegründete Unternehmen wird heute in der sechsten Generation von François Faiveley geleitet, der sich verstärkt um die Qualität der Trauben aus den eigenen Weinbergen kümmert. Die Vinifizierung bei Faiveley erfolgt mit einigem Aufwand und technischem Raffinement. So werden die Trauben nach der Selektion gegebenenfalls auf einem Laufband getrocknet und dann vollständig entrappt. Häufig werden die Grand Crus noch unfiltriert von Hand gefüllt. Faiveley ist in herausragenden Jahren dadurch auch nicht zwangsläufig besser als seine Mitbewerber, aber die Qualität ist auch in kleineren und mittleren Jahren oft von einer bemerkenswerten Konstanz.

Spitze der Produktion und zugleich auch einer meiner liebsten roten Burgunder ist der Clos des Cortons. Diese gerademal 2,97 Hektar große Einzellage, eine ummauerte Enklave der Lage Le Rognet et Corton in Ladoix, bringt mit großer Beständigkeit exquisite Weine hervor. Die Rebstöcke, die hier auf einem dunklen Kalkboden wachsen, sind fast 40 Jahre alt und bringen dank niedrig gehaltener Erträge Weine von ausgesprochen hoher Konzentration hervor.

1997 Clos des Cortons

Dunkles Rubinrot. Konzentrierte, dichte Frucht, rote und schwarze Beeren. Dazu reichlich Würze, Toffee, etwas süßer Balsamico, Krokant und Vanille. Mit der Zeit eine komplexe Kräuter-Würzmischung mit Kümmel, Senfkörnern, Fenchel. Schöne Süße und weiche Fülle. Rund, sehr reich und auch muskulös. Jetzt schon sehr präsent mit einer großen Zukunft.

Capital-Index	***143***
Scheuermann-Note	***94***
Anzahl der Flaschen	***ca. 7500***
Marktpreis	***DM 145,00***
Platzierung	***175 (rot)***

1997 Mazis Chambertin

Dunkles Granatrot. Schöne Würze und rote Früchte in der Nase. Weich und geschmeidig, süß, opulent und saftig. Schöne Präsenz. Ein charmanter Schmeichler.

Capital-Index	***138***
Scheuermann-Note	***91***
Anzahl der Flaschen	***keine Angaben***
Marktpreis	***DM 160,00***
Platzierung	***200 (rot)***

1998 Clos des Cortons

Dunkles Rubinrot. Nase mit dunklen Früchten, sehr würzig, Sauerkirschen. Opulente Frucht am Gaumen dazu viel Tannin, saftig, dunkle, süße Früchte. Schöne Länge. Jahrgangsbedingt nicht die Größe des 97ers.

Capital-Index	***141***
Scheuermann-Note	***92***
Anzahl der Flaschen	***ca. 7500***
Marktpreis	***DM 132,00***
Platzierung	***181 (rot)***

1998 Chambertin Clos de Bèze

Dunkles Granatrot. Sehr verschlossen in der Nase und konzentriert am Gaumen. Eine nachdrückliche Würze und Schokolade, streng, typischer Vertreter des gescholtenen Jahrgangs. Aber bei aller Schroffheit kann man dahinter die Anlage zu Eleganz und Finesse erkennen.

Capital-Index	***139***
Scheuermann-Note	***91***
Anzahl der Flaschen	***ca. 3000***
Marktpreis	***DM 225,00***
Platzierung	***193 (rot)***

Domaine Leroy

Auxey-Duresses
F-21190 Meursault
Tel. +33/3 80 21 21 10
Fax +33/3 80 21 63 81

Daten | Fakten

Inhaber	Familie Leroy
Rebfläche	19 ha
Rebsorten	Pinot noir, Chardonnay
Jahresproduktion	keine Angaben

Seit Anfang der 90er-Jahre liefern sich die beiden Domainen Leroy und Romanée-Conti einen spannenden Wettstreit um die besten und leider auch teuersten Weine Burgunds. Die ehrgeizige Lalou Bize-Leroy hatte das Unternehmen in Auxey-Duresses bereits 1955 aus den Händen ihres Vaters übernommen, aber erst seit 1989 konzentriert man sich hier ganz konsequent auf die Erzeugung bester Burgunder aus inzwischen 19 Hektar eigenen Weinbergen. Zuvor war das 1868 gegründete Unternehmen, das einen exzellenten Ruf als Handelshaus genoss, bis Ende 1991 vor allem mit dem Vertrieb für die Domaine de la Romanée-Conti beschäftigt, an dem die Familie seit 1942 50 Prozent Anteile besitzt, sowie mit einer regen Handelstätigkeit mit zugekauften Weinen.
Als es in den 80er-Jahren immer schwieriger wurde, Weine zu kaufen, die des Namens Leroy würdig waren, beschloss man, den eigenen Weinbergsbesitz zu vergrößern, um die Qualität der Trauben im Weinberg selber bestimmen zu können. Nach langen Bietergefechten mit amerikanischen und japanischen Konzernen erwarb man für 18 Millionen Mark die früher hoch angesehene Domaine Charles-Noellat in Vosne-Romanée und danach die Domaine Philippe-Rémy in Gevrey-Chambertin. Heute besitzt Leroy Weinberge in den besten Lagen, darunter in den neun Grands Crus Corton-Charlemagne, Corton-Renardes, Richebourg, Romanée-Saint-Vivant, Clos de Vougeot, Musigny, Clos de la Roche, Latricières-Chambertin und Chambertin.
In den Weinbergen der Domaine Leroy wird nach biodynamischen Richtlinien gearbeitet: Chemische Unkrautvertilger, Pestizide und Kunstdünger sind verpönt. Man beachtet die kosmischen Rhythmen bei der Regeneration der Erde, der Bearbeitung der Böden und den Arbeiten an den Reben im Jahresverlauf. Die strengen Regeln für die Arbeiten im Weinberg und im Keller sind: rigoroser Rückschnit (Grünernte), sorgfältige Auswahl des Leseguts vor der Kelterung im Keller (wenn nötig werden die Trauben nach der Lese getrocknet), keinerlei Entrappen und lange Maischestandzeit in Holzgefäßen. Die Erträge von unter 25 Hektoliter pro Hektar bei Pflanzdichten von bis zu 10 000 Rebstöcken zählen zu den niedrigsten in ganz Burgund. In manchen Jahren gehen sie bis zu 9 Hektoliter herunter. Daraus resultieren immer wieder Weine von einer schier unglaublichen Dichte und Opulenz.

1997 Corton-Charlemagne

Schönes, leuchtend helles Goldgelb. Nase mit einer sehr konzentrierten Mineralität, leicht rauchige Noten, geröstete Nüsse und Kastanien, dazu Muskatblüte. Das alles überlagert die tropische Frucht des Weins, reife Bananen, süße Williamsbirne, Zitrus, später auch türkischer Honig und Biskuit. Ebenso opulent und reich auch am Gaumen mit einer intensiven fruchtigen Säure, süße Mandarinen, starke Mineralität. Ein kraftvoller Wein mit viel Reserven. Sehr lang und sehr tief.

Capital-Index	***263***
Scheuermann-Note	***95***
Anzahl der Flaschen	***1754***
Marktpreis	***DM 500,00***
Platzierung	***5 (weiß)***

1997 Nuits-Saint-Georges Aux Allots Premier Cru

Kräftiges Rubinrot. Sehr offene Nase mit einer klaren Pinotstilistik anfangs vor allem Kirschgelee und etwas Cassis, aber auch zart rauchig, würzige Töne. Mit der Zeit eher wie ganz süße Pflaumen als Kompott duftend, auch mit Schokolade und Rote Bete, schöne Kräuter- und Gewürztöne (Ingwer). Eleganz und Fülle. Am Gaumen verhalten, eher mineralisch und würzig als fruchtig. Entwickelt mit der Zeit aber eine charmante Süße.

Capital-Index	***179***
Scheuermann-Note	***92***
Anzahl der Flaschen	***1462***
Marktpreis	***DM 220,00***
Platzierung	***58 (rot)***

1997 Vosne-Romanée Les Beaux Monts Premier Cru

Nicht ganz so tiefes Granatrot. Nase etwas aufregender, wilder mit roten Beeren, Hagebutte, ein Hauch von Vanilleschoten, Kräuterkaramell. Wird erst immer würziger bis hin zu konzentriertem beeftea, dann aber mehr und mehr Kompott, mehr Glühwein (Nelke), Himbeere und Erdbeere. Am Gaumen zwar eine deutliche, prägnante Säure, die aber gut in ein weiches Volumen eingebunden ist, balanciert, kraftvoll und lang.

Capital-Index	***180***
Scheuermann-Note	***93***
Anzahl der Flaschen	***3510***
Marktpreis	***DM 350,00***
Platzierung	***55 (rot)***

Domaine Marquis d'Angerville

Marquis Jacques d'Angerville
F-21190 Volnay
Tel. +33/3 80 21 61 75
Fax +33/3 80 21 65 07

Daten | Fakten

Inhaber	Marquis Jacques d'Angerville
Rebfläche	13 ha
Rebsorten	90 % Pinot noir, 10 % Chardonnay
Jahresproduktion	60 000 Flaschen

Er ist der Grandseigneur unter den Traditionalisten Burgunds. Wenn doch nur alle Winzer ihre Rotweine in diesem strengen, wuchtigen Stil ausbauen würden wie es Marquis d'Angerville und sein Schwiegersohn Renaud de Vilette tun. Bordeaux-Freaks wären ja so leicht zu bekehren. Neben einem Hektar Rebfläche in Meursault, auf dem er einen der besten Meursaults (Santenots) erzeugt, gehören zur Domaine elf Hektar in der Gemeinde Volnay (darunter der knapp zweieinhalb Hektar große Clos des Ducs als Monopole und vier Hektar Champans) sowie ein halber Hektar in Pommard. In den 30er-Jahren war der Vater des heutigen Besitzers einer der maßgeblichen Pioniere bei der Einführung der Domänenabfüllung. Marquis d'Angerville arbeitet mit äußerst niedrigen Erträgen. Die Trauben werden vor der Verarbeitung vollständig entrappt und die Vergärung erfolgt ungezügelt bei relativ hohen Temperaturen von 35 °C und mehr. Zum Ausbau werden überwiegend gebrauchte Pièces benutzt. Maximal ein Drittel davon sind aus neuem Holz. Der Clos des Ducs, aus dem der Spitzenwein des Hauses kommt, befand sich ursprünglich – wie der Name erraten lässt – im Besitz der Herzöge von Burgund. Es ist ein steiler, ummauerter Weinberg, sehr hoch gelegen zwischen der Domaine und dem Waldrand. Die Weine, die hier wachsen, sind sehr männlich und robust.

1998 Clos des Ducs

Rubinrot. In der Nase ein Kirscharoma, in das sich würzige Kräuternuancen mischen. Am Gaumen ein typischer Clos des Ducs: tanningeladen, viel Biss, hart und kantig. Erst dahinter kommt die Süße von roten Früchten, fast schon wie Himbeerkonfitüre.

Capital-Index	***149***
Scheuermann-Note	***92***
Anzahl der Flaschen	***8000***
Marktpreis	***DM 112,00***
Platzierung	***141 (rot)***

1999 Clos des Ducs

Dunkles Rubinrot. In der Nase Kirschfrucht und Holz, etwas Fichtennadel, kandierte Früchte, Orangenschale. Vorne im Mund zunächst eine enorme, fast schon agressive Säure, starke Mineralität, sehr saftig im Übergang und dahinter eine weiche fleischige Süße, sehr reich, weit auseinander fließend und lang im Abgang.

Capital-Index	***151***
Scheuermann-Note	***94***
Anzahl der Flaschen	***15 000***
Marktpreis	***DM 112,00***
Platzierung	***127 (rot)***

Domaine Méo-Camuzet

11, Rue des Grands Crus
F-21700 Vosne-Romanée
Tel. +33/3 80 61 11 05
Fax +33/3 80 61 11 05

Daten | Fakten

Inhaber	Familie Méo
Rebfläche	14,8 ha
Rebsorten	76 % Pinot noir, 24 % Chardonnay
Jahresproduktion	60 000 Flaschen

Im November 2000 feierte der junge Jean-Nicolas Méo mit einer Probe seiner schönsten Weine der Jahrgänge 1989–1998 so etwas wie sein zehnjähriges »Berufsjubiläum«. 1989 hatte er im Alter von gerade 25 Jahren die Leitung der Domaine übernommen. Nach dem erfolgreichen Abschluss des Wirtschaftsstudiums war es für ihn keineswegs eine Selbstverständlichkeit, den Beruf des Winzers zu ergreifen. Ihm stand die Welt offen. Aber die Familie entschied anders. Und einmal in Vosne-Romanée angekommen, verliebte er sich auf den ersten Blick in dieses Land und seine Weinberge. Die einmalige Chance, den erstklassigen Terroirs weltberühmter Lagen große und bleibenden Weine abzuringen, faszinierte ihn. Zehn Jahrgänge, die unter seiner Regie entstanden, sind seither erschienen.

Die Domaine mit dem Doppelnamen blickt auf eine kurze, aber sehr ungewöhnliche Geschichte zurück. Etienne Camuzet, der sie Anfang des letzten Jahrhunderts gegründet hatte, war Abgeordneter in der Nationalversammlung und zeitweilig auch Besitzer von Château Clos de Vougeot. Nach seinem Tod, 1946, bewirtschaftete zunächst seine Tochter den Betrieb, ehe sie 1959 kinderlos verstarb und die Domaine an ihren Großneffen Jean Méo vererbte. Zu dieser Zeit wurden die einzelnen Parzellen, darunter ausgesprochene Filetstücke der Lagen Richebourg, Corton, Clos de Vougeot und Echezeaux, von Teilpächtern bewirtschaftet, darunter auch Henri Jayer. Als dieser 1988 in Pension ging, und auch andere Pachtverträge ausliefen, beschloss die Familie, die Domaine wieder geschlossen selbst zu bewirtschaften. Wie man heute sieht, ein richtiger Entschluss; denn Jean-Nicolas Méo gelang es sehr bald, durch eine konsequente Qualitätspolitik im Weinberg wie im Keller den Anschluss an die Spitze Burgunds zu finden.

1998 Clos de Vougeot

Relativ helle Farbe. In der Nase noch sehr verschlossen. Zeigt wenig. Am Gaumen noch sehr säurebetont. Ein Rohling, sehr streng und tanninreich, der aber seine zukünftige Eleganz ahnen lässt. Verhaltene rote Frucht, etwas braune Butter und Kaffeebohnen im Abgang, Ein völlig introvertierter, subtiler Wein, der seine Zeit braucht.

Capital-Index	***154***
Scheuermann-Note	*92*
Anzahl der Flaschen	***keine Angaben***
Marktpreis	***DM 155,00***
Platzierung	***113 (rot)***

1998 Richebourg

Ein etwas dunkleres Rubinrot. Was für eine impressive Nase: heftige Räucheraromen, Toast, Stall. Das glatte Gegenteil des Clos de Vougeot. Am Gaumen vereint er in unnachahmlicher Opulenz Süße, Würze und samtige Tannine mit einem feinen Pelzbelag. Macht seinem Namen alle Ehre. Ein reicher, üppiger Wein, der mit allem gesegnet ist, was er für ein langes Leben braucht: markante Säure, kräftiges Tannin, strotzende Fruchtfülle.

Capital-Index	***163***
Scheuermann-Note	*96*
Anzahl der Flaschen	***900***
Marktpreis	***DM 460,00***
Platzierung	***83 (rot)***

1998 Vosne-Romanée Brulée

Relativ helle Farbe. Likörhaft konzentrierte rote Frucht in der Nase, Orangenschale, etwas Schokolade, auch rauchige Toastnoten. Saftig und sehr komplex am Gaumen, extraktreich, schöne Süße. Zeigt auch sehr würzige Teearomen am Gaumen. Ergebnis einer Lese von sehr alten Rebstöcken. Diese Anlage hatte Camuzet 1945 gekauft und teilweise wieder neu angelegt, sodass die Reben heute 55 bis 80 Jahre alt sind.

Capital-Index	***157***
Scheuermann-Note	*96*
Anzahl der Flaschen	***keine Angaben***
Marktpreis	***DM 75,00***
Platzierung	***102 (rot)***

1998 Corton-Charlemagne

Rubinrot. Verschlossen. Ein komplexes Bukett mit roter Beerenfrucht, durchwoben von Noten wie getrockneten Orangenschalen und Tee. Kräftige Säure, beißendes Tannin. Bitterschokolade am Gaumen. Braucht viel Luft im Glas. Zeigt aber dann mit der Zeit mehr und mehr Frucht. Eher einer der Schläfer des Jahrgangs, ähnlich wie der Clos de Vougeot. Wird sich aber noch sehr positiv entwickeln, wenn man ihm die Zeit dafür lässt.

Capital-Index	***155***
Scheuermann-Note	***93***
Anzahl der Flaschen	***1000***
Marktpreis	***DM 155,00***
Platzierung	***108 (rot)***

Domaine Ramonet

4, Place des Noyers
F-21190 Chassagne-Montrachet
Tel. +33/3 80 21 30 88
Fax +33/3 80 21 35 65

Daten | Fakten

Inhaber	Familie Ramonet
Rebfläche	17 ha
Rebsorten	62 % Chardonnay, 35 % Pinot noir, 3 % Aligoté
Jahresproduktion	80 000 Flaschen

Pierre Ramonet, der Gründer dieser ruhmreichen Domäne, galt als der ungekrönte »König des weißen Burgunder«, wie ihn das französische Magazin Gault Millau einmal in einer Titelgeschichte würdigte. Sicher ist, dass er einen ganz eigenen, unverwechselbaren Stil entwickelt hat, den seine beiden Enkel Jean-Claude und Noel heute bravourös weiterführen. Wer diese Weine einmal lieben gelernt hat, der ist wohl für fast jeden anderen Weißwein dieser Welt verloren. Ramonet wird für ihn zur absoluten Messlatte. Und die liegt wirklich verdammt hoch. Um sich dahin zu trinken, braucht es einen langen Anlauf. Und man muss diesen Weinen alle Zeit geben, die sie brauchen, um sich zu entwickeln. Manche Kollegen machen es sich da zu leicht, wenn sie einseitig den schwelgerischen Burgundern z. B. von Sauzet oder Leflaive den Vorzug geben, die ihr Potenzial etwas leichter offenbaren, ohne dabei wirklich besser zu sein. Die Weinmacherkunst der Ramonets liegt mehr in der Erfahrung von drei Generationen im Umgang mit dem Terroir und seinen Früchten, im Fingerspitzengefühl und weniger im akademischen Wissen um die Dinge. Natürlich kommen auch sie nicht ohne Önologie aus, aber diese reduzieren sie auf das Allernotwendigste. Ihre Weine sind durch und durch handwerklich und erdverbunden.

Die Domaine hat sich aus bescheidensten Anfängen zu weltweitem Ruhm entwickelt. Gegründet wurde sie Mitte der 30er-Jahre von Pierre Ramonet, einem jungen Weinbergsarbeiter, und seiner Frau Lucie. Beide haben sich die erste Parzelle im Premier Cru Ruchottes in Chassagne-Montrachet förmlich vom Mund abgespart. Pierre, der die Schule im Alter von acht Jahren verlassen musste, um seinem Vater im Weinberg zu helfen, bewies einen für seine Zeit und seine zwangsläufig eher bescheidene Bildung unglaublichen Weitblick und begann schon in den ersten Jahren mit dem Export nach Amerika, wo gerade die Prohibition aufgehoben worden war. Nach und nach erweiterte er seinen Besitz um Teile der Grands Crus Batard-Montrachet und Bienvenue Batard-Montrachet und schließlich auch Montrachet (1975). 1983 übergab er den Betrieb an seine Enkel. Eines der Geheimnisse der Ramonetschen Qualität ist im Alter der Rebstöcke zu finden (im Durchschnitt bis zu 50 Jahre). Alles, was weniger als 20 Jahre alt ist, wird als jung angesehen. Vergoren werden die Weißweine in Holzbottichen, um dann ohne jegliche Temperaturkontrolle im Eichenpièce möglichst lange auf der Feinhefe ausgebaut zu werden. Auf die Batonnage verzichten die Ramonets: So wenig Bewegung wie möglich lautet ihre Devise.

1998 Batard-Montrachet Grand Cru

Helles Goldgelb. Sehr fein und sehr delikat in der Nase, dezent, aber frisch, leicht rauchig, auch etwas Speck. Öffnet sich nur ganz langsam, fast zaghaft, als wolle er sich nicht in die Karten schauen lassen. Zeigt dann aber doch feine Nussaromen und am Ende auch den Duft einer reifen Netzmelone. Am Gaumen elegant, sehr mineralisch, aber auch noch sehr verschlossen, mit einer kräftigen Säure und langem Abgang. Auch hier dauert es eine gute halbe Stunde, ehe der Wein etwas aufmacht mit dem Geschmack reifer Ananas, Pfirsich und Mango, aber auch Zitrusaromen. Die kräftige Säure behält er aber stabil bis zum Schluss. Ein Wein mit viel Zukunft.

Capital-Index	***268***
Scheuermann-Note	***95***
Anzahl der Flaschen	***keine Angaben***
Marktpreis	***DM 250,00***
Platzierung	***3 (weiß)***

1998 Chassagne-Montrachet Morgeot Premier Cru

Helles Goldgelb. Eine sehr verhaltene, aber hochmineralische Nase, kaum Frucht, etwas grüne, nussige Töne, auch grüne Kochbanane. Aber was für eine unerwartete Explosion am Gaumen: Opulent, saftig, nicht so streng wie der Les Caillerets, dadurch auch gefälliger. Die Säure ist viel verspielter, fruchtiger. Schier unendliche, reiche, tropische Frucht von Ananas, Zitrus, Lychees. Der zugänglichere, vielleicht auch schneller reifende Wein.

Capital-Index	***234***
Scheuermann-Note	***92***
Anzahl der Flaschen	***keine Angaben***
Marktpreis	***DM 65,00***
Platzierung	***14 (weiß)***

1998 Chassagne-Montrachet Les Caillerets Premier Cru

Anfangs eine wunderschöne, cremige Frucht in der Nase mit süßem Bananenbrei, Honigmelone, Müsli. Verschließt sich dann wieder und wird immer mineralischer, riecht wie Gesteinsmehl in einer Marmorschleiferei oder einer Stuckateurwerkstatt (Kalk, Gips). Am Gaumen deutliche Zitrusaromen über einer starken Mineralität mit feinen Bittertönen. Sehr kraftvoll, kantig, pointierte Säure, ein völlig unfertiger, aber großer Wein. Braucht zehn Jahre Zeit.

Capital-Index	***248***
Scheuermann-Note	***93***
Anzahl der Flaschen	***keine Angaben***
Marktpreis	***DM 95,00***
Platzierung	***9 (weiß)***

Domaine de la Romanée-Conti

1, Rue Derriére-le-Four
F-21700 Vosne-Romanée
Tel. +33/3 80 61 04 57 + 62 48 80
Fax +33/3 80 61 05 72

Daten | Fakten

Inhaber	Familien Aubert de Villaine und Henri Roch
Rebfläche	25 ha
Rebsorten	Pinot noir
Jahresproduktion	36 000 Flaschen

Diese hochberühmte Domaine im Dorf Vosne-Romanée, ein ehemaliges Klostergut, das sich zeitweilig im Besitz des Prince de Conti, einem der Widersacher der Madame Pompadour befand, gehört heute mehrheitlich den Familien Aubert de Villaine und Henri Roch. 1131 schenkte der Herzog von Burgund diese damals für wertlos angesehenen, steinig und halb versteppten Ländereien der Priorei von St. Vivant. Zwischen 1241 und 1285 kultivierten Mönche das Land und legten darauf Weinberge an, wohl wissend, dass ein karger Kalkboden ein idealer Standort für Rebstöcke ist. Sie begründeten im Laufe der Jahrhunderte eine Qualitätsphilosophie, der man heute noch strikt folgt: Für eine Flasche Wein braucht man die Trauben von drei Rebstöcken. So bekommt man langlebige, wunderbar dichte Weine mit konzentrierter Frucht. Zum Vergleich: Der normale deutsche Rotweinwinzer produziert zwei Flaschen pro Stock.
Kein anderer Name des burgundischen Weinadels ist mit Prestige so beladen, mit Legenden so behaftet wie die Domaine de la Romanée Conti. Mit nur 1,75 Hektar ist der Romanée-Conti, der der Domaine den Namen gab, der kleinste unter den hauseigenen Weinbergen. Er erbringt weniger als 8000 Flaschen pro Jahr, was den hohen Preis erklärt. Meine persönlichen Lieblinge sind aber immer wieder der La Tache oder der Richebourg. Beides sind sehr kompakte, wuchtige eher männliche Weine, denen der kapriziöse Charme des Romanée-Conti abgeht, die dafür aber die Muskeln spielen lassen. Jeder dieser Weine hat seinen unverwechselbaren Charakter, Ergebnis einer besonders sorgfältigen Weinbergspflege mit einem hohen Alter der Rebstöcke, einer extremen Pflanzdichte von 10 000 Stöcken pro Hektar, einem scharfen Rebschnitt und grüner Ernte im Sommer sowie einer strengen manuellen Kontrolle des Lesegutes vor der Maischung, bei der alle fehlerhaften Beeren aussortiert werden. Vergoren werden die Weine noch immer in den großen alten Holzbütten aus dem Jahr 1862. Die burgundischen Troncais-Pièces für den Ausbau werden jedes Jahr mit erneuert, wobei de Villaine das Eichenholz selbst aussucht, kauft und lagern lässt, ehe es in der Küferei verarbeitet wird. Die Weine werden schließlich unfiltriert (mit Ausnahme einzelner, schwieriger Jahre) gefüllt. Aubert de Villaines Philosophie der Weinmacherkunst ist im Grundsatz so denkbar einfach wie sie aufwendig in der Durchführung ist: »So wenig wie möglich tun. Wir müssen nur so viel als möglich von dem erhalten, was das Jahr und der Boden uns im Weinberg gibt.« So gelang ihm auch im nicht ganz einfachen Jahr 1998 eine bemerkenswerte Kollektion mit drei Meisterwerken an der Spitze.

1998 Richebourg

Rubinrot. Nase mit einem Duft von Honigkirschen, sehr konzentriert und reich wie überreife, rote Beeren. Am Gaumen eine kräftige und strenge Säure, kantig, harte Tannine. Sehr langer Abgang. Ein großartiger Tropfen aus einem schwierigen Jahr. Ein Wein, der unbedingt seine fünf bis zehn Jahre Lagerung braucht. Wurde unfiltriert und auch ohne Klärung gefüllt.

Capital-Index	***241***
Scheuermann-Note	*92*
Anzahl der Flaschen	***keine Angaben***
Marktpreis	***DM 575,00***
Platzierung	***19 (rot)***

1998 La Tache

Rubinrot. Ein sehr reifer Duft in der Nase, opulent und komplex. Zur roten Beerenfrucht gesellen sich orientalische Gewürze. Am Gaumen fast schon etwas Likörhaftes, ausgewogen zwischen dem fülligen Körper mit Alkohol und Extrakten und der Säure. Schöne Tannine, leicht aufgeraut und samtig. Aroma roter Früchte mit feinen Bittertönen. Langer Abgang.

Capital-Index	***240***
Scheuermann-Note	*94*
Anzahl der Flaschen	***keine Angaben***
Marktpreis	***DM 675,00***
Platzierung	***20 (rot)***

1998 La Romanée-Conti

Rubinrot. Eine ausgeprägt würzige Nase. Der mineralischste unter den drei Weinen und in puncto Frucht der verschlossenste. Große Eleganz und Finesse am Gaumen, ein wahrhaftig eher femininer Wein. Zeigt schon eine feine fruchtige Süße, einen schokoladigen Schmelz und einen sehr lange nachklingenden Abgang.

Capital-Index	***250***
Scheuermann-Note	*93*
Anzahl der Flaschen	***keine Angaben***
Marktpreis	***DM 2300,00***
Platzierung	***18 (rot)***

Armand Rousseau

1, Rue de l'Aumônerie
F-21220 Gevry-Chambertin
www.domaine-rousseau.com

Daten | Fakten

Inhaber	Charles Rousseau
Rebfläche	14 ha
Rebsorten	Pinot noir
Jahresproduktion	65 000 Flaschen

Seit den Zeiten Napoleons, der diesen Wein so sehr schätzte, dass er ihn auf all seinen Feldzügen kistenweise mitführte, genießt der Chambertin Weltruf. Auch wenn natürlich längst nicht alle Weine, die heute diesen Namen tragen, das Prädikat »roi des vins« verdienen. Einer der zuverlässigsten Produzenten ist seit langem die heute von Charles Rousseau geleitete Domaine Armand Rousseau. Sein Vater hatte sie als junger Makler in den Jahrzehnten nach der Reblauskatastrophe allmählich aufgebaut. Von den 14 Hektar Weinbergen sind zehn als Grands Crus klasifiziert. Das Durchschnittsalter der Reben liegt bei rund 45 Jahren. Hier liegt eines der Geheimnisse dieser unheimlichen Beständigkeit, mit der auf dieser Domaine seit Jahrzehnten höchste Qualität produziert wird. Rousseau pflegt wie sein Vater einen voluminösen, mächtigen Stil mit einer deutlich schmeckbaren Alkohol- und Extrakt-Süße. Und wie es aussieht wird auch Sohn Eric, der ihm im Keller zur Seite steht, diesen Stil fortführen. Die beiden legen großen Wert auf möglichst niedrige Erträge, und wo sich diese nicht automatisch durch das Alter der Rebstöcke einstellen, wird entsprechend ausgedünnt. Bei der Lese wird penibel selektioniert und jede Traube, die nicht ganz in Ordnung ist, weggeschnitten. Im Gegensatz zu den anderen Weinen der Domaine werden der Chambertin und der Clos de Bèze ihrer mächtigen Statur entsprechend komplett in neuen Fässern ausgebaut.

1998 Chambertin Clos de Bèze

Rubinrot. Konzentrierte Kirschfrucht mit süßer Würze in der Nase. Am Gaumen die von Rousseau gewohnte Opulenz, schokoladig, intensive Frucht, gute Tanninstruktur. Sehr langer Nachhall.

Capital-Index	***161***
Scheuermann-Note	***92***
Anzahl der Flaschen	***keine Angaben***
Marktpreis	***DM 230,00***
Platzierung	***88 (rot)***

1999 Chambertin Clos de Bèze

Rubinrot. Was für eine Nase! Da mischen sich Rauch und Leder, Toast mit roten Früchten, Kräutern und einer wilden animalischen Würze zu einem wahren Hexencocktail der Verführung. Am Gaumen in diesem jungen Stadium ein mächtiges Tanningerüst, kräftige Säure, saftig, mit reifen roten Früchten. Großes Potenzial.

Capital-Index	***164***
Scheuermann-Note	***95***
Anzahl der Flaschen	***keine Angaben***
Marktpreis	***DM 230,00***
Platzierung	***78 (rot)***

1998 Chambertin

Dunkles Rubinrot. Zeigt schon im opulenten Duft eine herrliche Fruchtsüße wie beim Marmeladekochen. Der Wein ist so weich, so samtig, cremig und rund, dass man das neue Holz, das in ihm versteckt ist, so gut wie nicht spürt.

Capital-Index	***162***
Scheuermann-Note	***94***
Anzahl der Flaschen	***keine Angaben***
Marktpreis	***DM 250,00***
Platzierung	***84 (rot)***

1999 Chambertin

Rubinrot. Konzentrierte süße Frucht, Schokolade mit kandierten Kirschen, feine vanillige Holznoten. Am Gaumen saftig, reich und opulent, mit einem schönen cremig fließenden Schmelz. Harmonische, weiche Tannine, die im Wein voll aufgehen. Strahlender Charme und barocke Fülle. Ein wahrhaft königlicher Wein, der mit seinen Pfunden nur so prunkt und wuchert.

Capital-Index	***165***
Scheuermann-Note	***97***
Anzahl der Flaschen	***keine Angaben***
Marktpreis	***DM 250,00***
Platzierung	***76 (rot)***

Domaine Etienne Sauzet

Etienne Sauzet
11, Rue de Poiseul
F-21190 Puligny-Montrachet
Tel. +33/80 21 32 10

Daten | Fakten

Inhaber	Gerard und Jeanine Boudot
Rebfläche	7,5 ha
Rebsorten	Chardonnay
Jahresproduktion	90 000 Flaschen

Diese Domaine erlangte in den vergangenen 25 Jahren unter der Regie von Gérard Boudot einen stetig wachsenden Ruf und höchstes Ansehen. Boudot stammt nicht aus einer Winzerfamilie. Der begeisterte Rugbyspieler wollte eigentlich Forstwirt werden, entschied sich aber dann doch für das Studium des Weinbaus in Beaune. Ein Glücksfall, dass er nach einem Rugbymatch seine heutige Frau Jeanine, die Enkelin von Etienne Sauzet, kennen und lieben lernte. 1974 übernahm er die Domaine und renaturierte in mühevoller Detailarbeit die abgewirtschafteten, überdüngten Weinberge. 1989 wurde die Domaine dann durch Erbfolge geteilt, und Boudot musste mit einer stark reduzierten Anbaufläche klarkommen.

Kaum ein anderer Winzer hat so viel Ahnung von der Rebsorte Chardonnay und ihren Möglichkeiten wie Gérard Boudot. Er versteht es, alle Nuancen dieser Sorte, die sie als Reaktion auf das Terroir und den Jahrgang hervorbringt, herauszuarbeiten und sie facettenreich geschliffen in die Flasche zu bringen. Jeder Wein für sich ist ein Schmuckstück. Ein Besuch in seinen Kellern lässt dies schnell sinnfällig werden. Nicht ein Keller, sondern ein weitverzweigtes System von Kellern, lauter kleinen Kabinetten, in denen manchmal nur ein oder zwei Weine in ihren Barriques liegen. Boudots Weine haben also nicht nur ihr Terroir, sondern auch so etwas wie ihr eigenes Keller-Mikroklima. Er pflegt einen sehr klaren, subtilen Stil mit einem sparsamen Einsatz von neuem Holz, regelmäßiger Batonnage, Vorklärung, einem langen Ausbau auf der Feinhefe und einer sehr langsamen behutsamen Schönung vor dem Füllen.

1998 Montrachet

In der Nase sehr fein und verhalten mit zarten Nussaromen, etwas wie Traubenkernen. Schöne elegante Frucht am Gaumen und langer Abgang. Die Säure ist noch nicht richtig eingebunden, zeigt sehr schöne, kantige Bittertöne am Gaumen und im Abgang, Zeichen einer starken Mineralität.

Capital-Index	***274***
Scheuermann-Note	***96***
Anzahl der Flaschen	***keine Angaben***
Marktpreis	***DM 650,00***
Platzierung	***1 (weiß)***

1998 Bâtard-Montrachet

Sehr feine Nase, noch recht verschlossen. Die klare, pure Traubenfrucht mit feinen tropischen Fruchtnuancen plus einem gehörigen Maß an Mineralität. Reich und konzentriert, kernige Tannine, kraftvolle Säure. Langer Abgang.

Capital-Index	***220***
Scheuermann-Note	***95***
Anzahl der Flaschen	***keine Angaben***
Marktpreis	***DM 270,00***
Platzierung	***20 (weiß)***

1998 Chevalier-Montrachet

Helles Goldgelb. Deutlich grüne Nüsse in der Nase, recht verschlossen, dann ein Duft ähnlich sehr reifem Obst, Honig und Quitte, eine kleiner Botrytiston. Einerseits am Gaumen cremig und weich, reif und mürbe, andererseits aber auch eine noch nicht ganz eingebundene Säure. Die rechte Balance fehlt noch, dürfte sich aber mit der Zeit einstellen.

Capital-Index	***229***
Scheuermann-Note	***92***
Anzahl der Flaschen	***keine Angaben***
Marktpreis	***DM 325,00***
Platzierung	***17 (weiß)***

Champagne Bollinger

16, Rue Jules Lobet
F-51160 Ay
Tel. +33/3 26 53 33 66
Fax +33/3 26 54 85 59

Daten | Fakten

Inhaber	Familienbetrieb
Rebfläche	153 ha
Rebsorten	63,6 % Pinot noir, 25 % Chardonnay, 11,4 % Pinot meunier
Jahresproduktion	1,9 Mio Flaschen

In den Dörfern Ay und Bouzy – beide sind zu 100 Prozent als Grands Crus klassifiziert – besitzt das Haus Bollinger drei Parzellen mit Reben der Sorte Pinot noir, die auf wundersame Weise die Reblauskatastrophe überlebt haben, die ab Mitte des 19. Jahrhunderts Frankreichs Rebgärten zu verwüsten begann. Sie sind daher noch immer wurzelecht und »en foule« gepflanzt. Man nennt sie ehrfurchtsvoll »Les Vieilles Vignes Françaises«. Die 50 Ar werden auf das sorgfältigste in althergebrachter Manier von Hand bearbeitet. Sie sind der ganze Stolz dieser Kellerei und der hier geerntete Wein wird noch immer in traditionellen Holzfässern vinifiziert. Nach Flaschengärung und entsprechend langem Hefelager wird daraus einer der beeindruckendsten Weine der Champagne. Dieser mächtige Wein steht ganz in der Tradition jener herben Champagner, die Bollinger bereits in den 60er-Jahren des 19. Jahrhunderts, als alle Welt noch süße Champagner bevorzugte, nach England lieferte und die seinen Weltruf begründeten.

Das Champagnerhaus Bollinger wurde 1829 von Joseph (Jacques) Bollinger gegründet. Dieser aus dem Württembergischen stammende Sohn eines Justizbeamten nahm die französische Staatsbürgerschaft an und heiratete in die Adelsfamilie de Villermont ein, deren Weinbergsbesitz den Grundstein für das Unternehmen Bollinger & Cie bildete. Es befindet sich seither ununterbrochen in Familienbesitz. In der Champagne ist das heute eine Seltenheit. Die Witwe seines Enkels, Elizabeth »Lily« Bollinger, wurde ähnlich wie 100 Jahre vor ihr die Veuve Clicquot zur Legende und ihr Foto zu einer Ikone der Champagne. Vier Jahrzehnte leitete sie – stets mit dem Fahrrad unterwegs – die Kellerei, vergrößerte bis zu ihrem Tod 1977 den Weinbergsbesitz auf seinen heutigen Stand und die Produktion auf eine Million Flaschen. Das Haus, das heute von ihrem Neffen Christian Bizot als Generaldirektor geleitet wird, verfügt über 150 Hektar eigenen Weinbergsbesitz, der als Grand Cru eingestuft ist, und hat sich im Zuge der Globalisierung der Weinwelt mittlerweile an der hochmodernen australischen Kellerei Petaluma beteiligt. Zu Hause in Ay gibt man aber stets der in einer hauseigenen »Ethik- und Qualitätscharta« niedergelegten Tradition den Vorzug. So werden die für die Champagnerproduktion geeigneten Grundweine nach wie vor zu einem beträchtlichen Teil in Barriques, wenn auch überwiegend in gebrauchten, vergoren. Lagerzeit für die Normalqualität (Cuvée Spéciale): drei bis vier Jahre. Der gesamte Stock umfasst bei einer durchschnittlichen Lagerzeit von fünfeinhalb

Jahren rund sieben Millionen Flaschen. Vielfach kann aufgrund der hohen Qualität der Grundweine auf eine Dosage verzichtet werden. Die Spitzenqualitäten Année rare, R. D. (= Recemment dégorgé) und vor allem die Vieilles Vignes Françaises gehören zu den großartigsten Gewächsen, die die Champagne zu bieten hat.

1990 Vieilles Vignes Françaises

Goldgelb mit einem zarten rötlichen Schimmer. Deutliches Bukett mit einem klaren Pinotcharakter. Komplexer Duft: feine Röstaromen, Gebäck, Erdbeere, Waldboden. Riecht fast wie ein Rotwein. Ein mächtiger, säurebetonter Champagner mit sehr langem Nachklang und Abgang. Trockenfrüchte und reife Grapefruitaromen am Gaumen und etwas Schokolade im Abgang. Sehr feine Bittertöne. Ein eigenwilliger, wuchtiger Champagner, nichts für Eleganztrinker.

Capital-Index	***274***
Scheuermann-Note	***94***
Anzahl der Flaschen	***2000***
Marktpreis	***DM 299,00***
Platzierung	***7 (Schaum)***

1988 R. D.

Helle Alabasterfarbe. Ein lebendiges, aber doch eher dezentes Mousseux. Sehr feine, frische Nase, fruchtbetont mit zarten phenolischen Komponenten, etwas nussiges Gebäck, weiße Blüten. Saftige, frische Säure, starke Grapefruitaromen am Gaumen. Sehr trocken, herb, aber in allem feiner als der VVF. Zeigt aber Länge am Gaumen und im Abgang. Das Umwerfende an diesem Champagner, der so lange auf der Hefe gelegen hat, ist seine totale Frische, Jugend und Unverbrauchtheit. Über zwölf Jahre alt und doch noch ein Baby, aber schon jetzt erkennbar mit dem Rüstzeug eines zukünftigen strahlenden Helden.

Capital-Index	***308***
Scheuermann-Note	***92***
Anzahl der Flaschen	***keine Angaben***
Marktpreis	***DM 159,00***
Platzierung	***3 (Schaum)***

Champagne Krug

5, Rue Coquebert
F-51100 Reims
Tel. +33/3 26 84 44 20
Fax +33/3 26 84 44 49

Daten | Fakten

Inhaber	LVMH
Rebfläche	21 ha
Rebsorten	Chardonnay
Jahresproduktion	504 000 Flaschen

Gegründet wurde die Firma 1843 von Johann-Joseph Krug. Seitdem hat das Haus innerhalb der großen Champagner-Gemeinde immer eine Sonderstellung eingenommen: dank seines so persönlichen und durch das Herstellungsverfahren unverkennbaren Stils sowie dank des seit den Anfängen ungebrochenen Engagements der Familie, das auch heute noch andauert, obwohl Krug jetzt zum Luxuskonzern LVMH (Louis Vuitton-Moët-Hennessy) gehört.
Krug ist das einzige Champagnerhaus, das ausschließlich Prestige- und Ausnahme-Cuvées produziert. Einzigartig in der Champagne ist auch die erste Gärung, die nach wie vor ausschließlich in kleinen Eichenfässern stattfindet, eine alte Tradition, die alle anderen weitgehend aufgegeben haben und über deren Wiedereinführung der eine oder andere Nobelproduzent inzwischen wieder nachdenkt; denn dies war und ist ein wesentlicher Grund, warum die Produkte von Krug heute eine einmalige Sonderstellung einnehmen, ähnlich wie Bollinger mit seinen Vieilles Vignes. Aufgrund dieses aufwendigen Verfahrens entwickeln die Cuvées ihre intensiven Aromen und ihren reichen und komplexen Geschmack. Dank der Gärung in Eichenholzfässern konnte der einzigartige Stil von Krug über sechs Generationen hinweg beibehalten werden. Als mustergültiges Unternehmen in der Champagne lässt Krug seine Champagner mindestens sechs bis acht Jahre in den Kellern reifen, manche sogar zwölf Jahre wie den erst Ende 2000 veröffentlichten 88er Clos du Mesnil. Der Lohn für diese Geduld ist eine außergewöhnliche Reife und Langlebigkeit.
Der Clos du Mesnil, sozusagen das »Château« unter den Champagnern von Krug, ist ein historischer, von einer Mauer umgebener Weinberg mitten in der Ortschaft Mesnil, der seit über 300 Jahren besteht. Er ist nur 1,85 Hektar groß und liegt auf nach Südosten ausgerichtetem, leicht abschüssigem Gelände unterhalb der Kirche von Mesnil-sur-Oger. Seiner extrem windgeschützten Lage mitten im Dorf verdankt der Clos du Mesnil ein besonders günstiges Mikroklima, in dem es so gut wie nie zu Frost kommt. Wie die anderen Weinberge des Ortes ist sein Terroir als Grand Cru klassifiziert und bietet für die Sorte Chardonnay beste Voraussetzungen. Beides zusammen macht ihn einzigartig.
Anfang der 70er-Jahre erwarb die Familie Krug dieses Juwel der Champagne. Der Weinberg wurde seither schrittweise sorgsam neu angelegt und dabei zu 100 Prozent mit Chardonnay bestockt. Der Blanc de Blancs, der in dieser Monopollage heute im typischen Krug-Stil mit sorgfältigem Barrique-Ausbau der Grundweine und besonders langem Hefelager erzeugt wird, gilt als exklusivster und teuerster Champagner der Welt. Die Produktion schwankt zwischen 9000 und 17 000 Fla-

schen. Jeder von ihnen ist einzeln datiert und nummeriert. Seit dem Premieren-Jahrgang 1979 wurden erst acht Jahrgänge dieses einmaligen Champagners veröffentlicht: 1979, 1981, 1982, 1983, 1985, 1986, 1988 und 1989. Der nächste Jahrgang wird der 1990er werden.
Die besonderen klimatischen Bedingungen der drei Jahre 1988, 1989 und 1990 bescherten der Champagne hintereinander drei ausgezeichnete Ernten mit Weinen von bemerkenswerter Qualität. Jeder Jahrgang dieses Trios war es wert, einen Vintage Champagner zu kreieren, keiner identisch, alle drei unverwechselbar und groß. Der erst jetzt veröffentlichte Clos du Mesnil 1988 hat eine besonders bemerkenswerte Geschichte. Nach einer Verkostung der Jahrgänge 1988 und 1989 im Jahr 1997 beschlossen Henri und Rémi Krug erstmals in der Geschichte des Hauses Krug, diese beiden Jahrgangschampagner nicht in der chronologischen Reihenfolge herauszubringen, sondern den schneller reifenden 89er sowohl bei Krug Vintage als auch beim Clos du Mesnil vorzuziehen und den noch unfertigen 88er länger auf der Flasche reifen zu lassen. Eine Entscheidung, die sich heute als absolut richtig erweist. Der Jahrgang 1988 begann mit mildem Wetter, gefolgt von Regen, Schnee und Stürmen im Februar und März. April und Mai zeigten ein Wechselspiel zwischen Sonne und Gewittern. Einem fantastischen, sehr heißen Sommer, der eine hervorragende Fruchtentwicklung förderte, folgten gelegentlicher Regen und kühlere Temperaturen im September, die für eine ausgewogene Ernte sorgten. Rémi Krug vergleicht die Qualität des 88ers mit den Jahrgängen 1969 und 1955.

1988 Krug Vintage

Intensive, hellgoldene Farbe. Eine für das Alter überraschend frische Nase mit blumigen Aromen, weiße Blüten, etwas Grapefruit, Orangenblüten, getrocknete Feigen, Quitten und nur wenige, dezent vanillige Holznoten. Sehr fein und elegant. Zeigt am Gaumen auch eine ganz leise Süße von reifen Trauben, dazu Zitrusaromen und zarteste grüne Kräutertöne. Sehr komplex, dabei aber ungeheuer lebendig. Tänzelt auf der Zunge und am Gaumen. In diesem Champagner verbinden sich Feinheit, Eleganz und Charme zu einem komplexen Genuss. Bei guter Lagerung dürfte der 88er ein Reifepotenzial für weitere zwanzig Jahre haben.

Capital-Index	***323***
Scheuermann-Note	***94***
Anzahl der Flaschen	***500***
Marktpreis	***DM 240,00***
Platzierung	***1 (Schaum)***

1989 Krug Vintage

Helles Goldgelb. Eine eher ernste Nase, etwas weniger Frische und Frucht als der 88er. Ein viel ernsterer Champagner, mächtiger, reifer, runder. Füllig, cremig, aber saftig und vor allem profund. Deutlicher vom Holz geprägt. Rémi Krugs Kommentar: »Wenn der 88er eine Violine ist, dann ist dies ein Cello.« Wie wahr!

Capital-Index	***294***
Scheuermann-Note	***91***
Anzahl der Flaschen	***ca. 500***
Marktpreis	***DM 400,00***
Platzierung	***4 (Schaum)***

1988 Clos du Mesnil

Strohgelb. Duft von weißen Blüten. Feine mineralische Art: Kreide, Marmor, Kalk. Ganz zarte Holznote. Insgesamt sehr verhalten, verschlossen. Ein ziselierter Körper mit zarten Zitrusaromen, sehr feinem Mousseux. Erst mit viel Luft und Wärme entwickelt er etwas Creme Caramel am Gaumen und in der Nase zarte Nuss- und Makronengebäcktöne, auch Vanilleblüte. Zeigt dann auch mehr Süße am Gaumen. Stupende Jugend, eine unglaubliche Klarheit und Frische. Das ist wirkliche Perfektion des Blanc de Blancs. Wird seine ganze strahlende und noble Eleganz aber erst in 20, 30 Jahren vollends enthüllen.

Capital-Index	***293***
Scheuermann-Note	***96***
Anzahl der Flaschen	***350***
Marktpreis	***DM 470,00***
Platzierung	***5 (Schaum)***

1989 Clos du Mesnil

Strohgelb. Bukett mit einer sehr feinen, mineralischen Art, leicht süßsaure Noten, anfangs etwas grüne Kräuter und mit mehr Zeit und Luft auch Schokolade und reife Früchte in der Nase. Frisch, aber sehr verschlossen, konzentriert und unfertig. Wirkt im Mund eher schlank und elegant, weich und cremig. Reift zwar offenbar etwas zügiger als der 86er, ist aber dennoch von der optimalen Trinkreife noch Jahre entfernt. Sollte man eher noch liegen lassen.

Capital-Index	***285***
Scheuermann-Note	***92***
Anzahl der Flaschen	***keine Angaben***
Marktpreis	***DM 535,00***
Platzierung	***6 (Schaum)***

Moët & Chandon

20, Avenue de Champagne
F-51333 Epernay
Tel. +33/3 26 51 20 20
Fax +33/3 26 54 84 23

Daten | Fakten

Inhaber	LVMH
Rebfläche	765 ha
Rebsorten	Pinot noir, Chardonnay
Jahresproduktion	25,2 Mio. Flaschen

Mit einer Jahresproduktion von rund 24 Millionen Flaschen ist Moët & Chandon heute der Gigant und Marktführer unter den Champagnerproduzenten. Zugleich kommt aus diesem Haus, das Flaggschiff des Luxuskonzerns LVMH (Louis Vuitton-Moët-Hennessy) ist, auch eine der glamourösesten, besten und teuersten Prestigecuvées, der Dom Pérignon. Er ist der Inbegriff der Exklusivität. Keine Rodenstock-Raritätenprobe ohne alte, reife Jahrgänge dieses Champagners, und zu Zeiten Sean Connerys und Roger Moores gab es keinen James-Bond-Film ohne eine Flasche Dom Pérignon. Er war das Markenzeichen seiner Majestät Superagent.
Benannt ist er nach dem legendären Benediktinermönch Dom Pérignon (1638–1715), dem fälschlicherweise häufig in der Literatur die Erfindung des Champagners zugeschrieben wird. Er war Kellermeister der Benediktinerabtei von Hautvillers in der Champagne und sein Verdienst liegt vor allem darin, dass er das Prinzip des Bügelverschlusses, der so genannten Agraffe, erfand und damit die Transportfähigkeit des begehrten Produktes erheblich verbesserte. Kein Wunder, dass man am Hofe des Sonnenkönigs Ludwig XIV. Champagner den »Wein des Vaters Pérignon« nannte. Die gleichnamige Prestige-Cuvée von Moët & Chandon wurde 1936 erstmals in den USA veröffentlicht. Der erste Jahrgang war der 1921er. Seither wurden nur 28 Vintages unter diesem Label vinifiziert. Die Cuvée enthält ausschließlich Pinot noir und Chardonnay. Es ist die Balance, die diesen Champagner auszeichnet; die Balance zwischen den beiden Rebsorten und zwischen Jahrgang und Stil.
Verantwortlich für die Cuvée Dom Pérignon zeichnet seit 1990 der Önologe Richard Geoffroy. Er stammt aus einer alten Weinbauernfamilie der Region, die seit sieben Generationen hier ansässig ist. Zunächst studierte er Medizin, besuchte nach dem Examen jedoch zusätzlich die Hochschule in Reims, um Önologie zu studieren. Danach ging er für einige Zeit nach Kalifornien zur dortigen Domaine Chandon, ehe er als Kellermeister von Moët engagiert wurde. Hier erlernte er die Kunst, die Cuvée für das edelste Produkt des Hauses, den Dom Pérignon, zu komponieren, dessen Hüter er heute ist. In technischer Hinsicht mag es in der Champagnerherstellung Fortschritte geben, die Kunst des Assemblierens wird jedoch wie eh und je mündlich und durch exaktes Beobachten von einer Generation auf die nächste weitergegeben.

1993 Dom Pérignon

Blankes Strohgelb. Grünliche Reflexe. Frisch in der Farbe und auch sehr frisch in der Nase. Anfangs ein Duft von junger Walnuss, feine reife Zitrusaromen, dann aber auch würzige, süße Töne wie kandierte Krustentierkarkassen. Ein komplexer, begeisternder Champagner, cremig, reich, opulent und mit einem nicht enden wollenden Abgang. Am Gaumen eher dunkle Beeren, etwas schokoladig, Ingwerstäbchen. Ein veritabler Bursche, der viele Eigenschaften in sich vereint. Geoffroy vergleicht ihn mit 1990 »wegen der Kraft«, mit 1988 »wegen der Feinheit« und mit 1982 »wegen der Cremigkeit«.

Capital-Index	***321***
Scheuermann-Note	***93***
Anzahl der Flaschen	***ca. 150 000***
Marktpreis	***DM 160,00***
Platzierung	***2 (Schaum)***

Pol Roger

1, Rue Henri Lelarge
F-51206 Epernay
Tel. +33/3 26 59 58 00
Fax +33/3 26 55 25 70
polroger@ebc.net

Daten | Fakten

Inhaber	Christian de Billy und Christian Pol Roger
Rebfläche	85 ha
Rebsorten	Pinot noir, Pinot meunier, Chardonnay
Jahresproduktion	1,4 Mio. Flaschen

Dieses exklusive kleine Champagnerhaus wurde 1849 von dem aus Ay stammenden Pol Roger gegründet. Es wird heute – immer noch in Familienbesitz – von seinen beiden Urenkeln Christian de Billy und Christian Pol-Roger unbeirrt von allen Zeitströmungen ganz im Geiste des Gründers geführt. Im Gegensatz zu fast allen anderen Grandes Marques, die meist einen sehr starken Heimatmarkt haben, verlegte sich Pol Roger von Anfang an vor allem auf den Export. Bereits 1876 verschiffte die Firma die ersten Champagner nach Großbritannien. Das Vereinigte Königreich wurde schnell zum wichtigsten Markt für das junge Unternehmen und ist es bis heute geblieben. Das ist u. a. auch das Verdienst des britischen Premierministers Sir Winston Churchill, der zu Lebzeiten ein erklärter großer Anhänger dieses Champagners war und darüber hinaus auch ein Freund der Familie. Ihm zu Ehren gibt es die Prestige-Cuvée Sir Winston Churchill, eine spezielle Assemblage, die nur in besonders großen Jahrgängen produziert und erst nach einer besonders langen Reifezeit bei einer konstanten Temperatur von 9 °C in den sieben Kilometer langen Kellergängen 35 Meter unter der Erde veröffentlicht wird. So ist jetzt der 90er der aktuelle Jahrgang. Die Zusammensetzung der Cuvée wird geheim gehalten, aber die Anteile dürften wohl bei etwa 60 Prozent Pinot noir und 40 Prozent Chardonnay liegen. Die Weine stammen zu 100 Prozent aus Grand-Cru-Lagen.

Pol Roger ist die erste Adresse für alle, die mächtige und wuchtige Champagner lieben. Das gilt nicht nur für die Cuvée Winston Churchill, sondern genauso für die einfachere Qualität des regulären Brut, der aus der ersten Pressung (Tête de Cuvée) gewonnen wird und zu je einem Drittel aus Chardonnay, Pinot noir und Pinot meunier besteht. Der Vintage brut wird zu 60 Prozent aus Pinot noir und 40 Prozent aus Chardonnay hergestellt, und die Réserve Spéciale mit Jahrgang besteht jeweils zur Hälfte aus Chardonnay und Pinot noir.

Außerdem gibt es einen Rosé (mit Jahrgang), der zu 65 Prozent aus Pinot noir besteht. Die Firma besitzt rund 85 Hektar Weinberge und deckt damit 50 Prozent ihrer Jahresproduktion ab. Die andere Hälfte wird aus zugekauften Trauben hergestellt – die Vorräte sind auf fünf Jahre bemessen.

1990 Cuvée Winston Churchill

Goldgelb. Sehr feines Mousseux. Ein kräftiger, deutlich vom Pinot noir geprägter Champagner. Etwas Soja in der Nase, Leinöl, Nuss und Rosinen, aber auch erdig-mineralische Töne. Schon in der Nase erkennbar voluminös. Am Gaumen sehr nussig, etwas Bittermandel. Ein massiver, sehr resoluter Champagner, reife Zitrusnoten, Grapefruit. Nicht geeignet als Aperitif oder zum Dessert. Das ist ein reiner Essensbegleiter, den man durch ein ganzes Menü durchtrinken kann. Man sollte ihn auch nicht aus einem Champagnerkelch, sondern aus einem richtigen Weinglas trinken.

Capital-Index	*222*
Scheuermann-Note	***92***
Anzahl der Flaschen	***keine Angaben***
Marktpreis	***DM 195,00***
Platzierung	***8 (Schaum)***

Veuve Clicquot Ponsardin

12, Rue du Temple
F-51100 Reims
Tel. +33/3 26 89 54 40
Fax +33/3 26 40 60 17
www.veuve.cliquot.fr

Daten | Fakten

Inhaber	LVMH-Gruppe
Rebfläche	286 ha
Rebsorten	42 % Pinot noir, 39 % Chardonnay, 19 % Pinot Meunier
Jahresproduktion	ca. 10 Mio. Flaschen

Champagner ist nicht gleich Champagner. Auch wenn jeder Schaumwein, der sich so nennen darf, aus der Champagne kommen muss, die eineinhalb Autostunden östlich von Paris im Tal der Marne zwischen den Städten Reims und Epernay liegt. Hier wurde vor rund zehn Millionen Jahren bei einem Erdbeben ein Kreidestock etwa sechzig bis hundert Meter angehoben und bildete die heutige Montagne de Reims, an deren Hängen vor allem im Osten und Südosten die Reben der Pinot-Familie beste Standorte finden. Die Qualität eines Champagners richtet sich im Wesentlichen nach vier Gesichtspunkten. Erstens: Stammt er von einem Erzeuger mit eigenen Weinbergen? Zweitens: Wie hoch sind die Lagen bewertet, aus denen die Grundweine stammen? Drittens: Welche der drei Pressungen wurde angewendet, um ihn herzustellen?. Viertens: Wie lange reifte der Champagner auf seiner Hefe? Nur wenn jedes dieser Kriterien optimal erfüllt wird, handelt es sich um ein Spitzengewächs

Einer, bei dem all dies zusammenkommt, ist La Grande Dame, die Prestige-Cuvée, mit der Veuve Clicquot jene Witwe ehrt, die mehr als jede andere Person (viel mehr noch als der legendäre Mönch Dom Perignon z. B.) für den Champagner getan hat. Zur Zeit der englischen Kontinentalsperre gegen Napoleon eroberte sie den russischen Markt für den Champagner. Sie erfand das erste Rüttelpult (1816), führte die Kennzeichnung der Korken ein (1820) und verwendete als Erste ein Etikett (1848). Durch das tägliche Drehen und Aufrechtstellen der Flaschen im Rüttelpult, die so genannte Remuage, senken sich die Hefen und Trubstoffe in den Flaschenhals. Wenn dieser Vorgang abgeschlossen ist, wird die Flasche degorgiert, d. h. kopfüber in ein Eisbad getaucht, dann geöffnet. Durch den bei der Flaschengärung entstandenen Druck wird der Hefepropfen herausgeschleudert. Dann wird die Flasche aufgefüllt und verkorkt. Erst durch diese Methode wurde es möglich, klare Champagner von gleichmäßiger Qualität herzustellen. Die Auswirkungen waren gigantisch. Nach der allgemeinen Einführung dieses Verfahrens schnellte die Jahresproduktion innerhalb kurzer Zeit von kaum mehr als 300 000 Flaschen auf 20 Millionen in die Höhe. Als die Witwe 1866 hochbetagt mit 89 Jahren starb, war aus den ländlichen Weinkellereien eine Industrie geworden.

Mit dem Champagner La Grande Dame, der 1972 aus Anlass ihres 200. Geburtstages kreiert wurde, hat man ihr das vielleicht schönste Denkmal gesetzt. Bei La Grande Dame handelt sich um einen Champagner aus acht Ortslagen innerhalb der Champagne, deren Qualitätsstufe ausnahmslos mit 100 Prozent bewertet ist. Für Pinot noir sind es Verzy, Verzenay, Ambonnay, Bouzy und Ay in den Hochlagen von Reims. Der Chardonnay kommt aus Avize, Oger, Le Mesnil an der Côte des Blancs. Die Cuvée für La Grande Dame besteht in der Regel zu 62 bis 66 Prozent aus Pinot noir und zu 34 bis 38 Prozent aus Chardonnay. Ein solcher Champagner sollte mindestens seine zehn bis 15 Jahre Flaschenreife haben, ehe er seine volle Präsenz erlangt und alles schmecken und riechen lässt, was die Natur und die Kunst des Kellermeisters ihm mit auf den Weg gegeben haben. Flankiert wird diese Cuvée von zwei ungewöhnlichen Spezialitäten, dem Rosé, der 15 Prozent Rotwein (Pinot noir) aus der Lage Bouzy enthält, und der Rich Reserve, einem demi-sec im alten Stil, den man am besten karaffiert genießen sollte.

1993 La Grande Dame

Sattes Strohgelb bis Hellgold. Eine wunderschöne Nase mit dem Duft weißer Blüten, Haselnuss, kandierter Früchte, Apfelgelee, Brioche. Ein Champagner mit strotzender Fruchtfülle, opulent, reich, ein mächtiger Champagner, sahnig und cremig, mit langem Abgang.

Capital-Index	***218***
Scheuermann-Note	***93***
Anzahl der Flaschen	***keine Angaben***
Marktpreis	***DM 179,00***
Platzierung	***9 (Schaum)***

Josmeyer

76, Rue Clémenceau
F-68920 Wintzenheim
Tel. +33/3 89 27 91 90

Daten | Fakten

Inhaber	Jean Meyer
Rebfläche	15 ha
Rebsorten	Pinot blanc, Riesling, Silvaner, Gewürztraminer.
Jahresproduktion	13 000 Flaschen

In den bald 35 Jahren, die dieser Betrieb von Jean Meyer geleitet wird, hat er sich einen hervorragenden Namen für trockene Rieslinge in einem puristisch-mineralischen Stil gemacht. Neben der eigenen Rebfläche von 15 Hektar werden die Trauben von Vertragswinzern verarbeitet, die in den Orten Turckheim und Wintzenheim weitere 21 Hektar bewirtschaften.

Kern des Josmeyerschen Besitzes sind 2,5 Hektar in der Lage Hengst in Wintzenheim, einem seit 1981 als Grand Cru klassifizierten Steilhang auf 270 bis 360 Metern Höhe südlich des Ortes. Die Böden weisen eine hohe Kalkkonzentration auf, sind tonhaltig mit viel Kiesel und gleichmäßig nach Südosten ausgerichtet. Die Lage selbst wird als Schenkung der Abtei von Murbach bereits im 9. Jahrhundert genannt. Der Name selbst existiert etwa seit 1875 und soll den kraftvollen Charakter der Weine beschreiben.

Die beiden jetzt verfügbaren Jahrgänge hätten kaum unterschiedlicher ausfallen können: 1996 eine späte Lese nach einer ganz langsamen Reife der Trauben mit gutem Alkoholgehalt und einer Säure, die ein Drittel höher liegt als im Schnitt der Dekade. Das verleiht dem Wein einen eigenwillig kantigen Charakter, aber auch ein beachtliches Entwicklungspotenzial. 1997 ist dagegen ein Ausnahmejahrgang der ganz anderen Art. Eine etwas frühere Ernte, aber mit einem wesentlich höheren Zuckergehalt der Trauben und etwas Botrytis. Im Sommer war es sehr heiß, aber immer wieder gab es auch heftige Unwetter. Im Endergebnis reiche, opulente Weine mit Alkoholgraden, die bis 13,5 Vol.-% beim Riesling und 15,5 Vol.-% beim Pinot noir hochgingen.

1996 Hengst Grand Cru

Goldgelb. Sehr schöne Kräuterveresterung in der Nase, deutlich erdige Töne in der Nase und auch ein Hauch von Petrol, Knäckebrot und eine deutliche Mineralität, grüne Blätter. Am Gaumen eine vehemente Säure, Frucht von reifen Stachelbeeren, sehr mineralisch, nachhaltig. Kantig und unfertig. Braucht noch einige Jahre der Reife.

Capital-Index	***193***
Scheuermann-Note	***90***
Anzahl der Flaschen	***9000***
Marktpreis	***DM 45,00***
Platzierung	***40 (weiß)***

1997 Hengst Grand Cru

Kräftiges, klares Strohgelb bis Hellgold. Sehr reife Frucht in der Nase. Pfirsich, Biskuit, schöne Pfefferkuchenwürze.. Ein sehr opulenter Wein mit dezenter Restsüße, schokoladig im Abgang. Der Wein ist in seiner ganzen Fülle weniger typisch sowohl für die Lage als auch für den Stil des Erzeugers, der schlanke, eigentlich geradlinige, säurebetonte Weine bevorzugt. Aber dennoch ist dieser Wein von Natur aus groß; denn er ist tadellos balanciert zwischen Körper, Säure und dem mächtigen Alkohol (13,5 Vol.-%). Alles steht in einem harmonischen Verhältnis zueinander. Schöne Länge im Abgang.

Capital-Index	***195***
Scheuermann-Note	***92***
Anzahl der Flaschen	***10 000***
Marktpreis	***DM 45,00***
Platzierung	***38 (weiß)***

Domaine Trimbach

15, Route de Bergheim,
F-68150-Ribeauvillé
Tel. +33/89 73 60 30

Daten | Fakten

Inhaber	Jean Meyer
Rebfläche	20 Hektar
Rebsorten	Riesling, Pinot blanc, Gewürztraminer, Muscat, Pinot gris
Jahresproduktion	60 000 Flaschen

Die Domaine Trimbach ist im malerischen Örtchen Ribeauvillé am Fuße der Vogesen zu Hause. Seit 1626 und nun in der elften beziehungsweise zwölften Generation ist diese Familie mit dem Weinbau beschäftigt. Es gibt viele gute Domainen im Elsass, aber nur ganz wenige die einen so klaren, rassig-trocknen Stil beim Ausbau des Rieslings pflegen, wobei sie sich den Luxus erlauben kann, auf die Appellation »Grand Cru« zu verzichten und die entsprechenden Weine unter eigenen Bezeichnungen zu führen. Trimbach-Weine vom einfachen Pinot blanc oder dem anspruchsvollen Gewürztraminer Cuvée des Seigneurs de Ribeaupierre bis zum hochwertigen Riesling Cuvée Frédéric-Emile sind auf den Weinkarten nahezu aller europäischer Spitzenrestaurants anzutreffen. Die Methoden von An- und Ausbau sind eher traditionell, von der strengen Handlese bis zu den langen Gärzeiten und einer langen Reifezeit der Weine im Keller. Das Spitzenprodukt Clos St. Hune beispielsweise kommt immer erst ca. fünf Jahre nach der Ernte in den Verkauf. Dieser Riesling stammt aus einer einzigen Lage Clos St. Hune aus dem Nachbardorf des Weingutes Hunawihr. Der Clos St. Hune ist Teil der sehr alten, bereits 1483 erstmals erwähnten Lage Rosacker in Hunawihr zwischen Ribeauvillé und Riquewihr, die als Grand Cru klassifiziert ist. Er liegt auf einer Höhe von ca. 300 Metern auf einem Terroir, das hauptsächlich von Muschelkalk und Lettenkohle geprägt ist. Die Weine, die hier wachsen, weisen eine extrem hohe Mineralität auf und haben eine stupende Lebensfähigkeit.

1995 Clos St. Hune

Helles Goldgelb. Kleines zartes Petroltönchen in der Nase, das ein wenig die Pfirsichfrucht überlagert, dazu ein grünes Kräuterpesto und Fichtennadel. Das ist das Verrückte an diesem Wein: die Expression von Terroir, Sortenfrucht und Jahresklima bringt immer wieder neue überraschende Varianten hervor. Nichts für Gewohnheitstrinker, sondern nur für genusssüchtige Überraschungsmenschen. Am Gaumen etwas grüne Äpfel und Zitrusnoten, Limonen, Grapefruit. Schöne mineralische Noten. Sehr langer Abgang. Sicher noch fünf bis zehn Jahre zu jung.

Capital-Index	*229*
Scheuermann-Note	***92***
Anzahl der Flaschen	***keine Angaben***
Marktpreis	***DM 157,00***
Platzierung	***15 (weiß)***

Domaine Cauhapé

F-64360 Monein
Tel. +33/5 59 21 33 02
Fax +33/5 59 21 41 82

Daten | Fakten

Inhaber	Henri Ramonteu
Rebfläche	23 ha
Rebsorten	66 % Gros Manseng, 25 % Petit Manseng, 9 % übrige
Jahresproduktion	140 000 Flaschen

In den letzten 100 Jahren führten die edelsüßen Weißweine aus dem Jurançon in Südwestfrankreich eine Art Dornröschendasein. Spätestens aber seit der Winzer Henri Ramonteu mit einem Wein seiner Domaine Cauhapé 1989 bei einer Vergleichs-Degustation in Paris den zweiten Platz hinter dem Sauternes-Flaggschiff Château d'Yquem belegte, gehört Jurançon wieder in die erste Liga der internationalen Dessertweine. Seit Henri II. de Navarre die Lippen seines neugeborenen Enkels, des späteren Henri IV., mit einer Knoblauchzehe einrieb und sie aus einem Kelch mit Wein aus dem Jurançon benetzte, galt der Jurançon über die Jahrhunderte hinweg als der Wein der französischen Könige. Und im Hause Bourbon war diese Form des Taufaktes bis in unser Jahrhundert lebendig. Noch 1933 erhielt der erste Sohn des Grafen und der Gräfin von Paris die Weihe mit Knoblauch und Jurançon aus den Händen des Herzogs von Guise. Vor allem in Holland und später auch in Amerika waren die Weine aus dem Jurançon hoch geschätzt. Einer der größten Fans in der Neuzeit war die Schriftstellerin Colette, die in der Literatur mit dem Satz zitiert wird: »Ich war noch ein Mädchen, als der Prinz mir begegnete: aufrüttelnd, gebieterisch, trügerisch wie alle großen Verführer – der Jurançon.«

Nach der Reblauskatastrophe verschwanden diese Weine für Jahrzehnte fast ganz von der Bildfläche. Der Wiederaufbau der kleinen, gerade mal 560 Hektar umfassenden Weinbauregion am Fuß der Pyrenäen war mühsam. Heute umfasst die Jahresproduktion wieder ca. 25 000 hl. Neben der Cooperative Gan-Jurançon gibt es auch ein knappes Dutzend namhafter Privatwinzer.
Die Hauptrebsorten heißen Gros Manseng und Petit Manseng. Daneben gibt es noch in sehr geringen Mengen die lokale Sorte Courbu. Die Weinberge liegen in den Tälern südlich der Stadt Pau. Südwinde aus Spanien sorgen hier für ein meist schönes, ausgeglichenes Herbstwetter. Die Lese für die süßen Weine zieht sich oft bis in den November hin. Durch den Wechsel von Tageshitze und nächtlicher Frostkälte schrumpfen die von Edelfäule befallenen Trauben ein, und der Saft wird so auf natürliche Weise konzentriert. Die Erträge sind entsprechend niedrig. Sie liegen bei 36 hl/ha für die trockenen Jurançon-Weine. Bei den süßen sind 28 hl/ha die Obergrenze. Spitzenwinzer wie Ramonteu erreichen aber bei ihren besten Weinen (Noblesse und Quintessence) lediglich Mini-Mengen von 7 bis 15 hl/ha.
Die Weinberge der Domaine Cauhapé sind mit den klassischen Sorten Gros Manseng

(15 Hektar) und Petit Manseng (6 Hektar) bepflanzt. Henri Ramonteu übernahm den Familienbesitz im Jahr 1975, modernisierte und erweiterte ihn und legte sich die Qualitätsmesslatte gleich auf Weltrekord-Höhe. Mit erheblichem Erfolg: Die Qualität seiner Weine hat wesentlich zur erneuten Popularität der edelsüßen Weine des Jurançon beigetragen. Er produziert heute insgesamt etwa 140 000 Flaschen. Mit der Zeit hat er den Anteil der weißen Sorte Petit Manseng erhöht. Sie ist zwar deutlich unproduktiver, aber die Weine, die sie hervorbringt, sind komplexer und feiner strukturiert.

1998 Noblesse du Temps

Goldgelb. Sehr feine, verhaltene, aber komplexe Nase: Kaffee, Nuss, kandierte Früchte, Aprikose, auch Tabaknoten und Bittermandel. Dickflüssig, verhaltene Süße, Kaffee am Gaumen, ausreichend Säure, gut balanciert. Langer Abgang.

Capital-Index	*123*
Scheuermann-Note	***90***
Anzahl der Flaschen	***13 000 (halbe)***
Marktpreis	***DM 68,00***
Platzierung	***61 (süß)***

1993 Quintessence du Petit Manseng

Goldgelb. Leichter Orangeschimmer. Anfangs etwas käsig und schweißig, Pulvergeruch. Ein Wein, der erst atmen muss, ehe er aufblüht. Zeigt dann vielfältige Nuancen von Honig, Nuss, Karamell, tropischen Früchten. Am Gaumen sehr frisch, mit einer harmonischen Säure, Aprikosenfrucht, etwas Nuss und Bittermandel. Sehr verhaltene Süße, gut balanciert mit dem Alkohol. Sehr fest, konzentriert, jung. Langer Abgang, hat Zukunft für Jahrzehnte.

Capital-Index	*125*
Scheuermann-Note	***92***
Anzahl der Flaschen	***2000***
Marktpreis	***DM 190,00***
Platzierung	***60 (süß)***

Domaine Les Capitelles

6, Rue de P. Albigeois
F-11100 Narbonne
Tel. +33/4 68 32 36 28
Fax +33/4 68 32 10 69

Daten | Fakten

Inhaber	Jean Paux-Rosset
Rebfläche	3,5 ha
Rebsorten	100 % Syrah
Jahresproduktion	4000 Flaschen

In der nur 3,5 Hektar großen Mini-Domaine Les Capitelles nördlich von Béziers produzierte Jean Paux-Rosset (vgl. Château de La Négly) 1997 mit dem Clos des Truffiers einen Wein, wie ihn dieser Teil Südfrankreichs bis dato noch nicht erlebt hatte. Ein wahres Teufelszeug, das zwar nur die Appellation Coteaux du Languedoc auf dem Etikett tragen darf, aber soviel Terroir aufweist wie die besten Crus der Rhone. Hier oben auf einer Höhe von 300 Metern in der rauen, unwirtlichen Umgebung des Dorfes Saint-Pargoite hatte dieser stille Weinmacher einen kleinen Weinberg mit alten Syrahreben geerbt, den er durch Zukauf von einigen Parzellen auf seine heutige Größe erweitern konnte.

In den 60er-Jahren, als alle Welt hier im Süden Massenträger pflanzte, hatte Max Rosset, der damalige Bürgermeister des Dorfes und spätere Adoptivvater des heutigen Besitzers, den Weinberg auf kargen Böden mit viel Kalk- und Granitverwitterung angelegt, umgeben von der für die Landschaft typischen Garrigue. Seine Idee, dass man eines Tages vielleicht auch mit Qualität Erfolg haben könnte, war prinzipiell richtig. Bloß hat er selbst nie etwas daraus gemacht. Heute bilden diese 1967 gepflanzten Reben den Kern des ältesten Syrahanlage des Languedoc und mit einem Alter von über 30 Jahren erreichen sie jetzt allmählich die volle Kraft eines erwachsenen Weinberges. Im Andenken an Max Rosset wird aus den hier geernteten Trauben der hundertprozentig sortenreine Syrahwein Hommage à Max gekeltert. Er zählt zum Kraftvollsten und Beeindruckendsten, was Südfrankreich hervorbringt.

Der Ertrag lag beim 97er-Debüt bei unglaublichen elf Hektoliter pro Hektar. Zusätzlich wurde per Hand das extrem reifste Lesegut sorgfältig selektioniert und in kleinen Behältern nach Château de La Négly gebracht und dort weiterverabeitet. Das heißt, die Trauben wurden vorsichtig nach alter Manier mit den Füßen gestampft und der Most ohne Pumpen vorsichtig in neue kleine Gärbottiche umgefüllt, die eigens dafür von Seguin-Moreau geküfert worden waren. Acht Tage dauerte die gekühlte Mazeration bei ca. 7 Grad, dann folgte eine 40-tägige offene Maischegärung mit hohen Temperaturen und ein 17 Monate dauernder Ausbau in Barriques mit dem Röstgrad medium toasted. Schließlich wurde der Wein ohne Klärung unfiltriert abgefüllt.

1997 Clos des Truffiers »Hommage à Max«

Tief dunkles Schwarzgranat. Was für eine spektakuläre Nase: Dunkles Karamell, Krokant, geröstete Banane und Honig, schwarze Oliven. Eingedickte Pflaumen und dunkle Beeren. Man kann die extreme Reife der Trauben förmlich riechen, hoch konzentrierte, kleine, geschrumpfte Beeren. Dazu komplexe Röstaromen. Am Gaumen dickflüssig, totale Opulenz. Ein fulminanter Wein mit einer Vielfalt süßer Aromen: geröstete Karotten, frittierte Rote Bete, karamelisierte Zwiebeln, dazu konzentrierte rote Beerenfrucht. Sehr langer, tiefer Abgang.

Capital-Index	***128***
Scheuermann-Note	***94***
Anzahl der Flaschen	***3200***
Marktpreis	***DM 130,00***
Platzierung	***260 (rot)***

Château Grès Saint-Paul

F-34400 Lunel
Tel. +33/4 67 71 27 90
Fax +33/4 67 71 73 76

Daten | Fakten

Inhaber	Jean Philippe Servière
Rebfläche	26 ha
Rebsorten	75 % Syrah, 12,5 % Grenache, 12,5 % Mourvèdre
Jahresproduktion	135 000 Flaschen

Zwar existiert Château Grès Saint-Paul seit rund 170 Jahren, aber so richtig Notiz nahm die Weinwelt erst 1998 von diesem Weingut auf dem Plateau von Lunel zwischen Nîmes und Montpellier. Von hier kamen bis Mitte der 80er-Jahre nur einfache, nicht weiter erwähnenswerte Massenweine aus Carignan und Aramon. Erst als Jean Philippe Servière, bis dahin Finanzchef einer Computerfirma in Paris, das Familienweingut übernahm, begann sich dies langsam zu ändern. Er legte zunächst die Weinberge neu an und bestockte sie statt mit Massenträgern überwiegend mit der Edelsorte Syrah. Mit dem Jahrgang 1997 begann er zusammen mit seinem Weinmacher Philippe Salasz, dem ehemaligen Besitzer der Domaine Capion, Weine von hoher Qualität zu erzeugen; gleich mit der 97er Cuvée Antonin landeten sie auch einen erstaunlichen Erfolg. 90 Parkerpunkte für einen Nobody, das war der richtige Einstieg! Die Natur half mit dem 98er-Jahrgang nach, der es leicht machte, eine überzeugende Kollektion anzubieten, die sich durch ein sensationelles Preis-Leistungs-Verhältnis auszeichnete. Das war dem französischen Guide Hachette ein Coup de Cœur wert. Mit dem famosen 99er hält Château Grès Saint-Paul Einzug in die absolute Spitzengruppe des Midi. Produziert werden lediglich drei Weine: die Cuvée Romanis besteht aus Syrah, Grenache und Mourvèdre. Antonin und der neue Star Sirius werden reinsortig aus Syrah gekeltert, wobei der Sirius aus einer Selektion besonders reifer Trauben und alter Parzellen des Weinbergs besteht. Die für diesen Wein ausgewählten Rebstöcke wurden mit einer Grünernte Anfang Juli stark ausgedünnt und der Ertrag so auf 23 hl/ha gesenkt. Zwölf Monate lagerte der Wein ohne Umfüllen in Barriques.

1999 Sirius

Dunkles, tiefes Schwarzviolett. Nase mit dunkler, tiefer Brombeerfrucht, Unterholz, nasses Moos, reichlich dunkler Toast und frisch geröstete Kaffeebohnen, Bitterschokolade. Mit der Zeit mehr und mehr Süße von Himbeeren und Kirsche. Ein konzentrierter, aber dabei nicht berstend opulenter, überextrahierter Wein, sondern dicht, verwoben, herb und sehr lang im Abgang. Kein auf Teufel komm raus modern gemachter Wein, sondern eher klassisch in sich gekehrt und ruhend.

Capital-Index	***105***
Scheuermann-Note	***92***
Anzahl der Flaschen	***5000***
Marktpreis	***DM 45,00***
Platzierung	***347 (rot)***

Mas de Daumas Gassac

Haute Vallée du Gassac
F-34150 Aniane
Tel. +33/4 67 57 71 28
Fax +33/4 67 57 41 03
contact@daumas-gassac.com
www.daumas-gassac.com

Daten | Fakten

Inhaber	Familie Guibert
Rebfläche	25 ha
Rebsorten	52 % Cabernet Sauvignon, Cabernet franc, Merlot, Malbec, Pinot noir, Tannat, Syrah
Jahresproduktion	60 000–80 000 Flaschen

Was wurde über diesen Wein nicht schon alles geschrieben: Für Clive Coates ist er der »Midi Superstar«, Hugh Johnson nannte ihn den »einzigen Grand Cru des Midi«. Der Mas de Daumas ist ohne Frage einer der bedeutenden neuen Pionierweine Südfrankreichs und seit der streitbare Senior Aimé Guibert seinem Sohn die Regie überlässt und sich mehr um die Jagd und das Angeln kümmert, wird auch die Qualität von Jahr zu Jahr wieder besser.

Seinen Qualitätshöhepunkt hatte dieser Wein in Jahrgängen wie 1985, 1988, 1989 und 1990. Da hatte er tatsächlich das Format eines Superpremiums oder Grand Crus. Damals nannte man ihn auch häufig in einem Atemzug mit Sassicaia, Opus One oder Pesquera. Danach kam eine nicht genau zu definierende Flaute. Vielleicht war es auch nur so, dass man in Mas de Daumas stehen blieb während sich die anderen weiterentwickelten.

Die Gründer Aimé Guibert und Veronique de La Vaissière – er ursprünglich Lederfabrikant in Millau, sie Professorin für Ethnologie in Montpellier – erwarben das Anwesen 1970, eine alte, halb verfallene Getreidemühle im Hochtal des Flüsschens Gassac bei Aniane. Eigentlich wollten sie sich das Gemäuer nur als ländlichen Wohnsitz ausbauen. Doch der befreundete Geologe, Prof. Henri Enjalbert, erkannte bei einem Besuch die ideale Eignung des Geländes für den Weinanbau. Ein privilegiertes Kleinklima und eine geologisch äußerst wertvolle Bodenformation sind das Geheimnis dieser paradiesischen Talmulde im Herzen des Midi. Der Westhang besteht aus humuslosen, aber mineralreichen Böden aus vollkommen wasserdurchlässigem, tiefgründigem, fein zermahlenem Gletscherschutt und eiszeitlichen Sandablagerungen. Die Westexposition macht es möglich, die Abendsonne voll auszunutzen. Das angrenzende Bergmassiv bewirkt eine lokale Abkühlung, wodurch die Vegetation um drei Wochen verzögert wird. Woanders ein Nachteil, hier im heißen Süden ein Segen für die Reben.

Die mittlerweile 25 Hektar Weinberge wurden überwiegend mit einem klassischen Bordeaux-Mischsatz aus Cabernet Sauvignon, Cabernet franc, Merlot und Malbec bepflanzt, wobei der Cabernet Sauvignon mit 13 Hektar klar dominiert. Im fertigen Wein schwankt der Anteil zwischen 70 und 80 Prozent. Das Pflanzmaterial stammt aus Bordeaux und zwar von alten, vor dem Ersten Weltkrieg gepflanzten Weinstöcken des Médoc. Aber auch Pinot noir, Tannat und vor allem Syrah wurden hier heimisch und gehören zum Mischsatz des Mas de Daumas Gassac. Bei niedrigen Erträgen, die zwischen 35 und 45 hl/ha schwanken, beträgt, die Jahresproduktion nur 60 000 bis 80 000 Flaschen. Bei der Vinifizierung orientiert man sich an Bordeaux, hatte lange Jahre Emile Peynaud als Berater. Die Barriques für den Ausbau der Weine kommen von Château Margaux. Das hat dem Mas de Daumas den Namen »Château Margaux des Südens« eingetragen. Man hat ihn auch schon mit Lafite, Latour und Pétrus verglichen. Nichts von alledem! Solche Vergleiche werden diesem außergewöhnlichen Wein nicht gerecht. Er besitzt eine ganz eigenständige Persönlickeit, die wirklich lohnt, dass man sich mit ihr beschäftigt. Der Mas de Daumas verbindet die Kraft und Eleganz eines Pauillac mit der Würze und Fülle eines Rhône-Weins und mutiert im Alter auch schon mal Richtung Burgunder. Er hat irgendwie etwas von einem Chamäleon, und von welchem Wein könnte man dies sonst behaupten?

1999 Mas de Daumas Gassac

Dunkles, tiefes Rubinviolett. Wunderschöne Nase mit herrlicher Primärfrucht, konzentrierte dunkle Beerenfrüchte (Blaubeeren) und Pflaumenkompott, Zimtkirsche, dazu alle Arten von Holzaromen: Toast, Vanille, Nuss, Nougat. Dickflüssig und fleischig am Gaumen, saftig, aber auch reichlich Tannine, samtig, schokoladig. Einer der opulentesten und besten Mas de Daumas seit Bestehen des Weingutes.

Capital-Index	***141***
Scheuermann-Note	***91***
Anzahl der Flaschen	***keine Angaben***
Marktpreis	***DM 45,00***
Platzierung	***185 (rot)***

Château de La Négly

F-11560 Fleury d'Aude
Tel. +33/4 68 33 87 17
Fax +33/4 68 32 10 69

Daten | Fakten

Inhaber	Jean Paux-Rosset
Rebfläche	50 ha
Rebsorten	25 % Syrah, 20 % Grenache, 20 % Mourvèdre, 20 % Carignan, 5 % Bourboulenc, 5 % Roussanne, 5 % Cinsaut
Jahresproduktion	300 000 Flaschen

Dieses Weingut in der Nähe von Narbonne ist einer der Shooting Stars der vergangenen beiden Jahre in diesem Teil Südfrankreichs. Der 50 Hektar große Betrieb liegt in La Clape, einem herausragenden neuen Gebiet der Appellation Coteaux du Languedoc. Die Weinberge sind zur Seeseite hin ausgerichtet und etwa einen Kilometer von der Küste entfernt. Das Gebiet ist steinig und schroff, die Weinberge ragen steil von der Küste auf. Seit römischer Zeit wird hier Wein angebaut.

Jean Paux-Rosset produzierte auf diesem exzellenten Terroir mit sehr steinigen Kalk- und Lehmböden und einzigartigem Mikroklima nach großen Investitionen in eine hochmoderne Kellertechnik mit dem 97er Jahrgang erstmals Weine, die in der internationalen Fachpresse für reichlich Aufsehen sorgten. Das Geheimnis liegt in der absoluten Strenge, mit der hier jede nicht ganz so optimale Beere aussortiert wird. Der Ehrgeiz ist gewaltig, getragen von der Überzeugung: »Man kann in La Clape Weine produzieren, die denen von Bordeaux und Burgund oder auch der Côte Rôtie in nichts nachstehen.«

Bereits die Basisweine von Château de La Négly setzten neue Maßstäbe in ihrer Preisklasse: Cuvée de la Côte (Syrah, Grenache, Mourvèdre und vor allem bis zu 60 Jahre alte Carignan) und La Falaise (Syrah-dominiert mit Grenache und Carignan, zwölf Monate im neuen Holz ausgebaut). Doch diese Weine allein hätten das Gut in den internationalen Wein-Charts sicher nicht auf einen der vorderen Plätze gekickt. Das schaffte es mit La Porte de Ciel, der »Himmelspforte«, einem Lagenwein mit extremer Selektionierung zunächst bei der Ernte am Rebstock und später nochmals am Fließband in der Kelterhalle, wo die Trauben nach Reifegrad sortiert und von Hand entrappt werden. 15 Mitarbeiter sind allein mit dieser strengen Kontrolle vor dem Keltern beschäftigt. Kein Wunder dass sich der Ertrag z. B. beim 98er auf 14 hl/ha reduzierte. Die Trauben werden anschließend im neuen (!) Holzbottich vergoren, dabei immer wieder von Hand untergetaucht und schließlich in neuen Barriques ausgebaut. Eine Sorgfalt, die man später schmecken kann.

Die Geschichte des Weingutes reicht in die 30er-Jahre zurück, als Max Rosset, erfolgreicher Lastwagenhändler und Ortsbürgermeister, den Besitz erwarb, das Haus im maurischen Stil aber in erster Linie als Sommerfrische für seine Familie nutzte. Aus den Weinbergen holte er zu seiner Zeit das Letzte an

Menge heraus und verkaufte die Ernte an die Kooperative. Erst als 1992 Jean Paux-Rosset, sein Adoptivsohn, beschloss, auf Château de La Negly selbst Wein zu machen, änderte sich das Ganze.
Der war zwar auch kein gelernter Winzer, sondern im Grundstücks- und Immobiliengeschäft in Narbonne tätig, ein Job, dem er auch heute noch nebenher nachgeht. Aber er hatte immerhin schon mal etwas vom Zusammenhang zwischen niedrigen Erträgen, alten Rebstöcken, Selektion und Qualität gehört. Vor allem wusste er aber, dass er in La Clape ein erstklassiges Terroir zur Verfügung hatte. Er setzte alles auf eine Karte und investierte fast vier Millionen Francs in die Renovierung und den Ausbau der Kellerei. Ein Besuchscenter im kalifornischen Stil soll folgen. Der Erfolg dürfte kaum aufzuhalten sein, und dann kann Jean Paux-Rosset sich auch den lang gehegten Traum erfüllen und endlich »Ganztagswinzer« werden.

1998 La Porte du Ciel

Tiefes, undurchsichtiges Rubinviolett. Die Nase vielschichtig, sich nur langsam öffnend. Dunkles Beerenkompott mit rauchiger Würze. Dann Rum und Trockenfrüchte, Schokolade und Kokosflocken, etwas Vanille, Kräuterwürze. Am Gaumen opulent, dickflüssig, mit einem perfekten Zusammenspiel aus kräftiger Säure, feinen Tanninen und würziger, südlicher Extraktsüße. Samtige Oberfläche. Insgesamt etwas geschliffener und eleganter in seiner ganzen Anlage und nicht so wild wie der Schwesterwein Clos des Truffiers.

Capital-Index	***140***
Scheuermann-Note	***93***
Anzahl der Flaschen	***3000***
Marktpreis	***DM 79,00***
Platzierung	***188 (rot)***

Prieuré de St-Jean de Bébian

F-34120 Pézenas
Tel. +33/4 67 98 13 60
Fax +33/4 67 98 22 24

Daten | Fakten

Inhaber	Jean-Claude Le Brun und Chantal Lecouty
Rebfläche	24 ha
Rebsorten	25 % Syrah, 25 % Grenache, 25 % Mourvèdre, Cinsault, Roussanne, Marsanne, Counoise, Clairette, Bouboulenc
Jahresproduktion	85 000 Flaschen

Unter ihrem früheren Besitzer Alain Roux war die Domaine Prieuré Saint-Jean de Bébian in den 70er- und 80er-Jahren einer der frühen Pionierbetriebe des qualitativen Fortschritts im Languedoc, lange bevor es zur Qualitätsexplosion der Jahre 1998 und 1999 kam. Aber zuletzt machte das damals nach streng ökologischen Richtlinien bewirtschaftete Gut auch eine längere Schwächeperiode durch. Roux war ein Extremist des Terroirs und der traditionellen Methoden. In den Weinbergen wurde strikt biologisch gearbeitet, man verzichtete konsequent auf chemische Dünger und Insektizide.

Die Prieuré, eine mittelalterliche Abtei, wurde im Jahr 1152 von Mönchen auf den Resten einer römischen Villa errichtet. Der Überlieferung nach sollen sie es gewesen sein, die hier mit dem Weinbau begonnen haben. Das Anwesen wurde 1952 von der Familie Roux erworben. 1975 übernahm Alain Roux nach dem Studium der Landwirtschaft und des Weinbaus das Weingut von seinem Vater. Alain Roux erkannte die Eignung der Böden für die klassischen Rebsorten der Rhône: ton- und kalkhaltige Schichten, die zum Teil auch Sandstein und Kiesel enthalten.

Da er modernen Klonen nicht traute, besorgte er sich die Reben für seinen klassischen Châteauneuf-Mischsatz bei einigen der berühmtesten Rhône-Winzer: Jacques Reynaud (Château Rayas), den Brüdern Perrin (Beaucastel) und Gérard Chave. Auf 24 Hektar pflanzte er die 13 klassischen Sorten von Châteauneuf allen voran Syrah, Grenache und Mourvèdre (jeweils zu 25 Prozent), aber auch Parzellen mit Cinsault, Roussanne, Marsanne, Counoise, Clairette, Bourboulenc. Kernstück der Prieuré sind jedoch vier Hektar Grenache, die bereits 1925 angepflanzt wurden.

Im Mai 1994 übernahmen Jean-Claude Lebrun, der ehemalige Herausgeber der Revue du Vin de France, und Chantal Lecouty das Gut. Nach gründlicher Renovierung der Kelleranlagen und einer umfassenden Regenerierung der ziemlich ausgelaugten Weinberge gelangen Chantal Lecouty auf der Basis des ungewöhnlichen Terroirs, den zum Teil sehr alten Rebstöcken und dem ausgewogenen Klima ab 1995 aus vollreifem Lesegut wieder hochwertige Weine in der Art eines Châteauneuf-du-Pape. Der Durchschnittsertrag liegt bei bloß 25 hl/ha. Der Stil der Weine ist heute etwas eleganter, nicht mehr ganz so wild und rau wie zu den Zeiten von Alain Roux.

Das Lesegut wird mehrfach ausgelesen und zum Teil entrappt. Dabei werden alle eventuell unreifen oder faulen Beeren penibel entfernt, ebenso die unreifen Stängel. Ein Viertel bis die Hälfte der Stängel bleibt während der dreiwöchigen Mazeration in der Maische. Geklärt werden die Weine nur mit Eiweiß, ehe sie unfiltriert gefüllt werden. Die mächtigen Weine von Saint-Jean kommen tatsächlich dem Typus des Châteauneuf-du-Pape sehr nahe, sie sind lagerfähig und benötigen stets auch einige Jahre der Flaschenreife, ehe sie einen ersten Genuss bereiten.

1997 Prieuré de St-Jean de Bébian

Dunkles Rubinrot. Schöne charakteristische Kirschlikörnase, auch etwas Himbeere, dann Hagebutte und Minztee. Reifer und dichter als die letzten zwei, drei Jahrgänge. Ein saftiger Wein. Zeigt eine schöne süße rote Frucht am Gaumen und im Abgang deutlich erdige Terroirnoten (Ackerblume, Kartoffelschalen).

Capital-Index	***124***
Scheuermann-Note	***89***
Anzahl der Flaschen	***keine Angaben***
Marktpreis	***DM 40,00***
Platzierung	***284 (rot)***

Didier Dagueneau

F-58150 St-Andelin
Tel. +33/3 86 39 15 62
Fax +33/3 86 39 07 61

Daten | Fakten

Inhaber	Didier Dagueneau
Rebfläche	11,5 ha
Rebsorten	Sauvignon blanc
Jahresproduktion	keine Angaben

Nahezu alle klassischen Weinbaugebiete der Welt wurden in den letzten beiden Jahrzehnten von »Revolutionären« aufgemischt, die einerseits mit den Konventionen und Lehrbuchmethoden brachen, zum anderen dann aber nichts anderes taten, als zur handwerklichen Weinmacherkunst der Groß- und Urgroßväter zurückzukehren. Oft genug handelte es sich einfach um junge Winzer, die den familiären Betrieb übernahmen, es gab aber auch Seiteneinsteiger und Autodidakten. Gemeinsamer Nenner dieser sehr unterschiedlichen Charaktere: der kompromisslose Wille zur Spitzenqualität. Einer von ihnen ist Didier Dagueneau, das Enfant terrible der Loire, niemals müde, neue Wege zu noch besserer Qualität zu suchen, und immer streitbar bereit, gegen Funktionäre und imageschädigende Massenproduzenten ins Feld zu ziehen.

Der heute 45-jährige ehemalige Motocross-Rennfahrer begann 1982 ohne jegliche Ausbildung in Weinbau oder Kellerwirtschaft, aber beraten von dem Bordelaiser Önologen Denis Durbourdieu, in den besten Lagen von Saint-Andelin an der Loire mit der biodynamischen Bewirtschaftung von 1,2 Hektar nach der Lehre des deutschen Anthroposophen Rudolf Steiner. Inzwischen ist seine Rebfläche auf 11,5 Hektar angewachsen, sehr dicht bestockt mit 6000 bis 14 000 Pflanzen pro Hektar, und mit seinen Weinen setzt er weltweit Maßstäbe für die Rebsorte Sauvignon blanc: niedrige Erträge, keine malolaktische Gärung, egal wie säuerlich der Jahrgang ist, Ausbau der Weine bis zur Abfüllung auf der Feinhefe.

Daguenau über die Rebsorte, der er sich verschrieben hat: »Ich denke, Sauvignon blanc ist eine der komplexesten und feinsten Rebsorten, aber es ist schwer, diese Komplexität zu extrahieren. Zuerst einmal muss man die Rebe am Überertrag hindern; dann ist es schwierig, eine gute aromatische Reife und die physiologische Reife gleichzeitig zu erhalten. Oftmals stimmt die Zuckerkonzentration, aber die aromatische Reife ist noch nicht erreicht. Das führt zu vegetalen Aromen wie Pfeffer, grünen Bohnen, Lauch oder Katzenpisse. Diese Aromen sind natürlich, aber es sind nicht die, welche ich suche. Ich suche nach Feige, Aprikose, Mango, Passionsfrucht, Grapefruit und Cassis, alles Düfte echter aromatischer Reife.«

Spitze seiner Produktion sind der barriquevergorene Pur Sang und vor allem der komplett in Barriques ausgebaute Silex. Die Trauben dafür stammen von 40 bis 60 Jahre alten Reben, die auf Böden mit einem sehr hohen Anteil an Feuerstein stehen, daher der Name Silex. Sauvignons von dieser Qualität gibt es nur ganz wenige auf der Welt, sie sind praktisch an einer Hand abzuzählen.

1998 Silex

Helles Weißgold. Eine wunderschöne Nase, die mit einem frischen tropischen Früchtecocktail von Mango, Papaya, Sternfrucht, grüne Banane beginnt, dazu etwas Zitrusaromen. Später dann mehr und mehr Terroir, feiner zart rauchiger Flintton. Am Gaumen markant, nachhaltig mit einem deutlichen Schokoladenton. Aber insgesamt ist der 98er Silex sehr elegant mit einem feinen Schmelz, der die harten Muskeln dieses Weins in Seide verpackt. Es gab schon geschliffenere, schärfere Varianten des Silex, aber selten einen so opulenten. Und das in einem Jahrgang, der an der Loire nicht zu den allerbesten zählt.

Capital-Index	*184*
Scheuermann-Note	*93*
Anzahl der Flaschen	***keine Angaben***
Marktpreis	***DM 85,00***
Platzierung	*54 (weiß)*

Château Montus

Rivière-Basse
F-65700 Castelnau
Tel. +33/5 62 69 74 67
Fax +33/5 62 69 70 46

Daten | Fakten

Inhaber	Alain Brumont
Rebfläche	80 ha
Rebsorten	70 % Tannat, 20 % Cabernet Sauvignon, 10 % Cabernet franc
Jahresproduktion	320 000 Flaschen

Der Château Montus aus dem Südwesten Frankreichs ist einer jener Weine, der jahrelang als Geheimtipp gehandelt wurde, ohne jedoch die letzte Anerkennung zu finden. Und dann genügte ein einziger Jahrgang, um ihn in den Olymp zu katapultieren. Ich gebe zu, auch ich stand den Vorschusslorbeeren damals eher kritisch gegenüber und würde auch heute noch davor warnen, die hochgelobten 85er und 90er zu kaufen in der Erwartung, daraus könnten sich jemals wirklich große Weine entwickeln. Anders der 95er. Das ist ein Wein von ganz anderem Kaliber. Sicherlich, auch dies ist kein 100-Punkte-Wein, wie er gelegentlich schon gehandelt wird, aber ein Wein mit einem beträchtlichen Zukunfts- und daher auch Spekulationspotenzial. Und für den Subskriptionspreis von DM 42,50 war er im Vergleich zu den in diesem Jahrgang explodierenden Bordeauxpreisen ein Riesenschnäppchen.

Château Montus liegt im Madiran, einer Hügellandschaft am Fuß der Pyrenäen, Teil der alten Gascogne. Die wichtigste traditionelle Rebsorte heißt hier Tannat. Sie wächst an terrassierten Steilhängen auf stark kieshaltigen Lehmböden und bringt tief dunkle, extrem säure- und tanninbetonte Weine hervor. Es ist eine der ältesten Weinlandschaften Frankreichs, und die Weine genossen schon im Mittelalter bei den Pilgern auf dem Weg nach Santiago de Compostela einen guten Ruf. Später benutzte man sie in Bordeaux ähnlich wie Malbec aus Cahors zum Aufpäppeln schwachbrüstiger Clarets. Dann geriet die Sorte allmählich in Vergessenheit. Die Weine der Region hatten allenfalls noch Landwein-Charakter.

Dann trat Alain Brumont auf den Plan, der bescheiden von sich sagt »Ich bin Bauer und ich bin Gascogner.« Das mag sein. In erster Linie ist er aber Visionär und dazu einer, der es versteht, seine Ideen konsequent und begleitet von perfektem Marketing umzusetzen. Er fing 1979 mit 14 Hektar an. Heute sind es 80 Hektar Reben. Ihm ist für seine Weine Château Bouscassé und vor allem Château Montus in den letzten Jahren viel Ehre zuteil geworden: 1985 Fünfter bei der Wein-Olympiade von Gault Millau, ein zweiter Platz hinter Mouton 1990 bei einer Blindverkostung in Brüssel, eine Goldmedaille bei der International Wine Challenge 1994, Brumont selbst Winzer des Jahres und sein Château Montus bei Gault Millau »Wein des Jahrzehnts«.

Mit dem 95er wollte Brumont es wissen und sein Versprechen, »einen neuen Regionalwein von Weltniveau« zu schaffen, einlösen. Er dünnte bis auf 35 hl/ha aus und engagierte zwei Önologen von der Rhône. Obendrein tat ihm die Natur den Gefallen und ließ die Rebsorte Tannat so perfekt reifen, wie seit Menschengedenken nicht mehr. So war es ihm möglich, seine Cuvée Prestige erstmals ohne einen Zusatz von Cabernet Sauvignon ausschließlich aus Tannattrauben zu vinifizieren. Dabei handelt es sich um eine Selektion von »Vieilles Vignes«, die ich damals mit 90 Punkten bewertete. Inzwischen sind zwei Nachfolgejahrgänge erschienen und er hat mit dem XL noch eins draufgesetzt. Dabei handelt es sich um eine Selektion der besten Fässer der Cuvée Prestige. Dieser Wein wurde noch länger und intensiver in Barriques ausgebaut und sollte einige Jahre gelagert werden, bevor man ihn öffnet.

1995 Montus XL

Dunkles Schwarzrubin. Schon in der Nase ein total verrückter Wein. Der Geruch von schwarzer Holzkohle, verbranntem Grill. Tannin pur. Dahinter nach zwei, drei Stunden im Glas auch konzentrierte schwarze Beerenfrucht, geröstete Nüsse und Röstgemüse. Eine der massivsten Säuren, die ich je auf der Zunge geschmeckt habe. Dazu gnadenlos harte Tannine. Der Wein braucht in diesem Zustand wahrscheinlich einen Tag in der Karaffe, um sich zu öffnen oder noch zehn Jahre Flaschenreife. Bevor er nicht ganz viel Depot gebildet hat, sollte man ihn eigentlich nicht anrühren. Am Gaumen mit der Zeit auch eine kompotthafte Fruchtkonzentration, bleibt aber bitter im Abgang. Ein extremer Wein, der derzeit noch überhaupt kein Vergnügen bereitet. Aber die Hoffnung auf bessere Tage ist durchaus berechtigt!

Capital-Index	***146***
Scheuermann-Note	***91***
Anzahl der Flaschen	***5000***
Marktpreis	***DM 189,00***
Platzierung	***160 (rot)***

Château Tirecul-La-Gravière

F-24240 Monbazillac
Tel. +33/5 53 57 44 75
Fax +33/5 53 24 85 01
bruno.bilancini@free.fr

Daten | Fakten

Inhaber	Claudie und Bruno Bilancini
Rebfläche	9,16 ha
Rebsorten	50 % Muscadelle, 42 % Sémillon, 8 % Sauvignon blanc
Jahresproduktion	18 000 Halbliterflaschen

Die wenig bekannte Appellation Monbazillac ist eine kleine Region südlich von Bergerac, der Heimat des Cyrano. Auf gerade mal 2500 Hektar werden hier jährlich etwa 50 000 bis 60 000 hl überwiegend süßer Weine erzeugt. Es sind die gleichen Rebsorten wie im Sauternais – Sémillon, Sauvignon blanc und Muscadelle – die hier begünstigt durch die Morgennebel im Tal der Dordogne in schöner Regelmäßigkeit von der Edelfäule Botrytis befallen werden. Unter Kennern genießen diese Weine von alters her einen guten Ruf als Begleiter zu Gänsestopfleber, der anderen großen Spezialität dieses Teil von Südwestfrankreich.

Claudia und Bruno Bilancini sind die eindeutig besten Erzeuger in Monbazillac. Robert Parker bewertete die bisher von ihm verkosteten Jahrgänge 1994 und 1995 der Cuvée Madame jeweils mit der Höchstnote 100. Der Wein steht den besten Sauternes in nichts nach, ist aber in der Süße etwas weniger breit und insgesamt eine Spur zarter. Selbst der kleinste Wein des Château, Les Pins, macht seinen Schöpfern alle Ehre und zeigt eine für seine Preisklasse beachtliche Qualität.

1996 Cuvée Madame

Goldgelb, etwas orangegetönt. Komplexe Nase mit Aprikosenduft, Trockenfrüchten, Honig und Kräuter. Dickflüssig, ölig, intensive Frucht am Gaumen, etwas Schokolade und Honigsüße. Hat richtig Power, aber es fehlt ein wenig die Säure, die ihm mehr Explosivität geben könnte. Ein eleganter, balancierter Wein mit viel Glyzerin und eher verhaltener Süße. Vielseitig, schmeckt genauso gut zur Gänseleber wie zu Blauschimmelkäse oder zu einem Dessert mit Kaffeearomen.

Capital-Index	***153***
Scheuermann-Note	***96***
Anzahl der Flaschen	***4000***
Marktpreis	***DM ca. 243,00***
Platzierung	***31 (süß)***

Domaine Paul Autard

Route de Châteauneuf-du-Pape
F-84350 Courthézon
Tel. +33/4 90 70 73 15
Fax +33/4 90 70 29 59

Daten | Fakten

Inhaber	Jean-Paul und Joachim Autard
Rebfläche	13 ha
Rebsorten	Grenache, Counoise, Cinsault, Syrah
Jahresproduktion	keine Angaben

Die Brüder Jean-Paul und Joachim Autard sind in vierter Generation Besitzer dieser kleinen Domaine in Courthézon unweit von Beaucastel. Sie legen viel Wert auf Tradition, verschließen sich andererseits aber nie dem Fortschritt.

So nutzt Jean-Paul, der für den Keller zuständig ist, noch immer die pneumatische Presse, die sein Vater vor einem Vierteljahrhundert angeschafft hat. Es war damals eine der ersten in Châteauneuf. Aber die Zementbehälter seines Großvaters hat er ausgetauscht gegen Edelstahltanks. Temperaturkontrolliert vergärt er seine Weine so, dass sie ein Optimum an Frucht bekommen, weich und eher elegant sind. Im Weinberg strebt er mit langer Reifezeit und später Ernte nach einer gewissen surmaturité (Überreife), die ihm ein hohes Maß an Konzentration bringt. Normalerweise arbeitet er mit einer Cuvée, die aus 80 Prozent Grenache besteht, dazu Counoise, Cinsault und Syrah. Das Spitzenprodukt von Autard ist die Cuvée La Côte Ronde. Die Trauben für diesen Wein stammen aus einem nur zwei Hektar großen Weinberg, in dem Rebstöcke stehen, die zwischen 70 und 95 Jahre alt sind.

Bei der Vinifizierung dieses Weins setzt Jean-Paul Autard auf eine deutlich verlängerte Maischegärung möglichst mit natürlichen Hefen. Der Wein wird zunächst zwölf Monate in neuen Eichenfässern ausgebaut und lagert nach seiner Assemblage nochmals weitere sechs Monate in großen Gebinden.

1998 La Côte Ronde

Dunkles Granatrot. In der Nase ein würziger, schokoladiger Duft, etwas mineralisch durchzogen, Kirschkompott und Vanille. Am Gaumen saftige Kirschfrucht, sehr tief und lang, feine Bittertöne im Abgang. Einerseits eine konzentrierte Süße, andererseits ausgeprägte Tannine.

Capital-Index	***122***
Scheuermann-Note	***93***
Anzahl der Flaschen	***keine Angaben***
Marktpreis	***DM 59,00***
Platzierung	***299 (rot)***

Château de Beaucastel

F-84350 Courthézon
Tel. +33/90 70 41 00
Fax +33/90 70 41 19

Daten | Fakten

Inhaber	Francois und Jean-Pierre Perrin
Rebfläche	130 ha
Rebsorten	Grenache, Mourvèdre, Syrah, Cinsault, Vaccarèse, Counoise, Terret noir, Muscardin, Clairette, Picpoul, Picardin, Bourboulenc, Roussanne
Jahresproduktion	300 000 Flaschen

Das im Besitz der Familie Perrin befindliche, 300 Jahre alte Weingut Château de Beaucastel an der Rhône produziert einen der besten Weine der A.C. Châteauneuf-du-Pape. Diese Weine können auf eine lange Geschichte zurückblicken: Unter Papst Johannes XXI. wurden im Jahr 1321 vier leere Fuder aus dem päpstlichen Weinkeller zu Avignon nach Châteauneuf gebracht, um sie dort auffüllen zu lassen. In der Folge ließen die Päpste neue Weinstöcke anpflanzen, und der päpstliche Wein erlangte als Châteauneuf-du-Pape mit der Zeit Berühmtheit. Die Aufzeichnungen von Château de Beaucastel reichen nicht ganz so weit zurück, aber immerhin bis in die Mitte des 16. Jahrhunderts. Seit der Reformation war die Familie de Beaucastel in Courthézon ansässig. 1549 erwarb der Edelmann Pierre de Beaucastel, ein Nachfahre einer adeligen Hugenottenfamilie, die aus Les Baux stammte, aber im nahe gelegenen Dörfchen Courthézon lebte, eine Scheune mit den umgebenden Ländereien. Kurz darauf wurde das Herrenhaus errichtet, von dem ein renovierter Teil auch heute noch existiert. Zwei Jahrhunderte später, zur Zeit der Reblausplage, gehörte Beaucastel Elie Dussaud, einem Gefährten von Ferdinand de Lesseps, dem Erbauer des Suezkanals. Die Weingärten wurden jedoch in dieser Zeit nicht wiederbepflanzt, und erst 1909 übernahm Pierre Tramier das Weingut und begann mit der Neuanpflanzung. Er übertrug es dann seinem Schwiegersohn, einem Wissenschaftler, der dem Weingut zum Aufschwung verhalf. Ein Aufschwung, den Jacques Perrin bis 1978 weiter steigerte. Heute befindet sich die Fackel in den Händen seiner Söhne Francois und Jean-Pierre Perrin.

Den Boden der Domaine hat die Rhône geschaffen. Er besteht aus einer Molasseschicht maritimen Ursprungs aus dem Miozän, die von alpinen Schichten aus dem Diluvium überlagert wird. Die mächtige, überall sichtbare Schicht aus runden Flusskieseln stammt aus der Zeit, als die reißende Rhône am Ende der letzten Eiszeit aus den Alpen unvorstellbare Gesteinsmengen als Flussgeschiebe mit sich führte, das dann in der Schwemmlandebene als Geröll abgelagert wurde. Diese Kiesel sorgen für eine gute Dränage und eine rasche Oberflächenerwärmung im Frühjahr, tagsüber speichern sie Hitze, in der Nacht geben sie sie wieder an die Trauben ab.

Château de Beaucastel umfasst heute rund 130 Hektar, die am nördlichsten Ende der Appellation liegen. Es stehen allerdings lediglich 100 ha unter Reben, von denen jedes Jahr ein bis zwei Hektar gerodet werden. Drei Viertel entfallen auf die Appellation d'Origine Contrôlée Châteauneuf-du-Pape (Château de Beaucastel), und ein Viertel auf die Appellation Controlée Côtes-du-Rhône (Coudoulet de Beaucastel). Die übrigen 30 Hektar dienen der Anpflanzung neuer Reben. Auf der Domaine gelangen alle dreizehn vom Gesetzgeber für die Appellation zugelassenen Rebsorten zum Einsatz: Grenache, Mourvèdre, Syrah, Cinsault, Vaccarèse, Counoise, Terret noir, Muscardin, Clairette, Picpoul, Picardin, Bourboulenc und Roussanne. Die Weine von Beaucastel werden konsequent nach biologischen Richtlinien erzeugt. Schon seit 1964 gelangen keinerlei Chemikalien wie Unkrautvertilger, Herbizide oder Kunstdünger mehr zum Einsatz.

1997 Château de Beaucastel

Sattes, dunkles Rot, eher granat als rubin. Nach einer ersten Phase wilder, animalischer Duftnoten wird das Bukett immer schokoladiger, auch Pfeffer, feine Kräuteressenz und Balsamiconuancen, Garrique. Am Gaumen eine herrliche, opulente dicke Süße, blutig, fleischig, animalisch. Gute Säure, am Gaumen auch Ingwer und Kreuzkümmelwürze, Lakritz, Süßholz. Totale rote Frucht. Das Animalische vergeht mit der Zeit im Glas völlig. Der Wein wird dann geschmeidiger. Guter langer Abgang.

Capital-Index	***160***
Scheuermann-Note	*91*
Anzahl der Flaschen	***keine Angaben***
Marktpreis	***DM 78,00***
Platzierung	***91 (rot)***

Domaine Bois de Boursan

Bois de Boursan
Quartier Saint-Pierre
F-84230 Châteauneuf-du-Pape
Tel. +33/4 90 83 73 60
Fax +33/4 90 83 73 60

Daten | Fakten

Inhaber	Familie Versino
Rebfläche	13 ha
Rebsorten	rot: 70 % Grenache, 15 % Syrah, 15 % Mourvèdre weiß: 35 % Clairette, 35 % Grenache blanc, 15 % Roussanne, 15 % Bouboulenc
Jahresproduktion	50 000 Flaschen

Die Familie Versino stammt ursprünglich aus dem Piemont. Erst 1955 gründete Vater Jean Versino diese Domaine in Châteauneuf-du-Pape. Ab 1996 darf man dieses Weingut zur Spitzengruppe an der südlichen Rhône zählen, sowohl mit dem traditionellen Châteauneuf-du-Pape, dessen Ertrag bei ca. 25 bis 28 hl/ha liegt, als auch mit der großartigen Cuvée Felix. Für diesen modern gemachten Prestigewein liegt der Ertrag noch wesentlich niedriger, nämlich bei ca. 15 hl/ha und der Ausbau erfolgt in gebrauchten Barriques. Die Rebstöcke der Domaine erreichen heute ein Alter von 35 bis 50 Jahren, was den Weinen natürliche Substanz verleiht. In Verbindung mit Versinos Weinmacherkunst dürfte hier für die Zukunft noch einiges mehr an Qualität zu erwarten sein.

1998 Cuvée Classique

Tief dunkles Granatrot. In der Nase eine Superkonzentration von roten Früchten, Kirschlikör und gerösteten Mandeln, Glühwein- und Kräuterwürze, die sich im Glas immer weiter auffächert. Schöne Toastnoten, leicht angebrannter Kuchenteig, Pflaumenkompott. Starke Süße am Gaumen, opulent. Extrem langer Abgang.

Capital-Index	***125***
Scheuermann-Note	***93***
Anzahl der Flaschen	***keine Angaben***
Marktpreis	***DM 35,00***
Platzierung	***275 (rot)***

1996 Cuvée Felix

Dunkles Granatrot. Konzentriert und opulent schon in der Nase. Leicht animalische Noten. Feine Holzaromen verbinden sich mit Zimt und Tabak und einer dichten roten Frucht. Ein schöner weicher Körper, Zimt und Tabak auch am Gaumen. Sehr elegant, wunderschön strukturiert, sehr edel, mineralisch und würzig. Was für ein nobler Wein aus einem doch eher schwachen Jahr.

Capital-Index	***128***
Scheuermann-Note	***94***
Anzahl der Flaschen	***3000***
Marktpreis	***DM 42,00***
Platzierung	***258 (rot)***

Domaine les Cailloux

6, Chemin du Bois-de-Ville
F-84230 Châteauneuf-du-Pape
Tel. +33/4 90 83 72 62
Fax +33/4 90 83 51 07

Daten | Fakten

Inhaber	André Brunel
Rebfläche	22 ha
Rebsorten	65 % Grenache, 20 % Mourvèdre, 15 % Syrah
Jahresproduktion	keine Angaben

Stets um die besten Qualitäten bemüht, zählt André Brunel zu den angesehensten, weil beständigsten Weinmachern der Appellation. Nur fünf der 22 Hektar des Weingutes liegen in der Appellation Châteauneuf-du-Pape. Aber diese fünf Hektar haben es in sich. Sie sind mit 60 bis 100 Jahre alten Rebstöcken bepflanzt. Die Kraft dieser Veteranen ermöglicht es ihm, auch in weniger guten oder gar schwachen Jahren immer noch respektable Ergebnisse zu erzielen. In guten Jahren sind seine Weine geradezu superb. Leider konnte ich die Cuvée Centenaire aus 100 Jahre alten Reben nicht probieren. Die Menge ist sehr gering und der Wein ist daher ebenso gefragt wie rar. Auch Brunel pflegt wie die meisten neuen Stars aus Châteauneuf eine drei bis vier Wochen andauernde Fermentation und verzichtet seit 1989 auf jegliche Filtration. Für den Ausbau benutzt er in unterschiedlichen Anteilen neue und ein- oder zweimal gebrauchte Barriques.

1998 Châteauneuf-du-Pape Cuvée Tradition

Dunkles Granatrot. Wie der Name andeutet: eine etwas altmodische Nase. Rote Konfitüre von Erdbeere und Himbeere, sehr typisch für Grenache. Dazu Glühweingewürz. Am Gaumen sehr süß, dick und saftig, gute Struktur. Bei diesem Wein wurden zwei Drittel neue Fässer eingesetzt.

Capital-Index	***134***
Scheuermann-Note	***91***
Anzahl der Flaschen	***6000***
Marktpreis	***DM 60,00***
Platzierung	***214 (rot)***

Maison Chapoutier

18, Av. du Dr. Paul Durand
F-26601 Tain l'Hermitage
Tel. +33/4 75 08 28 65
Fax +33/4 75 08 81 70
chapoutier@chapoutier.com
chapoutier.com

Daten | Fakten

Inhaber	Marc und Michel Chapoutier
Rebfläche	200 ha
Rebsorten	Syrah, Marsanne
Jahresproduktion	36 Mio. Flaschen

Chapoutier, gegründet 1808, gehört ohne Zweifel zu den besten Weingütern der Rhône. Ende der 80er-Jahre übernahmen die Brüder Marc und Michel Chapoutier den Betrieb von ihrem Vater. Bald schon machten sie von sich reden, als sie vollends auf biodynamische Kultivierung umstellten. Einige ihrer ausgezeichneten Lagen werden mit dem Pferd gepflügt. Das Ergebnis ihrer mühevollen Arbeit sind Weine mit wunderschönen, wilden Aromen, denen von der internationalen Fachpresse stets allerbeste Noten verliehen werden.

Als einziges Unternehmen im Rhônetal besitzt Chapoutier eigene Weinberge in den sechs wichtigsten Appellationen: Côte Rôtie, Condrieu, Hermitage, Crozes-Hermitage, Saint-Joseph und Châteauneuf-du-Pape. Darüber hinaus haben sich die unternehmungslustigen Brüder Chapoutier in den letzten Jahren auch in anderen französischen Anbaugebieten engagiert, so u. a. in Banyuls und im Languedoc sowie im fernen Australien. Sie folgen damit dem derzeit in der Weinwelt vielfach zu beobachtenden Trend zur Diversifizierung und Globalisierung.

1997 Le Pavillon

Dunkles, dichtes Rubinrot. Perfekte Nase mit Rauch und Leder, konzentrierte Frucht, Zimt und Zedernholz, aber auch animalischen Noten. Am Gaumen paaren sich Kraft und Eleganz. Einerseits eine opulente Kirschfrucht, andererseits sind die Tannine noch ziemlich rau und machen viel Pelz. Der Wein hat reichlich Säure und alles in allem sicherlich eine große und lange Zukunft.

Capital-Index	***187***
Scheuermann-Note	***97***
Anzahl der Flaschen	***keine Angaben***
Marktpreis	***DM 281,00***
Platzierung	***41 (rot)***

1997 Saint Joseph Les Granits

Dunkles Rubinrot. Sehr schöne Nase mit Kirschfrucht und Würze. Ein kantiger, harter Wein, sehr mineralisch mit wuchtigen Tanninen und resoluter Säure. Zukünftig sicher sehr elegant und fein.

Capital-Index	***173***
Scheuermann-Note	***91***
Anzahl der Flaschen	***keine Angaben***
Marktpreis	***DM 156,00***
Platzierung	***68 (rot)***

1997 Châteauneuf-du-Pape Barbe Rac

Rubinrot. Eine zauberhafte Nase mit Wildkirsche und Schokolade, typische Grenachesüße. Charaktervoll, reichlich Säure, kraftvolle Tannine, sehr saftig und lang im Abgang.

Capital-Index	***173***
Scheuermann-Note	***91***
Anzahl der Flaschen	***keine Angaben***
Marktpreis	***DM 156,00***
Platzierung	***67 (rot)***

1997 Hermitage Monier de la Sizeranne

Dunkles Rubinrot. Konzentrierte Nase. Saftig, schöne Opulenz von einer satten, süßen, roten Beerenfrucht. Hat viel Biss und Charakter von einer gut strukturierten Säure. Langer Abgang.

Capital-Index	***170***
Scheuermann-Note	***90***
Anzahl der Flaschen	***keine Angaben***
Marktpreis	***DM 88,00***
Platzierung	***72 (rot)***

Domaine de la Charbonnière

Route de Courthézon
F-84230 Châteauneuf-du-Pape
Tel. +33/4 90 83 74 59
Fax +33/4 90 83 53 46

Daten | Fakten

Inhaber	Michel Maret
Rebfläche	20 ha
Rebsorten	Grenache blanc, Roussanne, Clairnette, Grenache, Syrah, Mourvèdre
Jahresproduktion	83 000 Flaschen

In Deutschland ist diese Domaine bisher noch weitgehend unbekannt geblieben. Aber seitdem Robert Parker ihren Besitzer Michel Maret als »einen der kommenden Stars von Châteauneuf« tituliert hat, sind seine Weine in den Vereinigten Staaten natürlich bereits sehr gefragt.
Angesichts der überragenden Qualität der 98er Weine von Michel Maret dürfte der Erfolg auch hierzulande nicht allzu lange auf sich warten lassen. Neben einem regulären Châteauneuf produziert Maret zwei außergewöhnliche Prestigeweine: Les Hautes Brusquières und einen Vieilles Vignes. Diese hochwertigen Selektionen werden durch einen großen Bestand alter Reben in den Weinbergen möglich gemacht; die ältesten wurden vor 90 Jahren gepflanzt.

1998 Les Hautes Brusquières

Dunkles Rubinrot. Sehr klare Wildkirschnase. Opulent, saftig, sehr komplett. Dabei aber auch eine spürbare Eleganz mit sehr sanften, weichen Tanninen, Schmelz am Gaumen. Langer Abgang. Ein ausgesprochen hedonistischer Wein.

Capital-Index	***124***
Scheuermann-Note	***93***
Anzahl der Flaschen	***keine Angaben***
Marktpreis	***DM 45,00***
Platzierung	***283 (rot)***

1998 Vieilles Vignes

Eine Selektion aus 70 bis 80 Jahre alten Reben. Schönes tiefes Rubinrot. Konzentriert in der Nase, portweinartig mit einer schönen Würze. Am Gaumen Kirschfrucht und Lebkuchengewürze, Weihnachtskräuter. Saftig mit großer Eleganz und schokoladigem Schmelz. Deutliche Würze im langen, sehr tiefen Abgang.

Capital-Index	***125***
Scheuermann-Note	***95***
Anzahl der Flaschen	***9000***
Marktpreis	***DM 49,00***
Platzierung	***271 (rot)***

Domaine Le Clos du Caillou

F-84350 Courthézon
Tel. +33/4 90 70 73 05
Fax +33/4 90 70 76 47

Daten | Fakten

Inhaber	Claude Pouizin und Jean Denis Vacheron
Rebfläche	7 ha
Rebsorten	Grenache, Syrah, Mourvèdre, Grenache blanc, Roussanne, Viognier en blanc
Jahresproduktion	keine Angaben

Die Weinberge der Domaine Le Clos du Caillou grenzen direkt an die besten Lagen der Brüder Perrin von Château Beaucastel. Einst gehörte der sehenswerte Keller dem französischen Minister Clémenceau. Heute wird die kleine Domaine von Claude Pouizin und Jean Denis Vacheron geleitet. Der stammt ursprünglich aus Sancerre an der Loire und hat vor einigen Jahren in die alteingesessene Familie Pouizin eingeheiratet. Er pflegt einen kompromisslosen Stil der Weinbereitung mit strengster Selektion der allerbesten Trauben, was bei seiner Réserve, die grundsätzlich unfiltriert gefüllt wird, zu einem sehr niedrigen Ertrag von 18 hl/ha führt. Dieser Wein zählt zu den besten aktuellen Châteauneufs, die derzeit auf dem Markt erhältlich sind. Doch auch schon der einfache Côtes-du-Rhône Bouquet des Garrigues ist zumindest in puncto Preis-Leistungs-Verhältnis eine Sensation: 89–90 Punkte für 17,50 Mark. Wo gibt es das sonst noch? Auch die Trauben für diesen Wein stammen bereits von 40 Jahre alten Reben.

1998 Réserve

Dunkles, tiefes Rubinrot. Konzentrierte Nase mit dem Duft von dunklem Kirschkompott und viel Würze. Ein unglaublich intensiver Powerstoff. Kirschsüß mit einem mächtigen Tanningerüst und pelzig, samtiger Textur. Hat Opulenz und Süße, Länge und Tiefe. Das gibt es in der Qualität und Menge sonst nur in Australien.

Capital-Index	***121***
Scheuermann-Note	***95***
Anzahl der Flaschen	***8000***
Marktpreis	***DM 75,00***
Platzierung	***303 (rot)***

Domaine E. Guigal

Château d´Ampuis
F-69420 Ampuis
Tel. +33/4 74 56 10 22
Fax +33/4 74 56 18 76

Daten | Fakten

Inhaber	Marcel Guigal
Rebfläche	12 ha und Zukauf von über 70 Winzern
Rebsorten	Syrah, Grenache, Mourvèdre, Viognier, Marsanne
Jahresproduktion	4 Mio. Flaschen

Am Ufer der Rhône geht die aufwendige Restaurierung des alten Château d'Ampuis, des zukünftigen Firmensitzes der Domaine Etienne Guigal, allmählich dem Ende entgegen und der erste Wein aus den fast 40 Jahre alten Reben des Schlossweinberges ist auf dem Markt. Staunend steht man heute am Anfang des Jahrhunderts vor dem bewundernswerten Lebenswerk von Etienne und Marcel Guigal in Ampuis. Vater und Sohn haben praktisch aus dem Nichts innerhalb von zwei Generationen eines der führenden Weinunternehmen an der Rhône aufgebaut. Nach der Übernahme von Vidal-Fleury managt das Unternehmen heute ein Drittel der Appellation Côte Rôtie, und mit dem 25-jährigen Philippe Guigal, der für alle technischen Bereiche und die Vinifikation verantwortlich ist, tritt bereits die dritte Generation in die Fußstapfen von Vater und Großvater.
Die Guigals stammen nicht von der Rhône. Vater Etienne wanderte in den späten 20er-Jahren zu Fuß von der Loire nach Ampuis. Der damals nicht mal zehn Jahre alte Junge war auf der Suche nach Arbeit, und die fand er u. a. in den steilen Weinbergen der Côte Rôtie. Er fing als Traubenpflücker und Weinbergsarbeiter an und diente sich bei Vidal Fleury, einer der ältesten Domänen der Region, hoch. Als er diese Firma 1946 verließ, um sich selbständig zu machen, war er als Kellermeister verantwortlich für die Weinbereitung.
Mit einem Weinhandel legte er den Grundstein für den Erfolg, den dann ab den 80er-Jahren sein Sohn Marcel einheimste. Dieser musste 1961 als gerade mal 17 Jahre alter Schüler bereits den Betrieb übernehmen, als sein Vater erkrankte und vorübergehend das Augenlicht verlor. Da blieb keine Zeit für ein önologisches Studium. Das wichtigste, was Marcel Guigal über Wein weiß, hat er von seinem Vater gelernt. In erster Linie ist es der Respekt vor der Natur, die Lehre von der Einheit des Menschen mit dem Boden, den er bearbeitet, die Kenntnis um die besten Lagen und die ältesten Reben. Heute produzieren die Guigals in diversen Kellereien und Gütern pro Jahr über 1,5 Millionen Flaschen Wein in allen wichtigen Appellationen entlang der Rhône – Tavel, Gigondas, Hermitage, Condrieu, Côte du Rhône, Côte Rôtie und Châteauneuf-du-Pape. Ganzer Stolz und Herzstück sind aber die drei Grands Crus von den Côtes brunes et blondes bei Ampuis: La Mouline, La Landonne und La Turque, von denen es allerdings selbst in guten Jahren insgesamt nicht mehr als 20 000 Flaschen gibt.

1997 La Doriane

Helles Goldgelb. In der Nase kommt anfangs das Holz noch stark durch, Nussschalenaromen, später die charakteristischen Blütendüfte, Gebäck und Honig. Am Gaumen ein opulenter, reicher Wein mit einer massiven, kräftigen Säure. Noch ziemlich verschlossen und streng, aber erkennbar saftig und mit einem schönen Potenzial für mindestens zehn Jahre.

Capital-Index	***229***
Scheuermann-Note	***93***
Anzahl der Flaschen	***10 000***
Marktpreis	***DM ca. 105,00***
Platzierung	***16 (weiß)***

1996 La Landonne

Tief dunkles Granatrot. Wenn es nur der Nase nach ginge, wäre der La Landonne der schönste der drei 96er. Ein würziger Duft von gerösteter Paprika, Pimento, Pfeffer, Bauernspeck und Kräutersalami, teerige Noten, eingedickte Frucht (dunkle Beeren und Pflaumen). Sehr konzentriert und dicht. Kraftvoll, ein mächtiger Wein mit wesentlich raueren Tanninen als der La Turque. Großer Stoff, der sicher zehn Jahre Zeit braucht, um sich zu glätten und zu harmonisieren.

Capital-Index	***185***
Scheuermann-Note	***94***
Anzahl der Flaschen	***10 000***
Marktpreis	***DM 450,00***
Platzierung	***44 (rot)***

1996 La Mouline

Dunkles Granatrot. Neben der konzentrierten roten Beerenfrucht prägen starke, wilde Röstaromen das Bukett: Räucherspeck und dunkles hartes Bauernbrot mit Kräutern, auch etwas teerige Noten. Am Gaumen wirkt er leicht alkoholisch und sehr geschmeidig, was wohl von dem außergewöhnlich hohen Viognieranteil von 18 Prozent herrührt. Muskulös, aber nicht hart. Hat am Gaumen keine Kanten. Wirkt in dieser Opulenz und Süße sehr burgunderhaft. Guter Abgang.

Capital-Index	**184**
Scheuermann-Note	**93**
Anzahl der Flaschen	**5000**
Marktpreis	**DM 450,00**
Platzierung	**47 (rot)**

1996 La Turque

Nach dem gewaltigen 95er, der mit seinen 98 Punkten zu den herausragenden La Turques wie 1985 und 1990 zählt, brachte Guigal 1996 eine überraschend elegante Version dieses Weins auf den Markt.
Tief dunkles Rot zwischen rubin und granat. In der Nase konzentrierte Brombeerfrucht, Backpflaumen mit einem Hauch minziger Kräuter und bitterer Schokolade, harmonische Toastnoten. Dieser La Turque hat etwas, was man sonst bei ihm nicht kennt: Finesse, weiche Tannine und eine relativ frühe Trinkreife.

Capital-Index	**197**
Scheuermann-Note	**93**
Anzahl der Flaschen	**4800**
Marktpreis	**DM 450,00**
Platzierung	**33 (rot)**

1995 Château d'Ampuis

Dunkles, tiefes Rubinrot. Ein tiefes, vielschichtiges Bukett mit konzentrierter Brombeerfrucht und viel Würze. Diese Cuvée aus 93 Prozent Syrah und 7 Prozent Viognier wirkt in ihrem Charakter wie eine kleine Schwester des 95er La Turque. Frisch, opulent und saftig mit den jahrgangsbedingten, kraftvollen Tanninen, die reichlich Pelz machen. In diesem jungen Stadium schon gut zu trinken, aber auch eine Zukunft für viele Jahre.

Capital-Index	**172**
Scheuermann-Note	**92**
Anzahl der Flaschen	**23 000**
Marktpreis	**DM ca. 105,00**
Platzierung	**69 (rot)**

Jaboulet-Aîné

Paul Jaboulet-Aîné
R. N. 7, Les Jalets, Laroche de Glun
F-26600 Tain-l'Hermitage
Tel. +33/4 75 84 68 93
Fax +33/4 75 84 56 14
info@jaboulet.com
www.jaboulet.com

Daten | Fakten

Inhaber	Familie Jaboulet
Rebfläche	100 ha
Rebsorten	10,4 % Marsanne, 5,8 % Roussanne, 83,7 % Syrah, 0,1 % Viognier
Jahresproduktion	600 000 Flaschen

Wenn man von den großen Weinen des 20. Jahrhunderts spricht, wird in einer Reihe mit 1900er Margaux, 1921er Château d'Yquem, 1937er La Romanée-Conti, 1945er Mouton, 1947er Cheval blanc immer auch ein Wein genannt: 1961er La Chapelle. Dieser rote Hermitage von Jaboulet Aîné zählt daher zu den heißesten Spekulationsobjekten an der Weinbörse. Vor einigen Jahren konnte man ihn vielleicht hie und da noch für rund 300 Mark finden. Zurzeit werden bei Auktionen in London rund 2000 Mark dafür geboten. Das Spekulationspotenzial dieses Weins, der immer rarer wird, reicht aber ganz sicher bis in die Höhe von 5000 Mark und mehr. Schließlich ist dieses Monument von der Rhône eine Legende. Mit ihm begann, lange vor den Zeiten von Guigals La Turque oder Chapoutiers Le Pavillon, der Wiederaufstieg der roten Rhôneweine zur neuen Weltklasse. Wiederaufstieg, denn in den Klassifikationen des 19. Jahrhunderts standen die Rotweine von Hermitage in der selben Kategorie wie Romanée-Conti und Clos de Vougeot in Burgund sowie der vier Premiers Grands Crus von Bordeaux.

Man nennt ihn zwar einen »Grand Cru«, aber der La Chapelle ist kein Lagenwein, sondern eine Marke (»Trade Mark« heißt es auch auf dem Etikett, und der Name La Chapelle ist durch ein ® geschützt), eine Prestigecuvée, die ihren Namen von einer Kapelle hoch über den Weinbergen von Tain-l'Hermitage hat. Seit 1919 gehört sie zum Besitz des Hauses Jaboulet, doch die Trauben, aus denen La Chapelle gekeltert wird, stammen nicht ausschließlich von den Reben, die sie umgeben. Nach Ansicht von Jaboulet benötigt man für einen perfekten Hermitage Syrah-Trauben von allen drei Bodentypen, das heißt aus den Weinbergen Les Bessards (Urgesteinsverwitterung), Le Méal und Les Rocoules (Kalk) sowie Les Gréffieux (Sand). Aus diesem Grund kommt man um einen solchen Verschnitt nicht herum.

Wann der erste La Chapelle auf den Markt kam, geht aus den Büchern des Unternehmens nicht hervor. Die älteste bekannte Flasche stammt nach Angaben des Hauses aus dem Jahr 1834. Seit ungefähr fünfzig Jahren ist der Wein praktisch lückenlos dokumentiert. Jahrgänge wie 1945 und 1949 sind zwar äußerst selten, aber es sind – wie ich aus Erfahrung berichten kann –, auch heute noch Weine von strahlender, zeitloser Schönheit. La Chapelle bietet also nicht nur Trinkvergnügen, sondern ist für geduldige Investoren auch eine erstklassige Anlage.

Im Jahr 1834 von Antoine Jaboulet gegründet, ist das Haus Jaboulet bis auf den heutigen Tag ein Familienunternehmen geblieben, was für die Solidität des Unternehmens und die Qualität seiner Weine spricht. Es steht – als Erzeuger und Handelshaus zugleich – unter der Leitung von Gérard Jaboulet. Mit Weinbergen an den Hügeln von Hermitage, in Crozes-Hermitage, in Cornas, in St-Joseph und in Condrieu gehört die Familie Jaboulet zu den »Großgrundbesitzern« an der Rhône. Ihre Weine sind klar an den Appellationen orientiert, tragen aber grundsätzlich alle auch einen wohlklingenden Markennamen auf dem Etikett. Zu den besten Weinen gehören neben La Chapelle, dem Flaggschiff des Hauses, der weiße Chevalier de Sterimberg, der weiße Crozes-Hermitage Mule Blanche sowie der exzellente rote Crozes-Hermitage Domaine de Thalabert.

1997 La Chapelle

Kräftiges, dunkles Rubinrot. Duft von eingedickter Marmelade: Erdbeere, Pflaume, Kirsche. Dazu eine feine, frische Note von etwas Minze, auch etwas teeriges Tannin und geröstete Mandeln. Kräftige Säure. Kantig, aber nicht beißend, reichlich Glyzerinbeinchen. Am Gaumen reife Sauerkirsche, sehr herb, aber auch saftig. Schöne Länge. Bittere Lakritztöne im Abgang. Mildert sich mit der Zeit im Glas, wird dann etwas zugänglicher. Der Wein braucht einige Jahre der Reife.

Capital-Index	***252***
Scheuermann-Note	***94***
Anzahl der Flaschen	***95 000***
Marktpreis	***DM 200,00***
Platzierung	***17 (rot)***

1998 La Chapelle

Dunkles, tiefes Purpurrubin. Brombeerfrucht. Opulente, saftige Fruchtsüße, sehr charakteristisch mit der likörhaften Aromakombination aus Schokolade und Kirschfrucht. Völlig verschieden vom harten Knochen aus dem Jahr 1997. Erinnert mit seiner Portweinsüße etwas an den 90er, aber es fehlt ihm der Biss, der diesen so gewaltig macht: hat einfach zu wenig Säure. Dürfte sich schneller entwickeln als der 97er, dabei aber viel Plaisir bereiten.

Capital-Index	***263***
Scheuermann-Note	***91***
Anzahl der Flaschen	***83 000***
Marktpreis	***DM 150,00***
Platzierung	***15 (rot)***

Domaine du Pégau

Av. Impériale
F-84230 Châteauneuf-du-Pape
Tel. +33/4 90 83 72 70
Fax +33/4 90 83 53 02
www.pegau.com

Daten | Fakten

Inhaber	Paul Férrand
Rebfläche	18 ha
Rebsorten	Grenache, Syrah, Mourvèdre, Grenoise, Roussanne
Jahresproduktion	76 500 Flaschen

Vater Paul Férraud, ein Winzerunikum und großer Rugby-Fan, zieht heute nur noch im Hintergrund augenzwinkernd die Fäden auf dieser historischen Domaine, während seine dynamische Tochter Laurence Férraud sich um das Weinmachen kümmert. Sie führt die vom Senior vorgegebene Linie nahtlos fort und produziert Châteauneufs in einem ganz traditionellen Stil.
Die Rebstöcke, deren Trauben sie verarbeitet, haben ein Alter zwischen 20 und 60 Jahren. Die 18 Hektar große Rebfläche besteht aus elf verschiedenen Parzellen, dazu zählt mit La Crau auch eine der besten Einzellagen der Region. Die Weine sind stark Grenache-betont. Diese Sorte macht ca. 75 Prozent des Châteauneuf von Pégau aus. Sie wird ergänzt von Syrah, Mourvèdre und Counoise. Die Erträge werden auf maximal 30 hl/ha reduziert und die Weine über 18 Monate in großen Eichenfudern ausgebaut. Alles, was nicht den rigorosen Qualitätsansprüchen genügt, wird entweder namenlos im Fass verkauft oder zu einem Landwein namens Plan de Pégau deklassiert. Die endgültige Cuvée des Châteauneuf und der Réservée lagern bis zur Veröffentlichung mindestens ein weiteres Jahr in verschieden großen Gebinden, ehe sie ungeschönt und unfiltriert nur mit einer minimalen Schwefelgabe gefüllt werden.

1998 Cuvée Réservée

Ein sehr tiefes, dunkles Rubinrot. In der Nase vor allem Brombeerfrucht, Holz, Borke und Garrigue, dazu eine deutliche Kräuterlikörnote fast wie Underberg oder Zwacks Unicum. Am Gaumen saftige Kirsch- und Brombeerfrucht, alkoholreich, etwas rustikal, deftig mit deutlichen Bittertönen im Abgang. Bietet alles, was einen traditionellen Châteauneuf auszeichnet: Komplexität, Kraft und Konzentration.

Capital-Index	***133***
Scheuermann-Note	***92***
Anzahl der Flaschen	***7000***
Marktpreis	***DM 75,00***
Platzierung	***220 (rot)***

Domaine Roger Sabon

Av. Impériale, BP 57
F-84232 Châteauneuf-du-Pape
Tel. +33/4 90 83 71 72
Fax +33/4 90 83 50 51
roger.sabon@wanadoo.fr

Daten | Fakten

Inhaber	Gilbert, Denis und Jean-Jacques Sabon
Rebfläche	45 ha
Rebsorten	rot: 70 % Grenache, 15 % Syrah, 8 % Mourvèdre, 7 % Cinsaut, Muscardin, Terret, Counoise, Vacarèse weiß: 10 % Grenache blanc, 40 % Clairette, 20 % Roussanne, 20 % Bourboulenc, 10 % Picpoul
Jahresproduktion	270 000 Flaschen

Roger Sabon, Alt-Bürgermeister von Châteauneuf-du-Pape und Präsident des Winzer-Syndikats, hat das Tagesgeschäft zwar an seine Söhne übergeben, aber das heißt nicht, dass er sich nicht mehr um die Geschicke seines Weingutes kümmern würde. Sabon ist ein eher traditionell eingestellter Winzer, der seine Weine gegen den Rat von Önologen ungeschönt und unfiltriert füllt und ihnen so ihre ursprüngliche Textur erhält. Aber dennoch baut er seine Weine für sechs Monate in kleinen Fässern aus, lehnt neues Holz allerdings vollständig ab.
Die relativ kleine Rebfläche der Domaine teilt sich auf in die drei Appellationen Lirac, Châteauneuf-du-Pape und Côtes du Rhône. Die Weinberge liegen in Les Cabrières, La Crau, Courthézon und Nalys. Das Durchschnittsalter der Reben ist ziemlich hoch. Die jüngsten sind 40 Jahre alt – das nennen andere Vieilles Vignes – die ältesten wurden gar in den ersten Jahren des 20. Jahrhundert gepflanzt.

1998 Cuvée Réservée

Dunkles Rubinrot. In der Nase dicke, süße Konfitüre, ein sehr animierender Duft. Am Gaumen eine schöne opulente Süße und große Dichte, eher Pralinen, Schokolade und Nougat als Frucht. Hohe Konzentration. Langer Abgang.

Capital-Index	*127*
Scheuermann-Note	***93***
Anzahl der Flaschen	***keine Angaben***
Marktpreis	***DM 40,00***
Platzierung	***262 (rot)***

Domaine Pierre Usseglio et Fils

Route d'Orange
F-84230 Châteauneuf-du-Pape
Tel. +33/4 90 83 72 98
Fax +33/4 90 83 72 98

Daten | Fakten

Inhaber	Familie Usseglio
Rebfläche	21 ha
Rebsorten	weiß: 34 % Grenache blanc, 33 % Clairette, 33 % Bourboulenc; rot: 70 % Grenache, 20 % Syrah, 10 % Mourvèdre, Cinsault und Muscardin
Jahresproduktion	30 000–35 000 Flaschen

Ein halbes Jahrhundert ist diese Domaine alt. Mit dem 99er wird sie ihren 50. Jahrgang veröffentlichen können. Die Wurzeln reichen aber bis Anfang der 30er-Jahre zurück, als der Großvater Francis Usseglio, aus Italien kommend, sich in Châteauneuf niederließ und in verschiedenen Betrieben arbeitete.

Im November 1948 hatte er die Möglichkeit, acht Hektar Weinberge zu pachten. Seither hat sein Sohn Pierre das Weingut durch systematische Zukäufe vergrößert. Heute umfasst es 21 Hektar mit 15 verschiedenen Parzellen, die von den beiden Enkeln Jean Pierre und Thierry bewirtschaftet werden. Die Hälfte dieser Weinberge ist mit mehr als 60 Jahre alten Rebstöcken bepflanzt. Die andere Hälfte erreicht immerhin ein Alter von über 30 Jahren. Einige der Parzellen wie La Crau und Le Bedine, die unmittelbar an Château Rayas angrenzt, zählen zu den besten der Appellation. Neben dem regulären Châteauneuf gibt es eine spezielle Cuvée bzw. einen Lagen-Châteauneuf. Die Trauben stammen aus einer nur zwei Hektar großen, sehr alten Anlage namens Les Serres, die 1926 angelegt wurde. Die Rebstöcke stehen hier auf einem extrem steinigen Boden und ihr Ertrag liegt nur bei 25 bis 27 hl/ha. Diese Cuvée de Mon Aïeul ist dem Großvater und Firmengründer gewidmet. Die Usseglios sind Traditionalisten, die die Beeren vor dem Keltern nicht entrappen und eine dreiwöchige Gärung pflegen. Der Ausbau in großen Fässern dauert 18 bis 24 Monate.

1998 Châteauneuf-du-Pape

Dunkles Rubinrot. Sehr schöne, dichte Konzentration in der Nase. Am Gaumen rote Früchte, saftig, nicht ganz so dicht im Körper, aber langer Abgang.

Capital-Index	***124***
Scheuermann-Note	***91***
Anzahl der Flaschen	***7000***
Marktpreis	***DM 50,00***
Platzierung	***278 (rot)***

1998 Cuvée de Mon Aïeul

Dunkles, tiefes Rubinrot. Sehr dicht und konzentriert schon in der Optik. In der Nase eine ziemlich aufregende Mischung: die Würze und Süße von Kräuterlikör, dunklem Beerenkonzentrat, etwas Pflaumenkompott. Enorm dicker Saft am Gaumen, eine samtige Textur, die den Mund voll auskleidet, opulent, reich und nachhaltig.

Capital-Index	***128***
Scheuermann-Note	***93***
Anzahl der Flaschen	***3000***
Marktpreis	***DM 95,00***
Platzierung	***261 (rot)***

Domaine de la Vieille Julienne

Le Grès
F-84100 Orange
Tel. +33/4 90 34 20 10
Fax +33/4 90 34 10 20

Daten | Fakten

Inhaber	Jean-Paul Daumen
Rebfläche	32 ha
Rebsorten	Grenache, Syrah, Mourvèdre, Counoise
Jahresproduktion	54 000 Flaschen

Die Domaine liegt in der Region Cabrières im Norden des Anbaugebietes. Nur elf Hektar befinden sich in der A.C. Châteauneuf-du-Pape, der Rest in der Appellation Côtes du Rhône. Früher war dieses Haus für einen eher rustikalen, traditionellen Stil bekannt. Die Weine waren wuchtig, aber auch etwas wild und ungestüm. Hier hat der Generationswechsel ein wahres Wunder bewirkt. Zwar erfreuten sich auch die im alten Stil produzierten Weine einer gewissen Beliebtheit und hatten ihre Kundschaft, aber zur Spitze der Region oder gar der Welt konnte man sie nicht zählen.

Das hat sich geändert, seit hier 1990 der junge Jean-Paul Daumen die Regie von seinem Vater übernommen hat. Jahr für Jahr belehrte er seine Kritiker eines Besseren. Sein viel bewundertes Vorbild liegt in Bordeaux und heißt Château Margaux. Deshalb kauft er auch dort die zwei Jahre alten Fässer, um darin seine Weine zu jener Reife zu bringen, die Eleganz und Opulenz verbindet. Dafür hat er einen neuen Barriquekeller gebaut und vinifiziert die einzelnen Sorten getrennt, um sie erst später zu assemblieren. Die Fermentation dauert einen Monat, dabei wird die Maische viermal am Tag umgerührt. Die Weine werden unfiltriert abgefüllt. Die Domaine verfügt über einen der ältesten Rebbestände in Châteauneuf-du-Pape: 55 Jahre alt sind die jüngsten, 100 Jahre alt die ältesten. Die dramatische Qualitätssteigerung beruht nicht nur auf der geänderten Kellertechnik, sondern vor allem auf der strikten Selektion. Nach dem Vorbild von Bordeaux werden die Weine aus den jüngeren Reben für den Zweitwein Grangette des Grès verwendet. Dagegen werden die Trauben der ältesten für die Cuvée Réservée und die Vieilles Vignes selektioniert.

1998 Cuvée Réservée

Dunkles Rubinrot. Schöne Kirsch- und Brombeernase, mit einer feinen Zimtwürze unterlegt, Anklänge an Mandeln und Makronengebäck. Konzentrierte süße Kirscharomen am Gaumen. Einer der feinsten Châteauneufs, die ich je getrunken habe. Höchste Eleganz, seidige Textur an der Oberfläche, aber gut strukturierte Tannine dahinter. Perfekte Balance.

Capital-Index	***142***
Scheuermann-Note	***96***
Anzahl der Flaschen	***3000***
Marktpreis	***DM 75,00***
Platzierung	***176 (rot)***

1998 Vieilles Vignes

Dunkles Rubinrot. Schon in der Nase sehr süß, Kirschduft, etwas Würze. Intensive rote Frucht. Auch hier vor allem Eleganz, feine Struktur und konzentrierte Kirschsüße, ganz feinporige, dezente Tannine. Langer Nachhall.

Capital-Index	***141***
Scheuermann-Note	***94***
Anzahl der Flaschen	***keine Angaben***
Marktpreis	***DM 65,00***
Platzierung	***183 (rot)***

Alte Reben und entfesselte Kreativität

Das Weinland Spanien gehört auch international gesehen zu den großen Gewinnern der 90er-Jahre. In Deutschland hat sich der Import spanischer Weine, vor allem der roten, seit den 80er-Jahren fast vervierfacht – und das bei einem auf mehr als das Doppelte gestiegenen Durchschnittspreis pro Flasche. Heute ist Spanien nach Italien und Frankreich der drittwichtigste Weinlieferant des deutschen Handels.

Das liegt natürlich in erster Linie an der enorm verbesserten Qualität und der entfesselten Kreativität, mit der uns die spanischen Weinmacher seit sechs, acht Jahren immer wieder überraschen. Es hat aber auch etwas mit unserem gewandelten Lifestyle zu tun. Musik, Design, Architektur, Malerei – Spanien ist in fast allen Bereichen des Geschmacks und der Moden heute mit tonangebend. Barcelona und Madrid avancierten zu den bevorzugten Reisezielen für junge Trendsetter. Mallorca und Marbella sind fest in der Hand der deutschen Touristen. Tapas und katalanische Kreativküche wurden zu kulinarischen Megatrends.

Die modernen spanischen Rotweine übernahmen bei dieser Entwicklung eine Vorreiterrolle. Es waren vor allem zwei Regionen, die diesen Aufschwung herbeiführten: Ribera del Duero im Herzen Kastiliens und das katalanische Priorat. In ihrem Windschatten konnte sich ein halbes Dutzend andere D.O.s wie Navarra, Toro, Somontano oder Valdepeñas erfolgreich auf dem deutschen Markt etablieren. Und auch im Rioja, jahrzehntelang Lieferant zuverlässiger, aber langweiliger Qualitäten, regen sich Ansätze zur Erneuerung.

Dieser begeisternde Aufschwung wurde vor allem von einigen Außenstehenden und Quereinsteigern initiiert wie dem jungen Alvaro Palacios oder Professor José Luis Perez und nicht zuletzt von dem aus Dänemark stammenden Önologen Peter Sisseck. Diese drei erkannten als Erste die brachliegende Substanz der spanischen Weingärten. Alte Reben heißt das Zauberwort. In vielen Gebieten Spaniens haben sich Rebbestände erhalten, die über 40, 50 Jahre alt sind, manche sogar 100 Jahre und älter: Tempranillo in Ribera und Rioja, Garnacha im Priorat, Callett auf Mallorca. Ihr einziges – allerdings nicht zu unterschätzendes – Manko war, dass sie sich teilweise auf schwer zugänglichem, extrem schwer zu bearbeitendem Gelände befanden. Und somit war für sie in der Philosophie und der Produktion der großen Kellereien kein Platz. Dank ihres hochkarätigen Terroirs und der naturgemäß niedrigen Erträge sind sie aber bestes Ausgangsmaterial für große Lagenweine.

Gegen Ende der Dekade war nun endlich auch Portugal, der kleine lusitanische Nachbar, der so lange geschlafen hatte, aufgewacht und findet allmählich Anschluss. Dass hier die Entwicklung zu einer den heutigen hohen Ansprüchen genügenden Qualität mit solcher Verspätung einsetzte, hängt zum einen mit der europäischen Randlage dieses Landes zusammen und dann mit seiner politischen Entwicklung. Bis Ende der 60er-Jahre war Portugal unter der faschistischen Diktatur Antonio Oliveira Salazars in allen Bereichen – auch beim Wein – völlig von der Außenwelt abgeschnitten, und wie unter einer Käseglocke wurden hier die alten Zeiten des 19. und frühen 20. Jahrhunderts konserviert. Die Entwicklungen der modernen Önologie und Kellertechnik gingen spurlos an Portugal vorbei.

Die nachrevolutionären Machtkämpfe zwischen Sozialisten und Konservativen lähmten zunächst jegliche Entwicklung, ja bedrohten durch Enteignungen sogar die wenigen positiven Ansätze wie Mouchão in ihrer Existenz. Die Kellertechnik der Portugiesen war bis in die Siebzigerjahre hinein vorsintflutlich. Die Weinberge befanden sich teilweise in einem verheerenden Zustand und entsprechend war der Stil der Weine: unsauber und oxidativ. Die Konfrontation mit den modernen Weinen Europas und aus Übersee war für sie wie ein Kulturschock.

Auf Madeira war die Lage in den Weinbergen so katastrophal, dass die EU-Kommission für Gesundheit eine Zeit lang in Erwägung zog, diesen traditionsreichen Wein grundsätzlich oder wenigstens vorübergehend für »nicht verkehrsfähig« zu erklären. Erst durch deutsche Entwicklungshilfe gelang es, die Rebbestände der Insel von Hybriden auf Edelreben umzustellen und so den Madeira zu retten. Einzig der Portwein – traditionell fest in britischer Hand – stand da wie ein Fels in der Brandung.

Nun sind die Portugiesen ein besonders stolzes Volk von Entdeckern, ehemaligen Weltumseglern und Kolonialherren, das sich nur äußerst ungern etwas von außen sagen lässt, und so brauchte es einige Zeit, um den richtigen Weg zwischen Tradition und Moderne zu finden. Dabei erwies sich die bleierne Zeit der Isolation nachträglich als Wohltat. Die Weinberge Portugals blieben weitgehend von der Cabernetisierung und Chardonnaysierung, die andere Länder überrollte, verschont. Und so verfügen die modernen Weinmacher von heute wie z. B. Portugal Ramos über beträchtliche Ressourcen an autochthonen Reben von gestern, aus denen sie beachtenswerte Weine keltern, die sich durch einen eigenständigen, gehaltvollen Charakter auszeichnen.

Churchill Graham

Rua da Fonte Nova, 5
P-4400-156 Vila Nova de Gaia
Tel. +3 51/2 23 70 36 41
Fax +3 51/2 23 70 36 42
Churchills@mail.telepac.pt
www.churchills-port.com

Daten | Fakten

Inhaber	Familie Graham
Rebfläche	50 ha Eigenbesitz
Rebsorten	30 % Tinta roriz, 30 % Tinta francesa, 25 % Tinta barroca, 15 % Touriga nacional
Jahresproduktion	360 000 Flaschen

Die Firma mit dem symbol- und werbeträchtigen Namen ist das jüngste private Portweinhaus und die erste unabhängige britische Neugründung seit über fünfzig Jahren im Dourotal. 1981 legten John Graham und seine Frau Caroline Churchill den Grundstein zu diesem Unternehmen, in einer Zeit, als die meisten verbliebenen Familienunternehmen in Porto den Besitzer wechselten und Bestandteile multinationaler Firmenkonglomerate wurden. John Graham hatte lange Jahre für Cockburn Smithes Lda. und Taylor Fladgate & Yeatman gearbeitet, brachte also ein großes Maß an Erfahrung und Verbindungen mit.

Churchill Graham produziert ausschließlich Weine aus Trauben, die aus Weinbergen der Klassifikation A stammen. Zwei Dekaden reichten aus, um Churchill's Port als eine der am höchsten bewerteten Portmarken zu etablieren. Neben dem Flaggschiff Churchill's Vintage Port (seit 1982) sind es vor allem zwei charaktervolle Single Quinta Ports, Agua Alta (seit 1987) und Fojo (seit 1986), die den Grundstein zu diesem Erfolg legten. Die Quinta da Agua Alta, benannt nach einer Quelle, die oberhalb des Weinbergs entspringt, produziert besonders kraftvolle Weine mit viel Tannin. Die Quinta do Fojo ist vor allem mit Touriga nacional bestockt, die Weine sind eher elegant. Der Vintage ist eine Verbindung aus Agua Alta (Power), Fojo (Eleganz) und der Quinta da Manuela, die dem Wein Balance und Struktur gibt.

1997 Churchill's Vintage Port

Dunkles, opakes Rubinviolett. Beeindruckende Nase mit Kirsche, Nuss, Schokolade und Kräuterlikörnuancen, leicht rauchige Komponenten. Dicht, opulent, mehr markante Säure und mehr Kraft. Sehr jugendlich frisch. Sehr langer Abgang.

Capital-Index	***151***
Scheuermann-Note	***94***
Anzahl der Flaschen	***58 485***
Marktpreis	***DM 30,00***
Platzierung	***126 (rot)***

1996 Quinta da Agua Alta Single Vintage Port

Dunkles, tiefes Granatrot. Zeigt eine große beeindruckende Würze in der Nase. Tabak, Kirschfrucht. Dickflüssig, verhaltene Süße, die sich erst langsam im Glas öffnet. Opulenter und dicker als der 97er Vintage, aber nicht die Säure, nicht das Tannin.

Capital-Index	***150***
Scheuermann-Note	***94***
Anzahl der Flaschen	***23 400***
Marktpreis	***DM 63,00***
Platzierung	***137 (rot)***

A. A. Ferreira

Rua de Carvalhosa, 19-103
P-4400 Vila Nova de Gaia
Tel. +3 51/2 23 74 52 92
Fax +3 51/2 23 75 97 32

Daten | Fakten

Inhaber	Sogrape-Gruppe
Rebfläche	150 ha
Rebsorten	Tinta roriz, Touriga francesa, Tinta barroca, Tinta amarela, Touriga nacional
Jahresproduktion	keine Angaben

Das Portweinhaus A. A. Ferreira ist das einzige Traditionsunternehmen im Dourotal, das von einer ortsansässigen Winzerfamilie und nicht von Engländern gegründet wurde, und zwar im Jahr 1751. Das Gebäude des Weinguts, ein flacher, solider Steinbau, wurde 1892 im viktorianischen Stil und nach dem damals letzten Stand der Technik erbaut. Seit Ende der 80er-Jahre gehört es zur Sogrape-Gruppe, dem Produzenten des Mateus Rosé, des wohl erfolgreichsten Markenweins der Welt, und ist mit einem Anteil von 34 Prozent auf dem portugiesischen Inlandsmarkt der Marktführer für Portwein. Neben Port produziert Ferreira auf einer seiner vier Quintas einen Wein, der zu den seltensten der Welt gehört und den Michael Broadbent als den »Lafite Portugals« bezeichnet: Barca Velha.
Wie so vieles in der Weinszene Portugals ist auch der Barca Velha kein rein portugiesisches Produkt. In seinen Adern fließt etwas britisches und französisches Blut. Die Entstehung dieses Weines ist eine direkte Folge des Zweiten Weltkrieges. Großbritannien, damals der Hauptabnehmer für Portwein, gehörte zwar zu den Gewinnern des Krieges, aber es befand sich dennoch in Finanznöten, und man war nicht in der Lage, genug Portwein für all die Siegesfeiern zu importieren: Er war zu teuer! So suchte man nach Alternativen. Fernando Nicolau de Almeida, der damalige technische Direktor bei Ferreira, machte sich auf nach Bordeaux zu Professor Peynaud und ließ sich von ihm instruieren, wie man in Bordeaux Rotwein macht. Wieder zurück im Dourotal beauftragte er die hauseigene Küferei damit, neue Eichenbarriques von 225 Liter herzustellen, wie sie bis dahin in Portugal niemand benutzte, und begann mit der Vinifizierung eines nicht gespriteten Portweins.
Die ersten Versuchsweine aus den Jahren 1953, 1954 und 1957 waren von wechselhaftem Erfolg, zu heiße Gärtemperaturen im Dourotal machten ihnen zu schaffen. In den 60er-Jahren musste deshalb regelmäßig per Lastwagen Eis von Porto aus zur fünf Stunden entfernten Quinta do Vale do Meão, dem Herstellungsort des Barca Velha gebracht werden. Eine Technik, die man so oder ähnlich auch seinerzeit beim 45er Mouton angewandt hatte. Die Pionierleistung machte sich bezahlt: Es entstand der erste große Rotwein Portugals, und dank der kleinen Menge von 30 000 bis 50 000 Flaschen auch der rarste und teuerste. Zwischen 1966 und 1978 folgte eine große Pause, und zwar aus zwei Gründen: Erstens liefen inzwischen die Portweingeschäfte wieder besser, sodass es keinen Grund mehr gab, in einen roten Tafelwein zu investieren. Entscheidender aber war der Mangel an technischen Voraussetzungen. Die Eiswagenlösung war auf Dauer zu umständlich. Erst 1978

wurden die notwendigen Kühlanlagen zur Steuerung der Gärtemperatur installiert.
Der Barca Velha wird hauptsächlich aus Trauben gekeltert, die in den 40 Hektar Weinbergen der Ferreira-eigenen Quinta wachsen. Es sind dies vorwiegend Tinta roriz (über 50 Prozent), Touriga francesa, Tinta barroca, Tinta amarela und Touriga nacional, die dort in Flussnähe auf nur 100 bis 160 Metern Höhe Alkoholgrade bis zu 15 Prozent erreichen. Zusätzlich werden aus kühleren Dourolagen in 500 bis 600 Metern Höhe Trauben zugekauft, um den Alkohol zu verringern, vor allem aber, um Säure und damit Finesse einzubringen. Das Mischungsverhältnis variiert von Jahr zu Jahr. Ebenso die Dauer der Barriquelagerung, die zwischen zwölf und 24 Monaten schwankt. Das wichtigste ist aber die anschließende Reifephase von sechs bis acht Jahren in der Flasche. Wenn ein Jahr sich nicht als dem Barca Velha würdig erweist, wird der Wein als Reserva Especial verkauft – auch dies stets interessante, wenn auch nicht ganz so lagerfähige Weine.

1991 Barca Velha

Dunkles, tiefes Schwarzrubin. Viel schwarzes, grobkristallines Depot. In der Nase zunächst Kaffee, Kirschen, Toast, später mehr und mehr Würznuancen wie Kreuzkümmel oder Mohn und schließlich ein dunkles Pflaumenkompott. Jugendlich und frisch trotz der fast zehn Jahre, eine perfekte feinpelzige Tanninstruktur. Ein sehr seriöser Wein mit großer Konzentration, viel Würze wie Zimt und Lebkuchen am Gaumen und Bitterstoffen im Abgang. Zukunft für mindestens weitere zehn, 15 Jahre.

Capital-Index	***147***
Scheuermann-Note	*94*
Anzahl der Flaschen	***keine Angaben***
Marktpreis	***DM 120,00***
Platzierung	*152 (rot)*

Herdade do Mouchão

Casa Branca
P-7470 Sousel
Tel. +3 51/68 53 92 28

Daten | Fakten

Inhaber	Familie Reynolds
Rebfläche	900 ha
Rebsorten	65 % Alicante bouschet, 25 % Trincadeira, Moreto, Aragonez, Periquita
Jahresproduktion	keine Angaben

Vinum sanguis vitae« – Wein, das Blut des Lebens. Dies der Wahlspruch auf dem Etikett des Mouchão, einem der beiden legendären traditionellen Rotweine Portugals. Tatsächlich, ein junger Mouchão fließt ins Glas dick wie Blut. Und ein reifer, alter Mouchão hat die Qualität eines Zaubertranks, eines das Leben verjüngenden Elixiers, zumindest für den kurzen Augenblick des Genusses. Der WeinCompass beschäftigt sich in erster Linie mit den aktuellen Jahrgängen großer Weine, aber in diesem Fall möchte ich doch an einen älteren Jahrgang erinnern, der aufzeigt, welches Potenzial der hier beschriebene aktuelle 95er von Mouchão besitzt.
Anfang der 90er Jahre, während einer Portugalreise entdeckte mein Freund Bernd Phillippi, einer der größten Sammler und Kenner dieses kleinen Weingutes in Casa Branca im Alentejo, auf der Weinkarte eines Fischrestaurants in Lissabon einen 63er Mouchão. Bis dato kannte ich diesen auch in Portugal damals wie heute seltenen und teuren Wein nur vom Hörensagen. Es war die letzte Flasche und obwohl diese – die Staubschicht zeigte dies unzweideutig an – viele Jahre auf dem Wandregal gestanden hatte, statt ordentlich in einem Keller gelagert worden zu sein, war ihr Inhalt in einem perfekten Zustand, wie die Notiz aus meinem Reisetagebuch zeigt: Dunkles, dichtes, tiefes Rubinrot. Sehr viel feinblättriges Depot. Superbukett mit ausgeprägtem Brombeerton, etwas Tabak, Zedernholz und mit der Zeit auch Zimt und Pflaumen. Entwickelte sich im Glas über eine beträchtliche Zeit. Fleischige Fülle, opulent, tiefe Struktur, enorme Frucht mit schokoladiger Süße. Zeigte nach über 30 Jahren auf der Flasche eine optimale Reife, die angesichts von Alkohol und Körper sicher noch weitere zehn Jahre halten dürfte. (92 Punkte)
Herdade do Mouchão ist ein 900 Hektar großer Landbesitz in Casa Branca nahe bei Sousel in der Region Alentejo. Gegründet wurde er im späten 19. Jahrhundert von João Reynolds, dessen Familie damals bereits in der dritten Generation im Alentejo lebte. Schon zu seiner Zeit wurden 25 Hektar mit Rebstöcken bepflanzt. Auch errichtete er ein attraktives Gutsgebäude, das noch immer steht und zur Vinifizierung benutzt wird. Die Weine von Mouchão sind einerseits bekannt geworden für ihre Robustheit, aber auch ihre Langlebigkeit und ihren unverwechselbaren Charakter. Die Trauben werden noch immer unentrappt in steinernen Lagares in der historischen Adega mit bloßen Füßen gestampft und gemaischt. Die hohe Dachkonstruktion garantiert die nötige Kühle, besonders in den heißen Sommer- und Herbstmonaten.

Als Albert Reynolds den Besitz 1954 erbte, begann eine Blütezeit für das Weingut. Er hatte ein starkes persönliches Interesse am Wein, rekultivierte die Weinberge und passte die roten Sorten dem Boden und dem Klima an. Die Cuvée besteht seither überwiegend aus Alicante bouschet (65 Prozent) und Trincadeira (25 Prozent) und kleineren Anteilen von Moreto, Aragonez und Periquita. Während der ersten Phase der portugiesischen Revolution wurde das Weingut 1974 enteignet und die Weinberge verfielen. Als die Familie 1987 den Besitz zurückerhielt, war es gerade noch möglich, 3000 Kilo Trauben zu ernten statt der 100 000 Kilo in den 60er-Jahren. Anfang der 90er-Jahre wurden die Weinberge von Mouchão in zwei aufeinanderfolgenden Wintern von schweren Jahrhundertfrösten heimgesucht und dabei stark geschädigt. Inzwischen haben sie sich davon weitgehend erholt, einiges wurde sorgfältig neu angelegt und zwar auf einem etwas höher gelegenen, weniger frostgefährdeten Gelände. Außerdem ließ die Familie das erste moderne Antifrost-Berieselungssystem Portugals installieren, wie es für Obstanbaugebiete entwickelt wurde.

1995 Mouchão

Was für eine Farbe: tiefdunkles Schwarzrubin, so tintig wie bei den schwarzen Weinen von Cahors. Die Nase absolut betörend: Kaffee, Brombeere, Minze, After Eight, geröstete Früchte, Backobst. Mit der Zeit wird das Bukett dann immer würziger und durchläuft mehrere Phasen. Nach 24 Stunden der pure Tabakduft. Roch für einige Zeit wie eine Partagas Serie D No. 4. Später ging das Bukett in Nuancen von Backwerk und Pflaumenkompott über, bekam eine reife Portcharakteristik und schließlich eine eher malzige Würze und zuletzt einen schon fast medizinalen Käuterlikörton. Noch nach 48 Stunden stand dieser Wein in der zu drei Vierteln geleerten Flasche ungebrochen und perfekt da. Am Gaumen dickflüssig, dicht, mit sehr robusten, kernigen Tanninen und einer üppigen Frucht. Extrem lang nachklingend und tief im Abgang.

Capital-Index	***112***
Scheuermann-Note	***94***
Anzahl der Flaschen	***keine Angaben***
Marktpreis	***DM 50,00***
Platzierung	***340 (rot)***

Niepoort & Co.

Niepoort & Co Lda.
Rua do Infante D. Henrique, 39–2°
P-4050-297 Porto
Tel. +3 51/22 00 10 28

Daten | Fakten

Inhaber	Familie Niepoort
Rebfläche	55 ha
Rebsorten	Tinta nacional, Tinta francesa, Tinta barroca, Tinta roriz, Tinta amarela, Tinta cão
Jahresproduktion	500 000 Flaschen

Portwein ist in erster Linie eine Sache der Tradition. Das Haus Niepoort z. B. ist über 150 Jahre alt, allerdings hieß der Mann, der die Firma 1842 gründete, nicht Niepoort, sondern Eduard Kebe. Erst fünf Jahre später trat der Niederländer F. M. van der Niepoort aus Utrecht als Teilhaber ein. Nach dem Tode des Gründers 1858 führte Niepoort das Geschäft 15 Jahre allein weiter, 1873 nahm er seinen Sohn E. C. J. van der Niepoort als Teilhaber auf. Als F. M. van der Niepoort starb, lenkte sein Sohn die Geschäfte allein, bis er seinerseits seinen Sohn zum Teilhaber machte. So ist die Firma durch die Generationen bis zum heutigen Tag vom Vater an den Sohn beziehungsweise an die Kinder übergeben worden: 1965 waren Ed. R. van der Niepoort und seine Schwester Vera M. an der Reihe. Das Unternehmen wurde in eine GmbH umgewandelt, knapp zehn Jahre später hat man das Kapital auf das Doppelte aufgestockt. Heute lenkt der jung-dynamische Dirk van der Niepoort der mit seiner Schwester Verena die Hauptanteile der Aktien hält, die Geschicke des Hauses. Damit gehört Niepoort zu den wenigen Porthäusern, die von Generation zu Generation ununterbrochen in Familienbesitz geblieben sind und überlebt haben; denn auch dies ist wahr: Viele alte Namen sind verschwunden, so mancher wird noch verschwinden und nur selten kommen neue, wie z. B. Churchill, dazu. Schenkt man den Prognosen Dirk van der Niepoorts Glauben, wird es in wenigen Jahren nur noch ein halbes Dutzend Marken geben, die das Premiumgeschäft unter sich aufteilen werden.

Tatsache ist, dass mit dem außergewöhnlichen Jahrgang 1997 für wenige Toperzeuger die Preise auf astronomische Höhen geklettert sind, während andere alle Mühe haben, ihre Weine loszuwerden. Niepoort gehört zu den glücklichen Gewinnern dieser Preisrunde, die Anfang vergangenen Jahres damit eingeläutet wurde, dass der »Wine Spectator« und Parkers »Wine Advocate« unisono in ihren Bewertungen auf 99 bzw. 100 Punkte hochgingen und damit in den USA einen irrwitzigen Run auf Vintage Ports lostraten. In Europa wurde der Jahrgang dagegen eher kontrovers diskutiert. Selbst einige auf Portwein spezialisierte Händler sprachen ziemlich unverblümt von unverschämter Preistreiberei. Doch auch hierzulande zählte Niepoort wieder zu den Gewinnern. Ich möchte mich diesem Urteil anschließen, auch wenn ich in meinen Bewertungen des 97er Ports generell etwas zurückhaltender bleibe als meine amerikanischen Kollegen.

1997 Vintage Port

Dunkles, dichtes Rubinviolett. Eine sinnlich, schöne Portnase, anfangs mit reinem Kirschlikör, dann etwas Kaffee und Nougat, später Pflaumenkompott und pfeffrige Würze. Sehr fleischige Frucht am Gaumen, dick, weich und rund. Ein sehr konzentrierter mächtiger Wein, der die ohne Frage kräftigen Tannine völlig integriert hat.

Capital-Index	***129***
Scheuermann-Note	***93***
Anzahl der Flaschen	***48 000***
Marktpreis	***DM 150,00***
Platzierung	***251 (rot)***

1997 Quinta do Passadouro

Schwarzrubin. Eine Nase wie warmes Schokoladensoufflé mit Kirschsabayon, auch kandierte Orangenschale und Nelkenwürze. Intensive Frucht und Süße, aber auch eine sehr prägnante Säure. Langer Abgang. Etwas rauer, aufmüpfiger als der Vintage mit intensiven Kirscharomen, dickflüssig und dicht, konfitüreartig verdichtet. Gefällt mir persönlich mit seinem etwas wilderen Charakter um eine Nuance besser als der Vintage.

Capital-Index	***129***
Scheuermann-Note	***94***
Anzahl der Flaschen	***24 000***
Marktpreis	***DM 100,00***
Platzierung	***250 (rot)***

J. Portugal Ramos

Moute de Serrado Pinheiro
P-7100 Estremoz
Tel. +3 51/2 68 33 99 10
Fax +3 51/ 2 68 33 99 18

Daten | Fakten

Inhaber	João Portugal Ramos
Rebfläche	150 ha
Rebsorten	30 % Trincadeira preta, 25 % Aragonez, 20 % Periquita, 15 % Alicante bouschet, 10 % Cabernet Sauvignon
Jahresproduktion	keine Angaben

Ohne Zweifel gehört dieser Mann zu den beeindruckenden Botschaftern des modernen portugiesischen Weins: Als Önologe berät der dynamische Mittvierziger João Portugal Ramos heute mehr als 15 Weinerzeuger und drei Kooperativen in den wichtigsten Weinbaugebieten Portugals. Nicht zuletzt ihm ist es zu verdanken, dass das heute mit Château Lafite-Rothschild kooperierende Weingut Quinta do Carmo große internationale Anerkennung erlangte. Nach dem Einstieg der Franzosen 1993 machte sich Ramos selbstständig; Höhepunkt seines bisherigen Schaffens sind seine eigenen Weine, die in der seit Mai 1998 fertig gestellten Quinta in Estremoz unter der Marke Marquès de Borba und seinem eigenen Namen João Portugal Ramos vinifiziert, ausgebaut und vermarktet werden. Inmitten von 40 Hektar eigenen Weinbergen an den Hängen des Monte de Serrado Pinheiro gelegen, vereinen sich hier modernste Kellertechnik, das persönliche Engagement aller am Weinbau beteiligten Menschen und das Potenzial der sorgfältig gepflegten Rebstöcke zu großen Weinen. João Portugal Ramos nimmt Einfluss auf weitere 60 Hektar langfristig gepachteter Weinberge (ebenfalls rund um seine Kellerei gelegen), die nach seinen strengen Vorgaben bearbeitet werden. Im klimatisierten Barriquekeller liegen derzeit mehr als 450 kleine Fässer aus portugiesischer und französischer Eiche, langfristig sollen hier bis zu 700 Barriques lagern. Noch sind die eigenen Rebstöcke sehr jung, 2001 gehen sie gerade mal ins elfte Jahr. In seinen Arbeiten für andere Kellereien hat er bereits mehrfach bewiesen, dass sein Können die gesamte Palette von kleinen Alltagsweinen bis hin zu den ganz großen Weinen abdeckt. Robert Parker Jr. hat Ramos' Einfluss auf die Entwicklung des portugiesischen Weinbaus mit dem von Michel Rolland für Frankreich und von Ricardo Cotarella für Italien verglichen.

Flaggschiff seines Weingutes ist Marquès de Borba Reserva, ein alkoholmächtiger Wein, der alle Möglichkeiten aufzeigt, die das Alentejo an Frucht und Terroir zu bieten hat. Die komplexe Cuvée besteht aus spät (um den 30. September) gelesenen Trauben der Sorten Trincadeira Preta (30 Prozent), Aragonez (25 Prozent), Periquita (20 Prozent), Alicante bouschet (15 Prozent) und Cabernet Sauvignon (10 Prozent). Der Wein reift je 6 Monate in portugiesischer und französischer Alliier-Eiche, ehe er unfiltriert gefüllt wird. Die Reserva des Marquès de Borba gibt es nur in besonders guten Jahren wie 1997. Einen Jahrgang 1998 wird es definitiv nicht geben; welches der Nachfolgejahrgang werden wird, steht zurzeit noch nicht fest.

1997 Marques de Borba Reserva

Dunkles, dichtes Rubinrot. Obwohl hauptsächlich aus autochthonen Sorten gekeltert, entwickelt dieser Wein im Glas zunächst eine ausgeprägte Merlot-Nase mit konzentriertem Himbeerduft, später eher Kirsch und auch etwas Rauch und Tabak wie ein reifer Port. Am Gaumen eine schöne saftige Art, sehr süß, eine geradezu barocke weiche Fülle wie eingedecktes Kirschkompott mit Vanille und Lakritz. Konzentration pur. Langer Nachhall.

Capital-Index	***132***
Scheuermann-Note	***90***
Anzahl der Flaschen	***42 000***
Marktpreis	***DM 89,00***
Platzierung	***235 (rot)***

Casa de Saima

Apartado 64
P-3782 Sangalhos
Tel. +3 51/23 62 72 44 99
Fax + 3 51/2 34 74 32 78

Daten | Fakten

Inhaber	Carlos Manuel de Almeida e Silva
Rebfläche	20 ha
Rebsorten	Tinto Pinheira
Jahresproduktion	80 000 Flaschen

Die von dem Arzt und Weinliebhaber Dr. Carlos Manuel de Almeida e Silva Anfang der 80er-Jahre gegründete und von seiner Frau Graça Miranda geführte kleine Kellerei Casa de Saima in Sanghalos-Anadia in der Region Bairrada ist einer der Shooting Stars der neuen portugiesischen Weinszene, die sich in den vergangenen zwanzig Jahren herausgebildet hat. Bei einer umfassenden Blindverkostung der besten portugiesischen Rotweine, die wir für diese Ausgabe des WeinCompass in Hamburg organisiert hatten, belegte die Garrafeira von Casa de Saima hinter den beiden Rotweinlegenden Barca Velha und Mouchão einen spektakulären dritten Platz.

Einerseits ist die Casa de Saima ein noch junger Betrieb – 1984 wurde erstmalig ein Wein unter eigener Regie auf die Flasche gefüllt – andererseits handelt es sich um einen sehr traditionellen Erzeuger, was sich schon unschwer an dem nostalgischen Label ablesen lässt, das mit seiner braunen Farbe und der korkigen Struktur an die große Zeit der alten Garrafeiras particulares der 40er- und 50er-Jahre erinnert. In Portugal selbst genießt dieser Wein bereits nach diesen wenigen Jahren einen bemerkenswerten Ruf, während er außerhalb des Landes noch weitgehend unbekannt geblieben ist. Das dürfte sich aber ziemlich bald ändern.

Unter der Aufsicht des führenden Önologen der Region, Rui Moura Alves, werden die Trauben, die in mehr als 20 verschiedenen Parzellen wachsen, wie seit Generationen üblich von Hand gepflückt, unentrappt in offenen Maischebehältern (Lagares) vergoren und anschließend in alte, meist mehrere tausend Liter fassende Holzfässer aus portugiesischer Eiche umgefüllt. Hier reifen sie bis zur Abfüllung heran, die stets ohne Schönung und Filtrierung stattfindet. Der überwiegend sehr alte Rebbestand (teils 60 Jahre und älter) der klassischen Bairrada-Traube Baga bildet die Grundlage für die ungemein kraftvollen, aber nach Jahren der Reife mit sehr viel Eleganz und Finesse aufwartenden Rotweine. Die Trauben für die Garrafeira stammen von der besten Einzellage der Casa de Saimas. Die Rebstöcke dieser Vinha da Corga sind im Durchschnitt 80 Jahre alt und bringen einen sehr niedrigen Ertrag von nur 20 hl/ha.

Die Garrafeira-Qualität wurde bisher erst dreimal abgefüllt und zwar 1990, 1991 und 1995. Voraussichtlich 2001 wird als vierter Jahrgang der 1997er erscheinen. Es handelt sich um wahrhaft kolossale Weine, die in ihrer Jugend extrem verschlossen sind. Aber sie sind eine Investition in die Zukunft. Wenn man sie jetzt genießen will, sollte man sie unbedingt mehrere Stunden vorher dekantieren.

1995 Casa de Saima Vinha da Corga Garrafeira

Dunkles, dichtes Rubinrot. Eine extrem würzige Nase: weißer Pfeffer, Pfeffernüsse, Weihrauch, Zimt, Lebkuchengewürz. Reiche Fülle des Körpers und des Geschmacks. Hat aber bei aller Opulenz heute noch jede Menge Ecken und Kanten, eine alles beherrschende Säure, mächtige Tannine. Der lange Nachhall, die ungemeine Konzentration lassen nur andeutungsweise das Potenzial erahnen, welches in diesem gewaltigen Rotwein steckt, dessen Zukunft ich auf gut zehn bis 15 Jahre schätze.

Capital-Index	***117***
Scheuermann-Note	***93***
Anzahl der Flaschen	***keine Angaben***
Marktpreis	***DM 79,00***
Platzierung	***322 (rot)***

Taylor, Fladgate & Yeatman

Rua do Choupelo, 250
P-4400-088 Vila Nova de Gaia
Tel. +3 51/2 23 71 99 99
Fax +3 51/2 23 70 86 07
general@taylor.pt
www.taylor.pt

Daten | Fakten

Inhaber	Alister Robertson (Chairman)
Rebfläche	173,6 ha
Rebsorten	Touriga francesa, Tinta roriz, Tinta barroca, Touriga nacional, Tinta amarela, Tinto cão
Jahresproduktion	12 Mio. Flaschen

Die Geschichte des Hauses Taylor, Fladgate & Yeatman in Vila Nova de Gaia ist untrennbar mit der Geschichte des Portweins verbunden. Seit der Gründung des Unternehmens im Jahr 1692 steht der Name »Taylor's« als Synonym für höchste Qualität. Das Unternehmen wurde über diese drei Jahrhunderte niemals gekauft, verkauft oder übernommen, sondern stets nur vererbt. Es ist das letzte völlig unabhängige der ursprünglich britischen Portwein-Häuser und noch heute in Familienbesitz.

Der Brite Job Bearsley war einer der ersten Händler, der nach einem Ersatz für die französischen Rotweine suchte, die man seit 1689 wegen des Krieges gegen Frankreich nicht mehr importieren konnte. Er war Partner in einer Firma, aus der sich Taylor, Fladgate & Yeatman entwickelte, und begann 1962 mit dem Export von Wein aus Porto nach England, den man für die lange Reise mit Branntwein angereichert hatte. Sein Sohn Peter explorierte 1727 die wilde, unwegsame Landschaft des Dourotals auf der Suche nach dem geeigneten Terroir für die besten Weine. 1744 erwarb die Familie schließlich dort die ersten Ländereien, die Casa dos Alambiques, die noch heute im Besitz von Taylor's ist. Im Laufe der Jahrhundert kamen weitere Güter dazu, so die beiden A-klassifizierten Güter Quinta de Vargellas (1893) und Quinta de Terra Feita (1972). Insgesamt besitzt Taylor's heute mehr als 170 Hektar Weinberge in besten Lagen.

Tradition ist die tragende Säule der Firmenphilosophie und der Weinbereitung bei Taylor. Obwohl äußerst mühsam und selbst im Niedriglohnland Portugal sehr kostenintensiv, werden die Trauben immer noch tagsüber von Hand gelesen und des Nachts von den Erntehelfern bei Musik behutsam mit den Füßen in großen Bottichen gestampft.

Der edelste und rarste Wein des Hauses ist der Taylor's Vintage Port, ein klassischer Sammlerwein. Nur in Jahren, wo alles perfekt zusammenpasst wie 1990, 1992, 1994 und jetzt 1997 deklariert Taylor's einen Classic Vintage und damit einen echten Jahrgangs-Portwein. Er wird nach zweijähriger Fassreifung auf Flaschen gezogen und stets am St. George's Day (23. April) veröffentlicht. In den dazwischen liegenden guten Jahren, in denen es aber nicht zum großen Vintage Port reicht, den so genannten »non classic vintages«, produziert man dagegen den Single Quinta Vintage Port von der Quinta de Vargellas so wie z. B. 1991 und jetzt 1995. Ihm sagt man eine schnellere Reife nach. Weil es sich aber jeweils um die beste Selektion aus dem Traubenmaterial der Quinta handelt, kann man da durchaus geteilter Meinung sein. Der 95er

z. B. zeigt in seiner wilden Animalität einen ganz eigenständigen Reiz, und wenn man bei diesen hoch konzentrierten, alkoholischen Weinen überhaupt von einem Terroircharakter sprechen kann, dann bei diesem Wein.
Wie dem auch sei, der 97er Taylor's Vintage ist tatsächlich ein Klassiker von strahlender Eleganz. Das Jahr 1997 begann mit einem seltenen Naturschauspiel: Schnee im oberen Dourotal! Der Frühling war trocken und sehr warm. Die Reben blühten fünf Wochen früher als normal. Der Sommer verlief etwas kühler als üblich und die Trauben reiften sehr langsam. Die Ernte begann am 18. September bei sehr heißen, spätsommerlichen Temperaturen. Der Ertrag war sehr niedrig (30 Prozent unter dem Durchschnitt), vor allem bei den ältesten Rebstöcken von Vargellas.

1995 Quinta de Vargellas Vintage Port

Dunkles tiefes Rubinrot. In der Nase zunächst mal eine wunderbare Frische. Konzentrierte saftige Kirschfrucht, unterlegt mit feinen Rauchnoten, Pflaumenkompott, asiatischen Gewürznoten. Am Gaumen opulent, dicht, sehr intensiv und nachhaltig. Ein richtiges Maul voll Wein. Feine Bitter- und Röstaromen über molligem Kirschlikör, Schokoaromatik wie Pralinés. Sehr langer und tiefer Abgang.

Capital-Index	***188***
Scheuermann-Note	***94***
Anzahl der Flaschen	***keine Angaben***
Marktpreis	***DM 109,00***
Platzierung	***40 (rot)***

1997 Taylor's Vintage Port

Dunkles, dichtes Rubinrot. Noch sehr verschlossen und konzentriert. Eine schöne Nase, klassischer, nicht so wild: dunkle Kirsche, schwarze Beeren. Größte Dichte, mächtiger Alkohol, Konzentration, aber auch große Eleganz und enorme Länge am Gaumen. Kirschkompott, Blaubeeren, Spuren von Süßholz. Intensiver Abgang.

Capital-Index	***208***
Scheuermann-Note	***96***
Anzahl der Flaschen	***keine Angaben***
Marktpreis	***DM 189,00***
Platzierung	***31 (rot)***

Finca Allende

Trav. Pajares, 11
E-26330 Briones (La Rioja)
Tel. +34/9 41 49 90 19
Fax +34/9 41 49 90 19 (Almacenista)

Daten | Fakten

Inhaber	Miguel Angel de Gregorio
Rebfläche	22 ha
Rebsorten	90 % Tempranillo, 10 % Graciano
Jahresproduktion	keine Angaben

Allende bedeutet übersetzt soviel wie »vorwärts«, und das ist eine absolut zutreffende Bezeichnung für diese junge Bodega. Innerhalb kürzester Zeit etablierte sich die Finca Allende an der Spitze der etwas verschlafenen Region Rioja, in der nach wie vor Mittelmaß sowie ein altmodischer Weingeschmack die Szene bestimmen, auch wenn die Propagandaposaunen lautstark etwas anderes verkünden. Die Ausnahmen lassen sich noch immer an den Fingern einer Hand abzählen, aber (und das ist ein Forstschritt) es gibt sie inzwischen tatsächlich.

Schon der einfache Crianza der Finca Allende vermittelt den Eindruck eines qualitativ hochstehenden Weins. Der reinsortige Tempranillo wird zu 60 Prozent in französischen Allier-Barriques und zu 40 Prozent in amerikanischen Barriques aus Virginia-Eiche ausgebaut und unfiltriert gefüllt. Die Rebstöcke, deren Lesegut dazu verwendet werden, sind ca. 35 Jahre alt. Seinen kometenhaften Aufstieg im vergangenen Jahr verdankte Gregorio aber seinem Superrioja Aurus, den er mit dem Jahrgang 1996 erstmals produzierte. Die Trauben für diesen Wein stammen von über 60 Jahre alten Tempranillo- und Graciano-Rebstöcken, die doppelt selektioniert werden, ein erstes Mal im Weinberg, dann noch einmal im Kelterhaus. Nach einer 28-tägigen Mazeration bleibt der Wein für 18 Monate in Barriques aus Tronçais-Eiche und wird unfiltriert gefüllt. Gregorio stammt aus einer Familie alteingesessener Traubenbauern. Erst 1986 entschloss er sich, den Aufbau einer eigenen Bodega in Briones südöstlich von Haro zu beginnen. Hier befindet sich in einem palastartigen Gebäude aus dem 18. Jahrhundert auch der Weinkeller. Zunächst ging er daran, Parzellen mit alten Rebstöcken auszuwählen, die heute sein wichtigstes Grundkapital sind und die Basis für den Erfolg bilden. Hier in diesem hoch gelegenen Teil der Rioja (415 bis 480 m ü. d. M.) bestehen die Böden aus kalkigem Lehm mit einem harten und kargen, steinigen Untergrund, der den Rebwurzeln einiges abverlangt und damit ihre Fähigkeit, Mineralien aufzunehmen steigert. Die Weinberge sind meist nach Norden bzw. Nordosten ausgerichtet, was in dem schroffen kontinentalen Klima von Briones – sehr heiße Sommer, kalte Winter – eine optimale Reife ermöglicht. Die jährliche Regenmenge liegt hier unter dem Einfluss des nur 70 km entfernten Atlantiks mit 500 mm deutlich höher als im Riojadurchschnitt (400 mm).

Erst nach fast zehnjähriger Vorbereitung wurde mit dem Jahrgang 1995 dann der erste Allendewein auf die Flasche gefüllt und ein Jahr darauf wurde der Aurus geboren. Gregorio denkt aber nicht daran, sich auf diesen Lorbeeren auszuruhen. Er plant vielmehr für die kommenden Jahre eine Kollektion von Single-Vineyard-Weinen, die so genannte Serie Paisajes. Einem Anbaugebiet mit einer so großen Tradition wie der Rioja – als die Weinberge in Bordeaux von der Reblaus verwüstet wurden, brachte manchen Winzer sein Wissen hierher – sind neue Impulse dieser Art dringend zu wünschen.

1996 Aurus

13,5 Vol.-% Alkohol
Dunkles Rubinrot. Anfangs eine sehr verschlossene Nase, die sich im Glas aber über Stunden öffnet und ständig verbessert: Stall- und erdige Terroiraromen, Rauch, Pflaumenkompott, starke Würze – nichts Süßes, keine Vanille, statt dessen Trüffel, schwarze Brotrinde und Pfeffer. Das ist wirklich neu für Rioja. Am Gaumen dann geschmeidig elegant mit schöner Kirschsüße und einer leicht exotischen Würze (u. a. Senfkörner, Zimt). Samtig weiche Tannine. Guter Abgang.

Capital-Index	***138***
Scheuermann-Note	***90***
Anzahl der Flaschen	***6200***
Marktpreis	***DM 170,00***
Platzierung	***199 (rot)***

Anima Negra

3 Volta No. 18
E-07200 Felanitx Mallorca
Tel. +34/9 71 76 19 32
Fax +34/9 71 76 34 03

Daten | Fakten

Inhaber	Miguel Angel Cerdá
Rebfläche	10 ha
Rebsorten	80 % Callet, 10 % Cabernet Sauvignon, 5 % Tannat, 5 % Merlot
Jahresproduktion	9000 Flaschen

Eine uralte, fast vergessene Rebsorte aus Mallorca macht Furore. Sie heißt Callet und wächst vor allem in der Gegend um Felanitx, einem kleinen Landstädtchen mit 15 000 Einwohnern östlich von Palma, sonst vor allem bekannt für seine Keramik. Im Gegensatz zur benachbarten Denominación Binissalem hat diese Gegend mit ihren rund 1000 Hektar Weinbergen nur Tafelwein-Status (Plà i Llevant de Mallorca). Bis vor wenigen Jahren kelterte die örtliche Genossenschaft daraus im Mischsatz mit Manto negro und den Fogoneu-Sorten harmlose leichte Roséweine für die Touristen – solange, bis sie Pleite ging.

Die vier mallorquinischen Weinmusketiere Francesc Grimalt (29), der Önologie in Barcelona studiert hat, Miquel-Àngel Cerdá (36), Pere Obrador (32) sowie der Vinothekar Juan Luis Pérez de Eulate (36) pachteten daraufhin von den Traubenbauern einige der besten Parzellen mit Rebstöcken, die bis zu 80 Jahre alt sind und begannen 1994 einen Wein zu keltern, den sie Anima Negra (»schwarze Seele«) nannten. Auf zehn Hektar Streubesitz wächst eine bunte Vielfalt traditioneller und neuer Sorten, vor allem natürlich Callett, aber auch Cabernet Sauvignon und Merlot, Garnacha, Tannat, Gorgollesa und Moscatel nero. Anfangs mischten sie allzu reichlich vom auch auf Mallorca inzwischen modischen Cabernet Sauvignon unter den Callet und ernteten dafür Lob, aber keinen Lorbeer. 1998 schließlich wagten sie sich erstmals an einen zu 100 Prozent reinsortigen Callet, und dieser Wein wurde von zwei der prominentesten spanischen Kultwinzer, Alvaro Palacios (L'Ermita) und Peter Sisseck (Pingus), als sensationell bezeichnet. Sisseck hat inzwischen selbst begonnen, auf Mallorca Wein aus dieser Sorte zu machen. 700 Flaschen gab es vom Anima Negra Callet, knapp 100 für Deutschland für 75 Mark im Einstand. Das war ein stolzer Preis für eine Flasche mallorquinischen Weins, aber es war jener »tintige Stoff«, aus dem die Träume der Weininvestoren sind. Wer bei dieser Miniemission nicht zum Zuge kam, muss sich derzeit mit dem regulären 98er zufrieden geben, in dem erstmals der Cabernet-Anteil deutlich gesenkt wurde. Aber auch der wird bereits streng nach Ländern geordnet limitiert zugeteilt: 2000 bleiben in Spanien, 2000 gehen nach Deutschland, 1000 in die USA, 1000 nach Japan und 1000 bleiben für die Schweiz, Belgien und den Rest der Welt. Ob es den reinsortigen Callet je wieder geben wird, steht noch nicht fest. Vielleicht eine kleine Menge vom 99er. Aber festlegen wollen sich die Macher da noch nicht.

1998 Anima Negra

Tiefe Farbe, undurchsichtiges Schwarzrubin. In der Nase Kirschduft, kombiniert mit feinen Röstaromen, etwas Malz und Nougat. Am Gaumen eine schöne frische Art, deutlich geschmeidiger und wesentlich früher trinkreif als der 100 Prozent Callet des gleichen Jahrgangs. Zeigt mehr Schmelz und Fruchsüße. Guter Tanningehalt, schöne Länge.

Capital-Index	***126***
Scheuermann-Note	***88***
Anzahl der Flaschen	***9000***
Marktpreis	***DM 45,00***
Platzierung	***265 (rot)***

1998 Anima Negra Callet

Dieser Wein zeigt ein immens komplexes Bukett: dunkle Toastaromen in der Nase, geröstete Kümmelsamen, Bleistift, schwarzer Pfeffer, dazu Kirsche, Brombeere, Blaubeere, Pflaumenkompott und Tabak. Am Gaumen: Fruchtkonzentration, Säure, Tannin – alles fein säuberlich aufeinander abgestimmt und balanciert. Samtige Textur und eine extraktreiche Süße, Bitterschokolade im Abgang. Potenzial für mindestens 10, 15 Jahre. Und vor allem eins: In spätestens einem Jahr werden sich alle um diesen Wein reißen, und zwar gnadenlos! Es würde mich absolut nicht wundern, wenn dies eine ähnliche Erfolgsstory würde wie seinerzeit der Cuvée Prestige von Montus.

Capital-Index	***133***
Scheuermann-Note	***92***
Anzahl der Flaschen	***700***
Marktpreis	***DM 75,00***
Platzierung	***216 (rot)***

Artadi

Carretera de Logroño s/n
E-01300 Laguardio (Alava)
Tel. +34/9 41 60 08 50
Fax +34/9 41 60 01 19

Daten | Fakten

Inhaber	Artadi Consecheros Alaveses S. A.
Rebfläche	70 ha
Rebsorten	Tempranillo, Viura
Jahresproduktion	80 000 Flaschen

Dieses junge, ehrgeizige Unternehmen hat es sich zum Ziel gesetzt, in Rioja die Nummer eins zu werden. In den Augen einiger Kollegen und Sammler ist es das auch bereits. Die Frage lautet nur: Was bedeutet es schon, in Rioja die Nummer eins zu sein im Vergleich zu Gebieten Ribera del Duero, Priorat oder auch jenen Gütern, die sich wie Bodegas Mauro außerhalb der offiziellen DO-Gebiete angesiedelt haben? Und in Rioja selbst sehe ich eigentlich eher die Finca Allende an erster Stelle.

Mit einem Paukenschlag machte Artadi auf sich aufmerksam. Es war die 1994 nur einmal und dann bislang nicht wieder gefüllte Rioja Grandes Annadas Reserva Especial und die 97 Parker-Punkte, die den Namen Artadi schlagartig ins Bewusstsein der Weinwelt rückten. Seither ist selbst die normale Reserva nicht mehr unter 100 Mark zu bekommen. Auch wenn der Ausnahmewein mittlerweile auf 96 Punkte zurückgestuft wurde, muss ich sagen: Im Vergleich mit anderen Weinen dieser Kategorie ist er das nicht wert. Neben der Reserva gibt es noch eine Miniabfüllung eines Weinberges, El Pison, den Parker sogar mit 99 Punkten bewertet hat. In meinen Augen eine krasse Fehleinschätzung. Im Übrigen taucht er so gut wie nirgendwo auf. In meiner pfälzischen Heimat nennt man so etwas einen »Schtrunzwein«. Man füllt sein allerbestes Fuder nur zu dem Zweck, um damit bei irgendwelchen Proben zu glänzen, anzugeben und abzuräumen. All dies steckt an Bedeutung in dem Dialektwort »schtrunzen«. Ich will damit weder die Mühen noch die Leistungen von Artadi schmälern, aber sie vielleicht ein wenig relativieren. Es wird heute leider immer viel zu schnell Kult um etwas gemacht, was vielleicht einfach nur gut ist.

1994 Grandes Annadas Reserva Especial

Dichtes, dunkles Granatrot. In der Nase eine sehr reife Kompottsüße, dazu Kuchengebäck, Mürbeteig, reifes Dörrobst, auch etwas Mandel. Sehr komplexe, überreife Aromen. Am Gaumen ein saftiger, opulenter Wein, dem es aber etwas an Struktur fehlt.

Capital-Index	***154***
Scheuermann-Note	***90***
Anzahl der Flaschen	***ca. 3000***
Marktpreis	***DM 218,00***
Platzierung	***112 (rot)***

1996 Pagos Viejos Reserva

Dunkles, dichtes Rubinrot. In der Nase dunkle Kirschfrucht und etwas Schokolade. Kräftige Säure, schöne, dichte Struktur, aber nicht die erwartete Tiefe. Ein sehr modern gemachter Wein, und das ist für Rioja schon ein großer Fortschritt.

Capital-Index	***147***
Scheuermann-Note	***89***
Anzahl der Flaschen	***4500***
Marktpreis	***DM 87,00***
Platzierung	***157 (rot)***

1996 Viña El Pison Riserva

Dunkles, dichtes Rubinrot. Konzentriert: Brombeere und Sauerkirsche, etwas Unterholz, Holzkohle, Lagerfeuerduft. Am Gaumen sehr süß, dicht und recht komplex. Schöne Säure, aber dann nicht die erwartete Länge und Tiefe.

Capital-Index	***152***
Scheuermann-Note	***91***
Anzahl der Flaschen	***1200***
Marktpreis	***DM 150,00***
Platzierung	***119 (rot)***

Condado de Haza

Ctra. de La Horra, s/n Aptdo. Correos, 9
Roa del Duero
E-09300 Burgos
Tel. +34/9 47 52 52 54
Fax +34/9 47 52 52 54

Daten | Fakten

Inhaber	Alejandro Fernández
Rebfläche	200 ha
Rebsorten	100 % Tempranillo
Jahresproduktion	850 000 Flaschen Condado de Haza, 30 000 Flaschen Alenza

Der Alenza ist neben dem Janus von Pesquera der zweite große Prestigewein von Alejandro Fernández. Er wird seit dem Jahrgang 1995 auf Condado de Haza produziert, jenem riesigen neuen Weingut in Roa del Duero, das mit seiner majestätischen Château-Architektur, die kalifornische Dimensionen erreicht, diesen höher gelegenen Teil des zentralen Ribera del Duero beherrscht.

Mitte der 80er-Jahre, als der Tinto Pesquera bereits seinen Platz unter den gesuchtesten Weinen der Welt einnahm, entdeckte Alejandro Fernández eine verwahrloste Anhöhe entlang des Duero-Flusses, nach Norden beschützt von den Hängen des Manvirgo, der bis auf eine Höhe von 918 m aufragt. Hier oben, auf 800 m ü. d. M., ist das Klima zwar etwas härter und rauer als in Pesquera, Peñafiel oder Valbuena. Die Frostgefahr im Winter ist ebenfalls größer, und Alejandro bekam dies denn auch im Winter 1996/97 sofort zu spüren – ein Teil seiner Neuanpflanzungen fiel dem Frost zum Opfer. Aber das Terroir des einen Kilometer langen, nach Süden ausgerichteten Berghangs mit kalkhaltigen Lehm-Ton- und Kiesböden ist optimal geeignet für die früh reifende, kleinbeerige Sorte Tempranillo. Es handelt sich nach seiner Ansicht um die beste Lage in dieser Denominación, vielleicht sogar um die beste in ganz Spanien.

Für den Terroir-Pionier gab es damals allerdings ein zunächst schier unüberwindlich erscheinendes Problem: Der Hang bestand aus einigen Hundert kleiner Parzellen mit verschiedenen starrsinnigen Eigentümern, die keineswegs darüber erbaut waren, dass dieses Brachland zu einem geschlossenen großen Weinberg zusammengelegt werden sollte. Alejandro musste von 1986 an zäh und kontinuierlich verhandeln, ehe er 1989 die ersten 100 000 Rebschößlinge auf 50 Hektar pflanzen konnte. Inzwischen wurde mehr Land gekauft und nun sind rund 200 Hektar mit Tempranillo-Reben bepflanzt. Durch Alejandros Aktivitäten erwachte die kleine Stadt, deren Winzer überwiegend genossenschaftlich organisiert sind, aus ihrem Dämmerschlaf und wurde innerhalb weniger Jahre zum neuen Zentrum der Region.

In früheren Zeiten wurde der Bezirk von dem befestigten Ort Haza, der auf einem Hügel am anderen Flussufer liegt, bewacht. Zum Gedenken an vergangenen und zukünftigen Adel taufte Alejandro das neue Weingut Condado de Haza. 1993 gab es auf Condado de Haza den ersten Jahrgang des Premiumweins in bescheidener Menge, aber guter Qualität für den nationalen spanischen Markt. Die Trauben für diesen Wein wurden noch in Pesquera verarbeitet. Seit 1995 erfolgt der gesamte Ausbau auf Condado de Haza selbst und mit diesem Jahrgang gab es erstmals auch den Alenza. Dieser Name ist eine Wortschöpfung aus Fernández' eigenem Vornamen Alejandro und Esperanza, dem Vornamen seiner Frau. Bei seiner Premiere im Jahr 1998 erlangte der Alenza über Nacht Kultstatus. Es handelt sich um eine Selektion der Trauben mit der höchsten Reife. Der Most wird mit den Stielen und Schalen vergoren und der Wein dann über 24 Monate in Barriques aus amerikanischer Eiche ausgebaut. Er wird nur durch Abstiche geklärt, nicht geschönt und nicht filtriert. Diese alte Bordelaiser Methode ist nach Ansicht von Alejandro Fernández auch heute noch das Nonplusultra der Weinmacherkunst.

1996 Alenza

Kräftiges, dunkles Rubinrot. Eine Supernase! Das Tannin springt einem förmlich ins Gesicht, ein explosives Gemisch aus Brombeere und Holz, Frucht und Würze in dichtester Konzentration. Schließlich auch etwas Orangenschale. Überreich an Tanninen. Hart und kernig wie ein großer Latour. Dunkler harter Toast, beißende Säure, total abweisend, eine Mauer aus Tannin. Öffnete sich im Glas erst nach zwei, drei Stunden ein wenig. Lässt dann Fülle und Opulenz erkennen, auch eine Extrakt- und Alkoholsüße sowie intensive Frucht und immense Konzentration. Übertrifft nochmals den Premierenjahrgang 1995. Ein Wein für das neue Jahrtausend.

Capital-Index	***151***
Scheuermann-Note	***96***
Anzahl der Flaschen	***30 000***
Marktpreis	***DM 160,00***
Platzierung	***128 (rot)***

Bodegas Alejandro Fernández

C/Real 2
E-47315 Pesquera del Duero
Tel. +34/9 83 87 00 37
Fax +34/9 83 87 00 88

Daten | Fakten

Inhaber	Alejandro Fernández
Rebfläche	175 ha
Rebsorten	100 % Tempranillo
Jahresproduktion	750 000 Flaschen

Zur Jahrtausendwende bescherte Alejandro Fernández, der Magier des Tempranillo, der staunenden Weinwelt einen neuen Geniestreich. Auf den Janus, den es bei Pesquera nur in ausgesuchten Jahren gibt, und den Alenza von Condado de Haza folgte der Millennium, ein Wein, den man ganz sicher unter die großen spanischen Weine des 20. Jahrhunderts einreihen wird. Diesen Wein gibt es nur in Magnumflaschen und Alejandro sieht in ihm so etwas wie den Höhepunkt seines Lebens als Weinmacher.

Alejandro Fernández, heute die allseits respektierte Leitfigur der Region, stammt aus kleinen Verhältnissen und musste schon als Dreizehnjähriger zum Unterhalt der Familie beitragen. Der ausgebildete Techniker für landwirtschaftliche Maschinen kam durch die Erfindung einer Erntemaschine für Zuckerrüben, der wichtigsten Feldfrucht der Provinz Castilla y León, zu einem kleinen Vermögen, das es ihm möglich machte, 1972 sein eigenes Weingut Tinto Pesquera zu gründen. Damals besaß er gerade zehn Hektar Weinberge im westlichen Ribera del Duero und produzierte nur Weine für den regionalen Markt. Die ersten Lager- und Gärtanks schweißte er noch eigenhändig zusammen. Aber seine Bodega war dank seines handwerklichen Geschicks und seiner Erfindungsgabe von Anfang an ein hoch effizienter Betrieb.

Heute verfügt er nicht nur über Weinberge in diesem Teil des Duerotals. Hinzu kommen die 350 Hektar der Condado de Haza bei Roa, zwei Landgüter in Toro mit weiteren 600 Hektar, auf denen auch Kampfstiere gezüchtet werden, sowie ein 100-Hektar-Weingut in La Mancha. Die Jahresproduktion dieses spanischen Weinriesen dürfte derzeit bei ca. sechs Millionen Flaschen liegen. Angesichts dieses dynamischen Wachstums ist es umso eindrucksvoller, dass der unermüdliche und inzwischen immerhin über 70-jährige Fernández noch die Zeit und Passion findet, sich Boutique-Projekten mit höchstem Qualitätsanspruch wie dem Millenium zu widmen.

Das Jahr 1996 mit seiner überdurchschnittlich langen Vegetationsperiode bescherte den Winzern in Ribera del Duero wieder einen der ganz großen Jahrgänge mit voll ausgereiften Trauben, vergleichbar 1986 und 1982. Alejandro Fernández nutzte die Gunst der Stunde und selektionierte die Trauben aus einem Weinberg, dessen Rebstöcke um 1920 gepflanzt worden waren, für eine ganz besondere Reserva. Der Ausbau erfolgt zum ersten Mal in der Geschichte der Bodega in neuen Barriques aus französischer Eiche, die nach präzisen Vorgaben eigens für Pesquera geküfert wurden. 27 Monate dauerte der Ausbau in diesen Fässern, ehe der Wein unfiltriert auf Flaschen gezogen wurde.

1996 Pesquera Millenium

Dunkles Rubinrot. Ein sehr seriöses Bukett, das facettenreich in die Tiefe geht. Zunächst vor allem Kakao, Kaffee und Schokolade, dahinter konzentrierte Frucht von dunklen Beeren, aber eine eher frische Frucht, keine Marmelade und vor allem keine Vanille. Dafür kommt Würze auf, Röstaromen, auch erdig-mineralische Komponenten später mit mehr Luft auch feuchter dunkler Kautabak und Kokos. Am Gaumen zeigt der Millennium eine noch verhaltene Süße und sehr reifes Tannin. Seine samtige Oberfläche ist ein wahrer Gaumenkitzel. Er ist ebenmäßig, balanciert und geschliffen. Ein Wein, der mindestens zehn Jahre Flaschenreife braucht.

Capital-Index	***163***
Scheuermann-Note	***95***
Anzahl der Flaschen	***18 500***
Marktpreis	***DM 345,00***
Platzierung	***82 (rot)***

Mas Martinet Viticultors S. L.

Ctra. de Falset a Gratallops km 6
E-43730 Falset (Priorat)
Tel. +34/6 29 23 82 36
Fax +34/6 19 26 43 82
martinet@arrakies.es

Daten | Fakten

Inhaber	Familie Perez Ovejero
Rebfläche	7 ha
Rebsorten	36 % Garnacha, 25 % Cabernet Sauvignon, 17 % Merlot, 12 % Syrah, 10 % Cariñena
Jahresproduktion	5500 Flaschen

Meist wird heute die katalanische Region Priorat gleichgesetzt mit dem strahlenden jungen Überflieger Alvaro Palacios. Das ist verständlich, wenn man bedenkt, dass dessen kometenhafter Aufstieg zu den Wein-Highlights der 90er-Jahre zählt. Dabei haben die Region und all ihre Weinmacher einem anderen Mann eigentlich viel mehr zu verdanken, nämlich José Luis Pérez, den hier deshalb auch alle achtungsvoll den »Professor« nennen. Der 1936 geborene Pérez, promovierter Biologe und Dozent an der Universität von Tarragona, schloss sich 1982 mit seiner Familie – zu ihr gehören die Ehefrau Montserat Pérez-Ovejero (Chemikerin), Tochter Sara (Biologin und Önologin) und Sohn Adria (Önologe und Winzer) – der Gruppe »Costers del Siurana« mit dem Ziel an, die Wiederbelebung des vergessenen Weinbaus im Priorat zu fördern. Seither war er der Kopf, der Vordenker dieser Gruppe, deren Mitglieder nach einem längeren Familienstreit heute zwar getrennt, aber deshalb nicht weniger erfolgreich operieren.

Seit 1986 produziert José Luis Pérez in dieser wasserarmen Region auf seinem eigenen Weingut Mas Martinet den Clos Martinet, zu dessen Cuvée die einheimischen Rebsorten Garnacha und Cariñena gehören, darüber hinaus aber auch Cabernet Sauvignon, Merlot und Syrah. Dabei geht er einerseits mit wissenschaftlicher Akribie vor – eigene Wetterstation und modernstes technisches Equipment im Keller –, pflegt und kultiviert seine Reben draußen in den Weinbergen auf den uralten Rebterrassen aber nach alter Väter Sitte von Hand. Nur das allerbeste Traubenmaterial wird penibel und rigoros für den Clos Martinet selektioniert. Das führt dazu, dass der Ertrag für diesen Wein bei gerade mal 20 hl/ha liegt. Der Rest wandert nach Bordelaiser Vorbild in den etwas leichteren, fruchtigeren Zweitwein Martinet bru. Während beim Clos Martinet die Sorte Garnacha überwiegt, dominiert beim Martinet bru der Cabernet Sauvignon.

Die Weinbereitung findet nach traditioneller Methode statt und zielt darauf ab, einen Wein mit Alterungspotenzial zu erzeugen. Die Trauben werden möglichst schonend und »natürlich« verarbeitet. »Ich mache Wein für meinen Körper. Und der will nun mal keine chemischen Zusätze konsumieren«, lautet Pérez' einfache, plausible Erklärung. Schließlich reifen die Weine von Mas Martinet 16 Monate (Clos) bzw. zwölf Monate (bru) in neuen Barriques aus französischer Eiche, bevor sie auf Flaschen gezogen werden.

1997 Clos Martinet

Tiefes, dunkel glühendes Granatrot. Eine noch etwas verhaltene Nase mit dem Ton konzentrierter Konfitüre, warmer Toast, Röstaromen. Saftig, kraftvolle Säure, mächtiger Tanningehalt. In allen Komponenten gut ausgewogen und eingebettet in ein üppiges, alkoholreiches, weiches Volumen. Nachhaltig am Gaumen mit viel Schokolade, lang im Abgang mit einem leicht bitter-herben, kaffeeartigen Nachgeschmack. Zukunft.

Capital-Index	***123***
Scheuermann-Note	***92***
Anzahl der Flaschen	***24 000***
Marktpreis	***DM 98,00***
Platzierung	***291 (rot)***

Bodegas Mauro

C/Cervantes 12
E-47320 Tudela de Duero (Valladolid)
Tel. +34/9 83 52 14 39
Fax +34/9 83 52 19 73

Daten | Fakten

Inhaber	Mariano Garcia
Rebfläche	35 ha
Rebsorten	90 % Tempranillo, 5 % Garnacha, 5 % Syrah
Jahresproduktion	150 000 Flaschen

Dieses 1980 gegründete Weingut mit einem sorgfältig restaurierten kastilischen Gutshaus aus dem 17. Jahrhundert liegt in Tudela del Duero und damit ähnlich wie die Abadia Retuerta außerhalb der D.O.-Zone Ribera del Duero. Deshalb muss selbst die hochwertige Vendemia Seleccionada als Tafelwein der Herkunft Castilla y Léon abgefüllt werden. Da die Qualität stimmt, hat dies dem Renommee freilich keinen Abbruch getan.

Die Bodega gehört Mariano Garcia, dem langjährigen Weinmacher von Vega Sicilia, und seinen Söhnen. In dem eindrucksvollen unterirdischen Keller lagern 950 Barriques überwiegend aus französischer Eiche, von denen jährlich ein Fünftel erneuert wird. Die Weinberge befinden sich in der Umgebung von Tudela und in Santibáñez, einer Region mit kontinentalem Klima, in der sich aber wegen der Höhenlage auch atlantische Einflüsse bemerkbar machen. Das Alter der Rebstöcke liegt heute bei durchschnittlich 20 Jahren, aber es gibt unter den Weingärten von Mauro ein kleines Kronjuwel, aus dem die besten Trauben stammen. Es ist der nur drei Hektar große Weinberg Cuevabaja bei Tudela mit nahezu 100 Jahre alten Garnachareben, die nicht mehr als 1,5 Kilogramm Trauben pro Stock bringen. Aus diesem Lesegut wird es nach einem ersten Versuch 1996 ab dem Jahrgang 1998 einen zusätzlichen neuen Spitzenwein namens Terreus geben.

1996 Vendemia Seleccionada

Ein fast reiner Tempranillo mit einer kleinen Zugabe von 3 Prozent Garnacha. 24 Monate Barriqueausbau und 14 Vol.-% Alkohol. Dunkles, dichtes Rubinrot. Intensive, eingedickte rote Beerenfrucht und Schokolade, aber auch Toast und Leder, mit der Zeit Tabak und vor allem Trüffel, Sahnekaramell und Pflaumenkompott. Ein schöner weicher, fetter Wein mit dicker Fruchtkonzentration, aber auch guter Säure, opulenter Süße, lang und nachhaltig.

Capital-Index	***147***
Scheuermann-Note	***93***
Anzahl der Flaschen	***keine Angaben***
Marktpreis	***DM 80,00***
Platzierung	***151 (rot)***

Alvaro Palacios

Finca El Colomé
E-43737 Gratallops
Tel. +34/9 77 83 91 95
Fax +34/9 77 91 97

Daten | Fakten

Inhaber	Alvaro Palacios
Rebfläche	10 ha
Rebsorten	Garnacha, Merlot, Syrah
Jahresproduktion	60 000 Flaschen

Seit Mitte der 90er-Jahre eilt Alvaro Palacios von Erfolg zu Erfolg. Seine kometenhafte Karriere gab der ganzen Region Priorat in Katalonien Auftrieb.
Seinem Einsatz und Beispiel ist es zu verdanken, dass im Priorat eine ganze Reihe von kleinen Weingütern praktisch über Nacht entstanden sind und bereits erstaunliche Erfolge vorzuweisen haben. Der mittlerweile 36 Jahre alte Weinmacher zählt heute zu den Superstars der spanischen Weinszene, seine Weine werden zu Höchstpreisen gehandelt. Eigentlich stammt er aus der Rioja, wo seiner Familie die Bodegas Palacios Remondo gehört. Er hat in Bordeaux Önologie studiert, in Frankreich (bei Château Pétrus) und in Kalifornien (bei Stag's Leap) Erfahrungen gesammelt, ehe er sich in Gratallops im Priorat (O-Ton Alavaro Palacios: »For its magic aspects«) niederließ und uralte, verfallene Weinberge zusammenkaufte, mit Rebstöcken, die im Schnitt ca. 70 Jahre alt sind, im Fall seines Spitzenweins L'Ermita sogar 80 und 90 Jahre. Inzwischen wurden die steilen Terrassen erneuert und zusätzliche angelegt. Palacios baute eine perfekte kleine Kellerei. Er macht nur drei Weine: den etwas eleganteren, schneller trinkreifen Les Terrasses und die beiden Spitzencuvées Finca Dofí und L'Ermita, die sich weniger in ihrer Qualität unterscheiden als in der Zusammensetzung der Rebsorten, dem Alter der Rebstöcke und der verfügbaren Menge, was letztlich zu einem horrenden Preisunterschied führt. Beides sind hervorragende Weine von konstanter Qualität; L'Ermita ist ein Kultwein, Finca Dofí (noch) nicht. So verrückt ist die Weinwelt nun mal. Der Finca Dofí ist eine Cuvée aus 60 Prozent Grenache, 25 Prozent Cabernet Sauvignon und jeweils fünf Prozent Syrah, Merlot und Cariñena. L'Ermita besteht zu 85 Prozent aus Trauben von sehr alten Grenacherebstöcken, zehn Prozent Cabernet und fünf Prozent Cariñena.

1999 Finca Dofí

Dunkles, dichtes Rubinrot. Nase mit schönem Terroirduft. Auch dieser einstmals so wilde Wein ist mittlerweile eleganter geworden, viel feiner. Hat sich dem Stil von L'Ermita angenähert. Doch er hat auch etwas von seiner ursprünglichen Kraft behalten, nur seine Wildheit hat er abgelegt. In der Nase zeigt er Cassis, Blaubeeren und etwas Kaffeebohnen. Markante schwarze Tannine, etwas kratzig, säurebetont. Langer Abgang. Braucht Zeit, um sich zu harmonisieren.

Capital-Index	***144***
Scheuermann-Note	***93***
Anzahl der Flaschen	***7000***
Marktpreis	***DM 139,00***
Platzierung	***170 (rot)***

1998 L'Ermita Velles Vinyes

Dunkles Purpur. In der Nase eine betörend schöne, konzentrierte Frucht: Kirschlikör und Cassis, etwas Zimt und mit der Zeit auch sehr süße Himbeeren. Saftig und süß auch der erste Eindruck am Gaumen mit dem Aroma von Himbeeren und Erdbeeren. Samtige Textur mit Tabak im Abgang. Ein höchst komplexer Wein mit großer Eleganz und Opulenz. Harmonie und Geschmeidigkeit, reife und feinsamtige Tannine. Ein sehr eleganter L'Ermita.

Capital-Index	***147***
Scheuermann-Note	***95***
Anzahl der Flaschen	***20 000***
Marktpreis	***DM 499,00***
Platzierung	***147 (rot)***

Celler Pasanau

La Bassa s/n
E-43361 La Marera de Montsant (Tarragona)
Tel. +34/9 77 82 72 02

Daten | Fakten

Inhaber	Ricardo und Oscar Pasanau
Rebfläche	6 ha
Rebsorten	Garnacha, Marzuela, Cabernet Sauvignon
Jahresproduktion	12 000 Flaschen

Im Herbst des Jahres 1999 kürte die Sommelier-Jury des Hamburger Wein-Salons mit dem Finca La Planeta von Pasanau ein bis zu diesem Zeitpunkt völlig unbekanntes Gewächs aus dem Priorat im bergigen Hinterland Kataloniens zum »Rotwein des Jahres«. Die 12 000 Flaschen des Premierenjahrgangs 1996 waren zu diesem Zeitpunkt längst für kleines Geld verschleudert worden. Der 97er kostete dann zwar schon knapp 50 Mark, aber auch er war ziemlich schnell ausverkauft; denn angesichts seiner stupenden Qualität war dies noch immer höchst preiswürdig. Für die Weine der Stars der Region wie z. B. L'Ermita von Alvaro Palacios muss man ein Vielfaches hinblättern. Für den jahrgangsbedingt wohl noch besseren 98er sollte man sich bereits jetzt vormerken lassen.

Die Qualität dieses Weins kam natürlich nicht von ungefähr. Das Geheimnis liegt in der besonderen Qualität der Weinberge und dem Alter der Rebstöcke, die die Trauben liefern, aus denen dieser Wein gekeltert wird. Nicht weit entfernt von den imposanten Ruinen des mittelalterlichen Kartäuserklosters Scala Dei (»Himmelsleiter«), dem einstigen religiösen und wirtschaftlichen Zentrum des Priorat, besitzt die Winzerfamilie Pasanau seit langer Zeit schon die höchstgelegenen Weinberge dieses Anbaugebietes. Die Reben wachsen auf 743 Meter Höhe vor der Silhouette einer bizarren Felslandschaft über dem Tal des Siurana auf sehr steilen kleinen Terrassen mit sehr kargen Schieferböden (»licorella«). Zum einen handelt es sich um uralte Weinbergsanlagen, die mit den beiden traditionellen Sorten Garnacha und Marzuela bestockt sind, zum anderen wurden Anfang der 80er-Jahre drei Hektar Cabernet Sauvignon angepflanzt. Bis 1995 verkauften die Großeltern der heutigen Inhaber ihre kostbaren Trauben an die traditionsreiche Kellerei Scala Dei. Erst die Brüder Ricardo und Oscar Pasanau begannen, daraus selbst einen veritablen Charakterwein zu keltern. Wegen der extremen Höhenlage kommt es während der ganzen Wachstumsperiode zu großen Unterschieden zwischen Tages- und Nachttemperaturen, was zu einer bemerkenswerten Konzentration der Frucht und einem stabilen Säuregehalt führt. Sehr niedrige Erträge sowie eine lange Maischestandzeit von gut einem Monat sorgen zusätzlich für Konzentration. Für den Ausbau in neuen, speziell getoasteten Barriques aus amerikanischer und französischer Eiche wird nur der ungepresste Vorlaufmost verwendet. Es werden derzeit gerade mal 12 000 Flaschen von diesem prachtvollen Wein gefüllt, von denen ein Großteil leider nach Amerika geht, wo sie von Steven Metzler, dem weltweiten Agenten von Alejandro Fernández (Pesquera) vermarktet werden. Der weitere Aufstieg für Pasanau ist damit, so scheint es, vorprogrammiert.

1997 Finca La Planeta

Charakteristik: Schwarzrubin. Vielschichtiges Bukett: Fruchtkonzentration (Cassis, Brombeere), Marzipan, Vanille, Paprika, Rauch, eine syrahähnliche Kakaowürze, aber auch ein Hauch Minze. Der Körper dickflüssig, fleischig mit samtiger Textur, kräftiger Säurestruktur, mächtigen Tanninen und sattem Alkoholgehalt.
Der Finca La Planeta hat eine animalische Anmutung in der Jugend, aber auch eine erkennbare Finesse und Nuanciertheit für eine große Zukunft.

Capital-Index	***119***
Scheuermann-Note	***93***
Anzahl der Flaschen	***12 000***
Marktpreis	***DM 49,00***
Platzierung	***311 (rot)***

Dominio de Pingus

Hospital, s/n
E-Quintanilla de Onésimo
Tel. +34/9 83 68 01 89
Fax +34/9 83 48 40 20

Daten | Fakten

Inhaber	Peter Sisseck
Rebfläche	4,5 ha
Rebsorten	Tempranillo
Jahresproduktion	5500 Flaschen

Gleich mit dem ersten Jahrgang seines Pingus, dem 95er, gelang dem dänischen Önologen Peter Sisseck etwas, woran andere ein Leben lang arbeiten müssen: Er wurde fast über Nacht zu einer unfassbaren Legende. Da waren zuerst die 100 Punkte von Parker und dessen Kommentar vom »wahrscheinlich besten Jungwein, den ich je getrunken habe«, und dann sank das Schiff mit den 75 für den amerikanischen Markt bestimmten und per Subskription bereits bezahlten Kisten auf den Grund des Atlantiks. Die sowieso schon geringe Menge von 3900 Flaschen war schlagartig um fast ein Viertel reduziert. So wurde der Wein noch knapper und noch berühmter, und ein völlig irrationaler Run setzte ein, vergleichbar nur mit der Jagd auf den 85er La Turque zehn, zwölf Jahre zuvor, der den Preis auf heute über 1500 Mark hochtrieb. Jeder Freak wollte ihn wenigstens einmal im Leben probiert haben. Und zu allem Übel stellte jeder fest, dass der Wein den ganzen Rummel auch wert ist!

Auch ich habe ihn sowohl aus dem Fass wie aus der Flasche mit 98 bzw. 100 Punkten bewertet. Das Geheimnis dieses Weins liegt in seiner extremen Machart: 60 Jahre alte Rebstöcke, niedrige Erträge von lediglich 12 hl/ha und ein 24-monatiger Ausbau in neuen Barriques inklusive malolaktischer Gärung, wobei ein Viertel des Weins sogar zweimal in neues, stark getoastetes Holz kommt. Wenn man sich den Kreis der Freunde und Vorbilder anschaut, zu denen Sisseck ständigen Kontakt hält, weiß man, woher der Wind weht: Dominique Laurent aus Nuits-St-Georges, Alain Vauthier (Château Ausone) und Jean-Luc Thunevin (Valandraud).

Sisseck wusste ganz genau, was er tat, als er die vier Hektar in der Subzone La Horra kaufte. Sie gehörten davor einem Traubenlieferanten von Vega Sicilia, die dieses Material für den Unico verarbeiteten. Dass Sisseck seinen Wein ausschließlich über den Handelsplatz Bordeaux per Subskription verkauft, hat man ihm in Spanien sehr übel genommen. Aber Sisseck wollte dadurch vermeiden, was seinen Kollegen von Vega Sicilia und Pesquera bzw. ihren Importeuren trotz Euroland immer wieder zu schaffen macht, nämlich der graue Markt, der vom spanischen Handel mit Dumpingpreisen beliefert wird.

1997 Pingus

13,5 Vol.-% Alkohol

Dunkles Rubinrot. Extrem viele und langsam fließende Glycerinbeinchen an der Glaswandung. Dicker, konzentrierter Duft von Brombeere, Blaubeere bis hin zu Pflaumenkompott, aber auch Marzipan. Entwickelte nach einiger Zeit im Glas eine intensive Würze, roch dann wie Fleischbrühe, gebratene Blutwurst und Speck mit Rosmarin und Majoran. Erst in der dritten Phase nach zwei, drei Stunden zeigte er seine zukünftige Süße mit Himbeerfrucht, Schokolade und Zimt. Dickflüssig und fleischig, ungeheuer dicht und opulent, aber dabei total verschlossen, beißend harte Tannine, dahinter aber konzentrierte Fruchtsüße, schwarze Holzkohlenaromen im Abgang. Muss mindestens ein, zwei Stunden vorher dekantiert werden.

Capital-Index	***176***
Scheuermann-Note	***95***
Anzahl der Flaschen	***5400***
Marktpreis	***DM 435,00***
Platzierung	***64 (rot)***

Miguel Torres

Carrer Commercio 22
E-08720 Villafranca del Penedès
Barcelona
Tel. +34/9 38 17 74 00
Fax +34/9 38 17 74 67
export@torres.es
www.torreswines.com

Daten | Fakten

Inhaber	Miguel Torres
Rebfläche	1300 ha
Rebsorten	Garnacha tinta, Monastrell, Cariñena, Garró, Samsó
Jahresproduktion	22,5 Mio. Flaschen

Der spanische Winzer Miguel Torres ist einer der Pioniere des modernen Weinbaus in Katalonien. Die Familie betreibt seit dem 17. Jahrhundert Weinbau in dieser Region im Nordosten der Iberischen Halbinsel. Seit über 130 Jahren ist sie bereits erfolgreich im Weinexport. Die Torres-Familie kann daher den unbestreitbaren Verdienst für sich beanspruchen, die Weine des Penedès weltweit berühmt gemacht zu haben. Wen wundert's, dass sie sich auf diesem Wege ein kleines, aber auch heute noch völlig privat gemanagtes Weinimperium aufgebaut hat. Unter den Stillweinproduzenten des Penedès ist Torres der Größte. Er demonstriert dabei, dass sich Quantität und Qualität sehr gut vertragen können. Heute besitzt die Familie Torres knapp 600 Hektar Weinberge, die über das gesamte Penedès-Gebiet verstreut sind; von weiteren 600 Hektar werden die Trauben hinzugekauft. Seit 1979 ist Torres Besitzer des chilenischen Weingutes Viña Santa Digna etwa 200 Kilometer südlich von Santiago in Curicó. Seine Schwester betreibt ein Weingut in Kalifornien.

Die Torres-Weine, die mit zahllosen internationalen Preisen und Anerkennungen ausgezeichnet wurden, werden heute in 85 Länder der Erde exportiert. Eine solche flächendeckende Präsenz ist selten. Dieser Erfolg beruht vor allem darauf, dass es fast unmöglich ist, im Torres-Programm einen schlechten Wein zu finden, vom traditionellen Tischwein Viña Sol bis zum absoluten Spitzenprodukt Gran Coronas findet sich hier alles in der ihm gemäßen Bestform.

In der Region Penedès kreierte er in den 80er- und 90er-Jahren eine ganze Reihe innovativer Weine aus klassischen Rebsorten wie Cabernet Sauvignon, Chardonnay etc. Ja selbst einen respektablen spanischen Riesling, den er nach seiner deutschen Frau Waltraud taufte, hat er im Programm. Mit seinem jüngsten Premiumwein, dem roten Grans Muralles, geht er aber einen ganz anderen Weg. Er besann sich auf die traditionellen alten Rebsorten dieser Gegend im Nordosten Spaniens. Der Weinberg von Grans Muralles liegt in der D.O. Conca de Barberà im Hoch-Penedès zwischen Milmanda und dem Kloster von Poblet. Der Name leitet sich ab von einer großen mittelalterlichen Mauer, die im 14. Jahrhundert errichtet wurde und den Weinberg in zwei Teile zerschneidet. Die schiefrigen Böden ähneln hier schon sehr denen des nahe gelegenen Priorat.

Die Cuvée für diesen Wein besteht aus fünf für Katalonien typischen Rebsorten, neben

Garnacha tinta, Monastrell und Cariñena aus den fast vergessenen autochthonen Sorten, Garró (Garrut) und Samsó. Das Pflanzmaterial wurde von Torres in 15-jähriger Arbeit sorgfältig selektioniert. Die Erträge liegen extrem niedrig, beim 96er zum Beispiel gerade noch bei 15 hl/ha. 18 Monate wird dieser sehr alkoholreiche Wein (mindestens 14 Vol.-%) in Barriques (Nevers und Allier) ausgebaut. Bisher sind erst zwei Jahrgänge des Grans Muralles erschienen und schon genießt dieser Wein einen so hervorragenden Ruf, dass er praktisch immer ausverkauft ist. Das für den deutschen Markt bestimmte Kontingent ist zur Zeit leider auf ausschließlich 500 Flaschen limitiert. Aber so manche zusätzliche Flasche gelangt mittlerweile als Grauimport über die Pyrenäen zu uns.

1997 Grans Muralles

Dunkles, dichtes Rubinrot. Eine satte, vollreife Kirschnase mit feiner Würze. Saftige, süße Frucht und ein schokoladiger Schmelz am Gaumen. Runde Tannine, feinsamtige Textur. Sehr langer Abgang. Im Gegensatz zu dem etwas wilden Vorläufer, dem Premierenjahrgang 1996, zeichnet sich dieser Wein auch durch eine geschliffene Eleganz aus. Dennoch sehr lang und vor allem nachhaltig. Braucht Zeit und Luft. Zeigt nach ein, zwei Stunden eine geradezu betörende, geschmeidige Süße.

Capital-Index	***144***
Scheuermann-Note	***90***
Anzahl der Flaschen	***23 000***
Marktpreis	***DM 90,00***
Platzierung	***169 (rot)***

Vall Llach Mas Martinet

Carretera de Torroja s/n
E-43739 Porrera
Tel. +34/9 77 82 81 87
Fax +34/6 19 26 43 82

Daten | Fakten

Inhaber	Luis Llach/Costa/Mas Martinet
Rebfläche	15 ha
Rebsorten	65 % Cariñena, 35 % Garnacha
Jahresproduktion	35 000 Flaschen

Gerade mal zwei Jahrgänge sind bisher vom Cims de Porrera erschienen, und schon zählt dieser Wein neben L'Ermita, Mas Martinet und Clos Erasmus zur Kultriege des modernen katalanischen Weinbaus. Dieser kometenhafte Aufstieg wäre natürlich ohne die unbestrittene Qualität des Weines nicht möglich gewesen, aber es kommt noch etwas anderes hinzu: Die beiden Macher von Cims de Porrera sind selbst jeder in seiner Sparte eine Legende. Hinter dem Projekt steht auf der önologischen Seite mit Professor José Luis Pérez einer der bedeutendsten Rebforscher Spaniens und auf der anderen Seite als Spiritus Rector Kataloniens charismatischer Sänger und Liedermacher des »Nova Cançó« Lluis Llach. Um sich von dessen Beliebtheit ein Bild zu machen, muss man sich einen Sänger vom politischen Gewicht und der poetischen Kraft eines Wolf Biermann, so musikalisch vielseitig wie Konstantin Wecker und so populär wie Udo Lindenberg und Udo Jürgens zusammen vorstellen. Dieser katalanische Bob Dylan füllt mit seinen Programmen entweder ein Theater wochenlang oder tagelang die größten Sportarenen seiner Heimat. Sein legendäres Barcelona-Konzert am 15. Januar 1976, knapp zwei Monate nach dem Tod des Diktators Franco, ist ein unvergessenes kulturpolitisches Fanal. Der Abend vereinte erstmals alle demokratischen Politiker Kataloniens, die die Jahrzehnte davor teils im Untergrund, teils im Gefängnis verbracht hatten, zu einer ersten öffentlichen Manifestation für Freiheit, Demokratie und Autonomie.

Auch beim Cims de Porrera stand nicht die Idee, einen der besten Weine Spaniens zu machen, im Vordergrund. Die Beweggründe waren eher sozialer und strukturpolitischer Natur. Llach und Pérez ging es zunächst darum, ein Projekt zu starten, um die Landflucht in dem kleinen Bergdorf Porrera, in dem der Sänger geboren wurde, zu stoppen und die vorhandenen uralten Weinberge vor dem endgültigen Verfall zu bewahren.

Porrera liegt in der unwirtlichsten Ecke des an sich schon mühsam zu bewirtschaftenden Priorat. Aber es verfügt auf seinen wilden Gipfeln (Cims) über einige der besten und ältesten Weinbergterrassen des Landes. Mit der örtlichen Kooperative, die längst nicht mehr in der Lage war, den ansässigen Familien eine wirtschaftliche Basis zu sichern, geschweige denn der Dorfjugend eine Perspektive für die Zukunft zu geben, wurde ein Kontrakt geschlossen, der Llach und Pérez zur Nutzung der Hälfte der Kellereigebäude berechtigt. Das Duo Llach/Pérez verpflichtet sich im Gegenzug, ein Mehrfaches des bisher üblichen Traubenpreises zu bezahlen. Die in das Projekt integrierten Bauern bewirtschaften seitdem die Terrassen nach strenger Anleitung von Pérez. In die Kellereigebäude wurde investiert, neue Technik angeschafft, die besten Barriques in Frankreich gekauft. Drei Exklusiv-Importeure in Deutschland und in der Schweiz beteiligten sich an dieser Finanzierung, indem sie en primeur kauften und bezahlten. Ein Teil des Erlöses fließt in eine Stiftung, mit der die Ausbildung von Jugendlichen in Porrera finanziert wird.

Im Gegensatz zu den meisten anderen Prioratweinen hat die Cuvée des Cims eine etwas andere Zusammensetzung. Wichtigster Kernbestandteil ist die Cariñenatraube, aber auch diese Weinstöcke sind über 100 Jahre alt. Eine absolute Weltrarität. Ergänzt wird die Cuvée durch Garnacha und etwas Cabernet Sauvignon. Der erste Jahrgang war der 96er. Und der schlug ein wie eine Bombe. Eine Ernte der Superlative: Unglaubliche 5 hl/ha brachten die Rebstöcke. Der Ertrag pro Stock betrug gerade mal 250 Gramm. Die Saftausbeute war mit 53 Prozent extrem niedrig. Auch wenn er längst ausverkauft ist, sei er hier dennoch bewundernd beschrieben. Es lohnt sich, auf Auktionen nach ihm Ausschau zu halten. Und wenn er da nicht mehr als 200 Mark kostet, ist er es allemal wert. Die wenigen Großflaschen könnten einmal superteure Weinaktien werden.

1996 Cims de Porrera »Classic«

Dunkles, tiefes Schwarzrubin mit Purpurschimmer. Reichlich feines, kristallines Depot. Anfangs: Marzipan, Pistazienmasse, allerlei nussige Töne, etwas Vanille, Schoko-Grenache. Praliné. Ein richtiges Maul voll Wein, saftig, geballte fruchtige Säure, schöne Tanninstruktur, die den ganzen Wein durchzieht, ihm ein Gerüst gibt. Aromen von dunklen Waldbeeren, Konfitüre und Schokolade. Mit der Zeit auch etwas Tabak, süße Lakritze und ganz zart Minze. Tiefer Abgang, langer Nachklang. Braucht drei, vier Stunden Luft, um sich zu öffnen.

Capital-Index	***133***
Scheuermann-Note	*93*
Anzahl der Flaschen	***24 000***
Marktpreis	***DM 109,00***
Platzierung	*225 (rot)*

1997 Cims de Porrera »Classic«

Dunkles Rubinrot. Nase sehr verhalten. Auch nach ein, zwei Stunden noch recht verschlossen: etwas Kaffee, Toffee, geröstete Pflaumen. Frisch und herb, guter Abgang. Mit der Zeit süße Kirsche, Schokolade und Vanille, auch etwas Rauch. Samtige Textur. Gute Säure, langer Abgang. Öffnet sich auch nach vier Stunden noch nicht richtig. Nicht ganz so fleischig und opulent wie der 96er, etwas eleganter.

Capital-Index	***131***
Scheuermann-Note	*91*
Anzahl der Flaschen	***20 000***
Marktpreis	***DM 115,00***
Platzierung	*242 (rot)*

Bodegas Vega Sicilia S. A.

Finca Vega Sicilia
E-47359 Valbuena de Duero (Valladolid)
Tel. +34/9 83 68 01 47
Fax +34/9 83 68 02 63
InesRodriguezOrtega/
vsicilia/n28fe1/eulen/es@eulen

Daten | Fakten

Inhaber	El Enebro, S. A.
Rebfläche	250 ha
Rebsorten	80 % Tempranillo, 20 % Merlot, Malbec, Cabernet Sauvignon
Jahresproduktion	275 000 Flaschen

Vega Sicilia ist heute trotz der Newcomer aus dem Priorat noch immer der prestigeträchtigste Name in der spanischen Weinszene. Vor allem der Unico gehört in herausragenden älteren Jahrgängen zu den gesuchtesten Rotweinen der Welt. Als der Unternehmer David Alvarez Diaz die Bodega 1982 übernahm, gab er die Devise aus, dieser Wein müsse in jedem Drei-Sterne-Restaurant auf der Karte stehen. Dieses Ziel dürfte mittlerweile, da mit Sohn Pablo bereits die nächste Generation am Ruder steht, längst erreicht sein. Seit den 80er-Jahren ist durch umfassende Investitionen in Millionenhöhe aus Vega Sicilia ein in jeder Hinsicht mustergültiges Gut geworden. Man verarbeitet ausschließlich eigenes Traubengut, die Weine finden dank eines konsequent durchgehaltenen ganzheitlichen Qualitätskonzepts, das vom Weinberg über den Keller bis in die Marketingabteilung und den Vertrieb reicht, den Weg in alle Gourmettempel und Luxushotels der Welt sowie in die Keller der wichtigsten Weinsammler.

Als der Gründer des Gutes, Don Tiribio, 1842 am Ufer des Duero karges, aber klimatisch bevorzugtes Weideland kaufte, konnte er nicht ahnen, dass er damit die Voraussetzungen zu einem solch legendären Wein schuf. Erst sein Sohn Don Eloy Lancada y Chaves kam überhaupt auf die Idee, hier Reben anzubauen. Dies tat er dann aber auch umso gründlicher: 1864 reiste er über die Pyrenäen nach Bordeaux und kaufte dort die ersten 18 000 Schösslinge – Cabernet Sauvignon, Carmenère, Merlot, Malbec und erstaunlicherweise auch Pinot noir. Von Anfang an pflegte er einen sehr traditionellen, an Bordeaux angelehnten Stil mit einem jahrelangen Fassausbau. Und »jahrelang« ist hier durchaus wörtlich zu nehmen: Erst im Sommer 1995 wurde z. B. die Veröffentlichung eines ersten Kontingents des Unico 1970 für das Weihnachtsgeschäft angekündigt. 16 Jahre hatte dieser einmalige Wein im Fass gelegen, um nach der Abfüllung nochmals neun Jahre in der Flasche zu reifen! Heute stehen der 81er und der 90er als aktuelle Jahrgänge in der Liste. Die Cuvée besteht in der Hauptsache aus Tempranillo (65 Prozent) und Cabernet Sauvignon (20 Prozent). Dazu kommen kleinere Anteile von Merlot und Malbec. Die Rebstöcke, deren Ertrag für den Unico genommen wird, sind bis zu 80 Jahre alt.

1981 Unico

Rubinrot. Eine feste, konzentrierte Nase. Aromen von Mandeln, Makronen und Kokos, Waldboden, Holz. Aber auch eingekochte rote Früchte. Ein fleischiger, dichter Wein mit jetzt noch unergründlicher Tiefe und Struktur. Kräftige Tannine, langer Abgang. Bis jetzt der beste Unico der 80er-Jahre. Ein ganz großer Jahrgang für Vega. Dieser Wein zeichnet sich einerseits durch sein enormes Volumen aus, andererseits aber auch durch Schmelz.

Capital-Index	***184***
Scheuermann-Note	***96***
Anzahl der Flaschen	***keine Angaben***
Marktpreis	***DM 400,00***
Platzierung	***48 (rot)***

1990 Unico

Tiefdunkles Rubinrot. Etwas Marzipan und Kokos in der Nase über dunklen Früchten, Rumtopf. Kraftvoller Körper, dickflüssig, aber auch eine spürbare Säure. Sehr langer Abgang.

Capital-Index	***181***
Scheuermann-Note	***93***
Anzahl der Flaschen	***113 000***
Marktpreis	***DM 400,00***
Platzierung	***54 (rot)***

Designerweine und Châteaukonzepte

Eigentlich hatte man sich ja vom Jahrgang 1997 in Italien, vor allem in der Toskana, Wunder erwartet. Doch als dann im vergangenen Jahr nach und nach die Weine veröffentlicht wurden, war schnell klar, dass man diesen Jahrgang doch etwas voreilig zum Jahrhundertereignis hochstilisiert hatte. Bei der großen Tre-Bicchiere-Probe des Gambero Rosso in Berlin gab es ziemlich viele lange Gesichter. Nur eine kleine Spitzengruppe verdiente dieses Prädikat wirklich. Für die Mehrheit hätten es zwei Gläser auch getan.

Dabei muss man natürlich berücksichtigen, dass einiges aus dem Piemont zu diesem Zeitpunkt noch nicht veröffentlicht war und alle Brunelloweine aus Montalcino noch immer ausstehen. Diese werden erst 2001/2002 kommen. Nach Verkostung von Fassmustern traue ich ihnen zu, dass sie die in sie gesetzten Hoffnungen erfüllen können. Davon wird sicher nächstes und übernächstes Jahr zu lesen sein.

Ansonsten sollte man bei den 97ern sehr selektiv kaufen. Vor allem bei den Riservas aus dem Chianti Classico, wo es neben vielen banalen Weinen einige wirklich interessante Spitzen gibt: Weine von einer geradezu überseeischen Opulenz, Weine von französischer Eleganz, bei denen der Einfluss des Cabernets unverkennbar ist, und raue, kantige Terroirweine aus purem Sangiovese. Diese drei Tendenzen lassen sich hier beobachten und schmecken. Bei den nächsten Jahrgängen, das zeigten die ersten Fassproben der 99er, wird sich dies fortsetzen und verstärken. Dieser Jahrgang könnte im Übrigen durchaus das leisten, was man sich vom 98er erhofft hatte. Die Weine liegen deutlich höher im Alkohol, wirken in allem konzentrierter. Sowohl beim Chianti Classico als auch beim Vino Nobile di Montepulciano darf man mit einem Quantensprung rechnen, und der Brunello ist schlicht fabelhaft. Vielleicht kommt dann auch erstmals die Maremma zum Tragen. Über kein anderes Gebiet Italiens ist im vergangenen Jahr so unendlich viel geschrieben worden wie über diesen Küstenstreifen zwischen Livorno im Norden und Grosseto im Süden. Es herrscht eine wahre Goldgräberstimmung, seit die Großen des italienischen Weingeschäfts von Gaja und Biondi Santi bis Poliziano und Frescobaldi hier millionenschwere Investitionen tätigen. Doch die modernen Weine, die hier seit ein, zwei Jahren produziert werden, bleiben noch weit hinter der für sie initiierten Propagandapower zurück. Sie können den drei Vorreitern Ornellaia, Masseto und Saffredi nicht das Wasser reichen.

Überhaupt hat man den Eindruck, Italiens Rotweine sind weiter auf der Suche nach einer zuverlässigen authentischen Qualität. Im Piemont sind die Winzer hin- und hergerissen zwischen Tradition und zweifelhaftem Fortschritt. Einzig Bruno Giacosa, der große Schweiger, geht hier unbeirrt seinen Weg des klassischen Barbaresco und Barolo, und keiner ist in Sicht, der ihn vom Thron stoßen könnte.

Der Süden des Landes, Regionen wie Kampanien, Kalabrien und vor allem Sizilien, ist erwacht. Dasselbe gilt für Umbrien. Die Weißweine sind frischer geworden, und zwei, drei Rote wie der Montevetrano oder der Cabernet von Tasca d'Almerita genügen auch tatsächlich den Ansprüchen, die man auf dem internationalen Parkett an große Weine stellt. Aber kann man deshalb schon von einem Weinwunder sprechen? Der Rest ist oft nicht mehr als modisches Blendwerk mit einer vordergründigen Extraktion, aber ohne echte Substanz. Es handelt sich um »parkerisierte« Fruchtbomben wie den Montiano von Falesco oder elegant gestaltete Lifestyleprodukte wie den Mille e una Notte von Donnafugata, ausgestattet mit geschmackvollen Etiketten. In Punkto Weindesign sind die Italiener Weltmeister.

Der vielleicht wichtigste Trend für das nächste Jahrzehnt nahm seinen Anfang in der Toskana. Nach wie vor ist sie das Herz der italienischen Weinszene. Weg mit der Riserva! So lautet der Kampfruf einer kleinen, aber einflussreichen Gruppe von Erneuerern. Sie drängen auf die Einführung eines Châteaukonzeptes nach dem Vorbild der Bordelaiser Premier Grand Crus und haben dies auch für ihre eigenen Weingüter schon realisiert. Vorreiter sind die Familien Mazzei (Castello die Fonterutoli) und Ricasoli (Castello di Brolio). Vor allem dieser traditionsreiche Betrieb, dessen Geschichte untrennbar mit der Entstehung des Chianti verbunden ist, überraschte 1997 mit einem wirklich grandiosen Wein. Grandios wegen seiner überzeugenden Qualität bei einer gleichzeitig großen Menge von rund 200 000 Flaschen. Inzwischen hat auch Castello di Cacchiano nachgezogen, weitere werden in nächsten Jahren folgen. Avignonesi in Montepulciano hat ebenfalls damit begonnen, seine gesamte Produktpalette in diesem Sinne zu straffen und den Grifi-Cabernet zugunsten des Desiderio aufgegeben. Dieser mutierte aus einem reinen Merlot zu einer Super-Tuscan-Cuvée, von der es jetzt endlich auch vernünftige Mengen statt homöopathischer Dosen geben wird.

In diesem Zusammenhang muss man auch den Entschluss von Angelo Gaja im Piemont sehen, seine Lagenweine, von denen es naturgemäß nur geringe Mengen geben kann, nicht mehr als Barbaresco und Barolo zu vermarkten, sondern als Langhe Nebbiolo, und sich bei der DOCG-Appellation ganz auf den Gaja Barbaresco zu konzentrieren, von dem es über 100 000 Flaschen gibt. Seine späte, aber wohl nicht zu späte Erkenntnis: »Durch immer neue Spezialcuvées haben wir unsere stolzesten Produkte in der Vergangenheit deklassiert. Das will ich ändern.«

In Italien hat also eine hoffnungsfrohe Gegenbewegung zu der an anderer Stelle von mir kritisierten Atomisierung der Flächen eingesetzt. Weg vom Boutiquewein und hin zu vermarktbaren Größenordnungen, die den Weinfreund ehrlich befriedigen und ihm nicht eine Nase drehen.

Azienda Agricola Montevetrano

Via Montevetrano
Loc. Nido
I-84099 S. Cipriano Picentino (SA)
Tel. +39/0 89 88 22 85
Fax +39/0 89 88 22 85
montevetrano@tin.it
www.montevetrano.com

Daten | Fakten

Inhaber	Geschwister Imparato
Rebfläche	6 ha
Rebsorten	60 % Cabernet Sauvignon, 30 % Merlot, 10 % Aglianico
Jahresproduktion	13 000 Flaschen

Kein anderes Weingut im Süden Italiens hat in den 90er-Jahren so viel Furore gemacht wie die Azienda Agricola Montevetrano von Silvia Imparato in S. Cipriano Picentino. Für Kampanien, aber auch für Apulien und Kalabrien war dieser Wein der Stachel im Fleisch mediterraner Schläfrigkeit, der die Weinmacher des Mezzogiorno aus ihrer jahrzehnte- wenn nicht gar jahrhundertalten Lethargie gerissen hat. Immerhin ist Kampanien die Heimat des Falerners, der im antiken Rom z. B. zu Zeiten Cäsars und Kaiser Augustus' als der beste und kostbarste Wein des ganzen Imperiums galt. Es war dies der erste Wein, von dem wir aus der antiken Literatur wissen, dass er nach Jahrgängen bezeichnet und von Kennern wie dem weinbegeisterten Dichter Horaz oder dem Epikureer Titus Petronius Arbiter gesammelt wurden. Das waren Lorbeeren, auf denen man sich 2000 Jahre lang bequem ausruhen konnte. Firmen wie Mastroberardino zehrten bis vor wenigen Jahrzehnten von diesem Ruf, ohne ihm je gerecht zu werden. Die Weine waren ordentlich gemacht, aber langweilig und behäbig, altmodisch oxidativ und alkoholschwer.

Mit ihrem Berater und Önologen Riccardo Cotarella aus Umbrien – heute einer der Superstars der jüngeren italienischen Weinszene – zeigt die Lady aus Rom seit 1991, dass man hier im Herzen Kampaniens bei entsprechend niedrigen Erträgen einen Wein produzieren kann, der folgende wesentlichen Elemente miteinander verbindet: eine an Frankreich orientierte Vinifizierung, die ein hohes Maß an Gebietstypizität bewahrt und dabei einen absolut hedonistischen, modernen Wein hervorbringt, der sich dennoch durch eine beträchtliche Lagerfähigkeit auszeichnet.
Der erste Jahrgang des Montevetrano kam noch ziemlich unbeachtet mit einer Minimenge von gerade mal 1200 Flaschen auf den Markt. Mit dem 93er und seinen 96 Parker-Punkten gelang ihm weltweit der Durchbruch. Drei Jahre später nahm auch der Gambero Rosso schließlich Notiz von Montevetrano und zeichnet ihn seither Jahr für Jahr mit drei Gläsern aus. Inzwischen hat sich die Weinbergsfläche um einiges vergrößert, aber dennoch produziert Silvia Imparato noch immer nicht mehr als 10 000 Flaschen. Eine Verdoppelung dieser Menge kann sie sich bei gleich

bleibender Qualität durchaus noch vorstellen, mehr aber nicht. Den Weg von Sassicaia und anderen Renommierweinen will sie also nicht gehen. Der überwältigend opulente 97er ist inzwischen eine viel beschworene und beschriebene Legende, der vielleicht beste Wein, den das Weingut bisher auf den Markt gebracht hat. Aber ich finde, dass der 98er ihm eigentlich in nichts wirklich nachsteht. Durch seine augenblickliche Verschlossenheit und das markantere Tanningerüst signalisiert er sogar vielleicht eine größere Langlebigkeit.

1997 Montevetrano

Dunkles, tiefes Rubinrot. Eine herrliche, schon früh zu voller Schönheit erblühte Nase mit einem vollreifen Kirsch-Brombeerduft. Letztlich dominieren aber Aromen von Schokolade, Kaffee, Nuss und Vanille, Zimt, Tabak oder auch gedörrten Pflaumen das Bukett. Saftige, fleischige Fruchtfülle am Gaumen. Ein dionysischer, sinnlicher Wein zum Reinbeißen. Weiche Tannine. Langer Abgang. Auch wenn er sicher eine Zukunft für ein, zwei Jahrzehnte hat, ist er bereits jetzt ziemlich optimal zu trinken.

Capital-Index	***138***
Scheuermann-Note	***95***
Anzahl der Flaschen	***11 640***
Marktpreis	***DM 79,00***
Platzierung	***198 (rot)***

1998 Montevetrano

Dunkles, tiefes Rubinrot. Anfangs ein signifikanter konzentrierter Duftcocktail von Brombeere und Kirsche mit Trüffel. Mit der Zeit wird das Bukett immer komplexer: Zimtkirsche, Süß- und Sandelholz, etwas Vanille. Gibt sich anfangs etwas verschlossen, zeigt ein kräftiges Tanningerüst und eine harmonische Säure. Mit der Zeit mehr und mehr weiche Süße und Würze, feine Bitterschokoladentöne im Abgang. Ein vitaler Wein in der ersten Blüte seiner Jugend. Große Zukunft.

Capital-Index	***137***
Scheuermann-Note	***94***
Anzahl der Flaschen	***13 020***
Marktpreis	***DM 79,00***
Platzierung	***204 (rot)***

Elio Altare

Cascina Nuova, 51
Fraz. Annunziata
I-12064 La Morra (CN)
Tel. +39/0 17 35 08 35

Daten | Fakten

Inhaber	Elio Altare
Rebfläche	5 ha Besitz und 4 ha in Pacht
Rebsorten	35 % Nebbiolo, 30 % Dolcetto, 30 % Barbera, 5 % Cabernet
Jahresproduktion	45 000–50 000 Flaschen

Wenn ein Winzer die für meinen Geschmack viel zu reichlich, fast schon nach dem Gießkannenprinzip verteilten Tre Bicchieri des 2000er Gambero Rosso verdient hatte, dann war es Elio Altare für seine beiden prächtigen Lagenweine Larigi, einen reinsortigen Barbera, und den Arborina, einen reinen Nebbiolo. Im Vergleich zu den meisten anderen Tre-Bicchieri-Weinen hätte man ihm ruhig ein viertes Glas dazustellen dürfen. Schwer zu entscheiden, welchem von beiden, die für mich gefährlich nahe an 100 Punkte kommen, der Vorzug zu geben ist. Im Augenblick vielleicht dem unheimlich prallen, sinnlichen Larigi, die Zukunft gehört aber wohl eher dem Arborina. Ausbau und biologischer Säureabbau erfolgen in französischen Barriques (zur Hälfte neu, zur Hälfte gebraucht), die Weine werden ohne Filtration gefüllt. Diese Weine – die in Deutschland leider ein wenig im Schatten anderer großer Namen stehen, die oft nicht diese Qualität aufbringen – haben ein ganz beachtliches Stehvermögen und besitzen ein Reifepotenzial, das sich in Jahrzehnten misst. Von welchem Kaliber Altares Spitzenweine sind, belegte vor einiger Zeit das Ergebnis einer hochkarätig besetzten Probe in der Schweiz, wo die Teilnehmer (darunter immerhin Hardy Rodenstock, Serena Sutcliffe und David Peppercorn) einen 89er Vigna Larigi blind für einen Château Mouton, bzw. für einen Château Haut-Brion hielten und ihn genauso hoch bewerteten wie einen 64er Richebourg und einen 85er Sassicaia.

1997 Vigna Larigi

Dunkles, dichtes Rubinrot. Dieser schwelgerische Wein vereint Opulenz und Eleganz in einer fast vollendeten Manier. Perfekte, harmonische samtige Tannine, schöne schokoladige Süße, saftig fleischige rote Frucht. Alles, was man an einem Rotwein nur lieben kann. Das ist ein Barbera von vollendeter Reife: rustikal, barock und zugleich lustvoll-sinnlich.

Capital-Index	***159***
Scheuermann-Note	***98***
Anzahl der Flaschen	***2000***
Marktpreis	***DM 80,00***
Platzierung	***94 (rot)***

1997 Vigna Arborina

Granatrot. Verschlossen, viel härter in seiner Aromatik: Kaffee, Kakao, schwarzer Pfeffer, geröstete Paprika und dazu rote Früchte. Auch hier große Eleganz, aber die Statur eher kraftvoll-gotisch als opulent und barock. Bei aller Wucht und Kraft aber auch Finesse und alle Anzeichen von herrschaftlicher Vornehmheit. Im Augenblick 97 Punkte, aber bei zunehmender Reife, wenn er alle seine Versprechen einlöst, könnte ich mir für diesen Wein auch 99 oder gar 100 Punkte vorstellen.

Capital-Index	***158***
Scheuermann-Note	***97***
Anzahl der Flaschen	***2000***
Marktpreis	***DM 80,00***
Platzierung	***96 (rot)***

Michele Chiarlo

Strada Nizza Canelli
I-14042 Calamandrana (Asti)
Tel. +39/01 41 76 90 30
Fax +39/01 41 76 90 33
chiarlo@tin-it
www.chiarlo.it

Daten | Fakten

Inhaber	Michele Chiarlo
Rebfläche	50 ha
Rebsorten	Nebbiolo, Barbera, Cabernet Sauvignon, Moscato, Corlese
Jahresproduktion	1 Mio. Flaschen

Kaum ein anderer Winzer aus dem Piemont hat uns seit den späten 80er-Jahren mit so aufregenden Weinen überrascht und verwöhnt wie Michele Chiarlo in Calamandrana. Dabei hatte alles ganz anders angefangen: Ursprünglich eine kleine, wenig renommierte Kellerei (Duca d'Asti) ohne eigene Weinberge, hat Chiarlo das Unternehmen, das er 1956 erwarb, systematisch zu einem Weingut geformt, das heute seinen Namen trägt und über einen beachtlichen, weil absolut erstklassigen Weinbergsbesitz von 50 Hektar in allen wichtigen Subregionen des Piemont verfügt: Barbera d'Asti, Barbaresco, Barolo, Gavi und Moscato d'Asti. Und in jedem dieser Gebiete gehört er zu den herausragenden Produzenten. Sein süßer Moscato »Nievole« ist ebenso fein wie seine diversen Gavis oder seine klassischen und experimentellen Barberas. Spitze sind vor allem die Rotweine, die aus einigen der allerfeinsten Parzellen des Kessels von Barolo zwischen den Ortschaften Barolo und La Morra stammen. Im Cru Brunate, einer insgesamt rund 15 Hektar großen Lage, die sich oberhalb des Cru Cerequio nordwestlich in Richtung La Morra erstreckt, hat Chiarlo einen kleinen Anteil von einem halben Hektar. Im ebenfalls rund 15 Hektar großen Kernstück des Cru Cannubi an der Straße nach Barolo besitzt er 1,5 Hektar, und vom 12 Hektar großen Cerequio, der genau zwischen Cannubi und Brunate liegt, besitzt er gar die Hälfte, nämlich stattliche 6 Hektar.

Seit Mitte der 80er-Jahre brachte Chiarlo aus diesen Lagen drei Weine auf den Markt, die allesamt das Prädikat »groß« verdienen oder besser gesagt: Einer ist größer als der andere. Chiarlos Visionen von einem göttlichen, einem wahrhaft großen Barolo begannen 1985 mit seinem ersten Barolo Brunate. Ihm folgte 1988 der mittlerweile legendäre Cerequio. 1989 dann das Intermezzo mit Countacc!, einem wahren Geniestreich aus Barbera, Cabernet Sauvignon und Nebbiolo. 1990 komplettierte er das Trio mit dem ersten Jahrgang des Barolo Cannubi, es war zum ersten und zugleich auch einzigen Mal möglich, alle drei Baroloweine Chiarlos im gleichen Jahrgang nebeneinander zu verkosten; denn der über 70 Jahre alte Brunate-Weinberg wurde danach ausgehauen und neu angelegt. Erst in zwei Jahren, mit der Veröffentlichung der 97ers, wird es wieder möglich, diese drei Weine gemeinsam zu verkosten.

1996 Countacc!

Dunkles Granatrot. In der Nase ein Bukett, in dem sich erdige Töne mit dem Duft roter Früchte mischen, aber die Würze etwas überwiegt, Kautabak und Toast. Am Gaumen noch eine sehr präsente, kräftige Säure. Nicht ganz die Wucht früherer Jahrgänge, etwas zugänglicher, eleganter. Aber natürlich auch jetzt noch völlig unfertig.

Capital-Index	***156***
Scheuermann-Note	***90***
Anzahl der Flaschen	***keine Angaben***
Marktpreis	***DM 53,00***
Platzierung	***105 (rot)***

1996 Cerequio

Sehr dichtes Rubinrot. Wuchtige Nase mit viel Rauch, Baumrinde, Waldboden darunter eine intensive rote Beerenkonfitüre, die aber erst allmählich zum Vorschein kommt. Dann auch Toffee und Lakritz. Kraftvoll und packend am Gaumen, gute Säurestruktur, explosive, saftige Frucht. Herb im Abgang. Noch sehr unfertig und ungeschliffen. Braucht viel Zeit und Luft.

Capital-Index	***156***
Scheuermann-Note	***92***
Anzahl der Flaschen	***keine Angaben***
Marktpreis	***DM 91,00***
Platzierung	***104 (rot)***

Angelo Gaja

Via Torino 36
I-12050 Barbaresco (CN)
Tel. +39/01 73 63 51 58
Fax +39/01 73 63 52 56

Daten | Fakten

Inhaber	Familie Gaja
Rebfläche	58 ha
Rebsorten	65 % Nebbiolo, 20 % weitere Traditionssorten, 15 % internationale Sorten
Jahresproduktion	300 000 Flaschen

Mit dem Jahrgang 1996 versucht Angelo Gaja das Rad der Geschichte zurückzudrehen. Von diesem Jahrgang an werden seine exquisiten Lagenweine aus Barbaresco und Barolo nur noch als Langhe Nebbiolo DOC vermarktet. Das prestigeträchtige DOCG bleibt allein dem Gaja Barbaresco, einer Cuvée aus 14 verschiedenen Lagen, vorbehalten. Gaja erläutert diese spektakuläre Entscheidung, die nach der offiziellen Lesart einer Abstufung gleichkommt, so: »Das war immer der wichtigste Wein meiner Familie, die Krönung der Arbeit meines Urgroßvaters, meines Großvaters und meines Vaters.«

In den letzten Jahren war dieser Wein immer mehr vom steigenden Prestige der Lagenweine in den Schatten gestellt worden. Mit einer wahrhaft titanischen Anstrengung gegen den Strom schwimmend, will Gaja dies jetzt ändern und die Geister, die er einst selbst gerufen hat, bannen. Eine späte Erkenntnis, die auch einigen Erzeugern in der Toskana aufging und sie veranlasste, ihren Chianti Classico für die Zukunft nach Bordelaiser Vorbild als Château-Konzept ohne Riserva neu zu positionieren. Ein Vierteljahrhundert hatten dies viele italienische Erzeuger anders gesehen und uns immer wieder neue Lagenweinen, spezielle Selektionen und Cuvées eingeschenkt und durch diese Atomisierung ihres Potenzials den eigentlichen Grand Vin zum zweitklassigen Basiswein degradiert. Die meisten haben auch heute noch nicht begriffen, dass dies der falsche Weg ist. Während die Fachpresse auf das Gaja-Experiment eher abwartend bis zwiespältig reagierte, blieben die Gajafans im Publikum von dem Sinneswandel ihres Idols unbeeindruckt. DOC hin, DOCG her – der Markt nimmt die Weine nach wie vor problemlos zu Höchstpreisen auf.

1997 Barbaresco

Dunkles, dichtes Rubinrot. Eine Nase, geprägt von Kirsch- und Himbeerfrucht, aber auch von etwas Schokolade. Am Gaumen eine kräftige Säure und ein gutes Tanningerüst. Verschließt sich in diesem jugendlichen Zustand im Glas, macht erst mal richtig zu und zeigt sich für einige Zeit von seiner abweisenden Seite. Erst nach ein bis eineinhalb Stunden ist er wieder da, verwandelt, etwas zugänglicher, jetzt nach Pflaumenkompott, Blaubeeren duftend, nach Rumgrenache und Mandeln.

Capital-Index	***164***
Scheuermann-Note	***90***
Anzahl der Flaschen	***90 000***
Marktpreis	***DM 110,00***
Platzierung	***77 (rot)***

1996 Costa Russi

Dunkles, tiefes Rubinrot. Zunächst sehr verschlossen, aber mit einer schönen Mineralität. Muss unbedingt dekantiert werden. Erst nach zwei, drei Stunden zeigt dieser junge Wein mehr Süße in der Nase, Kirschkonfitüre und noch zwei Stunden später Kokosflocken, Marzipan, etwas Lakritz und Krokant, feine Röst- und Karamellaromen. Anfangs nur verschlossen und konzentriert, ohne präzise Aromatik, dann aufgehend, fleischig und dickflüssig mit einer schönen Süße von roten Früchten. Würze und Mineralität am Gaumen, mit einer markanten Säure und schwarzen Taninnen. Sehr lang und reich nachklingend.

Capital-Index	***171***
Scheuermann-Note	***92***
Anzahl der Flaschen	***9000***
Marktpreis	***DM 250,00***
Platzierung	***70 (rot)***

Bruno Giacosa

Casa Vinicola Bruno Giacosa
Via XX Settembre 52
I-12057 Nieve Cuneo
Tel. +39/0 17 36 70 27
Fax +39/01 73 67 74 77

Daten | Fakten

Inhaber	Bruno Giacosa
Rebfläche	14 ha
Rebsorten	Barbera, Nebbiolo, Dolcetto
Jahresproduktion	500 000 Flaschen

Seit bald einem halben Jahrhundert beschäftigt sich Bruno Giacosa vor allem mit einem: der Qualität der Lagen und der Trauben. Aber im Gegensatz zu seinem Großvater Carlo und seinem Vater Mario, die sich mehr oder minder darauf beschränkten, als Mediatori Trauben von den Bauern zu kaufen und an die großen Kellereien zu verkaufen, setzt er sein phänomenales Wissen auch ein, um selbst Wein zu erzeugen.

Zwar füllte auch Mario Giacosa schon Weine unter dem Familiennamen ab, aber erst sein Sohn Bruno begründete die Legende der Giacosa-Weine. Giacosa ist Perfektionist, und ein konsequenter dazu. Wenn ein Wein nicht nur seinen Namen, sondern auch noch die Bezeichnungen Riserva Speziale auf dem Etikett tragen darf, dann muss schon wirklich alles stimmen. Das ist aus mancherlei Gründen in den letzten Jahren schwierig geworden. Zum einen spielte die Natur nicht immer mit, und zum andern ist es selbst für einen alten Fuchs wie Giacosa nicht mehr ganz so einfach, das beste Traubenmaterial zu kaufen, seitdem auch in Piemont die Preise explodiert sind. Um dieses Problem zu lösen, bewirtschaftet die Familie, die bis in die 80er-Jahre keine eigenen Weinberge besaß, heute knapp 14 Hektar in einigen der besten Lagen von Barolo und Barbaresco (z. B. Asili) in eigener Regie.

Der erste Barbaresco Riserva im unverwechselbaren Giacosa-Stil war der 61er. Seit dem Jahrgang 1964 werden die absoluten Spitzenweine mit einem dunkelroten Etikett, der so genannten »etichetta nera«, ausgezeichnet. Diese sehr traditionell gemachten Weine sind nicht so einfach zu verstehen wie die opulenten Fruchtbomben der Modernisten. Es sind Weine, die polarisieren. Anfangs wirken sie oft kaum genießbar, verschlossen, hart und teerig. Sie brauchen Jahre, um sich zu öffnen und durchlaufen dazwischen (wie große Bordelaiser Weine) immer wieder Phasen der Unzugänglichkeit. Aber wenn sie sich gefunden haben, die trockenen Tannine der beerigen Süße weichen, dann entwickeln sie über Jahrzehnte einen Reichtum und eine Opulenz wie man sie sonst kaum in Piemont findet.

Solche Weine produziert Giacosa zum einen nur in absolut herausragenden Jahren und er bringt sie dann auch erst nach einer gebührend langen Ausbauzeit auf den Markt. In der ersten Hälfte der 90er-Jahre war ihm kein einziger Jahrgang wertvoll genug für eine Riserva Speziale. Erst aus dem großartigen Jahrgang 1996 (den Giacosa mit 1971 vergleicht) wird es diese Weine wieder geben und zwar als Barbaresco Asili und Barolo Faletto. Doch diese kommen erst 2001 bzw. 2002 auf den Markt.

1990 Santo Stefano di Neive Barbaresco Riserva

Brillantes, mitteldunkles Granatrot mit deutlichem Rubinkern. Die Nase zeigt anfangs etwas Frucht, aber hauptsächlich Aromen, die in die würzige, gekochte Richtung gehen. Auch erdige Töne wie frischen Waldboden kann man erschnuppern. Mit der Zeit verstärkt sich die leichte unterschwellige Süße von Walderdbeeren bis hin zu einem ungewöhnlichen Cassiston, um sich nach ein, zwei Stunden mit Assoziationen von Kräutern, dunklem Brot und Kaffee aus seiner offenen Phase zu verabschieden. Liefert in der Nase ein weites Duftspektrum, das große Hoffnungen weckt. Im Mund erschreckend kraftvoll. Tannine, die den Mund bis in den letzten Winkel mit Pelz auskleiden. Andererseits so viel Frucht und Saft, dass der Gaumen sofort nach dem nächsten Schluck verlangt. Eine unbändige Kraft. Es fällt schwer, die richtigen Worte zu finden. Auf jeden Fall zählt er zu den besten Weinen, die Giacosa je gemacht hat. Zukunft für mindestens 20 Jahre, wenn nicht mehr.

Capital-Index	***166***
Scheuermann-Note	***95***
Anzahl der Flaschen	***12 200***
Marktpreis	***DM 148,00***
Platzierung	***75 (rot)***

1990 Barolo Falletto

Dunkles Granatrot. Zum Beginn die charakteristische Nase eines noch unfertigen großen Barolo mit etwas teerigen Noten, Herbstlaub und Unterholz sowie etwas Trüffel. Später zeigt er mehr und mehr Frucht (Kirsche, Cassis und Himbeere) mit etwas Heublumen, Johannisbrot, Tabak und immer stärker Trüffel. Am Gaumen eine herrliche Süße und Opulenz, schöne weiche, aber dennoch pelzige Tannine. eine nahezu perfekte Expression der Sorte Nebbiolo.

Capital-Index	***167***
Scheuermann-Note	***96***
Anzahl der Flaschen	***12 900***
Marktpreis	***DM 148,00***
Platzierung	***74 (rot)***

La Spinetta

Via Annunziata 17
I-14054 Castagnole delle Lanze (AT)
Tel. +39/01 41 87 73 96
Fax +39/01 41 87 75 66
laspinetta@vinobit.it

Daten | Fakten

Inhaber	Brüder Rivetti
Rebfläche	84 ha
Rebsorten	25 % Nebbiolo, 35 % Moscato, 25 % Barbera, 10 % Chardonnay, 5 % Cabernet Sauvignon
Jahresproduktion	400 000 Flaschen

Dass der Barbera heute weltweit einen ähnlich hohen Stellenwert genießt wie die piemontesischen Nobelweine Barolo und Barbaresco, ist einer Hand voll Enthusiasten zu verdanken, allen voran dem leider viel zu früh verstorbenen Giacomo Bologna. Aber auch Michele Chiarlo, Elio Altare und vor allem die Brüder Rivetti haben es mit ihren großartigen Weinen ab Ende der 80er-Jahre geschafft, dieser autochthonen Rebsorte, die lange als drittklassig galt, zu einem neuem Renommee zu verhelfen. Aus dem bäurischen Vespertrunk wurde ein Wein für die große Tafel. Heute zählen die besten Barbera-Weine wie der Pin zur Elite, nicht nur des Piemont.

Die Ursprünge der Rebsorte Barbera liegen im Dunkeln. 1799 wird sie erstmals als »Vitis vinifera Monferratensis« in der Literatur erwähnt. Sie wächst heute außer in Piemont auch im Oltrepo Pavese, in der Franciacorta, im Valpolicella, im Trentino, in der Emilia und in Süditalien. Sogar in Kalifornien und Argentinien stehen Barbera-Reben. Ihre eigentliche Heimat aber ist das Piemont. Dort sind über 30 000 Hektar mit Barbera bestockt. Damit ist sie die am häufigsten angebaute Sorte der Region. Die Gebrüder Rivetti haben seit dem legendären 90er Jahrgang mit ihrem Pin – der Name ist die Koseform für Vater Giuseppe – einen Meilenstein für den modernen Barbera gesetzt. Dabei gingen sie ähnlich wie Michele Chiarlo mit seinem Countacc! den Weg der Cuvée, im Zusammenspiel mit Nebbiolo und Cabernet Sauvignon konsequent auf lange Lagerfähigkeit in 100 Prozent neuen Barriques ausgebaut. Inzwischen haben sie mit dem reinen Lagenbarbera Vigneto Gallina längst den nächsten Meilenstein gesetzt, und auch in Sachen Barbaresco mischen sie ziemlich weit oben mit.

1997 Pin

Dichtestes dunkles Rubinviolett. In der ersten halben Stunde: verschlossen, konzentriert und abweisend. Reichlich Röstaromen, etwas Stall und dann langsam Schokolade, Brombeere, Kirschfrucht. Am Gaumen eine heftige Säure, herb, kantig und hart, aber dahinter unendlich saftig und lang mit einer vollreifen Kirschfrucht. Ein Wein für Übermorgen. Man sollte ihm unbedingt noch zehn bis 15 Jahre der Reife gönnen.

Capital-Index	***145***
Scheuermann-Note	***93***
Anzahl der Flaschen	***2400***
Marktpreis	***DM 60,00***
Platzierung	***166 (rot)***

1997 Barbera d'Alba Vigneto Gallina

Dunkles Rubinviolett. Konzentrierte Nase mit Brombeerfrucht und Pflaumenkompott, Schokolade, Rosinen, Kruste von süßem Käsekuchen. Sehr kompakt, konzentriert. Viel Holz. Am Gaumen enorm fleischig und fruchtig, kraftvoll, aber auch mit viel Schmelz. Langer Abgang. Barbera in Bestform!

Capital-Index	***141***
Scheuermann-Note	***94***
Anzahl der Flaschen	***7000***
Marktpreis	***DM 55,00***
Platzierung	***180 (rot)***

1996 Barbaresco Vigneto Gallina Vürsù

Dunkles Rubinrot. Sehr feine Würze, sehr komplex, aber noch etwas verschlossen. Am Gaumen ein erstaunlich weicher, harmonischer und opulenter Barbaresco. Macht zwar auch noch etwas Pelz mit seinen Tanninen, öffnet sich aber allmählich mit einem süßen, verführerischen Schmelz.

Capital-Index	***138***
Scheuermann-Note	***90***
Anzahl der Flaschen	***18 000***
Marktpreis	***DM 81,00***
Platzierung	***202 (rot)***

Aziende Vinicole Miceli

Via Ammiraglio Denti di Piraino, 9
I-90100 Palermo
Tel. +39/09 16 39 61 11
midl@gestel.net

Daten | Fakten

Inhaber	Familie Miceli
Rebfläche	36 ha
Rebsorten	25 % Merlot, 25 % Chardonnay, 25 % Syrah, 25 % Cabernet Sauvignon
Jahresproduktion	1,6 Mio Flaschen

Selten traf die Metapher vom »Phönix aus der Asche« so zu wie auf die Weine der Insel Pantelleria. Das Eiland zwischen Sizilien und dem tunesischen Cap Bon mit seinen 7500 Einwohnern ist vulkanischen Ursprungs und übersät mit Millionen schwarzer Gesteinsbrocken aus erstarrter Lava. Seit 5000 Jahren sammeln die Menschen – Phönizier, Griechen, Römer, Normannen, Araber, Spanier – diese Steine und schichten sie zu Mauern und Terrassen, die die Insel wie ein gigantisches, labyrinthisches Netz überziehen und die fruchtbare, braune Erde davor bewahren, ins Meer gespült zu werden. Seit alters her wurden hier neben Kapern Zibibbo-Trauben angebaut, wenn auch in geringerem Umfang, und nach der antiken Passito-Methode verarbeitet. Dazu werden sie vor dem Keltern auf den Terrassen in der Sonne getrocknet. Zibibbo, diese Mutation der Sorte Muscat d'Alexandrie, kam vermutlich vor fast 3000 Jahren mit den Phöniziern auf die Insel. In der zweiten Hälfte des 19. Jahrhunderts erlebte der Passito di Pantelleria parallel zum Aufstieg des Marsala eine kurze Zeit der Blüte. Da sich die örtliche Genossenschaftskellerei aber auf die Herstellung von Konzentrat spezialisierte, begann auch sogleich wieder der Abstieg. Als dieser Quasi-Monopolist dann 1992 seine Traubenlieferanten nicht mehr bezahlen konnte, ergab sich die Chance eines Neuanfangs. Insulare Einzelkämpfer wie Salvatore Murana, aber auch Investoren wie Pellegrino und Donnafugata aus Sizilien begannen, Weine mit hohem Qualitätsanspruch zu produzieren. Einer der Pioniere war Ignazio Miceli, der bereits 1985 eine kleine Kellerei in Rakhale im Südwesten der Insel erworben hatte, aber zehn Jahre mit den Behörden kämpfen musste, bis alle Genehmigungen zum Betrieb vorlagen. Dazu muss man wissen, dass die Insel dreifach geschützt ist. Sie steht als Ganzes weitgehend unter Denkmal- und Naturschutz und ist außerdem wegen ihrer strategischen Lage ein militärischer Sonderbezirk. Als Miceli im September 1998 im Alter von erst 53 Jahren starb, konnte er nicht einmal die Erstproduktion seiner beiden Weine Yanir und Yrnm erleben. Doch das von ihm installierte Management und vor allem Antonio Daietti, der leitende Önologe vor Ort, führen sein Werk heute mit der gleichen Energie fort – nicht nur in Hinsicht auf die produzierte Menge des Basisweins Tanit, sondern auch, was die Selektionen und Experimente anbelangt. So entstand bei Bukkuram ein Versuchsweingarten mit 90 verschiedenen Klonen von Moscato und ungefähr 40 mediterranen roten Rebsorten wie Tempranillo, Grenache, Cabernet Sauvignon, Syrah, Carignan, Mourvèdre etc.

Im Jahr 2000 kamen aus dieser Kellerei, die heute über 500 000 Kilo Trauben aufnimmt und verarbeitet, erstmals zwei Weine, die jeder in seiner Art eine neue Qualitätsspitze für die kleine Insel definieren. Beim jahrgangslosen Nun (wie bei Tanit und Yanir stammt der Name aus dem phönizischen Pantheon der Gottheiten) handelt es sich um den vermutlich ersten und bislang einzigen Passito Naturale (also nicht aufgespritet), der zu 100 Prozent in neuen Barriques ausgebaut wurde. Er besteht aus einem Verschnitt der Jahrgänge 1997 und 1998 und hat einen Restzuckergehalt von 130,5 Gramm bei 14 Vol.-% Alkohol. Aus dem Jahrgang 1999 kommt schließlich die erste mir bekannte Essentia aus Pantelleria. Trauben dieser Qualität (sie bestehen im getrockneten Endzustand zu 60 Prozent aus Zucker) werden dem Vertragswinzer zum stolzen Preis von 1200 Mark je 100 Kilo entgolten. Daraus lassen sich dann gerade mal 40 Liter Saft pressen. Das fertige Produkt, das ich aus dem Tank probieren konnte, kurz bevor es »in purezza« gefüllt wurde, hat 14 Vol.-% Alkohol und 200 Gramm Restzucker.

Nun

Bernsteinfarben. Ein sehr feines Bukett mit dem Duft von Aprikosen, Orangenblüten, Vanille, Rosinen und Muskat. Obwohl er nur langsam und dickflüssig über die Zunge läuft, wirkt der Wein erstaunlich frisch. Er hat die aus dem Holz geborgten Tannine völlig verschluckt. Zeigt eine weiche, cremige Frucht Der hohe Alkoholgehalt ist kaum spürbar. Etwas schokoladig im Abgang.

Capital-Index	***111***
Scheuermann-Note	*91*
Anzahl der Flaschen	***12 500***
Marktpreis	***DM 29,00***
Platzierung	***66 (süß)***

1999 Essentia

Was für ein herrlicher Wein! Was für ein köstliches Konzentrat! Leuchtend helles Bernsteingelb. Sehr feine Kräuterwürze in der Nase mit Orangenblüten, Muskat und Aprikose. Opulent und dickflüssig am Gaumen mit der ganzen sirupartigen Fülle und Süße orientalischen Naschwerks: Honig, Nuss, Mandeln und Pistazien, Rosinen, Datteln und Feigen, etwas Karamell. Dabei aber alles wohldosiert, balanciert und verwoben, öligweich fließend, durch den reduktiven Ausbau aber auch mit der nötigen Frische der Frucht. Klingt lange und tief nach.

Capital-Index	***116***
Scheuermann-Note	*94*
Anzahl der Flaschen	***5000 (0,5 l)***
Marktpreis	***DM 50,00***
Platzierung	***64 (süß)***

Tasca d'Almerita

C. da Regaleali
I-93010 Vallelunga (CL)
Tel. +39/09 21 54 40 11
Fax +39/09 21 54 27 83
info@tascadalmerita.it

Daten | Fakten

Inhaber	Familie Tasca d'Almerita
Rebfläche	360 ha
Rebsorten	11 % Inzolia, 9 % Cabernet Sauvignon, 13 % Nero d'Avola, 4 % Cataratto bianco, 11 % Chardonnay, 23 % Varietà tasca, 4 % Merlot, 0,5 % Moscato giallo, 5,3 % Nerello Mascalese, 5,4 % Perricone, 5,6 % Pinot bianco, 3,3 % Pinot noir, 0,5 % Sauvignon blanc, 3 % Syrah, 1,4 % Trebbiano Toscano
Jahresproduktion	2,8 Mio. Flaschen

Der sizilianische Romancier Luigi Capuana muss wohl an einen Wein wie den Rosso del Conte oder den Cabernet Sauvignon von Tasca d'Almerita gedacht haben, wenn er seinen Marchese von Roccaverdina im Gespräch mit den Herren im Casino schwärmen lässt: »Unsere Weine kauft Frankreich zu einem Pappenstiel und schickt sie uns dann als Bordeaux zurück ... Ich habe nur so zur Probe Weine hergestellt, vor denen jeder Bordeaux, Sherry und Rheinwein der Welt verblassen würde.« Damals, im Jahr 1901, als er diesen Roman – einen der Klassiker der neueren italienischen Literatur – schrieb, gab es weder den einen noch den anderen Wein. Aber natürlich gab es auch zu dieser Zeit genügend tiefdunkle Rotweine aus der traditionellen Rebsorte Nero d'Avola, die im Fass nach Bordeaux geliefert und dann verschnitten wurden. Das ließe sich im Einzelfall leicht mit Auftragsbüchern und Rechnungen belegen.

Die Weinberge, aus denen der Rosso del Conte stammt, wurden allerdings erst in den Jahren zwischen 1959 und 1975 angelegt und der Weingarten San Francesco für den Cabernet erst Mitte der 80er-Jahre, und zwar im Herzen der Insel, nahe der Ortschaft Valledolmo. Dort hatten die Grafen Tasca d'Almerita in den 30er-Jahren des 19. Jahrhunderts das damals 1200 Hektar große Landgut Regaleali erworben. Unter diesem Appellations- bzw. Markennamen produziert die Familie hier heute eine Serie von respektablen Alltagsweinen, darunter einen der besten Rosés, die ich kenne. Höchst bemerkenswert, wenn auch sehr selten und nicht eben preiswert, ist der nach der Champagnermethode hergestellte üppige Spumante aus 100 Prozent Chardonnay. Weitere Prestigeweine sind der weiße Nozze d'Oro (je zur Hälfte aus Sauvignon blanc und Inzolia) und Cygnus, eine rote Cuvée aus den Sorten Nero d'Avola und Cabernet Sauvignon.

Während frühere Generationen auf Regaleali nur Wein für den Hausgebrauch der Familie kelterten, hat Giuseppe Tasca d'Almerita seit den 70er-Jahren das Weinmachen professionalisiert, und zwar in zweierlei Hinsicht: Zum einen hat er das historische Gut mit allen Raffinessen moderner Technik ausgestattet; zum anderen betreibt er in der Abgeschiedenheit von Regaleali Landwirtschaft und Weinbau mit ökologischem Ethos und mit höchstem Qualitätsanspruch. Bei seinen beiden roten Prestigeweinen Rosso del Conte und Cabernet Sauvignon achtet er ganz besonders auf die Einhaltung niedriger Erträge, je nach Jahrgang zwischen 22 und 40 hl/ha. Diese hochkonzentrierten Weine lagern über ein Jahr in zu 50 Prozent neuen französischen Barriques, ehe sie ungeschönt und unfiltriert auf Flaschen gezogen werden.

1998 San Francesco Cabernet Sauvignon

Dunkles Rubinrot. Intensive Schokolade und Kirsche in der Nase, dazu eine schöne, teerig-rauchige Würze. Saftig, samtige Tannine, langer Abgang. Kaffeearomen, Toast, angeröstete Pflaumen. Kraftvoll, dicht, gute Textur, reichlich Tannin. Dabei aber saftig und fleischig wie dicke Cassismarmelade.

Capital-Index	***136***
Scheuermann-Note	***91***
Anzahl der Flaschen	***47 000***
Marktpreis	***DM 40,00***
Platzierung	***206 (rot)***

1998 Rosso del Conte

Rubinrot. Verschlossene Nase, die nur teilweise erahnen lässt, welche Würze dieser Wein eines Tages einmal zeigen wird. Konzentrierte Frucht, Toast und Pfeffer. Am Gaumen bereits zugänglicher, mit einer schokoladigen Kirschensüße wie Schwarzwälder Kirschtorte. Saftig, nachhaltig, guter Abgang. Zukunft für einige Jahre. Im Nachklang geröstete Würzaromen.

Capital-Index	***133***
Scheuermann-Note	***90***
Anzahl der Flaschen	***90 000***
Marktpreis	***DM 28,00***
Platzierung	***224 (rot)***

Marchesi Antinori

Piazza degli Antinori 3
I-50123 Firenze (FI)
Tel. +39/0 55 28 22 02

Daten | Fakten

Inhaber	Marchese Piero Antinori
Rebfläche	1650 ha
Rebsorten	Sangiovese, Trebbiano, Cabernet Sauvignon, Merlot, Sauvignon blanc, Chardonnay u. a.
Jahresproduktion	keine Angaben

Aus einem reinen Handelshaus hat sich das Unternehmen der Marchesi Antinori in den letzten beiden Jahrzehnten zu einem der größten privaten Weingutsbesitzer Italiens entwickelt, der mit einem beachtlichen Tempo weiter expandiert. Seit 1994 wurden 15 bis 20 Prozent des Gesamtumsatzes in neue Keller, Weinberge und ganze Weingüter investiert. Allein in der Toskana sind es zwölf einzelne Betriebe in allen wichtigen Subregionen wie Santa Christina, Pèppoli, Badia a Passignano (Chianti Classico), Pian delle Vigne (Montalcino), La Braccesca (Montepulciano), Belvedere (Bolgheri). 1995 kam das piemontesische Gut Prunotto unter die Fittiche von Antinori und schließlich Torrmaresca in Apulien. Hier wollen die Antinoris in großem Stil Weine produzieren, mit denen sie sowohl in Preis wie auch im Typus der überseeischen Konkurrenz aus Australien und Chile Paroli bieten wollen. Sieben Millionen Flaschen sollen es werden. In Kalifornien erwarben sie Atlas Creek und es gibt Joint Ventures in Ungarn, Malta und Washington State. Ohne Frage: Antinori ist heute einer der kompetentesten europäischen Anbieter in den Bereichen einfacher, mittlerer und guter Qualitäten. Zwar hat diese Pyramide auch eine Spitze, aber die hat – so scheint es – etwas an Glanz eingebüßt. Der Tignanello – einer der ersten so genannten Supertoskaner – ist heute nicht mehr als ein gehobener Schickeriawein, da gebe ich meinem Kollegen Stuart Pigott völlig Recht. Dieser Wein ist Glas für Glas und Flasche für Flasche schlicht langweilig.
Auch bei dem anderen hoch bewerteten Flaggschiff, dem Solaia (einer Cuvée aus 80 Prozent Cabernet und 20 Prozent Sangiovese) muss man das eine oder andere Fragezeichen setzen. Gewiss, der 97er Solaia ist kein schlechter, sondern ein durchaus schöner Wein. Vor allem aber ist er ein unverschämt teurer Wein, bei dem man sich doch fragen muss, ob er sein Geld wert ist. Vor allem dann, wenn man weiß, welche Prachtexemplare andere Erzeuger in der Chianti-Classico-Zone in diesem doch auch für die nördliche Toskana sehr guten Jahr gemacht haben. Es gibt nicht wenige Chianti Riserva, die einen Bruchteil des Solaia kosten, ihn aber deutlich übertreffen. Aber so ist es halt in der Welt der Schönen und Reichen – auf dem Boulevard der Eitelkeiten zählt nur der Name. Und wenn das Jahr dazu auch noch gut bewertet ist, kauft man alles, auch wenn es viel zu teuer ist. In der Vorbereitung zu diesem Buch haben wir den Solaia z. B. neben dem Don Melchor aus Chile und dem Cabernet von Boekenhoutskloof aus Südafrika probiert. Die beiden Exoten waren ihm ganz klar überlegen. Und im direkten Vergleich mit dem Erzrivalen Ornellaia aus Bolgheri kann es erst

recht überhaupt keinen Zweifel geben, welchen Wein man vorziehen sollte.

Doch es gibt auch bei Marchesi Antinori einen Lichtblick am Horizont, und der erstrahlt nahe der Grenze zu Umbrien. Auf dem neuen Gut La Braccesca in Montepulciano wird seit drei Jahren neben einem beachtlichen Vino Nobile (bei der Fassprobe des 99ers war ich beinahe versucht, einem Vino Nobile di Montepulciano erstmals 90 Punkte zu geben) ein ganz herausragender Merlot produziert, der sich gleichwertig mit Avignonesis Desiderio fühlen darf und der den viel gepriesenen Campoleone von Lamborghini locker übertrifft. Leider ist er in Deutschland derzeit nicht verfügbar. Bleibt zu hoffen, dass sich das 2001 mit dem Importeurswechsel ändern wird.

1997 Solaia

Rubinrot. Sehr feine Nase, etwas verhalten. Etwas Himbeere und dunkle Brotrinde. Am Gaumen elegant, angesichts von 13,5 Vol.-% Alkohol überraschend leichtgewichtig. Braucht einige Zeit im Glas, um sich zu entwickeln. Die Tannine sind leicht rauchig, etwas pelzig, haben einen Fichtennadel-Bitterton am Gaumen. Entwickelt mit der Zeit feine rote Frucht und etwas Minze. Es fehlt aber an Extrakt. Man hat den Eindruck, der Cabernet sei nicht völlig ausgereift gewesen. Vor allem ist der Wein zu kurz im Abgang. Für 1997 enttäuschend, und erstaunlicherweise kommt er an den deutlich besseren Vorgänger (91 Punkte) aus dem schwächeren Jahr 1996 nicht ran.

Capital-Index	***161***
Scheuermann-Note	*89*
Anzahl der Flaschen	***keine Angaben***
Marktpreis	***DM 160,00***
Platzierung	***89 (rot)***

1998 La Braccesca Merlot

Schwarzrubin. Eine Nase mit viel Schokolade, Vanille, Nuss und dunklen Früchten wie Pflaume, Brombeere. Im Mund ein dicker, fleischiger, dabei aber eher weicher Wein mit einer samtigen Textur. Am Gaumen opulent, konzentrierte süße Brombeerfrucht. Im Abgang dann deutliche schwarze Toast- und Holzkomponenten.

Capital-Index	***151***
Scheuermann-Note	*92*
Anzahl der Flaschen	***keine Angaben***
Marktpreis	***DM 50,00***
Platzierung	***125 (rot)***

Avignonesi

Via Graciano nel Corso, 91
53045 Montepulciano (SI)
Tel. +39/05 78 75 78 72
Fax +39/05 78 75 78 47
avignonesi@avignonesi.it
www.avignonesi.it

Daten | Fakten

Inhaber	Gebrüder Falvo
Rebfläche	ca. 110 ha
Rebsorten	Sangiovese, Merlot, Cabernet Sauvignon, Sauvignon blanc, Chardonnay
Jahresproduktion	ca. 600 000 Flaschen

Manche Weingüter sind zuverlässig wie eine Bank. Die gesamte Kollektion ihrer Weine weist ein gleichmäßig hohes Niveau auf. Jeder Wein ist genau das, was er sein soll und gehört in seiner jeweiligen Preisklasse in puncto Qualität zur Spitzengruppe. So ein Betrieb ist die Cantine Avignonesi in Montepulciano, und dies bei einer auch quantitativ beträchtlichen Produktion, die bei rund 600 000 Flaschen pro Jahr liegt. Das 1530 gegründete Unternehmen mit seinen rund 110 Hektar Weinbergen gehört seit 1974 zum Besitz der ehemaligen Hoteliersfamilie Falvo. Die Weine aus den vier Gütern La Selva, I Poggetti, Le Capezzine und La Lombarda haben durchgängig eine bemerkenswert hohe Qualität, vom unkomplizierten Bianco bis zur hochwertigen Riserva und dem legendären Vin Santo Occhio di Pernice.

Dass der Vino Nobile di Montepulciano heute eine Reputation hat wie schon lange nicht mehr, liegt zu einem nicht unerheblichen Teil an den Maßstäben, die das Gut seit den 80er-Jahren für diesen in der Barockzeit schon einmal berühmten Wein neu gesetzt hat.

Gipfelpunkt ist hier der Grande Annata, eine Premium-Riserva des Vino Nobile, die bislang erst dreimal produziert wurde: 1990, 1993 und 1997. Außer für den Vino Nobile ist das Gut vor allem aber berühmt für seine charaktervollen IGT-Weine (zukünftig DOC Cortona) mit niedrigen Erträgen (teilweise unter 25 hl/ha) und massivem Barrique-Ausbau wie die beiden Weißweine Il Vignola (Sauvignon blanc) und Il Marzocco (Chardonnay) sowie für den roten Desiderio. Bis zum Jahrgang 1996 war dies ein lupenreiner Merlot. Dann wurde das Konzept, basierend auf einer zehnjährigen Erfahrung in der Vinifikation, geändert. Seither handelt es sich um eine Cuvée, die sich überwiegend aus Merlot zusammensetzt, mit einem kleinen Anteil von Cabernet Sauvignon (1997 ca. 15 Prozent). Der Desiderio wird je nach Qualität des Jahrgangs zwölf bis 18 Monate in Barriques ausgebaut und unfiltriert gefüllt. Die Fässer werden jährlich zu einem Drittel erneuert. Der Desiderio zählt zu den herausragenden Rotweinen Italiens, er ist einer jener »Supertuscans«, die dieses Prädikat wahrhaftig verdient haben.

Der erste Desiderio (benannt ist der Wein nach einem legendären Zuchtstier, der auch das Etikett ziert) wurde 1988 vinifiziert. Er galt – vor allem in den herausragenden Jahrgängen 1988 und 1990 – in den 90er-Jahren unter Kennern als einer der »most underrated values« der Toskana. Inzwischen zahlt man bis zu 200 Mark und mehr für eine Flasche, die vor wenigen Jahren noch für weniger als 50 Mark zu haben war. Diese Weine waren anfangs sehr massiv und verschlossen und haben auch heute noch nicht ihre volle Trinkreife erreicht. Nur hat dies damals innerhalb und außerhalb Italiens kaum jemand verstanden. Die Jahrgänge 1997 und 1998 sind von ähnlicher Qualität wie 1988 und 1990, und 1999 übertrifft alle Erwartungen. Deshalb wird der Desiderio auch erstmals in Subskription angeboten.

Eine Klasse für sich ist der Vin Santo von Avignonesi. Schon die Normalausführung übertrifft alle anderen Weine, die diesen Namen tragen und eigentlich nur dazu taugen, dass man das landestypische Mandelgebäck solange in sie eintunkt, bis ein Brei entstanden ist, den man dann mehr schlürft als trinkt. Mit dem Vin Santo von Avignonesi sollte man das nicht tun, schon gar nicht mit dem Occhio di Pernice.

Dies ist der König unter den Dessertweinen Italiens. Von ihm werden im Schnitt nicht mehr als 1200 halbe Flaschen pro Jahr gefüllt. Die »Mutter« dieses Weins ist über 150 Jahre alt. 20 Prozent der jährlichen Produktion verbleiben stets im Fass, wodurch die Mutter sich nicht nur ständig regenerieren kann, sondern auch langsam wächst. Die Trauben für diesen Wein, ausschließlich die rote Sorte Prugnolo gentile, werden selektiv in Il Poggetti gelesen. Der Wein lagert dann elf Jahre in der Vinsantaia in Le Capezzine in speziellen Caratelli und erreicht bei einem Alkoholgehalt von ca. 16,5 Volumenprozent ein Höchstmaß an Konzentration. In den Jahren 1982 bis 1987 erzielte dieser Wein, der nur limitiert abgegeben wird, stets Bewertungen zwischen 90 und 100 Punkten. Der 87er Occhio di Pernice wird zu den absoluten Jahrhundertweinen Italiens gezählt. Beim Grand Prix Degustation 1999 in Hamburg zeichnete ihn die Sommelier-Jury als »Süßwein des Jahres« aus in einem Wettbewerb, an dem die Elite der europäischen Dessertweinspezialisten (u. a. Kracher, Frey, Weil, Château Pajzos etc.) mit ihren besten Gewächsen beteiligt war. Mit 19,8 Punkten erzielte der Occhio di Pernice die höchste jemals in der Geschichte des Wettbewerbes ausgesprochene Bewertung.

1988 Occhio di Pernice

Ein recht dunkles Kastanienbraun mit einem leicht hellen Rand. Konzentrierte Nase, in der Rosinensüße und ein wundersamer Apothekenkräuterton mischen. Extrem dickflüssig. Zeigt am Gaumen kaum Frucht, sondern total Kaffee, Krokant, Schokolade, gebackene Rosinen und Pflaumen. Extrem lang und tief, dicht, weich. Ein ebenso imposantes Elixier wie der 87er. Es fehlt ihm zu den 100 Punkten des 87ers lediglich ein wenig die Explosivität, die Lebendigkeit, die diesen ganz besonders auszeichnen.

Capital-Index	***162***
Scheuermann-Note	***98***
Anzahl der Flaschen	***360 (halbe)***
Marktpreis	***DM 100,00***
Platzierung	***19 (süß)***

1997 Desiderio

Fassprobe der fertigen Assemblage vor der Füllung: Dunkles, tiefes Rubinviolett. Süße, satte Beerenfrucht in der Nase (Brombeere), dazu Vanille, Eichenduft, ein Hauch von Minze. Am Gaumen ziemlich harte, kantige Tannine, etwas beißend. Viel Bitterschokolade im Abgang, Mokka. Kräftige Säure, etwas Cassis, dazu Sauerkirsche. Aber alle Fruchtaromen sehr reif. Samtige Textur. Etwas streng im Augenblick, zeigt nur verhaltene Süße. Langer Abgang. Braucht viel Zeit zur Reife. Zukunft für mindestens zehn Jahre.

Capital-Index	***162***
Scheuermann-Note	***91***
Anzahl der Flaschen	***15 000***
Marktpreis	***DM 70,00***
Platzierung	***85 (rot)***

Castello di Brolio

Cantine del Castello di Brolio
I-53013 Gaiole (Chianti)
Tel. +39/05 77 73 01
Fax +39/05 77 73 02 25

Daten | Fakten

Inhaber	Barone Francesco Ricasoli
Rebfläche	227 ha
Rebsorten	100 % Sangiovese
Jahresproduktion	2,5 Mio. Flaschen

Als Francesco Ricasoli 1993 die volle Kontrolle über das traditionsreiche Unternehmen Barone Ricasoli übernahm, galt dieser einst klangvolle Name in der Welt des Weins nicht mehr sehr viel. Seit 1972, als der Getränkemulti Seagram & Sons die Mehrheit der Aktien und damit auch die Rechte an dem Markennamen übernommen hatte, war der einstige Vorzeige-Chianti mehr oder minder zu einem Massenprodukt verkommen. Die Ricasolis zogen sich auf das ihnen nach wie vor gehörende Castello di Brolio zurück.

Innerhalb eines halben Jahrzehnts riss der energische Francesco Ricasoli, beraten von dem renommierten Önologen Carlo Ferrini, das Ruder herum, erneuerte über 100 Hektar Rebfläche und präsentierte im Frühjahr 2000 mit dem Jahrgang 1997 den ersten »Château-Chianti«. Die gesamte Produktion des Betriebes wurde nach dem Vorbild von Bordeaux umgestellt. Ab sofort gibt es (ähnlich wie auch bei Fonterutoli) keine Riserva mehr, sondern nur noch einen »Grand Vin«, den Castello di Brolio aus den ältesten und besten Sangiovese-Weinbergen mit entsprechend niedrigen Erträgen, und daneben einen einfachen, Brolio genannten Chianti Classico.

Die Ricasolis sind von alters her einer der größten Weinbergsbesitzer in der Toskana. Daher waren sie in der Lage, in einem qualitativ wie auch quantitativ hervorragenden Jahr wie 1997 rund 200 000 Flaschen eines solchen Weins zu produzieren. 1998 wurden es dank einer entsprechend strengen Selektion 80 000 Flaschen weniger. Zum Vergleich: das entspricht etwa der Jahresproduktion von Château Palmer oder etwa der Hälfte von Lafite oder Margaux.

Castello di Brolio liegt in den südlichen Ausläufern des toskanischen Hügellandes. In diesem warmen, windgeschützten Mikroklima erreichen die Trauben einen besonders hohen Reifegrad. Brolio, das den Ricasolis seit 1141 gehört, ist sozusagen die Wiege des Chianti. Vor über 120 Jahren entwickelte hier Baron Bettino Ricasoli die Formel, nach der bis in die 70er-Jahre der Chianti als Verschnitt auf der Basis des Sangiovese, aber mit einem geringen Anteil weißer Trauben produziert wurde. Inzwischen geht die Tendenz eher in Richtung reinsortiger Sangiovese oder Cuvées mit nur kleinen Ergänzungen durch andere rote Trauben wie Canaiolo oder auch Cabernet Sauvignon. Der Ausbau wandelt sich mehr und mehr zu einer internationalen Barrique-stilistik, die jetzt auch von Brolio konsequent vertreten wird, mit einem 18-monatigen Ausbau in zu zwei Drittel neuen Barriques. 1924 schuf Baron Luigi Ricasoli schließlich jene Güter-Vereinigung, die sich zum Consorzio Chianti Classico enwickelte, aus dem sich Brolio vor rund 30 Jahren nach der Übernahme durch Seagram verabschiedete, um im Jahr 2000 in neuem Glanz zurückzukehren.

1997 Castello di Brolio

Dunkles dichtes Rubinrot. Ein wunderschönes Bukett mit dem Duft reifer Kirschen, Pflaumen, etwas Vanille, feine Röstaromen und Tabaknuancen. Am Gaumen dicht, fleischig mit opulenter schokoladiger Süße. Die Tannine hat der Wein perfekt integriert in seine weiche, samtige Textur. Reife Frucht, schöner Schmelz, langer Abgang. Ein Wein, der jetzt bereits sehr präsent ist, viel Freude bereitet, aber auch Zukunft für viele Jahre hat. Das setzt in der Relation aus stupender Qualität und Menge wirklich neue Maßstäbe für Chianti.

Capital-Index	***136***
Scheuermann-Note	***92***
Anzahl der Flaschen	***204 000***
Marktpreis	***DM 54,00***
Platzierung	***209 (rot)***

Podere Il Carnasciale

I-52020 Mercatale/Valdarno (AR)
Tel. +39/0 55 9 91 11 42
Fax +39/0 55 99 29 57

Daten | Fakten

Inhaber	Bettina Rogosky, Philip Rogosky, Sara Bonavoglia
Rebfläche	1 ha
Rebsorten	100 % Caberlot
Jahresproduktion	1000 Magnumflaschen

In einer verdeckten Probe würde so mancher einen Reinfall riskieren. Diesen Wein mit einem Pomerol oder auch einem Graves zu verwechseln ist vermutlich recht einfach. So dicht gepackt sind Frucht und Würze in seiner Struktur. So aristokratisch-streng und zugleich so verführerisch-süß stolziert er einem über die Zunge, weshalb ihn Burton Anderson auch einmal mit »einem Pomerol aus einem heißen Jahr« verglich. Aber er kommt weder vom rechten noch vom linken Ufer der Gironde, sondern geradewegs aus der Toskana, genauer gesagt von der Locanda Il Carnasciale bei Mercatale/Valdarno östlich des Chianti Classico in den Colli Arretini.
Dieses önologische Pracht- und Prunkstück ist einer Laune der Natur entsprungen: Wolf D. Rogosky, ein deutscher Medien-Aussteiger, kaufte sich in den 70er-Jahren Haus und Grund in Italien und begann 1985, nachdem ein großer Teil seiner Olivenbäume dem Frost zum Opfer gefallen waren, mit der Anlage eines Weinberges. Ein Südhang mit leichtem Gefälle, 0,3 Hektar groß und mit 3200 Pflanzen bestockt, ein knapper Quadratmeter pro Pflanze also. Diese werden so angeschnitten, dass sie nicht mehr als 500 Gramm Trauben produzieren. Als Rebsorte wählte er die äußerst seltene Caberlot. Diese autochthone Spontankreuzung aus Cabernet Sauvignon und Merlot hatte man in den 50er-Jahren auf den Colli Euganei bei Verona entdeckt und seither in einem Rebmuttergarten gezüchtet. Rogosky war fasziniert von diesem Kuriosum. Da er es nicht abwarten konnte, bis die ersten eigenen Trauben reiften, kelterte er den ersten Jahrgang aus dem gekauftem Lesegut des Rebmuttergartens oder besser gesagt, der Saft wurde mit den Füßen aus den Beeren gestampft. Im Jahr 1990 wurde die Jungfernernte des neuen Weingartens eine Beute der Wildschweine. Erst beginnend mit dem Jahrgang 1993 waren es dann überwiegend die eigene Trauben, aus denen der Caberlot gekeltert wurde. Seither wurde die Rebfläche behutsam ausgedehnt und umfasst heute einen Hektar. Es ist damit sicher eines der kleinsten Garagenweingüter der Welt.
Seit dem frühen Tod von Wolf Rogosky kümmern sich seine Frau Bettina und Sohn Philip samt Freundin Sara zusammen mit dem Önolgen Vittorio Fiore um die Vinifizierung. 18 Monate Ausbau in 100 Prozent neuen Barriques und ein gutes Jahr Flaschenlager machen aus dem dicken Saft der Trauben einen großen Wein, der ausschließlich in Magnum-

flaschen, seit 1996 auch in Doppelmagnum, manuell gefüllt wird. Um allzu heftigen Spekulationen vorzubeugen, werden die wenigen Flaschen in drei Tranchen über drei Jahre veröffentlicht. Der 97er ist nicht nur ein besonders guter, sondern auch ein besonders rarer Tropfen. Spätfröste im April und der extrem heiße Sommer, der die Beeren schrumpfen ließ, sorgten für eine natürlich Reduzierung der Erntemenge.

1997 Il Caberlot

Ein sehr tiefes, schwärzliches Rubinrot. Eine äußerst komplexe Nase, die bei entsprechender Karaffierung und Zeit eine wirklich fantastische Entwicklung durchläuft. Anfangs ein dunkles, konzentriertes Beerenkompott, leicht minzig, später mehr Kaffeenoten bis hin zu schwarzem Mokka, richtig animierend. Am Gaumen dickflüssig, weich wie warme Schokolade mit kandierten Orangen. Opulente Süße von Kirschen und Himbeeren, aber auch eine gute Säure und trotz des schon fast fetten Körpers eine differenzierte Struktur. Ein phänomenaler, grandioser Wein aus einem Riesenjahr. Es gibt wenig in der Toskana, was diesem Wein in 1997 das Wasser reichen kann.

Capital-Index	***123***
Scheuermann-Note	***96***
Anzahl der Flaschen	***650 Magnum***
Marktpreis	***DM 250,00***
Platzierung	***292 (rot)***

Collelungo

Loc. Collelungo
I-53011 Castellina in Chianti (SI)
Tel. +39/05 77 74 04 69
Fax +39/05 77 74 04 89
info@collelungo.com
www.collelungo.com

Daten | Fakten

Inhaber	Podere Collelungo S.r.l.
Rebfläche	11 ha
Rebsorten	Sangiovese
Jahresproduktion	40 000 Flaschen

Ein Name, der fast in Vergessenheit geraten war, den man sich aber nach seinem glanzvollen Comeback unbedingt merken muss: Collelungo. Vor 1969 gab es bereits Weine unter diesem Label. Es verschwand, als die damaligen Besitzer die Weinberge verpachteten. 1989 kauften Tony und Mira Rocca das Anwesen in Castellina samt des 82 Hektar umfassenden Landbesitzes, von denen aber nur elf Hektar für den Anbau von Wein benutzt werden. Diese sind gänzlich im Register für Chianti Classico eingetragen und liegen auf einer Höhe von ca. 500 Metern meist mit Südexposition. Der felsige Boden ist stark kalkhaltig und karg.

Zunächst restaurierten die neuen Besitzer die aus dem 14. Jahrhundert stammenden Gebäude und richteten sie mit Geschmack und Stil für den Agroturismo ein. Dann ließen sie die Weinberge komplett neu anlegen und investierten in einen modernen Keller. Das allein hätte aber wohl noch nicht gereicht, um diesem Wein innerhalb weniger Jahre zum Durchbruch zu verhelfen. Sie engagierten Alberto Antonini, den früheren Chef-Weinmacher von Antinori, als Kellermeister und als Weinbergsmanager Federico Curtaz, der diese Funktion lange Jahre bei Angelo Gaja innehatte. Mit dem großen Jahrgang 1997 gelang ihnen ein Superstart. Die Riserva gehört zu den absoluten Topfavoriten im Chianti und eine Fassprobe des 99er zeigte, dass dies erst der Anfang war. Der Wein besteht zu 100 Prozent aus Sangiovese und wird in kleinen Edelstahltanks vergoren. Die Mazeration dauert bis zu 30 Tagen, der Ausbau erfolgt in französischen Barriques. Der Wein wird ohne Schönung und Filtration gefüllt. Für die Riserva werden die Trauben besonders spät und mit höchstmöglicher Reife gelesen.

1997 Chianti Classico Riserva

Dunkles, dichtes Rubinrot. Eine sehr tiefe, undurchdringliche Farbe. Anfangs in der Nase viel Toast, dunkle Röstaromen, dazu schwarze Beeren in hochkonzentrierter Form. Auch Pflaumenkompott und Tabaknuancen, leichter Stallgeruch. Am Gaumen eine dichte, saftige Frucht (Kirschen, dunkle Beeren), etwas Schokolade, Pralinenmasse und viel Würze. Kräftige Säure mit Biss. Langer Abgang. Einer der seriösesten und zukunftsträchtigsten Chiantis dieses Jahrgangs.

Capital-Index	***131***
Scheuermann-Note	***92***
Anzahl der Flaschen	***5600***
Marktpreis	***DM 59,00***
Platzierung	***238 (rot)***

Le Corte Corsini

Via S. Piero di Sotto, 1
I-50026 San Casciano Val di Pesa
Tel. +39/0 55 82 01 23
Fax +39/05 58 29 00 89

Daten | Fakten

Inhaber	Principe Corsini
Rebfläche	47 ha
Rebsorten	Sangiovese, Merlot, Canaiolo, Colorino
Jahresproduktion	100 000 Flaschen

Der kurze, steile Aufstieg dieses traditionsreichen Gutes seit Mitte der 90er-Jahre wurde im Sommer 2000 durch die Veröffentlichung einer wirklich fabelhaften Riserva Cortevecchia des Jahrgangs 1997 gekrönt. Seit Duccio Corsini die Kellerei technisch und agronomisch auf Vordermann gebracht hat und das Traditionshaus, das noch vor zehn Jahren nur Durchschnittsqualität produzierte, mit straffer Hand leitet, geht es hier Jahr für Jahr aufwärts.

Die repräsentative Villa Le Corti mit ihren charakteristischen mittelalterlichen Türmen und dem wunderschönen Renaissance-Innenhof befindet sich seit dem 14. Jahrhundert im Besitz der Prinzen Corsini. Die dazugehörenden Weinberge liegen auf 320 Meter Höhe in San Casciano Val di Pesa vor den Toren von Florenz. 47 Hektar auf kargen skelettreichen Böden, ein Potenzial, das früher nie ausgeschöpft wurde. Erst als Corsini den toskanischen Starönologen Carlo Ferrini als Berater engagierte, gelang es, die Weinqualität dank verbesserter Weinbergspflege, späterer Lese und niedrigerer Erträge geradezu dramatisch zu steigern.

1997 Chianti Classico Riserva Cortevecchia

Dunkles, tiefes Rubinviolett. Ein Wein, der schon in der Nase mit einer extremen Würze von Leder- und Stalltönen imponiert. Beeindruckend, herausfordernd und total aus dem Rahmen fallend. Dicht, opulent und konzentriert, sehr nachhaltig, sehr lang, saftig bis weit und tief in die Backen gehend. Für Chianti beginnt hier eine neue Dimension. Weckt mit seiner Opulenz Assoziationen an Weine der Neuen Welt.

Capital-Index	***123***
Scheuermann-Note	***93***
Anzahl der Flaschen	***23 000 (0,75 l), 1500 Magnum***
Marktpreis	***DM 30,00***
Platzierung	***290 (rot)***

Castello di Fonterutoli

Loc. Fonterutoli
I-53011 Castellina in Chianti (SI)
Tel. +39/0 57 77 35 71
Fax +39/05 77 73 57 57

Daten | Fakten

Inhaber	Marchesi Mazzei
Rebfläche	62 ha
Rebsorten	Sangiovese, Merlot, Cabernet Sauvignon
Jahresproduktion	1,2 Mio. Flaschen

Fonterutoli ist ein kleiner Borgo südlich von Castellina in Chianti. Er befindet sich seit fast 550 Jahren im Besitz der Marchesi Mazzei. Das gleichnamige Weingut verbindet heute in geradezu vorbildlicher Weise Tradition und Fortschritt in der Toskana. Zusammen mit dem Agronomen und Önologen Carlo Ferrini entwickelte Lapo Mazzei eines der ersten echten und funktionierenden Château-Konzepte für Chianti, das er 1998 präsentierte. Nach dem Vorbild der Bordelaiser Châteaux gibt es nur noch einen Grand Vin, den Castello di Fonterutoli, und einen Zweitwein, der schlicht Fonterutoli heißt, aber ebenfalls ein Chianti Classico ist. Der Tafelwein Siepi aus Sangiovese und Merlot dient experimentellen Zwecken. Um dieses zu erreichen, wurden kurzerhand zwei angesehene und begehrte Weine, der Chianti Riserva Ser Lapo und der »Supertoskaner« Concerto, ein Vino da Tavola, geopfert. So ist es möglich, einen Erstwein aus 90 Prozent Sangiovese und 10 Prozent Cabernet Sauvignon mit 135 000 Flaschen in Riserva-Qualität zu produzieren. Dies entspricht etwa der Produktion eines mittleren Bordeaux-Châteaus wie d'Issan oder Kirwan. Die Trauben für diesen Wein stammen aus Weinbergen, die auf 450 Metern Höhe liegen. Sie wurden teilweise sehr spät gelesen (Sangiovese bis 15. Oktober). Die Mazeration dauerte 18 Tage und die Gärtemperaturen lagen bei 32 Grad. Die Alkoholausbeute war mit 13,8 Volumenprozent recht hoch, eine in der Toskana seit 1997 vielfach zu beobachtende Tendenz. Der Ausbau erfolgte 18 Monate in französischen Barriques.

1997 Castello di Fonterutoli Riserva

Dunkles, tiefes Rot zwischen Rubin und Granat. Eine profunde Nase mit dem Duft dunkler Beerenfrüchte und Waldboden. Ein höchst nobler Wein mit Säure, Tannin und Frucht, alles gut balanciert und ausgewogen. Schöner Schmelz. Langer Abgang, feiner Nachhall mit Bitterschokolade am Gaumen.

Capital-Index	***146***
Scheuermann-Note	***90***
Anzahl der Flaschen	***135 000***
Marktpreis	***DM 49,00***
Platzierung	***161 (rot)***

Isole e Olena

Loc. Isole, 1
I-50021 Barberino Val d'Elsa (FI)
Tel. +39/05 58 07 27 63
Fax +39/05 58 07 22 36

Daten | Fakten

Inhaber	Familie de Marchi
Rebfläche	36 ha
Rebsorten	Sangiovese, Cabernet Sauvignon, Canaiolo, Syrah, Chardonnay
Jahresproduktion	200 000 Flaschen

Das Weingut liegt im äußersten Westen der Chianti-Classico-Zone auf einer Höhe von 400 Metern. Es befindet sich seit 1950 im Besitz der Turiner Familie de Marchi. 1976 übernahm Paolo de Marchi die Leitung des Betriebes und leistete seither eine enorme Aufbauarbeit, sowohl in den Weinbergen als auch im Keller. Damit trug er zum einen sehr wesentlich zum Wiederaufstieg des klassischen Chianti bei. Zum anderen erwies er sich aber auch als einer der wichtigsten Neuerer. So verdankt ihm die Toskana einen ihrer wenigen wirklich guten Chardonnays und vor allem die gelungene Einführung der Sorte Syrah, aus der er seinen leider stark limitierten L'Eremo keltert. Aufgrund der kargen Böden mit einer nur wenige Zentimeter dicken Humusschicht über steinigen Geröllhalden aus Mergel und Kalkstein und einer sehr strengen Selektion des Traubenmaterials sind die Weine von Isole e Olena ausdrucksvoll und sehr individuell. Die Gärung erfolgt temperaturgesteuert und der Ausbau passt sich sehr differenziert dem einzelnen Wein an. De Marchi, der auf die Beratung durch einen Önologen verzichtet, benutzt sowohl Edelstahltanks wie auch große Fässer aus Kastanie und Eiche sowie auch neue Barriques.

Neben dem regulären Chianti Classico und einer Riserva ist es vor allem der zu 100 Prozent aus Sangiovese bestehende Ceparello, der den mittlerweile phänomenalen Ruf dieses Gutes begründete. Der Jahrgang 1997 bescherte Paolo de Marchi den nach seiner eigenen Einschätzung besten Wein, den er je gemacht habe.

1997 Ceparello

Dunkles, dichtes Rubinrot. Sehr schöne fruchtige Nase zwischen Kirsche und Brombeere. Der Wein zeigt eine grandiose Fülle, einen Reichtum an fruchtiger Süße und zugleich auch eine erdverbundene Würze. Eine solch geballte Ladung an Frucht und Terroir mit perfekt eingebundenen reifen Tanninen findet man nur selten in der Toskana. Sehr langer Abgang.

Capital-Index	***142***
Scheuermann-Note	***95***
Anzahl der Flaschen	***keine Angaben***
Marktpreis	***DM 65,00***
Platzierung	***179 (rot)***

La Massa

Via Case Sparse, 9
I-50020 Panzano in Chianti (FI)
Tel. +39/0 55 85 27 22
Fax +39/0 55 85 27 22

Daten | Fakten

Inhaber	Giampaolo Motta
Rebfläche	27 ha
Rebsorten	85 % Sangiovese, 7 % Canaiolo, 8 % Merlot
Jahresproduktion	keine Angaben

Im Jahr 1992 übernahm der aus Neapel stammende Giampaolo Motta das damals 15 Hektar große Weingut La Massa in Panzano, das zwar über Weinberge mit erstklassigen, skelettreichen Tonböden verfügte, aber einigermaßen heruntergewirtschaftet war. Der eigentlich branchenfremde Quereinsteiger, Spross einer Industriellenfamilie, beschloss, alles anders zu machen als seine Nachbarn. Vier Jahrgänge genügten, um aus seinem Prestigewein Giorgio Primo (benannt nach seinem Großvater, der ihm als Einziger aus der Familie geholfen hatte) einen der begehrtesten Weine der Toskana zu machen.
Beim Giorgio Primo handelt es sich um einen jener neuen Chiantis aus der DOCG-Zone für Chianti Classico, die nach französischem Vorbild unter Verzicht auf das Prädikat »Riserva« entweder unter einem klangvollen Markennamen oder als Château-Chianti vermarktet werden. Anstelle einer Riserva gibt es für Motta nur eine Premium-Selektion aus den besten Lagen des Weingutes La Massa, und das ist der Giorgio Primo. Ursprünglich bestand er zu 100 Prozent aus Sangiovese, seit dem Jahrgang 1997 enthält er einen Anteil von fünf bis neun Prozent Merlot. Der Ausbau erfolgt in neuen Barriques aus französischer Eiche. Der Ertrag für diesen Wein liegt bei 20 bis 22 Hektoliter pro Hektar. Alles, was nicht für diesen Erstwein taugt, kommt in den Zweitwein La Massa.
Eines der Schlüsselerlebnisse für diese radikale Umstellung der Produktion war Mottas Besuch auf den beiden Bordeaux-Châteaux Margaux und Haut-Brion. Seither liegt für ihn die Zukunft des Chianti eindeutig in dieser Form des kleinen Holzfasses, was man deutlich an den Weinen ablesen kann: Der 93er ist ein zwar guter, aber eben traditioneller Chianti. Ab 1994 ist dann eine dramatische Verbesserung zu registrieren: Malolaktische Gärung im Barriquefass, längerer und intensiverer Ausbau auf der Feinhefe in Barriques, späterer Abstich. Alles Maßnahmen, die die Struktur des Weines dichter werden lassen. Hinzu kommt, dass bedingt durch die Jahrgänge und die Weinbergsarbeit die Alkoholgrade kletterten, von 13 Volumenprozent beim 93er auf 14 beim 97er. Dessen Ertrag war durch einen Frost im April um gut 20 Prozent reduziert worden.

1997 Giorgio Primo

Tief dunkles Rubinrot. Eine der tiefsten Farben des Jahrgangs. Perfekte Nase: Kirsche, Röstaromen, feine Tannine, zarte Bitterschokolade. Harmonische Statur, ausgewogen, Schokolade und Kirsche auch im Geschmack, saftig und hinten am Gaumen mit schöner opulenter Süße. Vorne noch etwas stark dominiert von Säure und Tannin. Aber das hat Stil und Eleganz, vor allem aber auch Zukunft.

Capital-Index	***138***
Scheuermann-Note	***91***
Anzahl der Flaschen	***39 000***
Marktpreis	***DM 50,00***
Platzierung	***197 (rot)***

Ornellaia

Via Bolgherese
Fraz. Bolgheri
I-57020 Castagneto Carducci
Tel. +39/05 65 76 21 40
Fax +39/05 65 76 21 44

Daten | Fakten

Inhaber	Marchese Lodovico Antinori
Rebfläche	45 ha
Rebsorten	Cabernet Sauvignon, Merlot, Cabernet franc, Sauvignon blanc
Jahresproduktion	200 000 Flaschen

Die Tenuta Ornellaia in der Nähe von Bolgheri an der tyrrhenischen Küste der Toskana wurde seit Ende der 70er-Jahre von Marchese Lodovico Antinori in Zusammenarbeit mit dem Weinexperten Professor André Tchelistcheff im Kerngebiet des ausgedehnten Besitzes der Familie Della Gherardesca in der Nachbarschaft von Sassicaia aufgebaut. Zwei der hier produzierten Weine, Ornellaia und Masseto, sind heute höchstdotierte Sammlerstücke und sorgen immer wieder für Furore in der internationalen Weinpresse.

Seit 2000 gehört Ornellaia zur Mondavi Family of Wine. Die Kalifornier erwarben eine Minderheitsbeteiligung an dem Unternehmen. »Dieses Projekt stellt für uns einen bedeutenden strategischen Schritt dar«, so Michael Mondavi, Präsident und Geschäftsführer der Robert Mondavi Winery. »Bolgheri ist ein weiteres wichtiges Weinbaugebiet in Italien, in das wir investieren. Und dies darüber hinaus gemeinsam mit einem der größten Weinbaupioniere dieser Region.« Marchese Lodovico Antinori, der als Geschäftsführer der Tenuta dell'Ornellaia fungiert, wird als Berater einen Platz im Marketing-Beirat von Robert Mondavi haben, in dem globale Strategien für das Projekt ausgearbeitet werden sollen. Michael Mondavi wird im Gegenzug in den Vorstand von Tenuta dell'Ornellaia aufgenommen. Die Mondavi Group wird in Zukunft Marketing und Verkauf übernehmen, während sich Lodovico Antionori verstärkt ums Weinmachen und um sein Engangement in Ungarn (Peter's Hill) kümmern wird.

Die Rebfläche der Tenuta Ornellaia in der Region Alta Bolgherese umfasst heute 45 Hektar. Der gleichnamige Rotwein wird aus Cabernet Sauvignon (ca. 75 bis 80 Prozent), Merlot (ca. 15 bis 20 Prozent) und Cabernet franc (ca. 5 Prozent) gekeltert. Beim Masseto handelt es sich um einen reinen Merlot. Die Trauben für diese Weine wachsen in Süd- und Südwestlagen, umgeben von mediterraner Macchia. Die Bodenzusammensetzung ist unterschiedlich und umfasst tonhaltige Parzellen mit mittelkörnigem Gemisch und Kiesboden. Der Wein wird je nach Jahrgang für 14 bis 18 Monate in Barriques aus französischer Eiche (überwiegend Nevers) ausgebaut, von denen jeweils ca. 40 Prozent jährlich erneuert werden.

1997 Ornellaia

Dunkles, tiefes Schwarzrubin. In der Nase ein ausgeprägter Duft von Brombeere, schwarzen Kirschen mit feinem Toast unterlegt, dazu Leder, Unterholz und Trüffel. Alles in allem sehr charakteristisch für Ornellaia. Mit der Zeit wird das Bukett immer komplexer, mit dem Duft von gerösteten Nüssen, Mokka und Schokolade. Enormes Tanningerüst, mächtiger Alkohol (14 Vol.-%) langer, tiefer Abgang mit einer intensiven Kräuterwürze am Gaumen und einer süßen, reichen Frucht. Ein großer Wein mit dem Anspruch auf eine lange Zukunft.

Capital-Index	***147***
Scheuermann-Note	***92***
Anzahl der Flaschen	***keine Angaben***
Marktpreis	***DM 190,00***
Platzierung	***150 (rot)***

1996 Masseto

Dunkles Rubinrot. Viel Depot. Schöne Süße von Himbeeren in der Nase, dazu etwas Würze und Rote Bete. Bei aller Opulenz geschmeidig und elegant. Auch am Gaumen eine fast schon likörhafte Süße. Im Nachklang auch etwas Zimt und Schokolade. Gut strukturiert.

Capital-Index	***152***
Scheuermann-Note	***96***
Anzahl der Flaschen	***keine Angaben***
Marktpreis	***DM 180,00***
Platzierung	***123 (rot)***

Il Poggiolo

Loc. Il Poggiolo 259
I-53024 Montalcino (SI)
Tel. +39/05 77 84 84 12
Fax +39/05 77 84 84 12
info@ilpoggiolomontalcino.com
www.ilpoggiolomontalcino.com

Daten | Fakten

Inhaber	Familie Cosimi
Rebfläche	8 ha
Rebsorten	70 % Sangiovese, die übrigen 30 % verteilen sich auf Cabernet Sauvignon, Merlot, Pinot noir und Syrah
Jahresproduktion	50 000 Flaschen

Spätestens auf der letzten Vinitaly war klar: Der neue Shooting Star von Montalcino heißt Rodolfo Cosimi. Auf seinem Weingut Il Poggiolo gelangen ihm 1995 zwei Brunellos, die in diesem Jahrgang alle anderen Weine der Region in den Schatten stellen. Ebenso wie den Namen ihres Machers sucht man sie vergeblich in den aktuellen Ausgaben von Gambero Rosso und Veronelli. Aber in Amerika und England gab es bereits reichlich Bewertungen mit hohen Noten (93 Punkte im »Wine Spectator«) und mit fünf Sternen (»Decanter«).

Das kleine Weingut mit einer Anbaufläche von gerade mal acht Hektar wurde 1971 von Rodolfos Vater Roberto gegründet. Es liegt 430 Meter ü. d. M. auf der Spitze einer Anhöhe (Poggio) im Südwesten von Montalcino mit Blick zur Maremma. Rodolfo Cosimi, leidenschaftlicher Motorradrennfahrer und italienischer Meister der 125er-Klasse der Jahre 1988 und 1990, übernahm den Betrieb im Jahr 1989 nach dem frühen Tod seines Vaters und verwirklicht nun dessen Ziel, das alte Anwesen in ein prestigeträchtiges Weingut zu verwandeln.

Rund 50 000 Flaschen produziert Cosimi jährlich, darunter auch 10 000 Flaschen Rosso und einen klassischen Brunello. Dieser Il Poggiolo zählt zwar auch zu den besten Weinen seiner Klasse, aber Furore machte Cosimi mit seinen modernen Brunello-Varianten und in Zukunft wohl auch mit einem Wein, den es so noch nie gab: einem Brunello im Amarone-Stil.

Cosimi liebt die Barriques und holt mit der konsequenten scharfen Selektion der Trauben und einer langen Fermentation auf den Schalen das Letzte an Extrakten aus den Beeren heraus. Während der Sassello ein reiner Cru-Brunello ist, handelt es sich beim Beato um die Selektion von Trauben aus den ältesten, bereits 1973 gepflanzten Rebstöcken des Gutes. Bei seinem jüngsten Projekt, dem 98er In Riva al Fosso geht er einen ganz anderen, nicht nur für Montalcino revolutionären Weg. Es ist ein echtes Experiment, dessen Konzept an den Amarone des Veneto erinnert. Dafür wurde die eine Hälfte der Trauben mit 90 Öchslegrad gepflückt, die andere Hälfte am Stock geschnitten und hochgebunden, sodass sie bis zu einem Mostgewicht von 105 Öchslegrad eintrocknen und schrumpfen konnten. Dieser Wein kommt zwar erst in einem Jahr auf den Markt, man kann ihn aber bereits jetzt in einer Subskription zeichnen.

1995 Sassello

Dunkles, dichtes Rubinrot. Sehr tiefe Farbe. Intensive Nase mit reifer Kirsche, Toast, Würze, auch etwas Bleistift und noch zarte Mosttöne, grüne Walnussschale. Saftig, konzentrierte Frucht, rote Konfitüre. Samtige Textur, schokoladig (Nougat, Praliné). Langer, langer Nachklang und tiefer Abgang.

Capital-Index	***141***
Scheuermann-Note	***93***
Anzahl der Flaschen	***2000***
Marktpreis	***DM 150,00***
Platzierung	***182 (rot)***

1995 Beato

Dunkles, dichtes Granatrot. Sehr konzentrierte, dichte Würze: Tabak, Toast, etwas Leder, dazu feste rote Frucht. Verschlossener, kantiger, noch längst nicht so zugänglich wie der Sassello, aber eine sehr komplexe, kompakte Konzentration mit härterem Tannin, etwas mehr Säure, etwas mehr Bittertönen. Dabei aber durchaus saftig und bereits trinkbar. Sollte aber noch einige Jahre liegen. Wird vielleicht in zehn Jahren wirklich zeigen, was in ihm steckt.

Capital-Index	***144***
Scheuermann-Note	***94***
Anzahl der Flaschen	***2000***
Marktpreis	***DM 165,00***
Platzierung	***168 (rot)***

1998 In Riva al Fosso

Schon die unfertige Fassprobe zeigte einen faszinierenden Wein: Dunkles tiefes Rubinrot. Eine sehr dichte, schwarze Farbe. In der Nase ein Duft von dunklen Beeren, Amarenakirschen, Kirschkern, Mandelöl, Kaffee. Ein dicker, fleischiger Wein, animalische Würze, eindrucksvolle Süße, und alles eingebettet in ein beachtliches Volumen. Röstaromen am Gaumen. Sehr langer Abgang.

Capital-Index	***143***
Scheuermann-Note	***95***
Anzahl der Flaschen	***2000***
Marktpreis	***DM 150,00***
Platzierung	***174 (rot)***

Fattoria Le Pupille

Loc. Pereta
I-58050 Magliano in Toscana (GR)
Tel. +39/05 64 50 51 29 83
Fax +39/05 64 50 51 53
lepupille@tin.it
www.elisabettageppetti.com

Daten | Fakten

Inhaberin	Elisabetta Geppetti
Rebfläche	38,4 ha
Rebsorten	Sangiovese, Alicante, Cabernet Sauvignon, Merlot, Malvasia nera, Petit Verdot
Jahresproduktion	keine Angaben

In der Maremma, dem Küstenstreifen zwischen Grosseto und Livorno, herrscht Goldgräberstimmung, seitdem einige der namhaftesten Erzeuger Italiens, darunter Poliziano, Fonterutoli, Gaja, Antinori, Biondi Santi und Frescobaldi, vor allem im Süden dieser Region riesige Ländereien erworben haben und hochmoderne Kellereien aus dem Boden stampfen.
Schon läuft die Propagandamaschinerie für den hier produzierten Morellino di Scansano auf Hochtouren und verspricht uns reihenweise neue Superweine. Doch was bis jetzt auf Flaschen gefüllt wurde, kann diese hochgespannten Erwartungen nicht erfüllen. Gut gestylte Etiketten, klangvolle Namen, aber meist sind es doch ziemlich banale, wenn auch technisch perfekt gemachte Durchschnittsweine. Eigentlich ist das alles ja auch nichts wirklich Neues. Dass das Potenzial ganz sicher vorhanden ist, beweisen in der Subregion Bolgheri seit Jahrzehnten San Guido mit dem Sassicaia sowie Lodovico Antinori mit Ornellaia und Masseto. Und im Gebiet von Scansano gibt es mit der Fattoria Le Pupille ebenfalls einen Erzeuger, der seit Mitte der 80er-Jahre immer wieder mit großartigen Weinen zu überzeugen vermochte.
Aber von dieser Liga sind die Neulinge noch meilenweit entfernt. Auf den lockeren, tuffsteinhaltigen Böden, reich an Mineralstoffen, arm an organischen Substanzen, setzten Elisabetta Geppetti und ihr Mann Stefano Rizzi seit über einem Jahrzehnt Maßstäbe für den Morellino, vor allem mit ihrer jüngsten Kreation, dem Lagenwein Poggio Valente aus Maglia. Ursprünglich wurden die beiden von Giacomo Tachis, dem Hausönolgen von Antinori, beraten. Heute ist es Ricardo Cotarella, der umbrische Zauberdoktor, der sich um die Weine kümmert. Die Spitze der Produktion von Le Pupille ist der Saffredi, ein Supertuscan, der diese Bezeichnung wirklich verdient. Die Cuvée besteht überwiegend aus Cabernet, mit einem gehörigen Anteil von bis zu dreißig Prozent Merlot.

1997 Saffredi

Dunkles, tiefes Rubinrot. In der Nase Sauerkirsche und schöne Würze, etwas Toast. Am Gaumen schokoladig mit reichlich Tanninen, die noch einen dichten Pelzbelag machen, kräftige Säure. Das alles ist noch keineswegs balanciert, zeigt aber hervorragende Anlagen für eine spätere Harmonie und Eleganz. Sehr langer Abgang.

Capital-Index	***148***
Scheuermann-Note	***92***
Anzahl der Flaschen	***keine Angaben***
Marktpreis	***DM 189,00***
Platzierung	***144 (rot)***

Castello di Querceto

Via Dudda 61
I-50020 Lucolena
Greve in Chianti (FI)
Tel. +39/05 58 59 21
Fax +39/05 58 59 22 00
querceto@chiantipop.net
www.castello-querceto.it

Daten | Fakten

Inhaber	Familie François
Rebfläche	50 ha
Rebsorten	70 % Sangiovese, 6 % Canaiolo, 12 % Cabernet Sauvignon, 2 % Colonno, 1 % Merlot, 2 % Mammolo, 2 % Malvasia del Chianti, 3 % Chardonnay, 2 % Trebbiano Toscano
Jahresproduktion	500 000 Flaschen

Das Weingut Castello di Querceto liegt im äußersten Nordosten der Chianti-Classico-Zone, kaum mehr als 30 Kilometer vor den Toren von Florenz, unweit von Greve an der alten, von Kaiser Hadrian angelegten Via Cassia Imperiale. Hier, am Anstieg zum 532 Meter hohen Passo del Sugame, der das Tal von Greve mit dem Arnotal verbindet, ist die waldige Landschaft rauer, das Klima etwas kühler und der Boden weist jene rote Färbung auf, die dem Kenner signalisiert: das ist ein Terroir für große Rotweine. Seit über 100 Jahren gehört der Besitz der Familie François. Traditionell wurde auf dem Weingut schon immer auf die Beimischung von weißen Trauben zum Chianti verzichtet, weshalb sich der Spitzenwein La Corte lange nicht Classico nennen durfte. Die weißen Trauben dienen ausschließlich der Produktion des vorzüglichen Spumante François I sowie des Vin Santo.

Im Spitzenjahrgang 1997 hat Alessandro François drei hochklassige Weine produziert. Sein Classico Riserva zählt zu meinen favorisierten Top Ten des Jahrgangs. Auch der Supertoskaner Il Cignale, eine Cuvée aus 90 Prozent Cabernet Sauvignon und 10 Prozent Merlot, der teilweise in den gebrauchten DRC-Barriques von Richebourg und La Tâche ausgebaut wird, zeigt sich mal wieder von seiner besten Seite, und der La Corte kann mit seinen jetzt fast 25 Jahre alten Rebstöcken allmählich wieder an die Klasse früherer Jahre anknüpfen. Dieser Weinberg umfasst lediglich vier Hektar Rebfläche. 1971 war die letzte Ernte aus dem damals fast 80-jährigen Weinberg. Dann wurde er 1973 neu angelegt, und zwar wieder mit 100 Prozent Sangiovese. Zu diesem Trio kommt außerdem noch der mit Spannung erwartete zweite Jahrgang seines Cabernet Il Sole di Alessandro.

1997 La Corte

Dunkles, tiefes Rubinrot. Sehr konzentrierter Kirschduft, fast schon etwas portweinartig, eingedickt. Zeigte bei einer Halbzeit-Fassprobe aus den gebrauchten Barriques von allem mehr als der doch etwas spröde 96er: mehr Säure, mehr Süße, mehr Frucht. Danach kam der Wein nochmals für kurze Zeit in neues Holz. Dürfte also noch etwas an Struktur gewinnen.

Capital-Index	***150***
Scheuermann-Note	***92***
Anzahl der Flaschen	***19 000 (0,75 l), 500 Magnum***
Marktpreis	***DM 50,00***
Platzierung	***134 (rot)***

1997 Il Cignale

Dichtes Rubinrot. Enorme Würze in der Nase mit orientalischen Düften von Zimt und Kardamom, dazu Sandelholz, Tabak (Havannaduft), Toast, würziger Apfel und Rumtopfkirschen. Am Gaumen eine dunkle Beerenfrucht, kräftige Tannine mit feinen Bitterstoffen und Röstaromen, vor allem Kaffee im Abgang. Bei allem Reichtum der Aromen durch das Tannin und seine Säure kein leicht zugänglicher Wein. Braucht einige Jahre Reife.

Capital-Index	***149***
Scheuermann-Note	***93***
Anzahl der Flaschen	***9000 (0,75 l), 300 Magnum***
Marktpreis	***DM 90,00***
Platzierung	***140 (rot)***

1995 Il Sole di Alessandro

Dunkles Rubinrot. Konzentrierte Würze in der Nase. Dickflüssig am Gaumen, fleischig, süße Frucht von Kirschen, Himbeeren, roten Johannisbeeren. Samtige Tannine, schöne Würze. Langer Nachhall.

Capital-Index	***149***
Scheuermann-Note	***92***
Anzahl der Flaschen	***1100 (0,75 l), 100 Magnum***
Marktpreis	***DM 110,00***
Platzierung	***142 (rot)***

1997 Chianti Classico Il Picchio

Sehr dunkle Farbe, eher rubinrot. Konzentrierte dunkelrote Frucht und süße Würze (Glühwein). Am Gaumen gute Konzentration, saftig, mit einer beeindruckenden Tanninstruktur. Macht reichlich Pelzbelag im Mund. Lang im Abgang.

Capital-Index	***148***
Scheuermann-Note	***90***
Anzahl der Flaschen	***15 000 (0,75 l)***
Marktpreis	***DM 40,00***
Platzierung	***143 (rot)***

Castello dei Rampolla

Via S. Lucia 25
I-50020 Panzano in Chianti (FI)
Tel. +39/0 55 85 20 01
Fax +39/0 55 85 25 33

Daten | Fakten

Inhaber	Familie di Napoli Rampolla
Rebfläche	42 ha
Rebsorten	Sangiovese, Cabernet Sauvignon, Merlot, Petit Verdot
Jahresproduktion	140 000 Flaschen

Nach dem Tod von Alceo di Napoli, dem Fürsten von Neapel und »Souverän im Weinberg«, wie ihn der Gambero Rosso einmal nannte, Anfang der 90er-Jahre, führen heute seine Kinder Luca und Maurizia dieses Weingut immer weiter von Höhepunkt zu Höhepunkt. Beraten werden sie dabei – wie schon ihr Vater – von Giacomo Tachis, dem ehemaligen Chefönologen von Antinori und Chefdenker des modernen italienischen Weins.

Das Schloss der Fürsten di Napoli Rampolla ist ein prächtiger Landsitz, direkt in der Conca d'Oro von Panzano gelegen. In den 70er-Jahren begann man hier, anstatt die Trauben wie bis dahin üblich an große Häuser wie Antinori zu verkaufen, die Weine in Eigenregie auszubauen und abzufüllen. Auf Anraten von Tachis hin pflanzte der Fürst, der aus seiner Abneigung gegen die heimische Sangiovese keinen Hehl machte, damals auch Cabernet-Rebstöcke an. Daraus entstand 1980 der erste Sammarco (80 Prozent Cabernet Sauvignon, 20 Prozent Sangiovese), einer der ersten »Super-Tuscans« auf Cabernet-Basis und heute einer der bedeutendsten Klassiker der Toskana. Für mich war er von Anfang an der Favorit, hatte im Duell mit dem Sassicaia fast immer die Nase vorn, auch wenn dieser mehr im Rampenlicht stand. Der Sammarco vereint für mich auf beglückende Weise die Erde und die Würde der Toskana mit der Eleganz und Stilistik des Bordelais. Ein Wein für fortgeschrittene Kenner, weniger für Etikettentrinker. Als Hommage an den Vater entstand 1996 ein neuer Wein, der Vigna d'Alceo. Diese Cuvée stammt aus dichtbestockten Anlagen von Cabernet Sauvignon und Petit Verdot (ca. 10 bis 15 Prozent), einem jener Weinberge, den der Fürst in den 80er-Jahren hatte pflanzen lassen. Er erreichte gleich schon mit dem ersten Jahrgang Kultwein-Status.

1997 Vigna d'Alceo

Dunkles Rubinviolett. Eine charakteristische, klassische Nase, sehr frisch, saftige Kirsch- und Brombeerfrucht, dazu Schoko und Minze. Am Gaumen eine perfekte Struktur, opulenter Stoff, schokoladiger Schmelz, harmonische, reife Tannine, total animierend, aber dabei mit der gezügelten Kraft eines Rennpferdes kurz vor dem Start. Dieser Wein wird seine ganze Klasse erst in einigen Jahren zeigen.

Capital-Index	***157***
Scheuermann-Note	***95***
Anzahl der Flaschen	***11 200***
Marktpreis	***DM 136,00***
Platzierung	***100 (rot)***

1996 Sammarco

Dunkles Rubinrot. Schöne, dichte Farbe. Nase mit viel Rauch, Kohle, Toast, dunklen Beerenfrüchten (Brombeeren, Blaubeeren) und Pflaumenkompott. Harmonische, perfekte Tannine. Ein toller Wein, dickflüssig, aber auch mit guter Säure. Viel zu jung. Zukunft für zehn bis 15 Jahre. Ein perfekter Super-Tuscan!

Capital-Index	***155***
Scheuermann-Note	***95***
Anzahl der Flaschen	***keine Angaben***
Marktpreis	***DM 90,00***
Platzierung	***107 (rot)***

San Giusto a Rentennano

Loc. San Giusto a Rentennano, Fraz. Monti
I-53010 Gaiole in Chianti (SI)
Tel. +39/05 77 75 71 21
Fax +39/05 77 74 71 09

Daten | Fakten

Inhaber	Familie Martini di Cigala
Rebfläche	33 ha
Rebsorten	Sangiovese
Jahresproduktion	60 000 Flaschen

Dieses Weingut befindet sich im südlichsten Teil des Chianti Classico, in dem zu Gaiole gehörenden Ortsteil Monti unweit von Siena, und war früher ein Teil von Castello di Brolio. Ursprünglich diente das Areal mit dem aus dem Etruskischen stammenden Namen als Festung, später als Kloster für die Zisterzienser. Noch heute stehen einige Burgmauern, die Villa aus dem 14. Jahrhundert und Teile der historischen Keller. 1956 erwarben die Brüder Martini di Cigala die Weinberge von den Baroni Ricasoli. Unter Beratung des Önologen Maurizio Castelli entwickelten sie daraus einen der feinsten Crus der Toskana, nicht nur für den klassischen Chianti, sondern vor allem für den Percarlo, einen Lagenwein, der zu 100 Prozent aus Sangiovese gekeltert wird. Dieser Wein weist selbst in schwächeren Jahren oftmals eine stupende Dichte und Qualität auf. In großen Jahren ist er in der Toskana wohl unübertroffen. Dazu bedient man sich auf San Giusto einer sehr alten Methode, bei der die Stiele der Trauben eingeschnitten werden, um im letzten Stadium der Reife die Wasserzufuhr zu unterbinden und auf diese Weise die Inhaltstoffe der Trauben über Trocknen und Verdunsten auf natürliche Weise zu konzentrieren.

1996 Percarlo

Dunkles Rubinrot. Zunächst eine schöne Kirschfrucht in der Nase, dazu Tabak, feine Räucheraromen, Schokolade. Ein alkoholmächtiger Bursche mit 14 Vol.-% Alkohol und stämmigen Tanninen. Bleibt insgesamt noch ziemlich verschlossen. Ein fest gefügter Wein, der mit der Zeit im Glas gewinnt. Braucht viel Luft oder Reifezeit. Wird immer eleganter, schokoladiger, zeigt dann eine samtig-cremige Textur, verliert an Härte.

Capital-Index	***125***
Scheuermann-Note	***93***
Anzahl der Flaschen	***keine Angaben***
Marktpreis	***DM 56,00***
Platzierung	***270 (rot)***

Tenuta San Guido

Tenuta San Guido
Località Capanne no. 27
I-57020 Bolgheri (Livorno)
Tel. +39/05 65 76 20 03
Fax +39/05 65 76 20 17
citaispa@infol.it

Daten | Fakten

Inhaber	Marchesi Incisa della Rocchetta
Rebfläche	50 ha
Rebsorten	85 % Cabernet Sauvignon, 15 % Cabernet franc
Jahresproduktion	180 000 Flaschen

Ohne Frage ist der Sassicaia der Tenuta San Guido nach wie vor der toskanische Prestigewein Nummer eins, zumindest, wenn es um den Bekanntheitsgrad geht. Die drei Gläser beim Gambero Rosso hat er seit 1983 fest im Abonnement. Nach dem jahrgangsbedingt etwas weniger komplexen 96er betrat mit dem 97er ein Charmeur die Bühne, an dem wir noch viel Freude haben werden.

Ursprünglich war der Sassicaia einmal der Familienwein der Marchesi Incisa della Rochetta aus einem kleinen Weinberg mit bloß 1,6 Hektar Größe. Die Rebensetzlinge stammten aus dem Bordelais, sie waren ein Geschenk der Rothschilds an den bordeauxverrückten Marchese. Lang, lang ist's her. Diese eigentliche Kernlage wurde zunächst auf die knapp zehnfache Größe erweitert. Heute kommt das Lesegut für den Sassicaia aber nicht mehr nur allein aus dem gleichnamigen Weinberg, sondern mittlerweile aus fünf verschiedenen Lagen, die sich alle in unmittelbarer Nähe der Ortschaft Bolgheri befinden, und zwar auf unterschiedlichen Höhen, die von ca. 100 bis 350 m ü. d. M. reichen. Der eigentliche Sassicaia macht dabei nur noch etwa ein Drittel der Ertragsfläche aus: Castiglioncello 1,5 Hektar, Aia Nuova 9 Hektar, Sassicaia 14,25 Hektar, Quercione 9,5 Hektar, S. Martino 9,4 Hektar.

Die Produktion ist von ursprünglich 3000 Flaschen (1968) auf über 100 000 gestiegen. Der Rebsortenspiegel blieb aber etwa gleich: Cabernet Sauvignon (85 Prozent) und Cabernet franc (15 Prozent). Das Alter der Rebstöcke wird offiziell mit 20 bis 30 Jahre angegeben, dürfte aber im Schnitt etwas darunter liegen. Bei der Jahresproduktion dagegen wollen Insider wissen, dass sie in Wahrheit höher liegt.

Tatsache ist, dass es vom Sassicaia einige legendäre Jahrgänge gibt, dass aber andererseits die Qualität nicht immer den (manchmal wohl auch allzu) hoch gespannten Erwartungen entsprach, er aber in jüngerer Zeit an Qualität und an Konstanz zugelegt hat. Der Charakter der Weine ist einheitlicher geworden. Andererseits frage ich: Hat man beim Sassicaia 1990 und 1995 wirklich das Optimum des Möglichen ausgeschöpft? Sicher, Schwächeanfälle wie sie in den 70er- und Anfang der 80er-Jahre noch durchaus zu registrieren waren, kommen eigentlich nicht mehr vor. Aber andererseits bleiben so grandiose Höhenflüge wie beim 85er oder dem legendären 68er, dem ersten kommerzialisierten Jahrgang, doch die Ausnahme. Und wenn man das Wunderwerk, das die Natur 1985 dem damaligen Chefönologen Tacchis mit einem fabelhaften natürlichen Polyphenolgehalt in den Schoß legte, heute probiert, sind die 100 Punkte von damals kaum mehr nachvollziehbar. Die Qualität des Sassicaia hat sich für mich je nach Jahrgang so zwischen 85 und 92 Punkten eingependelt. Der 96er passt da genau ins Bild, während der 97er möglicherweise ein positiver Ausreißer sein könnte. Bei der Frage der Langlebigkeit rate ich bis zum wirklichen Beweis des Gegenteils weiterhin zur Vorsicht. Sassicaia ist nicht der Langstreckenläufer schlechthin! In der Regel erreicht er nach spätestens zehn bis 15 Jahren seine perfekte Trinkreife. Kleinere Jahrgänge sind aber bereits im Alter von fünf bis zehn Jahren optimal zu genießen und werden auch durch perfekte Lagerung nicht wirklich besser.

1996 Sassicaia

Dunkles Granatrot. Ein Bukett – nicht sehr tief, sondern eher etwas vordergründig – mit reifen Nusstönen, etwas Karamell und Vanille, rote Früchte. Dann aber ein Wein mit guter Statur, Länge am Gaumen und im Abgang. Ein sehr schöner Wein mit Ebenmaß und früher Trinkreife.

Capital-Index	***177***
Scheuermann-Note	***90***
Anzahl der Flaschen	***keine Angaben***
Marktpreis	***DM 136,00***
Platzierung	***61 (rot)***

1997 Sassicaia

Dunkles, tiefes Rubinrot. In der Nase ein reiches Fruchtkonzentrat: Kirsche, Holunder, Brombeere, etwas Minze. Verdichtet sich im Glas, bekommt Noten von Waldboden, frisch geröstetem Kaffee und später auch Lakritze. Ein einerseits sehr saftiger Wein, andererseits auch geschmeidig und elegant mit weichen Tanninen und sehr reifer Säure, schöne Süße, etwas Mokka auch im Ausklang In einer solchen Verfassung darf man dem Sassicaia tatsächlich eine kleine Affinität zu klassifizierten Bordeauxgewächsen z. B. aus Margaux oder Saint-Julien bescheinigen.

Capital-Index	***178***
Scheuermann-Note	***94***
Anzahl der Flaschen	***keine Angaben***
Marktpreis	***DM 160,00***
Platzierung	***59 (rot)***

Vasco Sassetti

Via Bassomondo, /
Fraz. Castelnuovo dell'Abate
I-53024 Montalcino
Tel. +39/05 77 83 56 19
Fax +39/05 77 83 57 50
vasco-sassetti@piemont-express.de
www.vasco-sassetti.de

Daten | Fakten

Inhaber	Vasco Sassetti S. R. L.
Rebfläche	9 ha
Rebsorten	100 % Sangiovese grosso
Jahresproduktion	30 000 Flaschen

In erster Linie ist Vasco Sassetti Metzger, ein ebenso leidenschaftlicher wie guter, dann aber auch ein hervorragender Pecorino-Affineur, Gastwirt und schließlich auch Winzer und Bauer. Fast 50 Hektar Wald, Wiesen und Weinberge bewirtschaftet er unweit von Montalcino, jenem mittelalterlichen Felsennest südlich von Siena, aus dessen Gemarkung einer der begehrtesten und besten Rotweine Italiens stammt: der Brunello. Hier produziert er so ziemlich alles, was eine traditionelle Fattoria in der Toskana hergibt: Fenchelsalami, Schinken, Coppa, Olivenöl, Honig, Wein, Schafskäse etc. Bis vor wenigen Jahren war er in puncto Wein eine unbekannte Größe. Vergeblich sucht man daher seinen Namen noch heute in den einschlägigen Kompendien. Kein Johnson, kein Gambero Rosso, kein Veronelli nahm bislang Notiz von ihm. Das liegt daran, dass Sassetti den Wein aus den Trauben seiner damals gerade mal sechs Hektar umfassenden Weinberge bis 1985 ausschließlich zum Eigenbedarf für die Familie, Freunde und Gäste seiner Antica Osteria del Bassomondo kelterte, und die schwärmen noch heute vom legendären 85er, den er fiaskweise aus dem Fass zapfte.

Mitte der 90er-Jahre avancierte Sassetti dann aber fast über Nacht zu einiger Berühmtheit. Denn, so stellte sich bei diversen Degustationen heraus, dieser önologische Nobody bot mit seinem Brunello Riserva des Jahrgangs 1988 der ersten Garnitur seiner prominenten Mitbewerber wie Case Basse oder Poggio Antico Paroli, ja er übertraf sie noch. Obendrein war dieser Il Campo bzw. Bellavista genannte Wein ein lupenreiner Lagen-Brunello und Sassetti wurde so ungewollt zum Pionier des Cru-Brunello. Als Erster erkannte der Düsseldorfer Händler Jochen Slaby, eigentlich auf den Import piemontesischer Produkte spezialisiert, die Qualität Sassettis. Er war so beeindruckt, dass er damals die gesamte Ernte von 2400 Flaschen inklusive 120 Magnum aufkaufte und diese weltweit exklusiv vermarktete, und zwar erstmals für einen Brunello per Subskription. Sassetti und vor allem seiner Bank war's recht so; denn niemand wunderte sich über den plötzlichen Kult-Status dieses kleinen bescheidenen Winzers so sehr wie er selbst. Auch die nachfolgenden Jahrgänge ließen sich, obwohl sie in der Qualtität nicht heranreichten, sehr gut und teuer verkaufen. Das Geld investiert Sassetti in die Anlage neuer Weinberge, und wie könnte es anders sein, in eine hochmoderne Metzgerei. Jetzt gelang es ihm aber mit dem 95er erstmals wieder, an die Qualität von 1988 anzuknüpfen.

Der mit fünf Sternen klassifizierte Brunello-Jahrgang 1995 war für die Winzer in Montalcino kein ganz einfaches Jahr. Der Sommer zeigte einen eher anomalen Klimaverlauf, der dazu führte, dass die Wachstumsphasen und damit die Entwicklung der Vegetation sowohl der Rebe wie auch der Traube verspätet waren. Die Geduld und die strapazierten Nerven der Weinbauern wurden dann aber mit einer lang andauernden Gutwetterperiode besänftigt, die Ende September begann und bis in den Oktober dauerte. Für Sassetti kein Problem, denn das Prinzip der möglichst späten Lese von gesunden Trauben mit höchstmöglicher physiologischer Reife hatte für ihn schon immer Gültigkeit, nicht als der önologischen Weisheit letzter Schluss, sondern als schlichte Bauernregel.

1995 Brunello

Dunkles, dichtes Granatrot. Konzentrierte Frucht, dicht und verschlossen. Duft von dunklen Früchten wie Brombeere und Schwarzkirsche. Zeigt eine opulente Würze am Gaumen, zimtig, Kirschkompott, aber auch eine schöne saftige Säure. Leicht pelzige, kernige Tannine. Bemerkenswerte Frische, nicht mehr ganz so oxidativ wie in den Vorjahren. Langer, intensiver Abgang.

Capital-Index	***134***
Scheuermann-Note	***91***
Anzahl der Flaschen	***20 000***
Marktpreis	***DM 167,00***
Platzierung	***212 (rot)***

Castello di Verrazzano

I-50022 Greve in Chianti (FI)
Tel. +39/0 55 85 42 43
Fax +39/0 55 85 42 41

Daten | Fakten

Inhaber	Luigi Cappellini
Rebfläche	42 ha (39 ha für Chianti Classico)
Rebsorten	Sangiovese, Canaiolo, Cabernet Sauvignon
Jahresproduktion	180 000 Flaschen

Auf den Ländereien von Schloss Verrazzano im Herzen des Chianti Classico ist Weinbau seit dem Jahr 1150 nachgewiesen. Hier wurde 1485 Giovanni da Verrazzano geboren, der als Seefahrer im Dienste des französischen Königs Franz I. die Bucht von New York entdecken und weite Teile der nordamerikanischen Küste erforschten sollte. 1522 ließ er sich in Frankreich nieder, im selben Jahr also, als die Überlebenden der Magellanschen Weltumsegelung zurückkehrten. Verrazzano schlug seinem König eine Expedition zur Erforschung eines Seewegs zwischen dem nordamerikanischen Kontinent, den vorgelagerten Inseln und Grönland in den Pazifik vor. Damit begann eine fast fünfhundert Jahre lange Suche. Gefunden und befahren wurde die so genannte Nordwestpassage erst in unserem Jahrhundert.

Luigi Cappellini, der heutige Besitzer, hat das insgesamt 220 Hektar große Landgut 1958 von der Familie Ridolfi übernommen und seither kontinuierlich in die Qualität investiert. Nach einer Flaute Anfang und Mitte der 90er-Jahre gehört der Betrieb heute wieder zur Spitze des Chianti. Nach dem die 1975 begonnene Neubestockung der Weinberge 1995 abgeschlossen wurde, konnte Luigi Cappellini Jahr für Jahr die Qualität steigern. Nur wenigen Chianti-Gütern ist es gelungen, das Terroir ihrer Weinberge – den skelettreichen, .felsigen Kalk-Albarese-Untergrund der Region Greve/Pansano – so deutlich im Wein zum Ausdruck zu bringen wie Castello di Verrazzano.

1997 Castello di Verrazzano Chianti Classico Riserva

Dunkles, dichtes Rubinrot. Wieder einmal der am deutlichsten von seinem Terroir geprägte Chianti. Schon im Bukett stark mineralisch gefärbt, dazu rote Früchte und Würze. Ein sehr gut strukturierter Wein mit einer gewissen herben, würzigen Strenge am Gaumen, noch etwas abweisend und kantig. Aber hinter dieser Schroffheit verbirgt sich Frucht und Leben.

Capital-Index	***122***
Scheuermann-Note	***90***
Anzahl der Flaschen	***45 000***
Marktpreis	***DM 37,00***
Platzierung	***295 (rot)***

Castello Vicchiomaggio

Via Vicchiomaggio 4
I-50022 Greve in Chianti
Tel. +39/0 55 85 40 79
Fax +39/0 55 85 39 11
vicchiomaggio@vicchiomaggio.it
www.vicchiomaggio.it

Daten | Fakten

Inhaber	John & Paola Matta
Rebfläche	30 ha
Rebsorten	87 % Sangiovese, 5 % Canaiolo, 2 % Colorino, 6 % Cabernet Sauvignon
Jahresproduktion	350 000 Flaschen

Das stattliche Castello Vicchiomaggio auf einem Hügel oberhalb von Greve in Chianti ist eine uralte Festung, die als Familiensitz – »Vicchio dei Langobardi« – in der Zeit der Langobarden vor über tausend Jahren gegründet wurde. Es gehörte jahrhundertelang zu dem Befestigungsgring, mit dem sich die Stadt Florenz zum Schutz vor der Rivalin Siena umgab. Schon damals wurde hier Wein angebaut.

1964 erwarb die Familie Matta das Schloss, das von den Medici im Renaissancestil ausgestaltet worden war, samt den dazugehörigen Ländereien mit 50 Hektar Oliven und 33 Hektar Weinbergen, davon 27 in der Zone des Chianti Classico auf Kalk- und Tonschieferböden. Der Besitzer und Önologe John Matta produziert hier mithilfe seines Agronomen Giorgio Marone fünf Weine, vom einfachen, fruchtigen Chianti bis hin zu den beiden kraftvollen Riserve La Prima und Vigna Petri. Bei diesen beiden Weinen handelt es sich um »Single Vineyard Chianti« – auch dies ein zukünftiger Trend. Die Trauben für die Riserva Petri kommen aus einem Weinberg, der einmal einer Familie namens Petri gehörte, die ihn auch angelegt hat. Er enthält neben den klassischen Chiantisorten Sangiovese und Canaiolo auch einen kleinen Anteil Cabernet Sauvignon. Der Weinberg La Prima ist eine der ältesten bestehenden Rebanlagen in der Chianti-Zone. Einige Parzellen wurden bereits 1925 gepflanzt, andere zwischen 1960 und 1968. In der Toskana gibt es ansonsten kaum Rebstöcke, die 40 oder gar über 70 Jahre alt sind. Beide Weine werden 14 Monate in Barriquefässern ausgebaut, und vor allem der La Prima spiegelt Jahr für Jahr in wechselnder Intensität, aber unverkennbar, sein Terroir wider.

1997 Chianti Classico Riserva La Prima

Dunkles, dichtes Rubinrot. Auch einer dieser wunderschönen neuen Opulenzweine mit allem, was ein solcher Prachtwein braucht: konzentrierte Frucht, Tannin, Säure. Das reinste Kirschkonzentrat, aber auch Pflaumenkompott. Sehr langer, tiefer Abgang mit deutlich mineralischen Noten und reichlich Würze.

Capital-Index	***140***
Scheuermann-Note	***92***
Anzahl der Flaschen	***10 000***
Marktpreis	***ca. DM 24,00***
Platzierung	***187 (rot)***

1997 Chianti Classico Riserva Petri

Dunkles Rubinrot. Ausgeprägt holzig und würzig in der Nase. Am Gaumen ausdrucksstark, reichlich dunkle Beeren- und Kirschfrucht sowie Schokolade. Intensiv strukturiert. Hat Eleganz, Kraft und Länge. Sehr schöne Anlagen.

Capital-Index	***141***
Scheuermann-Note	***91***
Anzahl der Flaschen	***50 000***
Marktpreis	***ca. DM 19,00***
Platzierung	***184 (rot)***

Foradori

Via D. Chiesa 1
I-38017 Mezzolombardo (TN)
Tel. +39/04 61 60 10 46
Fax +39/04 61 60 34 47

Daten | Fakten

Inhaberinen	Elisabetta Forardori, Gabriella Forardori
Rebfläche	10 ha
Rebsorten	10 % Pinot blanc, 5 % Chardonnay, 70 % Teroldego, 15 % Cabernet Sauvignon, Syrah und Petit Verdot
Jahresproduktion	90 000 Flaschen

Als Elisabetta Foradori 1985 das elterliche Weingut übernahm, stand sie vor einer ganzen Reihe schwieriger Entscheidungen, die sich um die Kernfrage drehten: Wie sollte sich die weitere Zukunft des Betriebes gestalten? Sie hat die Herausforderung angenommen und in relativ kurzer Zeit ein wahres Juwel des Trentino geformt. Sie selbst wurde zu einer der wichtigsten jüngeren Winzerpersönlichkeiten Italiens. Für ihre Rotweine setzte sie in einer Zeit, in der auch in Italien zunehmend Rebflächen mit Cabernet Sauvignon bestockt wurden, konsequent auf die einheimische Rebsorte Teroldego, die bis dahin bestenfalls angenehme und jung zu trinkende Weine hervorbrachte. Elisabetta aber glaubte an das bislang noch unerschöpfte Potenzial und die große Tradition dieser Traube. Der Weg vom bäuerlichen Brotzeitwein zum Grand Cru war hart, und es dauerte eine ganze Reihe von Jahren, ehe die Qualität dem selbst gesetzten Anspruch gerecht werden konnte.

Ab dem Jahr 1986 begann sie systematisch, die Rebflächen von der traditionellen Pergola-Erziehung auf das modernere Guyot-System umzustellen und nahm Neuanpflanzungen mit speziell selektionierten Rebstöcken vor. Die Erträge wurden radikal auf heute 35 hl/ha reduziert. All diese Maßnahmen fingen ab 1991 allmählich an zu greifen, und Elisabetta Foradori schuf mit dem Granato einen roten Trentiner Spitzenwein, der eine völlig neue Dimension für die Sorte Teroldego aufzeigt. Der Most dafür wird in Holzbottichen vergoren und der Wein dann in Allier-Barriques ausgebaut. Wirkte der Holzeinsatz bei den ersten Jahrgängen des Granato etwas derb, hat sie diese Kunst inzwischen perfektioniert, und der Granato steht heute selbstbewusst in einer Reihe mit den großen Gewächsen aus Piemont oder der Toskana.

Nach dem hervorragenden 96er (92 Punkte) und dem noch besseren 97er kam mit 1998 ein für das Trentino ziemlich kritisches Jahr mit widrigen Witterungsbedingungen. Dennoch gelang Elisabetta Foradori durch strenge Selektion auch in diesem Jahr ein bemerkenswerter Wein. Auch darin zeigt sich die Größe eines Weins und seiner Macher.

1997 Granato

Dichtes, dunkles und tiefes Rubinrot. Schwarze Toastaromen über einer würzigen hochreifen Sauerkirschfrucht und Zitrusaromen. Saftig, weiche, glatte Oberfläche, aber dahinter eine deftige, aber reife Säure, dunkle Beerenfrucht und Sauerkirsche. Guter Abgang mit Bittertönen vom Tannin.

Capital-Index	***135***
Scheuermann-Note	***91***
Anzahl der Flaschen	***45 000***
Marktpreis	***DM 55,00***
Platzierung	***211 (rot)***

1998 Granato

Dunkles Rubinrot. Eine leicht süßsaure, etwas rustikale Nase mit Anklängen an Schuhcreme. Duftet sich im Glas aber schnell aus und zeigt dann eine schöne Mischung aus Schokolade und Kirschkonfitüre. Weicher, etwas leichter Körper. Sauerkirsche am Gaumen. Mittlerer Abgang.

Capital-Index	***132***
Scheuermann-Note	***89***
Anzahl der Flaschen	***35 000***
Marktpreis	***DM 65,00***
Platzierung	***233 (rot)***

Tenuta San Leonardo

I-38060 Borghetto all'Adige (Trento)
Tel. +39/04 64 68 90 04
Fax +39/04 64 68 22 00
info@sanleonardo.it
www.sanleonardo.it

Daten | Fakten

Inhaber	Marchese Carlo Guerrieri Gonzaga
Rebfläche	18 ha
Rebsorten	45 % Cabernet Sauvignon, 15 % Cabernet franc, 40 % Merlot
Jahresproduktion	120 000 Flaschen

Der rote San Leonardo, Prestigecuvée der gleichnamigen Tenuta im Trentino, ist für mich der vielleicht »französischste« unter den Vini da Tavola Italiens. Trotz seiner ganz eigenständigen Charakteristik könnte man ihn durchaus mit einem St-Estèphe oder Pauillac vergleichen: etwas spröde, nicht immer gleich zugänglich, ähnlich wie Cos d'Estournel oder auch Grand Puy Lacoste. Aber was für ein bleibendes Erlebnis, wenn solche Weine dann ausgereift sind! Löblicherweise bringt ihn sein Schöpfer Marchese Carlo Guerrieri Gonzaga stets erst nach einer gebührenden Flaschenreife auf den Markt.

Die Tenuta San Leonardo wurde im Jahr 1724 von der Familie Guerrieri Gonzaga gegründet. Die Weinbautradition in der Gegend reicht bis ins 10. Jahrhundert zurück, als die Mönche die ersten Weinstöcke hier pflanzten. Das Anwesen umfasst heute 300 Hektar, von denen allerdings nur 18 Hektar mit Rebstöcken bepflanzt sind. Die Weinberge liegen an den Hängen der subalpinen Ausläufer des Lessini-Gebirges auf einer Höhe von 250 Metern auf steinigen und sandigen Böden. Der Vater des heutigen Besitzers zählt zu den Cabernet-Pionieren der Region. Nach dem Krieg begann er, die ersten Rebstöcke dieser Sorte anzupflanzen. Neben dem San Leonardo werden zwei reinsortige Weine aus Cabernet franc und Merlot sowie eine weitere Cuvée, Villa Crest, aus 70 Prozent Cabernet franc und 30 Prozent Merlot erzeugt.

Der San Leonardo wurde 1982, zunächst als Experimentalwein, erstmals produziert. Der 83er war der erste offiziell kommerzialisierte Jahrgang. In den Jahren 1984, 1989 und 1992 wurde wegen mangelnder Qualität des Traubengutes kein San Leonardo vinifiziert. Der Charakter des Weins kann aufgrund der Jahr für Jahr unterschiedlichen physiologischen Reife der einzelnen Cuvée-Bestandteile deutlich wechseln. Heute ist es eine Cuvée aus Cabernet Sauvignon (ca. 60 Prozent), Cabernet franc (ca. 30 Prozent) und Merlot (ca. 10 Prozent). Ursprünglich lag der Anteil von Cabernet franc deutlich höher. Das Alter der Reben liegt derzeit erst bei ca. 15 bis 25 Jahren. Sie stehen also gerade erst am Beginn ihrer Möglichkeiten. Die Trauben werden von Hand gelesen und mit kleinen Behältern eingesammelt. Die drei Rebsorten werden zunächst getrennt vergoren und auch für ein Jahr in 6000 Liter großen Fässern aus slawonischer Eiche separat gelagert. Danach kommen sie für 24 Monate in französische Barriques, teilweise aus neuem Holz, teilweise ein bis maximal drei Jahre alte Fässchen. Nach der Assemblage und Abfüllung lagert der Wein noch zwölf Monate in Flaschen.

1996 San Leonardo

Kein berauschender Jahrgang, aber was für ein bravouröser Wein! Funkelndes, dunkles Rubinrot. Der Anteil von Cabernet franc prägt den San Leonardo in diesem Jahrgang nachhaltig: Kaffee- und Kakao-Aromen, grüner Pfeffer, Kräuterwürze. Mit seiner starken Säure wirkt er jugendlich, frisch und saftig. Hat einiges Zukunftspotenzial.

Capital-Index	***132***
Scheuermann-Note	***90***
Anzahl der Flaschen (diverse)	***60 520***
Marktpreis	***DM 55,00***
Platzierung	***228 (rot)***

La Fiorita

S.R.L. Loc. Panicola
Loc. Soderi 1
I-06064 Panicale
Tel. +39/05 77 83 55 21
Fax +39/05 78 35 00 25
vini@lamborghini.cc

Daten | Fakten

Inhaber	Patrizia Lamborghini
Rebfläche	32 ha
Rebsorten	Sangiovese, Gamy, Merlot, Cabernet Sauvignon
Jahresproduktion	keine Angaben

In der Welt der schnellen Flitzer ist der Name Lamborghini eine Legende. In Sachen Wein war er jahrzehntelang eher ein Synonym für klägliches Mittelmaß. 1971 hatte der Autokonstrukteur Ferrucio Lamborghini in Umbrien in der Nähe des Trasimenischen Sees ein 32 Hektar großes Weingut erworben und preiswerte Weine produziert, die sich dank des Namensbonus eine Zeit lang ganz gut vermarkten ließen.

Heute wird das Gut von seiner Tochter Patrizia geleitet, und die ging schon bald andere Wege. Binnen kurzer Zeit führte sie das Unternehmen in die Schlagzeilen der Weinpresse. Zunächst ließ sie sich von Ettore Falvo (Avignonesi) beraten und wechselte dann ins Lager des »Wunderönologen« Ricardo Cotarella (Falesco, Montevetrano etc.), des erklärten Lieblings von Robert Parker. Mit dessen Hilfe kreierte sie quasi über Nacht eine spektakuläre Cuvée aus Sangiovese und Merlot. Schon der erste Jahrgang dieses Campoleone erhielt von Parker – fast wie auf Bestellung – 97 Punkte, also eine wesentlich höhere Bewertung als z. B. Château Pétrus in den Jahrgängen 1997 und 1999. Das ist zwar ebenso lächerlich wie die 96 Punkte für Cotarellas eigenen Wein Montiano, aber es half.

Heute ist der Campoleone einer der gesuchtesten Edeltropfen Italiens. Er zählt ohne Frage zu den interessantesten neuen Weinen aus Umbrien und der südlichen Toskana (Montepulciano), die aus oder mit Merlot produziert werden. Aber ihn auf eine Stufe mit den besten Pomerols zu stellen, halte ich für unangemessen. Vielleicht liegt des Rätsel Lösung ja doch darin, dass es bei der Erstpräsentation des Weins im Rahmen der Weinmesse Vinitaly »parkerisierte« Fassmuster gab und der Wein jetzt von der Realität eingeholt wird. Unter italienischen Winzern und Weinhändlern sind die angeblichen »Konzentrat-Fässer« Cotarellas jedenfalls ein immer wieder kolportiertes Gerücht.

1997 Campoleone

Dunkle, dichte Farbe, schwarztintig. Eine zwar konzentrierte, aber dabei verhaltene Nase, mit dunkler Beerenfrucht, etwas dunklem Toast und Würze. Vorne mit samtigen Tanninen und einer opulenten Frucht von schwarzen Kirschen und Brombeeren, aber dann hart und bitter wie Holzkohle am Gaumen und vor allem im Abgang.

Capital-Index	***138***
Scheuermann-Note	***89***
Anzahl der Flaschen	***keine Angaben***
Marktpreis	***DM 119,00***
Platzierung	***203 (rot)***

Masi

Via Monteleone
I-37020 Gargagnano di Valpolicella
Tel. +39/04 56 83 25 11
Fax +39/0 45 68 32 53 56
masi@masi.it
www.masi.it

Daten | Fakten

Inhaber	Familie Boscaini
Rebfläche	160 ha
Rebsorten	Corvina, Rondinella, Molinara, Oseleta, Dindarella, Rossignola, Garganega, Trebbiano di Soave, Raboso Veronese
Jahresproduktion	2,4 Mio. Flaschen

Seien wir froh, dass Robert Parker erklärtermaßen »kein besonderer Freund von Amarone-Weinen« ist und deshalb beharrlich einige der besten Erzeuger Venetiens links liegen lässt. Mit Recht bemängelt er, dass die meisten dieser Weine nicht frisch genug und zu oxydativ seien. Nun trifft aber genau dies auf den wirklich großartigen Campolongo di Torbe von Masi nicht zu. Liebhaber des klassischen Amarone-Stils, wie ihn z. B. Quintarelli bravourös vertritt, werden natürlich die Nase rümpfen über diesen Wein. Aber dem Rest der Menschheit hat Dottore Sandro Boscaini mit seiner modernen Vision eines großen Amarone einen Gefallen getan. Und dank Parkers Amarone-Abstinenz sind diese Weine sogar noch zu Einstandspreisen unter 100 Mark zu bekommen.
Die Agricola Masi ist einer der ältesten und heute auch einer der wichtigsten Betriebe im Veneto. Im 18. Jahrhundert erwarb die Familie Boscaini die ersten Weinberge in der Gemarkung des heutigen Städtchens Negrar, genauer gesagt im Vajo di Masi in Torbe. Von dieser Lage leitet sich auch der Name der Firma ab, die heute über 130 Hektar bewirtschaftet, die Hälfte davon im eigenen Besitz. Dank der unermüdlichen Aktivitäten von Dott. Sandro Boscaini ist Masi heute in jeder Hinsicht das führende Unternehmen der Region, wenn es um Innovationen und um die Vermarktung geht. So verdankt der Amarone seine neue Akzeptanz, die ihm in den 90er-Jahren zuteil wurde, weitgehend den weltweiten Bemühungen Boscainis. Er beschritt neue Wege bei der Sorten- und Klonenforschung, den Erziehungsmethoden im Weinberg, beim Ausbau in Keller mit Mikrovinifikationen einzelner Rebsorten und mit Barrique-Experimenten beim Amarone und seit kurzem auch beim süßen Recioto.
Bei dem Weinberg Campolongo di Torbe handelt es sich zum einen womöglich um die beste aller Amarone-Lagen. Sie wird bereits im Jahre 1194 in einem Dokument des Klosters von San Zeno als besonders guter Pachtweinberg erwähnt und befindet sich heute im Besitz von Masi. Der Weinberg liegt auf einer Höhe von 375 bis 400 m ü. d. M. Der Boden ist dunkel, teilweise vulkanischen Ursprungs mit Basalt- und Tuffeinlagen. Der Trocknungsprozess ist hier bereits Anfang Januar abgeschlossen. Die Fermentation dauert dann noch rund 45 Tage. Der Ausbau dieses Weins erfolgt aber nicht mehr nach der traditionellen Formel in alten Eichenfässern für mindestens drei Jahre, sondern nach einer abweichenden Methode, die von Sandro Boscaini entwickelt

wurde. Mit dem Jahrgang 1990 beginnend, ließ er seinen besten Amarone teilweise in barriqueähnlichen Fässern aus neuem Eichenholz ausbauen, zunächst nur 20 Prozent. Beim jetzt erschienenen 95er sind es aber bereits ein Viertel. Ein weiteres Viertel ist in Fässern der zweiten Belegung gereift und der Rest in Fässern mit dritter und vierter Belegung. Als Holzarten wählte das Kellermeisterteam von Masi Eiche aus Slawonien (60 Prozent) und Allier (40 Prozent). Dieser fast vier Jahre dauernde Ausbau nimmt dem Wein seine oxydative Note fast völlig, verleiht ihm mehr Frische und eine neue Dimension und Tiefe. Herkömmliche Amaroni aus dieser Lage haben nach meiner Erfahrung ein Alterungspotenzial von 30 bis 40 Jahre. Diese neue Generation dürfte in großen Jahrgängen wie 1990 und 1995 auch noch wesentlich älter werden können. Im Laufe der kommenden Jahre soll der Anteil des neuen Holzes langsam erhöht und die Toastung verstärkt werden. Bleibt nur zu hoffen, dass das Masi-Team um Boscaini eines Tages den Mut findet, tatsächlich einen Wein wie den Experimental-Amarone des Jahrgangs 1990 mit 100 Prozent neuem Holz zur Veröffentlichung freizugeben. Für die italienische Weinszene wäre dies ein wahrhaftes Jahrhundertereignis. Bis dahin müssen wir uns mit Weinen wie dem Campolongo des Jahrgangs 1995 zufrieden geben, dem ersten 5-Sterne-Jahrgang für Amarone nach 1990. Durch die perfektionierte Vinifizierung übertrifft er den Vorgänger nochmals um eine kleine Nuance und nähert sich dem Ideal ein weiteres Stückchen.

1995 Campolongo di Torbe

Dunkles, tiefes Rubinrot. Zeigt extrem viele und dicke Glycerinbeinchen. Der Nase präsentiert sich ein wollüstiges Bukett voll von überreifer Süße und Frucht, kombiniert mit einem komplexen Würzelixier: schwarze Beeren und Backpflaumen, Orangenschale, Lakritze, Teer und Tabak, getrocknete Feigen und Rosinen. Am Gaumen dickflüssig, schokoladig, eine sinnlich süße Mischung aus Pralinémasse mit Rum und Rosinen, Kirschen, Karamell, Nougatkrokant und Kaffeelikör. Der hohe Alkoholgehalt von 16 Vol.-% und die massige Dichte der Extrakte sind nahezu perfekt balanciert mit einer lebendigen Säure und einer guten Portion Gerbstoffe. Sie verleihen dem Wein eine für Amarone überraschende Frische und Jugendlichkeit.

Capital-Index	***145***
Scheuermann-Note	***96***
Anzahl der Flaschen	***13 500***
Marktpreis	***Lit 75 000***
	(ca. DM 75,00)
Platzierung	***162 (rot)***

Die Wiedergeburt des Rieslings

Drei bestimmende Trends lassen sich derzeit in der Mitte Europas ausmachen. Zum einen erlebt der lange Zeit verschmähte Riesling seine Wiedergeburt als König der Weißweine. Er beginnt bereits auf einigen Märkten wie den USA, Australien, Skandinavien, aber auch in südlichen Ländern dem Chardonnay den Rang streitig zu machen. »Riesling´s Revenge« titelte das Time Magazin in den USA und berichtete über einen wahren Riesling-Boom in den Trend-Restaurants von New York und San Francisco. Das Fazit: Riesling, believe it or not, is in. In den Luxushotels und Gourmet-Restaurants von Hawaii ist deutscher Riesling heute der meistgetrunkene Weißwein.

Zum anderen fand der Grüne Veltliner aus Österreich endlich die längst verdiente weltweite Anerkennung als eine der wichtigsten weißen Premiumsorten. In zahlreichen internationalen Vergleichsproben bewiesen Grüne Veltliner von der Donau und vor allem aus dem Kamptal immer wieder der erstaunten Öffentlichkeit, dass sie es selbst mit den hochrangigen weißen Burgundern aufnehmen können.

Nicht nur die Konsumenten und Kritiker meinten es in den letzten Jahren gut mit den Produzenten, sondern auch die Natur. Als Folge des fortschreitenden weltweiten Klimawandels schenkte sie den Winzern in Deutschland und Österreich einige der längsten Vegetationsperioden, die man je gemessen hat – mit frühem Austrieb und der Möglichkeit zu immer späteren Lesen. Teilweise zogen diese sich bis in den November und Dezember hinein. Wer das Glück hatte, steile Lagen und alte Reben zu besitzen, die dank ihrer tiefen Wurzeln dem Trockenstress besser widerstehen können, und durch rigorose Ausdünnung im Weinberg seine Erträge niedrig hielt, der konnte in den Jahren 1997, 1998 und 1999 Weine von ungewöhnlicher Typizität ernten. Sie sind gesegnet mit höchster Konzentration der Frucht und ausgeprägter Mineralität. Auf allen Ebenen, von der trockenen Spät- und Auslese bis zu den edelsüßen Botrytisweinen, zählen sie zu den besten mindestens der 90er-Jahre.

Stellvertretend, weil besonders herausragend, sei hier das Weingut Dr. Heger aus Baden genannt. Mit seinen 98er weißen Burgundern, für die er die Auszeichnung »Kollektion des Jahres« beim Hamburger Wein-Salon erhielt, meldete Joachim Heger für die Lage Winklerberg in Ihringen den Anspruch auf einen Platz im Olymp der besten Weißweine an.

Speziell an Mosel, Saar und Ruwer rangiert der Jahrgang 1999 sogar noch ein Treppchen darüber. Egon Müller präsentierte die schönste Scharzhofberger Kollektion seit den 70er-Jahren. Markus Molitor gelang eine so unglaubliche Serie an Auslesen, Beerenauslesen und Trockenbeerenauslesen, wie es bei ihm zuvor noch keine gab. Er ist sicher in Deutschland der Aufsteiger des Jahrzehnts. Dank seiner Erfolge im Weinberg ist auch das Fernduell Müller gegen Weil bei den Auktionen zu einem Dreiecksspiel geworden. Diese drei ringen auf den traditionellen Versteigerungen von Trier, Bernkastel und Kloster Eberbach Jahr für Jahr um den höchsten Preis für die jungen TBAs. Seit September 2000 wird der Rekord von Weil gehalten mit 5000 DM netto vor Egon Müller (3220 DM) und Markus Molitor (3000 DM). Und es würde mich nicht wundern, wenn schon bald auch Schloss Vollrads hier Anschluss fände, das mit dem Jahr-

gang 1999 wie Phönix aus der Asche wiederauferstanden ist.
Diese spannende Konkurrenz hat mit dazu beigetragen, der Rebsorte Riesling wieder zu einem hochklassigen Renommee zu verhelfen, so wie es vor 100 Jahren schon einmal der Fall war, als deutsche Riesling Hochgewächse teurer bezahlt wurden als die Premier Grand Crus des Médoc.
Der überraschendste und zugleich langfristig vielleicht auch interessanteste und weitreichendste neue Aspekt kommt aber aus südlicheren Regionen, nämlich aus dem österreichischen Burgenland und aus dem Tessin. Hier gelang es den Winzern, im Jahrgang 1997 Weine zu ernten, die für reichlich Furore sorgten, als sie dann 2000 auf den Markt kamen. Leider waren sie im Inland so schnell ausverkauft und ausgetrunken, dass draußen in der Welt kaum jemand davon Notiz nehmen konnte. Für die Österreicher war es – nach den ersten Erfolgen mit dem Jahrgang 1993 – der lang prophezeite Durchbruch zu einer auch international vorzeigbaren Qualität. Nach den ersten Fassmustern der 99er und dem 2000er Herbst, der als einer der frühesten und besten in die Geschichte des 20. Jahrhunderts eingehen dürfte, könnten in den nächsten beiden Jahren einige burgenländische Winzer, aber auch ihre Kollegen aus dem südungarischen Villány, den Sprung aufs absolute Weltniveau schaffen.
Dort sind überraschenderweise einige ihrer Kollegen aus dem Tessin bereits heute angelangt, wie zwei große Merlotproben in Zürich und Hamburg belegten. Was das Quartett der Tessiner Spitzenwinzer Brivio, Zanini, Kaufmann und Gialdi hier 1997 auf die Flasche gefüllt hat, verdient allerhöchsten Respekt und kann in jeder Blindprobe mit den besten Pomerols bestehen.
In beiden Fällen wurde dieser Quantensprung zunächst natürlich ausgelöst durch die besonders günstigen Witterungsbedingungen. Auch dies scheint mir fraglos eine erste Auswirkung des weltweiten Klimawandels zu sein. Im Falle des österreichischen Burgenlandes hatte aber auch wieder die Politik ihre Finger im Spiel. Statt wie sonst üblich mit der Gießkanne die Subventionen zu verteilen, werden hier nämlich mit EU-Mitteln in erster Linie die Topbetriebe gefördert mit dem Ziel, eine Elite mit Vorbildfunktion für die gesamte grenzüberschreitende Region zu schaffen: Strukturpolitik mithilfe von Spitzenweinen. Das ist neu und sei deutschen Weinbaufunktionären und -politikern, die immer noch Masse vor Klasse setzen, mit Nachdruck zur Nachahmung empfohlen.
Nach dem Fall des Eisernen Vorhangs rückten in den 90er-Jahren die lange Zeit vom boomenden Weinmarkt abgeschnittenen traditionsreichen Anbaugebiete Ostmitteleuropas wieder stärker ins Bewusstsein der Verbraucher, zunächst nur mit preiswerten Allerweltsweinen, aber gegen Ende des Jahrzehnts erstmals auch mit Spitzenprodukten. Vor allem im Bereich derjenigen Reformstaaten, die früher einmal unter dem Dach der Habsburger Monarchie vereint waren, erlebte die Weinwirtschaft dank des Engagements westlicher Unternehmen eine phänomenale Renaissance. Es gehört wenig Prophetie dazu, um vorauszusagen, dass gerade von diesen Joint Ventures in den nächsten Jahren, wenn Staaten wie Ungarn und Slowenien Vollmitglieder der EU geworden sind, wesentliche Impulse ausgehen werden.

Geheimer Rat Dr. von Bassermann-Jordan

Kirchgasse 10
D-67142 Deidesheim
Tel. 0 63 26/60 06
Fax 0 63 26/60 08

Daten | Fakten

Inhaber	Margrit und Gabriele von Bassermann-Jordan
Rebfläche	42 Hektar
Rebsorten	90 % Riesling, 10 % Burgundersorten
Jahresproduktion	300 000 Flaschen

Das Weingut wurde im 18. Jahrhundert von Andreas Jordan gegründet, einem Abgeordneten des Frankfurter Paulskirchenparlamentes und des Reichstages. Seinen heutigen Namen erhielt es durch Dr. Friedrich Bassermann, der 1864 die Enkelin des Gründers heiratete. Er war der bedeutendste Weinhistoriker seiner Zeit. Seine Geschichte des Weinbaus ist noch heute ein unübertroffenes Standardwerk. Maßgeblich beeinflusste er das erste deutsche Weingesetz und er war Mitbegründer des Verbandes der Naturweinversteigerer, aus dem der heutige VDP hervorging.
Das Weingut verfügt neben Schloss Johannisberg im Rheingau über die bedeutendste Schatzkammer Deutschlands. Im Raritätenkeller lagern seit dem Jahrgang 1880 alle Jahrgänge bis zur Gegenwart, aber auch Jahrgänge, wie der von Goethe besungene Kometenjahrgang 1811 (aus der Lage Ungeheuer) oder 1706 und ein original römischer Weinflakon, auf das Jahr 100 n. Chr. datiert, der bei Ausgrabungen gefunden wurde. Vergleichbare Sammlungen alter Weine gibt es sonst nur noch in Bordeaux.

Ähnlich wie bei den anderen beiden »Großen Bs« der Pfalz, Bürklin-Wolf und von Buhl, erlebte auch Bassermann-Jordan in der zweiten Jahrhunderthälfte einen Niedergang. Zum einen hatte die internationale Reputation natürlich unter den Folgen zweier Weltkriege sehr gelitten. Zum andern versäumte man lange Zeit nötige Modernisierungen. Doch ab dem Jahr 1997 meldete sich Bassermann-Jordan unter seinem neuen Kellermeister Ulrich Mell vernehmlich zurück. Dank seiner präzisen und qualitätsbewussten Weinbergsarbeit gelang es ihm, die Qualität der Weine innerhalb von drei Jahren auf ein Niveau anzuheben, das dem Namen des Weingutes und seiner Spitzenlagen gerecht wird. Beinahe hätte ihm allerdings 1999 die Natur einen Strich durch die Rechnung gemacht. Fürchterliche Hagelschläge ließen im Juni die Weingärten binnen weniger Minuten wie eine Winterlandschaft aussehen. Auch bei Bassermann rechnete man mit dem Schlimmsten. Dann passierte das Naturwunder einer zweiten Blüte und so gab es im Herbst eine zwar kleine, aber um so bessere Ernte.

1999 Ruppertsberg Reiterpfad Riesling Trockenbeerenauslese

Goldgelb. In der Nase eine sehr feine Würze und der süße, mürbe Duft von getrockneten hellen Früchten. Dickflüssig, opulent, sehr lange und sehr intensiv. Dank einer unbändigen, brennenden Säure zeigt der Wein eine saftige Frische. Im Abgang dann aber wieder cremig, ölig. Aromen von Pfirsich, Zitrusfrüchten, im Abgang auch Nuss und Kastanientöne und wieder Trockenfrüchte (Feigen, Aprikosen).

Capital-Index	***157***
Scheuermann-Note	***95***
Anzahl der Flaschen	***290***
Marktpreis	***DM 155,00***
Platzierung	***26 (süß)***

Georg Breuer

Geisenheimer Straße 9
D-65385 Rüdesheim
Tel. 0 67 22/10 27
Fax 0 67 22/45 31
georg-breuer@t-online.de
georg-breuer.com

Daten | Fakten

Inhaber	Bernhard und Heinrich Breuer
Rebfläche	24 ha
Rebsorten	90 % Riesling, 5 % Spätburgunder, 3 % Weiß- und Grauburgunder, 2 % andere
Jahresproduktion	80 000–120 000 Flaschen

Zwei Jahrzehnte lang war Bernhard Breuer ein unermüdlicher Architekt der Rheingauer Renaissance. Er war für den VDP, die Charta und die Bewegung für ein »Erstes Gewächs« Spiritus Rector und Motor zugleich. Mitte des Jahres 2000 hat er sich aus all den damit verbundenen Ämtern gelöst und ist aus dem VDP und dem Komitee »Erstes Gewächs« ausgetreten, hat, wie man so schön sagt, »den Bettel hingeschmissen«.

Es war ein Eklat mit Vorankündigung. Schon vor längerem war Breuer aus dem Rheingauer Weinbauverband ausgetreten und bereits im Herbst 1999 hatte er sich still und leise aus dem Reigen der Rheingauer Auktionen verabschiedet. Dennoch löste sein Schritt Aufregung und Diskussionen aus. Aber wer Bernhard Breuer kennt, weiß, dass er einerseits ein verbindlicher, immer wieder nach gangbaren Kompromissen suchender Diplomat sein kann – aber wenn es nicht anders geht, handelt er eben auch mit jakobinischer Konsequenz. So blieb er z. B. beim Zusammenschluss von VDP und Charta lange bei der Stange, auch, als man das Verhandlungsmandat für die endgültige gesetzliche Durchsetzung der Bezeichnung »Erstes Gewächs« an den Rheingauer Weinbauverband delegierte.

Als dann das Ergebnis bekannt wurde, leisteten Politiker und Funktionäre sich nicht nur in seinen Augen drei schwerwiegende Sündenfälle: Sie waren entgegen Breuers Anträgen nicht bereit, den möglichen Ertrag für VDP-Güter auf effektive 75 hl/ha zu begrenzen, sondern beließen es bei der alten Regelung. Danach sind VDP-Mitglieder nur verpflichtet, dass sie ab dem 76. Hektoliter die Weine ohne das Markenzeichen des Traubenadlers vermarkten müssen. Darin sieht Breuer einerseits eine Verbrauchertäuschung und andererseits buchstäblich eine Verwässerung des Qualitätsgedankens. Zweitens wurde ein Drittel der bestockten Rheingauer Weinbergsfläche für die Produktion »Erster Gewächse« klassifiziert – wie Breuer meint, viel zu viel. Auch wurden bei dieser Klassifizierung die flachen rheinnahen Lagen den höher gelegenen Steillagen teilweise vorgezogen. Deshalb sollte auch Breuers erstklassiger Nonnenberg in Rauenthal außen vor bleiben. Dabei ist dies eine der ganz wenigen Rheingauer Lagen, die ihre Grand-Cru-Tauglichkeit die 90er-Jahre hindurch lückenlos bestätigt haben. Drittens wurde das »Erste Gewächs« für das Prädikat der süßen Spätlese geöffnet, während Breuer und seine Rheinland-Pfälzer Mitstreiter wie Gunderloch und Bürklin-Wolf der Überzeugung sind: ein Weinberg – ein Wein. Aus einer klassifizierten Lage kann es letztendlich nur ein »Erstes Gewächs« aus gesundem, vollrei-

fem Lesegut geben, dazu je nach Jahrgang eventuell edelsüße Goldkapselweine mit Botrytis von der Auslese an aufwärts.
Die Zukunft wird zeigen, welches System das erfolgreichere ist. Während es dem federführenden VDP derzeit offensichtlich noch an einem schlüssigen Vermarktungskonzept fehlt, kann sich Breuer den Alleingang leisten. Er ist längst in der Lage, seine Premium-Weine – vor allem Nonnenberg und Schlossberg – sowie die raren edelsüßen Spitzen vollständig über Subskription zu vermarkten, und das bei einer ständig wachsenden weltweiten Klientel. Selbst sein Zweitwein Montosa, eine Cuvée aus den besten Rüdesheimer Lagen, ist stets überzeichnet. Es gibt nur eine Hand voll anderer deutscher Weingüter, die so erfolgreich verkaufen.

1999 Rüdesheim Berg Schlossberg TBA

Helles Goldgelb. Sehr klare saubere Nase, dezente Botrytis, tropische Fruchtnuancen. Dickflüssig. Einerseits eine fette Süße, andererseits auch eine im Augenblick noch brennende Säure, zwei Komponenten, die noch nicht zueinander gefunden haben, was man in dem jugendlichen Stadium auch nicht erwarten kann. Aromen von Quitte, Mango und Honig. Konzentriert, langer Abgang. Ein extrem jugendlicher Wein mit großer Zukunft.

Capital-Index	***152***
Scheuermann-Note	***94***
Anzahl der Flaschen	***200 (halbe)***
Marktpreis	***DM 300,00***
Platzierung	***32 (süß)***

1999 Rüdesheim Berg Schlossberg

Blasses grünliches Strohgelb. Eine feine Pfirsichnase mit etwas Würze, Brioche, helles Früchtegelee, frische Kräuter mit etwas Minze, im Glas mit der Zeit leicht petrolig, etwas Marzipan. Am Gaumen relativ elegant und verhalten, aber eine deutliche Würze am hinteren Ende und im Abgang. Fein prickelnde Säure, ein klitzekleiner Hauch Restsüße. Braucht viel Luft, um seine Qualitäten zu entfalten, kann dabei auch gut Wärme vertragen.

Capital-Index	***198***
Scheuermann-Note	***90***
Anzahl der Flaschen	***8000***
Marktpreis	***DM 50,00***
Platzierung	***35 (weiß)***

1999 Rauenthal Nonnenberg

Strohgelb. Dezentes Bukett, etwas weißer Pfirsich und Blüten. Mineralisch. Ein saftiger, ausgewogener Wein. Etwas dicker und opulenter als der Schlossberg. Zeigt am Gaumen auch eine kleine Süße. Deutlicher, langer Abgang.

Capital-Index	***184***
Scheuermann-Note	***90***
Anzahl der Flaschen	***7000***
Marktpreis	***DM 47,50***
Platzierung	***53 (weiß)***

1999 Rauenthal Nonnenberg Auslese Goldkapsel

Strohgelb bis Hellgold. Sehr feine, helle Nase. Etwas grüne Banane. Sehr frisch. Feine Süße von Bananenbrei und Mango, elegant, sehr feine fruchtige Säure, saftig, aber etwas verhalten und kürzer als die TBA. Auch dieser Wein braucht und hat noch viel Zeit.

Capital-Index	***155***
Scheuermann-Note	***91***
Anzahl der Flaschen	***326 (halbe)***
Marktpreis	***DM 60,00***
Platzierung	***29 (süß)***

Reichsrat von Buhl

Weinstraße 16-18
D-67146 Deidesheim
Tel. 0 63 26/9 65 00
Fax 0 63 26/96 50 24

Daten | Fakten

Inhaber	Reichsrat von Buhl GmbH
Rebfläche	50 ha
Rebsorten	88 % Riesling, 4 % Spätburgunder, 8 % übrige Sorten
Jahresproduktion	350 000 Flaschen

Für den Komponisten Felix Mendelssohn Bartholdy und seine Zeitgenossen Mitte des 19. Jahrhunderts war das Weingut Reichsrat von Buhl der Inbegriff deutscher Weinkultur. Von ihm ist das Zitat überliefert »Aber wer nicht bei Buhl war, der weiß nicht, was Forster Riesling hernieden ist.«

Das Gut wurde 1849 von Franz Peter Buhl gegründet. Er fasste damals den Besitz der Familien Buhl und Jordan zusammen. Sein Sohn Franz Armand heiratete später Juliane Schellhorn-Wallbillich, sodass im Laufe der Zeit drei Weingüter zu einem einzigen verschmolzen. Dieses Gut erwarb sich schnell ein bedeutenden Ruf auch über die Grenzen Deutschlands hinaus, erhielt höchste Auszeichnungen bei den Weltausstellungen von Paris, Brüssel und Chicago. Um die Jahrhundertwende wurden die Buhl'schen Weine höher eingeschätzt als die edelsten Gewächse von Burgund und Bordeaux. So wurde bei der Einweihung des Suezkanals mit einem Buhlschen Riesling angestoßen! Auf den jährlichen Auktionen – nur hier konnten die Weine erstanden werden – erzielten die Rieslinge wahre Rekordpreise. Zwei Weltkriege zerstörten diese internationale Reputation fast völlig. Franz Eberhard von Buhl (gest. 1921), nach dem das Gut heute benannt ist, war bayrischer Reichsrat. Seine Witwe leitete das Gut bis 1952. Dann kam es durch Erbschaft an die Freiherren von und zu Guttenberg. 1989 wurde es an eine japanische Weinhandelsfirma verpachtet. Mit dem Ziel, optimale Voraussetzungen für die Erzeugung höchster Weinqualität zu schaffen, wurden Millionen in Keller und in die Weinberge investiert. Von Buhl hat namhaften Anteil an fast allen Grands Crus der Mittelhaardt, vor allem aber in Forst, so u. a. 43 Prozent der Lage Freundstück, 33 Prozent des Jesuitengartens, 31 Prozent des Pechsteins, 24 Prozent des Kirchenstücks und 19 Prozent des Ungeheuers. Bei diesen Investitionen standen weniger eine schnelle Rentabilität als vielmehr Prestige und Image im Vordergrund.

Gutsdirektor Stefan Weber und sein Kellermeister Frank John haben unter diesen Bedingungen denn auch innerhalb weniger Jahre Erstaunliches geleistet und knüpfen heute wieder an die große alte Zeit an: Finalist der Gault-Millau-Olympiade 1995, erster Platz unter 1800 Weinen aus 33 Ländern bei der Vinitaly in der Kategrioie edelsüß, ebenfalls 1995. Oder 96 Punkte bei Robert Parker, um nur drei der internationalen Erfolge zu nennen. Als dann amerikanische Händler nach den Vorverkostungen des 99er Jahrgangs 70 Prozent der Ernte aufkaufen wollten, war klar: Buhl is back.

1999 Forst Ungeheuer Riesling Spätlese trocken

Blasses Strohgelb. Opulente tropische Frucht in der Nase, aber auch eine sehr schöne und deutliche Mineralität. Auch am Gaumen zeigt der Wein eine beachtliche Fülle, Stoff und vor allem eine rassige, packende Säure. Sehr langer Abgang.

Capital-Index	***192***
Scheuermann-Note	***90***
Anzahl der Flaschen	***keine Angaben***
Marktpreis	***DM 18,50***
Platzierung	***42 (weiß)***

1999 Forst Ungeheuer Riesling Eiswein

Strohgelb. Eine klare Frucht in der Nase mit deutlichem Eisweincharakter. Ein reicher, tropischer Früchtecocktail. Am Gaumen cremig mit konzentrierten Frucht- und Obstaromen (Pfirsich, Aprikose etc.) dazu eine pikante Säure. Das ergibt in diesem jugendlichen Stadium noch keine Harmonie, zeigt aber an, dass hier mit zunehmender Reife ein finessenreicher, eleganter Wein entstehen wird.

Capital-Index	***147***
Scheuermann-Note	***93***
Anzahl der Flaschen	***keine Angaben***
Marktpreis	***DM 160,00***
Platzierung	***34 (süß)***

Weingut Dr. Bürklin-Wolf

Weinstraße 65
D-67153 Wachenheim
Tel. 0 63 22/9 53 30
Fax 0 63 22/95 33 30
bb@buerklin-wolf.de
www.dr.buerklin-wolf.de

Daten | Fakten

Inhaber	Bettina Bürklin-von Guradze und Christian von Guradze
Rebfläche	100 ha
Rebsorten	72 % Riesling, 9,5 % andere weiße Sorten, 18,5 % Rotwein-Reben
Jahresproduktion	600 000 Flaschen

Ende der 80er-Jahre noch völlig am Boden, zählt das Weingut Dr. Bürklin-Wolf im pfälzischen Wachenheim heute wieder zu den strahlenden Fixsternen am deutschen Weinhimmel. Es ist dies neben Robert Weil im Rheingau das spektakulärste Comeback eines deutschen Rieslingerzeugers. Der Erfolg beruht aber nicht nur auf der stupenden Qualität der Weine; das Engagement der Besitzer Christian und Bettina von Guradze in Sachen Wein und Kultur ist viel umfassender. Die kulturellen Ambitionen der beiden gehen dahin, Wachenheim über die Jahre zu einer Art pfälzischem Glyndebourne zu entwickeln. Rund ums Jahr stehen mit dem »Mozartfrühling«, der im März 2000 zum fünften Male stattfand, der »Sommeroper« mit Picknick im Englischen Garten in Wachenheim im August oder Händels Messias im Advent hochkarätige musikalische Highlights auf dem Programm. Bettina Bürklin-von Guradze, engagierte Sängerin im Münchner Bachchor bis 1990 und seither in Heidelberg unter Christian Kabitz, verbindet so Musik- und Weinkultur auf ihrem traditionsreichen Weingut.

Und von Tradition darf man füglich sprechen, wenn man die Geschichte von Bürklin-Wolf betrachtet: Ende des 16. Jahrhunderts ließ sich der aus Durlach bei Karlsruhe stammende Bernhard Bürklin im pfälzischen Wachenheim nieder und kaufte hier die ersten Weinberge, Keimzelle des heutigen Weingutes. 1997 konnte der 400. Geburtstag gefeiert werden. Im 18. Jahrhundert bauten die Administratoren der kurpfälzischen Kellereien, Johann Peter Wolf, und sein Sohn Johann Ludwig, den Besitz zu einer der größten deutschen Domänen in Privatbesitz aus. Die beiden überragenden Persönlichkeiten, die das Image des Gutes im 19. Jahrhundert prägten, waren der Wirkliche Geheimrat und Vizepräsident des Deutschen Reichstages, Dr. Albert Bürklin, der 1875 in das Gut einheiratete und es zu einem Musterbetrieb für Qualitätsweinbau in Deutschland entwickelte. Sein Großneffe und Nachfolger gleichen Namens führte es zur weltweiten Anerkennung. Zwei Weltkriege, Wirtschaftskrisen, die zeitweilige politische und wirtschaftliche Isolation Deutschlands von den Weltmärkten, ließen diese weitgehend in Vergessenheit geraten. Und das Weingesetz von 1971, das mit der Erweiterung von ehemaligen Spitzenlagen und der Einführung von verwirrend ähnlich lautenden Großlagen faktisch eine Gleichschaltung der Lagen betrieb, beraubte gerade solche Spitzengüter ihres wichtigsten Kapitals. In der Folge durchlebte auch Bürklin-Wolf eine Phase der Schwäche. Von 1976 bis 1989 kümmerte sich die Familie kaum mehr um den Betrieb, Geschäft und Geschick wurden einem Gutsdirektor anvertraut. Nach dem Tode von Dr. Albert Bürklin im Jahr 1979 trat seine Tochter Bettina, damals erst 19 Jahre alt, das Erbe an. Sie unterzog sich nach einer Banklehre einer gründlichen Ausbildung im Weinbau und heiratete 1987 Christian von Guradze, der damals mit Wein noch überhaupt nichts im Sinn hatte, sondern für MBB im Nahen und Fernen Osten Hubschrauber verkaufte. Mit seinem Einstieg als Mitinhaber im Jahr 1990 bahnte sich auf dem Gut eine dramatische Wende an: Der Seiteneinsteiger mit dem Hang zu gnadenlosem Perfektionismus, der sich stolz als »Terroirist« bezeichnet, veranlasste zum ersten Mal seit über 150 Jahren Bodenuntersuchungen, die gründlichsten und umfangreichsten, die es jemals in pfälzischen Weinbergen gab. Daraus resultierte eine gutsinterne Klassifikation der Weinberge nach dem Vorbild Burgunds. Eine dieser Einteilung folgende strenge Selektion der Trauben brachte 1997 die vergessenen Grands Crus in Deidesheim und Ruppertsberg, vor allem aber in Forst wieder zum Vorschein und inzwischen auch zu hohen Ehren und steigenden Preisen. Neben diesen wuchtigen alkohol- und mineralreichen Rieslingen gelingt dem Weingut in manchen Jahren – wie 1992, 1995 und 1998 – in der Lage Luginsland in Wachenheim aber auch das Wunder perfekter Muskateller Trockenbeerenauslesen mit einem Ertrag von unter zwei hl/ha. Sie zählen zum Vollkommensten, was es in der Welt des Weins gibt.

1998 Muskateller TBA

Dieser Wunderwein wurde im Sommer 2000 von der Jury des Hamburger Wein-Salons mit der höchsten Note, die je in der Geschichte des Wettbewerbs vergeben wurde (139,5/140 Punkten), zum Wein des Jahres gewählt. Ich habe ihn inzwischen fünf Mal verkosten dürfen, meist zusammen mit anderen Botrytisweinen allerhöchster Qualität. Das Fazit war jedes Mal das gleiche: ein Wein wie aus einer anderen Welt. Eine ölige Konsistenz im Glas. Tiefes Goldgelb mit zartem Orangeschimmer. Eine ungeheuer dichte Würze und Konzentration der Aromen in der Nase, die sich in ihren zahllosen Nuancen kaum beschreiben lässt: Teenoten, Muskatwürze, Laugenbrötchen und Marillenkonfitüre, Aprikosencreme. Am Gaumen dann die Überraschung: Rasse, Klarheit, eine markante Säure, die sich selbst noch gegen die Süße von 283,6 g/l Restzucker durchsetzen kann. Eine extreme Länge im Abgang, die minutenlang nachklingt.

Capital-Index	***240***
Scheuermann-Note	***100***
Anzahl der Flaschen	***113 (halbe)***
Marktpreis	***DM 200,00***
Platzierung	***3 (süß)***

1999 Jesuitengarten

Strohgelb. Leicht grüne und zugleich mineralische Aromen in der Nase, nicht unreif, eher wie das Lauch von Frühlingszwiebeln, dazu schöne Zitrusnoten. Am Gaumen elegant, sehr reife Säure, eher etwas zu weich, recht kompakt.

Capital-Index	***192***
Scheuermann-Note	***91***
Anzahl der Flaschen	***3200***
Marktpreis	***DM 47,00***
Platzierung	***41 (weiß)***

1999 Kirchenstück

Strohgelb. Noch sehr verschlossen in der Nase, etwas Pfirsichduft, aber auch die charakteristische Mineralität. Ein opulenter Wein, berstend vor Saft, sehr fruchtbetont, nicht so streng wie z. B. der 98er. Es fehlt etwas der Biss. Offener, auch üppiger und süßer in seiner Aromatik. Am Gaumen etwas Vanille, Karamell und Mango. Guter Abgang.

Capital-Index	***199***
Scheuermann-Note	***90***
Anzahl der Flaschen	***1800***
Marktpreis	***DM 45,00***
Platzierung	***33 (weiß)***

1999 Pechstein

Blasses Strohgelb. Sehr verschlossen, konzentriert. Sehr deutlich das rauchige, mineralische Terroir in der Nase. Am Gaumen relativ leicht und elegant, nicht die Opulenz des Gaisböhls. Verhalten, gute Säure, schönes reifes Steinobst und Grapefruitaromen. Guter Abgang.

Capital-Index	***196***
Scheuermann-Note	***92***
Anzahl der Flaschen	***8500***
Marktpreis	***DM 44,00***
Platzierung	***36 (weiß)***

1999 Ungeheuer

Blasses Strohgelb. Die konzentrierte und am deutlichsten vom Terroir geprägte Nase. Fast keine Frucht. Schöne Fülle, und Konzentration. Saftige, mineralische Säure. Etwas kurz im Abgang.

Capital-Index	***201***
Scheuermann-Note	***91***
Anzahl der Flaschen	***6500***
Marktpreis	***DM 44,00***
Platzierung	***29 (weiß)***

1999 Hohenmorgen

Schöne fruchtige Nase mit sehr reifen Steinobstaromen, Aprikosencreme. Saftig, schöne Säure, reife Frucht. Weicher Körper. Guter Abgang.

Capital-Index	***186***
Scheuermann-Note	***90***
Anzahl der Flaschen	***3500***
Marktpreis	***DM 47,00***
Platzierung	***48 (weiß)***

1999 Gaisböhl

Blasses Strohgelb. Sehr verhalten in der Nase, aber erkennbar ein recht üppiges tropisches Früchtebukett mit einer leicht rauchigen mineralischen Komponente. Am Gaumen eine brillante, packende Säure, etwas Bitteraromen im Abgang, sehr saftig, elegant, aber mit Charakter und Potenzial.

Capital-Index	***200***
Scheuermann-Note	***92***
Anzahl der Flaschen	***11 000***
Marktpreis	***DM 35,00***
Platzierung	***31 (weiß)***

Schlossgut Diel

D-55452 Burg Layen
Tel. 0 67 21/9 69 50
Fax 0 67 21/4 50 47

Daten | Fakten

Inhaber	Familie Diel
Rebfläche	15 ha
Rebsorten	70 % Riesling, 30 % Burgundersorten
Jahresproduktion	120 000 Flaschen

Eines ist Armin Diel, Herr des gleichnamigen Schlossgutes auf Burg Layen an der Nahe, ganz gewiss nicht: everybody's darling. Im Gegenteil. Er hat bei aller Jovialität, zu der er auch fähig ist, seine Ecken und Kanten. Und eines muss auch der neidischste Kollege ihm lassen: Er versteht etwas von Wein, als Journalist und Kritiker genauso sehr wie als Winzer.

Was er in den 14 Jahren, in denen er in Weinberg und Keller das alleinige Sagen hat, aus dem Betrieb, der sich seit 1802 im Besitz seiner Familie befindet, gemacht hat, ist schon mehr als nur bemerkenswert, und zwar auf allen Ebenen. Da gibt es den Diel de Diel – 35 000 Flaschen eines der cleversten Kommerzweinkonzepte in Deutschland. Er hat den Besitz in den Dorsheimer Toplagen Burgberg (1,8 ha), Goldloch (4,5 von 9 ha) und Pittermännchen (1 ha) mehr als verdoppelt und produziert hier erstklassige Rieslinge, von denen 1999 allerdings die edelsüßen Auslesen in meinen Augen mehr Aufmerksamkeit verdienen als die trockenen. Sie lagen alle drei zwischen 120 und 130 Öchslegrad. Das gesamte Beerenauslese- und Eiswein-Potenzial des Gutes wurde hier verarbeitet. Und dann gibt es natürlich noch die im Barrique ausgebauten Burgundersorten, allen voran das Flaggschiff namens Victor.

Armin Diel versteht von PR genauso viel wie von guten Weinen. Deshalb ist er auch nie um ausgefallene Ideen verlegen, wenn es darum geht, sich und seine Kreszenzen effektvoll in Szene zu setzen. Das gilt vor allem für seinen Prestigewein Victor, den er 1987 kreierte. So präsentierte er den 90er, den die Lufthansa komplett für ihre First Class gekauft hatte, über den Wolken während eines Fluges nach San Francisco. Zur Premiere des 99er Jahrgangs holte er sich im September 2000 höchst prominente Unterstützung aus Bordeaux auf sein Schlossgut. Gemeinsam mit Gildas d'Ollone vom Deuxième Grand Cru Château Pichon-Lalande präsentierte er seinen 13. Victor, den vielleicht besten, den er bisher gemacht hat.

Mit solchen Aktionen ist es ihm gelungen, diesem Wein einen Nimbus zu verleihen, wie ihn kein anderer deutscher Wein hat. Kein Wunder, dass der Victor mittlerweile als einer der ganz wenigen deutschen Weine selbst auf der Karte des Drei-Sterne-Lokals von Alain Ducasse in Paris steht. Mit dem Jahrgang 1999 bekam der Victor außerdem ein neues prestigeträchtiges Outfit verpasst: ein modernes, minimalistisches Etikett auf einer extrem schweren, bauchigen Burgunderflasche. Das lässt ihn fast schon wie einen Neue-Welt-Wein erscheinen.

1999 Victor

In diesem Jahr ist der Victor keine Cuvée, sondern ein reinsortiger Grauburgunder aus einem hochreifen Lesegut mit 108 bis 110 Öchslegrad. Dank der dunklen Beerenhäute entstand so ein goldgelber Wein im Ruländertypus. Er wurde komplett im neuen Holz ausgebaut, aber nur neun Monate lang. Das Eichenaroma hat er geschluckt wie nix. Opulent, schöne zitrusartige Säure, tropische Fruchtaromen, Ingwerwürze, kombiniert mit nussigen Tönen. Ein ungeheuer opulenter reicher Wein. Macht in diesem jugendlichen Stadium bereits viel Spaß, hat aber das Potenzial für eine mittlere Zukunft.

Capital-Index	***184***
Scheuermann-Note	***91***
Anzahl der Flaschen	***5000***
Marktpreis	***DM 52,00***
Platzierung	***55 (weiß)***

1999 Dorsheim Goldloch Riesling Auslese Goldkapsel

Strohgelb. Nase verhalten, aber klar, mit zartesten Fruchtnoten. An diesem Punkt braucht der Wein noch viel Zeit, ehe er alles zeigt, was in ihm steckt. Ähnlich wie das Pittermännchen, aber voller, süßer, mit einer reiferen Säure, sehr lang und tief im Abgang. Zu den tropischen Früchten und zur Aprikose mischen sich einerseits etwas Zimtapfel und andererseits sehr frische Zitrusaromen. Saftig bis weit und tief in die Backen. Klingt im Mund von allen drei Auslesen am längsten nach.

Capital-Index	***138***
Scheuermann-Note	***94***
Anzahl der Flaschen	***400 (halbe)***
Marktpreis	***ca. DM 250,00***
Platzierung	***46 (süß)***

1999 Dorsheim Pittermännchen Riesling Auslese

Strohgelb. Ganz verhaltenes Bukett. Auf der Zunge eine unbändig frische, mineralische Säure von kristalliner Struktur. Am Gaumen schöne feine Honig-Aprikosencreme, etwas Karamell, aber auch tropische Fruchtcharaktere wie Maracuja und Lychees. Rassig und saftig, aber dabei sehr schlank und elegant. Säure in einer ziemlich perfekten Balance mit der Süße. Das ist wirklich toll und animierend.

Capital-Index	***133***
Scheuermann-Note	***93***
Anzahl der Flaschen	***1200 (halbe)***
Marktpreis	***DM 52,00***
Platzierung	***55 (süß)***

1999 Dorsheim Burgberg Riesling Auslese

Strohgelb. Sehr feine, klare, aber zunächst verhaltene Nase. Etwas Pfirsichfrucht, zarte Süßgebäcktöne, deutlich botrytisgeprägt. Am Gaumen süße Aprikosencreme und Williamsbirne mit einem zarten Bitterton von Apfel- oder Birnenkernen im Abgang. Eine sehr elegante, feingliedrige Auslese. Durch den etwas höheren Alkoholgehalt von 10 Vol.-% nicht ganz so süß.

Capital-Index	***130***
Scheuermann-Note	***90***
Anzahl der Flaschen	***1360 (halbe)***
Marktpreis	***DM 48,00***
Platzierung	***57 (süß)***

Weingut Winfried Frey & Söhne

Spanierstraße 1, 2 und 9
D-76879 Essingen
Tel. 0 63 47/82 24
Fax 0 63 47/72 90

Daten | Fakten

Inhaber	Winfried Frey
Rebfläche	11,5 ha
Rebsorten	28 % Riesling, 15 % Grauburgunder, 11 % Weißburgunder, 8 % Spätburgunder, 8 % St. Laurent, 10 % Dornfelder, 8 % Portugieser, 5 % Merlot, 5 % Muskateller
Jahresproduktion	55 000 Flaschen

Was für eine Diskrepanz! Im deutschen Gault Millau rangiert Winfried Frey seit Jahren unter ferner liefen. Keiner seiner Eisweine, keine seiner Beerenauslesen erreichte je eine Bewertung von 90 oder mehr Punkten. Andererseits klassifizierte er sich im Jahr 2000 bei der Riesling-Degustation von Vinum unter den besten deutschen Erzeugern für edelsüße Rieslinge, und dies ist nur das i-Tüpfelchen über einer beispiellosen Serie von internationalen Auszeichnungen, die der pfälzische »Eisweinkönig« Winfried Frey seit Gründung seines Betriebes 1973 eingeheimst hat: Fünf Sterne bei Michael Broadbent, die Prince Metternich Trophy in London, Goldene Kammerpreismünzen, Staatsehrenpreise, die Raritätentrophy der DLG, Gold Award bei der International Wine Competition in London, Grand Prix d'Honneur und den Grand Prix d'Exellence für die Kollektion des Jahres am Hamburger Wein-Salon. Nicht wenige Kritiker stellen ihn auf eine Stufe mit Alois Kracher, mit Château d'Yquem oder mit Robert Weil. Hardy Rodenstock präsentierte seine Weine bei zwei seiner Raritätenproben. Tatsache ist, dass kein deutscher Winzer für edelsüße Weine eine solche Vielzahl von Auszeichnungen weltweit errungen hat wie Winfried Frey. Seine Weine sind inzwischen hochbegehrte Sammlerraritäten, auch ohne weinpäpstlichen Segen. Mit dem Jahrgang 1998 fand bei den Freys der seit langem geplante Generationswechsel statt. Sohn Jürgen hat endgültig die Regie im Keller übernommen, während Vater Winfried nur noch seinem älteren Sohn Peter, der sich schon seit über zehn Jahren um die Außenwirtschaft kümmert, zur Hand geht. Der Übergang, so zeigen die 98er Weine, geht nahtlos vonstatten. Das Streben nach höchsten Prädikaten und Eiswein ist auch für den Junior Fokus seiner Bestrebungen. Vielleicht wird er in Zukunft den Ausbau in Barriques, den er mit seinem Vater schon seit 1992 nach und nach eingeführt hat, noch mehr verstärken und dabei seinem großen Vorbild Alois Kracher nacheifern. Durch diesen internationaleren Stil im Ausbau verspricht er sich eine noch größere Komplexität der Weine.

1998 Essingen Rossberg Weißer Burgunder Beerenauslese

Eine Beerenauslese mit 193,4 g/l Restzucker und Barrique-Ausbau. Helles Goldgelb, sehr klar, zart und sauber. Eine Nase, in die das Holz perfekt integriert ist. Saftig, sehr fein, aber auch lang und intensiv am Gaumen. Etwas buttrig, cremig, reiche Fülle der tropischen Fruchtaromen. Langer Abgang.

Capital-Index	***146***
Scheuermann-Note	***95***
Anzahl der Flaschen	***700 (halbe)***
Marktpreis	***DM 60,00***
Platzierung	***35 (süß)***

1998 Essingen Rossberg Chardonnay Beerenauslese

Eine Beerenauslese mit 196,6 g/l Restzucker. Auch dieser Wein wurde im Barriquefass ausgebaut und zeigt dies auch anfänglich deutlich in seinem Bukett. Sehr geschlossen, etwas ernster, mit erkennbar neuem Holz, etwas Toast und Gummireifen, aber auch Vanille. Blüht im Glas dann auf mit einer brillanten Honigfrucht. Am Gaumen elegant, cremig weich, aber noch sehr verhalten. Langer Abgang.

Capital-Index	***145***
Scheuermann-Note	***94***
Anzahl der Flaschen	***1200 (halbe)***
Marktpreis	***DM 60,00***
Platzierung	***36 (süß)***

1998 Essingen Rossberg Chardonnay Eiswein

Ein Eiswein mit 211,4 g/l Restzucker und einer Säure von 9 g/l.
Helles Goldgelb. Sehr schöne klare Art, Pfirsich und etwas Pilze, sonst impressive, frische Frucht. Große Eleganz, sehr balanciert. Kräftige Säure. Sehr sauber, sehr hell und klar.

Capital-Index	***141***
Scheuermann-Note	***93***
Anzahl der Flaschen	***600 (halbe)***
Marktpreis	***DM 80,00***
Platzierung	***41 (süß)***

Gunderloch

Carl-Gunderloch-Platz 1
D-55299 Nackenheim
Tel. 0 61 35/23 41
Fax 0 61 35/24 31
weingut@gunderloch.de
www.gunderloch.de

Daten | Fakten

Inhaber	Agnes Hasselbach-Usinger
Rebfläche	25 ha
Rebsorten	Riesling, Grauburgunder, Silvaner, Dornfelder, Pinot noir
Jahresproduktion	84 000 Flaschen

Der Nimbus, der dieses Gut seit einigen Jahren umgibt, lässt sich vielleicht am besten erklären mit der Auflösung, was die drei Sterne auf dem Etikett der »Three Star Auslese« bedeuten, die Fritz Hasselbach in Jahren produziert, in denen ihm die Natur ein entsprechend hochreifes Lesegut ohne Botrytis liefert. Jeder Stern steht für einen prominenten Showbiz-Fan dieses Weines: Madonna, Tony Curtis und Kevin Kostner. Die Hollywood-Stars lernten diese Auslese in San Francisco bzw. auf Hawaii in einem der zahlreichen amerikanischen Toprestaurants kennen, die diesen Wein auf ihren Listen führen und schätzen.

In Europa gelangte Gunderloch vor allem durch Carl Zuckmayers Theaterstück »Der fröhliche Weinberg« zu volkstümlicher Popularität und nachhaltigem literarischem Ruhm. Alljährlich im August wird das Stück auf dem Gutshof, sozusagen am Originalschauplatz, Open Air aufgeführt.

Die Gunderlochschen Paradeweine stammen aus den Kernlagen des Rothenberges, an dessen Fuß das Weingut liegt. Dieser steile Südosthang direkt am Rheinufer ist der nördlichste der »Grands Crus« am so genannten Roten Hang zwischen Nierstein und Nackenheim. Die Rheinnähe, der warme und mineralstoffreiche rote Tonschiefer und die steilen Hänge geben diesem Weinberg ein besonders für den Rieslinganbau perfekt geeignetes Mikroklima. Hier können die Riesling-Trauben einerseits höchstmögliche gesunde physiologische Reife erlangen und andererseits in Botrytisjahren durch die Edelfäule eine Konzentration der Aromastoffe, die man sonst kaum irgendwo auf der Welt findet. Bei der Ernte werden die Trauben mehrfach selektiv gelesen: Bis zu zwölf Mal müssen die Lesehelfer quer durch den Hang steigen, um ihre Körbe zu füllen. 1998 trafen alle Faktoren so perfekt zusammen wie nur selten. So konnte einer der besten trockenen Rieslinge der Dekade geerntet werden. Dafür wurde das sorgfältig selektionierte Lesegut des mittleren Hangs verwendet. Die Rebstöcke sind hier mehr als 20 Jahre alt und erreichen im Schnitt einen Ertrag von 45 hl/ha. Beim 98er Ersten Gewächs waren es sogar weniger als 30 Hektoliter.

1998 Nackenheim Rothenberg Erstes Gewächs

Helles Strohgelb. Dank 114° Oe und kerngesunden Trauben eine Konzentration wie man sie nur selten bei einem deutschen Riesling findet. Totale Expression von Rieslingfrucht und Terroir in der Nase. Am Gaumen eine große Fruchtkonzentration (Pfirsich, Aprikose, etwas Bitterorange) markante Säure, hohe Mineralität. Ein ungeschliffener Juwel: mächtig, kantig und ungehobelt. Braucht zehn vielleicht 20 Jahre Reife. Unbedingt dekantieren, wenn man ihn dennoch jetzt (am besten aus einem Burgunderpokal!) trinken will. Erinnert in seiner ganzen Konzeption an die großen Wachauer Smaragdweine, z. B. an Pichlers M.

Capital-Index	***206***
Scheuermann-Note	***94***
Anzahl der Flaschen	***1800***
Marktpreis	***DM 50,00***
Platzierung	***25 (weiß)***

1998 Nackenheim Rothenberg Auslese Goldkapsel

Goldgelb. Schöne konzentrierte Frucht, auch etwas Honig. Opulente Honigsüße am Gaumen, aber dann auch sehr reife Zitrusaromen, Pfirsich und feiner, würziger Apfel. Sehr komplex, dickflüssig, zeigt aber dabei eine große Frische.

Capital-Index	***176***
Scheuermann-Note	***93***
Anzahl der Flaschen	***320 (halbe)***
Marktpreis	***DM 60,00***
Platzierung	***15 (süß)***

Weingut Dr. Heger

Bachenstraße 19
D-79241 Ihringen
Tel. 0 76 68/2 05
Fax 0 76 68/93 00

Daten | Fakten

Inhaber und Kellermeister	Wolfgang und Joachim Heger
Rebfläche	15 ha
Rebsorten	Weißburgunder, Grauburgunder, Chardonnay, Spätburgunder, Riesling, Muskateller
Jahresproduktion	100 000 Flaschen

Im Jahrgang 1998 bescherte die Natur dem Kaiserstühler Winzer Joachim Heger Traubenmaterial von einer seltenen Perfektion, das sich dank seiner Winzerkunst im Keller in eine Serie von Weißweinen verwandelte, die in diesem Jahrgang ihresgleichen suchten, aber nicht fanden. Kein Wunder, dass die Hamburger Sommelier-Jury ihn dafür mit der begehrten Auszeichnung »Kollektion des Jahres« ehrte.

Das Weingut wurde 1935 von dem Landarzt und Hobbywinzer Dr. Max Heger gegründet. Die Lage Winklerberg in Ihringen (früher Vorderer Winklerberg), in der Heger heute größter privater Besitzer ist, zählt zu den klimatisch bevorzugtesten des Kaiserstuhls. Hier wachsen in einem schon fast mediterranen Klima, in dem selbst Kakteen gedeihen, besonders konzentrierte mineralische Power-Weine. Das Vulkangestein und die Stützmauern der Kleinterrassen speichern und reflektieren die Sonnenhitze. Selbst in Katastrophenjahren wie 1984 wurden Mostgewichte von mehr als 100 Öchslegrad erzielt. Ein großer Teil der Rebanlagen ist etwa 40 bis 45 Jahre alt.

Im Jahr 1992 übernahm Joachim Heger, der Enkel des Gründers, der zwar in Geisenheim moderne Weintechnologie studierte, sich aber beim Weinmachen eher an den Aufzeichnungen des Großvaters orientiert, den Betrieb. Unter seinem Einfluss wurden Rebsorten wie Müller-Thurgau ganz und Scheurebe fast eliminiert. Er setzt voll auf die klassischen Burgundersorten: Weißburgunder, Grauburgunder, Chardonnay und Spätburgunder. Daneben sind es aber vor allem der Riesling in Achkarren und die über 45 Jahre alte Muskatelleranlage in Ihringen, mit denen er immer wieder Aufmerksamkeit erregt.

Joachim Heger ist einer der Pioniere des Barrique-Ausbaus für Pinot noir in Deutschland (und in der nächsten Ausgabe des WeinCompass wird sehr viel von seinen 99er Roten die Rede sein müssen) sowie bei den weißen Burgundersorten. Bereits 1982 fing er damit an und produziert heute einen der besten deutschen Rotweine – eine Rarität, die immer sehr schnell ausverkauft ist. Erfolgte der Verkauf der Weine früher meist direkt ab Weingut, vermarktet Joachim Heger seine Kreszenzen heute sehr stark über die Spitzengastronomie. Besonders prominente Stammkunden sind das Bundespräsidialamt und das Auswärtige Amt in Berlin. Hegers Weine sind »Diplomatenweine«, die regelmäßig bei Staatsempfängen oder bei offiziellen Essen in den deutschen Botschaften kredenzt werden.

*1998 Weißburgunder ****

Ihringer Winklerberg Spätlese trocken
Strohgelb. Schöne Nase mit einer feinen Kombination aus Vanille (Eiche) und Frucht (Pfirsich, tropische Nuancen, Honig) und mit zunehmender Luft auch verstärkt mineralische Töne. Ein angenehm weicher, leicht buttrig-nussiger Wein mit feinem Säurespiel, etwas Nougat und Schokolade am Gaumen. Kompakt. Langer Abgang. Sehr burgunderartig im Stil.

Capital-Index	***196***
Scheuermann-Note	***92***
Anzahl der Flaschen	***4700***
Marktpreis	***DM 36,00***
Platzierung	***37 (weiß)***

1998 Weißburgunder Auslese

Ihringer Winklerberg
Strohgelb. Perfektion schon in der Nase: Anfangs feine frische Fruchtaromen (Gurken, Kürbis, Melone), feine Würze und diskrete Nussnuancen. Mit der Zeit immer mehr tropische Frucht. Schöne Süße. Am Gaumen saftig, animierend. Opulenz, aber nicht breit, sondern auch geschmeidige Eleganz – das hat in dieser Konzentration Seltenheitswert. Langer und intensiver Abgang. Sehr mineralisch bei aller Fruchtkonzentration.

Capital-Index	***182***
Scheuermann-Note	***94***
Anzahl der Flaschen	***2600***
Marktpreis	***DM 50,00***
Platzierung	***58 (weiß)***

*1998 Grauburgunder ****

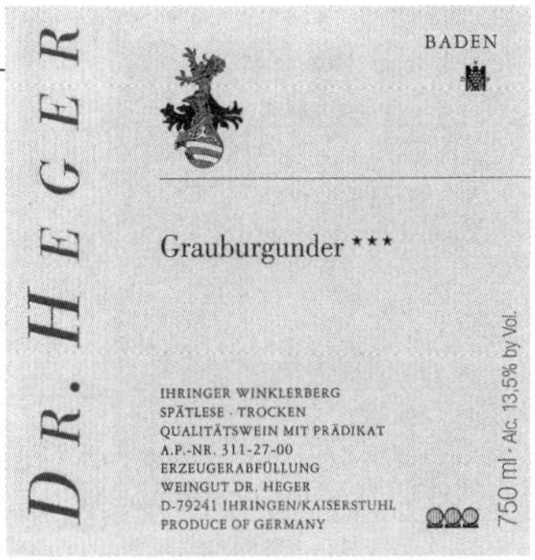

Ihringer Winklerberg Spätlese trocken
Strohgelb. Eine verhaltene, anfangs sehr reduktive Nase. Das Holz ist kaum zu spüren. Mit der Zeit tritt es etwas deutlicher hervor. Saftige Frucht, kompakt, verschlossen. Gute Säure. Satte tropische Frucht am Gaumen. Sehr mineralisch, nachhaltig und lang.

Capital-Index	***198***
Scheuermann-Note	***91***
Anzahl der Flaschen	***4400***
Marktpreis	***DM 34,00***
Platzierung	***34 (weiß)***

1998 Chardonnay Auslese

Ihringer Winklerberg
Helles Goldgelb. Wunderschöne Nase mit dem Duft eines tropischen Früchtekorbs, etwas Gurke/Melone mit etwas Honig. Opulent und saftig, mächtiger Alkohol, aber auch eine schöne reife Säure, cremig, schokoladig, süß am Gaumen, aber auch Zitrusfrucht (Grapefruit). Sehr langer Nachhall und tiefer Abgang.

Capital-Index	***188***
Scheuermann-Note	***93***
Anzahl der Flaschen	***4200***
Marktpreis	***DM 43,00***
Platzierung	***46 (weiß)***

1998 Riesling Auslese

Achkarrer Schlossberg
Strohgelb. Komplexes Bukett mit Pfirsich und Aprikose, grüne Banane. Was für ein Wein! Was für eine traumhafte Balance am Gaumen zwischen delikater Honigsüße, saftiger Pfirsichfrucht, mineralischer Säure und einem soliden Alkohol-Fundament (12 Vol.-%). Langer, nachhaltiger Abgang mit etwas Karamell. Eine Riesling-Auslese von wirklich seltener Perfektion.

Capital-Index	***137***
Scheuermann-Note	***92***
Anzahl der Flaschen	***2500***
Marktpreis	***DM 41,00***
Platzierung	***48 (süß)***

Bernhard Huber

Heimbacher Weg 19
D-79364 Malterdingen
Tel. 0 76 44/12 00
Fax 0 76 44/82 22

Daten | Fakten

Inhaber	Bernhard Huber
Rebfläche	18 ha
Rebsorten	63 % Spätburgunder, 9 % Weißburgunder, 8 % Chardonnay, 5 % Grauburgunder; außerdem Riesling, Müller-Thurgau, Auxerrois, Freisamer, Muskateller, Cabernet Sauvignon und Merlot
Jahresproduktion	125 000 Flaschen

Die kurze Geschichte vom großen Erfolg des Weingutes Huber in Malterdingen ist schnell erzählt. Im Jahr 1987 trat Bernhard Huber aus der örtlichen Genossenschaft aus und begann mit der Selbstvermarktung. Bereits drei Jahre später holte er sich mit dem Jahrgang 1988 den deutschen Vinum-Rotweinpreis und distanzierte mit dem 90er im Wettbewerb um die Assmannshäuser Krone die gesamte Elite der deutschen Rotweinproduzenten. Mit der 95er Reserve war er im Gault Millau bester Rotwein des Jahres, und bei einer Verkostung der Grand Jury Europeen 1997 belegte der Wein einen sensationellen siebten Platz vor dem 95er La Tache. Die Reserve wird aus Reben gekeltert, die über 40 Jahre alt sind. Sie wachsen auf relativ hoch gelegenen Terrassen in einem steilen Kessel mit optimalen Klimabedingungen.

Doch nicht nur beim Spätburgunder verfügt Huber über solche »Vieilles Vignes«, er besitzt auch eine der ältesten Chardonnay-Anlagen Deutschlands. Sie wurden nach 1954 unwissentlich gepflanzt. Damals war es nicht möglich, in Deutschland die nötigen Reben für Neuanpflanzungen zu bekommen. Deshalb kauften die Malterdinger Genossen in Frankreich ein und bekamen statt Grau- und Weißburgunder Chardonnay geliefert. Im Laufe der Zeit wurden diese ertragsschwächeren Reben leider wieder ausgegraben. Nur wenige überlebten; sie befinden sich überwiegend in Hubers Besitz. Da er weder 1998 noch 1999 eine Chardonnay Reserve gefüllt hat und die 97er Reserve längst ausverkauft ist, fehlt dieser Wein hier.

Doch das Warten auf die Reserve 2000 wird versüßt durch den Genuss seines 98er Pinot noir. Es ist gerade mal der zwölfte Jahrgang, den er vinifiziert hat, und erneut greift er damit nach den Sternen. Diesmal liegt die Messlatte allerdings besonders hoch. Es gilt nicht die nationalen Mitbewerber zu schlagen, sondern mit den Kollegen im Burgund zu konkurrieren. In den ersten Jahren zeichneten sich Hubers Weine vor allem durch eine barocke Opulenz und eine schon fast orientalische Würze aus. Es waren brokatschwere Prunkweine, in jeder Blindprobe leicht zu identifizieren. Jetzt hat er gelernt, seinen Weinen auch die nötige Eleganz und Finesse zu geben, seinen Rohlingen einen perfekten Schliff zu verleihen. Seine regelmäßigen Reisen ins Burgund und der rege Gedankenaustausch mit befreundeten französischen Winzern zahlen sich schmeckbar aus.

1998 Spätburgunder Alte Reben

Dunkles Granatrot. In der Nase süße, marmeladige Töne von roten Früchten, etwas Kräuter und Minze, auch gekochte Rote Bete. Opulent, geschmeidig, weich. Eine leicht orientalische Würze, üppige Süße, ein wenig Schokolade und Kakao am Gaumen. Etwas traditioneller im Stil als die Reserve. Die Konsistenz ist nicht ganz so klar, sondern etwas breiiger. Guter Abgang.

Capital-Index	***114***
Scheuermann-Note	***91***
Anzahl der Flaschen	***11 000***
Marktpreis	***DM 32,00***
Platzierung	***331 (rot)***

1998 Spätburgunder Reserve

Dunkles Rubinrot. Eine konzentrierte Nase mit dichter roter Beerenfrucht, etwas Toast und Kräuterwürze. Ein opulenter, aber dabei auch eleganter Wein, perfekt integriertes Holz, schöne süße Fruchtkonzentration. Glatt polierte Oberfläche, aber dahinter steht eine tiefe und opulente Struktur. Ein Wein von internationalem Format aus den über 40 Jahre alten Reben des Bienenberges in Malterdingen. Brillant gemacht. Potenzial für mindestens zehn, 15 Jahre. Langer Abgang.

Capital-Index	***116***
Scheuermann-Note	***94***
Anzahl der Flaschen	***4000***
Marktpreis	***DM 52,00***
Platzierung	***323 (rot)***

Karlsmühle

Im Mühlengrund 1
D-54318 Mertesdorf an der Ruwer
Tel. 06 51/51 24
Fax 06 51/56 10 296

Daten | Fakten

Inhaber	Peter Geiben
Rebfläche	12 ha
Rebsorten	90 % Riesling, 3 % Spätburgunder, 2 % Müller-Thurgau, 2 % Weißburgunder, 2 % Kerner, 1 % Elbling
Jahresproduktion	65 000 Flaschen

Unter der Leitung des engagierten Winzermeisters Peter Geiben hat dieses Weingut, dessen Ursprünge auf eine bis in römische Zeit nachweisbare, 1600 Jahre dauernde Mühlentradition zurückgehen, seit Anfang der 90er-Jahre einen bemerkenswerten Aufschwung genommen.
Es begann 1989 mit der Aufnahme in die DM-Liste der 100 besten deutschen Weingüter. Und setzte sich mit einem 1. und 2. Platz beim deutschen Rieslingpreis der Zeitschrift »Feinschmecker« 1990 und 1991 sowie Höchstnoten von 95 (Gault Millau) und 96 Punkten (Pigott), mehreren Staatsehrenpreisen fort. Zuletzt gab es einen Grand Prix d'Honneur beim Hamburger Wein-Salon für die hier vorgestellte Auslese lange Goldkapsel. In einer der beiden verdeckten Juryproben verwies dieser Wein ein gutes Dutzend ebenfalls angestellter Beerenauslesen und Trockenbeerenauslesen auf die Plätze. Trotz all dieser Auszeichnungen und Erfolge sind die Weine von Peter Geiben aber irgendwie doch Geheimtipps geblieben. Kern des Betriebes bildet die sechs Hektar große Monopollage des ehemaligen Lorenzhofs in Mertesdorf, nämlich Lorenzhöfer Mäuerchen und Felslay, die 1957, zwei Jahre nach der Stillegung des Mühlenbetriebes, von der Familie Geiben erworben wurden. Auf diesen sehr steilen Tonschieferhängen wachsen Rieslinge von begnadeter Qualität.

1998 Lorenzhöfer Riesling Auslese lange Goldkapsel

Strohgelb. Ein geradezu prototypische, vollendete Nase mit der perfekten Kombination aus Frucht (Pfirsich) und der charakteristischen Mineralität des Terroirs. Am Gaumen dann einerseits ein spürbar dicker, molliger Körper mit reicher und süßer Frucht, aber am meisten beeindruckt der Wein mit seiner vehementen, rassigen Säure, die den Gaumen scharf attackiert. Eine der besten Auslesen, die ich je probieren konnte.

Capital-Index	***143***
Scheuermann-Note	***97***
Anzahl der Flaschen	***1300***
Marktpreis	***DM 55,00***
Platzierung	***39 (süß)***

Franz Keller, Schwarzer Adler

Badbergstraße 23
D-79235 Vogtsburg, OT Oberbergen
Tel. 0 76 62/7 15

Daten | Fakten

Inhaber	Franz Keller
Rebfläche	142 ha
Rebsorten	Spätburgunder, Müller-Thurgau, Ruländer
Jahresproduktion	1,3 Mio. Flaschen

In den finsteren 70er-Jahren, als die Süßwelle die deutsche Weinkultur völlig platt zu machen drohte, war Franz Keller wie ein Fels in der Brandung, eine der letzten Bastionen des natürlichen, weil durchgegorenen Weines. Süßreserve als Mittel der Geschmacksmanipulation lehnte der alemannische Dickschädel kategorisch ab. Gegen die Großlagenwirtschaft und die unsinnigen Flurbereinigungen, die uralte Kulturlandschaften zerstörte, zog er wortgewaltig zu Felde. Das ist alles Geschichte, und auch der Keller-Franz ist mit zunehmenden Alter etwas moderater geworden, wenn auch nicht weniger kritisch. Aber aus jenen Tagen ist uns doch die stets knochentrockene Bassgeige in bester Erinnerung geblieben. Die gibt es heute immer noch, aber sie hat natürlich ihre Alleinstellung verloren. Heute existieren Gott sei Dank wieder viele solcher Weine. Heute haben sich auch Kellers Art, Weine an- und auszubauen, und seine Qualitätsvorstellungen durchgesetzt. Viele jüngere Kellermeister der Region, sei es im Privatbereich oder bei den qualitätsbewussten Genossenschaften, kopieren ihn mehr oder minder erfolgreich und entwickeln seine Ideen konsequent fort. Aus dem »Rebell vom Kaiserstuhl«, wie ihn einmal eine Illustrierte apostrophierte, ist ein Vorbild in Sachen Wein und Weinmarketing geworden.

Seit 1990 ist auch sein Sohn Fritz in der Verantwortung, zunächst als Kellermeister und jetzt als Betriebsleiter für die Weine. Die Stilistik der Weine hat sich deutlich gewandelt. Sie sind internationaler, präziser gesagt französischer geworden, vor allem natürlich bei den Burgundersorten. Die Spitze markiert die Serie der so genannten Selectionsweine. Bei diesen Weinen handelt es sich um Weine, die im Barriquefass ausgebaut wurden, und bei denen die maximalen Erträge bei 25 und 35 Liter pro Ar lagen. Die optimal ausgereiften Trauben wurden mit mehreren Durchgängen schonend ausgelesen. Bei der Selection S handelt es sich meistens um die Trauben des zweiten Selektionsvorgangs, bei Selection A sind es die Trauben, die am längsten gesund am Stock hingen.

1999 Spätburgunder Selection S

Rubinrot. Sehr schöne Nase, in der sich Cassis und Trauben sowie feine Holznoten schon bei der Fassprobe recht gut verbinden. Mit der Zeit etwas Schokolade mit roten Beeren. Eine schöne Opulenz, feine Tabaknoten, süße rote Beerenfrüchte. Geschmeidig. Gute Mineralität. Langer Abgang und Nachklang mit deutlichem Minzeton.

Capital-Index	***118***
Scheuermann-Note	***90***
Anzahl der Flaschen	***5000***
Marktpreis	***DM 40,00***
Platzierung	***315 (rot)***

1999 Spätburgunder Selection A

Dunkles Rubinrot. Dichter, verschlossener in der Nase als die Selection S. Konzentriert, hat im Augenblick alles geschluckt. Erkennbar noch mehr Opulenz, noch etwas reicher. Schöne Süße am Gaumen, viel Schokolade und etwas Kaffee, auch Kräuteraromen.

Capital-Index	***118***
Scheuermann-Note	***91***
Anzahl der Flaschen	***2900***
Marktpreis	***DM 49,00***
Platzierung	***313 (rot)***

Reichsgraf von Kesselstatt

Schloss Marienlay
D-54317 Morscheid
Tel. 0 65 00/9 16 90
Fax 0 65 00/91 69 69
Weingut@kesselstatt.com
www.kesselstatt.com

Daten | Fakten

Inhaber	Familie Günther Reh
Rebfläche	55 ha
Rebsorte	100 % Riesling
Jahresproduktion	360 000 – 430 000 Flaschen

Im Jahr 1999 konnte dieses Weingut mit Sitz in Schloss Marienlay an der Saar sein 650-jähriges Bestehen feiern. Die Feier dazu hatte sich Annegret Reh-Gartner allerdings für das Jahr 2000 aufgespart, um die für diesen Anlass kreierten drei Jubiläumsweine vorstellen zu können. Nach ihrer Ansicht (und auch der ihres Kellermeisters Bernward Keiper) sind diese die Spitze des Jubiläumsjahrgangs. Nach Verkostung der Jahrgangskollektion bin ich etwas anderer Meinung. Die drei Weine sind ohne Frage von herausragender Qualität und durchaus auch repräsentativ, aber ich habe dennoch für dieses Buch eine abweichende Auswahl getroffen.
Das Weingut Reichsgraf von Kesselstatt hat eine Tradition, die bis in das 14. Jahrhundert zurückreicht, als das Rittergeschlecht von Kesselstatt am Hof des Trierer Kurfürsten mit dem Weinanbau und der Pflege des Weinkellers betraut wurde. 1776 wurden die Kesselstatts aufgrund ihrer großen Verdienste auf diesem Gebiet in den Stand der Reichsgrafen erhoben. Nach der Säkularisierung legten sie sich im Laufe des 19. Jahrhunderts einen stattlichen Weinbergsbesitz zu, indem sie vier bedeutende Weingüter erwarben, die den Grundstock der heutigen Domäne bilden: 1854 den Irminenhof in Kasel an der Ruwer, ein ehemaliges Kloster mit einer Weinbergsfläche von 8,5 Hektar, 1858 das Weingut Domklausenhof mit 7,5 Hektar und den Josephshof mit 7,5 Hektar und schließlich 1889 in Oberemmel an der Saar den Abteihof mit 21 Hektar. Im Jahr 1978 wurde das Weingut schließlich von der Familie Günther Reh gekauft. Es gehört heute zu den renommiertesten Betrieben Deutschlands. Seine weltweiten Auszeichnungen sind mittlerweile Legion. 1997 wurde es mit dem Riesling-Preis ausgezeichnet. Das britische Weinmagazin »Decanter« vergab im Rahmen seiner Prüfung »Two Hundred of the Worlds Top Wines« für »outstanding quality« die Höchstpunktzahl. Der amerikanische »Wine Spectator« bewertete 1999 fünf Kesselstatt-Gewächse mit über 90 Punkten und nahm das Gut in seine Top-100-Liste auf. Bei der »San Francisco Wine Competition« wurde die Scharzhofberger Riesling Beerenauslese des Jahrgangs 1989 in der Kategorie »Best Riesling« mit der Auszeichnung Double-Gold geehrt.
Seit 1997 sind die Lagen des Weingutes intern in drei Kategorien unterteilt: Große Gewächse (Grand Cru), Erste Gewächse (Premier Cru) und Standardlagen. Zu den Großen Gewächsen gehören an der Mosel die Lagen Josephshöfer, Doctor in Bernkastel, Juffer-Sonnenuhr in Brauneberg, Goldtröpfchen und Domherr in Piesport sowie Sonnenuhr in Wehlen, außerdem an der Saar der Scharzhofberger und an der Ruwer das Nies'chen in Kasel. Leider

konnte man sich bei Kesselstatt noch nicht zu der Philosophie »Eine Lage – ein Wein« durchringen. Deshalb findet man noch immer trockene, halbtrockene, süße und edelsüße Weine mit nahezu gleich lautender Bezeichnung. Die alte Misere der deutschen Prädikatsweintümelei. Dabei zeigt das Weingut Kesselstatt gerade im Jahrgang 1999, dass es in der Lage ist, Weine zu produzieren, die den Charakter einer Lage in einem gutsspezifischen Stil perfekt ausdrücken. Herausragend ist die Auslese aus der Lage Juffer-Sonnenuhr in Brauneberg: Einen solchen Wein hatte es, da die Lage lange Zeit verpachtet war, seit Mitte der 80er-Jahre bei Kesselstatt nicht mehr gegeben.

1999 Scharzhofberger Spätlese trocken

Zeigt in der Nase schon ansatzweise die ganze Komplexität des Scharzhofberg-Terroirs. Zarte Pfirsichnase, feine Mineralität, später auch etwas Honigmelone, Biskuit und Grapefruitaromen. Sehr saftig, schöne Länge am Gaumen, rassig, elegant mit feinherben Kräuter-Nuancen. Das Einzige, was dem Wein fehlt, ist etwas mehr Alkohol.

Capital-Index	***205***
Scheuermann-Note	***90***
Anzahl der Flaschen	***6000***
Marktpreis	***DM 23,00***
Platzierung	***26 (weiß)***

1999 Josephshöfer Kabinett

Die Bezeichnung Kabinett für diesen Wein ist ein unerhörtes Understatement. Die Trauben wurden mit 88 bis 90 Öchslegrad gelesen. Das wäre an der Mosel sonst eine Auslese. Der fertige Wein wurde dann noch zur Anhebung der Säure mit ca. 5 Prozent Eiswein des gleichen Jahrgangs aus der Lage Goldtröpfchen in Piesport verschnitten. Heraus kam der Inbegriff eines Kabinetts. So etwas nenne ich die Hohe Schule des Weinmachens: In der Nase duftet er nach Pfirsich, Aprikose, etwas Biskuit und einem Hauch von Petrol. Am Gaumen zeigt er ein schönes Volumen, dezente Süße. Cremige Konsistenz, feines Säurespiel, ganz klare Art. Höchste Eleganz.

Capital-Index	***190***
Scheuermann-Note	***93***
Anzahl der Flaschen	***8000***
Marktpreis	***DM 18,40***
Platzierung	***44 (weiß)***

1999 Brauneberg Juffer-Sonnenuhr Auslese

Auch dies ist ein herabgestufter Wein. Mit 111 Öchslegrad gelesen, dürfte man auch Beerenauslese aufs Etikett schreiben. In der Nase eine schöne Kombination aus Pfirsichfrucht und Honig. Die Botrytis macht sich nur ganz dezent bemerkbar. Vorne am Gaumen glasklar: Pfirsich, Mango, Aprikose. Auch hier die Botrytis nur zart im Hintergrund.

Capital-Index	***137***
Scheuermann-Note	***94***
Anzahl der Flaschen	***840***
Marktpreis	***DM 53,00***
Platzierung	***47 (süß)***

Koehler-Ruprecht

Weinstraße 84
D-67169 Kallstadt
Tel. 0 63 22/18 29
Fax 0 63 22/86 40

Daten | Fakten

Inhaber	Bernd Philippi
Rebfläche	12 ha
Rebsorten	60 % Riesling, 16 % Spätburgunder, 8 % Weißburgunder, je 4 % Chardonnay, Grauburgunder, Dornfelder und Cabernet Sauvignon
Jahresproduktion	100 000 Flaschen

Eine solche Kombination aus regionaler Tradition und weltläufiger Innovation wie bei Koehler-Ruprecht in Kallstadt dürfte in Deutschland kaum ein zweites Mal zu finden sein. Es ist eines der schönsten Familienweingüter an der pfälzischen Weinstraße. Der Gutshof mit seinem Gewölbekeller aus dem Jahr 1556 befindet sich seit 1680 im Besitz der Familie. Der heutige Inhaber Bernd Philippi bleibt einerseits seinen Wurzeln bis in letzte Konsequenz treu, andererseits ist er aber weltweit als Consultant tätig, u. a. in China, Japan, USA, Kanada, Madeira und Argentinien. In Südafrika zeichnet er seit 1998 verantwortlich für Mont du Toit, und zusammen mit seinem langjährigen Gefährten Bernhard Breuer aus Rüdesheim engagiert er sich zur Zeit in Portugal.

Im familiären Weingut in Kallstadt bewirtschaftet er zwölf Hektar, davon 3,5 Hektar im Saumagen. Das ist nicht nur die beste Lage des Ortes, sondern eine der besten Lagen des Landes. Wo sonst gedeihen die Sorten Riesling, Pinot noir und Chardonnay einträchtig nebeneinander und bringen gleichermaßen Spitzenergebnisse? Primus inter pares ist der Riesling, und der wird auch heute noch in einem durch und durch klassischen Stil zu einem ausgeprägt, eigenständigen Charakter ausgebaut. Koehler-Ruprecht ist wahrscheinlich das einzige deutsche Weingut, das grundsätzlich nicht aufzuckert, auch nicht die im Barriquefass ausgebauten Tafelweine. Daher gibt es hier ausschließlich Prädikatsweine, mit dem so genannten »Qualitätswein bestimmter Anbaugebiete« (QbA) gibt man sich gar nicht erst ab. Auch Stahltanks sucht man vergebens. Alle Weine werden in Eichenholzfässern vergoren, und das so extrem langsam, dass beispielsweise die 96er Auslese noch während der 97er Lese vor sich hin gärte. Teilweise bleiben die Weine auch heute noch bis zu eineinhalb oder zwei Jahren im Fass, ehe sie gefüllt werden. Spitzenweine werden erst nach drei bis sechs Jahren veröffentlicht. So ist jetzt erst die 98er Spätlese R (= Reserve) dran. Dieser Wein ist sozusagen das Präludium auf die große finale Fuge, die in den nächsten drei Jahren folgen wird. Dann nämlich veröffentlicht Bernd Philippi die Riesling-Auslesen der Jahre 1996, 1997 und 1998 und damit seine Vorstellung davon, was in Deutschland ein Erstes Gewächs sein könnte. Hinzu kommen die RR (= Special Reserve) Pinots noirs der selben Jahrgänge.

Der Name Saumagen taucht erst Anfang des 19. Jahrhunderts auf. In den Jahren 1810 bis 1936 wurde der Weinberg nach und nach angelegt, und zwar teilweise in ausgebeuteten Kalksteinbrüchen, die mit Abraum und Kalkstein aufgefüllt wurden. Und auch heute ist der Saumagen von ehemaligen Steinbrüchen umgeben. Den Namen verdankt er seiner gekrümmten Form. Sie erinnert an einen gefüllten Schweinemagen, eine deftige kulinarische Pfälzer Spezialität. Der Südosthang ist die eigentliche Kernlage des Saumagens. Die Böden sind tiefgründig, sehr warm und trocken, mit sehr starken, feinkörnigen, homogenen Lößablagerungen, die tertiäre Winde aus der Sahara herangeweht haben. Es ist einer der heißesten Flecken der Pfalz. Im Sommer, wenn die Sonne hoch am Mittagshimmel steht, herrschen hier leicht Temperaturen von 40 Grad. Arbeiten im Weinberg ist dann nicht mehr möglich. In diesem Klima reifen neben den Weinstöcken auch wilde Feigen, Mandeln und Zitronen.

1990 Kallstadt Saumagen Auslese R

Strohgelb. Konzentrierte Nase mit einem Hauch von Honig und Würze, etwas Getreide. Große Fülle und viel Saft, noch immer eine prächtige, unverbrauchte Säure, erdig und würzig, aber mit der Zeit auch etwas Creme mit Aprikose am Gaumen. Langer Abgang. Dieser große Wein ist ein schlafender Riese, der erst jetzt langsam erwacht und seine Muskeln zeigt, einer der langlebigsten trockenen deutschen Rieslinge aus der ersten Hälfte der 90er-Jahre.

Capital-Index	***183***
Scheuermann-Note	***92***
Anzahl der Flaschen	***3000***
Marktpreis	***DM 45,00***
Platzierung	***57 (weiß)***

1998 Kallstadt Saumagen Spätlese R

Kräftiges Strohgelb bis hell goldfarben. Sehr konzentrierte Mischung aus getrockneten Feigen und Aprikosen, dazu starke mineralisch-erdige Töne. Perfekte Verbindung zwischen Terroir und Frucht. Am Gaumen noch ziemlich kantig trotz der Körperfülle, die Säure ist noch nicht richtig eingebunden, das wird sich aber bis zur Veröffentlichung im Juli 2001 harmonisiert haben. Ein mordsmäßiger Wein, robust und nachhaltig.

Capital-Index	***179***
Scheuermann-Note	***90***
Anzahl der Flaschen	***2000***
Marktpreis	***DM 30,00***
Platzierung	***63 (weiß)***

Winzergenossenschaft Königschaffhausen

Kiechlinsberger Straße 2–6
D-79346 Endingen-Königschaffhausen
Tel. 0 76 42/10 03
Fax 0 76 42/25 35

Daten | Fakten

Inhaber	Genossenschaft
Rebfläche	170 ha
Rebsorten	36 % Spätburgunder, 33 % Müller-Thurgau, 18 % Grauburgunder, 8 % Weißburgunder, 5 % andere Sorten
Jahresproduktion	1,25 Mio. Flaschen

Winzergenossenschaften wird man in diesem Buch nicht viele finden. Eine der wenigen, aber notwendigen Ausnahmen ist die Genossenschaft in Königschaffhausen, einem Ortsteil von Endingen am Nordrand des Kaiserstuhls. Es ist eine kleine Ortsgenossenschaft, die 360 Mitglieder bewirtschaften nicht mehr als 170 Hektar. Das entspricht einer großen Domäne, und in der Neuen Welt wär's allenfalls ein mittlerer Betrieb. Doch unter der langjährigen Leitung ihres früheren Geschäftsführers Willi Merkle und seines jetzigen Nachfolgers Edmund Schillinger hat Kellermeister Helmut Staiblin wirklich Großes geleistet.

Das Trio verschaffte den Königschaffhausener Genossen dank einer rigorosen Qualitätsphilosophie einen guten Ruf als Spätburgunder-Spezialisten. Bereits Ende der 60er-Jahre entstanden hier erstmals in einigen besonderen Jahren Spätburgunder von überragender Qualität, die noch heute mit einer faszinierenden Reife, aber auch Unverbrauchtheit überraschen und erfreuen. Nie werde ich das Gesicht von Roman Bratasiuk, dem Schöpfer des Astralis vergessen, als ich ihn zu einer Vertikalprobe mit Königschaffhausener Rotweinen einlud und er verwundert feststellen musste, dass es deutsche Rotweine mit einem Reifepotenzial von 20 bis 30 Jahren gibt. Seit 1987/88 wurden hier Versuche mit Spätburgunder-Selektionen systematisiert und dabei besonders auf gesundes und hochreifes Lesegut aus Anlagen, die älter als zwanzig Jahre sind, hingearbeitet.

Der Wein aus der Lage Steingrüble heißt seit einigen Jahren Regnum und zählt mit großer Konstanz Jahr für Jahr zu den besten deutschen Rotweinen. Er hat einen vollständig eigenständigen Charakter. In der Jugend ist er oft sehr schroff, verschlossen und abweisend. Insofern ist der eher zugängliche 98er etwas untypisch. Eine andere Spezialität von Königschaffhausen sind die hochwertigen Botrytisweine, teilweise mit Barriqueausbau im Stil eines Sauternes.

1998 Regnum

Dunkles dichtes Rubinrot. Kirschnase mit etwas Marzipan, Toast und Terroir, Leder und dann mehr und mehr Süße, Beerenaromen und Zimt. Sehr komplex. Diese Aromatik setzt sich am Gaumen fort, verbunden mit harmonischen, reifen und weichen Tanninen. Zeigt Fülle und Stoff, gute Säure. Langer Abgang, beträchtliches Zukunftspotenzial.

Capital-Index	***118***
Scheuermann-Note	***89***
Anzahl der Flaschen	***1800***
Marktpreis	***DM 37,00***
Platzierung	***318 (rot)***

Andreas Laible

Am Bühl 6
D-77770 Durbach
Tel. 07 81/4 12 38
Fax 07 81/3 83 39

Daten | Fakten

Inhaber	Andreas und Ingrid Laible
Rebfläche	6 ha
Rebsorten	60 % Riesling, 20 % Weißburgunder, Grauburgunder, Spätburgunder, 20 % Scheurebe, Traminer, Gewürztraminer, Muskateller und Chardonnay
Jahresproduktion	45 000 Flaschen

Was hat er nicht alles gewonnen in den letzten Jahren, dieser Andreas Laible aus dem badischen Durbach: zweimal bester trockener Riesling bei Gault Millau (1996 und 2000), dazu Aufsteiger des Jahres 2000; in der Zeitschrift »Alles über Wein« badischer Winzer des Jahres 1999; bei »Vinum« Riesling-Erzeuger-Preis 1999; jüngst wieder (zum 18. Male!) Landesehrenpreis mit bester Punktzahl und 11 Bundesehrenpreise. Beim Hamburger Weinsalon sind seine Rieslinge seit 1995 für die höchsten Auszeichnungen geradezu abonniert. »Feinschmecker« und »DM« zählen ihn permanent zu den hundert besten Winzern in Deutschland.

Ohne Frage, Andreas Laible gehört mit seinen voluminösen und dennoch eleganten Rieslingen zu Deutschlands Starwinzern und man sollte nicht vergessen: Was er aus der Neuzüchtung Scheurebe macht, grenzt ans Wunderbare. Dennoch kann man seine Weine zu geradezu unverschämt niedrigen Preisen bekommen. Wenn dieses Weingut nicht in Baden läge, sondern auf der anderen Rheinseite, wäre es vermutlich längst ein Premier Grand Cru A, und ein Wein wie der Achat oder die Alten Reben würden über 100 Mark kosten.

Erst 1970 ist das Weingut aus einem traditionellen landwirtschaftlichen Mischbetrieb mit Schweinen, Kühen und Schnapsbrennerei hervorgegangen. Gerade mal sechs Hektar bewirtschaftet die Familie in den besten Kernlagen des Plauelrain, wo der Riesling noch »Klingelberger« heißt. Dieser Hang besitzt eine perfekte Südexposition und ist so steil (bis 85 Prozent), dass er nur mühsam von Hand bearbeitet werden kann.

Mit dem Jahrgang 1998 führte Andreas Laible für die allerbeste Selektion seines Urgesteins-Rieslings – vergleichbar dem Smaragd der Wachau – für sich selbst die Bezeichnung Achat ein, in Anlehnung an die Achateinsprengsel in den Granit- und Porphyrverwitterungsböden des Plauelrain. Daneben gibt es derzeit noch eine trockene Auslese (in Kleinstmenge) und eine sehr schöne Selektion der ältesten Riesling-Rebstöcke. Beides Weine, die ebenfalls bei 90 – 92 Punkten liegen. Für das Jahr 2000 spielt er mit dem Gedanken, wenigstens zwei dieser Weine, den Achat und die Alten Reben, zu einem einzigen zu verschmelzen; denn der Achat ist auf dem besten Wege, »kultig« zu werden, zumindest unter den deutschen Rieslingfans.

1998 Riesling Achat

Strohgelb. Noch immer ein verhaltener Pfirsichduft, aber schon kombiniert mit feiner Würze und insgesamt etwas verhalten, zurückgezogen. Ein mächtiger Wein, sehr kompakt, dicht. Gesegnet mit einer phänomenalen Konzentration der Extraktstoffe, die ihm in Verbindung mit dem Alkohol eine dezente Süße verleihen. Die Säure etwas reifer und weniger lebendig, aber präsent. Langer Abgang.

Capital-Index	***184***
Scheuermann-Note	***92***
Anzahl der Flaschen	***1000***
Marktpreis	***DM 24,50***
Platzierung	***52 (weiß)***

1999 Riesling Achat

Sattes Strohgelb. Schon eine sehr überzeugende Nase in der ersten Fruchtphase mit Pfirsich, Grapefruit, aber auch tropischen Fruchtnuancen bis hin zu Mango und Maracuja. Saftige, wunderschöne Fülle, sehr lang und nachhaltig am Gaumen mit einem feinen Schokoladenton. Sehr feine Bittertöne im Abgang. Ein wenig leichter und feiner als der mächtige 98er, auch fehlt ihm im direkten Vergleich die Extraktsüße.

Capital-Index	***183***
Scheuermann-Note	***91***
Anzahl der Flaschen	***1200***
Marktpreis	***DM 24,50***
Platzierung	***56 (weiß)***

Weingut Dr. Loosen

St. Johannishof
D-54470 Bernkastel-Kues
Tel. 0 65 31/34 26
Fax 0 65 31/42 48
vertrieb@drloosen.de
www.drloosen.de

Daten | Fakten

Inhaber	Ernst Loosen
Rebfläche	11,6 ha
Rebsorten	98 % Riesling, 2 % Rivaner
Jahresproduktion	70 000 Flaschen

Das Weingut Dr. Loosen entstand 1988 durch die Zusammenlegung zweier renommierter Betriebe, deren Namen unschwer erkennen ließen, dass sie Produkt der unheilvollen Moselaner Erbteilung waren, die einst stattliche Besitztümer über Generationen in existenz- und qualitätsgefährdender Weise atomisiert hatte: Zach, Bergweiler, Prüm Erben und Paul Loosen Erben/Dr. Loosen. Damals übernahm der junge Ernst Loosen diese beiden Betriebe und formte daraus in wenigen Jahren ein lebensfähiges Gebilde mit 10 Hektar Weinbergsbesitz in den feinsten Lagen wie Lay (Bernkastel), Prälat und Treppchen (Erden), Sonnenuhr (Wehlen) und Würzgarten (Ürzig).
Mit rigorosen Qualitätsmaßstäben setzte er sich und seinem Team ehrgeizige Ziele. Binnen einer Dekade führte er dieses Gut an die Spitze seiner Region und machte es gleichzeitig jenseits des Großen Teiches in den USA durch unermüdliche Promotionsreisen zu einem der bekanntesten deutschen Güter und einem Aushängeschild für deutsche Spitzenrieslinge. Gault Millau zeichnete ihn zweimal aus: 1999 für den besten edelsüßen Riesling des Jahres und 1995 für die beste Riesling-Auslese des Jahres. Schließlich apostrophierten ihn die Autoren als »Aufsteiger des Jahrzehnts«.
Neben den prämierten trockenen Spitzenweinen sind auch seine Edelsüßen von hinreißender Klarheit und Brillanz. Sie sind Ergebnis einer ausgesprochen langsamen Vergärung mit eigenen Hefen und des Verzichts auf jegliche Schönung.

1999 Ürzig Würzgarten Riesling Auslese Goldkapsel

Strohgelb. Sehr feine Würze in der Nase, die ein wenig verhalten bleibt. Am Gaumen eine weiche Frucht, Pfirsich, aber auch allerlei tropische Früchte wie Ananas, Mango etc. Eine rassige Säure, die dem Wein ein brillantes, kristallines Spiel verleiht.

Capital-Index	***177***
Scheuermann-Note	***91***
Anzahl der Flaschen	***1200***
Marktpreis	***DM 40,00***
Platzierung	***12 (süß)***

1999 Erden Prälat Riesling Auslese Goldkapsel

Strohgelb. Etwas offener, fruchtiger in der Nase, aber auch deutlicher von Botrytis geprägt. Am Gaumen viel dichter, ausdrucksvolle Süße, aber auch eine noch packendere Säure, die den Wein klar dominiert, sehr resch, viel Spiel. Reichlich tropische Frucht mit saftiger Grapefruit. Ein wirklich großer, reicher Wein mit einer langen Zukunft.

Capital-Index	***160***
Scheuermann-Note	***94***
Anzahl der Flaschen	***1200***
Marktpreis	***DM 78,00***
Platzierung	***20 (süß)***

Meyer-Näkel

Hardtbergstraße 20
D-53507 Dernau
Tel. 0 26 43/16 28
Fax 0 26 43/33 63

Daten | Fakten

Inhaber	Werner und Willibald Näkel
Rebfläche	12,5 ha
Rebsorten	73 % Spätburgunder, 12 % Frühburgunder, 10 % Dornfelder, 5 % Riesling
Jahresproduktion	70 000 Flaschen

Falls irgendwer noch Zweifel am fortschreitenden Klimawandel und seinen spürbaren Auswirkungen haben sollte, kann ich ihm nur raten, die Kollektionen von Werner Näkel zu probieren und in der Literatur nachzuschlagen, ob es solche Weine, wie sie 1997 und auch 1999 wieder hier gewachsen sind, jemals zuvor gegeben hat. Ich denke, in den Zeiten, aus denen es schriftliche Aufzeichnungen gibt, wird er vergeblich suchen. Zwei Faktoren kommen hier glücklich zusammen. Ein verändertes Klima, das es hier an der nördlichen Weinbaugrenze möglich werden lässt, Alkoholgradationen von 14 Volumenprozent zu erreichen, und das bei einem absolut perfekten, gesunden und hochreifen Lesegut. Zum andern das ganz konsequente Qualitätsstreben eines ehrgeizigen Winzers, wie Werner Näkel einer ist.

Das Familienweingut an der Ahr wurde um die Jahrhundertwende gegründet und erlebt seit etwa zehn Jahren unter der Leitung von Werner Näkel eine Hochblüte. Dass er seinen Hauptberuf – Gymnasiallehrer für Mathematik und Sport – in den 80er-Jahren an den Nagel gehängt hatte, um sich ganz dem Weinbau zu widmen, war ein Glücksfall nicht nur für den Betrieb, sondern für das ganze Anbaugebiet Ahr, ja für die ganze deutsche Rotweinszene. Mitte der 80er-Jahre fing er an, mit gerbstoffreicheren Rotweinen zu experimentieren. Seit 1986 gibt es Weine mit Barrique-Ausbau. Er war einer der ersten in Deutschland, der spätlesegeeignete Moste abstufte und als einfache, aufgezuckerte Qualitätsweine auf den Markt brachte. Er füllt seine Weine möglichst unfiltriert mit niedrigsten Schwefeldosierungen und auch weitgehend ohne Schönung.

An oberster Spitze seiner 99er Jahrgangskollektion stehen zwei Goldkapsel-Weine, die beide so unheimlich schön sind, dass man nicht weiß, welchem man wirklich den Vorzug geben soll: dem weichen, verführerischen S oder dem charaktervollen Pfarrwingert. Am besten ist es wohl, beide in den Keller zu legen und erst den einen und später den anderen zu trinken!

1999 Spätburgunder S Goldkapsel

Dunkles Rubinrot. Sehr schöne, opulente Nase mit schwarzer Kirschfrucht, etwas Himbeere, auch Cassis, feine Würze. Für einen Ahrburgunder eine phänomenale Fülle, weich, schmeichelnd und opulent, schöne intensive Süße mit Tabaknoten am Gaumen. Guter Abgang.

Capital-Index	***119***
Scheuermann-Note	***91***
Anzahl der Flaschen	***2300***
Marktpreis	***DM 68,00***
Platzierung	***312 (rot)***

1999 Dernau Pfarrwingert Auslese trocken Goldkapsel

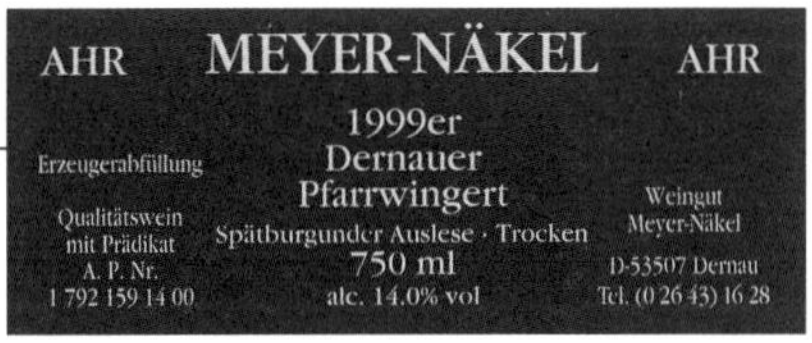

Kräftiges Rubinrot. In der Nase einerseits eine etwas frischere rote Frucht, andererseits auch eine leicht rauchige, würzige Terroirnote. Etwas härter, nicht ganz so rund und weich wie der S. Den Extrakten und dem sehr hohen Alkoholgehalt (14 Vol.-%) steht eine feste Säure gegenüber, die allerdings vollkommen eingebunden ist. Wirkt trotz des höheren Alkohols etwas schlanker, aber auch sehniger und auf die Länge gesehen kraftvoller.

Capital-Index	***120***
Scheuermann-Note	***92***
Anzahl der Flaschen	***1500***
Marktpreis	***DM 65,00***
Platzierung	***309 (rot)***

Markus Molitor

D-54492 Zeltingen
Tel. 0 65 32/39 39
Fax 0 65 32/42 25

Daten | Fakten

Inhaber	Familie Molitor
Rebfläche	15 ha
Rebsorten	95 % Riesling, 5 % Spätburgunder
Jahresproduktion	170 000 Flaschen

Mit dem Jahrgang 1999 machte Markus Molitor das Dutzend voll. Zum zwölften Mal in Folge erntete er alle Prädikatsstufen vom Qualitätswein bis zu Trockenbeerenauslese und Eiswein. Das hat bislang nicht mal der ehrgeizige Wilhelm Weil im Rheingau geschafft. Auch sonst war das Jahr für Molitor in jeder Hinsicht gesegnet: In der Jubiläumsversteigerung aus Anlass des 100-jährigen Bestehens des Bernkasteler Rings erreichte seine 94er Zeltingen Sonnenuhr Riesling Trockenbeerenauslese mit 3000 Mark (3654 Mark inkl. Steuer und Versteigerungsgebühr) den höchsten bei dieser Traditionsauktion je erreichten Preis. Die alte Rekordmarke stammte aus dem Jahr 1901. Es ist zugleich der dritthöchste jemals gezahlte Preis für einen neuen Jahrgang in Deutschland. Nur Egon Müller und Robert Weil erzielten schon höhere Gebote. Gault Millau kürte ihn schließlich zum Aufsteiger des Jahres.

Markus Molitor hat den Betrieb, der sich seit über acht Generationen im Besitz der Familie befindet, 1984 von seinem Vater übernommen und die Weinbergsfläche seither verdoppelt. Durch Besitz und Pacht verfügt er über Weinberge in den besten Lagen von Wehlen (Sonnenuhr), Ürzig (Würzgarten), Graach (Domprobst und Himmelreich), Bernkastel (Badstube) und Zeltingen (Sonnenuhr). In dieser nur 21,5 Hektar großen Schiefersteillage ist Molitor mit 4,5 Hektar der größte Besitzer. Das schafft Spielraum für vielfältige Selektionen, mit denen er den Grundstock für seine Qualität legt. Derzeit lässt er einen neuen Felsenkeller in den Berg treiben, der ihm auch beim Ausbau der Weine noch mehr Spielraum geben soll.

Noch hat die internationale Fachwelt den kometenhaften Aufstieg dieses Weingutes nicht so recht wahrgenommen, aber das dürfte sich bald ändern; denn im vergangenen Jahr kamen die ersten Anfragen und größeren Bestellungen aus den USA. Und spätestens mit der 99er-Kollektion hat Molitor sich einen festen Platz unter den besten Rieslingproduzenten der Welt gesichert. In diesem nicht ganz einfachen Jahrgang, der andernorts auch an zu großer Menge litt, erntete er eine so noch nie da gewesene Anzahl von zwölf großen und perfekten Auslesen aus sechs Lagen mit 100 und mehr Öchslegrad. Schließlich kam im November als Laune der Natur noch eine natürliche Frostkonzentration gesunder Trauben dazu. So entstand eine der faszinierendsten Kollektionen, die ich je bei einem deutschen Winzer verkostet habe. 55 Spitzenweine – jeder in seiner Art herausragend. Zehn davon habe ich mit mehr als 90 Punkten bewertet.

1999 Zeltingen Sonnenuhr Spätlese (Versteigerungswein)

Schöne klare Rieslingfrucht. Dick wie eine Auslese, saftig, mit hoher Mineralität. Opulente, reiche Frucht: Pfirsich, Mango, Maracuja, Lychee, Passionsfrucht. Aus dem Herzstück der Sonnenuhr, der Parzelle Schießwingert, einer extrem steinigen, terrassierten Lage, mit 103–104 Öchslegrad gelesen. Die Säure ist perfekt eingebettet. Der Wein hat eine große Intensität, Länge und vor allem eine ungewöhnlich tiefe und dichte Struktur.

Capital-Index	***128***
Scheuermann-Note	***93***
Anzahl der Flaschen	***900***
Marktpreis	***ca. DM 55,00***
Platzierung	***59 (süß)***

*1999 Zeltingen Sonnenuhr Auslese trocken **

Aus 80 Jahre alten Reben. Vollreife Trauben, nur das Beste ausgelesen. Zeigt in der Nase nur wenig Obst- und Fruchtaromen, dafür aber viel Mineralität. Konzentriert und verschlossen. Am Gaumen kommen dann aber explosionsartig und voll die tropischen Fruchtcharaktere zur Geltung, dazu saftige Zitrusaromen, rassige Säure. Sehr lang und tief, massiver mineralischer Ausdruck im Abgang.

Capital-Index	***180***
Scheuermann-Note	***92***
Anzahl der Flaschen	***1360***
Marktpreis	***DM 41,00***
Platzierung	***62 (weiß)***

*1999 Wehlen Sonnenuhr Auslese trocken ** (Versteigerungswein)*

Dieser Wein ist ein absolutes Kuriosum im positiven Sinne. In puncto Mostgewicht die hochrangigste trockene Auslese in der Geschichte des Gutes mit 106 Öchslegrad und 13 Vol.-% Alkohol, 8 g/l Restzucker. Eigentlich handelt es sich um eine Art missglückten Eiswein: Bei minus 6,5 Grad am 16. November um vier Uhr nachts geerntet; gefrorene Ganztrauben mit total gesunden Beeren aus den besten Parzellen der Lage. Strohgelb. Völlig verschlossen. Nur Mineralität, kaum Frucht. Sehr konzentriert. Die Säure ist perfekt durch den Alkohol abgepuffert. Am Gaumen die ganze aromatische Fülle tropischer Früchte mit einer prägnanten Schiefermineralität. Der Alkohol verleiht dem Wein eine Power, eine Wucht, wie man sie an der Mosel nur in Ausnahmefällen findet.

Capital-Index	***202***
Scheuermann-Note	***95***
Anzahl der Flaschen	***800***
Marktpreis	***DM 70,00***
Platzierung	***27 (weiß)***

1999 Graach Domprobst Auslese halbtrocken

Der Schwesterwein zur trockenen Auslese aus der Sonnenuhr. Ähnliches Ausgangsmaterial mit 108 Öchslegrad. Aber der Wein blieb bei ca. 18 g/l Restzucker und 12,5 Vol.-% Alkohol stehen. Strohgelb. Wunderschöne Nase mit Pfirsich und Aprikosencreme, ganz zarter süßsaurer Ton wie Honigessig. Saftig elegant, rassige Säure. Perfekte Balance zwischen der verhaltenen Süße und dem Alkohol, zeigt Länge.

Capital-Index	***185***
Scheuermann-Note	***93***
Anzahl der Flaschen	***1300***
Marktpreis	***DM 38,00***
Platzierung	***50 (weiß)***

*1999 Zeltingen Sonnenuhr Auslese ** (Versteigerungswein)*

Mostgewicht: 140 Öchslegrad. Strohgelb. Herrliche Kombination aus Terroir und Botrytis, Trockenfrüchten und Honig. Opulente Süße, geschmeidig, weich und ölig, feine Tabaknoten, buttrig, verhaltene Säure, reich an tropischen Fruchtaromen. Langer Abgang.

Capital-Index	***136***
Scheuermann-Note	***94***
Anzahl der Flaschen	***240 und 400 halbe***
Marktpreis	***ca. DM 221,00 (0,75 l)***
Platzierung	***50 (süß)***

*1999 Zeltingen Sonnenuhr Auslese *** (Versteigerungswein)*

Über 160 Öchslegrad. Goldgelb. Zeigt in der Nase Honig, Kräuterwürze, Trockenfrüchte. Alles verhalten, aber sehr komplex. Am Gaumen eine dichte Opulenz und extreme Länge, eine muskatige, etwas an Lebertran erinnernde Würze, getrocknete Aprikosen, Marillenkompott, feines Säurespiel. Wurde in alten Mini-Barriques vergoren. Eine total verrückte Auslese, die vermutlich in einer Blindprobe viele Beerenauslesen deklassieren würde.

Capital-Index	***135***
Scheuermann-Note	***96***
Anzahl der Flaschen	***180 und 260 halbe***
Marktpreis	***ca. DM 426,00 (0,75 l)***
Platzierung	***52 (süß)***

1999 Zeltingen Sonnenuhr Beerenauslese

Kommt im Jahr 2001 auf die Versteigerung. Hatte ein Mostgewicht von 185 Öchslegrad. Helles Goldgelb. Fließt leicht ölig ins Glas. Konzentrierte tropische Frucht in der Nase. Quitte, reifer, würziger Apfel, Honig. Am Gaumen dickflüssig, verhaltene Süße, sehr impressiver Geschmack von Apfel, Rosine und etwas Honig. Perfekte Botrytis. In kleinen Barriques vergoren, daher auch ein ganz zarter Holzton, der dem Wein zusätzlich Struktur verleiht.

Capital-Index	***158***
Scheuermann-Note	***97***
Anzahl der Flaschen	***90 und 160 halbe***
Marktpreis	***ca. DM 900,00 (0,75 l)***
Platzierung	***23 (süß)***

1999 Graach Domprobst Beerenauslese

Gelesen mit 165 Öchslegrad, 250 g/l Restzucker. Helles Goldgelb. Sehr feine, delikate Nase. Verhalten mit etwas Biskuit und Zuckerlasur, Grapefruit. Am Gaumen cremig, elegant und weich: Aprikose und Honig, auch Banane. Langer Abgang.

Capital-Index	***131***
Scheuermann-Note	***94***
Anzahl der Flaschen	***240 und 200 halbe***
Marktpreis	***ca. DM 450,00***
Platzierung	***56 (süß)***

1999 Graach Domprobst Trockenbeerenauslese (Versteigerungswein)

Gelesen mit 205 Öchslegrad. Dunkles Goldgelb bis Orange. In der Nase Pfirsich und Aprikose bis hin zu Himbeeren, auch etwas Waldpilze, Erde, getrocknete Früchte, etwas Lebertran. Ein opulenter, cremig-öliger Wein. Zeigt auch am Gaumen ein Geschmacksspektrum, das trotz der intensiven Süße etwas an Rotwein erinnert: Neben Maracuja und Melone auch viel Kirsche, Karamell, Nuss und Kaffee. Sehr lang und tief im Abgang.

Capital-Index	***148***
Scheuermann-Note	***97***
Anzahl der Flaschen	***240 und 200 halbe***
Marktpreis	***ca. DM 4000,00 (0,75 l)***
Platzierung	***33 (süß)***

1999 Zeltingen Sonnenuhr Trockenbeerenauslese (Versteigerungswein)

Dieser Wein mit einem Mostgewicht von 225 Öchslegrad wird erst 2002 auf die Versteigerung kommen. In diesem frühen, völlig unfertigen Stadium zeigt er in allem bereits eine extreme Dichte. Dunkles Goldgelb. Der Duft von reifen Äpfeln, Früchtetee. Ungeheuer opulent am Gaumen mit einer markanten Säure, herrlicher Süße und Länge. Könnte im vollendeten Zustand vielleicht auch 99 oder 100 Punkte erreichen.

Capital-Index	***156***
Scheuermann-Note	***98***
Anzahl der Flaschen	***90 und 160 halbe***
Marktpreis	***ca. DM 3000,00 (0,75 l)***
Platzierung	***28 (süß)***

Egon Müller – Scharzhof

D-54459 Wiltingen/Saar
Tel. 0 65 01/1 72 32
Fax 0 65 01/15 02 63

Daten | Fakten

Inhaber	Egon Müller
Rebfläche	8 ha
Rebsorten	100 % Riesling
Jahresproduktion	70 000 Flaschen

Als ich im Sommer 2000 das Weingut besuchte, hatte die Familie Müller doppelten Grund zur Freude. Zum einen standen drinnen im Halbdunkel der Halle aufgereiht Musterflaschen, die einen der besten Jahrgänge der zweiten Jahrhunderthälfte enthielten, während draußen in der Sonne der gerade geborene Egon Müller V. in seiner Wiege schlummerte, liebevoll bewacht von seinem stolzen Großvater Egon Müller III.

Seit der Französischen Revolution gehört das ehemalige Trierer Klostergut St. Martin der Familie Müller. 1797 erwarb sie es aus dem Besitz der Französischen Republik, die es zwei Jahre zuvor nach der Annexion der habsburgischen Niederlande, zu denen neben Luxemburg auch Wiltingen gehörte, konfisziert hatte. Etwa sieben Hektar der Gutsfläche liegen in der alten Kernlage des Scharzhofberges. In diesem Weinberg mit seinen Schieferverwitterungsböden und steilen Hängen wachsen Weine, die sich durch große Finesse und rassige Säure auszeichnen. Hier befindet sich eine der Spitzenlagen für Riesling weltweit. Der Scharzhofberger ist einer der wenigen deutschen Weinberge, der auch nach dem Weingesetz von 1971 keinen Ortsnamen zur Lagenkennzeichnung benötigt.

In den Müllerschen Weinbergen wachsen zum Teil noch wurzelechte Reben, Weinstöcke, die aus der Zeit vor der Reblauskatastrophe stammen. Müller erzeugt unter dem Namen seines Weingutes grundsätzlich nur Prädikatsweine. Gärung und Ausbau erfolgen ausschließlich in alten Holzfässern (Fuder und Halbfuder). So wie es schon Egon Müller I. (1852–1936) getan hat, der die Weine zur Jahrhundertwende zu ihrem ersten Weltruf führte, als seine feinste Auslese auf der Pariser Weltausstellung des Jahres 1900 mit dem Grand Prix ausgezeichnet wurde.

Von 1995 bis 2000 hielt das Weingut auch den Rekord für den höchsten Preis, der jemals für eine Flasche deutschen Wein bei seiner Veröffentlichung erzielt wurde. Bei der Versteigerung des Großen Rings am 20. September 1995 in Bernkastel fiel erst bei einem letzten Gebot von 3220 Mark pro Flasche für eine 1989 Scharzhofberger Trockenbeerenauslese der Hammer des Auktionators Eberhard von Kunow. Der Saal applaudierte Egon Müller III. mit einer frenetischen minutenlangen Standing Ovation. Ein Hauch von Oscar und Hollywood ließ die ehrwürdige Halle erbeben. Inzwischen heißt der Spitzenreiter Robert Weil.

1999 Scharzhofberger Kabinett (Versteigerungswein)

Konzentriert, aber sehr verhalten in der Nase. Zeigt eigentlich wenig Frucht, aber dann eine beachtliche Länge am Gaumen mit einem intensiven Terroirton und feinen Bitternuancen. Hat Feinheit und Finesse, aber auch Statur und Länge. Ein großartiger, mustergültiger Kabinettwein.

Capital-Index	***162***
Scheuermann-Note	***93***
Anzahl der Flaschen	***keine Angaben***
Marktpreis	***DM 65,00***
Platzierung	***18 (süß)***

1999 Scharzhofberger Auslese Goldkapsel (Versteigerungswein)

Sehr fein, sehr elegant. In der Nase mit zartem Blütenduft. Schöne optimale Frucht, ein ganzer Früchtekorb mit etwas grünem Apfel und weißem Pfirsich, dazu eine zarte Würze. Steht ganz am Anfang einer großen Zukunft. Zeigt eine opulente, jahrgangstypische Süße. Sehr langer Abgang.

Capital-Index	***169***
Scheuermann-Note	***95***
Anzahl der Flaschen	***keine Angaben***
Marktpreis	***DM 600,00***
Platzierung	***16 (süß)***

1999 Scharzhofberger Beerenauslese (Versteigerungswein)

Weißgold. Klare Botrytis in der Nase, dazu wunderbar komplex verwobene Aromen: erdige Töne und Trockenfrüchte (Feige, Apfel), feine rauchige Noten, etwas Pulver und Petrol. Weich und opulent, fast schon ölig. Sehr lang im Abgang. »Bis zur Goldkapsel Auslese war's einfach«, so Egon Müller IV., »ab da wurde die Ernte erst so richtig kniffflig und schwierig.«

Capital-Index	***177***
Scheuermann-Note	***96***
Anzahl der Flaschen	***keine Angaben***
Marktpreis	***ca. DM 1200,00***
Platzierung	***13 (süß)***

1999 Scharzhofberger Trockenbeerenauslese (Versteigerungswein)

Goldgelb. Eine dominante Würze mit Kräutertönen und Tee in der Nase, dazu etwas reifer Pfirsich und kandierte Früchte, zarte Honignoten. Opulent, aber gleichzeitig auch mit einer zwar gut eingebundenen, aber deutlich schmeckbaren Säure. Nach Ansicht Müllers vergleichbar mit der 76er TBA (von mir mit 96 Punkten bewertet) und zwar wegen der Reife und der Botrytis. Vielleicht ist sie etwas eleganter. Jedenfalls zeigt sie eine ähnliche, sehr lang am Gaumen nachklingende Würze und Intensität.

Capital-Index	***190***
Scheuermann-Note	***98***
Anzahl der Flaschen	***keine Angaben***
Marktpreis	***ca. DM 3000,00***
Platzierung	***8 (süß)***

Müller-Catoir

Mandelring 25
D-67433 Neustadt-Haardt
Tel. 0 63 21/28 15
Fax 0 63 21/48 00 14

Daten | Fakten

Inhaber	Jakob Heinrich Catoir
Rebfläche	20 ha
Rebsorten	60 % Riesling, 13 % Rieslaner, 9 % Scheurebe, 8 % Weißburgunder, 4 % Muskateller, 3 % Grauburgunder, 3 % Spätburgunder
Jahresproduktion	120 000 Flaschen

Nach den glanzvollen Erfolgen mit den Jahrgängen 1997 und 1998, für die er u. a. von Vinum die Auszeichnung Bester deutscher Weißburgunder erhielt, den 1. Preis beim Grauburgunder-Test von Savoir-Vivre gewann und vom Gault Millau als Gutsverwalter des Jahres ausgezeichnet wurde, schaffte es Hans-Günter Schwarz auch in dem für die Pfalz schwierigen Jahr 1999 wieder, eine makellose Kollektion zu präsentieren, neben Bürklin-Wolf wohl die beste in der Pfalz. Zwar waren auch hier die Weinberge vom schweren Hagel betroffen, der Teile der pfälzischen Weinbaugebiete an Fronleichnam heimgesucht hatte. Insgesamt waren an diesem Tag 2000 Hektar Weinberge beschädigt worden. Das Zentrum des Hagelschlags lag in etwa in einem zwölf mal drei Kilometer großen Gebiet, das sich von Haardt über Gimmeldingen, Königsbach, Mussbach, Ruppertsberg bis Niederkirchen, Gönnheim und Ellerstadt hinzog. In diesem Kerngebiet waren nach regionalen Presseberichten bis zu 80 Prozent der Ernte vernichtet. Teilweise wurden sogar Totalschäden gemeldet. Forst im Norden wurde nur gestreift. Die Schäden beschränkten sich auf die Weinberge östlich des Dorfes. Die besten Forster Lagen, westlich des Dorfes gelegen, blieben verschont. Bei Müller-Catoir hatte man Glück im Unglück. Die geschädigten Rebstöcke schafften es, nochmals auszutreiben. Schließlich erreichten die Geiztriebe eine Reife, die es laut Lehrbuch eigentlich nicht geben dürfte. Schwarz: »Es war wie ein Wunder. Aber wir mussten für die Lese einen Aufwand betreiben wie noch nie.« Dieser Aufwand hat sich allerdings gelohnt.

So gelang in der gepachteten Lage Bürgergarten, einer 3 Hektar großen Ökonische im Ortsteil Haardt, trotz der widrigen Umstände eine sehr elegante und geschmeidige Riesling-Spätlese. Die Spitzen der Kollektion bilden jedoch ein markanter, trockener Grauburgunder, eine alkoholschwere Spätlese aus dem Herrenletten in Haardt und eine Trockenbeerenauslese aus der Mussbacher Eselshaut.

1999 Grauburgunder trocken

Weißgold. Ein ganzer tropischer Früchtekorb in der Nase. Wuchtiger Körper mit einer deutlichen Restsüße am Gaumen aus Alkohol, Restzucker und Extrakten. Schönes Säurespiel. Ein mächtiger Brocken, noch wuchtiger und voluminöser als der vielfach preisgekrönte 98er. Er spiegelt aber in der Tiefe mit einem profund erdigen Ton deutlich das typische Terroir dieser Lage wider. Eine geballte Ladung Wein.

Capital-Index	***201***
Scheuermann-Note	***93***
Anzahl der Flaschen	***keine Angaben***
Marktpreis	***DM 24,00***
Platzierung	***28 (weiß)***

1999 Mussbach Eselshaut TBA

Goldgelb. Zunächst klare Zitrusaromen in der Nase. Hat ein bisschen Eisweincharakter und ist damit durchaus jahrgangstypisch. Fülle und Opulenz. Große Süße, gute Säure, saftige Zitrusaromen auch am Gaumen, aber reifer und kombiniert mit tropischer Frucht. Dabei aber auch ein schöner Schmelz. Hat sich noch nicht gefunden, verspricht aber viel.

Capital-Index	***158***
Scheuermann-Note	***94***
Anzahl der Flaschen	***keine Angaben***
Marktpreis	***DM 180,00***
Platzierung	***24 (süß)***

Von Othegraven

Weinstraße 1
D-54441 Kanzem
Tel. 0 65 01/15 00 42
Fax 0 65 01/1 88 79
Von-othegraven@t-online.de

Daten | Fakten

Inhaber	Dr. Heidi Kegel
Rebfläche	7 ha
Rebsorte	100 % Riesling
Jahresproduktion	30 000 Flaschen

In den 60er- und 70er-Jahren zählte das Weingut von Othegraven zu den ersten Adressen an der Saar. Die edelsüßen Auslesen aus jener Zeit sind auch heute noch begehrte Sammlerobjekte. Danach kam ein verheerender Abstieg ins Mittelmaß. Der Name Othegraven verschwand völlig aus den Spalten der Weinpresse und aus dem Bewusstsein einer ganzen Generation von Weintrinkern.
Mit dem Jahrgang 1997 begann dann ein furioser Wiederaufstieg. Beraten von Bernhard Breuer, wagte Dr. Heidi Kegel, die das Gut nach dem Tod ihrer Tante Marie von Othegraven 1996 geerbt hatte, den radikalen Umbruch. Aus der Grand-Cru-Lage Altenberg kommen jetzt wie schon in alten Zeiten nur noch Rieslinge, und zwar im Wesentlichen nach dem ursprünglichen Modell der Ersten Gewächse im Rheingau, ein trockener Qualitätswein, der aber im Jahrgang 1999 z. B. durch seinen für die Saar recht hohen Alkoholgehalt von 12 Volumenprozent zeigt, dass in ihm eigentlich eine dicke Auslese steckt, sowie zwei edelsüße Weine – eine nicht ganz so geglückte Auslese und eine winzige Menge Beerenauslese. Daneben gibt es dann den nach Maximilian von Othegraven genannten Zweitwein Maximus. Dieser hatte das Gut, das malerisch am Fuß des steilen Rebhangs inmitten eines Parks mit altem Baumbestand am Ufer der hier gemächlich fließenden Saar liegt und sich seit 1805 in Familienbesitz befand, 1921 von seinem Onkel Karl Weißbach übernommen. Unter seiner Leitung gelangte es auf den Gipfel seines Ruhms.
Nach seinem Tod wurde ein Teil der alten Riesling-Rebstöcke durch Neuzüchtungen wie Müller-Thurgau und Gutenborner ersetzt. Eine verhängnisvolle Entwicklung begann, die erste vor wenigen Jahren gestoppt wurde. An der Substanz dieses steilen Weinbergs im Herzstück des Altenbergs mit seinem für Riesling prädestinierten flach- bis mittelgründigen Verwitterungsböden aus Devonschiefer und dem hier schon fast mediterranen Kleinklima hat das alles nichts geändert. Man muss es nur mit niedrigeren Erträgen und strenger Selektion nutzen. Heute, nach nur drei Jahren, ist Othegraven im Segment der trockenen Rieslinge nach dem (hoffentlich nur vorübergehenden) Ausfall von Jordan und Jordan und gemeinsam mit Kesselstatt die absolute Nummer eins an der Saar, und der Altenberg hat seinen Status als eine der herausragenden Spitzenlagen dank Othegraven wieder bestätigt.

1999 Kanzem Altenberg

Blasses Strohgelb. Ein diskretes Bukett, in dem sich Mineralität mit reifer Steinobstfrucht (Pfirsich und Aprikose) harmonisch verbinden. Mit der Zeit und Luft im Glas mischen sich auch feine Würzaromen darunter. Saftige Säure am Gaumen, ein ganz zartes Petroltönchen, etwas bittere grüne Banane und Apfel im Abgang, sehr mineralisch. Dank des Alkohols hat er auch eine nachhaltige Länge. Mit seiner kraftvollen Eleganz hebt er sich wohltuend vom Meer der dünnbrüstigen trockenen Rieslinge dieser Region ab.

Capital-Index	***177***
Scheuermann-Note	***89***
Anzahl der Flaschen	***2500***
Marktpreis	***DM 26,50***
Platzierung	***66 (weiß)***

1999 Kanzem Altenberg Auslese Goldkapsel

Strohgelb. Sehr schöne klare Pfirsichnase mit etwas Botrytis und schöner Kräuterwürze: Gurkenkraut, Senfkörner, Dill. Aber dennoch sehr klar und auch mineralisch. Am Gaumen sehr elegant, aber auch glasklar, brillant, schöne Mineralität. Sehr gut eingebaute Säure. Guter Abgang.

Capital-Index	***139***
Scheuermann-Note	***92***
Anzahl der Flaschen	***2500***
Marktpreis	***DM 102,50***
Platzierung	***42 (süß)***

Joh. Jos. Prüm

Dr. Manfred Prüm und Wolfgang Prüm
Uferallee 19
D-54470 Bernkastel-Wehlen
Tel. 0 65 31/30 91
Fax 0 65 31/60 71

Daten | Fakten

Inhaber	Familie Prüm
Rebfläche	14 ha
Rebsorten	100 % Riesling
Jahresproduktion	120 000 Flaschen

Die Prüms sind die wohl berühmteste Winzerfamilie an der Mosel. Seit dem 12. Jahrhundert betreiben sie dort Weinbau. Das Gut ist benannt nach Johann Joseph Prüm (1873 bis 1944), dem Großvater der heutigen Besitzer, der sich mit seinen »Naturweinen« großes Ansehen erwarb und den Grundstein zum heutigen weltweiten Erfolg legte. Nur wenige deutsche Güter konnten in der angelsächsischen Welt ihr Renommee über zwei Weltkriege in einem solchen Maße hinwegretten wie J. J. Prüm. Sein Namenszug ist heute den Prädikatsweinen des Gutes vorbehalten. Die einfachen Weine werden unter dem Namen Manfred Prüm vermarktet. Das Weingut liegt in Wehlen direkt am Moselufer, gegenüber der Lage Sonnenuhr, in der J. J. Prüm mit 4,5 Hektar zu den größten Besitzern zählt, genauso wie in der Lage Himmelreich in Graach. Die Weine werden in der Hauptsache über den Handel verkauft und sind weltweit in der Spitzengastronomie vertreten. Vor allem in den USA erfreuen sie sich höchster Beliebtheit. Dr. Manfred Prüm verfolgt einen konsequenten Stil und lässt sich dabei ungern in die Karten, sprich in den kühlen Keller schauen. Er ist ein Meister der Auslesen. Seine Weine sind geprägt von großer Klarheit der Frucht, verfügen immer über eine deutliche Restsüße und etwas natürliche Kohlensäure. Das lässt sie in der Jugend oft sehr filigran erscheinen, verleiht aber auch älteren Weinen noch eine immer wieder überraschende Vitalität.

1999 Wehlen Sonnenuhr Riesling Spätlese

Blasses Strohgelb. Total reduktiv in der Farbe. In der Nase eine klare Pfirsichfrucht, aber auch eine feine Würze mit einem kleinen Petrolton. Schöne frische Frucht am Gaumen, Pfirsich und tropische Nuancen, resche Säure, rassig, sehr schlank und höchst mineralisch.

Capital-Index	***156***
Scheuermann-Note	***91***
Anzahl der Flaschen	***keine Angaben***
Marktpreis	***DM 24,00***
Platzierung	***27 (süß)***

1999 Wehlen Sonnenuhr Riesling Auslese Nr. 28

Blasses Strohgelb. Eine wunderschöne Nase, sehr charakteristisch für die Lage Sonnenuhr. Zum einen eine schon fast üppige, tropische Frucht mit Maracuja über einem ausgeprägten Schieferterroirton und Kräuternuancen. Am Gaumen eine saftiger, eleganter Wein, mineralisch mit einer eher dezenten, zurückhaltenden Süße.

Capital-Index	***162***
Scheuermann-Note	***93***
Anzahl der Flaschen	***keine Angaben***
Marktpreis	***DM 32,00***
Platzierung	***17 (süß)***

1999 Wehlen Sonnennuhr Riesling Auslese Goldkapsel Nr. 33

Blasses Strohgelb. Eine noch stärkere Terroirausprägung als die reguläre Auslese. Am Gaumen kommt dann zu der Frucht aus Pfirsich und Maracuja noch eine delikate Honigsüße hinzu. Sehr elegant, aber auch saftig und sehr lang.

Capital-Index	***158***
Scheuermann-Note	***94***
Anzahl der Flaschen	***keine Angaben***
Marktpreis	***DM 70,00***
Platzierung	***25 (süß)***

Schloss Schönborn

Hauptstraße 53
D-65347 Hattenheim
Tel. 0 67 23/9 18 10
Fax 0 67 23/91 81 91
schloss-schoenborn@t-online.de
www.schoenborn.de

Daten | Fakten

Inhaber	Paul Graf von Schönborn
Rebfläche	50 ha
Rebsorten	91 % Riesling, 6 % Spätburgunder, 3 % Weißburgunder
Jahresproduktion	350 000 Flaschen

Das im Jahr 1349 gegründete Weingut des Schlosses Schönborn zählt zu den ältesten bestehenden Adelsgütern Deutschlands, und mit 50 Hektar Weinbergen ist es auch eines der weitaus größten im Rheingau. Es wird heute von Paul Graf von Schönborn-Wiesentheid in der 24. Generation in alleiniger Verantwortung geleitet. In den 80er- und frühen 90er-Jahren durchlebte Schloss Schönborn eine kurze Schwächephase, die aber spätestens mit den Jahrgängen 1996 und 1997 zu Ende war. Mit den beiden Ersten Gewächsen 1998 und 1999 aus der Lage Marcobrunn erreicht es auch gleich wieder einen Höhepunkt seiner langen Geschichte. Angesichts der Fülle faszinierender Botrytisweine aus früheren Jahrzehnten war das Ganze sowieso nicht mehr als eine kleine vergängliche Episode, wie sie in jedem Traditionsbetrieb von Zeit zu Zeit vorkommen kann. Im Jahr 1999 gelang es schließlich, auch mit einer TBA aus der Lage Domdechaney in Hochheim an die alten Glanzzeiten wie 1911, 1945 oder 1959 anzuknüpfen.

Der Rheingauer Besitz der Schönborns ist beeindruckend. In zwölf Gemeinden von Hochheim bis Lorchhausen haben sie Anteile an den jeweils vornehmsten Lagen der Gemarkung. Das Güterverzeichnis liest sich wie ein Gotha der Rheingauer Nobellagen. Die wichtigsten sind der Höllenberg in Assmannshausen, der Berg Schlossberg in Rüdesheim, die Domdechaney in Hochheim, der Nussbrunnen in Hattenheim und natürlich der Marcobrunn in Erbach, Mit 2,2 Hektar gehört dem Gut ein Drittel dieses wertvollen Stückchens Rheingauer Erde, das seit Jahrhunderten so großartige Weine hervorbringt. Der Marcobrunn war die erste Weinbergslage im Rheingau, die auf Etiketten zur Weinkennzeichnung verwendet wurde. Dies war 1726; allerdings noch ohne die Ortsangabe Erbach. Der Marcobrunn ist eine sanft geneigte Südlage in Rheinnähe und ausschließlich mit Riesling bestockt. Die Böden im Marcobrunn sind skelettarme, glimmerführende, tertiäre Mergel mit hohem Kalkgehalt; verschiedentlich auch staunass durch Tonschichten im Untergrund. Diese an Mineralien reichen Böden sind auch für die körperreiche Art der Marcobrunner Weine verantwortlich, die sich in ihrer Jugend meist verhalten probieren und erst im Laufe einiger Jahre zur vollen Entfaltung gelangen, sich dann aber häufig als ganz große Weine erweisen, die ein betörendes, in dieser Art unverwechselbares Kräuterbukett entwickeln.

1999 Marcobrunn

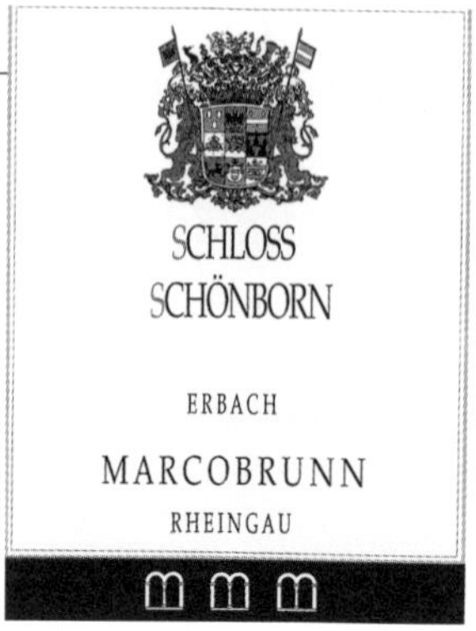

Helles Strohgelb. Eine Supernase, die einen mit der vollen mineralischen Wucht anspringt, die diese Lage zeigen kann: rauchig, steinig, kristallin. Dazu eine impressive Pfirsichfrucht. Große Fülle. Restsüße und Alkohol verbinden sich zu einem sehr dichten voluminösen Wein mit sehr langem Abgang. Zeigt aber auch eine kraftvolle Säure, die ihm sicher zu einem langen Leben verhelfen wird. Es ist wieder einer der beeindruckendsten trockenen deutschen Rieslinge dieses Jahrgangs, nicht nur im Rheingau.

Capital-Index	***192***
Scheuermann-Note	***93***
Anzahl der Flaschen	***keine Angaben***
Marktpreis	***DM 37,00***
Platzierung	***43 (weiß)***

1999 Hochheim Domdechaney Riesling Trockenbeerenauslese

Helles Braungold. Eine klassische Rheingauer Nase vom oxidativen, stark botrytisgeprägten Typ: Kastanien, Nuss, Cognac-Rancio, sehr reife Grapefruit, Kräuterwürze, warm dampfendes Heu, sommerliche Almwiesen, Klee. Verhaltene Honigsüße am Gaumen. Karamell, glacierte Äpfel, Rosinen, getrocknete Bananen.

Capital-Index	***228***
Scheuermann-Note	***97***
Anzahl der Flaschen	***keine Angaben***
Marktpreis	***DM 250,00***
Platzierung	***4 (süß)***

Schloss Vollrads

Vollradser Allee
D-65375 Oestrich-Winkel
Tel. 0 67/23 6 60
Fax 0 67/23 66 66
info@schlossvollrads.com
www.schlossvollrads.com

Daten | Fakten

Inhaber	Nassauische Sparkasse
Rebfläche	50 ha
Rebsorten	100 % Riesling
Jahresproduktion	430 000 Flaschen

Der Hamburger Gastronom (Old Commercial Room an der Englischen Planke) und Weinfreak Reinhard Rauch (Mouton- und DRC-Sammler) hat nicht nur einen exquisiten Geschmack, was gute Weine angeht, sondern offenbar auch ein Gespür für historische Momente. Als bekannt wurde, dass man 1999 auf Schloss Vollrads im Rheingau zum erstenmal seit rund 50 Jahren wieder eine Trockenbeerenauslese geerntet hatte, war er unter den Ersten, die diesen raren Tropfen goutierten. Prompt bat er darum, dass man doch eigens für ihn eine Zwölf-Liter-Flasche (Balthasar) für seinen nächsten runden Geburtstag abfüllen möge. So geschah es auch, und schon war die vorhandene Gesamtmenge dieses edlen Tropfens, nämlich ganze 46 Liter, um gut ein Viertel geschrumpft.
Diese TBA mit 187 Öchslegrad ist sicher der rarste unter den Vollradser Weinen dieses Jahrgangs, aber für meinen Geschmack nicht der interessantere. Diese Krone gebührt einer fabelhaften Auslese mit weißgoldener Kapsel. Dazu wurden Anfang Dezember die dann noch vorhandenen hochreifen und völlig gesunden, aber eingetrockneten Beeren selektiv aus den edelfaulen Trauben ausgelesen und gekeltert. Die Analysedaten verraten einiges über die Qualität und das Potenzial dieses Weins: 116 Öchslegrad – das ist höchste physiologische Reife. Mehr geht kaum. 8,2 Promille Säure bei einem Restzucker von 120 bis 130 g/l. Es ist für mich der beste Wein des Gutes seit dem Jahrgang 1953.
Drei Jahre nach dem tragischen Freitod von Erwein Graf Matuschka-Greiffenclau, dessen Familie das Schloss Vollrads über 27 Generationen bewirtschaftete, und dem anschließenden Konkurs fand dieses einst hoch gerühmte Weingut wieder Anschluss an die Spitze. Erstmals seit 1976 gelang es dem Gut, das mit seinen 48 Hektar zu den größten Betrieben des Rheingaus zählt, wieder alle Prädikatsstufen durchgehend vom Qualitätswein bis zu Trockenbeerenauslese und Eiswein zu ernten.
Dies ist wohl in allererster Linie das Verdienst von Dr. Rowald Hepp, den die Nassauische Sparkasse als Geschäftsführer zur Sanierung des Betriebes eingesetzt hat. Der frühere Direktor der Hessischen Staatsweingüter und des Staatlichen Hofkellers in Würzburg veranlasste nicht nur die Restauration der historischen Gebäude auf Hochglanz, sondern ließ sich 1999, gleich im ersten Jahrgang, den er zu verantworten hat, auf ein riskantes Pokerspiel mit der Natur ein. Er verdreifachte die Zahl der Erntehelfer und wartete mit der Lese

der einzelnen Partien jeweils bis zum letztmöglichen Moment. Bis zur finalen Eisweinlese am 24. Januar 2000 dauerte so der Herbst volle drei Monate. Das Kalkül ging auf, und so steht Schloss Vollrads, das im 19. Jahrhundert in die Klasse der Zweiten Hochgewächse am Rhein gezählt wurde, möglicherweise am Beginn des neuen Millenniums nach Jahren der Mittelmäßigkeit vor einem glanzvollen Comeback.

1999 Auslese weißgold

Strohgelb. Sehr klare, völlig botrytisfreie Nase. Fruchtiges Kompott von Birne und Pfirsich, Ananas und Feige. Am Gaumen ein feiner Honigton, reife Süße, harmonische Säure, extrem lang und intensiv. Dieser Wein ist mustergültig. Der Inbegriff einer Riesling-Auslese. Keiner dieser dicken Botrytisbomber, die alle Geschmacksnerven zukleistern, sondern ein in allem eleganter, edler Wein mit einer großen Zukunft.

Capital-Index	***158***
Scheuermann-Note	***95***
Anzahl der Flaschen	***800***
Marktpreis	***DM 48,00***
Platzierung	***22 (süß)***

1999 Trockenbeerenauslese

Helles Strohgelb. Verhaltenes Bukett, sehr dezent und fein. Schönes Rosinenaroma, reich an tropischen Fruchtnuancen. Ölige Konsistenz, aber eher geschmeidig und elegant, nicht strotzend und dick. Lässt etwas die sonst für Vollrads so typische Säure vermissen.

Capital-Index	***202***
Scheuermann-Note	***91***
Anzahl der Flaschen	***ca. 80***
Marktpreis	***DM 320,00***
Platzierung	***5 (süß)***

Robert Weil

Mühlberg 5
D-65399 Kiedrich
Tel. 0 61 23/23 08
Fax 0 61 23/15 46
info@weingut-robert-weil.com
www.weingut-robert-weil.com

Daten | Fakten

Inhaber	Suntory, Wilhelm Weil
Rebfläche	60 ha
Rebsorten	97 % Riesling, 3 % Spätburgunder
Jahresproduktion	400 000 Flaschen

Wenn man heute, am Beginn des 21. Jahrhunderts, vom Weingut Robert Weil in Kiedrich spricht, ist in erster Linie die Rede von Superlativen und vor allem von Preisrekorden. Das war vor 100 Jahren schon einmal so. Dazwischen lag ein beinahe Existenz vernichtendes Tief. Und der Wiederaufstieg zum alten Glanz in den 90er-Jahren macht einen Großteil des Nimbus aus, der diesen Betrieb heute umgibt. Neben der unbestrittenen Qualität vor allem der edelsüßen Weine ist dies ein zusätzlicher Quell der Begehrlichkeit. Im Januar 2000 konnte der junge Gutsdirektor Wilhelm Weil, dessen Urgroßvater 1868 den Betrieb gegründet hatte, zum elften Mal in ununterbrochener Reihe eine Ernte beschließen, in der alle Qualitätsstufen vom QbA bis TBA und Eiswein eingebracht werden konnten – darunter mal wieder eines der höchsten Mostgewichte des Jahres mit 242 Öchslegrad, nur noch übertroffen von Reinhard und Beate Knebel an der Mosel mit 270 Grad. Das ist nur dank kompromisslosem Qualitätsdenken möglich: Bis zu sieben Mal gehen die Lesehelfer durch die Reben und selektionieren die Trauben im Weinberg, ein Einsatz, der die Lohnsumme ungefähr verdreifacht. Doch da ist Wilhelm Weil kein Preis zu hoch. Er ist überzeugt: »Wenn man jemals den Gedanken aufgibt, wie man die Qualität steigern kann, dann ist das der erste Rückschritt.«

Im Herbst 1999 erreichte eine Flasche 1921er Rheingauer Riesling aus der Schatzkammer des Gutes in Schloss Johannisberg bei der Raritätenversteigerung, die der VDP Rheingau zusammen mit dem Londoner Auktionshaus Christie's veranstaltete, einen Preis von 20 000 Mark. Weinkommissionär Ress aus Hattenheim erhielt im Auftrag eines ausländischen Kunden nach einem dramatischen Bietergefecht von Auktionator Michael Broadbent den Zuschlag für die fast 80 Jahre alte Auslese aus der damaligen Lage Berg in Kiedrich. Die Schlussphase dieser Auktion war so aufregend, dass dem siegreichen Kommissionär im Moment des Zuschlags die Nase zu bluten begann. Broadbent: »So etwas habe ich in meiner jahrzehntelangen Laufbahn noch nicht erlebt.« Dieser Preis bedeutet für das Weingut einen neuen Hausrekord, und es war einer der höchsten Preise, die je auf einer Auktion für einen alten deutschen Riesling gezahlt wurden. Der Höchstpreis für einen Weilschen Jungwein erzielte mit 3300 Mark im September 1997 eine TBA des Jahrgangs 1995. Bei den VDP-Versteigerungen bestätigt Weil Jahr für Jahr seine derzeitige Ausnahmestellung in der deutschen Weinszene. 1999 ging z. B. das teuerste Lot des Tages, 36 400 Mark für 70 Flaschen der 98er Auslese Goldkapsel zum Stückpreis von 520 Mark an Robert Weil. Insgesamt erzielte das Weingut an diesem Tag einen Erlös von 95 000 Mark, 37 Prozent des gesamten Auktionserlöses. Zu Großvaters Zeiten genossen die Weine von Robert Weil schon einmal ein ähnlich hohes Ansehen und wurden an den Tafeln der Reichen und Mächtigen kredenzt. So ist beispielsweise dokumentiert, dass auch der Keller Kaiser Wilhelms II. stets gut mit Weinen von Robert Weil bestückt war. In den 70er- und 80er-Jahren des 20. Jahrhunderts durchlief das Gut eine deutliche Schwächeperiode, es kam zur Krise. 1987 befand sich der heutige Gutsdirektor Robert Weil noch in der Ausbildung, sein Vater Robert litt an einer langen, schweren Krankheit, der er 1989 erlag. Ein Jahr zuvor fiel der Entscheid, den Betrieb an den japanischen Getränkekonzern Suntory zu verkaufen. In den 90er-Jahren setzte ein Aufschwung ein, der geradezu beispielhaft zu nennen ist, und es ist gelungen, an die glanzvolle Vergangenheit anzuknüpfen. Das liegt zweifellos auch an dem Kapital, das die Japaner zur Verfügung stellen und das es möglich machte, aus dem Besitz einen wahren Musterbetrieb zu machen: Innerhalb von zehn Jahren wurden rund 30 Millionen Mark investiert, um die historischen Teile zu restaurieren, die Kelleranlagen auf den neuesten technischen Stand zu bringen und die Rebfläche auf gut 60 Hektar zu vervierfachen.

1999 Kiedrich Gräfenberg Auslese Goldkapsel

Strohgelb. Nase: Pfirsich, Aprikose, tropische Nuancen. Dickflüssig. Ölige Konsistenz. Schöne fruchtige Säure, langer Abgang. Ein ungemein saftiger, opulenter Wein, verhaltene Honigsüße, gute Säure. Mittlerer Abgang.

Capital-Index	***176***
Scheuermann-Note	***92***
Anzahl der Flaschen	***540***
Marktpreis	***DM 550,00***
Platzierung	***14 (süß)***

1999 Kiedrich Gräfenberg Beerenauslese Goldkapsel

Goldgelb. Sehr schöne Nase mit einem Duft nach warmem Blätterteig mit Rosinen, Karamell, Vanille, gebackenem Apfel. Dickflüssig, kräftige Säure, sehr schön balanciert mit der Süße und den dicken Extrakten. Gibt ihm einen sehr feinen Apfelbalsamicoton. Bei aller Fülle auch Eleganz, eine eher verhaltene Süße wie Apfelmus und etwas Schokolade. Langer, tiefer Abgang.

Capital-Index	***159***
Scheuermann-Note	***96***
Anzahl der Flaschen	***180***
Marktpreis	***DM 1500,00***
Platzierung	***21 (süß)***

1999 Kiedrich Gräfenberg Eiswein

Goldgelb. Sehr feine Nase mit einem deutlichen Eisweincharakter: Vanille, Puderzucker, Biskuit mit viel Zuckerlasur. Am Gaumen etwas Rosinen, süßer Apfel (Golden Delicious), aber dann aufgehend zu Honig, Aprikose, Maracuja, Papaya, Mango, süße Mandarinen – ein wahrhaft tropischer Fruchtsalat. Gute Säure, aber dabei eine cremige Konsistenz. Am Gaumen wird der Eisweincharakter daher etwas weniger deutlich. Leicht ölig und gleichzeitig extrem frisch und fruchtig. Höchste Eleganz und Finesse.

Capital-Index	***153***
Scheuermann-Note	***95***
Anzahl der Flaschen	***900***
Marktpreis	***DM 530,00***
Platzierung	***30 (süß)***

1999 Kiedrich Gräfenberg TBA Goldkapsel

Dunkles Goldgelb bis helles Bernstein. Leichter Orangeschimmer. Zunächst eine perfekte Botrytisnase mit Feigenkompott, Rosinen, würziger Apfel, dann aber auch eine komplexe und eher rote Frucht (Himbeere, Erdbeeren etc.) Dickflüssig, ölig und honigsüß, aber mit einer atemberaubenden Säure ausgestattet, die dem Wein ein extrem langes Leben geben wird. Geschmack von frischen saftigen Aprikosen, sehr reife Zitrusaromen. Für eine TBA, die normalerweise eher reife, mürbe Aromen hat, höchst ungewöhnlich. Im Abgang dann Krokant, kandierte Früchte. Konzentriert und explosiv zugleich. Fabelhaft!

Capital-Index	***304***
Scheuermann-Note	***100***
Anzahl der Flaschen	***45***
Marktpreis	***DM 5000,00***
Platzierung	***2 (süß)***

Arachon T.FX.T

A-7312 Horitschon
Tel. +43/3 35 74 23 57 und +43/2 61 04 23 21
Fax +43/3 35 74 21 57

Daten | Fakten

Inhaber	Vereinte Winzer Horitschon, Tibor Szemes, F. X. Pichler, M. Tement und 34 Vertragswinzer
Rebfläche	25 ha
Rebsorten	45 % Blaufränkisch, 35 % Cabernet Sauvignon, 10 % Merlot, 10 % Zweigelt
Jahresproduktion	100 000 Flaschen

Drei österreichische Starwinzer aus der Wachau, der Steiermark und dem Burgenland – darunter mit F. X. Pichler einer, der mit Fug und Recht von sich behaupten darf, dass er auch international Kultstatus genießt – schlossen sich 1995/96 zu einem önologischen »Entwicklungshilfeprojekt« für die Region des Mittelburgenlands zusammen. Sein Name: Arachon T.FX.T. Die beiden T stehen dabei für Tibor Szemes und Manfred Tement, FX für Franz Xaver Pichler.

Der erste Jahrgang, den das Trio, begleitet von euphorischen Tönen der einheimischen Presse (»Österreichs Antwort auf Sassicaia, Opus One & Co.«) vorstellte, war jahrgangsbedingt ganz sicher nicht das Gelbe vom Ei. Aber die 63 000 Flaschen des 96er Arachon »Passion« gingen weg wie geschnitten Brot. Jeder griff zu. Man kaufte mit dem Bewusstsein, dass man nur so an die Zuteilung des nachfolgenden 97ers kommen würde, von dem man sich zu Recht ein Spitzenprodukt erhoffte. Diese Rechnung ging auf. Der 96er wurde durchgehandelt und ausgetrunken. Ohne seine prominenten Paten wäre er des Aufhebens – in doppeltem Wortsinne – kaum wert gewesen: Zu einer langen Reife und damit zum Sammeln fehlte ihm das nötige Potenzial. Ganz anders die beiden Nachfolgejahrgänge, bei denen konsequenterweise die Bezeichnung »Evolution« (für die Weiterentwicklung) das Wort »Passion« (das man auch als Leiden und nicht nur als Leidenschaft deuten kann), auf dem Etikett ablöste. Das sind tatsächlich Weine eines ganz anderen Kalibers, für die sich zunehmend auch die internationale Weinwelt zu interessieren beginnt: Hamburg, Zürich, Paris ... Während vom 96er Arachon zunächst 22,8 Prozent exportiert wurden, lag beim Jahrgang 1997 der Exportanteil bereits bei 40 Prozent.

Arachon ist eine mittelalterliche Bezeichnung des Weinbauortes Horitschon. Der Wortstamm ist altslawisch bzw. altslowenisch und bedeutet »der bei den Eichen«.

Drei Dutzend Vertragswinzer bearbeiten hier derzeit 23 Hektar Weingärten mit schweren Lehm-Löß-Böden für die Produktion des Weins nach den strengen Richtlinien von Szemes, Pichler und Tement zur Erreichung der rigorosen Qualitäts- und Ertragsmaßstäbe. Auch das Pressen und die weitere Vinifizierung erfolgten in enger Zusammenarbeit der drei Regisseure mit ihrem Kellermeister Josef Pusch von den Vereinten Winzern Horitschon. Rund 15 Monate lang reift der Arachon in Barriquefässern, überwiegend aus neuem Holz, zu einem kleinen Teil in zweiter und dritter Belegung. Diese Rotwein-Cuvée basiert auf der burgenländischen Hauptsorte, dem Blaufränkisch, die 50 Prozent ausmacht. Daneben finden sich als Ergänzung in wechselnden Anteilen Cabernet Sauvignon, Merlot und Zweigelt.

Einige Zahlen des Jahrgangs 1997 mögen belegen, worin die Entwicklungshilfe besteht: Die durchschnittliche Erntemenge belief sich auf 4300 Kilogramm Trauben pro Hektar. Damit erlösten die Winzer – je nach Mostgewicht der Trauben – zwischen 130 000 und 150 000 Schilling (9450–10 900 Euro) pro Hektar. Das Durchschnittseinkommen anderer Horitschoner Traubenproduzenten betrug im Vergleich dazu nur 60 000 bis 80 000 Schilling (4360–5814 Euro) pro Hektar. Der sicherlich höhere Arbeitsaufwand wurde also mit einem fast doppelt so hohen Verdienst abgegolten!

1997 Arachon

Der Wein präsentiert sich jetzt im dritten bzw. vierten Jahr nach der Ernte noch immer mit einem tiefdunklem, völlig unangetasteten Violettrubin und so verhalten, wie es sich für einen großen Rotwein ziemt. Ein hoher Cabernet-Anteil (40 Prozent) verleiht ihm eine wohlproportionierte Struktur. Die ausgiebige Maischestandzeit von 23 Tagen sorgte für eine intensive Extraktion und damit für Muskeln auf den Knochen. In der Nase zeigt er viel Würze und Röstaromen (Kaffee, dunkles Karamell) sowie eine opulente Frucht von Kirschen und Brombeeren. Am Gaumen ist er saftig mit einer schönen süßen, dunklen Frucht, konzentriert, aber in seiner Textur elegant und geschliffen mit etwas härteren Tanninen als der 98er. Langes Finale. Zukunft für zehn, 15 Jahre mit entsprechendem Reifepotenzial.

Capital-Index	***114***
Scheuermann-Note	***91***
Anzahl der Flaschen	***80 000***
Marktpreis	***ca. DM 36,00***
Platzierung	***335 (rot)***

1998 Arachon

Die Cuvée enthält deutlich mehr Merlot und Zweigelt (insgesamt 20 Prozent) und weniger Cabernet Sauvignon (30 Prozent). Dadurch wurde der Wein etwas geschmeidiger.
Dunkles Rubinrot. Sehr frische Nase mit dunkler Beerenfrucht, etwas Cassis. Saftig am Gaumen. Die pure Eleganz, weiche, reife Tannine. Guter Abgang. Dürfte schneller reifen als der 97er, vielleicht acht bis zehn Jahre. Jetzt schon recht optimal.

Capital-Index	***112***
Scheuermann-Note	***89***
Anzahl der Flaschen	***82 000***
Marktpreis	***DM 36,00***
Platzierung	***341 (rot)***

Bründlmayer

Zwettlerstraße 23
A-3550 Langenlois
Tel. +43/27 34 21 72-0
Fax +43/27 34 37 48
weingut@bruendlmayer.at
www.bruendlmayer.at

Daten | Fakten

Inhaber	Willi Bründlmayer
Rebfläche	60 ha
Rebsorten	33 % Grüner Veltiner, 25 % Riesling, 15 % Blauer Burgunder, 15 % Chardonnay, 12 % St. Laurent, Zweigelt, Grau- und Weißburgunder
Jahresproduktion	300 000 Flaschen

Das Weingut Bründlmayer in Langenlois gehört zu den wenigen Betrieben Österreichs, an denen der verheerende Weinskandal der 80er-Jahre völlig spurlos vorbeigegangen ist und dessen Vinothek daher eine ungebrochene Qualität vom Ende des Zweiten Weltkrieges bis heute belegen kann. Diese Kontinuität allein verschafft ihm gewissermaßen eine nationale Ausnahmestellung. Ende der 90er-Jahre kam dann endlich auch die längst verdiente internationale Akklamation hinzu: 1998 ging der 95er Ried Lamm als Sieger aus einer Blindprobe hervor, in der einige der besten Chardonnays der Welt wie Puligny-Montrachet von Sauzet, Corton-Charlemagne von Bonneau du Martray und Le Montrachet von DRC angestellt waren. Mehrfach wurden Bründlmayers Weine im Wine Spectator und in Parkers Wine Advocate mit über 90 Punkten benotet, erhielten fünf Sterne in der Grande Degustation der Revue du Vins de France (»un veritable coup de cœur«), wurden zum »besten ausländischen Weißwein in Frankreich« erkoren, die New York Times sang ihnen eine wahre Lobeshymne ...

Die Grundlage dieses Erfolges liegt in den trockenen steinigen Böden der Langenloiser Lagen und der Art, wie sie bewirtschaftet werden. Es sind geologisch sehr alte Lagen wie der Heiligenstein, dessen Boden aus dem 270 Millionen Jahre alten Früh-Perm stammt, einem Urgesteinskonglomerat, das einmalig auf der ganzen Welt ist: ein brüchiges Gestein mit vulkanischen Bestandteilen und fossilem Farn, in das die Wurzeln sich sehr gut hineingraben können. Das ökologische Gleichgewicht nimmt im Weingut Bründlmayer eine vorrangige Stellung ein: Die Düngung erfolgt ausschließlich mit Grünbepflanzung und Kompost aus Rübensamen, Kuhmist und Pflanzenabfällen.

Die Trauben werden nicht nur grundsätzlich von der Hand geerntet, sondern auch sorgfältig nachsortiert. Nur reife und gesunde Beeren werden für die Weinbereitung verwendet. Nach schonender Pressung vergären die Weine kühl in Edelstahl oder im Holzfass und reifen – je nach Sorte – zwischen sechs und 26 Monaten in Eichen- oder Akazienholzfässern. Keines dieser Gebinde ist älter als vier Jahre.

Die Jahre 1998 und 1999 bescherten Willi Bründlmayer gleich vier Weine, die in den Annalen des Gutes und der Lagen, in denen sie gewachsen sind, aber darüber hinaus auch in der modernen Weinbaugeschichte Österreichs herausragende Plätze einnehmen. Vier Weine, von denen man noch sehr lange und sehr viel sprechen wird: die beiden Trockenbeerenauslesen des Jahrgangs 1998 und die überdimensionalen Lagenweine Heiligenstein und Lamm des Jahrgangs 1999. Vor allem die Selektion der alten Reben vom Heiligenstein, die beim Hamburger Wein Salon 2000 als »Weißwein des Jahres« ausgezeichnet wurde, gehört zum besten, was die Spitzenlage in den vergangenen 20 oder 30 Jahren hervorgebracht hat.

1999 Heiligenstein Riesling Alte Reben

Sattes Strohgelb. In der Nase überwiegt die Würze des Terroirs mit leicht rauchigen Nuancen. Am Gaumen dann eine geballte Ladung von Mineralität und Fruchtkonzentration, getragen von einem mächtigen Alkoholgehalt (14,5 Vol.-%). Saftig, nachhaltig. Extrem langer und tiefer Abgang mit einem intensiven Ton von Bitterschokolade. Einer jener monumentalen neuen Rieslinge, der die herkömmliche Dimension dieser Rebsorte so total sprengt wie das Kirchenstück von Bürklin-Wolf, der Unendlich von Pichler oder der Rothenberg von Gunderloch. Einen solchen Riesling sollte man unbedingt dekantieren und aus einem großen Burgunderpokal genießen.

Capital-Index	***208***
Scheuermann-Note	***96***
Anzahl der Flaschen	***3300***
Marktpreis	***DM 38,00***
Platzierung	***24 (weiß)***

1999 Ried Lamm Grüner Veltliner

Sattes Strohgelb. Eine sehr würzige, leicht rauchige Nase mit dem Duft von gerösteter grüner Paprika, Pfefferkuchen. Extreme Opulenz und eine schon fast schokoladige Süße am Gaumen. Sehr langer und tiefer Abgang. Auch dieser Wein sprengt mit seiner brachialen Kraft und Wucht (Alkoholgehalt 15 Vol.-%) jeden Rahmen und jede Konvention der Sorte. Dieser Veltliner hat kein Pfefferl, sondern richtig Pfeffer. Neben einem solch faszinierenden Ungetüm (La belle et la bête, in einem Glas vereint) müssen die meisten großen weißen Burgunder die Waffen strecken. Noch weit und lange von seiner optimalen Reife entfernt.

Capital-Index	***200***
Scheuermann-Note	***95***
Anzahl der Flaschen	***4000***
Marktpreis	***DM 35,00***
Platzierung	***32 (weiß)***

1998 Riesling TBA

Das Lesegut stammt zum weit überwiegenden Teil aus der Lage Heiligenstein, mit einer kleinen Menge (weniger als 10 Prozent) Steinmassel. Der Most aus den gelesenen Trauben hatte ca. 175 Öchslegrad, dies ergab einen Alkoholgehalt von 11 Vol.-% und 223 g/l Restzucker. Ausbau in einem eigens geküferten 300-Liter-Fass. Goldgelb. In der Nase dominieren eher kräuterwürzige Noten aus dem Terroir und reifer Pfirsich. Bei aller Dichte und Dickflüssigkeit ist es aber ein ungemein eleganter, fein strukturierter Wein mit saftiger Säure, süßer Aprikosen- und Pfirsichfrucht. Sehr lange und sehr tief im Abgang, wo der Wein plötzlich ein zweites Mal explodiert: da entwickeln sich Vanilletöne, Karamell, süßer Lebertran und Schokolade. Phänomenaler Tropfen!

Capital-Index	***182***
Scheuermann-Index	*98*
Anzahl der Flaschen	***700 (0,5 l)***
Marktpreis	***DM 70,00***
Platzierung	***11 (süß)***

1998 Grüner Veltliner TBA

Das Lesegut stammt überwiegend aus der Lage Loiserberg mit einem kleinen Anteil Lamm und Käferberg. Die gelesenen Trauben ergaben einen Most mit 165 Öchslegrad. Der Wein hat einen Alkohlgehalt von 11 Vol.-% und 193 g/l Restzucker. Ausbau in einem eigens geküferten neuen 300-Liter-Fass.
Goldgelb. Konzentrierte Honignase, tropische Früchte und verhaltene Würze. Dickflüssig, intensiv. Markante Säure mit einer reifen Zitrusnote, die sich gegen die ansonst fast schon likörhafte, fette Süße des Weins gut durchsetzen kann und dem Wein eine schöne, frische Saftigkeit verleiht. Im Abgang eher das Aroma von reifen Quitten und Trockenfrüchten. Minutenlang nachklingend, im gemächlichen, aber majestätischen Takt am Gaumen verhallend wie der Schlussakkord von Mahlers 3. Symphonie: »Langsam. Ruhevoll. Empfunden.« Ein Wein für den Sonnenuntergang auf meiner Insel.

Capital-Index	***185***
Scheuermann-Index	*97*
Anzahl der Flaschen	***700 (0,5 l)***
Marktpreis	***DM 63,00***
Platzierung	***10 (süß)***

Ludwig Ehn

Bahnstraße 3
A-3550 Langenlois
Tel. +43/27 34 22 36
Fax +43/2 73 42 23 64
weingut.ehn@ehnwein.at
www.ehnwein.at

Daten | Fakten

Inhaber	Ludwig und Michaela Ehn
Rebfläche	12 ha
Rebsorten	30 % Grüner Veltliner, 17 % Riesling, 13 % Sauvignon blanc, 13 % Weißburgunder, 10 % Gemischter Satz, 3 % Gelber Muskateller, 14 % rote Sorten
Jahresproduktion	60 000–70 000 Flaschen

Das Weingut Ehn betreibt seit 1859 Weinbau in einigen der besten Lagen von Langenlois und Zöbing. Doch erst als das Geschwisterpaar Michaela und Ludwig Ehn Anfang der 90er-Jahre die Regie übernahm, begann jener vielbewunderte Höhenflug auf das heute erreichte Qualitätsniveau. Der zurückhaltende Ludwig Ehn ist eines der größten Talente, ein begnadeter Stilist des Weins. Aus den Trauben seiner Weingärten am Heiligenstein oder aus den Rieden Seeberg und Panzaun keltert er Weine von einer unvergleichlich geschliffen Eleganz.
Sein Sauvignon blanc aus den beiden Toplagen Seeberg und Panzaun kann sich mit den feinsten Weinen der Loire messen, seine Heiligenstein-Rieslinge sind Paradebeispiele für die Qualität dieser Lage. Aber sein Meisterstück ist der Titan, ein zur Hälfte barriquevergorener Grüner Veltliner mit biologischem Säureabbau, den es nur in ausgesuchten Jahren gibt: 1993, 1994, 1997 und eben 1999.

1999 Titan

Strohgelb. Nase mit einer deutlichen mineralischen Würze. Lässt den kräftigen Alkohol von 13,5 Vol.-% nicht erkennen. Duft von hellgrüner Paprika, etwas Zitrusfrucht, grüne Banane und Bergamotte, auch leicht rauchig in der Nase. Dieses Aromenspektrum setzt sich nahtlos am Gaumen fort. Ein kompakter Wein, dabei aber elegant und schmelzend. Sehr lang nachklingend, etwas schokoladig, fast wie ein Rotwein und tief im Abgang.

Capital-Index	***165***
Scheuermann-Note	***92***
Anzahl der Flaschen	***1700***
Marktpreis	***öS 220,00***
	(ca. DM 32,00)
Platzierung	***71 (weiß)***

Weingut Feiler-Artinger

Hauptstraße 3
A-7071 Rust
Tel. +43/2 68 52 37
Fax +43/26 85 23 72
office@feiler-artinger.at
www.feiler-artinger.at

Daten | Fakten

Inhaber	Hans, Inge und Kurt Feiler
Rebfläche	25 ha
Rebsorten	25 % Blaufränkisch, 13 % Zweigelt, 8,5 % Merlot, 8,5 % Weißburgunder, 8,5 % Chardonnay, 5,5 % Neuburger, 5,5 % Cabernet Sauvignon, 5 % Ruländer, 4,5 % Pinot noir, 4 % Traminer, 4 % Sauvignon blanc und andere Sorten
Jahresproduktion	120 000 Flaschen

Die fantastischen Erfolge, die dieses renommierte Familienweingut in den letzten beiden Jahren auf nationaler und internationaler Ebene einheimsen konnte, ruhen auf zwei Säulen: den roten Cuvées und den edelsüßen Ausbruchweinen. Sie waren Falstaff-Sieger 1999 mit der Cuvée 1003, eine Goldmedaille gab es 1999 bei der Expovina in Zürich für den Solitär und ein Jahr später 100 Punkte für den Ausbruch Kurt beim Beverage Testing Institute in Chicago. Krönung war schließlich die Auszeichnung als »Sweetwinemaker of the Year« bei der International Wine Challenge in London.

Bei den roten Cuvées gibt es die eher bodenständige Variante mit Blaufränkisch, Merlot und Zweigelt und den international ausgerichteten Cabernet/Merlot, der zusätzlich zum Jahrgang Nummern trägt, mit 1000 für den Jahrgang 1994 beginnend, der 1996 aus Anlass des Jubiläums »1000 Jahre Österreich« kreiert wurde. Beide Weine werden teils in traditionellen Fässern, teils in Barriques ausgebaut und sind nur schwer zu bekommen, da sie meistens schon vor der Füllung ab Hof ausverkauft sind.

Das Jahr 1997 bescherte der Familie eine fabelhafte Serie von Ausbruchweinen, die die Namen ihrer vier Kinder tragen; denn 1997 war nicht nur ein herausragendes Ausbruchjahr, sondern das Ehepaar Hans und Inge Feiler konnten auch ihren 30-jährigen Hochzeitstag feiern. Diese vier Weine werden nur gemeinsam in einer eigenen Viererkiste verkauft. Jeder dieser Weine hat seinen eigenen individuellen Stil, aber alle haben inzwischen höchste internationale Reputation erworben, an der Spitze Kurt mit 100 Punkten in Chicago und Klaus mit der Goldmedaille samt Sweetwine Trophy in London.

1998 Cuvée »1004«

Dunkles, tiefes Rubinrot. Schöne Konzentration in der Nase: vor allem Kirschfrucht, reife Erdbeeren, aber auch feine Rauch- und Stalltöne sowie Gebäck. Recht üppig, konzentriert, saftige Kirschfrucht. Zeigt Opulenz, weiche, reife Tannine, die aber doch auch einen leichten Pelzbelag machen, schokoladig mit viel Schmelz und einem langen Abgang.

Capital-Index	***132***
Scheuermann-Note	***90***
Anzahl der Flaschen	***8000***
Marktpreis	***DM 45,00***
Platzierung	***231 (rot)***

1998 Solitaire

Dunkles Rubinrot. Dichte Nase mit reichlich roter Beerenfrucht, schönen frischen Holznoten, Würze, dazu Schokoladenpudding und etwas Minze. Saftig mit klarer Frucht am Gaumen, strammen Tanninen und kräftiger Säure. Alles noch etwas ungeschliffen, aber insgesamt doch elegant, mit langem Abgang.

Capital-Index	***133***
Scheuermann-Note	***91***
Anzahl der Flaschen	***18 000***
Marktpreis	***DM 49,00***
Platzierung	***221 (rot)***

1997 Klaus

Ausbruch-Essenz vom Neuburger mit einem riesigen Restzuckerwert von 331 g/l, 10,5 g/l Säure und dem niedrigsten Alkohol von 5 Vol.-%. Er hat am längsten, nämlich fast zwei Jahre, gegoren und ist daher etwas oxidativ. Zwischen Kupfer und hellem Kastanienbraun. Anfangs eine nussige Nase, getrocknete Aprikosen, dann eher Heu, Tee und Kräuter. Wunderbare dickflüssige, ölige Konsistenz. Etwas Himbeere und Krokant am Gaumen, eine explosive Frucht, eine kräftige Säure die trotz der gigantischen Süße schmeckbar bleibt. Die Süße dieses Weins sprengt alle bekannten Dimensionen.

Capital-Index	***138***
Scheuermann-Note	***96***
Anzahl der Flaschen	***400 (halbe)***
Marktpreis	***DM 200,00***
Platzierung	***45 (süß)***

1997 Sabine

Eine Ausbruch-Essenz vom Welschriesling mit 8 Vol.-% Alkohol, 260 g/l Restzucker und 10 g/l Säure. Dunkles Goldgelb. Nase anfangs sehr fruchtbetont: Aprikose, aber auch Himbeere, dann mit der Luft eher etwas süßes Heu. Ein leichter, elfenhafter Duft, nichts schweres. Schöne Süße, geschmeidig, dickflüssig, cremig. Etwas Honig am Gaumen, auch Aprikose, Quitte und Biskuit. Trotz seiner Opulenz sehr klar und frisch. Langer Abgang.

Capital-Index	***135***
Scheuermann-Note	***93***
Anzahl der Flaschen	***400 (halbe)***
Marktpreis	***DM 200,00***
Platzierung	***53 (süß)***

1997 Brigitte

Ein klassischer Ausbruch vom Ruländer mit einem recht hohen Alkoholgehalt von 13,5 Vol.-%, einem eher verhaltenen Restzucker von 131,5 g/l und 10,5 g/l Säure. Goldgelb. Leichter Orangenschimmer. Schon in der Nase ein klassischer Ausbruch mit etwas Wermutkraut, feiner Honigton, etwas wie süßes Gebäck (Bienenstich) und Mandeln. Am Gaumen eine eher verhaltene Süße, kräftige Säure, salzige Nüsse. Deutlicher Alkohol, aber gut balanciert. Langer Abgang mit feinen Bittertönen.

Capital-Index	***136***
Scheuermann-Note	***94***
Anzahl der Flaschen	***400 (halbe)***
Marktpreis	***DM 200,00***
Platzierung	***51 (süß)***

1997 Kurt

Eine Ausbruch-Essenz vom Weißburgunder mit 8,5 Vol.-% Alkohol, einer enormen Säure von 13,6 g/l und einem Restzuckergehalt von 278,2 g/l. Analytisch also der balancierteste der drei Weine. Er wurde als Einziger in neuen Barriques ausgebaut. Zeigt ein dunkles Goldgelb, fast schon Orange. Im Bukett viel würziger: Apfel, Rosinen, Pflaumen und fein eingebaute Holznoten. Eine schon fast perfekte Harmonie und Balance aller Komponenten. Zarte Bittertöne am Gaumen. Trotz der Kraft und der Konzentration ist er vor allem elegant. Hat große Zukunft.

Capital-Index	***139***
Scheuermann-Note	***97***
Anzahl der Flaschen	***400 (halbe)***
Marktpreis	***DM 200,00***
Platzierung	***43 (süß)***

Schloss Gamlitz

Eckberger Weinstraße 32
A-8462 Gamlitz
Tel. +43/34 53 23 63
Fax +43/34 53 45 50

Daten | Fakten

Inhaber	Arnold Melcher
Rebfläche	11 ha
Rebsorten	Sauvignon blanc, Muskateller, Chardonnay, Weißburgunder, Schilcher
Jahresproduktion	60 000 Flaschen

Im Internet – genauer gesagt auf den Seiten des Weinforums wein-plus.de – tobte über Monate ein wahrer Glaubenskrieg. Es ging um die Frage: Ist der 97er Maestro von Schloss Gamlitz aus der Südsteiermark einer der besten Sauvignons blancs der Welt oder nicht? Ich bin der Meinung, dass es sich tatsächlich um einen der besten barriquevergorenen und -ausgebauten Sauvignons blancs handelt, vergleichbar z. B. dem Private Reserve Fumé blanc von Mondavi in Kalifornien. Ich habe ihn parallel zu großen Sauvignons aus Südafrika und Neuseeland probiert, und fast allen ging neben diesem »Monstrum« die Luft aus.

Kein Wunder: Der Wein stammt aus einem fast 60 Jahre alten Weingarten, der Ried Sonneck, die 1943 von kriegsgefangenen französischen Soldaten in Gamlitz angepflanzt wurde. Diese alten Rebstöcke zeigen heute eine derartige Erfahrung mit ihrem Terroir, dass sie sich jedes Jahr völlig den Klimaverhältnissen anpassen können. Das führte beispielsweise 1998 dazu, dass eine Trockenbeerenauslese mit schier unglaublichen 47 Klosterneuburger Zuckergraden geerntet werden konnte. Über diesen Wein wird in der nächsten Ausgabe dieses Buches sicherlich noch einiges zu berichten sein.

Der Macher des Maestro heißt Arnold Melcher, ist 30 Jahre jung und hat 1993 in diesem alteingesessenen Familienbetrieb die Verantwortung übernommen. Durch gezielte Ertragsbeschränkungen in Kombination mit einer modernen Kellertechnik ist es ihm gelungen, die Vorteile dieser ausgezeichneten Lage erst richtig zur Geltung zu bringen. Der Einsatz von Barriques aus französischer Eiche gab diesem Sauvignon eine auch für diese gesegnete Gegend ganz seltene Fülle.

Aber auch seine sonstige Produktion kann sich sehen lassen – die saftige, frische Normalversion des Sauvignon blanc z. B., der Muskateller und der Morillon (Chardonnay) oder auch sein Sekt vom Sauvignon blanc. 1998 wurde er gar österreichischer Salonsieger mit einer eigentlich eher weststeirischen Spezialität, dem roséfarben schillernden Schilcher.

Die Weineinkäufer der Fluggesellschaften von Austrian Airlines und All Nippon Airways haben inzwischen auch bereits Melchers Spitzenweinqualität erkannt: Sie lassen seine Weine in der First Class servieren.

1997 Maestro Sauvignon blanc

Sattes Strohgelb. Eine ziemlich perfekte und komplexe Nase: vegetaler, reifer Sortencharakter (Brennnessel, Spinat, Kräuterwürze …), harmonischer Holzton (Pilze, Brot), sehr reife Frucht (Quitte). Am Gaumen: Fülle und Schmelz, ausgewogen, weich und cremig, opulent und nachhaltig. Toller Stoff! Ein ziemlich perfekt gemachter Barrique-Sauvignon, dem dank des hohen Alkoholgehalts von 15 Vol.-% und der Extrakte jegliche Härte abgeht. So etwas wächst nicht alle Jahre. Einer der besten Sauvignons im Fumé-Stil, die ich je probiert habe. Holz, Terroir, Alkohol und Frucht bilden einen Akkord, der lange nachklingt und den man nicht so schnell vergisst.

Capital-Index	***159***
Scheuermann-Note	***92***
Anzahl der Flaschen	***2000***
Marktpreis	***DM 40,00***
Platzierung	***73 (weiß)***

Alois Gross

A-8461 Ratsch an der Weinstraße 10
Tel. +43/34 53 25 27
Fax +43/34 53 27 28

Daten | Fakten

Inhaber	Familie Gross
Rebfläche	20 ha
Rebsorten	Gewürztraminer, Grauburgunder, Morillon, Muskateller, Sämling, Sauvignon blanc, Roter Traminer, Weißburgunder, Welschriesling
Jahresproduktion	150 000 Flaschen

Der zurückhaltende, eher introvertierte Alois Gross ist – wie es seinem Naturell entspricht – einer der Stillen im Lande, aber er ist auch einer der großen Weinmacher Österreichs, einer jener begnadeten Stilisten, die vor bald zwei Jahrzehnten die Renaissance des steirischen Weins einleiteten. Das vom Vater übernommene Miniweingut hat er seit 1982 von 1,7 Hektar auf 20 Hektar erweitert. Außerdem kauft er noch Trauben zu. Von Anfang an hat er sich trotz einer auch in seinen Weingärten herrschenden und für die Steiermark typischen Sortenvielfalt auf wenige Sorten konzentriert, vor allem auf Weiß- und Grauburgunder sowie Sauvignon blanc. Bei der Vinifizierung dieser Sorten hat er eine beinahe nicht mehr zu übertreffende Meisterschaft entwickelt.
Dabei kommt es ihm vor allem darauf an, dass die Weine das jedes Jahr unterschiedliche Wechselspiel zwischen Rebe, Terroir und Jahrgangsklima widerspiegeln. Im aktuellen 99er Jahrgang heißt das Thema eindeutig positive Überreife und Konzentration.

1999 Nussberg Sauvignon blanc

Ein Klassiker mit einer deutlichen Sauvignon-aromatik, Kräutertönen und Paprikawürze. Deutlich von positiver Überreife gekennzeichnet. Am Gaumen eine unendliche Länge und Tiefe, auch etwas geschmeidige Süße, fast schokoladig und opulent.

Capital-Index	***180***
Scheuermann-Note	***94***
Anzahl der Flaschen	***3000***
Marktpreis	***öS 250,00***
	(ca. DM 36,00)
Platzierung	***60 (weiß)***

1999 Kittenberg Weißburgunder

Ein hocheleganter Weißburgunder in hellem Strohgelb mit einem komplexen Bukett weißer und gelber Früchte. Am Gaumen geschmeidig und dennoch kraftvoll und ausgewogen. Auch hier eine zarte Süße, die aus der Kombination von hoher Reife, Extrakt und Alkohol herrührt.

Capital-Index	***185***
Scheuermann-Note	***92***
Anzahl der Flaschen	***8000***
Marktpreis	***öS 125,00***
	(ca. DM 18,00)
Platzierung	***49 (weiß)***

Gernot Heinrich

Baumgarten 60
A-7122 Gols
Tel. +43/2 17 33 17 60
Fax +43/2 17 33 17 64

Daten | Fakten

Inhaber	Gernot und Heike Heinrich
Rebfläche	17 ha
Rebsorten	Grauburgunder, Weißburgunder, Chardonnay, Blaufränkisch, Zweigelt, Spätburgunder, Cabernet Sauvignon
Jahresproduktion	150 000 Flaschen

Als der junge Gernot Heinrich 1988 nach Abschluss seines Studiums in Klosterneuburg nach Hause zurückkehrte, übergab ihm sein Vater 1,5 Hektar Weinberge. Ein Dutzend Jahre brauchte der ehrgeizige Jungwinzer, um seinen Besitz auf 17 Hektar zu erweitern, darunter Teile des Gabarinza und des Salzberg, zwei der besten Golser Lagen. Aus diesen Weingärten produziert er seit einigen Jahren eine so beständige Topqualität, dass ihn das Magazin »Falstaff« zum Winzer des Jahres 2000 kürte. Wenn man vor der Fassade des ultramodernen Hauses der Heinrichs steht, das sie am Ortsrand – umgeben von Weinbergen – errichteten, fühlt man sich ins Napa Valley versetzt oder in eine architekturverrückte Stadt wie Barcelona. Das hat ganz und gar nichts Provinzielles und wirkt dennoch ganz organisch. So wie sich auch in Heinrichs Weinen in gekonnter Manier Tradition, Regionalität und Moderne verbinden. Neben dem Wohnhaus entsteht derzeit eine supermoderne Kellerei, die für das Burgenland ganz neue Maßstäbe setzen wird. Selten wurden EU-Fördermittel so sinnvoll eingesetzt wie bei diesem Gesamtkunstwerk aus Architektur, Design, Natur und Funktionalität; denn hier wurde in Erfolg investiert und nicht Misserfolg subventioniert.

Vor allem zwei Weine sind es, die Heinrichs Ruhm begründeten: Gabarinza und Pannobile. Heinrich vinifizierte den Wein mit einer bis zu vierwöchigen Maischestandzeit und einem 20 bis 22 Monate dauernden Ausbau in Barriques mit ca. zwei Drittel neuem Holz, wobei der Gabarinza teilweise länger in der Barrique liegt und auch der Anteil des neuen Holzes etwas größer ist. Der Gabarinza ist eine komplexe Cuvée aus einer Golser Einzellage mit den Hauptbestandteilen Blaufränkisch (30 Prozent) und Zweigelt (30 Prozent) sowie Pinot noir und Cabernet Sauvignon. Beim Pannobile handelt es sich um eine Cuvée vor allem aus Zweigelt und Blaufränkisch aus verschiedenen Hanglagen am Neusiedlersee mit sandigem Lehm und Schotter.

1997 Gabarinza

Tiefdunkles Rubinviolett. Schon sehr konzentriert in der Nase. Trotz des nur geringen Anteils springt der Cabernet einem sofort und total in die Nase mit Blaubeere und Minze. Dicht und opulent. Einerseits zeigt er eine schöne Süße am Gaumen mit schokoladigem Schmelz, andererseits aber auch eine gewisse Strenge von reifen Tanninen. Langer Abgang.

Capital-Index	***131***
Scheuermann-Note	***91***
Anzahl der Flaschen	***15 000***
Marktpreis	***DM 37,00***
Platzierung	***241 (rot)***

1997 Pannobile

Dunkles Violettrubin. Etwas Stallduft, dann dunkle Beeren. Saftig, opulent, enorme Fülle. Auch in diesem Wein kräftige Tannine, aber eifer und weicher als im Gabarinza. Samtige Textur. Langer Abgang.

Capital-Index	***130***
Scheuermann-Note	***90***
Anzahl der Flaschen	***15 000***
Marktpreis	***DM 30,00***
Platzierung	***249 (rot)***

Weingut Familie J. Heinrich

Karrnergasse 59
A-7301 Deutschkreutz
Tel. +43/2 61 38 96 15
Fax +43/2 61 38 96 15
office@weingut.heinrich.at
www.weingut.heinrich.at

Daten | Fakten

Inhaber	Johann Heinrich und Familie
Rebfläche	18 ha
Rebsorten	45 % Blaufränkisch, 15 % Zweigelt, 15 % Cabernet Sauvignon, 4 % Merlot, 10 % Blauer Burgunder, 1 % Shiraz, 10 % Weiße Sorten (Muskat Ottonel, Sauvignon blanc)
Jahresproduktion	70 000 Flaschen

Die Familie von Johann Heinrich betreibt zwar schon seit dem 18. Jahrhundert Weinbau in Deutschkreutz, aber die Ambitionen hielten sich über die Generationen hinweg in engen Grenzen. Bis vor knapp zehn Jahren wurden die Weine im Fass verkauft. Trotz bester Lagen waren sie allenfalls von mittelmäßiger Qualität.

Heute zählen Johann Heinrich und seine Tochter Silvia, die sich nach Praktika bei Giacomo Bologna (Piemont) und Müller-Catoir (Pfalz) anschickt, in Vaters Fußstapfen zu treten, zur ersten Garnitur der burgenländischen Rotweinwinzer. Dieses zweite Leben des Weingutes begann mit einem Crash. Im Jahr 1991 gab einer der wichtigsten Abnehmer über Nacht sein Geschäft auf. Die Familie beschloss kurzerhand umzustellen – auf Qualität und Selbstvermarktung.

Die Heinrichs verfügen über beste Lagen mit einigen der ältesten Blaufränkisch-Rebstöcken des Mittelburgenlandes. Dadurch war das Risiko natürlich begrenzter Natur. Den Parcours durch die nationalen Weininstanzen absolvierte Heinrich mit Bravour. Seit 1993 reiht sich Auszeichnung an Auszeichnung bis hin zum Falstaff-Rotweinsieger 1998 und zum Salonsieger mit Blaufränkisch 2000/2001. Das blieb nicht ohne Auswirkung auf die Preise. Noch 1998 verkaufte die Familie ihre Weine für zehn bis 15 Mark ab Hof. Heute liegen die Premiumgewächse schon bei 30 bis 50 Mark, und auch das erscheint mir noch moderat.

Unter allen burgenländischen Rotweinwinzern hat mir auf der Vie Vinum 2000 die Kollektion von Heinrich am meisten imponiert. Angefangen beim einfachen Blaufränkisch ohne Barriqueausbau, der so mollig süß daherkommt, über den mächtigen Cabernet bis zur pannobileähnlichen Cuvée Terra O. und der Cuvée Elegy, die sich mit dem Jahrgang 1997 erstmals als Cuvée aus Cabernet Sauvignon (60 Prozent) und Merlot (40 Prozent) zusammensetzt. Dies ist ein sehr mutiger Wein, den ich auf Anhieb auf das Podest neben Umathums Hallebühl und Triebaumers Marienthal stelle. 22 Monate Ausbau in neuen Allier-Barriques von Seguin-Moreau, ein später Veröffentlichungstermin Ende 2000, als die meisten anderen 97er schon ausgetrunken waren. Heinrich hat nicht nur verstanden, wie man große Weine macht, sondern auch, wie man sie mit dem gebotenen Respekt vermarktet.

1998 Blaufränkisch Reserve

Eine Selektion von Trauben aus der Riede Goldberg, einem Weinberg mit 55 Jahre alten Reben, 18 Monate ausgebaut in Barriques. Dunkles Violett. Sehr perfekter Holzeinsatz, der dem Wein ein gerüttelt Maß an Würze beigibt, ihn komplexer macht. Am Gaumen opulent, würzig, aber auch sehr südlich und süß, schöner schokoladiger Schmelz. Nachhaltig und lang im Abgang.

Capital-Index	***130***
Scheuermann-Note	***91***
Anzahl der Flaschen	***4000***
Marktpreis	***DM 40,00***
Platzierung	***243 (rot)***

1998 Cabernet Sauvignon

Dunkles, tiefes Rubinrot. Hohe Konzentration und Reife, in der Nase Brombeerfrucht. Mokka, Schokolade und Kaffee. Kräftige Säure, kernige Tannine. Noch völlig unfertig, aber beste Anlagen. Einer der reifsten Cabernets, den ich bis jetzt in Österreich verkosten konnte, und einer der besten 98er Rotweine überhaupt. Tadelloser Barrique-Ausbau.

Capital-Index	***131***
Scheuermann-Note	***92***
Anzahl der Flaschen	***4000***
Marktpreis	***öS 225,00***
	(ca. DM 32,00)
Platzierung	***237 (rot)***

1997 Elegy

Dunkles Rubinrot. Fruchtige Holzwürze in der Nase, schöner Mokkaton, dunkle Brotrinde, auch eine leicht nussige Art. Am Gaumen eine enorme Würze über roter Beerenfrucht, kräftige Säure, völlig unfertig, sehr langer Abgang. Braucht noch einige Jahre Flaschenreife.

Capital-Index	***133***
Scheuermann-Note	***93***
Anzahl der Flaschen	***1000***
Marktpreis	***öS 350,00***
	(ca. DM 50,00)
Platzierung	***222 (rot)***

Franz Hirtzberger

Kremserstraße 8
A-3620 Spitz
Tel. +43/27 13 22 09
Fax +43/27 13 22 09 20

Daten | Fakten

Inhaber	Franz Hirtzberger
Rebfläche	12 ha
Rebsorten	Riesling, Grüner Veltliner
Jahresproduktion	100 000 Flaschen

Direkt hinter dem Weingut der Familie Hirtzberger, einem der ältesten heute noch bewirtschafteten Lesehöfe der Wachau, ragen steil die steinigen Terrassen der Lage Singerriedel empor. Dieser Weinberg und die hier gewachsenen hochmineralischen Rieslinge genießen in Österreich einen ausgesprochenen Kultstatus, werden verehrt und gesammelt wie anderswo Montrachets. Dass es diesen schwer zu bearbeitenden Weinberg in dieser perfekten Form überhaupt noch gibt, ist Franz Hirtzberger zu danken, der ihn über viele Jahre mit Tonnen von Steinen mühsam wieder errichtet hat.

Was er im Siegerriedl en miniature umgesetzt hat, praktiziert er auch für die gesamte Region als engagierter Obmann der Vereinigung Vinea Wachau. Unter seiner Leitung hat hier ein Qualitätsaufschwung auf breiter Front eingesetzt, der Jahr für Jahr mehr Früchte trägt. Hirtzberger strebt stets eine möglichst späte Lese an, die bis weit in den November dauern kann, wobei er darauf achtet, trotz hoher Reife eine möglichst intakte Säure im Most zu erhalten.

Das Mikroklima kommt ihm dabei entgegen. Der Spitzer Graben ist die Stelle in der Wachau mit dem größten kontinentalen Klimaeinfluss. Unter diesen speziellen Bedingungen ist es möglich, Weine zu produzieren, die auch in sehr warmen Jahren eine markante Rassigkeit aufweisen können.

1999 Singerriedel Riesling Smaragd

Strohgelb. Schöne rauchige Mineralität in der Nase, dazu Blütenduft und weiße Obstaromen. Am Gaumen eine unglaubliche Opulenz, eine förmlich explodierende saftige Frucht mit Marille, Birne, Pfirsich und reifen, süßen Zitrusnuancen. Die leichte Restsüße ist perfekt mit dem Alkohol und der Säure ausbalanciert. Getragen wird der Wein aber vor allem auch von einer tiefgründigen Mineralität. Sehr lang und sehr tief im Abgang.

Capital-Index	***253***
Scheuermann-Note	***96***
Anzahl der Flaschen	***9000***
Marktpreis	***DM 50,00***
Platzierung	***8 (weiß)***

1999 Honigvogel Grüner Veltliner Smaragd

Wird seinem Namen absolut gerecht. Charakteristische Veltineraromen wie Pfeffer und grüner Paprika unterlegt mit einem feinen süßen Honig-Tabak-Ton und Röstnoten. Am Gaumen eine beachtliche Fülle, völlig ausgereifte Frucht, langer Abgang.

Capital-Index	***224***
Scheuermann-Note	***94***
Anzahl der Flaschen	***5000***
Marktpreis	***DM 36,00***
Platzierung	***18 (weiß)***

Josef Jamek

Weingut Josef Jamek
A-3610 Joching 45
Tel. +43/27 15 22 35
Fax +43/27 15 22 22

Daten | Fakten

Inhaber	Jutta und Hans Altmann
Rebfläche	25 ha
Rebsorten	50 % Riesling, 30 % Grüner Veltliner, 10 % Weißburgunder, 10 % Zweigelt und Blauer Burgunder
Jahresproduktion	180 000 Flaschen

Mit dem 99er konnte Hans Altmann, der das Weingut seines Schwiegervaters Josef Jamek seit nunmehr vier Jahren führt, stolz den 40. Riesling-Jahrgang aus der Ried Klaus präsentieren, einen mustergültigen mineralischen Jubiläumswein, der in den Tagen vor oder nach dem 80. Geburtstag des Seniors am 4. November geerntet wurde. Dessen Leben und Wirken umspannt mehr als ein halbes Jahrhundert Wachauer Weingeschichte. Als er 1941 das Gut von seinen Eltern übernahm, war hier zumindest in Sachen Wein die Welt noch in Ordnung. Die Rieslinge wurden unverbessert durchgegoren und ohne relevanten Restzucker gefüllt. Jamek hat sich deshalb immer wieder dagegen gewehrt, als der »Erfinder« des trockenen Weines in der Wachau bezeichnet zu werden. »Ich war meiner Zeit keineswegs voraus«, meinte er einmal in einem Gespräch mit jener echten Bescheidenheit, die den Grandseigneur des österreichischen Weinbaus wohl schon immer ausgezeichnet hat, »ich habe lediglich das wieder aufgegriffen, was bereits vor dem Krieg üblich war. Damals waren die Verhältnisse so bescheiden, dass es reiner Luxus gewesen wäre, Weine stark aufzubessern – eine Mode, die erst nach dem Krieg aufgekommen ist.« Dann hat aber auch er sich einige Jahre von der Mode mitreißen lassen und seine Weine aufgezuckert. Aber bereits Ende der 50er-Jahre vollzog er die Kehrtwendung zurück zu den knochentrockenen Weinen. Im Jahr 1959 gelang es Josef Jamek dann auch, einen bedeutenden Anteil der Ried Klaus, einer der schönsten und dank seiner Arbeit auch bekanntesten Weinlagen der Wachau, zu kaufen. Sie ist bis heute das Kern- und Paradestück seiner Lagen geblieben, sozusagen der Hausweinberg.

Bereits 1962 installierte er das erste Bewässerungssystem in den steilen Terrassen. Zusammen mit dem damaligen Spitzer Bürgermeister Franz Hirtzberger setzte er sich an die Spitze der Protestbewegung gegen die geplante Staustufe in der Donau, die das sensible Kleinklima vernichtet hätte. Darüber hinaus spielte er eine wesentliche Rolle bei der Gründung der Schutzvereinigung Vinea Wachau und der Schöpfung der drei erfolgreichen Wachauer Weinkategorien Steinfeder, Federspiel und Smaragd. Ein großes Erbe, das es weiterzuführen gilt. Dies ist seinem Schwiegersohn Hans Altmann aber bereits mit den drei großartigen Jahrgängen 1997, 1998 und 1999 gelungen.

1999 Ried Klaus Riesling Smaragd

Eigentlich lässt sich alles, was es über diesen Wein zu sagen gibt, in drei Worte fassen: Klarheit, Finesse und Mineralität. Auf den ersten Schluck wirkt er in diesem jugendlichen Stadium sehr zart, etwas verspielt in seinem hellen Pfirsichblütenduft, seinen feinen Zitrusnoten, der prickelnden, aber doch auch rassigen Säure. Seine ganze Komplexität wird er erst in ein paar Jahren zeigen.

Capital-Index	*212*
Scheuermann-Note	***92***
Anzahl der Flaschen	***5500***
Marktpreis	***öS 195,00***
	(ca. DM 28,00)
Platzierung	***21 (weiß)***

Johanneshof Reinisch

Im Weingarten 1
A-2523 Tattendorf
Tel. +43/2 25 38 14 23
Fax +43/2 25 38 19 24

Daten | Fakten

Inhaber	Johann und Veronika Reinisch
Rebfläche	22 ha
Rebsorten	20 % Cabernet Sauvignon, 14 % Blauer Burgunder, 10 % Blauer Portugieser, 12 % St. Laurent, 10 % Zweigelt, 8 % Merlot, 14 % Chardonnay, 12% andere Sorten
Jahresproduktion	200 000 Flaschen

Der Johanneshof oder auch »Château Reinisch«, wie es gelegentlich wegen seiner eleganten, kalifornisch anmutenden Landhaus-Architektur samt Turm genannt wird, liegt in Tattendorf, ca. 20 km südlich von Wien im Süden der Thermenregion. Der im traditionellen Kreuzgewölbestil neu gemauerte Keller ist eine jener spektakulären Barriquekathedralen, wie man sie aus Bordeaux kennt. 600 überwiegend neue Fässer lagern hier beeindruckend in Reih und Glied.

Weinbau hat in der Region von Tattendorf eine Tradition, die bis in die Zeit der Römer zurückverfolgt werden kann. In den Weingärten um Tattendorf bringen die Reben ein Traubenmaterial von außerordentlicher Qualität. Begünstigt vom milden Klima der weiten Ebene im Süden mit deutlich pannonischem Einfluss und gegen Westen geschützt durch die waldigen Hügel des Wienerwaldes, erreichen vor allem die Trauben der roten Sorten Pinot noir und St. Laurent mit schöner Regelmäßigkeit ihre ideale Reife. Die durchlässigen, von Schotter und Kalk geprägten Böden versorgen die Wurzeln in reichem Maße mit Mineralstoffen. Familie Reinisch setzt auf die selektive Lese per Hand. Jeder Weingarten wird in mehreren Durchgängen geerntet, um jede einzelne Traube zum bestmöglichen Zeitpunkt vom Stock zu schneiden. Das gelingt vor allem beim Pinot noir immer besser und auch in beachtlichen Stückzahlen, seit sie 1995 die Riede Frauenfeld gekauft hatte, wo auf Schotter und Schwemmsand Pinot-Reben wachsen, die ein durchschnittliches Alter von 30 Jahren erreichen. Die Grande Reserve ist eine Selektion der besten Trauben aus dieser Anlage, die zwei Jahre in neuem Holz reift, ehe sie veröffentlicht wird. Seit dem Jahrgang 1997 braucht der Johanneshof damit keinen Vergleich mehr mit »echten« Burgundern zu scheuen.

1997 Pinot noir Grande Reserve

Dunkles, dichtes Rubinrot. In der Nase ein beeindruckendes Bukett mit einer Mischung aus dunklen, blauen Früchten und würzigen Aromen aus dem Holz. Am Gaumen konzentriert, sehr saftig, opulent, eine mächtige Ballung roter und blauer Früchte, dazu schokoladige Nuancen. Der Wein hat das Barrique völlig weggesteckt. Jetzt natürlich noch viel zu jung. Großes Reifepotenzial.

Capital-Index	***134***
Scheuermann-Note	***92***
Anzahl der Flaschen	***4000***
Marktpreis	***öS 330,00***
	(ca. DM 47,00)
Platzierung	***213 (rot)***

1999 Pinot noir Grande Reserve

Dieser Wein wird zwar erst im Frühjahr 2002 veröffentlicht. Doch wer ihn nicht jetzt in der Subskription ordert, wird ihn dann sicher nicht mehr bekommen. Es ist der vermutlich bislang beste österreichische Pinot noir. Ungeheuer opulent die Frucht schon in der Nase, am Gaumen von fleischiger, sämiger Art. Weiches harmonisches Tannin, gut eingebettet in den muskulösen Körper. Aromen zwischen Kirschfrucht und dunklen Beeren auf der einen und Schokolade und Kaffee auf der anderen Seite. Noch dichter, noch terroirbetonter und mineralischer als der 97er.

Capital-Index	***133***
Scheuermann-Note	***92***
Anzahl der Flaschen	***6000***
Marktpreis	***öS 275,00***
	(ca. DM 39,00)
Platzierung	***219 (rot)***

Weingut Emmerich Knoll

Unter-Loiben 10
A-3601 Dürnstein
Tel. +34/27 32 7 93 55
Fax +34/27 32 79 35 55
knoll@nol.at

Daten | Fakten

Inhaber	Emmerich und Monika Knoll
Rebfläche	12,5 ha
Rebsorten	44 % Grüner Veltliner, 45 % Riesling, 2,5 % Muskateller, 2,5 % Traminer, 2 % Riesling x Sylvaner, 4% andere Sorten
Jahresproduktion	100 000 Flaschen

Ungeachtet aller modischen Trends wird auch im neuen Jahrtausend das bunte Votivbild des heiligen St. Urban, Schutzpatron der Winzer, aus dem Altar der Loibner Kirche die Etiketten des Weingutes von Emmerich Knoll zieren, so wie es 1960 gemalt wurde. Von Zeitgeist und Ähnlichem hält dieser Winzer nicht viel, weder beim Design noch beim Wein. Für ihn beginnt die Qualität eines guten Tropfens bereits im Weinberg. Aus diesem Grund ist er bestrebt, Jahr für Jahr aufs Neue die Substanz seiner Rebstöcke in den Loibner Spitzenlagen möglichst unverfälscht als Wein in die Flasche zu bringen, als Abbild des Terroirs und Reflektion des Jahrgangs. In manchen Jahren wie 1999 z. B. meint die Natur es besonders gut mit Emmerich Knoll. Dann ist er in der Lage, auf seinen Spitzenriesling, den Smaragd aus der Lage Schütt, noch eins obendrauf zu setzen, nämlich eine Vinothekenabfüllung vom Grünen Veltliner. Dies ist einer der köstlichsten Weißweine der Wachau. Seit den 80er-Jahren wurde er nur fünf Mal gemacht: 1988, 1990, 1992, 1998 und 1999. Es handelt sich um eine Cuvée aus den besten Lagen, Selektionen alter Rebanlagen mit niedrigen Erträgen. Das Lesegut muss generell ein Mostgewicht von deutlich mehr als 100 Öchslegrad aufweisen, damit es für eine Vinothekenabfüllung taugt. Es sind alkoholreiche (bis 14 Vol.-%), mächtige Weine von sehr hoher Mineralität, die teilweise in Magnumflaschen abgefüllt werden und als solche begehrte Sammlerstücke sind.

1999 Grüner Veltliner Smaragd Vinothekenabfüllung

Helles Goldgelb. In der Nase eine feine Würze von Pfirsichfrucht, Marille, Sternfrucht und hellgrünem, jungem Paprika. Sehr zarte, würzige Säure. Eine feine Mineralität durchzieht den ganzen Wein vom Bukett über den Gaumen bis in den Abgang. Sehr schöne Reife. Dörrobst, getrocknete Aprikosen und Feigen. Große Fülle, cremige Konsistenz, alkoholreich, ein barocker Wein. Langer, tiefer Abgang.

Capital-Index	***257***
Scheuermann-Note	***96***
Anzahl der Flaschen	***3000***
Marktpreis	***DM 70,00***
Platzierung	***6 (weiß)***

1999 Riesling Smaragd Ried Schütt

Helles Strohgelb. Ein sehr verhaltener, aber dabei hochmineralischer Wein mit einer eher zarten Frucht, Pfirsich, mit etwas Zitrus unterlegt. Lässt seine zukünftige Kraft und Eleganz nur erahnen. Verschlossen, wenig zugänglich. Aber er zeigt dennoch Struktur und Länge im Abgang.

Capital-Index	*235*
Scheuermann-Note	*92*
Anzahl der Flaschen	***10 000***
Marktpreis	***DM 36,00***
Platzierung	***13 (weiß)***

Weinlaubenhof Alois Kracher

Apetloner Straße 37
A-7142 Illmitz
Tel. +43/21 75 33 77
Fax +43/2 17 53 37 74

Daten | Fakten

Inhaber	Alois Kracher
Rebfläche	10,5 ha
Rebsorten	42 % Welschriesling, 30 % Chardonnay, 10 % Scheurebe, 6 % Traminer, 6 % Muskat, 6 % Zweigelt und Blaufränkisch
Jahresproduktion	60 000 Flaschen

Vom wenig geliebten burgenländischen Nobody zum Botrytis-Heroen im Olymp der Jahrhundertweine – und das im Turbotempo von nicht mal zehn Jahren. Alois Kracher ist wahrhaftig einer der erfolgreichsten Weinmacher am Beginn des dritten Jahrtausends. Seine Weine, vor allem die grandiose Grande Cuvée, die er 1991 zum ersten Mal komponierte und die es nur in ausgesuchten Jahren (zuletzt 1996) gibt, werden in einem Atemzug mit Château d'Yquem und den edelsten Trockenbeerenauslesen von Rhein und Mosel genannt.

Dreimal gewann er in London die Trophy »Winemaker of the Year«, was vor ihm noch keinem gelang. Beim Grand Prix des Hamburger Wein-Salons holte er sich als Einziger dreimal den Preis für »Die beste Kollektion des Jahres«. Zweimal wurde er bei der Vinexpo in Bordeaux mit dem Grand Prix d'Honneur, dem inoffiziellen Wein-Oscar ausgezeichnet. Und schließlich gab ihm Robert Parkers Wine Advocate in den USA die höchste Gesamtpunktzahl, mit der je ein Weingut für eine Kollektion benotet wurde. Seine 15 Trockenbeerenauslesen des Jahrgangs 1995 wurden zusammen mit 1424 Punkten bewertet, die niedrigste mit 92, die höchste mit 98 Punkten.

Dieser Erfolg kam natürlich nicht aus dem Nichts. Für mich zählten schon die edelsüßen Beerenauslesen aus den 70er- und 80-er-Jahren, die sein Vater auf dem Weinlaubenhof produzierte, zum Besten, was Österreich auf diesem Sektor zu bieten hatte. Aber damals und erst recht nach dem Weinskandal von 1985 waren Süßweine in Österreich geächtet. In der Wiener Weinschickeria entwickelte man geradezu eine Phobie gegen jede Form von noch so geringem Zuckerrest im Wein. Nur knalltrocken mit knackiger Säure wurde fortan akzeptiert. Steirischer Sauvignon und Wachauer Riesling traten ihren Siegeszug an. Es bedurfte eines dickschädeligen Charakters und eines Winzers von der Intelligenz des Alois Kracher, um da die Trendwende zu schaffen. Heute ist sein Heimatdorf Illmitz eine der Pilgerstätten für die Freunde edelsüßer Weine, und Kracher ist längst ein weltweit geachteter Guru fürs flüssige Gold.

In einem Jahr wie 1997 war aber selbst dieser Zauberkünstler natürlich machtlos gegen die Laune der Natur, die zwar seinen burgenländischen Rotweinkollegen einen Traumjahrgang mit reifem Lesegut bescherte, aber eben kaum Botrytis. Gerade mal sechs Beerenauslesen mit Minimalmengen zwischen 200 und

900 Litern und eine einzige Trockenbeerenauslese brachte Kracher im Herbst 1997 zustande. Die Weine sind durchnummeriert von 1 bis 7. Eine Grande Cuvée kann und wird es 1997 nicht geben, sondern wohl erst wieder im nächsten Jahr vom 98er. Insgesamt umfasst Krachers 97er-Kollektion nicht mehr als 3200 Liter, und diese sind das Ergebnis einer extremen händischen Auslese und einer peniblen Tischselektion im Kelterhaus, wobei es sich natürlich bei den Beerenauslesen in Wahrheit um abgestufte Trockenbeerenauslesen handelt. Ein solcher Jahrgang bringt einem auf Süßweinen spezialisierten Winzer, selbst einem, der so hohe Flaschenpreise erzielt wie Kracher, nur Verluste.

1996 Grande Cuvée

An der Grande Cuvée dieses Jahrgangs sind Chardonnay und Welschriesling je zur Hälfte beteiligt. Auch dies ein schwieriges Jahr mit sehr kleiner Menge, aber sehr guter Qualität. Dunkles Goldgelb. Zeigt bereits jetzt neben den holzigen Tönen, die seine Jugend bestimmen, eine deutliche Teenote und etwas Orangenschale. Intensiv, dicht, wuchtig. Kraftvoll, sehr langer Abgang. Feine Bittertöne. Elegant und fein in der Nase. Zarte Kräutertöne, frisch und lebendig. Schöne Mineralität bis hin zu zarten Flinttönen.

Capital-Index	***190***
Scheuermann-Note	***96***
Anzahl der Flaschen	***5000 (0,5 l)***
Marktpreis	***DM 90,00***
Platzierung	***7 (süß)***

1997 Welschriesling TBA Nummer 7

Ein Wein der Serie »Zwischen den Seen« ohne Barriqueausbau mit 280 g/l Restzucker. Eine Selektion aus 4,5 Hektar Rebfläche. Goldgelbe Farbe. Sehr verhaltene Nase mit reifer Frucht, etwas Aprikose, Mango und Zitrusnoten. Eine elegante TBA mit einer Finesse, die Krachers hohen Ansprüche an dieses Prädikat genügte. Lebendiges Säurespiel. Sehr fein, nicht so dick wie einige der 97er Beerenauslesen, aber nuancierter.

Capital-Index	***186***
Scheuermann-Note	***92***
Anzahl der Flaschen	***600 (0,5 l)***
Marktpreis	***DM 57,00***
Platzierung	***9 (süß)***

Weingut Krutzler

Nr. 84
A-7474 Deutsch-Schützen
Tel. +43/33 65 22 42
Fax +43/3 36 52 00 13
weingut@krutzler.com
www.krutzler.com

Daten | Fakten

Inhaber	Familie Krutzler
Rebfläche	8 ha
Rebsorten	70 % Blaufränkisch, 15 % Zweigelt, 5 % Blauer Burgunder, 5 % Cabernet Sauvignon und Merlot, 5 % Welschriesling
Jahresproduktion	50 000–60 000 Flaschen

Das Südburgenland, direkt an der ungarischen Grenze gelegen, ist mit insgesamt 450 Hektar das kleinste Weinbaugebiet Österreichs, aber von hier kommt einer der allerbesten Rotweine des Landes. Die Durchschnittsgröße der Betriebe liegt bei nur ca. 0,3 Hektar. Meist sind es Nebenerwerbswinzer, und als solcher hat auch Vater Hermann Krutzler vor 25 Jahren in Deutsch-Schützen mit 0,5 Hektar angefangen. Heute ist er Bürgermeister des Ortes, um den Weinbau kümmern sich seine Söhne Erich und Reinhold. Der Weinberg hat inzwischen einen Umfang von stolzen sieben Hektar erreicht.

Die Pflugschar und der Weinstock im alten Dorfsiegel belegen, dass hier der Weinbau schon seit jeher eine Rolle spielte. Die Ursprünge liegen, wie archäologische Funde vermuten lassen, bereits in römischer Zeit. Es ist geschichtsträchtiger Boden, Teil des Schutzgürtels, den die Habsburger Monarchie in den jahrhundertelangen Auseinandersetzungen mit dem Osmanischen Reich errichtet hatte. Die Bewohner von Deutsch-Schützen waren in der 700-jährigen Geschichte ihres Ortes niemals leibeigene Bauern, sondern immer freie Bogenschützen.

So lag es nahe, dass die Familie Krutzler auf einen recht »wehrhaften« Namen verfiel, als sie 1992 erstmals ihren roten Prestigewein vorstellte: Perwolff. Das Wort geht auf eine vormagyarische, karolingische Bezeichnung für die Siedlung Deutsch-Schützen und deren Weingärten aus dem Jahr 1221 zurück, es ist die Bezeichnung für einen männlichen Wolf. Diese Cuvée war von Anfang an ein Wein mit viel Kraft und Biss (so könnte man den Namen auch deuten) und überstrahlt alle anderen der Region. Obwohl es erst sieben Jahrgänge den Perwolff gibt, hat sich bereits eine kleine Sammlergemeinde für diesen Wein herausgebildet. Und seit der 97er Falstaff-Sieger wurde, sind die wenigen tausend Flaschen sehr schnell nach der Veröffentlichung ausverkauft. Ohne Reservierung kommt man kaum noch zum Zuge.

Bereits in den 80er-Jahren hatten die Krutzlers einerseits die besondere Qualität der bodenständigen kleinbeerigen Varianten der Sorte Blaufränkisch erkannt. Diese Reben bringen bei sehr geringen Erträgen (unter 35 hl/ha) besonders hochwertige Weine mit eigenständigem Charakter hervor. Gleichzeitig gehörte die Familie Krutzler aber auch zu den Ersten, die hier die aus Frankreich stammende Sorte Cabernet Sauvignon einführten. Seit 1988 wurde dann der jeweils beste Blaufränkisch des Jahres zusammen mit zehn bis

15 Prozent Cabernet Sauvignon ausgebaut; zuerst ein halbes Jahr im Großfass und danach 13 bis 20 Monate in kleinen Eichenfässern gereift, ehe er nur grob filtriert auf Flaschen gezogen wird. Zunächst benutzte man Fässer aus österreichischer Eiche, heute ausschließlich französische Barriques, und zwar der Provenienzen Allier, Tronçais und Nevers. Das Lesegut für den Perwolff ist eine Selektion der besten Lagen von den Süd- und Südosthängen des Eisenberges, die fast ausschließlich aus schwerem, eisenhaltigen Lehm bestehen. Durch eine bewaldete Hügelkette, mit dem Eisenberg als höchster Erhebung, gegen Westen und Norden geschützt, entsteht hier ein besonders günstiges, nur von der südöstlich gelegenen Pannonischen Tiefebene beeinflusstes Kleinklima. Das Gebiet um den Eisenberg ist von einem heißen, trockenen Sommer und einem milden, langen Herbst geprägt, der es ermöglicht, die Trauben auch in schwierigeren Jahren wie z. B. 1998 bis Ende Oktober zu einer vollen Reife heranwachsen zu lassen.

1997 Perwolff

Tiefdunkles Schwarz-Violett. Sehr verschlossen und konzentriert, etwas Stallduft, dunkle Beerenfrucht, Kirsche. Bei aller spürbaren Opulenz doch noch immer recht verschlossen. Feine Kaffeearomen am Gaumen. Dank des höheren Alkoholgehalts (13,5 Vol.-%) und dem längerem Barriqueausbau (16 Monate) hat er eine schöne, dichte Struktur. Verspricht mit der Zeit und zunehmender Reife ein Wein von großer Eleganz zu werden. Ich schätze sein Zukunftspotenzial auf zehn bis 15 Jahre.

Capital-Index	***147***
Scheuermann-Index	***91***
Anzahl der Flaschen	***5500 und 200 Magnum***
Marktpreis	***DM 49,00***
Platzierung	***154 (rot)***

1998 Perwolff

Jahrgangsbedingt etwas niedriger im Alkohol (13 Vol.-%) und daher auch etwas weniger intensiv (13 Monate) im Barriquefass ausgebaut. Aber was für eine schöne Reife für einen 98er! Dunkles Rubinrot. Schöne Nase mit einer leicht süßen Frucht. Gute Tannine, langer Abgang, macht einen schönen weichsamtigen, schokoladigen Pelzbelag im Mund. Sollte vielleicht innnerhalb zehn, zwölf Jahren getrunken werden.

Capital-Index	***145***
Scheuermann-Index	***89***
Anzahl der Flaschen	***5500 und 300 Magnum***
Marktpreis	***DM 49,00***
Platzierung	***164 (rot)***

Ludwig Neumayer

Inzersdorf 22
A-3130 Herzogenburg
Tel. +43/2 78 28 29 85
Fax +43/2 78 28 29 85

Daten | Fakten

Inhaber	Ludwig Neumayer
Rebfläche	8,5 ha
Rebsorten	40 % Grüner Veltliner, 25 % Riesling, 20 % Weißburgunder und Chardonnay, 10 % Sauvignon blanc, 5 % alter gemischter Satz
Jahresproduktion	40 000 Flaschen

Spätestens seitdem das österreichische Gourmet-Magazin »Falstaff« Ludwig Neumayer zum Winzer des Jahres 1996 kürte, ist er natürlich in seiner Heimat kein Unbekannter mehr. Aber dennoch hätte er hierzulande mehr Aufmerksamkeit verdient. Jahr für Jahr präsentiert er mit bemerkenswerter Konstanz eine der besten Kollektionen des Landes und mit dem Ikon ein wahres Weinjuwel.

Das fünf Hektar große Weingut von Ludwig Neumayer liegt südlich der Donau in der Nähe von Inzersdorf nördlich der West-Autobahn Linz–Wien. Ludwig Neumayer hat sich konzentriert auf einige wenige, vorwiegend weiße Rebsorten wie Riesling, Grünen Veltliner, Sauvignon blanc, Chardonnay und Pinot blanc. Sie werden sortenrein gekeltert und ausgebaut, aber meist nur unter der Bezeichnung »Wein vom Stein« abgefüllt. Ausnahme ist der Veltliner, der auch als Selektion einzelner Rieden veröffentlicht wird. Dazu gibt es als einfachen Basiswein die »Cuvée vom Stein«, eine Komposition aus zehn Sorten. Ludwig Neumayer ist einer der Verfechter eines glasklaren, geschliffenen Weinstils mit naturbelassener, kräftiger Säure. Zum anderen ist er ein Anhänger der reinen Lehre vom Terroir. Seine Philosophie besagt: Der Boden, auf dem ein Wein wächst, ist alles. Winzerkunst kann nur veredeln, was die Natur gibt. Seine Weine erinnern in ihrer ganzen mineralischen Art, ihrer brillanten Eleganz und ihrem kühnen Schliff an Didier Dagueneaus Silex von der Loire. Man mag es eigentlich kaum glauben, dass dieses Weingut noch relativ jung ist. Erst Mitte der 80er-Jahre entstand es in seiner heutigen Form aus einem typischen Kleinbauernhof mit Mischwirtschaft. Damals, nach dem großen Weinskandal, überlegte sich die Familie, ob es überhaupt noch einen Sinn habe weiterzumachen. Sie entschieden sich für den Weg kompromissloser Qualität, was anfangs vom Publikum, aber auch von der Weinpresse nur zögerlich akzeptiert wurde. Da spielte Ludwig Neumayer auch schon mal mit dem Gedanken, den Winzerberuf an den Nagel zu hängen. Er hat es nicht getan und so steht der »Dagueneau von der Donau« heute in einer Reihe mit den ganz großen Weißweinmachern seiner Heimat wie F. X. Pichler (Wachau), Gross und Tement (Steiermark) oder Bründlmayer (Kamptal).

Spitze seiner Produktion ist der Ikon, ein eigenwilliger, extremer Wein, der jahrgangsbedingt aus wechselnden Rebsorten gefüllt wird, je nachdem, welche Sorte die exemplarischste Expression von Terroir und Jahr hervorbringt: 1994, 1995 und 1997 waren es Grüne Veltliner im Barriquefass ausgebaut, die alle bis dato bekannten Dimensionen dieser Sorte sprengten. 1998 war es dagegen eine knappe Riesling Beerenauslese, durchgegoren bis auf 45 Gramm Restzucker. Im Jahr 1999 entschied sich Neumayer für eine Cuvée aus 90 Prozent Pinot blanc und 10 Prozent Chardonnay. Solche Sortenwechsel erschweren natürlich das Marketing. Aber es sind halt individualistische Weine, gemacht für individualistische Genießer. Und man darf froh sein, dass es so etwas noch gibt.

1999 Ikon

Strohgelb bis helles Weißgold. Sehr konzentriert und verschlossen in der Nase wie eigentlich immer bei Neumayers Weinen in einem so frühen Stadium. Ganz zarte nussige Aromen und weiße Blüten. Am Gaumen dann aber opulent aufdrehend, saftig mit perfekt eingebundenen Holznoten. Ein Wein mit einer zunächst glatten, eleganten, kühlen Oberfläche am Gaumen, dann aber extrem nachhaltig und lang nachklingend. Eine profunde Mineralität.

Capital-Index	***185***
Scheuermann-Note	***90***
Anzahl der Flaschen	***1500***
Marktpreis	***DM 27,50***
Platzierung	***51 (weiß)***

Weingut F. X. Pichler

A-3601 Oberloiben 27
Tel. +43/2 73 28 53 75
Fax +43/2 73 28 53 75

Daten | Fakten

Inhaber	F. X. Pichler
Rebfläche	9 ha
Rebsorten	50 % Grüner Veltliner, 40 % Riesling, 5 % Gelber Muskateller, 5 % Sauvignon blanc
Jahresproduktion	70 000 Flaschen

Jeder ambitionierte Winzer auf dieser Welt hat wohl einen großen Traum. Es ist der Traum vom absolut perfekten Wein. Für die meisten bleibt diese Vorstellung unerfüllt oder sagen wir besser: unerreichbar. Nicht so für F. X. Pichler in Oberloiben. Österreichs Paradewinzer aus der Wachau ist es 1998 gelungen, einen solchen Wunderwein zu ernten und auf Flaschen zu ziehen. Er nannte diesen Superriesling schlicht »unendlich« und stattete die limitierten 2000 Flaschen mit einem der schönsten Etiketts aus, das ich je gesehen habe: Schinkels sternenübersäter Bühnenhimmel, die legendäre Kulisse für den Auftritt der Königin der Nacht in Mozarts »Zauberflöte« in der Aufführung von 1815. Der knappe Kommentar des eher wortkargen Winzers zur Entstehung dieses Weins: »Ich musste es machen, weil es vielleicht nie mehr passiert.« Seit sieben oder acht Jahren sei ihm ein solcher Wein immer wieder durch den Kopf gegangen. »Ich habe ihn mir in der Fantasie vorgestellt, ein Wein mit unendlichem Abgang. Im Jahr 1998 machte es die Natur schließlich möglich.«

Im Jahr 1999 schaltete F. X. einen Gang zurück und konzentrierte sich auf seine üblichen Paradepferde Kellerberg, Loibnerberg und M. Inzwischen ist er von der Idee, den »unendlich« nur einmal und dann nie wieder zu machen, abgerückt. Lust dazu hätte er schon. »Vielleicht im Jahr 2000 oder 2001«, meinte er bei unserer letzten Begegnung, »wenn es die Natur mir noch mal erlaubt.«

1998 unendlich

Makellos! Pure Rieslingtraubenfrucht mit perfekter Mineralität. Zeigt einen sehr verhaltenen Honigton aus der Konzentration von Alkohol und den Extrakten. Sehr reifer Pfirsich, aber auch Mango, Zimtwürze etwas Nussbiskuit, Marillenmarmelade und kandierte Bitterorange. Ungeheure Wucht, Länge und Tiefe, aber das Schönste ist die Eleganz dieses Weines. Strahlende Schönheit. Intensive Fruchtkonzentration, raubt einem den Atem. Inkarnation des Rieslings. Ein Wein, den man noch mit den Ohren schmecken kann, so breit, so tief geht er in die Backen und den Kopf. Hat einen minutenlangen Nachhall und Abgang.

Capital-Index	***239***
Scheuermann-Note	***99***
Anzahl der Flaschen	***1800***
Marktpreis	***DM 110,00***
Platzierung	***10 (weiß)***

1999 M Grüner Veltiner Smaragd

Strohgelb. Nase sehr verhalten, aber charakteristisch mit einem feinen Ton von grünem Pfeffer und Paprika. Ein hocheleganter Wein, dem man nicht anmerkt, dass er 14 Vol.-% Alkohol aufweist. Schöne weiche Säure, am Gaumen sehr würzig, erdhaft, mineralisch. Eine feine Süße, etwas Kakao-Aromen. Guter Abgang.

Capital-Index	***254***
Scheuermann-Note	***94***
Anzahl der Flaschen	***2500***
Marktpreis	***öS 330,00***
	(ca. DM 47,00)
Platzierung	***7 (weiß)***

1999 Loibner Berg Riesling Smaragd

Aus dieser Lage kam 1998 der »unendlich«. Der 99er – Ergebnis einer langen, späten Lese mit hochreifen Beeren – zeigt eine verhaltene Duftigkeit, aber deutliches Terroir und feine Würze. Am Gaumen ungeheuer saftig und dicht strukturiert, sehr mineralisch, kristallklar. Reife Säure, massive Aromen vom Boden und lebendige Frucht vereinen sich zu einem komplexen Wein mit einer fast schon cremigen Konsistenz. Langer Abgang.

Capital-Index	***220***
Scheuermann-Note	***94***
Anzahl der Flaschen	***4000***
Marktpreis	***öS 280,00***
	(ca. DM 40,00)
Platzierung	***19 (weiß)***

1999 Kellerberg Riesling Smaragd

In der Nase ebenso konzentiert wie der Loibner Berg, aber deutlich fruchtiger, mehr Riesling als Terroir: reifer Pfirsisch, Apfel- und Zitrusnoten. Am Gaumen für den Augenblick der verspieltere Wein; zeigt dennoch ein großes Potenzial für die Zukunft.

Capital-Index	***210***
Scheuermann-Note	***93***
Anzahl der Flaschen	***7000***
Marktpreis	***öS 330,00***
	(ca. DM 47,00)
Platzierung	***22 (weiß)***

Josef und René Pöckl

Baumschulgasse 12
A-7123 Mönchhof
Tel. +43/2 17 38 02 58
Fax +43/21 73 80 25 84

Daten | Fakten

Inhaber	Josef und Theresa Pöckl
Rebfläche	15 ha
Rebsorten	Syrah, Zweigelt, Blaufränkisch, Cabernet
Jahresproduktion	100 000 Flaschen

Rêve de Jeunesse nennt René Pöckl, der gerademal 20 Jahre alte Junior dieses burgenländischen Vorzeigebetriebs, seinen ersten Wein, und selten dürfte ein Jugendtraum so erfolgreich gewesen sein wie dieser. Mit 17 Jahren durfte er 1996 erstmals selbstständig einen Wein machen, und auf Anhieb gelang ihm damit einer der besten burgenländischen Rotweine. Bereits mit dem zweiten Jahrgang war er Falstaffsieger. Der Rêve de Jeunesse ist ein visionärer Wein, der Maßstäbe setzt und zeigt, wo im Burgenland die Zukunft auch liegen könnte, nämlich in der Sorte Syrah. Diese Rhônesorte bringt hier in Kombination mit dem heimischen Zweigelt ein ganz hervorragendes Ergebnis. Noch ist der Syrah nicht zugelassen, aber er steht an mehreren Stellen, und einige andere große Burgenländer verdanken ihm ihre Würze und Statur. Er gedeiht auf den hiesigen erstklassigen Standorten besser als beispielsweise der Cabernet. Die meisten Winzer verschweigen den Syrahanteil allerdings verschämt. Keiner außer Pöckl jr. wagt es, einen solchen Wein ohne Jahrgang als Tafelwein zu vermarkten. Anstelle des Jahrgang tragen sie bei ihm Nummern, die dem jeweiligen Alter des Erzeugers entsprechen 17 = 1996, 18 = 1997, 19 = 1998 usw.
Es ist schon absurd, zu welchen kuriosen Hilfsmitteln die Winzer in Deutschland und Österreich immer wieder greifen müssen, um den übereifrigen Ordnungshütern ein Schnippchen zu schlagen. Etwas mehr australisches Laissez-faire wäre hier und da sicher angebracht und würde wahrscheinlich auch bei uns ungeahnte Kreativitäten freisetzen. 15 Hektar Fläche in Mönchhof nennt René Pöckl sein eigen. Sie sind bestockt mit Blaufränkisch und Cabernet Sauvignon, weitere 57 Ar mit Syrah. Die ersten beiden Jahrgänge, der Nummer 17 (88 Punkte) und der Nr. 18 (90 Punkte) sind längst Legende und begehrte Sammlerstücke, aber was soll's. Der 98er ist in jedem Fall sein bislang bester Wein. Man spürt die gewachsene Erfahrung im Umgang und Ausbau mit der neuen Sorte. Derzeit praktiziert René Pöckl bei Comte de Neipperg auf Canon-La-Gaffelière und man darf gespannt sein, wie er das dort gelernte im eigenen Gut umsetzen wird.
Neben all dem Lob über das erfolgreiche Experiment von René Pöckl sollte man aber nicht den Klassiker aus dem Hause Pöckl, den Paradewein des Seniors Josef Pöckl, vergessen: den Admiral, eine Cuvée aus 70 Prozent Zweigelt, 20 Prozent Blaufränkisch sowie 10 Prozent Cabernet. Durch das Botrytisproblem musste 1998 streng ausgelesen werden, die Menge ist daher niedriger als sonst, aber die Qualität stimmt.

Rêve de Jeunesse 19

In diesem Jahr eine Cuvée aus 45 Prozent Syrah und 55 Prozent Zweigelt. Dunkles, tiefes Schwarzviolett. Intensive Nase: Toast, Krokant, Kirschkompott, enorme Würze. Trockenfrüchte (Feigen), Nüsse, Rosinen. Am Gaumen ein weicher, opulenter Wein mit deutlichem Alkohol. Geschmack von Dörrzwetschgen, getrockneten Tomaten. Eine schöne mediterrane Würze, sizilianische Ciabatta mit Kräutern, Oliven und Passito-Trauben.

Capital-Index	***128***
Scheuermann-Note	***92***
Anzahl der Flaschen	***1800***
Marktpreis	***DM 56,00***
Platzierung	***257 (rot)***

1998 Admiral

Dunkles, dichtes Rubinviolett. Schöne verschlossene Art, sehr reife Fruchtaromen, opulent, weich, saftige Kirschfrucht, am Gaumen sehr süß, schmeichelnd, jetzt bereits sehr gut zu trinken. Dicke Konfitürensüße. Sehr ausgewogen, reif und elegant.

Capital-Index	***124***
Scheuermann-Note	***90***
Anzahl der Flaschen	***4000***
Marktpreis	***öS 375,00***
	(ca. DM 54,00)
Platzierung	***281 (rot)***

Johann Schwarz

Hauptgasse 21
A-7163 Andau
Tel. +43/21 76 31 96

Daten | Fakten

Inhaber	Johann Schwarz
Rebfläche	8,5 ha
Rebsorten	80 % Zweigelt, 20 % Chardonnay und Grüner Veltliner
Jahresproduktion	6 000 Flaschen

Noch nie hat es in der österreichischen Weinszene vorab so viel Aufregung um einen Wein gegeben wie um die 28 Barriques des »Jungwinzers« Johann »Hansi« Schwarz in Andau, die dort in einer Art Kühlcontainer lagern, den er kurz vor der 99er Ernte über Nacht inklusive speziell gestylter Gärtanks in die Scheune seines Aussiedlerhofes eingebaut hatte.
Das Projekt hat gleich drei Väter: Hans Schwarz, den weinbegeisterten Wurstmacher aus Andau, Alois Kracher, den Süßweinspezialisten aus Illmitz und den Austro-Amerikaner Manfred Krankl aus Völklabruck, der es im fernen Kalifornien zum Weinzampano (Sine qua non) und Bäckerei-Millionär gebracht hat. »Der Manfred macht die Strategie, ich mach die Qualitätskontrolle, das ist ein Technologietransfer von Santa Barbara nach Andau und von Illmitz nach Andau«, fasst Kracher zusammen, »es gibt keinen Bereich, wo wir auch nur einen Dollar gespart hätten.«

Die Weinberge – derzeit sind es 8,5 Hektar, aber schon bald werden es 13 Hektar sein – liegen unmittelbar an der ungarischen Grenze zwischen Andau und Halbthurn. Die Böden bestehen aus roter Erde auf Kies und Schotter als Untergrund.
Vom ersten Jahrgang werden nur ca. 20 Prozent in Österreich verkauft, 80 Prozent gehen in den Export. Er besteht lediglich aus drei Weinen, einem alkoholreichen (15 Vol.-%) trockenen Rosé The Butcher, der nach seiner Veröffentlichung binnen weniger Tage ausverkauft war, einem Weißwein Schwarzweiß und einem Rotwein Schwarzrot. Der fast 14-prozentige Chardonnay (er enthält auch eine Spur Grünen Veltliner) wurde mit wöchentlicher Batonage in Barrqiuefässern ausgebaut und wird im Frühjahr 2001 veröffentlicht. Der Rotwein, ein Zweigelt mit massiven und entsprechend langem Barrique-Ausbau (ca. 20 Monate), wird frühestens Ende des Jahres erscheinen.

1999 Schwarzweiß

Schöne Zitrusaromen und eine gute Mineralität. Perfekt gemacht, nussig, sehr langer Abgang. Schön integrierte Holzaromen. Ein sehr opulenter, mineralischer, mächtiger Chardonnay. Gute Säure, kraftvolle Tannine, aber alles balanciert. Holz gut verdaut. Schokoladig am Gaumen und im Abgang. Sehr schöne Reife, schöne weiche Tannine.

Capital-Index	***140***
Scheuermann-Note	***92***
Anzahl der Flaschen	***3000***
Marktpreis	***DM 45,00***
Platzierung	***76 (weiß)***

1999 Schwarzrot

Violettrubin. Tiefdunkles Pupur. Eine für Österreich völlig unübliche, überraschende Nase: Vanille und Toast, Olivenbrot, Tapenade, schwarze Oliven, Garrigue. Eine total mediterrane Nase mit wilder Neuer Welt. Würze, hohe Mineralität. Rauchig und speckig. Kräftiges Tannin. Kraftvoll, dicht, schöne Würze, konzentriert.

Capital-Index	***107***
Scheuermann-Note	***94***
Anzahl der Flaschen	***3500***
Marktpreis	***DM 75,00***
Platzierung	***345 (rot)***

Manfred Tement

Zieregg 13
A-8462 Berghausen
Tel. +43/34 53 41 01
Fax +43/34 53 41 01 30

Daten | Fakten

Inhaber	Manfred Tement
Rebfläche	35 ha
Rebsorten	30 % Welschriesling, 25 % Sauvignon blanc, 17 % Morillon, 13 % Pinot blanc, 8 % rote Reben, 5 % Muskat, 2% Traminer
Jahresproduktion	250 000 Flaschen

Manfred Tement ist für die Steiermark das, was F. X. Pichler für die Wachau oder Alois Kracher und Ernst Triebaumer für das Burgenland sind, nämlich der Parade- und Vorzeigewinzer schlechthin. 1979 musste er unmittelbar nach Abschluss seines Weinbaustudiums und nach dem frühen Tod des Vaters den Betrieb übernehmen, den seine Eltern seit 1962 aufgebaut hatten. In den 80er-Jahren, als der große Skandal die österreichische Weinszene durchrüttelte, schlug seine Stunde.

Mit seiner auf die natürliche Qualität der Sorte und des Terroirs ausgerichteten Art, durchgegorene und auch säurebetonte Weine zu machen, zeigte er der erstaunten Welt, dass es auch andere österreichische Weine gibt als die Heurigen im Zwei-Liter-Doppler und die billigen Auslesen. Die anschließende Steirische Sauvignon-Welle trug ihn ganz nach oben, und hier erwies er sich als rastloser Vordenker und letztlich als Vorbild für eine ganze Generation junger steirischer Winzer, die heute zur Elite ihres Landes zählen. Auf der letztjährigen Wiener Weinmesse VieVinum präsentierte er eine faszinierende Kollektion individualistischer Weine mit einem spannenden Jahrgangstrio höchst unterschiedlicher Sauvignon blancs aus der Riede Zieregg der Jahre 1997, 1998 und 1999.

1997 Zieregg Sauvignon blanc Reserve

Dieser Wein ist das Ergebnis des allerletzten Erntedurchgangs in der Spitzenlage Zieregg. Er wurde 17 Monate im kleinen Holzfass ausgebaut und ist gewissermaßen ein Substrat aus steirischem Sauvignon blanc mit enormem Potenzial und außergewöhnlicher Alterungsfähigkeit. Strohgelb. Eine sehr intensive Frucht mit harmonischer Überreife. Zeigt im Augenblick noch etwas zu viel Holz. Sehr opulent, schokoladiger Schmelz. Langer Abgang.

Capital-Index	***180***
Scheuermann-Note	***92***
Anzahl der Flaschen	***300***
Marktpreis	***öS 350,00***
	(ca. DM 50,00)
Platzierung	***61 (weiß)***

1998 Zieregg Sauvignon blanc Trockenbeerenauslese

Goldgelb. Intensiver Duft nach kandierten Zitrusfrüchten, dazu eine dezente Würze, ein wenig wie Brotrinde, ein Hauch Vanille. Sehr starke Konzentration am Gaumen auch vom hohen Alkohol (12 Vol.-%), kombiniert mit einer spielerischen Säure (9 g/l). Hat aber auch deutliche, kernige Tannine und leichte Röstaromen. Die 120 g/l Restzucker kommen noch gar nicht so richtig zur Geltung. Ein Wein mit beachtlicher Zukunft, der aber auch Reife braucht, um sich voll entfalten zu können.

Capital-Index	***136***
Scheuermann-Note	***94***
Anzahl der Flaschen	***2000 (halbe)***
Marktpreis	***öS 300,00***
	(ca. DM 43,00)
Platzierung	***49 (süß)***

1999 Zieregg Sauvignon blanc

Strohgelb. Hochreife Aromen, fast schon wie Honig und Quitte in der Nase, aber auch noch etwas von der charakteristischen dunklen Cassisfrucht. Auch am Gaumen eine hohe Reife, cremige Konsistenz, enorme Dichte und Länge, aber auch ein gutes Säurepotenzial.

Capital-Index	***193***
Scheuermann-Note	***91***
Anzahl der Flaschen	***7600***
Marktpreis	***öS 260,00***
	(ca. DM 37,00)
Platzierung	***39 (weiß)***

Ernst Triebaumer

Raiffeisenstraße 9
A-7071 Rust
Tel. + 43/2 68 55 28
Fax + 43/2 68 55 28

Daten | Fakten

Inhaber	Margarete und Ernst Triebaumer
Rebfläche	14 ha
Rebsorten	40 % Blaufränkisch, 15 % Merlot, 15 % Cabernet Sauvignon,10 % Chardonnay, 10 % Sauvignon blanc, 5 % Weißburgunder, 3 % Welschriesling, 2 % Traminer
Jahresproduktion	60 000 Flaschen

Der Blaufränkisch aus der Lage Marienthal von Ernst Triebaumer, kurz E.T. genannt, ist im Burgenland etwas Ähnliches wie Hirtzbergers Singerriedel in der Wachau: ein geradezu kultisch verehrter Luxuswein. Das mag daran liegen, dass Triebaumer bereits Mitte der 80er-Jahre, als Österreichs Rotweine in aller Regel noch unter die Rubrik »Gewollt, aber nicht gekonnt« fielen, bereits zu jener winzigen Gruppe von Pionieren gehörte (neben Hans Igler, Gesellmann und Kollwentz) die mit charaktervollen langlebigen Barriqueweinen aufwarteten. Speziell seine beiden Lagen-Blaufränkischs aus den Rieden Oberer Wald und Marienthal, wo die Rebstöcke ein seriöses Alter von über 40 Jahren erreichen, erregten Aufmerksamkeit. Inzwischen haben viele seiner Kollegen mächtig aufgeholt, aber noch immer zählt der Marienthal, der nur in den besten Jahren produziert wird, zur absoluten Elite Österreichs, so in den Jahren 1997 und 1999. 1998 genügte die Qualität der Trauben den strengen Anforderungen Triebaumers nicht und so verzichtete er auf seine Lagenweine und produzierte »nur« eine Cuvée »Aus den Rieden«. Aber auch diese ist von bemerkenswerter Qualität.

Die Rigorosität Triebaumers hat vielleicht etwas mit seiner Herkunft aus einer protestantischen Familie zu tun, die bereits seit der Gegenreformationszeit in Rust ansässig ist. Die Zugehörigkeit zu Ungarn bis 1921 mit ungarischem Erbrecht hatte eine Teilung des Besitzes unter den Geschwistern zur Folge. Ernst Triebaumer begann 1971 mit der Bewirtschaftung von 2,5 Hektar und dehnte den Betrieb seither auf die stattliche Größe von 14 Hektar aus. Dazu kommen noch zwei Hektar seines Sohnes Herbert, der seine Weine zwar unter eigenem Label, aber im Weinkeller der Familie produziert. Ernst Triebaumer pflegt seine Weingärten unter recht strengen, ökologischen Prämissen (keine Stickstoffdüngung, kaum Schädlingsbekämpfung). Er gibt ehrlich zu, dass seine Weine je nach Jahrgang großen Qualitätsschwankungen unterliegen können. In manchen Jahren wie 1982 und 1984 verkaufte er dann auch konsequent einen Großteil seiner Ernte im Fass und ohne Gutsbezeichnung an den Großhandel. In den 90er-Jahren war dies allerdings dank eines wesentlich verbesserten Weinbergsmanagements und strengem Ausdünnen nicht mehr nötig.

1997 Ried Marienthal

Dunkles, dichtes Rubinrot. Sehr tiefe Farbe. Intensive Frucht von reifen Amarenakirschen, kompotthaft konzentriert, dazu geröstete Sonnenblumen- und Kürbiskerne. Am Gaumen reich und opulent mit einer total explosiven Kirschfurcht, kräftige Säure. Reife Tannine, die den Wein dicht, samtig und bissig machen. Sehr langer Abgang.

Capital-Index	***146***
Scheuermann-Note	***93***
Anzahl der Flaschen	***8000***
Marktpreis	***öS 350,00 (ca. DM 50,00)***
Platzierung	***159 (rot)***

1998 Sauvignon blanc Ausbruch

Eine eher verhaltene Nase, die nicht erahnen lässt, was beim ersten Schluck dann folgt. Am Gaumen eine saftige, satte Frucht, ein wahres Tropenfeuerwerk mit Maracuja, Mango, Banane, Ananas, reifen Zitrusfrüchten. Von Sauvignon ist da eigentlich nichts mehr zu schmecken. Man denkt eher an Chardonnay oder auch an Riesling. Dickflüssig bis ölig, im Abgang dann eher Aromen von getrockneten Früchte wie Feigen oder Bananen.

Capital-Index	***144***
Scheuermann-Note	***94***
Anzahl der Flaschen	***2000 (0,5 l)***
Marktpreis	***öS 375,00 (ca. DM 54,00)***
Platzierung	***38 (süß)***

1999 Sauvignon blanc Beerenauslese

Strohgelb. Sehr feine Nase, vollreife Sauvignon-Aromen, feine Süße, schöne Säure, alles gut balanciert. Im Gegensatz zum Ausbruch noch gut als Sauvignon zu erkennen. Sehr elegant, aber vielleicht für diese Fülle etwas zu kurz im Abgang.

Capital-Index	***144***
Scheuermann-Note	***92***
Anzahl der Flaschen	***1500 (halbe)***
Marktpreis	***öS 175,00 (ca. DM 25,00)***
Platzierung	***37 (süß)***

Weingut Josef Umathum

St. Andräer Straße 7
A-7132 Frauenkirchen
Tel. +43/21 72 24 40
Fax +43/2 17 22 17 34
office@umathum.at
www.umathum.at

Daten | Fakten

Inhaber	Josef Umathum
Rebfläche	25 ha
Rebsorten	50 % Zweigelt, 25 % St. Laurent, 15 % übrige Rotweinreben, 10 % weiße Sorten
Jahresproduktion	150 000 Flaschen

Während viele seiner burgenländischen Winzerkollegen für ihre roten Spitzenweine den Weg des schnellen Umsatzes gehen und ihre Weine in einem völlig unfertigen Zustand meist innerhalb von ein, zwei Jahren ab Hof an eine ungeduldige Wiener Klientel ausverkaufen, betreibt Josef Umathum eine eher bedächtige Veröffentlichungspolitik. Ganz besonders beim Jahrgang 1997. Das Ergebnis dieses strategischen Denkens und Handelns (österreichische Kollegen nennen es »gefürchtetes Verknappungsmarketing«) schlägt sich im Preis nieder. Niemand in Österreich erzielt für seine Rotweine heute einen auch nur annähernd so hohen Erlös wie Umathum. Wenn im April 2001 sein 97er Hallebühl auf den Markt kommt, wird sich der Releasepreis gegenüber dem 96er mehr als verdoppelt haben. Das hat viele Gründe. Umathums internationale Reputation ist nach hohen Bewertungen in der angelsächsischen Presse und zahlreichen Auszeichnungen wie Grand Prix bei der International Wine Challenge in London oder Silbermedaillen beim Wine Enthusiast in Chicago gestiegen. Und dann war 1997 natürlich ein großer Jahrgang im Burgenland, wenn man wie Umathum in Keller und Weingarten alles richtig gemacht hat. Und so nutzt er die Gunst der Stunde. Sein 97er wurde mit einer deutlich längeren Mazeration vinifiziert, und er gestattete ihm einen längeren Reifeprozess im Barrique sowie auf der Flasche. Heraus kam ein Wein, wie es ihn im Burgenland vielleicht seit dem legendären 86er Marienthal von A. Triebaumer nicht mehr gegeben hat. Eine Cuvée aus den bodenständigen Sorten Zweigelt (80 Prozent) und Blaufränkisch (15 Prozent), ergänzt durch eine kleine Dosage Cabernet Sauvignon (5 Prozent); Ergebnis einer späten Lese mit niedrigen Erträgen aus einer der wertvollsten Lagen des Ortes: Der Hallebühl ist ein Weinberg mit eisenhaltigem Kiesboden, der auf einer flachen Kuppe zwischen Frauenkrichen und Podersdorf liegt. Es handelt sich um einen alten magischen Ort, ursprünglich ein Kultplatz, an dem die Kelten am Kreuzungspunkt von Erdstrahlen ihre Toten bestattet haben und der jahrhundertelang von Holunderbüschen überwuchert war (Hallebühl = Holunderhügel).

Die Grundlagen für seinen Erfolg legt Josef Umathum im Weinberg. Wie kein Zweiter beschäftigt er sich seit Jahren mit der Frage der Standortanpassung der Reben. Wie alle anderen hat er mit Cabernet experimentiert, aber er gibt letztlich den heimischen Sorten den Vorzug, die, wie er sagt, über Jahrzehnte oder

Jahrhunderte gelernt haben, mit dem Klima und dem Boden umzugehen. Und so begann er vor Jahren, wie schon sein Großvater, die besten Stöcke zu markieren, zunächst beim Zweigelt, inzwischen auch beim St. Laurent. Er suchte unter den mehr als 35 Jahre alten Rebstöcken jene aus, deren Beeren am kleinsten waren, die dicksten Schalen hatten, die am gleichmäßigsten reiften, am schwachwüchsigsten und lockersten waren. Aus ihnen gewinnt er heute das Rebmaterial für Neuanpflanzungen.

Die jetzt erreichte Qualität dürfte also noch nicht das Optimum sein. Die hauseigene Umathum-Skala für Rotwein ist nach oben noch weit offen.

1997 Ried Hallebühl

Dunkles Rubinviolett. Das Bukett hat zwei herausragende Komponenten: einerseits einen intensiv duftenden Fruchtcocktail aus Kirsche, Brombeere, Blaubeere, Himbeere (wie dunkle rote Grütze) und dann rauchige, würzige Aromen, vor allem Kaffee und Toast, aber auch etwas Honig und karamellisierte Nuss. Im Mund praller Saft, intensive Frucht und fleischig. Langer Abgang. Ein kompletter Wein mit beachtlichem Potenzial. Schokolade am Gaumen, eingedickte Frucht, eine deutliche Terroirprägung.

Capital-Index	***142***
Scheuermann-Note	***93***
Anzahl der Flaschen	***6000***
Marktpreis	***DM 90,00***
Platzierung	***177 (rot)***

Velich

Seeufergasse 12
A-7143 Apetlon
Tel. +43/21 75 31 87
Fax +43/71 43 31 87
velich.wein@lion.cc

Daten | Fakten

Inhaber	Roland und Heinz Velich
Rebfläche	9 ha
Rebsorten	30 % Chardonnay, 35 % Welschriesling, 15 % Muskat Ottonel, 10 % Grauburgunder, 10 % Sauvignon blanc
Jahresproduktion	50 000 Flaschen

In ihrer österreichischen Heimat belegt die einschlägige Presse die beiden Velich-Brüder Roland und Heinz gerne mit vollmundigen Attributen wie »Revoluzzer der Lust«, die »Kalifornier aus dem Seewinkel« oder auch die »neuen Weinkönige«. Tatsache ist, dass die beiden Junioren des gerademal neun Hektar großen Familienweinguts in Apetlon etwas geschafft haben, was in Deutschland noch keinem unserer ehrgeizigen jungen Winzer wirklich gelungen ist. Sie haben mit ihrem Tiglat binnen kurzer Zeit nicht nur Österreichs besten Chardonnay geschaffen, sondern so etwas wie einen echten Kultwein kreiert. Tiglat zu trinken ist ausgesprochen »faishonable«.

Dabei orientierten sich die beiden klar und kompromisslos an französischen und kalifornischen Vorbildern. Der Tiglat ist ein Lagenwein aus einer der ältesten, bereits 1959 gepflanzten Chardonnay-Rieden Österreichs. 1990 wurden erstmals 1000 Flaschen produziert. Vom aktuellen Jahrgang gab es botrytisbedingt eine spärliche Menge von 2100 Flaschen, aber vom kommenden Jahr an werden es wieder über 6000 sein.

Tiglat ist ein Dialektwort und bezeichnet eine Apetloner Weinbergslage, die in ihrer biederen deutschen Übersetzung Hedwigshof heißt. Unter diesem Namen hätte dieser Wein – ungeachtet seiner Qualität – aber vermutlich niemals Karriere gemacht, sondern wäre wie so viele andere gute Weine in der Schublade für folkloristische Spezialitäten und Kuriositäten gelandet.

Neben dem Tiglat gibt es noch den etwas fruchtigeren, leichter verständlichen Chardonnay Dorscho, eine Lagencuvée aus dem Seewinkel, und als Basiswein den O.T., eine je nach Jahrgang wechselnde Cuvée aus Chardonnay, Welschriesling, Pinot gris und Muscat, und natürlich in einem Botrytisjahr wie 1998 eine Serie exzellenter Süßweine, aus denen zwei TBAs besonders herausragen.

1998 Tiglat

Mit diesem Jahrgang wurde der Tiglat erstmals über 18 statt wie bisher 13 Monate in Barriques ausgebaut. Er zeigt ein helles Goldgelb und schöne tropische Fruchtnoten in der Nase. Das Holz ist perfekt eingebaut mit feinen Vanilletönen und geröstetem Bananenchip-Aroma. Am Gaumen eher elegant, nicht mehr ganz so fett wie früher, mit einem feinen Säurespiel. Langer Abgang – insgesamt etwas mehr Burgund als Neue Welt.

Capital-Index	***174***
Scheuermann-Note	***90***
Anzahl der Flaschen	***2000***
Marktpreis	***öS 280,00***
	(ca. DM 40,00)
Platzierung	***67 (weiß)***

1998 Tiglat Trockenbeerenauslese

Dunkles Goldgelb. Schon in der Nase eine total konzentrierte Süße von eingedickten, weißen und gelben Früchten, dazu ein feiner Botrytiston. Am Gaumen die pure Aprikosenmarmelade mit einer markanten Säure. Sehr langer Abgang.

Capital-Index	***129***
Scheuermann-Note	***93***
Anzahl der Flaschen	***1800 (halbe)***
Marktpreis	***öS 380,00***
	(ca. DM 54,00)
Platzierung	***58 (süß)***

1998 Welschriesling Trockenbeerenauslese

Mit 43 KMW (Klosterneuburger Mostwaage) gelesen, hat er jetzt noch 350 g Restzucker. Orangegold. Intensiver Duft nach Rosinen, Honig und tropischen Früchten, aber auch eine intensive Würze. Ihn als dickflüssig zu bezeichnen, ist zu wenig, ölig fließt er ins Glas. Von der Säure aus den Gerbstoffen des Barriques ist nur wenig zu schmecken. Intensives Himbeeraroma (und das bei einem Weißwein), Mango, Aprikosenkonfitüre. Im Abgang Honig. Sehr tief, sehr lang, doch bei aller Fülle hat der Wein Spiel.

Capital-Index	***138***
Scheuermann-Note	***95***
Anzahl der Flaschen	***2800 (halbe)***
Marktpreis	***öS 390,00***
	(ca. DM 55,00)
Platzierung	***44 (süß)***

Bon Père Germanier

Route Cantonale 285
Balavaud
CH-1963 Vétroz
Tel. +41/2 73 46 12 16
Fax +41/2 73 46 51 32
jrgermanier@bonpere.com

Daten | Fakten

Inhaber	Familie Germanier
Rebfläche	11 ha Eigenbesitz, 44 ha Vertragswinzer
Rebsorten	10 % Amigne, Chardonnay, Petite Arvie, Humague rouge, Pinot noir, Syrah, Gamay
Jahresproduktion	250 000 Flaschen

Einer der heißesten Geheimtipps unter den neuen Schweizer Weinen ist der Syrah du Valais von Bon Père Germanier. Auf den Gletschermoränen von Balavaud, Vétroz und Chamoson hat diese wärmeliebende rote Sorte, die sich sonst viel weiter flussabwärts an der Côte Rôtie zwischen Condrieu und Cornas oder in Australien und Südafrika heimisch fühlt, einen hervorragend geeigneten Standort gefunden, an dem sie prachtvolle, wilde Weine hervorbringt. Die Südhänge von Vétroz zählen zu den trockensten und wärmsten Weinbergen der Schweiz. In dieser auch scherzhaft »Texas der Schweiz« genannten Region gedeihen selbst wilde Kakteen.

Der Syrah von Germanier namens Cayas ist zwar nicht der üppigste Wein dieses Namens, aber er erreicht doch anständige 13 Volumenprozent, hat Struktur, Aromenvielfalt und Kraft. Die Maischegärung dauert zehn Tage, die »Malo« (der biologische Säureabbau) und der Ausbau dauern 12 bis 18 Monate und finden beide in Barriques statt, die zur Hälfte aus neuem Holz sind. Nach ein bis zwei Abstichen und leichter Filtration wird der Wein auf Flaschen gezogen. Die Jahrgänge 1995 und 1996 waren blitzartig ausverkauft und sind nur noch als Rarität zu haben. Ein schönes Beispiel dafür, dass ein alteingesessener Betrieb innovative Kraft entwickeln kann. Darin war Bon Père immer stark. 1896 pflanzte Urbain Germanier seine ersten Reben an und gründete einen Weinbaubetrieb. 1903 füllte er seinen Wein zum ersten Mal selbst in Flaschen. Die Weinberge lagen in Balavaud, am Auslauf des Tales von Derborence, einer zu Vétroz gehörenden Gemeinde bei Sion im Herzen des Wallis. Als Urbains drei Söhne Francis, Paul und Charles das Ruder übernahmen, zählten ihre Weine schon bald zu den besten der Region. 1945 destillierte Francis zum ersten Mal in der Schweiz einen Obstbranntwein aus Williams-Birnen: Der Bon Père Williamine war geboren, eine Eau-de-Vie, die nach nur wenigen Jahrzehnten ebenso wenig aus dem Wallis wegzudenken ist wie Fendant und Raclette. Heute produzieren Jean-René Germanier und Gilles Besse, zwei junge, in der eidgenössischen Weinbaufachschule in Changins ausgebildete Önologen, Weine in der dritten und vierten Generation.

Germanier, Vater der Williamine, ist auch beim Wein für eine »hochprozentige«, allerdings wesentlich seltenere Spezialität bekannt: den Mitis, einen edelsüßen Weißwein mit einem Alkoholgehalt von über 14 Volumenprozent, der in der halben Schlegelflasche auf den Markt kommt. Der lateinische Name bedeutet »mild, reif, süß«. Germanier hat den Namen schützen lassen. Es handelt sich um den wohl besten Amigne de Vétroz, der mit Zuckergehalten von weit über 100 Öchslegraden gelesen, gekeltert und ein knappes Jahr in neuen Eichenfässern ausgebaut wird. Der Wein hat einen Zuckergehalt von stolzen 90 g/l, der durch die hohe Säure (über 8 g/l) balanciert wird.

Die Amigne-Rebe ist eine autochthone Walliser Sorte, die auf nur 20 Hektar und ausschließlich im Wallis angebaut wird; davon liegen 16 Hektar in den Weinbergen von Vétroz. Im Wallis eingeführt wurde sie (wie die Heida-Rebe) von den Römern. Vergil erwähnt sie fünfzig Jahre vor Christus in seinem Lehrgedicht »Georgica«. Ihr Name stammt denn auch von der lateinischen Bezeichnung Vitis Amoena ab, was so viel wie »liebliche, angenehme Rebe« heißt.

Mitis 1997

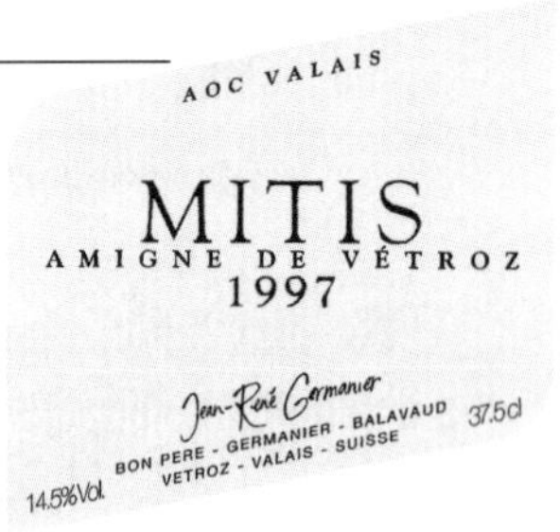

Orangegold. Bukett mit reichlich tropischer Frucht. Dickflüssig im Glas. Sehr lang und sehr tief. Schöne Würze am Gaumen: Zimt, Schokolade, kandierte Orangenschale. Eine opulente likörhafte Süße, langer, tiefer Abgang mit Kaffeearoma.

Capital-Index	***107***
Scheuermann-Note	***93***
Anzahl der Flaschen	***25 000 (halbe)***
Marktpreis	***SFr 28,00***
	(ca. DM 35,00)
Platzierung	***67 (süß)***

1997 Cayas

Dunkles, tiefes Rubinrot. Schon in der Nase eine unerhörte Würze, eine Komplexität, wie man es von einem großen Wein erwarten darf: Zimt, Bratapfel, Lebkuchen, aber auch Stall, Schweiß und Leder, Tabak. Die ganze Bandbreite des Syrah kann man da erleben. Schöne Fülle, Süße, feine Säure, saftig, portweinartig. Viel Schmelz, sehr langer Abgang.

Capital-Index	***102***
Scheuermann-Note	***90***
Anzahl der Flaschen	***12 000***
Marktpreis	***SFr 32,00***
	(ca. DM 40,00)
Platzierung	***348 (rot)***

Louis Bovard

Place d'Armes 2
CH-1096 Cully
Tel. +41/2 17 99 21 25
Fax +41/2 17 99 23 33
vin@domainebovard.com

Daten | Fakten

Inhaber	Louis-Philippe Bovard
Rebfläche	17 ha
Rebsorten	75 % Chasselas, 3 % Sauvignon blanc, 2 % Chenion blanc, 14 % Pinot noir, 3 % Merlot, 3 % Syrah
Jahresproduktion	140 000 Flaschen aus eigenen Trauben, 80 000 von zugekauften

Die aus Cully stammende Familie Bovard bewirtschaftet seit mehreren Jahrhunderten ein Weingut an einem der renommiertesten Rebhängen der Schweiz, und zwar am Ufer des Genfer Sees. Das Weingut erstreckt sich über 16 Hektar Rebland der Region Lavaux, wo Appellationsweine wie Dézaley, St-Saphorin und Epesses produziert werden. Dazu gehört ebenfalls ein Hektar im Gebiet von Aigle. Doch trotz Jahrhunderte langer Tradition hält man hier nicht stur am Alten, Überlieferten fest. In dem renommierten Weinhaus sind auch einige Dinge in Bewegung geraten: Kellermeister Jeanpierre Viecelli analysiert mit beratender Unterstützung des französischen Önologen Jean-Luc Colombo die bisher angewendeten Vinifikationsmethoden kritisch, überdenkt sie und ist Neuem – etwa Cuvées mit Sorten, die hier erst seit kurzem heimisch sind – gegenüber offen.

Zum Ertrag aus den eigenen Weinbergen kauft Louis Bovard auch Ernten verschiedener Vertragswinzer hinzu. Zur Verarbeitung stehen drei Weinkeller zur Verfügung: einer in Cully, ein zweiter in Dézaley und der dritte in St-Saphorin.

Die Qualitätsspitze der Produktion ist der Médinette: ein klassischer Chasselas mit malolaktischer Gärung und neun bis zwölf Monaten Ausbau im Eichenfass. Die Chasselas-Traube spiegelt das jeweilige Terroir, auf dem sie gewachsen ist, subtil wider. Hier ergibt sie einen Wein mit ungeheuer dichter Mineralität, der seit Jahren zu meinen erklärten Favoriten zählt. Sein Reifepotenzial wird vom Erzeuger mit zehn Jahren angegeben. Er kann aber auch 15 oder 20 Jahre alt und dabei immer interessanter werden.

Dézaley bildet in der Hierarchie der Waadtländer Weinberge den Gipfel. Zusammen mit dem Calamin ist er das einzige Terroir, das offiziell als Cru du Pays de Vaud klassifiziert wurde. Eine Hundertschaft von Produzenten teilt sich diese Spitzenlagen von 55 Hektar. Nebst der Stadt Lausanne mit ihrem Clos des Abbayes gilt Louis Bovard als der wichtigste Besitzer. Die Rebberge der Médinette haben ihr legendäres Image zu Beginn dieses Jahrhunderts gefunden. Das Etikett zeigt eine berühmte Figur aus dem Winzerfest anno 1905: Bacchus, der Gott des Weins.

Die Weingärten, in denen La Médinette gedeiht, liegen im Gebiet von Treytorrens (im westlichen Teil des Dézaley) und profitieren aufgrund ihrer Lage am unteren Teil des Weinbergs nahe am Genfersee von den hier herrschenden klimatisch außergewöhnlichen Voraussetzungen.

Zisterziensermönche waren es, die Mitte des zwölften Jahrhunderts den brachliegenden Hang, ein Chaos von Gestrüpp, Fels und Geröll, zu roden begannen und ihn in den so genannten Dézaley, einen der glorreichsten und authentischsten Waadtländer Crus, verwandelten – zur gleichen Zeit, als in Burgund der Clos de Vougeot und beim Kloster Eberbach im Rheingau der Steinberger entstand.

Die harten Nagelfluhschichten (durch kalkhaltigen Sandstein verkittetes Konglomeratgestein), die den Untergrund des Dézaley bilden, haben die Landschaft der Lavaux durch ihre steil abfallenden Felsklippen geprägt. Dieses reichlich vorhandene Gestein hat insbesondere dem Bau von Mauern gedient, um das Erdreich der Reben zurückzuhalten. Harte Böden und weiche Mergelschichten wechseln in einer Folge von Mauern und winzigen Terrassen, von denen einige nicht mehr als 1,5 Meter breit sind. Diese Abschüssigkeit setzt die Reben einer Sonne aus, deren Glut der See noch anheizt. Dank der intensiven Wärmeabstrahlung des Sees und der steilen Terrassen sowie der feinen, kiesigen Böden mit leichter Struktur bildet sich hier ein Kleinklima, das dem Chasselas einen einzigartigen Akzent verleiht.

1999 Médinette Grand Cru

Sehr blasses, leicht grünliches Strohgelb. Zunächst ein Duft von frischem Hefekuchen und Bananengelee. Mit der Zeit immer mineralischer, wie ein Gebirgsbachbett mit Kieselsteinen und Feuerstein. Sehr frisch, leicht und elegant, mit einer cremigen Aprikosensüße am hinteren Gaumen und einem deutlichen, langen Abgang, in dem sich die fruchtige Süße mit etwas Lakritze vereint. Kräftigere Säure als der 98er. Insgesamt auch ein mächtigerer Wein, nachhaltiger, konzentrierter, mineralischer. Ein Wein mit einem nicht zu unterschätzenden Zukunftspotenzial.

Capital-Index	***131***
Scheuermann-Note	***89***
Anzahl der Flaschen	***60 000***
Marktpreis	***DM 40,00***
Platzierung	***77 (weiß)***

Guido Brivio

Via Vigno 8
CH-6850 Mendrisio
Tel. +41/9 16 46 07 57
Fax +47/9 16 46 08 05
brivio@brivio.ch
www.brivio.ch

Daten | Fakten

Inhaber	Guido Brivio
Rebfläche	20 ha (kein Rebbesitz)
Rebsorten	85 % Merlot, 6 % Chardonnay, 5 % Pinot noir, 3 % Cabernet franc, 1 % übrige Sorten
Jahresproduktion	200 000 Flaschen

Bis vor wenigen Jahren galt der Tessiner Merlot zu Recht als mittelmäßiger Touristenwein für die Terrasse. Dass sich dies gründlich geändert hat, liegt an einem Dutzend Weinpionieren, die auf dem besten Weg sind, diesem Rotwein aus dem italienischsprachigen Süden der Schweiz Weltgeltung zu verschaffen. Einer von ihnen ist Guido Brivio aus Mendrisio, Önologe mit solider Ausbildung in Frankreich und Amerika, der 1989 die Direktion des Familienbetriebs übernahm und seine volle Aufmerksamkeit auf die Produktion neuartiger Weine richtete.
Mit radikalen Veränderungen revolutionierte er den technischen Bereich und investierte in die Renovierung der in den Fels des Monte Generoso gehauenen Keller. Diese eignen sich dank Frischluftkanälen, die sich unter alten Erdrutschmassen gebildet haben, hervorragend für die Lagerung und den Ausbau der Weine, weil durch diese Kanäle Luft mit der das ganze Jahr über konstanten Temperatur von 10 bis 12 Grad zirkulieren kann. Gleichzeitig wurden die Kontakte zu den Winzern des Mendrisiotto persönlicher; und so entstanden die besten Bedingungen für die Produktion von Qualitätstrauben auf den gut exponierten Rebbergen von 13 Gemeinden der Gegend. Es entstanden revolutionäre Novitäten, und aus dem sorgfältig selektionierten Lesegut eines Rebberges in Riva San Vitale am Luganer See der Vigna d'Antan, eine Cuvée aus Merlot und Cabernet franc. Einige dieser Produkte wurden bei Wettbewerben und Degustationen, die hauptsächlich im Ausland stattfanden (England, Italien, Deutschland, USA und Japan), mit viel Lob bedacht und fliegen seither First- und Businessclass.
Quintessenz all dieser Bemühungen ist der Platinum, ein mit dem Jahrgang 1997 erstmals produzierter Barrique-Merlot. Als im Sommer 2000 für den WeinCompass von Capital die Top 20 Tessiner Merlots des Jahrgangs 1997 blind verkostet wurden, belegte er mit deutlichem Abstand den ersten Platz vor Vinatteri und Castello Luigi von Zanini, dem Pio della Rocca von Adriano Kaufmann und dem Sassi Grossi von Gialdi.
Wie so viele der neuen großen Weine ist auch dieser natürlich schon wieder so gut wie ausverkauft und leider auch nicht mehr ganz billig: 60 Schweizer Franken kostete er bei seiner Veröffentlichung. Vereinzelt taucht er aber bereits für bis zu 200 Mark in Listen auf. Wert ist er es angesichts seiner limitierten Menge an Flaschen allemal.

1997 Platinum

Tief dunkle Purpurrubinfarbe. In der Nase ein geradezu prototypischer Merlotcharakter: Himbeere mit Toast- und Räucheraromen, aber auch Stall, Leder und Tabak. Als wär's ein großer Pomerol! Opulent, sehr dicht mit einer herrlichen, weil saftig-reifen, roten Beerenfrucht und einer dezenten exotischen Würze am Gaumen (Zitronengras, Kaffee, Kardamom). Sehr langer und sehr tiefer Abgang. Und das aus dem Tessin! Wow!

Capital-Index	***125***
Scheuermann-Note	***93***
Anzahl der Flaschen	***1500***
Marktpreis	***DM 120,00***
Platzierung	***273 (rot)***

Casa Vinicola Gialdi

Via Vigno 3
CH-6850 Mendrisio
Tel. +41/9 16 46 40 21
Fax +41/9 16 46 67 06

Daten | Fakten

Inhaber	Feliciano Gialdi
Rebfläche	ca. 60 ha
Rebsorten	90 % Merlot, 6 % Chardonnay und Pinot noir, 4 % Cabernet
Jahresproduktion	250 000 Flaschen

In der Hauptsache ist die 1953 gegründete Firma Gialdi in Mendrisio Importeur von italienischen, französischen und spanischen Weinen und mit diesem Geschäft in der ganzen Schweiz tätig. Doch seit der Übernahme der traditionsreichen Kellerei Roberti Foc in Bodio werden auch rund 250 000 Flaschen Wein pro Jahr produziert und vermarktet. Die Trauben dazu liefern ca. 300 Kleinwinzer, die in den Regionen von Biasca, Malvaglia und vor allem Giornico eine Gesamtfläche von knapp 60 Hektar bewirtschaften.
Von Anfang an setzten Feliciano Gialdi und sein aus dem Piemont stammender Kellermeister Giuseppe Rattazzo auf ein Konzept mit Gebietsweinen, die die mikroklimatischen Bedingungen der einzelnen Täler und ihr Terroir widerspiegeln sollen.
Durch strenge Selektion gibt es über diesen Basisweinen jeweils Riservas und als Spitze zwei Merlots der Extraklasse: Sassi Grossi und Trentasei. Diese beiden Weine verdienen es, zu den wirklich großen Merlots dieser Welt gezählt zu werden.

Der Weinberg, aus dem die Trauben für den Sassi Grossi stammen, liegt in der Hügelzone und ist nach Südosten ausgerichtet. Das durchschnittliche Alter der Reben beträgt hier 30 Jahre, die ausgewählten Trauben werden ganz bewusst so spät wie möglich gelesen. Die Gärung erfolgt in hochmodernen Edelstahltanks mit gesteuerter Temperatur, der anschließende Ausbau dann über ein Jahr in neuen Barriques aus französischer Eiche (Allier und Tronçais).
Der Trentasei verdankt seinen Namen der Tatsache, dass er 36 Monate in neuen Barriquefässern ausgebaut wird. Auch sonst ist der Produktionsprozess für diesen Wein ungeheuer aufwendig. Zunächst werden die Trauben von Rebstöcken selektioniert, die ein Alter zwischen 35 und 40 Jahren haben. In kleinen Kisten lässt Gialdi die Trauben danach ungefähr zwei Wochen trocknen. Bei diesem Vorgang (ripasso) verdunsten etwa zehn Prozent der Flüssigkeit. Es handelt sich beim Trentasei also um eine Art Tessiner Merlot-Amarone.

1996 Trentasei

Schon die extrem schwere Flasche signalisiert, womit wir es hier zu tun haben, nämlich mit einem schwergewichtigen, seriösen Wein. Tief dunkles Rubinrot. Eine beeindruckende Nase. Toast, dunkle Röstaromen, Stallduft, Laugenbrezel, intensive Kirschkonfitüre, Blaubeeren, frisch poliertes Mahagoni. Saftige, süße Frucht von Himbeeren und Kirschen, etwas Zimt im Hintergrund, cremig und dickflüssig, aber auch kraftvolle Säure, reichlich Tannin. Ein toller Wein: nichts mit Schweiz, nichts mit Tessin, das ist eher Neue Welt!

Capital-Index	***115***
Scheuermann-Note	***92***
Anzahl der Flaschen	***1800***
Marktpreis	***SFr 75,00***
	(ca. DM 94,00)
Platzierung	***327 (rot)***

1997 Sassi Grossi

Dunkles Rubinrot. In der Nase vor allem rote Früchte, dazu etwas süßer Tabak, rauchige Noten und Feigenkompott. Ein würziger saftiger Wein, dennoch auch sehr säurebetont am Gaumen. Konfitüre, aber mit Biss und Struktur. Langer Abgang. Baut sich im Mund immer würziger auf, schöne Länge.

Capital-Index	***114***
Scheuermann-Note	***90***
Anzahl der Flaschen	***15 000***
Marktpreis	***SFr 37,50***
	(ca. DM 47,00)
Platzierung	***334 (rot)***

Adriano Kaufmann

CH-6981 Beride
Tel. +41/9 16 08 13 71
Fax +41/9 16 08 15 90
adokauf.vini@bluewin.ch

Daten | Fakten

Inhaber	Adriano Kaufmann
Rebfläche	3,8 ha
Rebsorten	Merlot, Cabernet Sauvignon, Sauvignon blanc, Sémillon
Jahresproduktion	15 000–20 000 Flaschen

Adriano Kaufmann bezeichnet sich selbst gerne als »Technofreak«. Der leidenschaftlich mit neuen Kellertechniken experimentierende, von Neugier getriebene Tüftler und Wahrheitssucher versteht seine Arbeit im Keller als permanenten Lernprozess. Klassisch sieht es dagegen in seinem Weinberg aus: In Beride im Malcantone, der Südwestecke des Kantons Tessin, bewirtschaftet er knapp vier Hektar und hat sich dabei ganz den vier Bordelaiser Hauptsorten verschrieben – Merlot und Cabernet Sauvignon für Rotwein, Sauvignon blanc und Sémillon für die Weißen, wobei der Merlot, der seit einem Jahrhundert auch die Traditionstraube des Tessins ist, den Löwenanteil einnimmt.

Dass Kaufmann sich offen zu modernster Technik im Keller bekennt, hat seinen Grund im insubrischen Klima dieses Teils der »Sonnenstube der Schweiz«, wie sich der Kanton Tessin gerne nennt. Sollte hier die Sonne ausnahmsweise einmal nicht scheinen, können besonders im Frühjahr und im Herbst kurze, heftige Regenfälle für eine beträchtliche Niederschlagsmenge sorgen. So kann es geschehen, dass die kleinen Beeren kurz vor der Ernte mehr Wasser aufnehmen, als dem Winzer lieb ist.

Dies kann heute dank eines Hightech-Geräts korrigiert werden, nämlich mithilfe eines Konzentrators. Billig sind diese Apparate allerdings nicht (schon ein kleines Modell kostet gut 100 000 Mark); diese Investition kann sich also nur leisten, wer für seine Weine einen entsprechenden Preis erzielen kann. Und unumstritten sind sie auch nicht: Werden durch das Verdampfen von Wasser des unvergorenen Mostes unter Vakuum, die so genannte Evaporationstechnik, nicht die Eigenheiten des Jahrgangs und damit die Identität des Weins verfälscht? Büßen konzentrierte Weine an Eleganz ein? Eine Technik, die im Piemont und in den Kellern von Lafite-Rothschild, Léoville Las Cases und Ducru-Beaucaillou sehr diskret, ja geradezu verschämt appliziert wird, hat bei der Elite der Tessiner Winzer zu offener Diskussion geführt.

Gegner des Konzentrators sind der Meinung, wer seinen Most konzentrieren müsse, gestehe damit indirekt ein, dass er kein optimales Traubengut habe lesen können. Kaufmann und andere Tessiner Spitzenwinzer halten entgegen, die Anreicherung des Mostes habe durchaus Tradition und verweisen auf die Chaptalisation (Aufzuckerung) oder die Saignée (das Ablassen eines Teils des Mostes während der Maischung). Das Verfahren der Mostkonzentration durch Verdampfung birgt auch Risiken: Der Konzentrator verstärkt nicht nur die guten Eigenschaften des Leseguts – unreife Tannine etwa lässt er noch grüner wirken, denn er verdichtet eben nicht nur den Zuckergehalt des Mostes, sondern konzentriert auch die Säure und die Gerbstoffe und kann einen Wein geschmacklich aus dem Gleichgewicht bringen. Das heißt, dass er nur bei bester Traubenqualität wirklich gute Resultate bringt, und dessen ist sich Kaufmann bewusst. Und was die Gegner dieser Technik auch ins Feld führen – Kaufmann belegt mit seinen Weinen seit 1995, dass er sie zu beherrschen weiß: Ab diesem Jahr, in dem er zum ersten Mal mit dem Konzentrator arbeitete, weist die Frucht seines Merlot einen deutlich anderen Charakter auf, zeigt eine Brombeernote, die Weine werden Jahr für Jahr weicher und üppiger. »Die Weine verfeinern sich mit der neuen Technik, sie werden schneller trinkbar und erschließen sich leichter«, kommentiert Kaufmann.

1997 Pio della Rocca

Dunkles Rubinrot. Eine zunächst sehr verschlossene Nase, die sich langsam und fein nuanciert öffnet: Kräuter- und Malzwürze, Thymian, Eukalyptus über roter Beerenfrucht und Nougat. Blüht richtig auf und wird dabei immer komplexer. Saftig und konzentriert. Dichter Körper und Struktur. Deutliche Himbeersüße am Gaumen, aber weiter hinten auch Kaffeenoten, geschmeidige Opulenz. Durch und durch Merlot. Ein Paradestück.

Capital-Index	***115***
Scheuermann-Note	***91***
Anzahl der Flaschen	***6000***
Marktpreis	***SFr 45,00***
	(ca. DM 57,00)
Platzierung	***328 (rot)***

Luc Massy

Luc Massy
Clos du Boux
CH-1098 Epesses
Tel. +41/2 17 99 21 47
Fax +41/2 17 99 32 50

Daten | Fakten

Inhaber	Luc Massy
Rebfläche	8 ha, 2,5 ha Vertragswinzer
Rebsorten	92 % Chasselas, außerdem Gamay, Pinot noir und Sauvignon blanc
Jahresproduktion	140 000 Flaschen

Wir kultivieren hier noch nach der alten Methode und haben gegenwärtig 10 000 bis 11 000 Rebstöcke mit einem Alter von 22 bis 30 Jahren pro Hektar. Die einzelne Rebe trägt nicht viele Trauben, aber das verhindert auch, dass die Pflanzen müde werden«, erklärt Luc Massy. In präzisen Zahlen sind das bei seinem Dézaley 0,97 Liter pro Quadratmeter.

Zur Vermeidung der Erosion stehen die Rebstöcke hier auf kleinen Terrassen. Und das ist notwendig, denn die Hänge sind so steil, dass man glaubt, schon ein kräftiger Tau könnte die Reben in den See spülen. Wegen der starken Neigung der Hänge (40 bis 50 Prozent) ist es praktisch unmöglich, maschinell zu arbeiten. Massy meint hierzu: »Die einzige Maschine, die wir hier einsetzen, ist der Helikopter. Viermal im Jahr lasse ich vom Helikopter aus sprühen, für die restliche Arbeit brauche ich Menschen.« Fünf Leute sind ganzjährig angestellt, für etwa neun Monate im Jahr sind zwei Dutzend Saisonarbeiter nötig. Und das für acht Hektar Land! In flachen Lagen kann eine einzige Person bis zu 25 Hektar Weinreben bearbeiten.

Alle Weinberge von Massy sind nach Süden ausgerichtet und liegen in einem besonders warmen Mikroklima. Der See hält die Temperatur mild und reflektiert die Sonne auf den Reben, die Steinmauern der Terrassen mit stark kalkhaltigen Böden wirken wie Wärmespeicher, sie bewahren die Hitze des Tages für die Nacht.

Massy ist sich sicher: »Dieses Terroir ist das Richtige für Weißweine von hoher Qualität.« Das haben lange vor ihm bereits jene Zisterziensermönche der Abteien Hautcrêt und Montheron erkannt, die den Weinberg Dézaley im 12. Jahrhundert anlegten und auch die Gnädigen Herren von Bern, denen das Kernstück des Massyschen Weingutes, der Clos du Boux, Namen und Existenz verdankt. Das typische Berner Gutshaus des Clos du Boux liegt heute mitten in den Weinbergen von Epesses. Das war früher anders. Boux – aus dem spätlateinischen bosco – bedeutet so viel wie »Ort mit vielen Büschen«. Eine ursprünglich karge Vegetation, die im Laufe der mittelalterlichen Kultivierung den Reben weichen musste. Das Gutshaus wurde 1549 errichtet. Damals kamen die Vögte aus Bern jeden Herbst zu einer Traubenkur hierher. Das Gut wechselte häufig den Besitzer, bis es im Jahr 1919 in die Hände des damaligen Gemeindepräsidenten von Epesses, Albert Massy, kam, dessen Familie es inzwischen in der dritten Generation bewirtschaftet.

Der tief in den Berg gebaute Keller datiert von 1832. Die Gewölbe wurden damals aus massiven Quadersteinen gemauert. Die Temperatur beträgt hier – ohne Klimatisierung – stets

12 Grad Celsius. »Nach der Ernte lassen wir den Wein, ohne ihn zu bewegen, mit dem sich bildenden Bodensatz bis März in den Fässern ruhen«, sagt Massy, »so hat er Zeit zu reifen, und durch den Bodensatz bekommt er mehr Körper und Qualität.« Im März öffnet er die Kellertüren, um die kalte Luft hereinzulassen und so den Wein auf natürliche Weise zu klären. Danach wird der Wein zum erstenmal gefiltert. Zwei Monate später probiert Massy den Wein und entscheidet, welcher Tank fertig ist, um ihn zu füllen. Die Abfüllung auf Flaschen läuft von April bis Oktober. Die Weißweine aus dem Waadtland halten sich in der Regel fünf Jahre, aber vor allem die Grands Crus des Dézaley können auch wesentlich älter werden und einige sind sogar noch nach zwanzig bis dreißig Jahren gut. »Die besten Jahrgänge«, so Massy, »waren 95, 90, 83 und, o ja, 71, das war ein Superjahr.«

Massy füllt Epesses, St-Saphorin und den Dézaley ab. Seine berühmteste Lage ist zweifellos Dézaley. Dieser legendäre, steile Weinberg, eingezwängt zwischen den Orten Rivaz und Treytorrens unten am Ufer des Genfer Sees und den Orten Chexbres und Epesses am Hang, ist gerade mal 54 Hektar groß und zwischen 133 Besitzern aufgeteilt. Dieses begnadete Stückchen Erde, auf dem die Chasselastraube besser gedeiht als irgenwo sonst auf der Welt, ist Herz und Seele des Waadtländer Weins.

Massy ist Mitglied der Vereinigung »La Baronne du Dézaley«, die 1995 auf Initiative einer Gruppe von Winzern und Händlern gegründet wurde. Diese Vereinigung hat sich zum Ziel gesetzt, die Wertschätzung des Dézaley Grand Cru zu fördern, und ihre Mitglieder haben sich verpflichtet, die selbst aufgestellte Qualitäts-Charta einzuhalten – ein Regelwerk, das den Anbau und die Produktion des als »Dézaley Grand Cru« angebotenen Chasselas genau festlegt. Massys Wein in dieser Klasse ist der nach seiner Lage genannte Chemin de Fer. Und dieser »Eisenbahnwein« ist wahrhaft superb.

1999 Chemin de Fer Dézaley Grand Cru

Strohgelb. Nase mit schöner heller Frucht und feiner Mineralität, etwas Rauchiges sowohl in der Nase als auch am Gaumen. Ein ausdrucksvoller, eigentlich etwas cremiger, eleganter Chasselas mit Nuss und Mandel im Abgang. Hat aber auch eine ganz feine, gut eingebundene Säure. Lang am Gaumen, sehr langer Abgang mit zarten Bittertönen und etwas Lakritze. Hat sicher ein Potenzial für gute zehn, zwölf Jahre, wenn nicht sogar länger.

Capital-Index	***164***
Scheuermann-Note	***89***
Anzahl der Flaschen	***35 000***
Marktpreis	***SFr 24,50***
	(ca. DM 31,00)
Platzierung	***72 (weiß)***

Domaine du Mont d'Or

Pont-de-la-Morge
Case postale 240
CH-1964 Conthey
Tel. +41/27 346 20 32
Tel. +41/27 346 51 78
mondor@vtx.ch

Daten | Fakten

Inhaber	Schenk SA
Rebfläche	20,4 ha
Rebsorten	37 % Johannisberg (Silvaner), 15 % Chasselas, 5 % Petite Arvine, 4,5 % Riesling, 14 % Pinot noir 4,5 % Pinot gris, 9 % Gamay, 3 % Diolinoir, 2 % Ancellotta, 3 % Syrah, 2 % Cornalin, 1 % Humagne rouge
Jahresproduktion	200 000 Flaschen

Nous cherchons la richesse« lautet der Leitgedanke dieser Superdomäne, die am Mont d'Or bei Sion über eine gut 20 Hektar große, einmalige Lage verfügt, die regelmäßig die höchsten Öchslegrade des Kantons Wallis hervorbringt. Berühmt ist vor allem die so genannte Sorte »Johannisberg«, die mehr als ein Drittel der Anbaufläche einnimmt. Sie wurde in den 70er-Jahren des 19. Jahrhunderts vom Sohn des Gründers von Mont d'Or, Georges Masson, aus dem Rheingau ins Wallis gebracht. Wahrscheinlich stammen die Rebschösslinge von Schloss Johannisberg, daher der Name. Aber es handelt sich nicht, wie man meinen möchte, um Riesling, sondern um Silvaner. Als so genannter »Flétri-Wein« (Spätlese aus angetrockneten Beeren), als St-Martin (mit Erntedatum ab 11. November) oder gar als Premier Décembre wetteifert der Johannisberg mit großen Trockenbeerenauslesen, Sauternes oder Tokajer. Das bei weitem höchste Mostgewicht wurde nach meinen Aufzeichnungen mit 243 Öchslegrad im Jahr 1994 erreicht.

Bloß einem einzigen Schweizer Produzenten widerfährt die Ehre, im »Kleinen Johnson« namentlich genannt zu werden: eben der Domaine du Mont d'Or. Kein Wunder; denn zwischen den Briten und diesem Walliser Weingut bestand seit je eine »Special relation«. Schon Georges Masson ließ die Weine in der Ausstattung (schlanke braune Schlegelflasche, grüne Kapsel, Goldmedaillen auf dem Etikett) und mit dem Namen »Johannisberg« auf den Geschmack der reichen Engländer zuschneiden, die an der »Riviera des Genfersees« in den Grandhotels von Montreux weilten. Dieser Johannisberg sollte den Untertanen ihrer Majestät Queen Victoria den geliebten Rheinwein, den »Hock«, wie sie ihn nach der Weinbaugemeinde Hochheim zwischen Main und Rhein nannten, am Genfer See nicht nur am Gaumen, sondern auch im Erscheinungsbild ersetzen. Für den Export nach Großbritannien wurden später sogar eigene Etiketten mit der Aufschrift »Swiss Hock« gedruckt!

Heute gehört der Betrieb, der vor zwei Jahren sein 150-jähriges Jubiläum feierte, zum Weinhandelshaus Schenk, das weder Aufwand noch Kosten scheut, die große Tradition hoch zu halten. Dieses Traditionsbewusstsein

spricht aus den einzelnen Weinen, die jenseits aller Modeströmungen ihren eigenen Charakter haben. Nicht hohe Erträge, sagt Direktor Simon Lambiel, stünden im Vordergrund, sondern eigenständige Gewächse hoher Qualität. Obwohl die Nachfrage nach den Weinen groß ist, verzichtet man bewusst auf den Zukauf fremder Trauben: Ein Wein, der den Namen Mont d'Or trägt, soll exklusiv von den 200 terrassierten Steillagen – »Tablars« genannt – des gleichnamigen Berges stammen!
Neben dem weißen Fendant und dem roten Dôle, Rotwein-Spezialitäten wie Cornalin, Syrah oder Humagne rouge gehören dazu vor allem die Spätlesen, die sogenannten »Flétri«-Weine, die in manchen Jahren von der Edelfäule (Botrytis cinerea) befallen sind. Sylvaner, Pinot gris, Riesling, Petite Arvine oder Ermitage heißen die Sorten, aus denen die Domaine du Mont d'Or ihre edelsüßen Tropfen keltert. Und jede dieser Sorten verleiht dem jeweiligen Wein ihre Typizität. Die Merkmale des Sylvaners liegen in Kraft und Fülle, der Petite Arvine dagegen ist eher elegant und filigran, der Ermitage offenbart üppige Frucht. Honigsüße Konzentrate sind die Spätlesen der Domaine du Mont d'Or jedenfalls – und mit den meist über 120 Öchslegraden, die der Most einer Spätlese jeweils aufweist, wird der im eingangs erwähnten Motto angestrebte Reichtum ohne weiteres erreicht.

1997 Premier Décembre Johannisberg

Goldgelb. Ein schöner Wein mit klarer Aromatik. In der Nase Honigbanane, aber auch Rosmarin und Kümmel. Dickflüssig, weich. Etwas feiner, nicht ganz so mächtig wie der 98er. Sehr reife tropische Früchte. Schokolade und Kaffee am Gaumen. Schöne Süße. Sehr langer, tiefer Abgang.

Capital-Index	***113***
Scheuermann-Note	***90***
Anzahl der Flaschen	***2800***
Marktpreis	***SFr 49,00***
	(ca. DM 62,00)
Platzierung	***65 (süß)***

1998 Saint-Martin Johannisberg

Der Jubiläumswein aus der 150. Lese seit Bestehen der Domaine und schon allein deshalb ein Sammlerstück. Goldgelb. Und es ist, als hätte es die Natur besonders gut gemeint in diesem Jahr. Sehr komplexes Bukett. Reif, würzig, Zimt-Bratapfel, Honig, Birne und Quitte. Dickflüssig, weich, sehr opulent. Rosinensüß, Studentenfutter, sehr feine Bittertöne von Botrytis am Gaumen. Etwas Kaffeebohnen, Bitterschokolade. Langer Abgang. Ein opulenter Wein, sehr konzentriert und lang

Capital-Index	***123***
Scheuermann-Note	***91***
Anzahl der Flaschen	***4000***
Marktpreis	***SFr 33,00***
	(ca. DM 42,00)
Platzierung	***62 (süß)***

Provins Valais

Rue de l'Industrie 22
Case postale 716
CH-1950 Sion
Tel. +41/2 73 28 66 66
Fax +41/2 73 28 66 60
info@provins.ch

Daten | Fakten

Inhaber	Genossenschaft
Rebfläche	1260 ha
Rebsorten	35 % Chasselas, 40 % Pinot noir, 15 % Gamay, 10 % Spezialitäten
Jahresproduktion	10 Mio. Flaschen

Die wirtschaftlichen Krisen der Zwischenkriegszeit in den 20er-Jahren zwangen in ganz Europa die Winzer, ihre Kräfte zu bündeln. Die Weinproduzenten des schweizerischen Kantons Wallis bildeten da keine Ausnahme. Verbesserte Arbeitsmethoden und gezielte Absatzbemühungen mussten eingesetzt werden, sollte der Weinbau am Leben bleiben. Der Schweizer Staatsrat Maurice Troillet plädierte dafür, die Prinzipien französischer Genossenschaften einzuführen. Nach siebenjährigem Ringen wurde im Wallis 1930 der Weinproduzentenverband Provins ins Leben gerufen. Um die ersten vier neu gegründeten Kellereien in Sion und Leytron (1930), Sierre (1931) und Ardon (1932) gliedern sich noch heute die vier genossenschaftlich organisierten Interessenverbände.
Insgesamt sind dieser Genossenschaft über 5000 Produzenten angeschlossen, die eine Rebfläche von 1260 Hektar bewirtschaften, bei einem Durchschnittsertrag von weniger als einem Liter pro Quadratmeter. Natürlich entfällt bei diesem Ausstoß ein Großteil auf Alltagsweine sauberer Qualität, roten Dôle als Tischwein und weißen Fendant als diskreten Begleiter von Raclette.
Doch die Spitzenweine, Spezialitäten wie Vieilles Vignes Maître de Chais, Fendant Pierrafeu Capsule Dorée, Malvoisie Brindamour Capsule Dorée, Rouge d'Enfer AOC Maître de Chais, die seit 1945 als Ergebnis eines innerbetrieblichen Wettbewerbs mit einer Goldkapsel gekennzeichnet werden, heimsen seit den 60er-Jahren auf den Weinaustellungen dieser Welt eine Auszeichnung nach der anderen ein: Goldmedaille der International Wine Challenge Singapore 2000, Goldmedaille Vinitaly Verona 2000, Goldmedaille Sélections Mondiales Montréal 2000, Goldmedaille Blaye en Bourg, Goldmedaille Bruxelles 1999 ... Kein Zweifel, die Schweizer verstehen es, ihr »flüssiges Gold« in Gold zu verwandeln!
Seit einigen Jahren kümmert sich die Provins Valais sehr intensiv um den Ausbau der im Wallis heimischen Rhonesorten sowie der noch immer vorhandenen autochthonen Rebsorten zu hochwertigen Weinen. Dazu zählt auch ein nach der Schlossruine von Tourbillon genannter edelsüßer Weißwein mit Barrique-Ausbau aus der Sorte Marsanne Blanche. Dieser Wein wird als Grains nobles (Beerenauslese) in dem ehemaligen Weinberg des Bischofs von Sion geerntet. Dieser vier Hektar große, steinige Weinberg ist aufgrund seiner Lage geradezu prädestiniert für die Erzeugung solcher Spitzenweine: trocken und föhnorientiert, aber auch so in einer Kuhle liegend, dass die Morgennebel im Herbst die Botrytis begünstigen.

1997 Tourbillon

Ein aus Marsannetrauben, die Anfang Dezember gelesen wurden, gekelterter Wein mit einem Restzucker, der bei gut 170 g/l liegt. Goldgelb. In der Nase: Nuss und getrocknete Aprikosen, auch etwas Teenoten. Cremig, dickflüssig und weich, Karamell, Honig und Nuss am Gaumen, dazu eine feine Säure, langer Abgang.

Capital-Index	***122***
Scheuermann-Note	***91***
Anzahl der Flaschen	***ca. 2000***
Marktpreis	***SFr 69,00***
	(ca. DM 87,00)
Platzierung	***63 (süß)***

1997 Vieilles Vignes Cuvée du Maître de Chais

Ein ungewöhnlicher Wein, eine Cuvée, die Tradition und Moderne verbindet. Pinot blanc in Verbindung mit der Rhônesorte Marsanne und den autochthonen Schweizer Spezialitäten Amigne und Païen (Heida). Sattes Stroh- bis Goldgelb. Schöne reife Nase mit zarten Nuss-, Vanille- und Honignoten, reife Banane, Quitte und dezenten Barriquetönen. Der Marsanne-Charakter wird spätestens am Gaumen sehr deutlich. Mürbe Aromen von Trockenfrüchten, abgerundet, deutlich im Abgang. Mittlere Zukunft von vielleicht fünf bis acht Jahren. Aber jetzt schon durchaus beeindruckend mit seinem massiven Alkoholgehalt von 14 Vol.-%.

Capital-Index	***148***
Scheuermann-Note	***87***
Anzahl der Flaschen	***ca. 10 000***
Marktpreis	***SFr 28,00***
	(ca. DM 35,00)
Platzierung	***74 (weiß)***

Ville de Lausanne

Service des Forêts domaines et vignobles
de la Ville de Lausanne
ch. du Praz d'Eau 14
Case Postale
CH-1000 Lausanne 25
Tel. +41/2 17 84 39 19
Fax +41/2 17 84 39 09

Daten | Fakten

Inhaber	Stadt Lausanne
Rebfläche	35 ha
Rebsorten	Chasselas, Chardonnay, Pinot gris, Gamay, Pinot noir
Jahresproduktion	400 000 Flaschen

Die von Lausanne bis zum oberen Ende des Genfer Sees, genauer gesagt bis zum berühmten Schloss Chillon reichende Region ist das Waadtländer Weißweingebiet par excellence. Der strenge, herrische und großartige Charakter ihrer Chasselas-Weine ist bedingt durch die einzigartige und in mancher Beziehung privilegierte Lage. Wie ein versteinerter Wasserfall scheinen die Terrassen in Stufen zum Genfer See hinabzustürzen, bis hinauf zur Waldgrenze mit Reben bestockt. Und die Sonne heizt die auf dem kargen Erdreich wachsenden Pflanzen gleich zweimal: In direkter Bestrahlung und im Widerschein von der Wasserfläche des Sees her. Die kalten und rauen Nordwinde werden vom Waldrücken des Jorat abgehalten, doch der heiße Föhnwind aus dem Wallis hat ungehindert Zugang. Der im Ganzen leicht nach Südwesten geneigte Hang verdankt sein vorzügliches Kleinklima auch der unmittelbaren Nähe des Sees. Man sagt in der Schweiz: »Die Waadtländer Weine singen gleichermaßen im Glas, aber nicht alle haben die gleiche Stimme!« Wenn das stimmt, dann steht dem Dézaley der Part des großen Tenors zu. Der Granitboden, auf dem er wächst, gibt ihm einen Ausdruck von splendider Mineralität. Mag die Gutedel- oder Chasselas-Traube, die als angesehene Tafeltraube so etwas wie ein Doppelleben führt, weltweit vielleicht nicht als edelste Weißweinrebe gelten – hier ergibt sie jedenfalls die besten Weine!

Der wertvollste Teil des Weinbergs Dézaley und einer der ältesten dazu gehört dem Weingut der Stadt Lausanne. Diesen 4,8 Hektar großen Cru, der im 12. Jahrhundert von Zisterziensermönchen angelegt wurde, erhielt die Stadt im Herbst 1537 von den siegreichen Bernern, die ihn sich aus dem Besitz des Bischofs von Lausanne angeeignet hatten, als Schenkung. Ein wahrhaft nobles und nachhaltiges Geschenk; 1999 konnte das städtische Weingut seinen 450. Jahrgang in Folge feiern. Weltweit können nicht viele Weingüter auf eine so lange Geschichte zurückblicken. Mit 35 Hektar Rebfläche und einem Gesamtbesitz von 2700 Hektar gehört die Stadt Lausanne zu den größten Grundeigentümern der Schweiz, und dies in von kleinbäuerlicher Struktur geprägten Waadtland, wo sich rund 6000 Winzer insgesamt 3500 Hektar Rebfläche teilen. Alle Weine der Ville de Lausanne – neben dem Clos des Abbayes sind das der Clos des Moines (seit 1803), die Domaine du Burignon in St-Saphorin (seit 1802), die Abbaye de Mont in Mont-sur-Rolle (seit 1802) und Château Rochefort in Allaman (seit

1838) – werden ähnlich wie z. B. die Weine des Hospice de Beaune oder des Großen Rings in Bernkastel bei einer öffentlichen Auktion versteigert und kommen erst dann in den Handel. Seit 1803 findet diese Auktion, die durchaus Volksfestcharakter hat, jeweils am zweiten Dezemberdonnerstag im Gemeinderatssaal des Rathauses statt.

Dieser Wein hat eine solche Sonderbehandlung verdient, denn er widerlegt Jahr für Jahr und Dekade für Dekade das Vorurteil, Chasselasweine könnten nicht altern und dabei reifen. Meine Aufzeichnungen aus dem Jahr 1988 über eine Weinprobe meines Schweizer Weinsammler-Freundes Manfred Wagner mit vier Jahrzehnten Clos des Abbayes belegen das Gegenteil:

1952 Clos des Abbayes, Ville de Lausanne. Faszinierende, schier unfassbare Frische: noch immer mit einer leichten Kohlensäure ausgestattet, eine perfekte Sortencharakteristik in der Nase. Sehr reif, voll, mit Wucht, sehr nachhaltig. Der typische Lakritzton am Gaumen. Ich habe diesen damals 35-jährigen Wein immer noch mit guten 88 Punkten bewertet!

Auch wenn der Wein des aktuellen Jahrgangs 1999 etwas leicht und auf den ersten Schluck fast trinkfertig wirkt, hat auch er durchaus die Anlagen zu einem längeren Leben.

1999 Clos des Abbayes Grand Cru

Strohgelb. In der Nase ein sehr feines, mineralisches Bukett mit einem zarten Hefeton und Früchtegelee. Ein fruchtbetonter Wein (weißer Pfirsich), auch Aromen wie Heu und süßer Klee, zarte, leicht bitzelnde Säure auf der Zunge und am Gaumen den typischen süßen Lakritzton, sehr harmonisch und ausbalanciert. Guter Abgang.

Capital-Index	***143***
Scheuermann-Note	***89***
Anzahl der Flaschen	***55 000***
Marktpreis	***SFr 30,00***
	(ca. DM 38,00)
Platzierung	***75 (weiß)***

Vinattieri Ticinesi SA

CH-6853 Ligornetto
Tel. +41/9 16 47 33 33
Fax +41/9 16 47 34 32
vinattieri@zanini.ch
www.zanini.ch

Daten | Fakten

Inhaber	Luigi Zanini
Rebfläche	35 ha
Rebsorten	80 % Merlot, 20 % Cabernet Sauvignon, Cabernet franc, Chardonnay
Jahresproduktion	150 000 Flaschen

Die Ursprünge dieses Betriebes reichen zurück bis in die 60er-Jahre. Damals begann Luigi Zanini, sich auf seinen zahlreichen Geschäftsreisen, die ihn u. a. ins Piemont, nach Ligurien und in die Toskana führten, intensiver für Wein zu interessieren, und er begann eigene Weinberge anzulegen. 1971 erntete er die ersten Trauben. Bis zum Jahr 1985, als er zusammen mit seinem Sohn Luigi Zanini jr. die Vinattieri Ticinesi gründete, blieb das Ganze eher ein Steckenpferd. Doch als er mit der Kommerzialisierung begann, ging er mit höchster Professionalität zu Werke und ließ sich die 68 Barriques, die er für die erste Ernte von 72 000 Kilo Merlot brauchte, von Séguin-Moreau liefern. Als erste Winzer dieser Region vinifizierten sie ihre Weine konsequent im Stil eines Bordelaiser Weins, fassvergoren und barriquegereift. Als der 85er Vinattieri auf den Markt kam, hagelte es Kritik (vor allem am Preis) von der einen und höchstes Lob von der anderen Seite. Der »Weinwisser« jubelte diesen Wein zum »Pétrus des Tessin« hoch und statt teuer war er nun über Nacht sündhaft teuer. Zumindest wenn man die damaligen Schweizer Maßstäbe anlegte, als in den Geschäften eine Flasche Tessiner Merlot für sechs bis neun Franken zu haben war. Diese Weine waren aber auch nicht mehr wert und gehören heute längst der Vergangenheit an. Denn als sich die erste Aufregung gelegt hatte, machten sich immer mehr Produzenten auf, Zaninis Beispiel zu folgen. Die Rebstöcke, aus denen die Trauben für diesen Wein selektioniert werden, sind inzwischen über dreißig Jahre alt. In Verbindung mit den optimalen Wetterbedingungen des Jahrgangs 1997 gelang der bislang beste Vinattieri-Merlot.

Das jüngste Projekt Zaninis heißt Castello Luigi. Es handelt sich um eine Lage in Besazio, die Zanini bereits 1988 erworben hat. Aber erst nach langjährigen zähen Verhandlungen mit der Regierung konnte er damit beginnen, das erste Château-Konzept im Tessin zu realisieren: eine schlossähnliche Villa mit einem 18,5 Meter tiefen, spiralförmigen Keller, in dem sich alle Arbeiten vom Keltern bis zur Abfüllung durch Ausnutzung der Schwerkraft erledigen lassen, sodass der Wein niemals mechanisch bewegt oder gepumpt werden muss. 1997 wurde erstmals aus den noch sehr jungen, acht Jahre alten Rebstöcken ein Wein gekeltert, der mit seiner geradezu überseeischen Opulenz wiederum für Furore sorgte. Natürlich kann er noch nicht die Struktur des Vinattieri vorweisen, aber die Anlagen für einen großen Merlot sind erkennbar.

1997 Vinattieri

Schwarzrubin. Sehr dicht, konzentriert. Toast! Sehr lang und nachhaltig. Konzentriert, öffnet sich schwer und langsam, verschlossen. Bitterschokolade im Abgang. Fette Süße! Schöne fleischige Art. Ein wirklich großer Merlot mit reicher Struktur und sehr viel Länge und Intensität. Eine portweinartige, süße Kirschfrucht, dazu ein wuchtiges Tanningerüst, intensive Säure. Spürbarer Alkohol. Perfekte Anlagen für eine Zukunft von vielleicht zehn, zwanzig Jahren.

Capital-Index	***132***
Scheuermann-Note	***93***
Anzahl der Flaschen	***11 500***
Marktpreis	***SFr 75,00***
	(ca. DM 94,00)
Platzierung	***229 (rot)***

1997 Castello Luigi

Dunkles, tiefes Rubinrot. Schöne Nase, intensive Kirschkonfitüre und Schokolade, fast schon eine syrahartige Würze, dazu auch etwas Minze. Mit der Zeit immer mehr Merlot: Himbeere mit Jogurt. Konzentration. Dicht und opulent. Schöne, weiche Tannine, eine schöne Opulenz mit viel portweinartiger Süße und Schmelz, etwas Mandel am Gaumen. Sehr dicht und amorph, massig, sehr fette flüssige Schokolade. Quillt förmlich über. Wenn der Vinattieri ein athletischer Boxer ist, dann ist der Luigi ein Sumoringer.

Capital-Index	***128***
Scheuermann-Note	***91***
Anzahl der Flaschen	***3300***
Marktpreis	***SFr 99,00***
	(ca. DM 124,00)
Platzierung	***256 (rot)***

Weingut Gere & Weninger

Fáy u. 17
H-7773 Villány
Tel. +36/72 49 21 95
Fax +36/72 49 21 95

Daten | Fakten

Inhaber	Attila Gere und Franz Weninger
Rebfläche	10 ha
Rebsorten	30 % Blaufränkisch, 20 % Merlot, 20 % Cabernet Sauvignon, 30 % Cabernet franc
Jahresproduktion	96 000 Flaschen

Die Sorte Cabernet franc gilt heute in der Literatur vielfach als früh reifender kleiner Bruder des Cabernet Sauvignon und somit »nur« als Ergänzungssorte für eine typische Bordelaiser Cuvée. So steht im Rebsortenatlas von 1994 zu lesen: »... erreicht meist weder die Güte, noch die Menge des Cabernet Sauvignon, aber ohne ihn würden den großen Weinen von Bordeaux ... Frucht, Körper und Wucht fehlen. Der weiche Charakter passt gut zur Milderung des strengeren Cabernet Sauvignon.« Dabei ist diese Rebe – wie wir inzwischen dank der Gen-Forschung wissen – in Wahrheit ein Elternteil des Cabernet Sauvignon und viel, viel älter als dieser. Ursprünglich wohl nur im Libournais beheimatet, verbreitete sie sich zur Zeit des Kardinals Richelieu zunächst innerhalb Frankreichs (z. B. an der Loire) und im Norden Spaniens und fasste danach in fast allen wichtigen Weinbauländern der Erde Fuß.

Besonders günstige Bedingungen fand diese Rebsorte im Südosten Europas, wo vieles, was einfach Cabernet oder Kabernet heißt und irrtümlich für Cabernet Sauvignon gehalten wurde, in Wirklichkeit Cabernet franc ist. So auch in im südungarischen Villány, wo der einheimische Winzer Attila Gere und der Österreicher Franz Weninger aus dem burgenländischen Horitschon seit 1992 ein Joint Venture betreiben. Die beiden erkannten sehr bald den wahren Wert dieser Sorte und ihre tatsächliche Verbreitung in der gesamten Region. Die Weine von Villány haben so ganz und gar nichts mit dem Médoc zu tun, auch wenn das in der Literatur nach wie vor immer wieder kolportiert wird. Entsprechende Affinitäten kann man – wenn überhaupt – eigentlich nur bei den Grands Vins von Saint-Emilion suchen. Und genau das stellen die beiden Winzer mit ihrer Selection vom Cabernet franc unter Beweis.

Es gibt diesen Wein seit 1994, aber mit dem großartigen 97er Jahrgang erreicht er eine neue Klasse, zeigt, zu welcher Konzentration ein hochreifer Cabernet franc aus Jahrzehnte alten Rebstöcken fähig ist, wenn er nicht früh (nur weil es der Leseplan so will) geerntet wird, sondern man ihn voll ausreifen lässt. Das heißt im heißen Villány, wo die Ernte normalerweise schon Ende August beginnt, bis Ende September oder gar in den Oktober hinein. Das Gleiche gilt natürlich auch für den Merlot. Bei diesen beiden Sorten, vielleicht auch in der Kombination mit dem hier Kékfrankos genannten Blaufränkisch, liegt die Zukunft der Region – und nicht beim Cabernet Sauvignon.

1997 Villány Cabernet franc Selection

Dunkles Rubinrot. Sehr dicht und sehr tief. Eine wunderschöne Nase, likör- und kompottartig verdichtet, durchzogen von feinen Holznuancen. Wird mit der Zeit im Glas immer würziger und komplexer: Waldboden, Mokka, Anis, Lakritze (Süßholz) und Tabak. Komplexe rote Früchte und Marzipan am Gaumen, schöne Fülle und Länge, feste Tanninstruktur, langer Abgang. Noch selten außerhalb von Saint-Emilion einen so kompletten und komplexen Cabernet franc probiert.

Capital-Index	***115***
Scheuermann-Note	***90***
Anzahl der Flaschen	***2000***
Marktpreis	***öS 350,00 (ca. DM 50,00)***
Platzierung	***330 (rot)***

1997 Villány Merlot Selection

Eine Selection, die 1996 erstmals gemacht wurde. Dunkles, tiefes Rubinrot. Schöne fleischige Nase: Kirsche, Rote Beete, Gewürzbeutel. Schöne Konzentration und Süße. Ein opulenter Wein mit einer Konzentration, wie sie nur in einem großen Jahrgang von alten Rebstöcken – in diesem Fall 40 bis 50 Jahre alt – möglich ist.

Capital-Index	***118***
Scheuermann-Note	***92***
Anzahl der Flaschen	***2500***
Marktpreis	***DM 38,00***
Platzierung	***316 (rot)***

Château Pajzos

Nagy Lajos u. 12
H-3950 Sárospatak
Tel. +36/47 31 23 10
Fax +36/47 31 23 20

Daten | Fakten

Inhaber	Jean-Michel Arcaute und Jean-Louis Laborde
Rebfläche	64 ha
Rebsorten	Furmint, Hárslevelü, Muskat, Oremus
Jahresproduktion	350 000 Flaschen

Als der ungarische Staat 1991 begann, die großen Kombinate in Hegyalja und Eger unter Führung der französischen Bankengruppe Crédit Lyonnais zu privatisieren, begann ein Wettrennen der internationalen Weininvestoren um die Filetstücke. Die deutsche Sektfirma Henkell & Söhnlein erwarb die Aktienmehrheit an Hungarovin, der Florentiner Weinfürst Marchese Piero Antinori den ehemaligen Besitz der Grafen von Appongie. Vega Sicilia aus Spanien, Suntory aus Japan, Georges Lang und Ronald Lauder aus New York, sie alle investierten in den Tokajer, von dem einst der Sonnenkönig Ludwig XIV. meinte, er sei »der König der Weine und der Wein der Könige«. So auch Fritz Keller jr. aus dem badischen Oberbergen, der zusammen mit seinem Freund Jean-Michel Arcaute (damals noch Château Clinet) Château Pajzos in Sárospatak kaufte. Inzwischen ist Keller ausgestiegen und Arcaute nahm den heutigen Besitzer von Clinet, Jean-Louis Laborde, als Partner auf.

Um 1700 entwarf der damalige Territorialfürst Graf Rakoczi eine dreistufige Klassifikation der Grands Crus von Tokaj. Einige der heutigen Betriebe wie Hetzölö, Oremus, Disnökö oder Gróf Degenfeld tragen deshalb das Signum Grand Cru. Château Pajzos, das damals in der ersten Kategorie eingestuft war, wird von den Franzosen gar stolz als Premier Grand Cru Classé bezeichnet. Schon nach kurzer Zeit gelang es Arcaute und seiner Mannschaft, diesen Betrieb wieder an die Spitze zu führen. Hier wurde denn auch 1993 zum ersten Mal nach 46 Jahren wieder eine echte Essencia produziert und drei Jahre später auf Flaschen gefüllt.

Die Essencia ist die nur selten erreichte Spitze der Tokajer-Produktion. Diese Weine werden nicht im herkömmlichen Sinn gekeltert. Die durch die Edelfäule eingeschrumpften Beeren werden in großen, leicht konisch zulaufenden Holzbütten gesammelt, die am unteren Rand eine Auslaufkanüle haben. Der Saft wird nur durch den Druck des Eigengewichts der Trauben ganz langsam Tropfen für Tropfen ausgepresst. Insgesamt liegt die Ausbeute bei einem Prozent des Gewichts. Das heißt, aus einer Tonne Trockenbeeren werden gerade mal zehn Liter Wein gewonnen.

Während wir auf die Veröffentlichtung der 95er Aszú Essencia, der 97er Essencia und des 6 Aszú puttonyos, die derzeit in Kellern reifen, noch mindestens ein oder zwei Jahre warten müssen, brachte das Weingut aber bereits einen so genannten modernen Tokajer auf den Markt, einen reinen Muskateller, der im weniger oxidativen, frischeren Stil produziert wurde, den die Ungarn eigentlich strikt ablehnen, der aber bei westlichen Konsumenten hervorragend ankommt.

1993 Essencia

Über drei Jahre lang hatte der Most, der ursprünglich einen natürlichen Zuckergehalt von 520 g/l hatte, im Fass gegoren. Das brachte pro Jahr eine Ausbeute von etwa 1,5 Vol.-% Alkohol. Zum Ende waren es ganze 4,72 Vol.-% bei einem Totalextrakt von 530 g/l, 435 g/l Restzucker und einer Säure von zirka 12,5 g/l. Helle, aber glühende Bernsteinfarbe. Zeigt schon beim Einschenken eine dicke, ölige Konsistenz, fließt träge ins Glas. Was für ein Wein! Duftet nach frischem Gebäck, noch ein deutlicher Hefeton, Quitte, Aprikose, geröstete Apfelschale. Zeigt eine unglaubliche Säure, die die Süße völlig neutralisiert. Lebertranaroma am Gaumen, viel konzentrierte Aprikosenmarmelade. Ein langer Abgang, der nicht enden will.

Capital-Index	***195***
Scheuermann-Note	***100***
Anzahl der Flaschen	***5000 (0, 5 l)***
Marktpreis	***DM 695,00***
Platzierung	***6 (süß)***

1997 Muskotály Late Harvest

Eigentlich eine Aszú Essencia mit über 200 g/l Restzucker. Da dieser Wein aber früh und ohne die vorgeschriebene Fasslagerung gefüllt wurde, darf er nicht als solche bezeichnet werden. Entspricht also eher einem Ruster Ausbruch oder einer Trockenbeerenauslese. Goldgelb. Wunderbares Muskatbukett. Herrliche Würze. Botrytis und Muskataroma gehen eine wunderbare Ehe ein. Extreme Säure, die den Zucker vergessen lässt. Fast ein leichter Zitruscharakter. Enorm lebendig, verspielt, exotisch.

Capital-Index	***134***
Scheuermann-Note	***95***
Anzahl der Flaschen	***5000 (0,5 l)***
Marktpreis	***DM 125,00***
Platzierung	***54 (süß)***

István Szepsy

Tánsics u. 57
H-3909 Mád
Tel. +36/47 34 83 49
Fax +36/47 34 87 24

Daten | Fakten

Inhaber	István Szepsy
Rebfläche	15 ha
Rebsorten	Furmint, Hárslevelü, Muskat
Jahresproduktion	13 000 Flaschen

István Szepsy ist heute in jeder Hinsicht der führende Kopf des wiedererstandenen Tokaj, als vorbildlicher Winzer ebenso wie als Präsident der Vereinigung Tokaj Renaissance, in der sich die führenden Premiers Crus und Château Tokaj zusammengeschlossen haben. Der Name seiner Familie ist von alters her untrennbar mit der Geschichte dieser Region verbunden. Er stammt aus der gleichen Familie wie jener legendäre Szepsy Laczkó Máté, der 1630 (nach anderen Quellen 1650) für den ersten Ausbruch in Tokaj verantwortlich gewesen sein soll. Man erzählt sich über ihn in Ungarn eine ähnliche Geschichte wie über den legendären Erntereiter in Johannisberg im Rheingau. Wegen eines befürchteten Türkeneinfalls in das Gebiet, das damals der Fürstin Zsuzsanna gehörte, gab er Anweisung, mit der Ernte zu warten. Dadurch wurde ein Teil der Trauben von Edelfäule befallen. Durch das gemeinsame Keltern von gesunden und edelfaulen Trauben sei der erste Ausbruch entstanden. In den folgenden zehn Jahren habe man dann systematisch das Geheimnis der Edelfäule erforscht. Letzteres trifft sicherlich nicht zu, denn erstens gibt es wesentlich frühere schriftliche Hinweise auf das Phänomen der Edelfäule aus Deutschland und dem heute österreichischen Burgenland, so aus St. Margareten (1526), der Pfalz bzw. aus Heilbronn (1598) und Rust (1624). Zum anderen sind in Rust bereits die Jahre 1634 bis 1638 als gute Ausbruch-Jahre dokumentiert und der älteste erkennbar edelsüße Tokaj, den ich probiert habe, stammte aus dem Jahr 1649 und war schon ein perfektes Produkt und als Royal Tokaj deklariert.

Wie dem auch sei, der Szepsy von heute war in den 70er-Jahren Leiter der Weinbauabteilung des Kombinats in Mád und hatte als solcher 1600 Traubenbauern unter sich, die 900 Hektar Rebfläche bebauten. Bereits in den 80er-Jahren gelang es ihm, einige familiäre Flächen zu vereinen (0,3 Hektar pro Person waren erlaubt) und seinen ersten eigenen Wein zu produzieren. Nach dem Fall des Eisernen Vorhangs kaufte er sich mit diesem Rebbesitz in die mit britischer Beteiligung gegründete neue Royal Tokaji Wine Company ein, die allerdings ziemlich glücklos operierte. Beim Zusammenburch der Firma verlor er zwar 1992 alle seine Weinberge, erhielt aber genügend Abfindung, um sich neue, wesentlich bessere Parzellen zu kaufen, darunter 1 Hektar in der Riede Betsek und 2 Hektar in der Riede Danczka auf dem Királyberg sowie 1,5 Hektar in der Riede Urágya.

Danczka liegt auf 250 Meter Höhe und ist eine der höchsten Lagen in Mád. Hier werden die höchsten Zuckergradationen erreicht. Die Riede Urágya – im Volksmund »das Bett Gottes« genannt, weil an diesem Punkt die Sonne untergeht, ist total steinig, reine Felsverwitterung eines alten Vulkankraters. Hier stehen sehr alte Rebbestände. Szepsy legt strengste Qualitätsmaßstäbe an. Der Ertrag seiner Weinberge liegt bei gerade mal 10 hl/ha. Aszúweine gibt es bei ihm nur als 6 puttonyos, bzw. als Aszú Essencia. Vom Jahrgang 1998 an werden alle Lagen streng getrennt vinifiziert, mit dem Ziel, in Zukunft noch individuellere Lagen-Tokajer produzieren zu können, so wie es ihm 1996 bereits mit dem Király gelang. Dieser Wein ist das Ergebnis einer extrem späten Lese zwischen dem 29. Oktober und dem 20. November.

1996 Aszú 6 puttonyos »Király«

Eine Farbe zwischen Gold und Bernstein. Ein feiner Feuerstein-Rauchton über der Frucht und der Würze des Weins mit karamellisiertem Apfel, Rosinen, Trockenfrüchten. Am Gaumen überraschend frisch, noch eine packende Säure, die dem Wein seine oxidativen Noten nimmt. Etwas ölig in der Konsistenz, Zimt und Muskat, Bitterschokolade und etwas kandierte Orangenschale, auch leicht nussig-süßes Rancio. Sehr langer, tiefer Abgang.

Capital-Index	***142***
Scheuermann-Note	***93***
Anzahl der Flaschen	***600***
Marktpreis	***ca. DM 90,00***
Platzierung	***40 (süß)***

Von Weinmultis und Mikrocuvées

Jahrzehntelang kümmerten sich die Weinmacher in der Neuen Welt um alles andere, nur nicht um das Terroir ihrer Weinberge. Vor allem in Australien und in Kalifornien war die pure Größe eines Betriebes das einzige Kriterium, das wirklich zählte. So entstanden zwangsläufig immer größere Konglomerate und immer gigantischere Kellereien. Dank ihrer Finanzkraft, ihrer riesigen Weinbergsflächen und ihrer technischen Möglichkeiten waren und sind diese Weinmultis, die beispielsweise in Australien heute noch ca. 90 Prozent der gesamten Weinwirtschaft beherrschen, natürlich auch in der Lage, glanzvolle Prestigeweine herzustellen und mit ihren Show-Reserves jeden Weinwettbewerb zu gewinnen. Ein gutes Beispiel dafür ist Penfolds im australischen Barossa Valley mit seinem Grange, der zu den besten und gesuchtesten Rotweinen der Welt zählt und diesem Unternehmen ein extrem hohes Prestige verschaffte. Aber Penfolds, das einmal als Familienbetrieb begann, ist auch längst schon kein eigenständiges Unternehmen mehr, sondern Teil der Southcorp-Gruppe, eines börsennotierten Mischkonzerns, der nebenbei auch einer der größten Weinbergsbesitzer der Welt ist.

Seit einigen Jahren hat aber ausgerechnet im kalifornischen Napa Valley, aber teilweise auch auf dem fünften Kontinent ein Umdenken eingesetzt. Das Thema Terroir ist plötzlich zum Leitfaden für die Arbeit vieler Önologen geworden. Beim Publikum sind handwerklich gemachte Weine gefragt. Und so schlägt jetzt das Pendel extrem in die andere Richtung aus. Wurden vorher die produzierten Liter nach Millionen gezählt, ist man jetzt stolz auf jedes einzelne Barrique. Je weniger, je lieber, heißt jetzt die Devise.

Kommt es bald dahin, dass man ähnlich wie im Montrachet die Rebzeilen einzeln vinifiziert? In Burgund machen das die Winzer, weil sie nur diesen einen winzigen Besitz in dieser teuersten Lage der Welt haben und nichts dazukaufen können. Der Boden ist schließlich so rar, dass die Transaktion von ein paar Quadratmetern im Wirtschafteil von *Le Monde* gemeldet wird.

In Kalifornien beschleicht mich dagegen oft der Verdacht, es geht mehr um eine mutwillige Geschäftemacherei. Dass man das Traubenmaterial besonders alter Rebstöcke selektiert, hat ja bei den französischen Vieilles Vignes, aber auch bei den australischen Old Block Vines eine lange und sinnvolle Tradition. Aber wenn man jetzt anfängt, jede Terrasse nicht nur getrennt zu lesen, sondern auch zu vinifizieren und als Mikrocuvée abzufüllen, dann ist das letztlich kontraproduktiv. Die Ersten, die das praktizieren, bekommen natürlich Superpreise für ihre Weine – vor allem dann, wenn sie auch noch von Parker mit 100 Punkten bedacht werden.

Das Prinzip ist erschreckend simpel. Hier ein fiktives Beispiel: Aus einer fünf steinige Terrassen vulkanischen Ursprungs umfassenden Hanglage könnte man eine kommode Menge von 20 000 Flaschen produzieren und diese für 50 Dollar die Flasche verkaufen. Aber jede Terrasse für sich vinifiziert, meinetwegen nach den Namen der Kinder des Besitzers benannt und mit der Story eines besonderen Terroirs ausgeschmückt – wozu es angesichts der Bodenvielfalt im Napa Valley keiner großen Fantasie bedarf –, macht fünf mal 4000 Flaschen zum Preis von 100 Dollar.

Solche Mikrocuvées kosten dann am freien Markt schnell 1000 bis 1500 DM und sind natürlich die spektakulären Highlights jeder Probe. Doch der Inflationismus dieses Prinzips funktioniert – wie es scheint – schon in der zweiten Generation nicht mehr ganz so reibungslos. Nicht jeder Händler und schon gar nicht alle Konsumenten sind bereit, diesen Höllenritt mitzumachen. Ein gelassenes Wort des großen Weinsammlers Hardy Rodenstock: »Wenn wir ein bisschen zusammenhalten und nicht gleich jedem Modetrend hinterherlaufen, bricht das in sich zusammen wie ein Kartenhaus.«

So ist es für mich auch spannender zu beobachten, mit welcher Dynamik sich Länder, die bisher noch nicht so stark im Fokus des internationalen Interesses standen, namentlich Chile, Argentinien und Südafrika, derzeit entwickeln. In Chile zeichnete sich dies schon seit einigen Jahren ab, und es war nur eine Frage der Zeit, bis die zahlreichen Joint Ventures mit europäischem Kapital und Knowhow ihre Früchte tragen würden.

Aber wer hätte noch vor drei, vier Jahren gedacht, dass Argentinien zu einem solchen Qualitätsaufschwung fähig sein könnte? Der Pampastaat ist in diesem Buch mit drei Weinen vertreten, aber schon bei Redaktionsschluss war klar, dass es auch vier, fünf oder sechs hätten sein können. Seit hier französische Önologen wie Jean-Michel Arcaute und Michel Rolland beratend, aber auch investierend aktiv sind, entstehen hier aus den Sorten Cabernet, Merlot und Malbec Weine von stupender Qualität bei gleichzeitig noch einigermaßen vernünftigen Preisen.

Und schließlich ist da auch noch Südafrika mit einer neuen Generation von Weinen und Weinmachern, deren Stern im Jahr 2000 aufging wie das leuchtende Kreuz des Südens. Dass man am Kap aufgrund der klimatischen Bedingungen und idealen geomorphologischen Voraussetzungen mit einigen der ältesten Gesteinsformationen, die es überhaupt auf der Erde gibt, große, hochmineralische Terroirweine produzieren kann, war lange bekannt. Nur getan hat es keiner. Die südafrikanische Weinindustrie, bis vor drei Jahren mehrheitlich kontrolliert von der damals noch halbstaatlichen KWV, versuchte ihr Glück im Export von technisch sauber gemachten Massenweinen und hatte damit auch einigen Erfolg. Daneben gab es immer auch Kleinmengen von Auktionsreserven, die aber bis vor einigen Jahren auch nicht wirklich konkurrenzfähig waren. Anfang der 90er-Jahre etablierte sich dann mit Gütern wie Mulderbosch, Hamilton Russell, Thelema, Bouchard Finlayson etc. eine erste kleine Gruppe von Spitzenbetrieben. Langsam setzte sich die Erkenntnis durch, dass man mit Sauvignon und Chardonnay auf Dauer besser beraten ist als mit Chenin blanc und Müller Thurgau. Auch bei den roten Sorten begann ein langsames Umdenken. Aus der Kapsorte Pinotage entstanden erstmals profunde und authentische Weine. Unverkennbar ist die Tendenz zu den Sorten Merlot, Syrah und neuerdings auch Cabernet franc anstelle des allgegenwärtigen Cabernet Sauvignons. Durch längere Reifezeiten und bessere Selektion der Trauben verschwanden plötzlich die früher hier üblichen grünen, stark minzigen Aromen. Längere Maischegärung, Einsatz von stärker getoasteten, neuen französischen Barriques, Verzicht auf Filtration – mit solchen Maßnahmen forcierte man die Qualität. Und siehe da, rechtzeitig zur ersten großen südafrikanischen Weinmesse, der »Cape 2000«, präsentierte sich eine völlig neue Elite: junge Betriebe, deren Namen man nie zuvor gehört hatte, aber auch Traditionsgüter mit gewendeter Philosophie. Mit ihren Weinen vor allem der Jahrgänge 1997 und 1998, den Fassmustern der 99er und 2000er versetzten sie das aus aller Welt angereiste Fachpublikum in Erstaunen. Mit dem »Triple S« von Saxenburg und dem »Perold« von KWV übersprangen erstmals Syrahs aus Südafrika die 100-DM-Grenze, und Weine wie Mont du Toit und Slaley erlangten über Nacht auch in Europa Kultstatus. Sie dienen heute als Lokomotiven einer rasanten Entwicklung.

Alta Vista

Alzaga 3972, Chacras de Curia
Lujan de Cuyo
5505 Mendoza
Argentinien
Tel. +54/2 61 49 646 84
Fax +54/26 14 96 46 83
altavista@planet.com
www.wineplanet.com/AltaVista

Daten | Fakten

Inhaber	Jean-Michel Arcaute
Rebfläche	70 ha
Rebsorten	78 % Malbec, 15 % Cabernet Sauvignon, 7 % Chardonnay
Jahresproduktion	350 000 Flaschen

Zu den märchenhaften Cinderella-Storys der 80er-Jahre in Bordeaux zählt auch der Wiederaufstieg von Château Clinet in Pomerol vom fast vergessenen Aschenputtel zum hell an der Weinbörse leuchtenden Blue Chip. Dies war in erster Linie das Verdienst von Jean-Michel Arcaute, der das heruntergekommene Gut, in das er eingeheiratet hatte, kompromisslos auf Qualität und Erfolg trimmte. Gleichzeitig baute er mit seiner Firma GAM Audy ein weltweites Imperium auf, zu dem heute eine ganze Reihe namhafter Châteaux wie Beau Soleil, Croix du Casse, Valrose und Joncqueyeres gehören, aber auch Château Pajzos in Tokaj und das Projekt Edonia in Südafrika. 1997 entdeckte er seine Liebe für Argentinien und erkannte dieses südamerikanische Land mit seinem schier unermesslichen, völlig unausgeschöpften Potenzial als die große Herausforderung seines Lebens.
Inzwischen hat er Château Clinet an seinen Freund und Ex-Partner Jean-Luis Laborde verkauft. Sein Sohn Alexis und Manager Gerard Neredau kümmern sich ums Geschäft in Frankreich, während er sich die meiste Zeit in Argentinien aufhält. Dort hat er 1997 in der Appellation Lujan de Cuyo in der Provinz Mendoza, dem Herzen des argentinischen Weinbaus, zwei Weinberge gekauft, Agrelo und Las Compuertas, samt einer historischen Bodega aus dem 19. Jahrhundert. Diese erhielt den Namen Alta Vista und eine hochmoderne Ausrüstung samt Barriquekeller. Mit seinen gerade mal sieben Hektar ist der 1 000 Meter hoch gelegene Weinberg Las Compuertas für argentinische Verhältnisse ein Winzling. Die Weinstöcke, die hier auf ton- und sandhaltigen Böden mit Kieselsteinen stehen, sind zwischen 40 und 60 Jahre alt. Wichtigste Rebsorte ist die Malbec, aus der auch die schwarzen Weine des Cahors gekeltert werden. Sie waren früher einmal, zu Zeiten Peters des Großen und der Zarinnen Elisabeth und Katharina, vor allem im Osten Europas sehr populär. Die Bordelaiser *négociants* verschnitten gerne ihre Clarets mit diesen Weinen, um ihnen mehr Kraft, Struktur und Farbe zu geben. Nirgendwo auf der Welt, so die Erkenntnis von Arcaute, gibt es heute Malbecs von einer solchen Qualität wie in Argentinien.
Er geht auf Alta Vista den gleichen kompromisslosen Weg, mit dem er bereits Château Clinet zum Erfolg führte: strenge Selektion des Lesegutes, langer, intensiver Ausbau (16 Monate) in 100 Prozent neuen Barriques, kein Schönen, kein Filtern. Mit dem Jahrgang 1998

ist ihm, obwohl es für einen Spitzenjahrgang zu regnerisch war, ein erster großer Wurf gelungen. Ein Alkoholgehalt von beinahe 14 Volumenprozent und auch sonst ein sehr hohes Maß an Konzentration zeichnen diesen Wein aus. Es handelt sich um keinen reinen Terroirwein, sondern um eine Cuvée, die zu 80 Prozent aus den Trauben der alten Malbec-Stöcke von Las Compuertas besteht, ergänzt um 20 Prozent Cabernet Sauvignon aus Agrelo.

1998 Alto

Dunkles Schwarzrubin mit Purpurschimmer. Eindrucksvolle Nase mit Kaffee, Toast, schwarzer Brotrinde, Brombeerfrucht, Tabak. Dichter Stoff, kompakt. Sehr herb, tanninbetont und am Gaumen zunächst völlig verschlossen. Erst mit der Zeit etwas Kirsch- und Brombeerfrucht. Nach ein, zwei Stunden wird er zunehmend dicker, fleischiger und süßer. Deutlicher Abgang mit würzigen Aromen, Bitterschokolade. Beachtliches Entwicklungspotenzial, Zukunft für zehn, 15 Jahre.

Capital-Index	***110***
Scheuermann-Note	***90***
Anzahl der Flaschen	***25 000***
Marktpreis	***DM 85,00***
Platzierung	***344 (rot)***

Catena

Guatemala 4565 C. P.
1425 Buenos Aires
Argentinien
Tel. +54/18 33 20 80
Fax +54/18 32 30 86
bod.esmeralda@interlink.com.ar
www.nicolascatena.com

Daten | Fakten

Inhaber	Familie Catena
Rebfläche	105 ha
Rebsorten	Cabernet Sauvignon, Malbec, Chardonnay
Jahresproduktion	keine Angaben

Seit 100 Jahren produziert die Familie Catena mit der Bodegas Esmeralda Weine in der argentinischen Provinz Mendoza. In Zukunft wird dieses traditionsreiche Familienunternehmen unter Catena Wines firmieren und mit zwei Labels arbeiten. Unter dem Namen Nicolas Catena werden die hochwertigen Lagen-Weine gefüllt, unter der Marke Alamos Ridge die Zweit- und Gebietsweine.
Dr. Nicolas Catena hat an der New Yorker Columbia University studiert. Nach seiner Promotion zum Betriebswirt hat er einige Zeit in den USA gearbeitet, ehe er sich daran machte, sein Familienweingut auch qualitativ zu einem der führenden Güter des Landes auszubauen. Dabei fand er in dem argentinischen Weinmacher Pedro Marchevsky und dem Kalifornier Paul Hobbs zwei Fachleute, die ihm halfen, seine Qualitätsansprüche umzusetzen. Natürlich steht auch bei Catena die in Argentinien so weit verbreitete Sorte Malbec im Mittelpunkt der Bemühungen, aber daneben legt man auch großen Wert auf Chardonnay und vor allem auf Cabernet Sauvignon. Und gerade mit dieser Sorte gelingt Catena Außerordentliches, und zwar in einem auf 940 Meter Höhe gelegenen Weinberg namens Tikal Vineyard in Agrelo in der Region von Luján de Cuyo, in den Ausläufern der Anden. Der Weinberg ist 105 Hektar groß, rund vierzig davon sind mit Cabernet Sauvignon bepflanzt. Die Stöcke erreichen heute ein Alter von etwa 15 Jahren, und der Ertrag liegt mit zirka 65 hl/ha recht hoch, doch nur die ausgesuchtesten, vollreifen Trauben werden für die Selektion der Reserva verwendet. Mit dem Jahrgang 1996 gelang es hier erstmals, einen Wein zu produzieren, der aufhorchen ließ und den Namen Catena auf die Weinlisten führender Restaurants brachte. Im El-Niño-Jahr 1998 wurde dieser Wein nicht produziert sondern zum Alamos Ridge abgestuft. Es könnte also durchaus sein, dass der Tikal demnächst sehr knapp und gesucht sein wird.

1996 Tikal Vineyard Cabernet Sauvignon

Dunkles, dichtes Rubinrot. Nase eher verhalten bis verschlossen. Mit der Zeit kommt eine dunkle Kirschfrucht auf, durchzogen vom Duft nach Makronen und Kokosflocken, Mandeln, etwas Minze dazu, auch Kaffee. Schöne rote Fruchtaromen und Bitterschokolade am Gaumen, aber auch eine überraschend kräftige Säure, die den hohen Alkohol von 14,3 Vol.-% perfekt balanciert. Hohe Konzentration und für Argentinien ein erstaunliches Maß an Mineralität.

Capital-Index	***120***
Scheuermann-Note	***90***
Anzahl der Flaschen	***12 300***
Marktpreis	***DM 70,00***
Platzierung	***306 (rot)***

Finca Flichman

Maipu 757, 8th Floor
1006 Buenos Aires
Argentinien
Tel. +54/11 43 26 73 00
Fax +54/11 43 93 73 01
international@flichman.com.ar
www.flichman.com.ar

Daten | Fakten

Inhaber	Sogrape Vinhos
Rebfläche	216 ha
Rebsorten	Cabernet Sauvignon, Malbec, Syrah, Merlot, Chardonnay, Chenin blanc
Jahresproduktion	12 Mio. Flaschen

Die Finca Flichman wurde 1883 von Sami Flichman in Barrancas im Herzen der Weinbauregion Mendoza gegründet. Mendoza ist sowohl das größte als auch das renommierteste Weinbaugebiet Argentiniens, es liegt über tausend Kilometer westlich von Buenos Aires am Fuße der schneebedeckten Andengipfel und des Aconcagua, des mit 7000 Metern höchsten Berges Amerikas.

Die Flichmans haben das Weingut in Barrancas in einem ausgetrockneten Flußbett angelegt, das mit fruchtbarer Erde von den nahen Berghängen aufgefüllt wurde und durch ein aufwendiges Kanalsystem bewässert wird. Das Klima in dem gut 700 Meter über dem Meeresspiegel gelegenen Areal ist sonnig und trocken. Dank der hohen Temperaturschwankungen zwischen Tag und Nacht können die Beeren eine schöne Säure entwickeln. Die Trockenheit sorgt für gesunde Rebstöcke, sodass die Bekämpfung von Rebkrankheiten durch Spritzen so gut wie unbekannt ist.

Nach drei Generationen im Familienbesitz wurde die in ihrer Heimat berühmte Finca Flichman 1983 von der großen argentinischen Werthein-Gruppe übernommen: ein Einschnitt in die Firmengeschichte, der sich nicht nur auf die wirtschaftliche Solidität des Unternehmens, sondern auch auf die Qualität seiner Weine äußerst positiv auswirkte. Mit der ehrgeizigen Vision, als einer der besten Weinerzeuger Argentiniens auch die Exportmärkte in Nordamerika und Europa zu erobern, erweiterten die neuen Eigentümer den Weinbergbesitz und investierten in den Aufbau einer technologisch richtungweisenden Kellerei. Durch den Erwerb eines zweiten Weingutes im nahen Luján de Cuyo, der anerkanntesten Herkunftsbezeichnung Argentiniens, und die sukzessive Modernisierung der Kelter- und Abfüllanlagen in Barrancas wurden die Voraussetzungen dafür geschaffen.

Darüber hinaus schickte man die Önologen und Weintechniker des Hauses auf ausgedehnte Auslandsreisen in die berühmtesten Weinhäuser der Welt und schloss Beratungsverträge mit Önologen aus Bordeaux. Bei so viel Engagement und Zielstrebigkeit ließ der Erfolg nicht lange auf sich warten: Bereits 1987 wurde das Flaggschiff der Finca Flichman – der sortenreine Cabernet Sauvignon Reserva – auf der Vinexpo in Bordeaux mit einer der begehrten Goldmedaillen ausgezeichnet: der Auftakt zu einer Serie von internationalen Auszeichnungen in Madrid, Atlanta, London und Brüssel, die bis heute nicht abgerissen ist. Es überrascht deshalb nicht, dass sich 1997 der portugiesische Weinmulti Sogrape durch den Erwerb einer Mehrheitsbeteiligung bei der Finca Flichman engagierte. Das Ziel des ambitionierten Investments ist erreicht: Die traditionsreiche Finca Flichman präsentiert sich an der Schwelle zum nächsten Jahrtausend als einer der qualitativ führenden Weinerzeuger Argentiniens und als eines der viel versprechendsten Weinhäuser der Neuen Welt. Der 1996er Finca Flichman Dedicado Cabernet Sauvignon stammt von 35-jährigen Cabernet- und Syrah- sowie mehr als 60-jährigen Malbec-Reben. Er ist bewusst mit einem Minimum an äußeren Eingriffen vinifiziert worden: Mazeration und Gärung im Stahltank dauerten 27 Tage. Malolaktische Gärung und Ausbau des Weins fanden danach in neuen Barriquefässern aus französischer Nevers-Eiche statt.

1996 Dedicado Cabernet Sauvignon

Dunkles, dichtes Rubinrot. Eine schöne, würzige, schokoladige Nase. Eigentlich nicht Cabernet-typisch, eher wie Syrah oder Merlot. Erst mit der Zeit kommt ein kleiner Exotentouch von Minze. Am Gaumen samtig, dickflüssig, aber nicht ölig, sondern eher etwas aufgeraut. Dazu eine leicht portweinartige Süße von Alkohol und Extrakten. Langer Abgang mit herben Toastnoten. Ein bemerkenswerter Wein! Einer der besten aus Südamerika.

Capital-Index	***121***
Scheuermann-Note	***89***
Anzahl der Flaschen	***35 000***
Marktpreis	***DM 62,00***
Platzierung	***304 (rot)***

ADW Australian Domaine Wines

958 Walkerville Terrace
Walkerville
South Australia 5081
Tel. +61/8 82 69 55 22
Fax +61/8 82 69 40 08

Daten | Fakten

Inhaber	Ben Barletta und Ralph Cufone, Mario Barletta und Sam Cufone
Rebfläche	keine eigenen Weinberge, Traubengut wird gekauft
Rebsorten	Shiraz, Grenache, Cabernet, Merlot
Jahresproduktion	50 000 Flaschen(1998), 120 000 Flaschen (1999)

Dieses Händler-Label ist so neu, dass es darüber in der Literatur kaum Material gibt. Es wurde von einer Gruppe australischer Weinhandelsgeschäfte gegründet und lässt von diversen Winemakern in verschiedenen Anbaugebieten Weine produzieren, die man im durchaus positiven Sinn auch als Designerweine bezeichnen kann. Auf jeden Fall sind sie beeindruckend, fulminant und dabei im Vergleich zu manchen Boutiqueweinen noch einigermaßen bezahlbar.
Da gibt es zum einen den eher spaßigen Sheeraz von der Limestone Coast und dann den wesentlich seriöseren Shiraz The Alliance aus dem Barossa Valley. 1998 ist das erste Jahr, in dem dieser Wein produziert wurde. Die Grundweine wurden aus einigen ausgewählten Weinbergen des Barossa Valley bezogen, daher der Name. Als Winemaker zeichnet Ben Glaetzer von Barossa Vintners und Glaetzer Wines verantwortlich, dessen Bruder John Chief Winemaker bei Wolf Blass ist.

Der interessanteste Wein aber ist The Hattrick, eine Cuvée aus 52 Prozent Shiraz, 42 Prozent Grenache und 6 Prozent Cabernet. Dieser Wein wurde 1997 erstmals gemacht. Er bestand ebenfalls aus drei Rebsorten, aber es war eine Mischung aus drei Jahrgängen. Deshalb erhielt er statt eines Jahrgangs den Namen The Hattrick. Der 98er besteht dagegen aus Trauben eines einzigen Jahrgangs, der Name ist aber geblieben.
Für den Hattrick zeichnet als Winemaker Tony De Listo verantwortlich. Als Weinbergsmanager im McLaren Vale hat er Zugang zu erstklassigem Traubenmaterial, das er für diesen Wein kauft. Die einzelnen Weine wurden in offenen Behältern separat vergoren und nach dem Basket Pressing getrennt in französischen und amerikanischen Eichenholzfässern ausgebaut. Nach zwölf Monaten langsamer Reife wurde aus den drei verschiedenen Basisweinen eine Cuvée erstellt, die im Fass vermählt wurde.

1998 The Alliance Shiraz

Dunkles, tiefes Rubinviolett. Eine ungeheuer animierende, hedonistische Nase mit Brombeerfrucht, eine vehement pfeffrige Würze, geröstete Paprika, Kaffee, auch etwas Zimt. Am Gaumen zunächst eine opulente Süße (die sich mit der Zeit etwas abschwächt), Vanille, Karamell und schokoladige Würze, dazu etwas konzentrierter Fleischextrakt. So fleischig dick, das von den Tanninen kaum noch etwas zu schmecken ist. Es fehlt letztlich aber doch deutlich an Struktur und Säure, um ihn auf dem Siegertreppchen nach ganz oben zu katapultieren. Aber für den Preis ein Superwein!

Capital-Index	***122***
Scheuermann-Note	***90***
Anzahl der Flaschen	***22 800***
Marktpreis	***DM 30,00***
Platzierung	***296 (rot)***

1998 The Hattrick

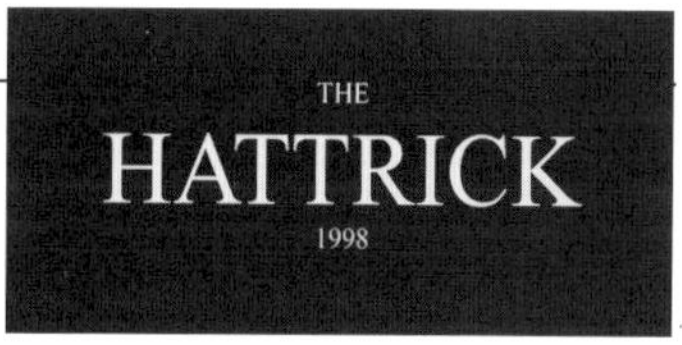

Dunkles, tiefes Rubinviolett. Eine intensive Nase anfangs mit dichten Brombeeraromen, Mokka, dunkles Karamell, schwarzer Pfeffer und etwas Minze/Eukalyptus. Später wechselt das Bukett zu einem eher roten Fruchtspektrum, Ein kraftvoller Wein mit guter Säure. Schöne Süße von Schokolade mit roten Beeren. Saftig, gut strukturiert. Langer Abgang.

Capital-Index	***124***
Scheuermann-Note	***92***
Anzahl der Flaschen	***6000***
Marktpreis	***DM 75,00***
Platzierung	***282 (rot)***

d'Arenberg Wines

Osborn Road, McLaren Vale
P. O. Box 195
South Australia 5171
Tel. +61/8 83 23 82 06
Fax +61/8 83 23 84 23
winery@darenberg.com.au
www.wineaustralia.com.au/darenberg

Daten | Fakten

Inhaber	Familie d'Arenberg-Osborn
Rebfläche	149 ha
Rebsorten	Riesling, Viognier, Sauvignon blanc, Marsanne, Tempranillo, Shiraz, Roussanne, Chambourcin, Mourvèdre, Chardonnay, Grenache, Cabernet Sauvignon, Petit Verdot
Jahresproduktion	1,5 Mio. Flaschen

Selten habe ich aus Australien derart perfekte und ausgewogene Kollektionen probieren können wie im vergangenen Jahr die 97er und jetzt die 98er Weine von d'Arenberg aus dem McLaren Vale. Diese gleichmäßige Qualität auf höchstem Niveau kennt man z. B. von Clarendon Hills, aber selbst für einen so traditionsreichen Betrieb wie d'Arenberg ist es ziemlich außergewöhnlich. Das Gut hat damit endgültig wieder Anschluss an seine große Zeit in den 60er-Jahren gefunden, als es schon einmal zur Elite der besten Cabernet-, Grenache- und Burgundy-Erzeuger gehörte. Burgundy nannte man damals in Australien noch viele Shirazweine. Während der Krise der 70er-Jahre, als alle versuchten, Rotweine mit weniger Alkohol und vor allem Weißweine zu produzieren, folgte man auch bei d'Arenberg diesem modischen Trend und versank so für einige Jahre im Mittelmaß. Erst als Mitte der 80er-Jahre Chester Osborn die Regie auf dem Weingut übernahm, besann man sich auf die Ursprünge und konzentrierte sich wieder auf das, was die Spezialität von d'Arenberg ist: mächtige und alkoholreiche Rotweine.

Das im Jahr 1912 von Joseph Osborne gegründete Weingut verfügt dafür in seinen Weinbergen über ein unermessliches Kapital. Einige der Anlagen wurden bereits in den 80er-Jahren des 19. Jahrhunderts wurzelecht gepflanzt, andere gleich zum Beginn des 20. Jahrhunderts. Diese alten Rebstöcke stehen zudem auf Böden, die zu den ältesten bekannten geologischen Formationen der Welt gehören.

1998 Fortified Vintage Shiraz

Tiefes, undurchsichtiges Schwarzrubin. In der Nase ungeheuer konzentriert mit der charakteristischen Würze von Shiraz: Kaffee, Pflaumenkompott, Pfeffer. Dickflüssig, likörartig, kirsch- und erdbeersüß. Hat nicht ganz die Säure des überragenden 97ers, den ich mit 97 Punkten bewertet habe. Der Wein ist dicker und süßer. Aber auch er hat eine schier unendliche Länge.

Capital-Index	***124***
Scheuermann-Note	***95***
Anzahl der Flaschen	***4200 (halbe)***
Marktpreis	***DM 30,00***
Platzierung	***280 (rot)***

1998 Dead Arm Shiraz

Schwarzrubin. Konzentrierte Frucht in der Nase. Wird mit der Zeit immer schokoladiger, Nougat, geröstete Mandeln, Mandelpudding, dunkles Karamell. Dickflüssig, fruchtfleischig, ein Wein zum Reinbeißen. Dicke Kirschkompottsüße am Gaumen, samtige Tannine. Langer Abgang.

Capital-Index	***125***
Scheuermann-Note	***94***
Anzahl der Flaschen	***7200***
Marktpreis	***DM 100,00***
Platzierung	***269 (rot)***

1998 Ironstone Pressing

Eine australische Variante eines Châteauneuf-du-Pape mit 70 Prozent Grenache, 20 Prozent Syrah, 10 Prozent Mourvèdre und gewaltigen 14,5 Vol.-% Alkohol. Zeigt ein tief dunkles Purpurrubin. Der würzigste, wildeste unter den Weinen. Riecht nach Pferdesattel, Leder und Schweiß, dazu Schokolade und Pfeffer. Ein ungeheuer komplexes, ungestüm junges Bukett. Am Gaumen dickflüssig, fleischig. Kirscharoma. Samtige Textur.

Capital-Index	***123***
Scheuermann-Note	***93***
Anzahl der Flaschen	***2400***
Marktpreis	***DM 100,00***
Platzierung	***285 (rot)***

1998 Coppermine Road

Dunkles, undurchsichtiges Rubinviolett. In der Nase sofort als das zu erkennen, was er ist: ein reiner Cabernet Sauvignon mit puren, frischen Fruchtaromen wie Kirsche, Brombeere und Cassis, auch etwas Minze und Schokolade. Entwickelt sich zu großer Komplexität mit etwas Orangengelee in Kombination mit Schokolade, später auch Kräutertöne und starke mineralische Komponenten. Am Gaumen dickflüssig, süßer Cassislikör. Ein muskulöser Wein mit kraftvollen Tanninen. Sehr würzig im Abgang.

Capital-Index	***124***
Scheuermann-Note	***94***
Anzahl der Flaschen	***3600***
Marktpreis	***DM 90,00***
Platzierung	***277 (rot)***

1998 The Custodian

Der süßeste und opulenteste unter den Rotweinen von d'Arenberg, ein reiner Grenache aus alten Reben. Zeigt ein nicht ganz so dichtes, dafür aber leuchtendes Rubinrot. In der Nase konzentrierte rote Beerenfrucht: Erdbeeren, Himbeere mit etwas Minze. Am Gaumen eine runde, weiche Fülle mit schmeichelnder Süße, dabei nicht ganz so breit und elegisch wie der 97er, sondern etwas frischer und lebendiger.

Capital-Index	***123***
Scheuermann-Note	***93***
Anzahl der Flaschen	***6000***
Marktpreis	***DM 60,00***
Platzierung	***287 (rot)***

Barossa Ridge Wine Estate

Light Pass Road, Tanunda
Barossa Valley, South Australia 5352
Tel. +61/8 85 63 28 11
Fax +61/8 85 63 28 11

Daten | Fakten

Inhaber	Marco und Dianne Litterini
Rebfläche	3 ha
Rebsorten	33 % Merlot, 27 % Cabernet Sauvignon, 20 % Shiraz, 13 % Cabernet franc, 7 % Petit Verdot
Jahresproduktion	18 000 Flaschen

Von Parker noch nicht entdeckt, auch im Übrigen wenig auf Publicity bedacht, ist das Weingut der Familie Litterini eine der interessantesten Entdeckungen im Barossa Valley. Hier gibt's noch einen wirklich großen Wein für wenig Geld. Bei einer unserer verdeckten Proben, in denen die Serie der australischen Spitzenweine aus Parkers Wine Advocate vom Januar 2000 nachprobiert wurden, schnitt er knapp hinter dem Hanisch Vineyard von Veritas gleichauf mit Henschkes Hill of Grace als Zweitbester ab, noch vor Viking, Greenock Creek und den übrigen.

Das Miniweingut wurde erst 1987 von Marco und Dianne Litterini gegründet. Es liegt in Vine Vale, einem winzigen Weiler am Fuß der Barossaberge, der 1860 von deutschen Siedlern gegründet wurde, die auch die ersten Weinberge anlegten. Einige von ihnen sind noch heute im Ertrag.

Das Gelände ist mit seinem alluvialen Sand-Kiesbett über rotem Lehm ein Superterroir für die Produktion hochwertiger Rotweine. Kühle Brisen sorgen für die nötige Ventilation in den heißen Sommermonaten. Die Litterinis, ursprünglich Italiener, stammen aus Tanunda, wo ihre Familie schon seit Generationen als Traubenbauern ansässig ist.

Zurzeit werden nur fünf Weine in (noch) sehr kleinen Mengen produziert, die aber nach und nach gesteigert werden sollen: je ein sortenreiner Cabernet franc, Cabernet Sauvignon, Merlot und Shiraz sowie ein Bordeaux-Blend.

Absolute Spitze der Produktion ist der Old Creek Shiraz. Die Trauben kommen aus einem jungen, erst 1993 angelegten Weinberg, in dem Litterini aber auf besonders niedrige Erträge achtet und auf das Bewässern weitgehend verzichtet.

1998 Old Creek Shiraz

Dunkles, tiefes Schwarzrubin. Imposante Nase: schwarze Brombeer- und Blaubeermarmelade, dazu anfangs eine Fülle animalischer Aromen von Pferdeschweiß und Leder, Rauch, etwas Lakritze und feinem Hopfen. Mit der Zeit auch mehr und mehr Mineralität (Feuerstein) und nach zwei, drei Stunden Schokolade, geröstete Haselnüsse und eine betörende Himbeersüße. Was für eine Komplexität, was für ein Vergnügen, die Entwicklung dieses Buketts im Glas zu erleben! Am Gaumen die totale Opulenz. Saftige, dicke süße Frucht, fast wie Likör. Unglaublich fleischig und saftig. Dieser Wein fordert total.

Capital-Index	***111***
Scheuermann-Note	***97***
Anzahl der Flaschen	***5000***
Marktpreis	***DM 48,00***
Platzierung	***342 (rot)***

Burge Family Winemakers

P. O. Box 330, Lyndoch
South Australia 5351
Tel. +61/8 85 24 46 44
Fax +61/8 85 24 44 44
ricburge@burgefamily.com

Daten | Fakten

Inhaber	Rick und Bronwyn Burge
Rebfläche	12 ha (1995)
Rebsorten	Shiraz, Cabernet Sauvignon, Merlot, Grenache, Touriga, Cabernet franc, Riesling
Jahresproduktion	40 000 Flaschen (1995)

In den späten 20er-Jahren als Wilsford Wines gegründet, firmiert das Weingut erst seit den 80er-Jahren, als Rick Burge die Leitung des Familienunternehmens übernahm, unter dem Namen Burge Family Winemakers. Der alte Name dient nur noch als Marke für die traditionellen australischen Portweine, die hier nach wie vor produziert werden. Rick Burge errichtete auch die neue Winery gleich am Ortseingang von Lyndoch an der Straße nach Adelaide, von wo aus man einen schönen Blick auf das Barossa Valley hat.

Die Trauben für die Weine stammen alle aus eigenen Weinbergen. Das Geheimnis der Qualität liegt wie so oft bei den neuen großen Weinen Australiens teilweise im hohen Alter der Rebstöcke begründet. So gibt es von Burge Family u. a. einen Old Vines Grenache, dessen Reben im Schnitt fast achtzig Jahre alt sind. Zum anderen ist natürlich vor allem bei den Shiraz- und Merlot-Weinen der Reihe Draycott Range die Handschrift des beratenden Weinmachers Rolf Binder von Veritas deutlich zu erkennen.

1998 Draycott Reserve Shiraz

Tiefdunkles Rubinviolett. Die Nase bewegt sich zwischen gebratenem Fleisch, Backwaren wie Laugengebäck, Nuss, Karamell, Mandel und Marzipan, Kakao, etwas Teer. Am Gaumen eine ungeheure Intensität von Raucharomen. Kaffee, Mokka, helles Nougat. Ein Wein, der im Augenblick unbändigen Spaß macht, der begeistert und beeindruckt wie kaum ein anderer Syrah auf dieser Welt. Ungeheuer dickflüssig und fleischig, alkoholreich (14,5 Vol.-%), ein Wein zum Kauen. Es ist alles da: Süße, konzentrierte schwarze Beerenfrucht, Würze und Säure. Extrem langer Abgang und minutenlanger Nachklang.

Capital-Index	***145***
Scheuermann-Note	***98***
Anzahl der Flaschen	***2340***
Marktpreis	***DM 45,00***
Platzierung	***167 (rot)***

Clarendon Hills

363 The Parade
Kensington Park
South Australia 5068
Tel. +61/8 83 64 14 84
Fax +61/8 83 64 14 84

Daten | Fakten

Inhaber	Roman Bratasiuk
Rebfläche	40 ha
Rebsorten	30 % Grenache, 30 % Shiraz, 20 % Merlot, 20 % Cabernet Sauvignon
Jahresproduktion	200 000 Flaschen

Von außen betrachtet ist das Weingut Clarendon Hills eine Ansammlung nüchterner Zweckbauten aus Beton, innen zwar bestens ausgestattet und klimatisiert, aber ohne jede Romantik. Es liegt weit abseits der Straße, »somewhere in the middle of nowhere«. Aber von hier, aus Blewitt Springs im heißen Süden Australiens, kommen seit Mitte der 90er-Jahre einige der gigantischsten Rotweine der Neuen Welt, allen voran der legendäre Astralis. Ihr Macher heißt Roman Bratasiuk. In seinem ersten Leben war er Biochemiker und nur privat, als Sammler und Konsument, an den großen Weinen dieser Welt interessiert. Doch eines Tages entschloss er sich, seinen einträglichen Job an den Nagel zu hängen und selbst große Weine zu machen: ein introvertierter Querdenker, der innerhalb weniger Jahre zum Superstar der Weinszene aufstieg. Er besitzt keine eigenen Reben, sondern verarbeitet die Trauben von Pachtweinbergen im McLaren Vale und kauft von Vertragswinzern, hauptsächlich Shiraz und Grenache, aber auch Cabernet Sauvignon, Merlot und ein wenig Chardonnay aus den Adelaide Hills. Das Geheimnis seiner Qualität ist zum einen das Alter der Rebstöcke und die daraus resultierenden niedrigen Erträge und fantastischen Zuckerkonzentrationen. Zum anderen geht er bei der Vinifizierung volles Risiko ein, d. h. er arbeitet mit sehr hohen Gärtemperaturen, um auch noch die letzten Aromastoffe zu extrahieren. Er baut seine Weine extrem lange in neuem Holz aus und füllt sie unfiltriert. Da kann es dann schon mal passieren, dass, wie beim 96er Blewitt Spring Grenache, die Naturhefen es nicht mehr schaffen, den Zucker völlig in Alkohol umzuwandeln, sodass ein Wein mit sirupartiger Frucht entstanden ist, ein einmaliges, kostbares Mirakel der Natur, das viele aber nicht verstanden haben.

Jeder Wein Bratasiuks ist einzigartig, der Kangarilla Grenache, der Merlot oder auch der Cabernet Sauvignon. Doch das Dreigestirn seiner Shiraz-Kollektion Brookman, Pigott Range und Astralis überstrahlt nun mal alles. Es ist für mich so etwas wie das Neue-Welt-Pendant zu den drei Grands Crus von Guigal von der Côte Rotie – La Landonne, La Mouline und La Turque.

Man sagt den Weinen der Neuen Welt oft leichtfertig nach, sie seien beliebig austauschbare Fruchtbomben, würden nicht ihr Terroir widerspiegeln. Das war einmal und trifft sicherlich auf die Massenweine, aber auch auf einige Prestigecuvées großer Kellereien zu – aber es gilt nicht für die Weine von Charakterwinzern vom Schlage eines Roman Bratasiuk. Jeder der drei für dieses Buch ausgewählten Weine hat seinen unverwechselbar eigenständigen Charakter, der wilde, etwas rustikale Brookman, der profunde und vielschichtige

Pigott Range und der unendlich konzentrierte, dabei aber doch auch elegante Astralis. Vor allem bei diesem Wein zeigt sich deutlich die Entwicklung, die Bratasiuk in den zehn Jahren, seit es dieses Gut gibt, durchgemacht hat. Was war das Mitte der 90er-Jahre für ein opulenter, aus allen Fugen berstender Wein, ein wahrer Vulkan, ein Naturereignis! Heute ist sein Feuer eingefangen, gebändigt wie in der Glut eines in Gold gefassten Rubins.

1998 Astralis

Tiefes, undurchsichtiges Rubinrot. Konzentration pur. Schwarze Aromen durch und durch: Kaffee, dunkle Beerenfrüchte, Toast, geröstete Samen. Es ist eine überraschend feine Würze, die diesen Wein auszeichnet. Sehr lang, extrem tief im Abgang. Zeigt sich jetzt in einer etwas strengen Art, aber nichts Wildes, sondern eine perfekt geschliffene Struktur. Der vielleicht eleganteste Astralis.

Capital-Index	***183***
Scheuermann-Note	***99***
Anzahl der Flaschen	***6000***
Marktpreis	***DM 259,00***
Platzierung	***49 (rot)***

1998 Brookman Shiraz

Dunkles Rubinrot. Erster Eindruck: ein Wüstling!!! Eine mächtige Duftwolke von Pferdesattel, Leder, Rauch. Dieser Eindruck setzt sich am Gaumen fort. Ein wahrer Blockbuster, ein Ungetüm. Es fehlt ihm die Finesse des Astralis, die balancierte und in die Tiefe gehende Ordnung des Pigott Range. Er ist einfach nur unbekümmert draufgängerisch, in dieser Art aber auch unglaublich sinnlich. Wie alle drei Weine eine Zukunft für zwanzig bis dreißig Jahre.

Capital-Index	***175***
Scheuermann-Note	***96***
Anzahl der Flaschen	***12 000***
Marktpreis	***DM 128,00***
Platzierung	***65 (rot)***

1998 Pigott Range Shiraz

Dunkles Rubinviolett. Konzentrierte Nase. Schwarze Beerenfrüchte, Toast und Würze. Eine kraftvolle und mächtige Säure am Gaumen, aber im Hintergrund auch Weihnachtsgebäck, Zimtsterne, Schokolade. Ein vielschichtiger, tiefer Wein, kraftvoll und dennoch saftig und elegant. In seiner Jugend ein klein wenig zugänglicher und »gefälliger« als der Astralis.

Capital-Index	***176***
Scheuermann-Note	***98***
Anzahl der Flaschen	***6000***
Marktpreis	***DM 156,00***
Platzierung	***63 (rot)***

Classic McLaren

Lot B Coppermine Road
McLaren Vale
South Australia 5171

Daten | Fakten

Inhaber	Tony De Lisio und Mark Picard
Rebfläche	keine Angaben
Rebsorten	Shiraz, Cabernet Sauvignon, Merlot
Jahresproduktion	keine Angaben

Tony De Lisio, der Winemaker und Mitbesitzer von Classic McLaren, zählt in Australien zu den absoluten Shooting Stars des letzten Jahres. Eine Benotung von 98+ durch Robert Parker katapultierte ihn und seine Weine im Februar 2000 in den Mittelpunkt des Interesses. Die Produktionsmengen der Weine sind klein, die Erträge sehr niedrig. Die Weinberge, aus denen die Trauben stammen, sind teilweise sehr jung, teils bis zu 60 Jahre alt. Tony De Lisio kam 1960 als Sohn eines italienischen Einwanderers nach Australien, der 1965 im Clarendon District einen Weinberg anlegte, den die Familie bis 1995 als Traubenlieferant bewirtschaftete, ehe sie ihn an Tatachilla verkaufte. Tony absolvierte einen kellertechnischen Kurs und studierte die Anbaumethoden der lokalen Wineries im McLaren Vale intensiv, ehe er Weinbergsmanager bei Mark Wood Estates wurde. Mit dessen Besitzer, dem Geschäftsmann Mark Picard, gründete er 1997 Classic McLaren und begann mit der Produktion von Weinen aus eigenen Parzellen und zugekauften Trauben. Gleich der erste Jahrgang bescherte ihm eine weltweite Anerkennung und Nachfrage.

1997 La Testa Shiraz

Tief dunkles, opakes Schwarzrubin. Enorme Konzentration der Aromen: Brombeere und Cassis, Eukalyptus und Minze, schwarzer Pfeffer. Dickflüssig, kräftige Säure. Sehr lang und nachhaltig, deutlich Kräuterlikör am Gaumen und eine zimtig-lakritzige Süße. Ohne Frage: Das ist ein durchaus spektakulärer Wein. Dass er aber die 98+ verdient, die ihm Parker gegeben hat, bezweifle ich. Dann müsste man beispielsweise dem profunderen und zugleich eleganteren Astralis des gleichen Jahrgangs 105 Punkte geben. La Testa ist ein Wein, der hedonistischen Fruchtbombentrinkern unbändige Freude bereiten wird, und dies ganz sicher die nächsten zehn Jahre.

Capital-Index	***127***
Scheuermann-Note	***95***
Anzahl der Flaschen	***10 000***
Marktpreis	***DM 50,00***
Platzierung	***263 (rot)***

Fox Creek Wines

Malpas Road, Willunga
P. O. Box 321
McLaren Vale
South Australia 5171
Tel. +61/8 85 56 24 03
Fax +61/8 85 56 21 04
sales@foxcreekwines.com
www.foxcreekwines.com

Daten | Fakten

Inhaber	Familien Watts und Roberts
Rebfläche	40 ha
Rebsorten	40 % Shiraz, 15 % Cabernet Sauvignon, 2 % Merlot, 3 % Cabernet franc, 25 % Chardonnay, 5 % Sauvignon blanc, 5 % Verdelho, 5 % Sémillon
Jahresproduktion	300 000 Flaschen

Das erst 1984 gegründete, ziemlich junge Weingut liegt im Herzen von McLaren Vale in Südaustralien. Mit seinen traumhaften Shiraz gehört es heute bereits zur absoluten Elite Australiens. Es befindet sich im Besitz der Familien Watts und Roberts, die es vom Gründer und früheren Besitzer James Stanley Malpas übernommen haben. An diesen erinnert ein Wein aus Shiraz mit etwas Cabernet, der sein Namenskürzel JSM trägt.
Das Weingut produziert einerseits eine breite Palette von Weinen aus Rebsorten wie Cabernet, Merlot, Chardonnay, Sémillon und Sauvignon blanc bis zum modischen Verdelho, konzentriert sich andererseits aber auf den Klassiker Shiraz, der fast die Hälfte der Weinbergsfläche einnimmt und auf den hier vorherrschenden schwarzen Lehmböden Traumergebnisse bringt. Eher als Kuriosität unter diesen Weinen muss man wohl den jahrgangslosen schäumenden Shiraz Vixen ansehen. Der dürfte einer der ungewöhnlichsten Schaumweine der Welt sein: Flüssige Schwarzwälder Kirschtorte mit Blaubeeren und Schokolade dazu, und das mit trockenem Abgang.
Die eigentliche Qualität liegt aber bei den großen, mächtigen Cabernet- und Syrahweinen, unter denen der Shiraz Reserve eine Sonderstellung einnimmt. Ein fast schon unglaublich konzentrierter Wein, der komplett in neuen französischen Eichenbarriques ausgebaut wird. Ihm und den Spitzenbewertungen, die er weltweit erhielt, verdankt das Weingut seine heutige Reputation. Er wurde 1994 erstmals produziert, als die Rebstöcke ein Alter von gerade mal zwölf Jahren hatten. Beim 98er waren sie bereits 16 Jahre alt und man darf wirklich gespannt darauf sein, was dieser Weinberg an Qualität bringen wird, wenn er erst mal ein richtiges Alter von 20 bis 25 Jahren erreicht hat.
Im Gegensatz zu vielen anderen neuen australischen Boutiquewineries, die dazu neigen, ihre Spitzenweine als immer winzigere Mikrocuvées von manchmal nur zwei, drei Barriques preistreibend auf den Markt zu bringen, bemüht man sich bei Fox Creek, einen solchen Wein nicht nur in Superqualität, sondern auch in einer anständigen Menge zu produzieren.

1998 Shiraz Reserve

Tief dunkles Schwarzrubin bis Purpur. In der Nase konzentrierte Frucht: schwarze Beeren, Pflaumen, Wildkirsche. Dazu eine feine Holzwürze mit Vanille, Karamell, Schokolade, Zimtteig bis hin zu Kokos. Ein nahezu perfekt gebauter Körper, in dem alle Elemente sich die Waage halten: Frucht, Süße, Säure, Alkohol, Tannine. Bei aller Kraft auch Eleganz, viel Schmelz und saftige rote Beerenfrucht. Erinnert in seiner Ausgewogenheit stilistisch eher an Chapoutiers Le Pavillon als an die Guigal-Weine, mehr Hermitage als Côte Rôtie. Ist eigentlich nur an dem winzigen Hauch Minze und Eukalyptus in der Nase als Wein der Neuen Welt zu identifizieren. Bleibt sehr lange und intensiv am Gaumen. Tiefer Abgang. Zukunft für 15 bis 20 Jahre.

Capital-Index	***147***
Scheuermann-Note	***99***
Anzahl der Flaschen	***27 000***
Marktpreis	***DM 89,00***
Platzierung	***156 (rot)***

Greenock Creek

Radford Road
Seppeltsfield
South Australia 5355
Tel. +61/8 85 62 81 03
Fax +61/8 85 62 82 59

Daten | Fakten

Inhaber	Annabelle und Michael Waugh
Rebfläche	3 ha
Rebsorten	Cabernet Sauvignon, Grenache, Shiraz, Chardonnay
Jahresproduktion	18 000 Flaschen

Das Weingut von Annabelle und Michael Waugh liegt im äußersten Westen des Barossa Valley, also auf der Schokoladenseite des Tales, die die besten Rotweine hervorbringt. Für das Weinmachen zeichnete bis 1997 Chris Ringland verantwortlich, jener Wunderönologe und Winemaker von Rockford, der in Australien heute einen ähnlichen Einfluss hat wie z. B. Helen Turley in Kalifornien oder Michel Rolland in Bordeaux. Ihm verdanken wir inzwischen ein halbes Dutzend oder mehr interessante neue Weine wie Torbreck, Hutton Vale, Randall's Hill. Auch bei Greenock Creek setzte er sein bewährtes Konzept ein, das im Wesentlichen auf zwei Grundlagen beruht – einer extremen Ertragsreduzierung und dem Streben nach allerhöchster physiologischer Reife des Traubenguts. Dass dazu nicht immer uralte Rebstöcke notwendig sind, sondern dass man auch mit halbwüchsigen Rebstöcken Großes leisten kann, bewies Chris Ringland mit dem 97er Cabernet Sauvignon, dessen Trauben von jungen, gerade mal elf Jahre alten Reben stammen. Allerdings lag der Ertrag bei niedrigen 2 tons per acre.

1997 Cabernet Sauvignon

Dunkles Schwarzrubin. Eine Supernase: dunkle Beeren, Toast, Würze, Praline. Am Gaumen opulent, dickflüssig. Erster Eindruck: Kaffee, ganz starke, schwarze Schokolade, dann Nougat, kandierte Kirschen. Sehr feine Bitterstoffe. Kraftvolle Säure, prächtige Tannine. Konzentriert in allem: Süße, Tannin, Würze. Eine Dimension des Cabernets, die es sonst wohl nirgends gibt. Zu was soll man das trinken? Ersetzt eigentlich eine ganze Mahlzeit!

Capital-Index	***137***
Scheuermann-Note	***96***
Anzahl der Flaschen	***4200***
Marktpreis	***DM 129,00***
Platzierung	***205 (rot)***

1997 Creek Block Shiraz

Dunkles Rubinrot. In der Nase ein ausgeprägter Duft von Kirsch- und Kräuterlikör, etwas Fichtennadel, Möbelpolitur und mit der Zeit immer mehr Himbeersüße. Schöne dichte Art am Gaumen, konzentrierte rote Früchte, Süßholz, sizilianische Lakritzstäbchen.

Capital-Index	***132***
Scheuermann-Note	***91***
Anzahl der Flaschen	***1200***
Marktpreis	***DM 129,00***
Platzierung	***235 (rot)***

J. J. Hahn

c/o Rolf Binder
Langmeil Road
Tanunda
South Australia 5352
Tel. +61/8 85 63 23 30
Fax +61/8 85 63 31 58
veritas@terra.net.au

Daten | Fakten

Inhaber	Familie Hahn
Rebfläche	10,5 ha
Rebsorten	Shiraz, Cabernet Sauvignon
Jahresproduktion	keine Angaben

Seit drei Generationen sind die Mitglieder der Familie Hahn als Traubenbauern im Barossa Valley verwurzelt. Die Hahns besitzen genau jene Art von Weinbergen, auf die ambitionierte Winemaker, aber auch die großen Weinmultis für ihre Prestigeprodukte scharf sind: vor Jahrzehnten angelegt, behütet wie ein Augapfel und von der Familie sorgfältig und mit der Erfahrung von Generationen gepflegt.

1997 entschlossen sich James und Jacqui Hahn, einige dieser Parzellen, deren Trauben sie bislang an renommierte Kellereien verkauften, als Single Vineyards zu vinifizieren und holten sich dazu keinen Geringeren als Rolf Binder von Veritas ins Boot. Die beiden Weine unterscheiden sich im Wesentlichen durch das Alter der Rebstöcke: zum einen ist es der '79 Block aus 26 Jahre alten Cabernet-Sauvignon-Reben und der 1914 Block aus über 80 Jahre alten Shirazstöcken. Besonders mit diesem ungeheuer süßen und opulenten Shiraz gelang dem Weingut J. J. Hahn ein überzeugendes Debüt.

1997 Shiraz 1914 Block

Schwärzliches Rubinrot, tief und undurchsichtig. In der Nase ein intensiver, süßer Duft von kandierten Kirschen und Schokolade, dazu eine exotisch-pfeffrige Würze. Am Gaumen dickflüssig, cremig-weich und opulent. Totale Süße von eingedickten roten Früchten, getragen von mächtigem Alkohol.

Capital-Index	***113***
Scheuermann-Note	***90***
Anzahl der Flaschen	***keine Angaben***
Marktpreis	***DM 59,00***
Platzierung	***336 (rot)***

Henschke

P. O. Box 100
Keyneton
South Australia 5353
Tel. +61/8 85 64 82 23
Fax +61/8 85 64 82 94

Daten | Fakten

Inhaber	Familie Henschke
Rebfläche	14,5 ha
Rebsorten	Riesling, Shiraz, Cabernet Sauvignon, Sémillon, Chardonnay, Pinot noir, Merlot
Jahresproduktion	59 000 Flaschen

Die ursprünglich aus Schlesien stammende Familie Henschke gehört zu den ältesten Namen im Barossa Valley und ihr Hill of Grace ist eine der herausragenden Landmarks unter den Weinbergen Südaustraliens. 1861 kam Johann Christian Henschke, der aus religiösen Gründen seine Heimat Kutschlau verlassen hatte, ins Barossa Valley und kaufte hier eine Farm, auf der er auch einen ersten kleinen Weinberg anlegte.

Zunächst war der Wein nur zum Hausgebrauch für die Familie bestimmt. Aber bereits im Jahr 1868 füllte er erstmals Wein – überwiegend Shiraz und Riesling – für den kommerziellen Gebrauch. Unter der Leitung seines Sohnes Paul Gotthard Henschke entwickelte sich aus der Farm allmählich ein richtiges Weingut. In der dritten Generation konzentrierte sich Paul Alfred Henschke vor allem auf die Produktion von Fortified Wines. Erst Cyril Alfred Henschke kreierte den Wein, der seinen Namen um die Welt trug: Hill of Grace. 1958 kam der erste Henschke-Shiraz unter diesem Label auf den Markt. Dieser acht Hektar große Weinberg – sein Name ist die wörtliche Übersetzung des deutschen Gnadenberges – liegt auf 400 Meter Höhe direkt neben der alten lutherischen Kirche von Keyneton. Seine Geschichte reicht bis in das Jahr 1842 zurück. Die ältesten heute noch tragenden Teile, The Grandfathers genannt, wurden um 1860 angelegt. Diese uralten, baumstammdicken Stöcke aus Prä-Phylloxera-Setzlingen, die die ersten Einwanderer aus Europa mitgebracht hatten, sind also ungefähr 130 Jahre alt. Heute pflegt Stephen Henschke in der fünften Generation dieses wahrhaft begnadete Erbe seiner Vorväter.

1995 Hill of Grace

Tief dunkles Schwarzrubin. Ein Wein, der einem zunächst mit einem sehr stark würzigen, kompakten Aroma im Glas entgegenkommt, charaktervolle Terroirnoten zeigt und dahinter ein dickes dunkles Beerenkompott. Nach drei, vier Stunden geht das Bukett dann auf mit einer ungeheuren, kaum zu definierenden Vielfalt wechselnder Nuancen: Schoko-Feigen, Lakritze, Tabak, Mandelgebäck, aber auch eine ungeheuer vielschichtige, elixierhafte Kräuteraromatik von Zitronenmelisse und Eukalyptus bis hin zu Majoran. Eine Komplexität wie man sie nur äußerst selten findet. Am Gaumen ein kraftvoller, konzentrierter Wein mit mächtigen Tanninbarrieren und intensiver Säure. Anfangs vor allem viel Bitterschokolade und mit der Zeit auch am Gaumen eine intensive Kräuterwürze von Majoran und Thymian. Erst nach mehreren Stunden im Glas lässt er etwas von seiner zukünftigen Eleganz und Feinheit erkennen.

Capital-Index	***171***
Scheuermann-Note	***97***
Anzahl der Flaschen	***20 000***
Marktpreis	***DM 450,00***
Platzierung	***71 (rot)***

Peter Lehmann

Para Road
Tanunda
South Australia 5352
Tel. +61/8 85 63 25 00
Fax +61/8 85 63 34 02
www.peterlehmannwines.com.au

Daten | Fakten

Inhaber	Aktiengesellschaft
Rebfläche	56 ha (und Trauben von 150 anderen Winzern)
Rebsorten	Cabernet Sauvignon, Chardonnay, Grenache, Mourvèdre, Shiraz
Jahresproduktion	2,6 Mio. Flaschen

Der Name Peter Lehmann ist untrennbar mit der jüngeren Weinbaugeschichte Australiens verbunden. Als Ende der 70er-Jahre ein Rotweinüberschuss die Existenz vieler Traubenlieferanten bedrohte, verhielt Peter Lehmann sich den Winzern gegenüber außerordentlich loyal. Mit den Worten »If anything is a gamble, this is it!« gründete er 1979 eine eigene Kellerei, in der die vor dem Ruin stehenden Winzer einen neuen Partner fanden. Dieses Verhalten hat ihn zu einer lebenden Legende gemacht und nur so lässt sich die außerordentliche Anhänglichkeit seiner Vertragswinzer verstehen, die es ihm ermöglicht, konstant bestes Traubenmaterial auch in großen Mengen zu kaufen.

So stammen die Trauben für den weltweit anerkannten Stonewell Shiraz aus einem Weinberg mit über 100 Jahre alten Reben, was seine enorme Dichte und Konzentration zu einem Teil begründet. Der Wein kommt immer erst nach einer Gesamtlagerzeit von fünf Jahren in den Verkauf. Der andere Premiumwein von Peter Lehmann heißt Eight Songs, ebenfalls ein Shiraz von besonders alten Reben mit niedrigem Ertrag, deren tiefes Wurzelsystem die Reben auch in den trockenen Jahren mit genügend Feuchtigkeit und Nährstoffen versorgt.

Das eigentliche Qualitätswunder dieser Kellerei stellt aber in meinen Augen der ganz normale Barossa Shiraz dar. Hier gelang Winemaker Andrew Wigan im Superjahr 1997 ein Wein, den er selbst als den vermutlich besten Shiraz bezeichnet, den er je gemacht hat. Von diesem Wein gibt es je nach Jahrgang zwischen 300 000 und 400 000 Flaschen. Warum so bemerkenswert? Er kostet im Einzelhandel ganze 18 bis 20 Mark! Damit wird er von vielen Weinbanausen als australischer Massenwein abgestempelt. Dabei schmeckt er so gut, dass ich ihm gerne 90 Punkte gebe. Bei einer Blindprobe von lauter australischen Top-Shiraz, die alle das Drei- bis Fünffache kosten, belegte er einen respektablen dritten Platz. Die Trauben kommen von Rebstöcken, die im Schnitt ein Alter von 50 Jahren haben. Sie stammen alle aus dem gleichen Tal, wachsen auf verwandten Terroirs und die Weingärten werden von kleinen Winzern gepflegt. Die Menge ist für australische Verhältnisse eher klein und entspricht in etwa der Jahresproduktion eines Premier Grand Cru aus Bordeaux, wobei die wenigsten Spitzengewächse aus dem Bordelais ein auch nur annähernd so hohes Durchschnittsalter für ihre Reben angeben können. Aber dank ihres Renommees kosten sie mehr als das Zehnfache.

1997 Barossa Shiraz

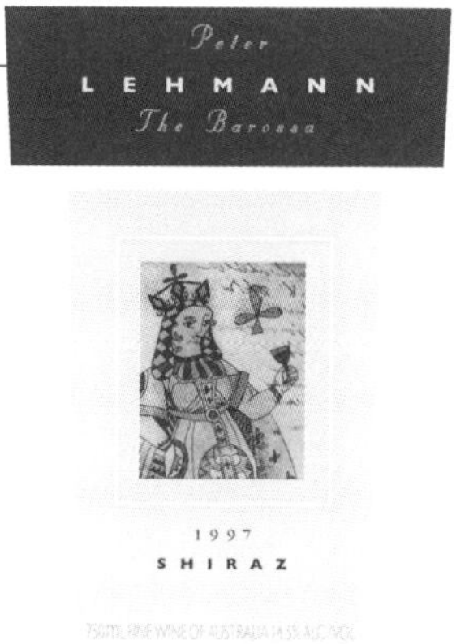

Dunkles Rubinrot. In der Nase zunächst Schokolade pur, dann Nuss, Vanillecreme mit schwarzen Kirschen. Ein opulenter, cremig-weicher Wein, sehr lang, sehr elegisch schwerblütig. Am Gaumen Karamell und rote Früchte. Dabei Struktur und Tiefe. Er ist genau das, was sein Label sagt: der Inbegriff des Barossa Terroirs. Vielleicht das beste Preis-Leistungs-Verhältnis der Welt.

Capital-Index	***145***
Scheuermann-Note	***90***
Anzahl der Flaschen	***360 000***
Marktpreis	***DM 25,00***
Platzierung	***163 (rot)***

1994 Stonewell Shiraz

Dunkles, dichtes Rubinrot. Brombeere, etwas Eukalyptus und schwarze Kaffeebohnen, Mandelcreme. Später auch rote Bete und Kirsche. Ein dicker, fleischiger Wein, süß, würzig, wollüstig. Es fehlt etwas die Säure, die ihn strukturieren könnte. Hat aber eine schöne, dunkel pfeffrige Würze. Sehr lang im Abgang.

Capital-Index	***150***
Scheuermann-Note	***93***
Anzahl der Flaschen	***30 000***
Marktpreis	***DM 60,00***
Platzierung	***132 (rot)***

1996 Eight Songs

In der Nase eine charakteristische Mischung aus Schokolade, Karamell und konzentrierter dunkler Beerenfrucht mit etwas Minze. Opulent mit einer schönen klaren Frucht am Gaumen, dickflüssig und weich in den Tanninen, aber auch saftig und frisch. Der modernste der drei Lehmannweine.

Capital-Index	***147***
Scheuermann-Note	***93***
Anzahl der Flaschen	***20 000***
Marktpreis	***DM 60,00***
Platzierung	***148 (rot)***

Lengs & Cooter

24 Lindsay Terrace
Belair
South Australia 5052
Tel. +61/8 82 78 39 98
Fax +61/8 82 78 39 98

Daten | Fakten

Inhaber	Lengs & Cooter Producers
Rebfläche	keine eigenen Weinberge, Rebgut wird gekauft
Rebsorten	Cabernet Sauvignon, Shiraz
Jahresproduktion	36 000 Flaschen

Die Geschichte von Lengs & Cooter begann Anfang der 80er-Jahre in einer echten Weinlaune: Eine Gruppe von Freunden, darunter auch die beiden Hobby-Winemaker Karel Lengs, Projektmanager der australischen Telefongesellschaft Telstra, und Colin Cooter, im Hauptberuf Immobilienhändler, beschlossen eines Tages in feuchtfröhlicher Runde, einen eigenen Wein zu kreieren. Sie gründeten dafür einen Club, der sich »Bach d'Or« nannte, kauften bei kleinen Traubenproduzenten im McLaren Vale Grenachetrauben und vinifizierten diese mithilfe der Olive Hill Winery. Aus Spaß an der Freud stellten sie diesen Wein bei einer Show für Amateurwinzer an und gewannen prompt eine Bronzemedaille.

Mit der Zeit kauften sie dann einzelne Parzellen. Eine Garage wurde zum Kelterhaus umfunktioniert und ein Milchtank diente als Gärbehälter. Allenfalls gute Freunde kamen in den Genuss dieser experimentalen Mikrocuvées. Doch die außerordentliche Qualität der Weine sprach sich schnell herum und das Amateurunternehmen wurde immer professioneller.

1993 war es dann endlich soweit. Lengs & Cooter firmierte jetzt als »Producers and Distributors of fine Wines« (in Frankreich würde man dazu Négociants-Eleveurs sagen) und brachte den ersten kommerziellen Shiraz auf den Markt. Dessen Trauben stammten von 80 Jahre alten Rebstöcken aus der Gegend von Sevenhill im Clare Valley. Schnell machten die Weine Furore, erreichten hohe Punktbewertungen bei der internationalen Weinkritik sowie zahlreiche Medaillen bei den offiziellen australischen Weinshows. Trotz all dieser Erfolge sind diese Weine, angefangen beim Riesling und Sémillon bis hin zu Old Vine Shiraz in ihrer jeweiligen Klasse vergleichsweise preiswert geblieben. Das gilt nicht nur für die beiden Cuvées Victor (Grenache/Shiraz) und Swinton (Cabernet/Shiraz), sondern auch für den Spitzenwein aus ausgesuchten alten Shiraz-Rebstöcken im Clare Valley.

1998 Old Vine Shiraz

Dunkles, dichtes Schwarzrubin. In der Nase eine beeindruckende Würze von Majoran, gebackenem Sellerie, Beeftea. Dazu etwas Eukalyptus und dunkle Beeren. Später – nach ein bis zwei Stunden – mehr und mehr Schokolade und Minze (After Eight). Am Gaumen zeigt er eine reiche Süße und deutlich mehr Eleganz als Kraft.

Capital-Index	***125***
Scheuermann-Note	***93***
Anzahl der Flaschen	***6000***
Marktpreis	***ca. DM 82,00***
Platzierung	***274 (rot)***

Magpie Estate

c/o Rolf Binder
Langmeil Road
Tanunda
South Australia 5352
Tel. +61/8 85 63 23 30
Fax +61/8 85 63 31 58
veritas@terra.net.au

Daten | Fakten

Inhaber	Noel Young und Rolf Binder
Rebfläche	noch keine eigenen Weinberge
Rebsorten	Grenache, Mourvèdre, Shiraz
Jahresproduktion	keine Angaben

Dieses Weingut wurde Mitte der 90er-Jahre von dem englischen Weinhändler Noel Young und Rolf Binder, dem Winemaker von Veritas, als Gemeinschaftsprojekt ins Leben gerufen. Bislang werden die Weine ausschließlich aus gekauften Trauben vinifiziert. Erst ab dem Jahrgang 2001 wird es eine erste Ernte aus eigenen, neu angelegten Weinbergen geben. Deshalb und aufgrund neuer Verträge mit ausgesuchten Traubenlieferanten wird die Menge in den nächsten Jahren allmählich steigen. 1996 gelang den beiden mit The Malcolm – einem Shiraz aus 60 Jahre alten Rebstöcken – ein Geniestreich, der sie über Nacht in den Mittelpunkt des Interesses katapultierte. Unfiltriert und mit über 16 Volumenprozent Alkohol ist dieser Wunderwein die totale Expression der Rebsorte und der Region. Für mich nicht nur der beste australische Shiraz der 90er-Jahre, sondern ein Wein, der selbst den 90er La Chapelle und den 85er La Turque an der Rhône übertrifft. Er sprengt dermaßen die Dimensionen der herkömmlichen Weinbewertung, dass man eigentlich alle anderen 100-Punkte-Syrahweine zurückstufen müsste. Aber wer hätte jemals ahnen können, dass man einen solchen Wein überhaupt machen kann, dass Trauben von einer solchen perfekten Überreife überhaupt wachsen können und dass es einen Weinmacher gibt, der damit so umgehen kann, dass Wein und nicht Likör daraus wird? Solches Material schenkt die Natur selbst in Australien den Weinbauern nicht jedes Jahr, und so wurde dieser Wein weder 1997 noch 1998 gemacht. Die Trauben waren Young und Binder nicht perfekt genug. Der 1999er – so berichtet Young – sei »spektakulär«. Was immer das heißen mag. Drei Barriques wird es davon geben. Außer dem Malcolm gibt es unter dem Magpie Label einen Grenache namens The Faker, eine Cuvée aus Grenache und Mourvèdre, sowie einen Single Vineyard Grenache. Diese Weine liegen zwar qualitativ nicht annähernd auf dem Niveau des Malcolm, aber sie sind doch so gut, dass sie im Sortiment eines weniger ambitionierten Erzeugers wahre Perlen wären.

1996 The Malcolm Barossa Shiraz

Schwarzrubin. In der Nase höchste Konzentration und eine kaum in Worte zu fassende Vielfalt der Aromen: Kokos, Kaffee, Schokolade, Pistazienmasse, Marzipan, dunkle Beerenkonfitüre, Pflaumenmus, dazu asiatische Gewürznoten (u. a. Hoisin-Sauce). Dieser Wein raubt einem beim ersten Schluck den Atem mit seiner portweinartigen Süße von Himbeere, Schokolade und Kirschwasser bis hin zu Honiglikör. Mit seinen herrlich samtigen Tanninen tapeziert er den ganzen Mund aus und bleibt minutenlang. Ein gigantischer Wein, cremig, fleischig, fett. Dickflüssig wie türkischer Mokka. So etwas habe ich noch nie getrunken. Ein Wein aus einer anderen Welt.

Capital-Index	***197***
Scheuermann-Note	***100***
Anzahl der Flaschen	***1200***
Marktpreis	***ca. DM 256,00***
Platzierung	***32 (rot)***

Charles Melton

Krondorf Road
Tanunda
South Australia 5352
Tel. +61/8 85 24 40 25
Fax +61/8 85 24 47 72
www.charlesmelton.com.au

Daten | Fakten

Inhaber	Charles Melton
Rebfläche	2,8 ha
Rebsorten	Shiraz, Cabernet Sauvignon, Grenache, Pinot noir
Jahresproduktion	keine Angaben

Geboren in Sydney, lebt Charles Melton inzwischen seit einem guten Vierteljahrhundert im Barossa Valley. In der letzten Dekade hat er sich dank seiner vielfältigen, tief reichenden Erfahrung und seiner Kreativität zu einer der Leitfiguren der aktuellen Szene aufgeschwungen. Er ist Chairman der Barossa Winemaker Association und ein vehementer Verfechter der Low Tech Vinification. Melton kam Anfang der 70er-Jahre nach Südaustralien und sammelte seine Erfahrungen im Dienste von Peter Lehmann, ehe er sich 1984 mit einigen Freunden aus dem Barossa Valley im Teamwork zur Selbstständigkeit entschloss. Sein Anliegen war es vor allem, die damals noch unterschätzten Sorten Grenache und Shiraz stärker zu pflegen. So wurde er zum Vordenker und Vorreiter der Rhône-Style-Weine Australiens. Sein Blend Nine Popes ist so etwas wie die Mutter aller GSM-Weine, der Grenache-Syrah-Mourvèdre-Assemblagen, die es heute in Australien gibt, und trägt in seinem Namen eine witzige Anspielung an Châteauneuf-du-Pape. 1988 erstmals produziert gehört diese Cuvée zu den modernen Klassikern im Barossa Valley. Bei den Grenache-Rebstöcken, deren Trauben er für diesen Wein verwendet, handelt es sich um wurzelechte alte Prephyloxera Bushwines, die zu den ältesten Reben dieser Art auf der Welt gehören. Der Ertrag liegt bei diesen Weinbergen zwischen 0,5 und 1,5 tons per acre.

1998 Nine Popes

Dunkles, dichtes Rubinrot. Eine Supernase, bestehend aus dicker Kirsch- und Brombeerfrucht, Pflaumenkompott, später auch mehr und mehr Süße. Saftig, von barocker Üppigkeit mit weichem Schmelz, likörartige Portwein-Kirschsüße. Dazu kommt eine intensive Tabak- und Lakritzwürze vom Syrah und Bitterschokolade und Mokka im Abgang. Ein großer Wein mit allem, was dazugehört – spaßig und sexy.

Capital-Index	***144***
Scheuermann-Note	***94***
Anzahl der Flaschen	***keine Angaben***
Marktpreis	***ca. DM 53,00***
Platzierung	***172 (rot)***

Noon Winery

Rifle Range Road
McLaren Vale
South Australia 5171
Tel. +61/8 83 23 82 90
Fax +61/8 83 23 82 90

Daten | Fakten

Inhaber	Drew und Raegon Noon
Rebfläche	2 ha
Rebsorten	Cabernet Sauvignon, Shiraz, Grenache
Jahresproduktion	30 000 Flaschen

Leider habe ich die Reserve Cabernet Sauvignon von Noon bisher nicht probieren können, dem man nachsagt, er ließe selbst all die neuen kalifornischen Kultweine wie Colgin, Harlan und Maya verblassen. Aber schon der Eclipse und vor allem die Reserve Shiraz vermitteln ein äußerst eindrückliches Bild dieses neuen Superstars aus dem Süden Australiens. Drew Noon, der mit dem Jahrgang 1997 die Verantwortung als Weinmacher von seinem Vater David übernommen hat, zählt zu den ganz großen Talenten in down under.

Die Geschichte dieses Familienweinguts beginnt 1976, als der Schullehrer David Noon mit seiner Frau Nerida dieses Weingut zunächst als Hobbybetrieb gründete. Damals wie heute ist es eines der kleinsten Weingüter im McLaren Vale, auch wenn es inzwischen in allem – vom winemaking bis zum Markting – eine höchstes Maß an Professionalität erreicht hat.

Die Trauben für den Eclipse – eine Cuvée aus ca. 2/3 Grenache und ca. 1/3 Shiraz, entstammen Rebstöcken, die ein Alter zwischen 35 und 60 Jahren erreichen und entsprechend niedrige Erträge haben: Noons Antwort auf Châteauneuf-du-Pape. Ein alkoholreicher Wein, der je nach Jahrgang 15 bis 16 Vol.-% Alkohol aufweist. Auch der Reserve Shiraz ist ein Alkohol-Monster und bestes Beispiel für den portweinsüßen, likörhaften Stil, den man bei Noon mit niedrigen Erträge, hoch- oder sogar überreifem Lesegut aus später Ernte sowie einer sehr tradionellen Vinifizierung (basked pressed) und einer Füllung ohne Filtration ganz konsequent anstrebt.

1998 Eclipse

Tiefschwarzes Rubinviolett. Eine dichte Nase von schier unglaublicher Konzentration: Schokolade, Nougat, dunkles Karamell, Tabak, Trockenfrüchte, Pflaumen und Rum, mit der Zeit etwas offener, fruchtiger: Blaubeere und Brombeere. Dickflüssig, schwarzer Pfeffer am Gaumen. Bleibt aber in allem etwas rustikal und derb, zumindest für den Augenblick. Ich habe keinerlei Ahnung wie sich ein solches Monster entwickelt. Zeigt imponierende Konfitüresüße am Gaumen. Langer Abgang.

Capital-Index	***139***
Scheuermann-Note	***96***
Anzahl der Flaschen	***10 200***
Marktpreis	***DM 75,00***
Platzierung	***194 (rot)***

1998 Reserve Shiraz

Dunkles Schwarzrubin. Enorm konzentriert und auch alkoholreich. Berauschendes Bukett mit intensiver, dunkler Beerenfrucht, Konfitüre, Früchtebrot, Tabak- und Holzwürze. Zeigt bei aller Wucht aber auch viel Eleganz und Süße, opulent und sehr fruchtbetont am Gaumen. Besitzt den für die Rebsorte in dieser Konzentrationsstufe typischen schokoladigen Schmelz. Er ist auf höchstem Niveau ausgewogen. Zu den 100 Punkten fehlt ihm vielleicht ein bisschen mehr Säure. Das Zukunftspotenzial schätze ich auf 15 bis 20 Jahre.

Capital-Index	***141***
Scheuermann-Note	***99***
Anzahl der Flaschen	***4000***
Marktpreis	***DM 100,00***
Platzierung	***186 (rot)***

Penfolds Wines

Tonunda Road, P. O. Box 21
Nuriootpa
South Australia 5355
Tel. +61/8 85 60 93 89
Fax +61/8 85 62 16 99
www.penfolds.co.uk

Daten | Fakten

Inhaber	Southcorp Wines Ltd.
Rebfläche	keine Angaben
Rebsorten	keine Angaben
Jahresproduktion	12 Mio. Flaschen

Wie alle australischen Weingiganten hat auch Penfolds einmal ganz klein angefangen. Gegründet wurde das gleichnamige Weingut 1844 von dem englischen Arzt Dr. Christopher Rawson Penfold, der seine Patienten mit Wein als Gesundheits-Tonikum behandelte. Mit Rebsetzlingen, die er aus Europa mitgebracht hatte, pflanzte er in Magill, neun Kilometer außerhalb von Adelaide, in der Nähe seines »The Grange« genannten steinernen Cottage den ersten Weinberg, der gerade mal 50 acres groß war. Seine Nachfahren führten das Gut weiter bis in das Jahr 1962. Penfolds war dann eines der ersten Weinunternehmen Australiens, das in eine Aktiengesellschaft umgewandelt wurde, die mehrfach den Besitzer wechselte, von der Adelaide Steamship Company bis zur South Australian Brewing Company. So wurde Penfolds zum prestigeträchtigen Nukleus für den größten Weinmulti Australiens, der heutigen Southcorp. Dieser Mischkonzern (neben Wein u. a. Verpackungen und Transporte) bringt es auf ca. 25 Prozent Anteil am australischen Weinmarkt und 60 Prozent am Sektmarkt. Zu diesem Imperium gehören neben Penfolds u. a. Lindemans, Seaview, Wynn und Coldstream Hill. Mit 6500 Hektar ist Southcorp der größte Weinbergsbesitzer in Australien und einer der größten der Welt. Doch nicht seine schiere Größe macht dieses Unternehmen so bedeutend. Vielmehr ist es die Tatsache, dass es durch seine zahlreichen Innovationen die Weinbauszene down under so nachhaltig beeinflusste wie kein anderes Unternehmen.

Seinen legendären Ruf verdankt es natürlich zunächst einmal dem Grange Bin 95, der zu den besten Rotweinen der Welt gezählt wird, und den der berühmte Penfolds-Kellermeister Max Schubert in den 50er-Jahren kreierte. Zum anderen ist es aber vor allem die Tatsache, dass Penfolds die ganze Bandbreite beherrscht. In jeder Kategorie vom kleinen Alltagswein bis zum Superpremium zählen die Weine von Penfolds zur jeweiligen Spitze. Der englische Weinschriftsteller Hugh Johnson hat den Grange einmal als den »einzigen wahren Grand Cru der südlichen Hemisphäre« bezeichnet. Das ist lange her und in den 70er- und 80er-Jahren war das damals sicherlich auch richtig so. Inzwischen gibt es nicht nur zahlreiche Epigonen, sondern ein gutes Dutzend vergleichbarer Weine allein aus Australien. Der Grange ist nicht, wie oft behauptet wird, ein reiner Syrah und er ist auch kein Terroirwein, sondern ein Gebiets- und Sortenverschnitt, der sich in seiner Charakteristik ganz klar an den großen Crus der nördlichen Rhône orientiert.

Sein Erfolg – einzelne ältere Flaschen können auf Auktionen leicht mal bis zu 10 000 Mark bringen – spornte vielerorts auf der Südhalbkugel die Winemaker an, sich mit Syrah und Syrah-Cuvées zu beschäftigen. Doch auch bei Penfolds blieben die Uhren nicht stehen. John Duval, seit 1986 Chef-Kellermeister von Penfolds, überraschte in den letzten beiden Jahren mit zwei neuen Weinkonzepten, die genauso Furore machen wie seinerzeit der Grange. Da ist zum einen der Yatarna, auch »white grange« genannt, ein für Australien ganz und gar unüblich eleganter Chardonnay, der stark an Burgund erinnert und ab dem Jahrgang 1997 der RWT (= Reserve Wine Trial). Das ist ein reiner Shiraz u. a. aus dem sagenhaften Kalimna Vineyard, jenem Weinberg, aus dem ursprünglich einmal die Trauben für die ersten experimentellen Grange-Bins stammten.

1994 Grange

Dunkles, undurchsichtiges Rubinrot mit einem restlichen Hauch von Purpur. Verströmt ein reiches, intensives und üppiges Fruchtbukett, das man noch in dreißig, vierzig Zentimeter Entfernung vom Glas riechen kann: Kirschen und Kokos am Anfang, auch etwas Ledriges. Später der charakteristische Sandelholz – Zigarrenkistenduft und eine portweinartige Konfitüre. Erinnert schließlich nach einer Stunde mit einem feinem Himbeer- und Schokoladenduft an einen konzentrierten Pomerol. Am Gaumen dickflüssig, drall und opulent, eine kräftige Säure zwar, aber vor allem eine weiche, malzig-würzige Süße. Sehr schöne Tabakwürze am Gaumen. Sehr langer und tiefer Abgang mit feinen Bitterstoffen.

Capital-Index	***223***
Scheuermann-Note	*93*
Anzahl der Flaschen	***keine Angaben***
Marktpreis	***DM 500,00***
Platzierung	***25 (rot)***

1997 Yatarna

Helles Goldgelb. Sehr beeindruckende Nase mit viel tropischer Frucht, buttrig, aber auf eine sehr angenehme Art. Dazu: Quitte, Pfirsich, grüne Mango. Sehr komplex. Zeigt auch feine Toastnoten, etwas Erde und Mineralität. Für Südaustralien ganz und gar erstaunlich! Am Gaumen einerseits cremig weich, fast schon ölig und mit einer schönen Süße, aber auch mit einer guten Säure ausgestattet. Ein großer internationaler Chardonnay, der im Alter von sechs, acht Jahren sein Optimum erreichen dürfte.

Capital-Index	***235***
Scheuermann-Note	*91*
Anzahl der Flaschen	***keine Angaben***
Marktpreis	***DM 44,00***
Platzierung	***12 (weiß)***

1997 RWT Shiraz

Dunkles Rubinrot. Sehr tiefe Farbe. Zeigt schon in der Nase neben Frucht und Würze eine ausgeprägt mineralische Terroirnote. Nach ein, zwei Stunden entwickelt er eine betörende Himbeersüße in der Nase. Am Gaumen intensive Kirschfrucht, die ins Pflaumige übergeht. Opulent, süß, aber auch kräftige Säure, dunkle Tannine. Hat aber nicht die Blockbuster-Attitüde vieler anderer australischer Shirazweine. Er ist vielmehr eleganter, europäischer in seinen Anlagen.

Capital-Index	***186***
Scheuermann-Note	***94***
Anzahl der Flaschen	***keine Angaben***
Marktpreis	***DM 164,00***
Platzierung	***43 (rot)***

Rosemount Estate

Rosemount Road, Upper Hunter Valley
Denman
2328 New South Wales, Australien
Tel. +61/2 65 49 64 00
Fax +61/2 65 49 64 99

Daten | Fakten

Inhaber	Bob Oatley
Rebfläche	1400 ha
Rebsorten	Chardonnay, Shiraz, Cabernet Sauvignon, Merlot, Sauvignon blanc, Sémillon
Jahresproduktion	keine Angaben

Im Jahr 1999 feierte Rosemount Estate, eines der innovativsten Weingüter Australiens, sein 30-jähriges Bestehen. Das Jubiläumsjahr bescherte dem Unternehmen eine solche Fülle von Ehrungen und Auszeichnungen, dass es heute mit Fug und Recht als das erfolgreichste Familienweingut von down under gelten darf.

In Amerika wurde es zum Weingut des Jahres gewählt. Weinmacher Philipp Shaw erhielt in London die Auszeichnung Winemaker of the Year und der »Wine Spectator« in New York nahm Rosemount mit einem Shiraz unter die Top 100 des Jahres auf. In sieben verschiedenen Regionen Australiens besitzt Rosemount mittlerweile Weinberge und ist daher in der Lage, eine beeindruckende Auswahl unterschiedlicher Lagenweine und regionaler Premiumweine anzubieten. Dank der rastlosen Umtriebigkeit von Shaw, der nach dem Motto »Der nächste Wein wird immer der beste sein« lebt und arbeitet, absolvierte Rosemount Estate seit Mitte der 70er-Jahre einen grandiosen Aufstieg. Seit 1992 produziert Rosemount mit dem Balmoral einen der besten Shirazweine Australiens, eine Selektion aus den Trauben von 100 Jahre alten Rebstöcken im McLaren Vale und mit dem Roxburgh (seit 1983) und dem Orange (seit 1997) zwei der besten australischen Chardonnays.

Die wenigsten australischen Chardonnays verfügen über einen spezifischen Terroircharakter. Eine der ersten und bislang wenigen Ausnahmen ist der Roxburgh Vineyard. Man sagt zwar den Chardonnays aus Australien mit einem gewissen Recht nach, sie seien jugendliche Blender und hätten kein Alterungspotenzial, doch mir scheint nach einer bis in die 80er-Jahre zurück reichenden Vertikalprobe, dass dies für diesen Wein nicht mehr gilt. Die aktuellen Jahrgänge dürften aufgrund des Alters der Rebstöcke und der verfeinerten Vinifikationstechnik ein deutlich verbessertes Zukunftspotenzial haben als die Weine aus den 80er-Jahren, die sich alle noch in einer guten bis sehr guten Verfassung präsentierten. Zehn Hektar dieses Weinbergs zeichnen sich durch eine besondere Qualität der Trauben aus. Von hier stammt die Selektion der Trauben für den Roxburgh. Das Alter der Rebstöcke wird mit 25 bis 30 Jahren angegeben. Es handelt sich also um eine der ältesten Chardonnay-Anlagen Australiens. Ganz jung dagegen ist der Orange Vineyard. Diese neue Region liegt in über 900 Meter Höhe an den Hängen des Mt. Canobolas, daher sind die Temperaturen im Sommer für australische Verhältnisse sehr kühl. Die Weintrauben reifen langsamer, aber umso schöner und die Säure bleibt zudem besser erhalten.

1996 Roxburgh Chardonnay

Sattes Goldgelb. Nase recht verschlossen, etwas rauchig und speckig über tropischen Früchten und Nussaromen, etwas Kamille, Bucheckern. Ein schwerer, mächtiger Chardonnay, der sich mit Wucht auf den Gaumen legt. Sehr lang im Abgang, sehr komplex und tief. Zeigt zwar eine gute Säure, wirkt mit der Zeit jedoch ein bisschen zu fett.

Capital-Index	***186***
Scheuermann-Note	***91***
Anzahl der Flaschen	***27 600***
Marktpreis	***DM 72,00***
Platzierung	***47 (weiß)***

1997 Orange Chardonnay

Für Australien ein ganz und gar ungewöhnlicher Chardonnay. In der Nase schon eine gelungene Kombination aus tropischer Frucht (das kennt man ja zur Genüge) und Mineralität (das ist neu). Nichts Buttriges, keine ausladende Fülle am Gaumen trotz 14 Vol.-% Alkohol, dafür Säure, ein paar Ecken und Kanten, als wäre der Wein in Good Old Europe gewachsen und nicht in New South Wales. Ein eleganter, balancierter Chardonnay mit komplexen Aromen und Länge. Hat (noch) nicht die Tiefe des Roxburgh, aber in seiner filigraneren Art ist er ebenso bemerkenswert.

Capital-Index	***189***
Scheuermann-Note	***91***
Anzahl der Flaschen	***45 600***
Marktpreis	***DM 53,00***
Platzierung	***45 (weiß)***

1997 Balmoral

Dunkles Rubinviolett, dicht und undurchsichtig. In der Nase vor allem konzentrierte Kirschfrucht, später aber auch Pflaumenkompott mit einer zunehmenden charakteristischen Syrah-Würze, etwas Pfeffer, Tabak. Am Gaumen saftig, sehr frisch, kräftige Säure, die den Wein noch etwas kantig und scharf macht. Guter langer Abgang.

Capital-Index	***148***
Scheuermann-Note	***92***
Anzahl der Flaschen	***45 600***
Marktpreis	***DM 90,00***
Platzierung	***145 (rot)***

St. Hallett Wines

St. Hallett's Road
Tanunda
South Australia 5352
Tel. +61/8 85 63 70 00
Fax +61/8 85 63 70 22
sthallet@sthallett.com.au
www.sthallett.com.au

Daten | Fakten

Inhaber	Bob McLean, John Lamb, Stuart Blackwell, Carl Lindner
Rebfläche	24 ha
Rebsorten	Shiraz, Cabernet Sauvignon, Grenache, Sémillon, Riesling, Chardonnay
Jahresproduktion	1,2 Mio. Flaschen

Das Weingut St. Hallet in Tanunda wurde 1944 von der deutschstämmigen Familie Lindner gegründet und produzierte bis in die 80er-Jahre vor allem gespritete Süßweine. 1988 traten Bob McLean (vorher u. a. bei Orlando und Petaluma) und Stuart Blackwell als Shareholder und Modernisierer ins Unternehmen ein und schufen innerhalb kürzester Zeit eines der führenden Häuser für rote australischen Premium-Weine. Später stieß auch der heutige Chairman der Company, John Lamb, dazu.

Bereits 1990 gelang ihnen mit dem Old Block Shiraz ein Wein der absoluten Weltklasse. Der zurückhaltende Stuart Blackwell sorgte als Önologe für die Einführung modernster Kellertechnik. Die Rebgärten waren dank der Pflege durch Carl Lindner, den Sohn des Gründers, auf dem neuesten und besten Stand. Bob McLean, in Australien wegen seiner Vorliebe für ausgedehnte Mittagessen auch Sir-Lunch-a-Lot genannt, ist zuständig für die PR und das Marketing. Genau genommen ist er aber so etwas wie die hedonistische Personifizierung des Spitzenweins von St. Hallett, des Old Block Shiraz.

Für diesen Wein werden nur spätgelesene, hochreife Trauben aus Parzellen genommen, die bis zu 130 Jahre alt sind. Sie werden nicht traditionell, sondern sanft mithilfe von »Airbags« gepresst, um so eine optimale Fruchtausbeute ohne Einfluss von Stielen, Stängeln und Kernen zu erreichen. Die Vinifizierung findet unter totalem Luftabschluss statt, sodass die volle Frucht der Trauben völlig unverfälscht und klar in den Wein gelangt.

Im Sommer 2000 setzte sich das Führungstrio von St. Hallett zusätzliche, neue Ziele und fusionierte mit der Kellerei Tatachilla aus dem McLaren Vale. Angestrebtes Ziel ist, gemeinsam einen erfolgreichen Markenwein zu kreieren, mit dem man Jacob's Creek, Australiens bestverkauftem Wein, Konkurrenz machen möchte, für dessen Einführung im Weingut Orlando seinerzeit Bob McLean verantwortlich zeichnete.

1996 Old Block Shiraz

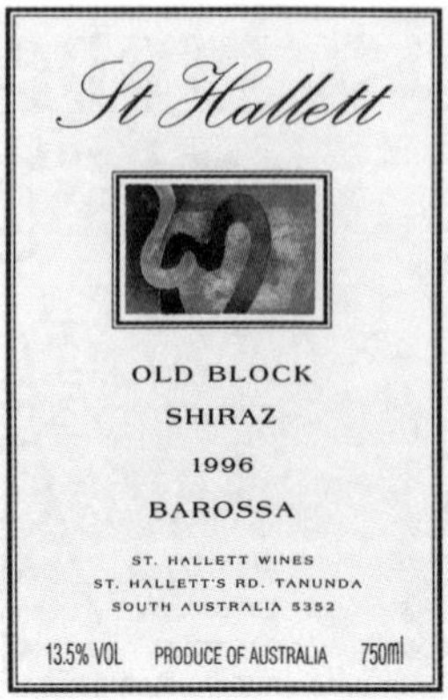

Dunkles, dichtes Purpurrubin. Intensive, konzentrierte rote Beerenfrucht, portweinartige Kirscharomen. Schöne Würze, Fichtennadel, Schokolade und Krokant. Bei aller Fülle ein eher eleganter Old Block, glatt an der Oberfläche, aber konzentriert im Kern mit kräftiger Säure. Eine schöne Süße. Relativ schnell trinkreif.

Capital-Index	***147***
Scheuermann-Note	***90***
Anzahl der Flaschen	***10 000***
Marktpreis	***DM 60,00***
Platzierung	***155 (rot)***

Torbreck Vintners

P. O. Box 583
Tanunda
South Australia 5352
Tel. +61/8 85 62 41 55
Fax +61/8 85 62 41 95

Daten | Fakten

Inhaber	David Powell
Rebfläche	ca. 15 ha
Rebsorten	Grenache, Shiraz, Mourvèdre, Viognier
Jahresproduktion	90 000 Flaschen

Das Beispiel von Torbreck zeigt, wie schnelllebig die Weinwelt geworden ist. Vor allem in Australien gingen im Jahr der Olympischen Spiele die Uhren etwas schneller als im Rest der Welt. Noch 1999 war David Powell nicht mehr als ein interessanter Newcomer, der mit der Hilfe seines prominenten Weinmacher-Freundes Chris Ringland aus den Trauben einiger hervorragender Weinberge im Barossa Valley einfach gute Weine machen wollte, sonst nichts.

Powell war lange Jahre zusammen mit Chris Ringland Weinmacher bei Rockford, bevor er sich zur Selbstständigkeit entschloss. Eigentlich wollte er sein kleines Weingut behutsam aufbauen und es erst nach und nach auf eine wirtschaftlich sinnvolle Größe erweitern. Doch alles kam ganz anders. Schon seine ersten Weine der Jahrgänge 1997 und 1998 wurden von der Fachwelt mit enthusiastischer Begeisterung aufgenommen und mit Bewertungen überhäuft, die andere erst nach Jahrzehnten mühsamer Arbeit erreichen. Der Nobody sah sich quasi über Nacht in die Rolle des Kult- und Starwinzers gedrängt, dessen Weine weltweit nachgefragt sind und entsprechend teuer bezahlt werden. Das hat aber mehr den Markt und die Fans des bescheidenen Weinmachers beeindruckt. David Powell selbst blieb mit beiden Beinen auf dem Boden der Tatsachen, engagierte sich in einem weiteren Weinbauunternehmen (Hutton Vale) und für soziale Projekte.

Die Basis für seinen wirklich sagenhaften Erfolg sind einige Weinberge mit sehr, sehr alten wurzelechten Rebstöcken, die in den besten, nicht ganz so heißen Zonen des Barossa Valleys liegen. Es sind vor allem zwei Weine, die ihn innerhalb von zwei Jahren berühmt gemacht haben: der Syrah Run Rig und der GSM (Grenache-Shiraz-Mourvèdre) The Steading. Sie vereinen alle Vorzüge der Region und der sie prägenden Sorten: eine samtige, warme Frucht, eine erdige Würze, sie sind üppig und alkoholreich, aber sie wirken nicht schwerfällig und breit, sondern besitzen bei aller Wucht auch höchste Eleganz, was man nicht von vielen der neuen »Super-Aussies« behaupten kann. David Powell orientiert sich klar an den Spitzengütern der Rhône. So wird der Run Rig auf Viognierschalen gepresst, was diesem Syrah ein besonderes Bukett verleiht. Der Steading ist eine üppigere alkoholreiche Version eines Châteauneuf aus Shiraz, Grenache und Mourvèdre, die hier auch Mataro genannt wird.

1998 The Steading

Dunkles Rubinrot. Anfangsbukett mit Kirsche und Würze. Eher verhalten in der Nase. Später mehr und mehr der süße Konfitüreton der Grenache. Frisch, saftig, absolut animierend, anmachend. Weder zu alkoholisch noch zu fett, eher von viriler Eleganz. Sehr lang und nachhaltig im Abgang. Zunächst am Gaumen intensiv kirschfruchtig, portweinsüß, dann weiter hinten und im Abgang schokoladig und etwas bitter, ein Ton, der mit der Zeit aber fast vollständig verschwindet und Platz macht für eine durch und durch betörende Süße. Ein Wein, der einerseits durch eine sehr präsente Art glänzt, aber auch Zukunft hat. Mit der Zeit – ein, zwei Stunden – immer schmeichelnder.

Capital-Index	***135***
Scheuermann-Note	***92***
Anzahl der Flaschen	***24 000***
Marktpreis	***DM 42,50***
Platzierung	***210 (rot)***

1997 RunRig

Dunkles, tiefes Rubinrot. In der Nase zunächst eine dichte Konzentration von schwarzen Beerenfrüchten. Nach einiger Zeit gesellen sich Schokolade, Zimt, Tabak, Nuss und Mokka dazu. Dickflüssig, aber nicht weich, und schon gar nicht marmeladig, konzentriert, mit viel Würze, kräftiger Säure und reichlich Tannin ausgestattet. Ungeheure Intensität am Gaumen und Länge im Abgang. In allem das, was man einen »Real Blockbuster« nennt, aber auch in seinen Komponenten sehr ausgewogen und balanciert.

Capital-Index	***140***
Scheuermann-Note	***97***
Anzahl der Flaschen	***5400***
Marktpreis	***DM 149,00***
Platzierung	***189 (rot)***

Veritas Winery

Langmeil Road
Tanunda
South Australia 5352
Tel. +61/8 85 63 23 30
Fax +61/8 85 63 31 58
veritas@terra.net.au

Daten | Fakten

Inhaber	Rolf und Christa Binder
Rebfläche	40 ha
Rebsorten	Shiraz, Grenache, Malbec und Cabernet Sauvignon, Chardonnay, Riesling, Sauvignon blanc, Sémillon
Jahresproduktion	keine Angaben

Spätestens seitdem das Magazin »Focus« ihn den »Herrn der Roten in down under« nannte und ihm einen mehrseitigen Bericht widmete, ist Rolf Binder, der mit seiner Schwester Christa das Familienweingut Veritas in Tanunda leitet, auch in Deutschland kein Unbekannter mehr. Er ist heute neben Roman Bratasiuk (Astralis), John Duval (Grange), Bob McLean (St Hallett) und Chris Ringland (Rockford, Torbreck, Greenock Creek) einer der wichtigsten und einflussreichsten Winemaker Australiens. Rolf Binder kennt das Barossa Valley wie seine Westentasche, und das Tal und dessen Bewohner kennen ihn; man fragt ihn um Rat und er bekommt dafür heiße Tipps zu Trauben verschiedener Rebsorten von allerhöchster Qualität. Zudem ist er Weinberater für mehrere andere Weingüter, so etwa für Magpie Estate, wo er vor zwei Jahren schon einmal in großem Stil mit dem 96er The Malcolm aufhorchen ließ.

Er kennt den Weinbau in der Alten und der Neuen Welt. Er reist oft nach Europa und unterhält regen Kontakt zur Weinbauschule in Klosterneuburg; denn seine Familie stammt ursprünglich aus Österreich und kam erst in den 50er-Jahren nach Australien. Das Weingut wurde 1955 gegründet. Es umfasst heute stattliche 40 Hektar und zählt dennoch zu den kleinsten in Australien.

Im Zentrum seiner Produktion stehen vor allem die Rhonesorten und da, vor allem beim Syrah, zählen seine Weine ohne Frage zur Weltspitze. Sie gehören in die gleiche Liga wie die Weine der Côte Rôtie in Frankreich. Daneben experimentiert er aber auch mit diversen anderen Rebsorten unterschiedlicher Herkunft auf mannigfaltige Art und Weise: es gibt eine Cuvée aus Cabernet und Merlot, einen Tawny Port oder auch einen Fortified Tokaj. Die Spitze ist aber eindeutig der Shiraz aus den über dreißig Jahre alten Rebstöcken des Hanisch Vineyard. Dieser Weinberg liegt an den Westhängen des Barossa Valley nahe beim Heyen Walking Trail. Die Angehörigen der Familie Hanisch waren Pioniere, die dieses Stück Land in den 30er-Jahren des 20. Jahrhunderts erschlossen und dabei auch die ersten Weinberge anlegten.

1998 Hanisch Vineyard Shiraz

Was für ein Wein! In einer verdeckten Probe mit dem besten, was Australien derzeit auf diesem Gebiet zu bieten hat (u. a. Hill of Grace, Greenock Creek, Barossa Ridge, Viking, Peter Lehmann etc.) entpuppte er sich als der totale Überflieger. Diese kompakte Konzentration ist eine Klasse für sich. Zunächst dominieren in der Nase dunkle Kohle-Röstaromen. Mit der Zeit kommen dann fruchtige Komponenten von schwarzen Beeren und vor allem Pflaumenmus, dazu etwas Lakritze und Pfeffer, um nach ein, zwei Stunden einer komplexen würzigen Mineralität Platz zu machen. Die Reihenfolge dieser Öffnung ist klar: Erst weicht das Holz der Frucht und dann die Frucht dem Terroir. Dieser Wein hat einfach alles: schokoladig weichen Schmelz, totale Harmonie und Eleganz, dazu Kraft und Tiefe. Besser geht es nicht mehr, nur anders.

Capital-Index	***220***
Scheuermann-Note	***100***
Anzahl der Flaschen	***keine Angaben***
Marktpreis	***DM 97,50***
Platzierung	***27 (rot)***

Viking Wines

T. & C. Soderstrom
RSD 108, Seppeltsfield Road
Marananga
South Australia 5355
Tel. +61/8 85 62 38 42
Fax +61/8 85 62 42 66

Daten | Fakten

Inhaber	Thord und Charmaine Soderstrom
Rebfläche	8 ha
Rebsorten	Shiraz, Cabernet Sauvignon, Riesling
Jahresproduktion	18 000 Flaschen

Thord Soderstrom stammt aus Schweden und als ehemaliger U-Boot-Mechaniker hatte er vom Weinmachen zunächst höchstens vage Vorstellungen. Aber es gelang ihm mit dem Glück des Tüchtigen, 1993 einem Nachbarn einen hervorragenden Weinberg abzukaufen, darunter auch Parzellen mit über 65 Jahre alten Rebstöcken, aus denen er heute seinen Grand Shiraz keltert. Früher wurden diese Trauben an Penfolds verkauft und kamen in den Grange. Bei der Weinbergspflege steht ihm sein Nachbar Malcom Seppelt zur Seite, und als Winemaker engagierte er keinen Geringeren als Rolf Binder von Veritas, der diesen konzentrierten, alkoholreichen Wein in 30 Prozent neuem Holz ausbaut und unfiltriert füllt, um ihm seine Ecken und Kanten zu lassen.

1998 Grand Shiraz

Dichtes Schwarzpurpur. Was für eine super Konzentration in der Nase! Dicke Brombeerkonfitüre, aber auch Portwein und Kirschlikör. Am Gaumen von einer sehr starken Säure dominiert, sehr saftig, etwas schokoladig im Abgang. Wirkt noch etwas unausgewogen. Könnte mir vorstellen, dass er noch harmonischer und besser wird.

Capital-Index	***130***
Scheuermann-Note	***92***
Anzahl der Flaschen	***5000***
Marktpreis	***DM 79,00***
Platzierung	***244 (rot)***

Warrenmang Estate

Mountain Creek Road
Moonambel
Victoria 3478
Tel. +61/3 54 67 22 33
Fax +61/3 54 67 23 09
mail@pyreneeswine.com.au
www.bazzani.com.au/warrenmang

Daten | Fakten

Inhaber	Luigi und Athalie Bazzani
Rebfläche	25 ha
Rebsorten	48 % Shiraz, 17 % Cabernet Sauvignon, 10 % Chardonnay, 9 % Barbera, 5 % Merlot, 11 % übrige Sorten
Jahresproduktion	66 000 Flaschen

Mit seiner Beschreibung des 97er Moonambel Shiraz (»Ehrfurcht gebietende Extraktion und Reichhaltigkeit«) und seiner Note von 96 Punkten katapultierte Robert Parker Warrenmang 1999 aus dem Nichts in die Höhen des Olymp. Ob er diesem Weingut damit tatsächlich einen Gefallen getan hat? Denn der 98er Nachfolgejahrgang, dessen Preis inzwischen dank Parker-Bonus in Amerika auf umgerechnet 150 Mark kletterte, wurde diesem Anspruch nicht annähernd gerecht. Die Besitzer nützen inzwischen zum Ärger ihrer Importeure die Situation auch noch schamlos aus und verkaufen ihren Spitzenwein nur noch als Koppelgeschäft mit den weniger attraktiven Touristenweinen des Zweitlabels Bazzani.

1974 gegründet, gehört das Weingut zu einem kleinen Ferien- und Konferenzhotel in Moonambel mitten ihm Herzen einer Region, die durch den Goldrausch von 1850 im Gedächtnis der Australier verankert ist. Hier betreibt das Ehepaar Luigi und Athalie Bazzani ein florierendes Wein-Tourismus-Business mit einem Restaurant, das in Australien einen exzellenten Ruf genießt.

1998 Shiraz Moonambel

Ein eigenwilliger Wein mit einer total exotischen Nase. Das deutliche Eukalyptusaroma, das die süße Frucht (schwarze Beeren, Rosinen) durchdringt, weist ihn sofort als typischen Südaustralier aus. Eine totale Fruchtbombe am Gaumen. Dicke, süße Trinkmarmelade, üppig, aber zu wenig strukturiert.

Capital-Index	***124***
Scheuermann-Note	***89***
Anzahl der Flaschen	***9600***
Marktpreis	***DM 80,00***
Platzierung	***279 (rot)***

Almaviva (Concha y Toro/ Rothschild)

Puente Alto – Maipo Valley
(South East Santiago)
Virginia Subercaseaux 210
Casilla 274
Pirque – Chile
Tel. +56/28 53 02 84
Fax +56/28 53 02 83
almaviva@rdc.cl

Daten | Fakten

Inhaber	Joint Venture Baron Philippe de Rothschild S. A. und Viña Concha y Toro S. A.
Rebfläche	40 ha
Rebsorten	75 % Cabernet Sauvignon, 6 % Cabernet franc, 19 % Merlot
Jahresproduktion	120 000 Flaschen

Ein Joint Venture zwischen Baron Philippe de Rothschild und Concha y Toro, dem größten (und einem der bedeutendsten) Erzeuger Chiles, brachte mit dem 96er Almaviva einen der ersten modernen Super-Premium-Weine aus dem Andenland auf den Markt und liefert sich seither mit Montes Alpha (M) und Mondavi-Errázuriz (Seña) ein Kopf-an-Kopf-Rennen um den teuersten Wein Chiles.

Dank eines professionellen Marketings und einer für Chile absolut neuen Vertriebsstrategie etablierte er sich über Nacht deutlich jenseits der Hundert-Mark-Grenze. Der Bordelaiser Weinhandel übernahm einen Großteil der Produktion und sorgte mit seinen Kontakten für eine schnelle weltweite Distribution, ausgenommen in den Vereinigten Staaten (wo der Wein durch Banfi Vintners distribuiert wird) und Chile, (wo Concha y Toro den Vertrieb selbst in die Hand nahm). Auf so konsequente Weise werden sonst nur die Grands Crus aus Bordeaux vermarktet. Die Abgabe erfolgte, trotz der durchaus stattlichen Menge, von Anfang an nur limitiert. Ein wenig scheint es aber, als seien die Macher selbst überrascht gewesen vom Erfolg; denn der Vertrag, der diese Geschäftsbeziehung möglich machte, wurde erst im Januar 1997 unterzeichnet. Der Premierenjahrgang des Almaviva wurde sozusagen nachträglich legitimiert.

Der Wein ist benannt nach dem liebestollen Grafen Almaviva in dem Schauspiel »Der tolle Tag« von Pierre Augustin Caron de Beaumarchais, das Wolfgang Amadeus Mozart als Vorlage für eine der populärsten Opern aller Zeiten diente: »Die Hochzeit des Figaro«. Der sehr fruchtbetonte Rotwein aus wurzelechten Cabernet-Sauvignon-Reben mit einem kleinen Anteil Cabernet franc und Merlot stammt aus der chilenischen Weinbauregion Puente Alto. Das Terroir im chilenischen Puente Alto ist einzigartig: felsige Böden, kalte regnerische Winter, und Sommer mit heißen Tagen und kühlen Nächten. Von diesem Weinberg, der vor allem für Cabernet Sauvignon einen perfekten Standort bietet, sind 40 Hektar in der Kategorie »Primer Orden« ausschließlich für den Almaviva reserviert.

Primer Orden entspricht als Kategorie dem französischen Premier Cru. Um einen Wein als Primer Orden klassifizieren zu können, darf der Wein nicht aus einer Kellerei stammen, sondern muss von einem Weinberg und einer Bodega kommen, die ausschließlich für die Herstellung dieses einen Weines bestimmt ist und unter der önologischen Leitung eines französischen Premier-Cru-Weingutes steht. Anstelle der sonst in Chile üblichen wilden natürlichen Bewässerung mit dem Schmelzwasser der Anden wurde die Tropfbewässerung eingeführt, außerdem Bordelaiser Methode des Anschnitts und der Laubarbeit.

Das Alamavia-Etikett symbolisiert ein Zusammenspiel der Kulturen: der Namenszug, in der Originalhandschrift aus dem Manuskript des Autors Beaumarchais, vereint mit prä-hispanischen ethnischen Symbolen, die Chiles Beitrag zur Weltkultur darstellen. Almaviva, so wollen es seine Schöpfer, soll beispielhaft sein für die Begegnung zwischen der kulturellen Feinheit Europas und der Energie und dem Potenzial der Neuen Welt.

1997 Almaviva

Dunkles, dichtes Rubinrot. Ein sinnliches Bukett in der Nase: konzentrierte Frucht wie Kirschkompott und Portwein, etwas Pfeffer und Toast, feine exotische Würzaromen. Am Gaumen kraftvoll, aber sehr weich. Eine opulente dichte rote Marmelade. Etwas für Konfitüreliebhaber. Fülle mit schmeichelnder Süße und etwas Vanille und Karamell.

Capital-Index	***121***
Scheuermann-Note	***90***
Anzahl der Flaschen	***40 000***
Marktpreis	***DM 110,00***
Platzierung	***305 (rot)***

Concha y Toro

Av. Nueva Tajamar 481
Torre Norte
Las Condes
Santiago de Chile
Tel. +56/28 21 73 00
Fax +56/22 03 67 40
www.conchaytoro.com

Daten | Fakten

Inhaber	Viña Concha y Toro S. A.
Rebfläche	1391 ha
Rebsorten	Cabernet Sauvignon, Merlot, Pinot noir, Sauvignon blanc, Chenin blanc, Chardonnay
Jahresproduktion	70 Mio. Flaschen

Concha y Toro ist der größte und auch bekannteste Weinerzeuger Chiles und mit knapp 1400 Hektar auch einer der größten Weinbergsbesitzer Südamerikas. Dank des anhaltenden Erfolges in allen wichtigen Märkten der Welt arbeitet das Management derzeit an einer Verdoppelung dieser Fläche. Das Erstaunliche bei diesem Großunternehmen ist, dass die Premiumweine ein Drittel des Umsatzes ausmachen. Die Weinbergsflächen sind verteilt auf mehrere einzelne Weingüter in den vier Tälern von Maule, Rapel, Maipo und Casablanca, die jeweils von eigenen Agronomen und Önologen geleitet werden. Unter diesen Weinbergen befinden sich die beiden allerbesten Lagen des Maipo-Tals – Puente Alto und Pirque. Sie sind der Nukleus, aus dem sich dieser Weinmulti entwickelt hat. Das Unternehmen wurde hier 1883 von Don Melchor de Concha y Toro gegründet, nach dem auch der Prestigewein von Concha y Toro benannt ist. Don Melchor importierte Rebsetzlinge, die er in den besten Regionen von Bordeaux gekauft hatte, und pflanzte seinen ersten Weinberg in Pirque. Die Firma expandierte schnell und wurde 1923 in eine Aktiengesellschaft umgewandelt. Bereits in den 30er-Jahren gab es namhafte Exporte nach Europa. Unter der Leitung von Eduardo Guilisasti wurde das Traditionsunternehmen dann in den 80er-Jahren einer gründlichen Modernisierung in allen Bereichen unterzogen, von der Expansion und Neuanlage der Weinberge, der Kellertechnologie bis hin zum Marketing. Schließlich war man 1997 in der Lage, als gleichberechtigter Partner mit Mouton-Rothschild das Almaviva-Projekt aus der Taufe zu heben (vgl. ebenda).

Für den Prestigewein Don Melchor werden die besten Cabernet-Sauvignon-Trauben der Einzellage Puente Alto selektioniert und separat für zwölf Monate in Barriques aus französischer Eiche (55 Prozent neues Holz) vinifiziert. Der Puente Alto Vineyard am Fuß der Anden zeichnet sich durch ein mediterranes Mikroklima mit einer großen Differenz der Tages- und Nachttemperaturen aus. Das Gelände besteht aus besonders steinigem, mineralreichem Schwemmland. Das sauerstoff- und mineralstoffreiche Schmelzwasser aus den Anden sorgt für eine natürliche, gleichmäßige Bewässerung der Pflanzen.

1997 Don Melchor

Dunkles Rubinrot. Ein etwas würzig-süßes Bukett mit Kirschmarmelade und Vanillekipferl, aber auch etwas Schuhwichse und Leder. Mit der Zeit konzentriert sich die Nase ganz auf einen Ton von Schokoladenkuchen. Am Gaumen sehr frisch und zunächst stark tanninbetont mit dichter Textur. Nicht ganz die Süße, der Reichtum und die Länge des 96ers.

Capital-Index	***131***
Scheuermann-Note	***90***
Anzahl der Flaschen	***160 000***
Marktpreis	***DM 49,00***
Platzierung	***239 (rot)***

Viña Errázuriz

Av. Nueva Tajamar 481
Torre Sur, Office 503
Las Condes
Santiago de Chile
Tel. +56/22 03 66 88
winereport@errazuriz.cl
www.errazuriz.cl

Daten | Fakten

Inhaber	Eduardo Chadwick
Rebfläche	700 ha
Rebsorten	Cabernet Sauvignon, Syrah, Merlot, Chardonnay, Sauvignon blanc
Jahresproduktion	4,8 Mio. Flaschen

Die imposante Kellerei im Aconcagua-Tal, 100 Kilometer nördlich der chilenischen Hauptpstadt Santiago, ist eine der ältesten bestehenden Bodegas des Landes. Maximiano Errázuriz, Spross einer aus dem französischen Baskenland eingewanderten Familie, die im Laufe der Jahrhunderte vier Präsidenten und zwei Erzbischöfe stellte sowie zahlreiche Diplomaten, Schriftsteller und Industrielle hervorbrachte, gründete Viña Errázuriz in Panquehue im Jahr 1870.
Ähnlich wie das Europa der Gründerjahre wurde Chile damals (dank des Kupfer- und Salpeter-Booms) von einem Wirtschaftswunder erfasst, und es war bei allen reichen Familien des Landes fashionable, sich – nach dem Vorbild des Erfolgsbankiers James Rothschild im fernen Frankreich – ein Weingut zuzulegen. Die meisten taten dies im Weichbild der Hautpstadt. Sie sind heute entweder verschwunden oder völlig von Wohnsiedlungen umbaut wie Cousiño Macul. Don Maximiano erkannte, dass sich das Aconcagua-Tal mit seinem Klima ganz besonders für den Anbau von Reben eignet. Seine Maxime hieß »Aus dem besten Boden den besten Wein«.
Er importierte das beste verfügbare Pflanzmaterial aus Frankreich und verwandelte das karge Land in eine Weinplantage von zunächst 300 Hektar, die sein Sohn Raffael auf 700 vergrößerte – seinerzeit das größte private Weingut der Welt! Das Geld dafür hatte er u. a. mit Kupferbergbau verdient und mit der Comapañia de Gas de Santiago, die 1859 eine Straßenbeleuchtung für Santiago installierte.
Heute wird Viña Errázuriz in der fünften Generation von Eduardo Chadwick geleitet. Er hat den historischen Betrieb grundlegend modernisiert und ging mit Louis Jadot in Frankreich und mit Robert Mondavi in Kalifornien Joint Ventures ein. Mit der Kreation der Founder's Reserve Don Maximiano setzte er seinem Vorfahren ein Denkmal in der Form eines monumentalen Weins: eine Cuvée aus Cabernet Sauvignon und Cabernet franc, konsequent im Bordeaux-Stil vinifiziert und zwei Jahre in französischer Eiche ausgebaut.
Dabei spielte Pedro Izquierdo eine besondere Rolle, der 1990 als Weinbergsdirektor zu Errázuriz kam. Er verlegte den Cabernet-Anbau von Curico ins Aconcagua-Tal und erweiterte dort den alten Don Maximiano Vineyard um große Hänge an den kargen Bergflanken mit bis zu 45 Prozent Steigung. Er baute auch die Merlot- und Carmenère-Anlagen aus und experimentierte mit Syrah, Nebbiolo und Sangiovese. Errázuriz gilt damit als eines der innovativsten Weingüter des Landes.

1997 Don Maximiano

Sehr dunkles, tiefes Rubinrot. Eine komplexe Nase mit viel Holznoten und Würze, intensiver Kirsch-Cassis-Duft. Dieser prachtvolle Wein, der mehrfach bei Blindproben seine chilenischen Mitbewerber Seña, Almaviva und Montes Alpha M klar distanziert hat, überzeugt vor allem mit einer perfekten Tanninstruktur. Extraktreiche Frucht und Bitterschokolade am Gaumen. Lang und im Abgang kernig herb. Im Augenblick noch eher verschlossen und streng, wird er sich mit den Jahren öffnen.

Capital-Index	***133***
Scheuermann-Note	***93***
Anzahl der Flaschen	***keine Angaben***
Marktpreis	***DM 116,00***
Platzierung	***218 (rot)***

Casa Lapostolle

Benjamin 2935
Las Condes
Santiago de Chile
Tel. +56/72 85 82 81
Fax +56/72 85 87 31
lapostol@reune.cl

Daten | Fakten

Inhaber	Groupe Marnier-Lapostolle
Rebfläche	300 ha
Rebsorten	Chardonnay, Sauvignon blanc, Merlot
Jahresproduktion	120 000 Flaschen

Dieses hochmoderne Elite-Weingut zeigt, was in der chilenischen Weinwirtschaft jenseits der preiswerten Konsumweine möglich ist: Premiumweine und Luxuscuvées zu Preisen, bei denen die europäische Konkurrenz kaum mehr mithalten kann. Das Know-how dazu kommt allerdings aus der Alten Welt, genauer gesagt aus Frankreich. Die Gruppe Marnier-Lapostolle, die Erzeuger des Cognac-Likörs Grand Marnier und Besitzer des Château de Sancerre an der Loire, kaufte diesen Betrieb im Jahr 1992 und verpflichtete den Starönologen Michel Rolland aus Pomerol als Berater. Der setzte das Konzept sehr schnell in die Tat um und produziert seit 1994 mit Trauben aus den Regionen Casablanca (Chardonnay) und Rapel (Merlot) Weine, die auf Anhieb internationalen Beifall fanden.
Mit dem Lagenwein Clos Apalta aus dem Valle de Rapel setzte er dann 1997 noch eins obendrauf. Mit dieser Cuvée aus Merlot (95 Prozent) und Carmenère (5 Prozent) wetteifert er mit den absoluten Spitzenprodukten Chiles um die Krone des besten chilenischen Rotweins. Schon der Premierenjahrgang war von superber Qualität. Zur Produktion dieses Weins schloss Casa Lapostolle langfristige Verträge mit Traubenbauern in der Region von Apalta, deren Rebstöcke teilweise bis zu 50 Jahre alt sind. Das kleine Anbaugebiet liegt 200 Kilometer südlich von Santiago zwischen einem Nebenfluss des Rapel und einer kleinen Bergkette, die vor Hitze schützt. Rolland vinifiziert hier mit den gleichen Methoden, mit denen er schon einem guten Dutzend Châteaux im Bordelais zum Erfolg verholfen hat: lange temperaturgesteuerte Vergärung eines möglichst perfekten Traubenmaterials, biologischer Säureabbau im neuen Holz, keine Schönung, keine Filtration.

1997 Clos Apalta

Dunkles Rubinrot. Eine hochkonzentrierte Nase: Möbelpolitur, frisches Eichenholz, Toast, geröstete Mandeln, dazu eine charakteristische, reife Himbeernase. Schöne Süße und Fülle am Gaumen, ein typischer Neue-Welt-Wein. Opulent, große Reife, weiche Tannine, lang im Abgang.

Capital-Index	***138***
Scheuermann-Note	***92***
Anzahl der Flaschen	***22 000***
Marktpreis	***DM 60,00***
Platzierung	***195 (rot)***

Los Vascos

Benjamin 2944, Of. 31
Santiago de Chile
Tel. +56/22 32 66 33
Fax +56/22 31 43 73

Daten | Fakten

Inhaber	Domaines Barons de Rothschild (Lafite)
Rebfläche	2000 ha
Rebsorten	Cabernet Sauvignon, Chardonnay, Sauvignon blanc
Jahresproduktion	2,4 Mio. Flaschen

Es war zehn Jahre lang das bestgehütete Geheimnis Chiles. Anfang des Jahres 2000 wurde es dann gelüftet: Die Domaines Barons de Rothschild (Château Lafite) veröffentlichten den seit langem erwarteten Prestige-Wein ihres chilenischen Weinguts Los Vascos. Bei diesen Wein mit dem Label »Le Dix de Los Vascos« handelt es sich um eine selektionierte Cabernet-Sauvignon-Reserve aus der Appellation Colchagua. Die französischen Kellermeister von Los Vascos experimentierten seit Jahren an diesem Wein, aber die Premiere wurde immer wieder hinausgeschoben. Dass Baron Eric de Rothschild gleich zwei Jahrgänge (1996 und 1997) zur Veröffentlichung freigab, hat sicher mehrere Gründe. Zum einen hatte zu diesem Zeitpunkt in fast allen wichtigen Weinbauländern der Welt ein irrationaler Run eingesetzt auf die ersten wichtigen Veröffentlichungen des neuen Jahrtausends – eine Art nachträglicher Millenniumseffekt. Zum anderen hängt es auch ganz sicher damit zusammen, dass man bei Los Vascos durch den überraschenden Erfolg der Konkurrenz mit Weinen wie Seña, Montes Alpha und Almaviva mehr und mehr unter Druck geraten war. Schließlich hatte Los Vascos in den 80er-Jahren mit dem ersten modernen Rotwein Chiles in der Ära nach Allende Pionierarbeit geleistet. Viele Jahre galt Los Vascos aufgrund des französischen Einflusses dann als einer der besten chilenischen Rotweine. Doch in dem jetzt eröffneten Premiumsegment mit Luxus-Cuvées zu Preisen teilweise jenseits der 100 Mark konnte Los Vascos nicht mehr mithalten. Dem Unternehmen drohte ein nachhaltiger Imageverlust. Der dritte Grund hat allerdings etwas mit der potenziellen Qualität zu tun. Inzwischen erreicht etwa die Hälfte der wurzelechten Rebstöcke, die in den 500 Hektar umfassenden Weinbergen im Mount Caneten Valley in der Appellation Colchagua wachsen, ein Alter von durchschnittlich 30 Jahren. Dadurch sind heute strengere Selektionen im Sinne eines wirklichen Grand Vin als früher möglich.

1996 Le Dix de Los Vascos

Duftet nach Blaubeeren, aber auch nach roten Früchten, etwas Toast und Waldboden. Recht verschlossen, aber komplex: Schuhwichse und frisch poliertes Leder, leichter Goudron, später auch gedörrte Aprikosen. Sehr französisch im Stil, und zwar eher linkes als rechtes Garonne-Ufer, und dann eher Graves als Médoc. Am Gaumen eher leicht und elegant, nicht so konzentriert, wie man nach der Nase erwarten würde. Wirkt mitten am Gaumen wie abgeschnitten. Lässt einiges an Tiefe vermissen. Wenn der normale Los Vascos so wäre, wäre das prima.

Capital-Index	***126***
Scheuermann-Note	***86***
Anzahl der Flaschen	***3600***
Marktpreis	***DM 100,00***
Platzierung	***268 (rot)***

1997 Le Dix de Los Vascos

Noch sehr verschlossen. Etwas Milchkaffee, in der Nase auch Vanille, Schokolade und rotes Früchtekonzentrat. Wird mit der Zeit im Glas etwas pflaumiger und ausdrucksstärker. Ebenso auf Eleganz getrimmt wie der 96er, noch etwas weicher, aber auch fülliger und deutlich länger. Zeigt einen süßen Geschmack von rohem Fleisch (Carpaccio) mit Johannisbeer-Portweingelee.

Capital-Index	***128***
Scheuermann-Note	***88***
Anzahl der Flaschen	***3600***
Marktpreis	***DM 100,00***
Platzierung	***259 (rot)***

Montes

California 2521
Providencia
Santiago de Chile
Tel. +56/22 74 17 03
Fax +56/22 25 01 74

Daten | Fakten

Inhaber	Aurelio Montes, Douglas Murray, Alfredo Vidaurre, Pedro Grand
Rebfläche	ca. 300 ha (4 Güter)
Rebsorten	Cabernet Sauvignon, Cabernet franc, Merlot, Carmenère, Petit Verdot, Chardonnay, Sauvignon blanc, Syrah, Pinot noir
Jahresproduktion	3,6 Mio. Flaschen

Nichts beschreibt den Aufschwung der chilenischen Weinwirtschaft aus der tiefen Depression der 70er- und 80er-Jahre zu den heutigen Höhenflügen innerhalb von weniger als 15 Jahren besser als die Geschichte von Discover Wine und die Karriere von Aurelio Montes. Unter Salvador Allendes sozialistischer Planwirtschaft waren die blühenden Weinlandschaften Chiles binnen kürzester Zeit verwüstet worden. Damals, im Jahr 1972, träumte ein junger Mann davon, eines Tages im Colchagua-Tal in der Gegend von Apalta, den besten Wein seines Heimatlandes zu machen.

Der Wiederaufbau der Weinwirtschaft ließ auf sich warten. Er scheiterte zunächst an der internationalen Isolation, der das Land unter Pinochets Diktatur ausgesetzt war. Erst in der zweiten Hälfte der 80er-Jahre begannen sich die Dinge allmählich zum Besseren zu wenden. Zahlreiche Kellereien entstanden, die innerhalb eines Jahrzehnts das chilenische Weinwunder herbeiführen sollten; eine davon, Discover Wine, wurde 1988 von Aurelio Montes, jenem jungen Träumer gegründet. Der hatte inzwischen Önologie studiert und machte sich schnell einen Namen mit erstklassigen, modern vinifizierten Sauvignon blancs, Cabernets und Merlots. Dann ging er daran, sich seinen Jugendtraum zu erfüllen, und mit dem Jahrgang 1996 war es schließlich soweit. Seine Spitzencuvée Montes Alpha M kam auf den Markt und durchbrach auf Anhieb die 50 Dollar- bzw. 100 Mark-Schallmauer – für einen chilenischen Wein damals eine unerhörte Summe.

Die Trauben stammen aus einem im Jahr 1990 angelegten Weinberg auf der Finca de Apalta im Santa Cruz District des Colchagua-Tals. Es handelt sich um eine Cuvée aus den drei Sorten Cabernet Sauvignon (80 Prozent), Merlot und Cabernet franc (je 10 Prozent), die in neuen französischen Barriquefässern ausgebaut wird.

1997 Montes Alpha M

Ein komplexes, spannendes Bukett mit höchst unterschiedlichen Nuancen. Vorherrschend sind Kaffee, Schokolade, Vanille und Nuss, daneben gibt es auch so etwas wie Oliventapenade, merkwürdigerweise auch eine jodartige Würze, Seetang und Algen, dann wieder süße Komponenten wie Makronengebäck und in Butter geröstete Mandeln. Am Gaumen eine dichte Kompottfrucht, eingedickte Pflaumenmarmelade, aber auch etwas Tannin. Guter, etwas harter Abgang. Verabschiedet sich mit einer herben Note.

Capital-Index	***123***
Scheuermann-Note	***92***
Anzahl der Flaschen	***9600***
Marktpreis	***DM 120,00***
Platzierung	***293 (rot)***

Santa Laura

Camino Barreales s/n
P. O. Box 150
Santa Cruz, Chile
Tel. +56/7 28 23 31 79
Fax +56/72 82 27 55
vslaura@entelchile.net

Daten | Fakten

Inhaber	Familie Hartwig
Rebfläche	80 ha
Rebsorten	62 % Cabernet Sauvignon, 14 % Merlot, 21 % Chardonnay, 2 % Carmenère, 1 % Cabernet franc
Jahresproduktion	144 000 Flaschen

Ein relativ junges Weingut im Colchagua Valley, das aber den Nachfahren einer alteingesessenen Familie gehört, die in Santa Cruz seit 150 Jahren Landwirtschaft, vorwiegend Viehzucht, betreibt. Es gab zwar auch Rebanpflanzungen, aber erst in den späten 70er-Jahren erkannten Alejandro Hartwig und seine Frau Laura, eine geborene Bisquertt, welch großes Potenzial ihr Farmland für den Weinbau bot. Sie bepflanzten 1979 die ersten Weinberge und zwar mit Cabernet Sauvignon, Chardonnay und Merlot. Mitte der 80er-Jahre übernahm Alejandro Hartwig jr. das Weinbergs-Management und konzentrierte sich zunächst auf die Steigerung der Traubenqualität. 1995 wurde dann schließlich die hochmoderne Kellerei in unmittelbarer Nähe der Weinberge fertig gestellt. Hier können die frischgepflückten Trauben, die in Zehn-Kilo-Plastikkörben transportiert werden, innerhalb einer halben Stunde nach der Ernte bereits verarbeitet werden. Für chilenische Verhältnisse eine extrem kurze Zeitspanne.

Die Kellerei verfügt über temperaturkontrollierte Gärführung und einen großzügigen Barrique-Keller. Derart ausgestattet und vorbereitet überraschten die Hartwigs Ende der 90er-Jahre mit einer Serie von Weinen, die vom Start weg zu den besten Chiles gehörten. Spitze der Produktion ist die Laura-Hartwig Gran Reserva, eine Cuvée aus Cabernet Sauvignon, Merlot und der vergessenen alten Rebsorte Carmenère, die früher auch in Bordeaux weit verbreitet war.

1997 Laura Hartwig Gran Reserva

In der Nase ein intensiver Duft von roten Früchten, kandiertem Apfel, Blutorange. Sehr tropisch und verführerisch. Am Gaumen ein wunderschöner, weicher, geschmeidiger Wein mit einer geradezu himmlischen Süße – wie flüssige Schokolade mit Himbeeren und Kirschen. Seidig und elegant. Leiser, aber langer Abgang.

Capital-Index	***121***
Scheuermann-Note	***90***
Anzahl der Flaschen	***1360***
Marktpreis	***DM 21,00***
Platzierung	***300 (rot)***

Seña

Vina Caliterra
Head Office
Avenida Nueva Tajamar 481
Torre Sur, Office 503
Las Condes
Santiago de Chile
Tel +56/22 03 69 00

Daten | Fakten

Inhaber	Eduardo Chadwick, Robert Mondavi
Rebfläche	350 ha
Rebsorten	Cabernet Sauvignon, Merlot, Cabernet franc, Carmenère, Petit Verdot, Malbec
Jahresproduktion	63 000 Flaschen

Das Joint Venture zwischen Robert Mondavis »Family of Wines« und Eduardo Chadwick, dem Besitzer des alteingesessenen Weinguts Errázuriz in Chile, geht auf das Jahr 1985 zurück, als Mondavi erstmals Chile besuchte und fasziniert war von den Möglichkeiten, die dieses Land für den Weinbau bietet. Damals bereits lernte er den jungen Eduardo Chadwick kennen, aber die Zeit war noch nicht reif für ein solches Projekt: Das Potenzial war bereits vorhanden, aber die wirtschaftlichen Möglichkeiten waren in dieser Zeit vor allem aus politischen Gründen beschränkt. Luxusprodukte aus einer Diktatur, das wäre europäischen und amerikanischen Konsumenten nicht zu vermitteln gewesen. Es bedurfte eines längeren demokratischen Wandels, um dies zu ermöglichen. Zum anderen waren immense finanzielle Anstrengungen in Chile selbst vonnöten, um die damals noch total veraltete Weinwirtschaft auf den neuesten technischen Stand zu bringen und die teilweise heruntergekommenen Weinberge zu renovieren oder neu anzulegen. Ein Jahrzehnt später war es dann so weit. Das Gespann Mondavi/Chadwick, das 1991 sein Joint Venture abgeschlossen hatte, lancierte mit dem Seña (Jahrgang 1995) den ersten chilenischen Wein, der das Prädikat Ultrapremium für sich in Anspruch nehmen konnte und gewann das Wettrennen gegen Montes Alpha M und Almaviva um Nasenlänge.

Die Trauben für den Seña kommen aus dem Tal des Aconcagua, genauer gesagt aus den Weingärten, in denen auch die Trauben für den Don Maximiano von Errázuriz reifen. Die Kombination von warmem, mediterranem Klima und kühlen Meeresbrisen sind optimale Bedingungen für die Produktion hochwertiger Weine. Die kalkhaltigen Hänge am Fuß der Anden geben den Weinen sogar einen Terroircharakter im europäischen Sinne. Nach dem weltweiten Erfolg, den Mondavi und Chadwick mit den ersten Jahrgängen erreichten, haben sie nun in ein eigenes Weinbergsareal investiert.

1999 wurde ein 350 Hektar großes Gelände im westlichen Ende des Aconcagua-Tals gekauft, das nur 41 Kilometer von der Küste des Pazifiks entfernt liegt. Seine Böden setzen sich aus wasserdurchlässigem Kies, Stein und Lehm kolluvialen Ursprungs zusammen. Hier soll bis zum Jahr 2002 ein zunächst 60 Hektar großer Weinberg mit einer Pflanzdichte von 7000 Reben pro Hektar angelegt werden. Derzeit besteht der Seña aus den drei Sorten Cabernet Sauvignon, Merlot und Carmenère. Der Rebsortenspiegel des neuen Weinberges ist komplexer. Cabernet Sauvignon wird mit 60 Prozent den höchsten Anteil haben, dazu Merlot (20 Prozent) und Cabernet franc (10 Prozent). Kleinere Abschnitte sind für Carmenère (5 Prozent), Petit Verdot (3 Prozent) und Malbec (2 Prozent) reserviert. Für das Jahr 2003 ist dann der Bau der eigenen Seña-Kellerei terminiert. Aus dem Joint Venture Wein soll ein echter eigenständiger Premier Cru nach Bordelaiser Vorbild werden, auch was die Größenordnung der Flaschenzahl angeht.

1996 Seña

Tiefes Rubinrot. In der Nase dunkle Aromen wie Toast, Waldboden, mürbe Tannine und eine komplexe Fruchtkonzentration zwischen Cassis, Kirsch und dunklen Beeren. Schöne Fülle und dicht bepackte Struktur. Kräftige Säure. Nachhaltig und noch immer nicht ganz zugänglich. Braucht sicher noch fünf, sechs Jahre Zeit. Bei der letzten Parallelverkostung noch immer kräftiger, ungestümer und jugendlicher als der 97er. Wenig Neue Welt – viel Frankreich.

Capital-Index	***131***
Scheuermann-Note	***91***
Anzahl der Flaschen	***keine Angaben***
Marktpreis	***DM 119,00***
Platzierung	***240 (rot)***

1997 Seña

Dunkles, dichtes Rubinrot. Anfangs sehr verschlossen in der Nase, zeigt eher seine Würze als das Konzentrat der Frucht. Später etwas Cassis und Minze. Deutlich leichter als der 96er, der wesentlich mehr Körper hat. Der 97er ist in allem eleganter und feiner strukturiert. Die Frage: Jahrgang oder Stilkorrektur? Das wird man erst in Zukunft beantworten können. Schmeichelnd und konfitürenhaft süß bereitet dieser Wein mit seinem schokoladigen Schmelz aber ohne Frage ein großes Trinkvergnügen.

Capital-Index	***129***
Scheuermann-Note	***89***
Anzahl der Flaschen	***keine Angaben***
Marktpreis	***DM 132,00***
Platzierung	***254 (rot)***

Au Bon Climat

P. O. Box 113
Los Olivos, CA 93441, USA
Tel. +1/80 59 37 98 01
Fax +1/80 59 37 25 39

Daten | Fakten

Inhaber	Jim Clendenen
Rebfläche	20 ha
Rebsorten	Pinot noir, Chardonnay, Pinot gris, Pinot blanc
Jahresproduktion	240 000 Flaschen

Sein ganzes Weinmacherleben lang war der charismatische Jim Clendenen ein Pionier, zunächst bei Zaca Mesa, heute in seinem eigenen Weingut Au Bon Climat, das er zusammen mit Adam Tolmach gründete. Die ersten Jahrgänge wurden noch in der sprichwörtlichen, hier aber höchst realen, Autogarage produziert. Inzwischen sind die beiden längst auf die Bien Nacido Ranch umgesiedelt, wo sie sich voll und ganz auf Pinot noir und Chardonnay spezialisiert haben. Clendenen war einer der Ersten, der die spezielle Eignung des Klimas im südkalifornischen Santa Maria Valley für seine beiden favorisierten Sorten erkannte. Nachdem er eine kurze Zeit dem typischen kalifornischen Allerwelts-Chardonnaystil gehuldigt hatte (breit, holzlastig, süß und wenig strukturiert), begann er seine Weine vor allem unter dem nachhaltigen Einfluss seines Freundes Dominique Lafon von der burgundischen Domaine des Comtes Lafon aus Meursault immer europäischer zu machen, das heißt mit mehr Säure und besserer Mineralität. Das hat ihm in den Staaten viel Kritik, so u. a. einen fürchterlichen Verriss von Robert Parker, eingetragen, der die Verkaufszahlen vor allem in Europa nachhaltig negativ beeinflusste, wie sein deutscher Exklusivimporteur Martin Kössler in Nürnberg berichtete. Dabei hätten vor allem die Chardonnays von Au Bon Climat alle Aufmerksamkeit dieser Welt verdient. Es sind zu 100 Prozent im Fass vergorene, lange auf der Feinhefe ohne bâtonnage gelagerte und dann unfiltriert gefüllte Charakterweine, die Luft und Zeit brauchen, um sich zu entwickeln, und die sich daher dem schnellen Konsum entziehen.

1997 gelang Jim Clendenen mit dem Nuits blanches erstmals etwas, was er lange geplant hatte, eine Spitzencuvée aus hochreifem Lesegut, die es mit den besten Weinen aus Chassagne-Montrachet aufnehmen sollte und dies inzwischen bei diversen verdeckten Proben getan hat. Man kann bei diesem Wein wirklich von Glück sagen, dass Robert Parker Clendenens Weine nicht mag, sonst würde der Nuits blanches sicher bereits ein Vielfaches kosten.

1997 Nuits blanches Chardonnay

Goldgelb. Schon im Geruch zeigt der Wein eine dicke, dichte Frucht. Die Nase blüht im Glas richtig auf mit Nuancen von Zimt und Schokolade, Aprikosen, Mandarinen, Mango, Nuss und Vanille, im Finale auch mineralisch-rauchige Noten – er zeigt das volle Spektrum der Möglichkeiten, die ein perfekt im Barrique ausgebauter Chardonnay haben kann. Üppig und süß am Gaumen, aber eben auch mit einer sehr strammen Säure ausgestattet und einer hohen mineralischen Intensität im Abgang. Der Wein hat Kraft und Eleganz, eine für kalifornische Maßstäbe geradezu sensationelle Struktur. Er ist einfach unverschämt gut.

Capital-Index	***178***
Scheuermann-Note	***94***
Anzahl der Flaschen	***3600***
Marktpreis	***DM 89,00***
Platzierung	***64 (weiß)***

1997 La Bouge d'à Coté

Helles Goldgelb. In der Nase tropische Früchte satt: Banane, Mango, Papaya. Mit der Zeit auch Nuss, türkischer Honig, süßsaures Mangochutney. Ein sehr fruchtbetonter Wein, nicht mehr so fett wie einige frühere Jahrgänge, aber immer noch sehr reich, sehr süß und mit einer angenehm cremigen Konsistenz, garniert mit reifen Zitrusnoten. Zeigt mehr Eleganz und Feinheit.

Capital-Index	***178***
Scheuermann-Note	***92***
Anzahl der Flaschen	***11 000***
Marktpreis	***DM 48,00***
Platzierung	***65 (weiß)***

1997 Isabelle Vineyards Pinot noir

Dunkles Granatrot. Sehr tiefe Farbe. In der Nase zunächst ein Grundton von Himbeer- und Erdbeerkompott, darüber ein feiner rauchiger Stallduft. Geht dann über zu einem würzigeren Duft von getrockneten Tomaten und schwarzem Pfeffer. Am Gaumen eine mächtige Fülle, dickflüssig. Es fehlt etwas an Finesse. Er kommt schwer und opulent daher, mit einer ausdrucksvollen Süße. Langer Abgang.

Capital-Index	***139***
Scheuermann-Note	***91***
Anzahl der Flaschen	***1200***
Marktpreis	***DM 98,00***
Platzierung	***190 (rot)***

Bryant Family Vineyard

P. O. Box 332
Calistoga, CA 94515, USA

Daten | Fakten

Inhaber	Don Bryant
Rebfläche	44 ha
Rebsorten	Cabernet Sauvignon
Jahresproduktion	7200 Flaschen

Mit 98–100 Punkten für kalifornische Cabernets, vergeben von amerikanischen Weinkritikern (egal wie prominent sie sind), ist das so eine Sache. Stellt man diese Wunderweine, die dank der Startup-Millionäre aus Silicon Valley zu völlig absurden Preisen gehandelt werden, aber offensichtlich dem Lifestyle dieser New Rich des E-Commerce und ihrer Eastcoast Groupies perfekt angepasst sind, auf einen harten europäischen Prüfstand, dann entpuppt sich mancher Kulttropfen schnell als Dickmadame, die man in des Kaisers neue Kleider gesteckt hat. Nicht so der Cabernet von Bryant Family. Als in Hamburg vor Jahresfrist, organisiert von dem Weinsammler Arne Berger und dem Restaurateur Josef Viehhauser, die dritte »Parker 100 Probe« stattfand, bei der ein ausgesuchter Kreis bewährter Wein-Koryphäen alle Weine, die während der 90er-Jahre von dem US-Weinguru Robert Parker mit 98 bis 100 Punkte bewertet worden waren, verdeckt nachverkostete, konnte neben dem australischen Astralis, dem Spanier Pingus und dem kalifornischen Klassiker Dominus allein Bryant den Klassikern aus Europa die Stirn bieten. Für mich lautet das Fazit dieser Probe eindeutig: Das Imperium schlägt zurück. Gegen die Superklasse von z. B. 1996 Château Margaux und 1996 Leoville Las Cases hatten die Newcomer aus USA keine realistische Chance, mit Ausnahme der 95er und 96er Cabernets von Bryant Family.

Das ist in einer Hinsicht bemerkenswert; denn zum einen gibt es das in Pritchard Hill östlich von Oakville über dem Lake Hennessey gelegenen Weingut, das einem Industriellen aus St. Louis (Missouri) gehört, erst seit gut zehn Jahren. 1992 wurde hier der erste Wein gefüllt. Dieser hochkonzentrierte Stoff, der tatsächlich die Qualität eines Premiers aus Bordeaux erreicht, stammt also aus sehr jungen Rebanlagen. Andererseits wundert dies nicht, wenn man weiß, dass Don Bryant ein passionierter Sammler großer Bordeauxweine ist. Er hat enorm in diesen perfekten steinigen Weinberg investiert. Allein 30 000 Dollar kostete das Abräumen der Felsbrocken. Gemacht wird der Wein von der genialen kalifornischen Kellermeisterin Helen Turley und ihrem Team. Da zurzeit ein Teil des Weinbergs nochmals neu angelegt wird, gibt es derzeit nur eine preistreibende Miniauflage von max. 600 Kisten. Doch die Rebfläche und damit die Traubenerträge sollen in den nächsten Jahren wachsen. Wenn der Weinberg fertig angelegt ist, kann es immerhin ein Maximum von 2000 Kisten geben.

1995 Bryant Family Cabernet Sauvignon

Dunkles, tiefes Schwarzrubin. Eine unglaublich opulente Nase: Schokolade, allerlei dunkle Beeren, Portweinsüße, Rosinen, dazu Minze und eine hochkomplexe Würze. Das erinnert tatsächlich an eine Mischung aus Pauillac und Pomerol. Wie eine Heirat zwischen Mouton und Clinet in einem großen Jahr. Verrückt. Trotz des hohen Alkohols ein eher mittlerer, das heißt gebändigter, strukturierter Körper. Ein ganz intensiver mineralischer Terroirgeschmack mit kräftigen Tanninen, lebendiger Säure, konzentrierten schwarzen Fruchtaromen. Langer, langer Nachhall am Gaumen und tiefer Abgang. Komplex und packend, aber nicht so fett, sondern geballt und wuchtig. Ein Hammerwein.

Capital-Index	***161***
Scheuermann-Note	***98***
Anzahl der Flaschen	***7200***
Marktpreis	***DM 800,00***
Platzierung	***90 (rot)***

1996 Bryant Family Cabernet Sauvignon

Dunkles, tiefes Rubinrot. In der Nase Kaffee, Malz, etwas Eukalyptus und Minze. Glasierte Gebäck- und Röstnuancen, asiatische Gewürze. Ein betörend exotisches Bukett. Mehr Neue-Welt-Charakter. Am Gaumen eine weichere Opulenz, süßer, viel breiter, fetter und schokoladiger als der 95er. Viel Kraft und Saft, aber weniger Struktur. Geht ein bisschen aus den Fugen. Wenn man den 96er mit einem Schwergewichtsboxer vergleicht, dann wäre das ein Sumoringer.

Capital-Index	***158***
Scheuermann-Note	***95***
Anzahl der Flaschen	***6600***
Marktpreis	***DM 800,00***
Platzierung	***99 (rot)***

Caymus Vineyards

8700 Conn Creek Road
Rutherford, CA 94573, USA
Tel. +1/70 79 63 42 04
Fax +1/70 79 63 59 58

Daten | Fakten

Inhaber	Chuck Wagner
Rebfläche	keine Angaben
Rebsorten	Cabernet Sauvignon, Cabernet franc, Merlot, Sauvignon blanc, Chardonnay
Jahresproduktion	keine Angaben

Chuck Wagner, der diesen Familienbetrieb seit Anfang der 70er-Jahre in der dritten Generation leitet, führt das Weingut von Höhepunkt zu Höhepunkt. Caymus ist das glatte Gegenteil zu den in Kalifornien wie Unkraut aus dem Boden sprießenden neuen »Micro-Wineries«, die einige Hundert Flaschen ihrer von amerikanischen Journalisten hyperbewerteten Weine zu völlig unsinnigen Preisen in den Handel bringen. Die Produktion des Cabernet, sozusagen des Grand Vins von Caymus, erreicht eine Größenordnung wie die Premiers Grands Crus in Bordeaux, und trotz dieser stattlichen Menge sind seine Weine dank weltweiter Nachfrage stets ausverkauft und Tropfen für Tropfen jeden Pfennig wert. Der Cabernet Sauvignon Special Selection, kreiert von seinem Vater Charlie Wagner, ist bereits eine Legende, und das nicht erst seit zwei Jahrgängen, wie bei der Masse seiner Nachahmer, sondern seit einem Vierteljahrhundert. Der 75er war der erste Jahrgang.
Wagners unerbittlichem Streben nach Qualität fiel jüngst die Special Selection 1996 zum Opfer – wie schon im Jahrgang 1993. Weil sie Chucks Vorstellungen von Wein-Vollkommenheit nicht vollständig entsprach, wurde sie kurzerhand zum »regulären« Napa Cabernet deklassiert, und das in einem Jahrgang, der im Napa Valley als sehr gut bis groß gilt. Das ist eine Konsequenz, wie sie auch in Europa inzwischen leider selten geworden ist.
Die Caymus-Produktion beschränkt sich auf ganz wenige Weine, neben Cabernet Sauvignon lediglich Sauvignon blanc, die weiße Cuvée Conundrum und seit kurzem auch Chardonnay. Nur ein Teil der Trauben stammt aus den eigenen Weinbergen. Der Rest wird hinzugekauft. Aber Perfektionist, der Chuck Wagner nun einmal ist, listet er auf dem Rückenetikett seines Cabernets minutiös die Herkunft und die Produzenten der Trauben auf: 28,61 Prozent St Helena (Bartolucci, Paladini, Skrugs und Wight), 51,60 Prozent Rutherford (Caymus Estate, Glos, Mathison und Usibelli), 11,33 Prozent Atlas Peak (Solambra) und 8,46 Prozent Mount Veeder (Tambor Vineyards). Obwohl als Cabernet bezeichnet, handelt es sich bei diesem Wein um einen typischen Bordeaux-Blend aus 87 Prozent Cabernet Sauvignon, 6 Prozent Cabernet franc und 7 Prozent Merlot.

1996 Cabernet Sauvignon

Was für ein toller Stoff! Dunkles, tiefes Rubinrot. Eine verwirrend komplexe Nase, die zunächst mit Brombeere, Minze und Marzipan beginnt, sich zu Schokolade mit Kirschkompott und After Eight steigert. Mit der Zeit kommen süße Virginia-Tabaknoten dazu, auch Majoran und Lorbeer. Im Mund dann ebenso opulent wie elegant, weich und geschmeidig wie geschmolzene Schokolade mit Kirschgelee. Dicke »Kirchenfenster« aus Glyzerin an der Glasinnenwand. Sündhaft süße rote Beerenfrucht, sehr sexy Wein.

Capital-Index	***163***
Scheuermann-Note	***96***
Anzahl der Flaschen	***24 000***
Marktpreis	***DM 119,00***
Platzierung	***80 (rot)***

Colgin Cellars

P. O. Box 372
Calistoga, CA 94515, USA
Tel. +1/70 79 63 09 99

Daten | Fakten

Inhaber	Ann Colgin und Fred Schrader
Rebfläche	1,5 ha
Rebsorten	Cabernet Sauvignon
Jahresproduktion	8400 Flaschen

Unter den erfolgreichen kalifornischen Wein-Startups der 90er-Jahre ist dies vielleicht der zukunftsträchtigste, denn Ann Colgin und Fred Schrader wollen es nicht bei einem superteuren Boutiquewein belassen, sondern streben auch hinsichtlich der Produktionsmenge nach mehr. Für die ersten Jahrgänge ihres Cabernet Sauvignon kauften sie die Trauben aus dem Herb Lamb Vineyard am Fuß des Howell Mountain. Inzwischen haben die beiden aber ihren ersten, 1,5 Hektar großen eigenen Weinberg erworben und zwar Tychson Hill in St. Helena nahe von Grace Family und Freemark Abbey. Dieses Gelände gehörte im späten 19. Jahrhundert der ersten Winemakerin Kaliforniens, Laura Tychson. Hier entwickeln Ann Colgin und Fred Schrader derzeit ein richtiges eigenes Weingut.
Ann Colgin produzierte 1992 unter tatkräftiger Aufsicht von Helen Turley ihren ersten Wein. Seither entstand eine makellose Serie opulenter Cabernets, die nach einem 18-monatigen Ausbau in 100 Prozent neuen Barriques ohne Schönung und Filtration auf die Flasche gezogen werden. Im Augenblick sind diese Weine noch sehr schwer, d. h. praktisch ausschließlich über die Mailingliste des Weinguts oder auf Auktionen zu bekommen.

1995 Colgin Cabernet Sauvignon

Tiefes Schwarzrubin. In der Nase eine animierende schwarze Beerenkonfitüre, dazu aber auch Trüffel und Pilze, exotische Kräuter, Kreuzkümmel. Opulent und sehr dicht verwobene Aromatik. Sehr wuchtig, kraftvoll, aber durchaus auch ein Ansatz geschliffener Eleganz. Sehr langer und tiefer Abgang.

Capital-Index	***142***
Scheuermann-Note	***94***
Anzahl der Flaschen	***8400***
Marktpreis	***DM 600,00***
Platzierung	***178 (rot)***

Dalla Valle

P. O. Box 329
Oakville, CA 94562, USA
Tel. +1/70 79 11 26 76
Fax +1/70 79 44 84 11

Daten | Fakten

Inhaber	Naoko Dalla Valle
Rebfläche	10 ha
Rebsorten	Cabernet Sauvignon, Cabernet franc, Merlot
Jahresproduktion	200 000 Flaschen

Mangels einer gefestigten Klassifizierung von Lagen und Gütern haben die Amerikaner in den vergangenen Jahren ihr eigenes Wein-Werte-System kreiert und sich dabei von der Markenindustrie leiten lassen. Erst gab es Premium Reds, dann kamen die Mega Premiums und inzwischen ist man bei den Ultrapremiums angelangt. Der Maya von Dalla Valle ist so ein Ultrapremium. Wahrscheinlich war er sogar der erste Wein, dem man dieses Prädikat zubilligte, das im Wesentlichen durch drei Parameter definiert ist: herausragende Qualität, kleine Menge und exorbitanter Preis. Der erste Jahrgang des Maya – der Wein trägt den Namen von Dalla Valles Tochter – war der 88er. Der Kult begann aber erst mit den Jahrgängen 1991 und 1992, als Robert Parker erstmals die 100-Punkte-Karte zückte. Inzwischen wird dieser Wein zwar weltweit, aber nur noch in homöopatischen Dosen an die Importeure geliefert bzw. über eine Mailingliste direkt an Privatkunden verkauft.

Die Familie Dalla Valle stammt aus Norditalien und ist dort seit über 150 Jahren mit Wein im Geschäft. Ursprünglich kamen Gustav Dalla Valle und seine Frau Naoko 1982 ins Napa Valley, weil sie hier mit dem französischen Sternekoch Michel Guerard ein Restaurant eröffnen wollten. Doch schon bald erwachte Dalla Valles Interesse für die kalifornischen Weine und der Selfmade-Millionär legte auf einem steinigen Abhang vulkanischen Ursprungs einen rund 10 ha (25 acres) großen Weinberg mit den Sorten Cabernet Sauvignon, Cabernet franc und Merlot an. Die ersten Jahrgänge des Cabernet und des Maya wurden von Heidi Peterson Barrett vinifiziert und fanden schnell und zu Recht höchste Anerkennung. Mitte der 90er-Jahre starb Gustav Dalla Valle, seine Witwe ersetzte Heidi Peterson Barrett durch Toni Soter und Mia Klein (Selene Wines). Gleichzeitig sah sie sich wie viele andere Napa-Winzer auch genötigt, einen Teil der Weinberge wegen der Reblausgefahr neu anzulegen. Zugleich – so scheint es mir – hat sich auch der Stil dieses Weines verändert. Über die Gründe kann man nur spekulieren. Ich bin gespannt auf die Veröffentlichung des 97ers, der zeigen wird, wohin bei Dalla Valle der Weg geht.

1995 Maya

Dunkles, dichtes Granatrot. Verhaltenes Bukett mit einem zauberhaften roten Konfitüreduft, dazu Vanille. Ein schöner, eleganter Wein, opulent, reich und schmeichelnd-süß. Aber wo ist die Struktur? Da gibt es keinerlei Ecken und Kanten, nur weiche Fülle. Es macht richtig Spaß, diesen Wein zu trinken. Einfach lecker. Aber wo ist da die Zukunft? Ist das wirklich ein so großer Wein oder nur ein verführerisch duftender Blender? Wenn ich meine Notizen mit Parkers Lobeshymnen vergleiche, lässt die Diskrepanz der Eindrücke eigentlich nur einen Schluss zu: Der Wein reift schneller als erwartet. Jedenfalls wesentlich schneller als der noch immer dunkel schwarzrubinfarbene, unverbraucht frische, tanninreiche und säurebetonte 91er z. B.

Capital-Index	***152***
Scheuermann-Note	***92***
Anzahl der Flaschen	***keine Angaben***
Marktpreis	***DM 300,00***
Platzierung	***117 (rot)***

Dominus Winery

P. O. Box 3327 Yountville
California 94599, USA
Tel. +1/70 79 44 89 54
Fax +1/70 79 44 05 47

Daten | Fakten

Inhaber	Christian Moueix
Rebfläche:	50 ha
Rebsorten	82 % Cabernet Sauvignon, 10 % Cabernet franc, 4 % Petit Verdot, 4 % Merlot
Jahresproduktion	100 000 Flaschen

Die einzige echte Sehenswürdigkeit des kalifornischen Städtchens Yountville liegt außerhalb des Ortes, mitten in den Reben: Was den Reisenden von weitem an die Kaaba in Mekka denken lässt, ist – etwas profaner – das von dem Schweizer Architekturbüro Herzog & de Meuron in Basel entworfene und 1998 vollendete Gebäude der Dominus Winery, die mehrheitlich Christian Moueix gehört, dem Inhaber von Château Pétrus in Pomerol. Hinter der temperaturregulierenden Fassade aus Basaltbrocken, die zu schweben scheinen, aber in Drahtgitterkäfigen gefangen sind und so der Schwerkraft trotzen, verbirgt sich zwar kein zürnender Gott der Herr, hier, in einer der renommiertesten Kellereien der Region, wird aber ein Wein mit einem wahrhaft herrlichen Namen gekeltert – Dominus. Das 100 Meter lange, 25 Meter breite und 9 Meter hohe Gebäude ist laut Herzog & de Meuron – »auch räumlich vollständig eingebunden in die lineare geometrische Textur des Rebberges«, dennoch stieß es nicht bei allen Talbewohnern auf ungeteilte Begeisterung. Es gibt Nachbarn, die es eine »schwarze Schuhschachtel mitten in der Landschaft« oder kurz und bündig »das Brikett« nennen. Doch zurück in den Weinberg:

Die Trauben für den hier produzierten Dominus stammen aus dem ca. 50 Hektar großen Napanook-Weinberg im Schwemmlandbecken nördlich von Yountville. Hier beginnt jener bloß zwei Meilen lange Streifen entlang des Highway 29 zwischen Yountville im Süden, Oakville in der Mitte und Rutherford im Norden, der das Herz des Napa Valley bildet mit seinen sieben berühmten Lagen: BV 1, Inglenook, BV 2, Beila Oaks, Opus One (als einziger östlich der Straße), Martha's Vineyard und Napanook. Entlang dieser Traumstraße legten Gustave Niebaum (ab 1884), Georges de Latour (ab 1900), John Daniel (ab 1946), Joseph Heitz (seit 1961) und Robert Mondavi (seit 1966) nach und nach die fundamentalen Grundsteine für den heutigen Weltruhm des kalifornischen Weins. Die Rebfläche des Napanook Vineyards wurde bereits Ende des vergangenen Jahrhunderts angelegt und befand sich seit 1946 im Besitz von John Daniel (Inglenook). Nach dessen Tode bewirtschafteten ab 1970 seine beiden Töchter den Weinberg, produzierten aber keinen eigenen Wein, sondern verkauften die Trauben an andere Güter. Anfang der 80er-Jahre fanden sie in Christian Moueix den richtigen Partner für einen Neubeginn. Gemeinsam gründeten sie die John Daniel Society mit dem Ziel, wieder einen eigenständigen Napanook-Wein auf den Markt zu bringen. Inzwischen hat sich die John Daniel Society bis auf eine kleine Minderheitsbeteiligung aus dem Projekt weitgehend zurückgezogen.

Der Anteil der Sorte Cabernet Sauvignon liegt in der Cuvée von Dominus meist bei ca. 80 Prozent. Dazu kommen ca. zwölf Prozent Merlot und acht Prozent Cabernet franc. Der Wein wird in der Regel 18 Monate im Barrique ausgebaut, von denen ein Viertel jährlich erneuert wird. Der Wein wird dabei quartalsweise abgezogen und vor der Füllung nur mit Eiweiß geklärt. Der Premierenjahrgang des Dominus war der 83er. Da dieser aber auch nach Jahren noch eine für kalifornische Weine ungewohnte Härte zeigte, wurde 1988 der 84er als Erster kommerzialisiert. Seither hat sich der Dominus einen Dauerlogenplatz in der ersten Reihe der modernen Napa-Rotweine gesichert.

1995 Dominus

Dunkles, dichtes Rubinrot. Große Fülle, kraftvoll, aber vor allem auch süß und fruchtig. Langer Abgang mit Schokolade und Kaffeetönen bis hin zu Mokka. Kommt an die großartigen Jahrgänge 1990 und 1994 von Dominus nicht heran, aber dennoch ein opulenter, reicher Wein mit konzentrierter dunkler Beerenfrucht. Sehr reife Tannine und wenig Säure.

Capital-Index	*167*
Scheuermann-Note	*94*
Anzahl der Flaschen	***96 000***
Marktpreis	*DM 225,00*
Platzierung	*73 (rot)*

Etude Wines

P. O. Box 3382
Rutherford, Napa Valley, CA 94558, USA
Tel. +1/70 72 57 53 00
Fax +1/70 72 57 60 22
etudewns@aol.com

Daten | Fakten

Inhaber	Tony und Michelle Soter
Rebfläche	keine eigenen Reben
Rebsorten	66 % Pinot noir, 22 % Cabernet Sauvignon, 8 % Pinot gris, 4 % Pinot blanc
Jahresproduktion	108 000 Flaschen

Tony Soter ist einer der einflussreichsten önologischen Berater und Kellermeister Kaliforniens. Er begann seine Laufbahn bei Chappellet Vineyards und brachte Anfang der 80er-Jahre Spottswoode auf Vordermann. Francis Ford Coppola engagierte ihn für den Wiederaufbau des traditionsreichen Niebaum-Weingutes, aus dessen alten Weinbergen die Trauben für den Rubicon stammen. Die zahlreichen Weingüter, für die Soter in den letzten zwanzig Jahren gearbeitet hat, gehören zu den besten Kaliforniens.

Seit 1999 hat er sich von all dem zurückgezogen und kümmert sich mit seiner Frau Michelle nur noch um sein eigenes Weingutprojekt Etude Wines, das er bereits im Jahr 1982 gegründet hat, zunächst spezialisiert auf die Pinotsorten. Sein Carneros Pinot noir gehört heute zu den feinsten roten Burgundern Amerikas. Die Trauben für diesen Wein stammen aus drei verschiedenen Lagen des Carneros Districts. Kein anderer Wein aus dieser Rebsorte ist in den USA so beliebt wie der Etude.

Soter verfügt über keine eigenen Weinberge, sondern kauft alle Trauben von befreundeten Weinbauern. So stammen die Trauben für den Cabernet aus zwei verschiedenen Weinbergen, mit deren Besitzern er seit langem zusammenarbeitet: The Madrona Vineyard in St. Helena (Besitzer: David Abreu) und Vine Hill Ranch in Oakville (Besitzer: Bob Phillips). Die beiden Weinberge bringen zwei grundverschiedene Weine, die sich aber in der Cuvée bestens ergänzen. Madrona ist seit 1990 das Herzstück dieses Weins. Von hier kommen reiche, tiefe und opulente Weine, während die Vine Hill Ranch sehr würzige, gut strukturierte Weine liefert. Neu ist beim 96er Cabernet ein kleiner Teil aus dem Eden Rock Vineyard, einem noch sehr jungen Weinberg in Oakville, der Pam und Dick Kramlich gehört. Die Qualität, die er jetzt schon liefert, ist so viel versprechend, dass Soter ihn im Jahrgang 1997 als Single Vineyard abgefüllt hat. Der 96er Etude, dessen Cuvée zu 92 Prozent aus Cabernet Sauvignon und 8 Prozent aus Cabernet franc besteht, wurde zu 100 Prozent in neuem französischem Eichenholz (Nevers) ausgebaut und zählt zu den feinsten Rotweinen aus diesem nicht unproblematischen Jahr, dessen Hitzewelle zu Beginn der Erntezeit viele dazu verführte zu früh zu lesen, was Weine brachte, die zwischen Alkoholreichtum und gebackener Frucht auf der einen und unreifen Tanninen auf der anderer Seite keine Harmonie fanden. Soter und seine Traubenbauern warteten, bis sich das Wetter wieder normalisiert hatte und sich die Reben vom Stress regenerierten.

1996 Etude Cabernet Sauvignon

Dunkles, dichtes, tiefes Schwarzrubin. In der Nase eine absolut hedonistische Fruchtbombe mit Brombeer- und Blaubeerduft, etwas Minze, dann mehr und mehr auch Röstaromen, Lakritze und Tabak, Trüffel. Kaffee und Kirsche am Gaumen, süße Konfitüre. Bei aller Opulenz gute Säure, aber vor allem elegant und balanciert. Markanter Abgang.

Capital-Index	***145***
Scheuermann-Note	***93***
Anzahl der Flaschen	***20 500***
Marktpreis	***DM 99,00***
Platzierung	***165 (rot)***

Flora Springs

1978 West Zinfandel Lane
St. Helena, CA 94574
Tel. +1/70 79 63 57 11
Fax +1/70 79 63 75 18
greatwines@florasprings.com

Daten | Fakten

Inhaber	Familien Komes und Garvey
Rebfläche	200 ha
Rebsorten	Cabernet Sauvignon, Merlot, Cabernet franc, Sauvignon blanc, Pinot noir, Sangiovese
Jahresproduktion	180 000 Flaschen

Ein relativ junges, erst 1978 gegründetes Weingut in St. Helena, das sich aber sehr schnell einen Namen machte und vom Wine Spectator in einem Rückblick als einer der Stars der 90er-Jahre bezeichnet wurde. Die Familien Komes und Garvey konnten Ende der 70er-Jahre, als es noch möglich war, im Napa Valley wertvollstes Weinbergsgelände zu erschwinglichen Preisen zu erwerben, einige sehr wertvolle alte Weinberge samt zwei verlassener »Geister-Weingüter« aus dem 19. Jahrhundert kaufen, die sich vormals im Besitz von Louis M. Martini befunden hatten. Anfangs spezialisierte man sich auf Weißwein. Der Barrell Fermented Chardonnay ist auch heute noch ein Aushängeschild für das Weingut, aber die absoluten Highlights im Programm von Flora Springs sind rot.

Der rote Trilogy – das Meisterstück des Hauses – ist ein typischer Bordeaux Blend aus jeweils ca. 40 Prozent Cabernet Sauvignon und Merlot, ergänzt durch kleinere Anteile Cabernet franc und gelegentlich auch etwas Malbec. Sein Stil erinnert tatsächlich auch entfernt an Margaux oder St. Julien. Das Lesegut stammt aus dem Hausweinberg Komes Ranch am nördlichen Rand der ruhmreichen Rutherford Bench, in unmittelbarer Nähe des Weingutes gelegen. Die Rebstöcke sind noch relativ jung, denn der Weinberg wurde zwischen 1988 und 1993 neu angelegt. Trilogy reift relativ lang, nämlich 20 Monate in zu 50 Prozent neuen Barriquefässern, ehe er ungeschönt und unfiltriert auf Flaschen gefüllt wird. Die starke Depotbildung ist durchaus beabsichtigt und notwendig, um die Säure abzubauen.

Flora Springs ist nach wie vor ein Familienbetrieb, in dem Tradition, trotz der erst so kurzen Geschichte, ein bestimmendes Moment ist. Der Name leitet sich einerseits ab vom Vornamen der Frau des Gründers John Komes, »Springs« auf der anderen Seite ist ein Hinweis auf die hauseigene Quelle hinter dem Weingut. Von den Reben aus den 75 Hektar Weinbergen des Gutes werden nur die besten 20 Prozent für die Produktion verwendet, die restlichen 80 Prozent werden an andere Weingüter verkauft. »Das Weinmachen ist eine Kombination aus Wissenschaft und Kunst«, sagt Ken Deis, der Weinmacher von Flora Springs. Er wurde 1980 engagiert und gehört seither quasi zur Familie. Aber eigentlich meint er damit, es ist eine Tätigkeit, die alle Sinne beansprucht. Er fühlt die Reife der Trauben mit den Händen, den Geschmack der Traubenfrucht oder des Weines am Gaumen, und die Fortschritte der Gärung erkennt er einzig am Duft im Keller. Also vielleicht doch mehr Kunst als Wissenschaft?

1996 Trilogy

Dunkles Rubinrot. Ein reiches Bukett mit einem schier unergründlichen Spiel von fruchtigen Aromen wie wilden Kirschen, roten und schwarzen Johannisbeeren, Brombeere, dazu Kaffee und würzigen Nuancen von Anis, Zedernholz und Tabak, mit der Zeit auch Pflaumenkompott und etwas Rumrosinen. Am Gaumen dann aber ein, im Vergleich zu dieser vielschichtigen Nase, eher feingliedriger Wein, elegant und säurebetont. Kein konzentrierter Blockbuster, sondern ein Wein von nobler Eleganz und klassischer Statur. Hat sicher eine schöne Zukunft für weitere zehn bis 15 Jahre.

Capital-Index	***139***
Scheuermann-Note	***92***
Anzahl der Flaschen	***keine Angaben***
Marktpreis	***DM 85,00***
Platzierung	***191 (rot)***

Peter Franus

2055 Hoffman Lane
Yountville, CA 94558, USA
Tel. +1/70 79 45 05 42
Fax +1/70 79 45 09 31
franuswine@aol.com

Daten | Fakten

Inhaber	Peter Franus und Diane Semiloff
Rebfläche	1 ha (12 ha von anderen Winzern)
Rebsorten	Cabernet Sauvignon, Zinfandel, Pinot noir, Sauvignon blanc
Jahresproduktion	72 000 Flaschen

Noch so eine junge Kellerei, die unverdient im Schatten der modischen Boutique-Wineries steht. Bei den amerikanischen Weinkritikern kommt Franus kaum je über 90 Punkte hinaus, und das ist, mit einem Wort gesagt, ungerecht, zumindest was den Cabernet Sauvignon angeht. Spätestens mit dem Jahrgang 1996 wurde hier eine neue Qualitätsstufe erreicht. Das hat man jenseits des Großen Teiches offensichtlich noch nicht richtig realisiert und schwärmt, wenn überhaupt (das aber auch zu Recht), eher von Franus' Zinfandel. Die Trauben für diese Weine stammen teilweise aus den gleichen, bis zu 70 Jahre alten Weinbergen in Napa und am Mt. Veeder wie die von Kent Rosenblum: Brandlin Ranch und Hendry Vineyard.

Peter Franus kommt aus Connecticut und studierte zunächst an der University of California in Berkeley Journalismus, entschied sich aber dann doch aus Passion für die Winemaker-Laufbahn. Er arbeitete auf Chalone, bei Veederhills und Château St. Jean, ehe er 1981 Kellermeister der Mount Veeder Winery wurde. In dieser Zeit entdeckte er seine Liebe zum Zinfandel. Bereits während dieser Zeit produzierte er nebenher unter eigenem Namen zwei Weine und machte sich dann 1992 endgültig selbstständig. Aus diesem Jahrgang datiert auch sein erster Cabernet.

1996 Brandlin Ranch Zinfandel

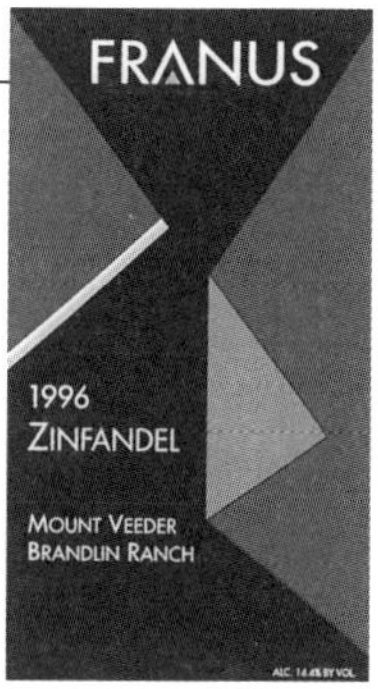

Dunkles Rubinrot. Eine ungestüme, wilde Nase: Fast schon ein wenig obszöner Duft nach Schweiß, Fell, Waldboden und gebratenem Fleisch, der sich mit süßen roten Beeren mischt. »Rotkäppchen und der Wolf«, vereint in einem Glas. Am Gaumen dann überraschend elegant und eher fein strukturiert, gute Säure, nicht die erwartete Fülle, aber deutliche Länge.

Capital-Index	***130***
Scheuermann-Note	***90***
Anzahl der Flaschen	***25 000***
Marktpreis	***DM 40,00***
Platzierung	***247 (rot)***

1996 Cabernet Sauvignon

Dunkles, dichtes Rubinrot. Eine schon fast tropisch anmutende opulente, exotische Nase mit eingekochten Früchten, Cassis und Minze. Hat auch deutlich rauchige, erdige Komponenten. Ein Wein, der am Gaumen mächtig Pelzbelag macht, rau, aber nicht kantig, sondern stoffig. Komplexe Struktur. Mit seinen erdigen, mineralischen Aromen, die sich hinter der konzentrierten Frucht bemerkbar machen, erinnert er entfernt an manche Graves-Weine.

Capital-Index	***133***
Scheuermann-Note	***93***
Anzahl der Flaschen	***15 000***
Marktpreis	***DM 54,00***
Platzierung	***223 (rot)***

Harlan Estate

P. O. Box 352
Oakville, CA 94562, USA
Tel. +1/70 79 44 14 41
Fax +1/70 79 44 14 44

Daten | Fakten

Inhaber	H. William Harlan
Rebfläche	14 ha
Rebsorte	60 % Cabernet Sauvignon, 30 % Merlot, 8 % Cabernet franc, 2 % Petit Verdot
Jahresproduktion	24 000 Flaschen

Das Weingut von H. William »Bill« Harlan liegt auf den Hängen der Rutherford Bench mit Blick auf den legendären Martha's Vineyard. Von den 14 Hektar Weinbergsfläche sind nicht mal zwei Drittel im Ertrag, daher war in den ersten Jahrgängen die Menge viel zu gering, um die Nachfrage befriedigen zu können. So wurde Harlan infolge der hohen Bewertungen, die der Wein weltweit erhielt, zum Spielball einer hemmungslosen Spekulationswelle. Mit der Zeit soll die Produktionsmenge wenigstens auf zirka 2 500 Kisten angehoben werden, also knapp die Menge von Château Pétrus.

Bill Harlan verbrachte 20 Jahre damit, in den Hügeln östlich von Oakville Weinbergsparzellen zu erwerben, um daraus schließlich sein heutiges Weingut zu formen. Während dieser Zeit gründete er Merryvale Vineyards in St. Helena und wurde Partner im Meadowood Country Club. Doch dabei verlor er nie seine Idee aus den Augen, und die hieß Oakville Grand Cru. Er ist ein in jeder Hinsicht nach Perfektion strebender Mensch. So engagierte er zu seinem Team aus Bob Levy (Kellermeister) und Don Weaver (Weinbergsmanager) noch den französischen Star-Önologen Michel Rolland als Berater. Bei Harlan wird nichts, aber auch gar nichts dem Zufall überlassen. Die Weinberge sind mit einem Sortenspiegel bestockt, der ziemlich exakt dem eines modellhaften Ersten Gewächses im Médoc entspricht. Die Erträge liegen im Schnitt bei ca. 35 hl/ha. Bei der Ernte werden die Beeren einzeln abgezupft. Vor dem Pressen wird auch noch der allerwinzigste Rest von Stielen und Stängeln oder gar Blättern entfernt. Das verleiht den Weinen eine unnachahmliche Weichheit, Fruchtkonzentration und Süße. So eine Art Über-drüber-Margaux.

Um ehrlich zu sein, ist das nicht ganz mein Fall. Ich hätte mir etwas mehr Tannin gewünscht. Aber diese Weine sind dennoch von einer wunderbar klaren Frucht, haben trotz der puren Konzentration überhaupt nichts Marmeladiges.

1994 Harlan

Dunkles tiefes Rubinrot. Schöne Konzentration von Brombeeren, schwarze Kirschen, mit etwas Toast unterlegt. Dickflüssig und konzentriert. Opulent, viel Schmelz, Schmalz und Fett. Eine ganz feinsamtige Textur. Ein wunderbarer Kuschelwein und Ladykiller.

Capital-Index	***185***
Scheuermann-Note	***95***
Anzahl der Flaschen	***18 000***
Marktpreis	***DM 500,00***
Platzierung	***45 (rot)***

1995 Harlan

Dunkles Rubinrot. Verhaltene Nuss- und Röstaromen über rotem Früchtekompott mit etwas Cassis. Wieder dieser ungeheuer opulente Körper mit verführerischem Schmelz. Auch er brilliert mit seiner reintönigen Frucht. Optimale Länge und Nachhaltigkeit. In diesem Wein überwiegt der Cabernet mit 85 Prozent. Er wird von 15 Prozent Merlot ergänzt.

Capital-Index	***185***
Scheuermann-Note	***95***
Anzahl der Flaschen	***18 000***
Marktpreis	***DM 500,00***
Platzierung	***46 (rot)***

Heitz Cellars

500 Taplin Road
St. Helena, CA 94574, USA
Tel. +1/70 79 63 35 42
Fax +1/70 79 63 74 54

Daten | Fakten

Inhaber	Joe und Alice Heitz
Rebfläche	120 ha
Rebsorten	Cabernet Sauvignon, Chardonnay, Pinot noir, Zinfandel
Jahresproduktion	500 000 Flaschen

Einer der ärgerlichsten Sätze in der nicht über alle Zweifel erhabenen neuen deutschen Ausgabe des Parker Wein Guides ist die Bemerkung über Heitz Cellars. Da heißt es einfach: »Vor 1986 ein 5-Sterne-Wein.« Mehr nicht. Zu den Fakten: In der Zeit von 1966 bis 1992 wurden 26 Jahrgänge von Martha's Vineyard produziert. Danach musste der Weinberg wegen Reblausbefalls gerodet und neu angelegt werden. Deshalb konnte es weder 1993 noch 1994 und 1995 einen Wein aus diesem legendären Weinberg geben. Erst mit dem Jungfernertrag von 1996 wurde wieder ein Cabernet Sauvignon Martha's Vineyard produziert, der aber erst im Jahr 2001 freigegeben wird; denn dieser Wein kommt immer erst frühestens fünf Jahre nach der Ernte auf den Markt.

Er wird eineinhalb Jahre in amerikanischen und dann zwei Jahre in französischen Barriques ausgebaut und darf dann noch mindestens ein, zwei Jahre auf der Flasche reifen, manchmal auch länger. Der letzte, 1992 produzierte Wein war zugegebenermaßen so schwach, dass wir in diesem Buch gern auf ihn verzichten wollen. Aber der 91er war wie auch der 90er ein großer Wein, der es lohnt, gesammelt zu werden. Als großer Jahrgang vor der Rodung ist er ein Spekulationsobjekt erster Ordnung.

Die kurze, nicht mal 40 Jahre währende Geschichte der Kellerei Heitz ist eine sehr amerikanische Erfolgsstory. Der aus dem Präriestaat Illinois stammende Joseph Heitz war während seiner Militärzeit in Kalifornien stationiert und jobbte in der Freizeit auf einem Weingut im San Joaquin Valley. Von da an ließ ihn das Thema Wein nicht mehr los. Er studierte an der Universität in Davis und arbeitete auf verschiedenen Gütern, so u. a. bei Ernest und Julio Gallo, aber auch bei Beaulieu Vineyards. 1961 machte er sich selbstständig, produzierte seine ersten eigenen Weine und handelte so erfolgreich mit Wein, dass er drei Jahre später ein altes Weingut am Silverado Trail erwerben konnte. Berühmtheit erlangte Heitz aber vor allem mit Cabernet Sauvignon aus drei Einzellagen, die nicht ihm gehören, sondern mehreren befreundeten Familien, von denen er die Trauben kauft und verarbeitet: Bella Oaks Vineyard, Fay Vineyard und Martha's Vineyard.

Martha's Vineyard, immer wieder als der »Mouton Kaliforniens« apostrophiert, zählt zu den feinsten Terroirs des Napa Valley. 13,6 Hektar umfasst dieser wunderschön mit Eukalyptusbäumen angelegte Weingarten, der Tom und Martha May gehört. Er liegt südwestlich von Oakville auf den sanft auslaufenden, mit Verwitterungsschutt bedeckten Hängen des Mt. Veeder. Joseph Heitz ist einer der Pioniere des Terroirgedankens in Kalifornien. Seine Intention formulierte er einmal so: »Ich bin bemüht, den bestmöglichen kalifornischen Cabernet zu machen, der den Charakter seines Weinbergs reflektiert. Ich will nicht den bestmöglichen Martha's Vineyard machen, der uns zeigt, wie gut Cabernet hier gedeiht.«

1991 Martha's Vineyard

Rubinrot. In der Nase zum Auftakt Eukalyptus und Minze total. Dann entwickelt sich das Bukett langsam über zwei, drei Stunden bis zu einem süßen, konzentrierten Kirschkompott mit Nuss, Schokolade, auch eine feine Honigkrokantnote. Ein geschmeidiger, opulenter Wein, üppiger, weicher Körper, ausladend und einladend. Schokoladige Süße am Gaumen, warme, würzige Rauchtöne wie geröstete Paprika. Nachhaltig, lang. Macht schon in der Jugend enormen Spaß, hat aber auch eine Menge Zeit und Zukunft.

Capital-Index	*159*
Scheuermann-Note	*94*
Anzahl der Flaschen	***ca. 92 000***
Marktpreis	***DM 142,00***
Platzierung	***95 (rot)***

Landmark Vineyards

101 Adobe Canyon Road
Sonoma County
Kenwood, CA 95452, USA
Tel. +1/70 78 33 00 53
Fax +1/70 78 33 11 64

Daten | Fakten

Inhaber	Damaris D. W. Ethridge
Rebfläche	4,6 ha
Rebsorten	Chardonnay, Pinot noir
Jahresproduktion	240 000 Flaschen

Mit dem Jahrgang 1998 hat dieses Weingut seinem alten, etwas amateurhaften Gold-Lila-Label adieu gesagt und seinen Weinen ein neues, elegantes Outfit verordnet. Dadurch wurde endlich ein überfälliges Corporate Design erreicht und eine stimmige Identiät. Soll heißen: Die Flaschen sehen jetzt so edel aus, wie ihr Inhalt schmeckt. Das Weingut hat sich in erstaunlich kurzer Zeit von einem Noname zu einem der führenden Chardonnay-Produzenten Kaliforniens gesteigert. Erst 1993 waren Mike und Mary Colhoun aus New York nach Kalifornien übersiedelt und hatten die 1974 gegründete Kellerei übernommen.
Das Geheimnis des Erfolges liegt u. a. in der Spezialisierung auf die Produktion mächtiger und charaktervoller Chardonnays, zu einem kleineren Teil auch Pinot noir. Kellermeister Eric Stern ist ein Meister in dieser Disziplin. Er behandelt die barriquevergorenen Weine natürlich, das heißt er greift so wenig wie möglich ein: langer Ausbau auf der spezifischen eigenen Hefe, Verzicht auf jegliche Schönung und Filtration ... Das ergibt dichte, opulente Weine, die aber harmonisch in sich ruhen und ein beachtliches Entwicklungspotenzial besitzen.
Die Spitze der Produktion ist die nach der Tochter und heutigen Besitzerin Damaris benannte Reserve, eine Cuvée aus drei verschiedenen Appellationen; im Falle des 98ers: 35 Prozent Sonoma County, 33 Prozent Santa Barbara County und 32 Prozent Monterey County.

1998 Damaris Reserve Chardonnay

Goldgelb. Verhaltene Nase. Tropische Früchte, Vanille, geröstete Nussaromen, Senfblüten. Mit der Zeit auch eine deutliche Mineralität. Am Gaumen eine große, saftige Fülle, mit kräftiger Säure, reifer Frucht (Mirabellen, reife Zitrusfrüchte) und deutlich schokoladigen Aromen. Ein in jeder Hinsicht reicher Wein: Körper, Frucht, Alkohol. Alles reichlich und gut abgestimmt. Sehr lang im Abgang.

Capital-Index	***181***
Scheuermann-Note	***92***
Anzahl der Flaschen	***30 000***
Marktpreis	***DM 69,00***
Platzierung	***59 (weiß)***

Robert Mondavi Winery

7801 St. Helena Highway
P. O. Box 106
Oakville, CA 94562, USA
Tel. +1/70 72 59 94 63

Daten | Fakten

Inhaber	Robert Mondavi Corp.
Rebfläche	220 ha
Rebsorten	Cabernet Sauvignon, Sauvignon blanc, Pinot noir, Merlot, Chardonnay, Zinfandel
Jahresproduktion	7 Mio. Flaschen

Die Geschichte der Robert Mondavi Winery begann 1966, als Robert Mondavi und sein ältester Sohn Michael das Gut in Oakville erwarben. Im Laufe von drei Jahrzehnten wurden die Mondavis zum Motor und Innovator des amerikanischen Weinbusiness und zu einem der wichtigsten Qualitätsweinproduzenten auf dem US-Markt. So vermarktete Robert Mondavi in den späten 60er-Jahren erstmals trocken ausgebauten und im Barriquefass vergorenen Sauvignon blanc als Fumé blanc.

Von 1979 an, als Robert Mondavi ein Gut in Woodbridge erwarb, begann der Ausbau des Unternehmens zum börsennotierten Global Player. Zur Robert Mondavi Family of Wines gehören heute ein gutes Dutzend Tochterfirmen und Joint Ventures mit Partnern in Kalifornien, Chile, Frankreich und Italien, darunter Opus One zusammen mit Baron Philippe de Rothschild (seit 1979), Vichon Winery (seit 1985) und Byron (seit 1990), Luce mit der Familie Marchesi de' Frescobaldi in Italien sowie Caliterra und Seña mit Eduardo Chadwick von Viña Errázuriz in Chile.

Das ehrgeizigste Projekt des Unternehmens aber ist die völlige Renovierung des Flaggschiffs, der Robert Mondavi Winery, mit einem Investitionsvolumen von 27 Millionen Dollar. Die mehrgeschossige Vinifikationsanlage bedient sich eines »gravity-flow-systems«, um Trauben bzw. deren Saft von der Entrappung über die Gärtanks bis zu den Reifungsfässern nur mithilfe der Schwerkraft vorsichtig zu transportieren. In Korbpressen werden die Trauben sehr sanft gepresst und kommen zur Gärung in 56 aufrecht stehende, jeweils 1300 Liter fassende, französische Eichengärbehälter. Eine mehr als 80 000 Quadratmeter große Fermentierungshalle liegt direkt über dem Fasskeller, in dem optisch beeindruckend 1300 französische Eichenfässer für die Reifung während des ersten Jahres lagern. Die Fässer sind nur einreihig gelagert, sodass das Befüllen, Auffüllen der Fässer und der Abstich durchgeführt werden können, ohne dass der Wein bewegt werden muss.

Die Trauben für die hier vinifizierten Weine werden größtenteils aus den Reben des To-Kalon-Weingartens geerntet, der die Winery umgibt. Dieser historische, 220 Hektar große Weinberg liegt im Oakville District, einem Weinbaugebiet, das vor allem für seine Cabernets berühmt ist, und wurde im späten 19. Jahrhundert angelegt.

To-Kalon ist griechisch und bedeutet so viel wie »höchste Qualität« oder »vollendete Schönheit«. Der 1945 gepflanzte, 8 Hektar große To-Kalon-I-Block gilt als ältester Sauvignon-blanc-Weingarten Nordamerikas. Die alten, knorrigen Reben des Sauvignon blanc liefern kleine Erträge konzentrierter Trauben, denen die Fumé-blanc-Weine des I-Blocks ihre Einzigartigkeit verdanken.

1997 Fumé blanc Barrel Aged Reserve

Sattes, leicht grünlich reflektierendes Strohgelb. Ein komplexes Bukett mit Kräutern, etwas tropischer Frucht, zarten Rauchtönen (Gummireifen) und einer starken mineralischen, bimssteinartigen Note. Kein lauter New-World-Sauvignon, sondern alles eher verhalten, seriös und versammelt. Am Gaumen schöne Fülle. Die Frucht und Würze des Weins stehen noch versteckt hinter dem Holz und der Mineralität. Kräftige Säure. Sehr langer Abgang, etwas schokoladig am Gaumen. Hat und braucht viel Zeit, um sich zu entwickeln. Einer der besten barrique-gereiften Sauvignons, die ich kenne. Der kleine Sémillonanteil von sechs Prozent verleiht dem Wein eine harmonische Abrundung.

Capital-Index	***238***
Scheuermann-Note	***94***
Anzahl der Flaschen	***36 000***
Marktpreis	***DM 85,00***
Platzierung	***11 (weiß)***

1997 Cabernet Sauvignon Barrel Aged Reserve

Tief dunkles, undurchsichtiges Rubinrot. In der Nase noch ziemlich verschlossen. Etwas Cassis und rote Konfitüre. Am Gaumen höchst elegant mit feinen und reifen Tanninen. Nachhaltig, mit konzentrierter roter Frucht, etwas Vanille und Mandelcreme, sehr weich. Langer Abgang.

Capital-Index	***157***
Scheuermann-Note	***93***
Anzahl der Flaschen	***150 000***
Marktpreis	***DM 250,00***
Platzierung	***101 (rot)***

1997 Pinot noir Barrel Aged Reserve

Rubinrot. In der Nase eine konzentrierte rote Beerenfrucht, dazu etwas Rauch und Leder. Am Gaumen ein sehr saftiges und dichtes Fruchtpaket, samtige Oberfläche, schokoladiger Schmelz, reife Süße. Guter Abgang.

Capital-Index	***158***
Scheuermann-Note	***91***
Anzahl der Flaschen	***30 000***
Marktpreis	***DM 136,00***
Platzierung	***98 (rot)***

Niebaum-Coppola Estate

1991 St. Helena Highway
Rutherford, CA 94573, USA
Tel. +1/70 79 68 11 00
Fax +1/70 79 67 90 84
service@niebaum-coppola.com
www.niebaum-coppola.com

Daten | Fakten

Inhaber	Eleanor und Francis Ford Coppola
Rebfläche	680 ha
Rebsorten	Cabernet Sauvignon, Cabernet franc, Merlot, Chardonnay
Jahresproduktion	2,4 Mio. Flaschen

Auch wenn in der Schickeria des Silicon Valley und in der amerikanischen Weinpresse heute andere Weine tonangebend sind und deshalb zu fantastischen Preisen gehandelt werden, gilt für mich nach wie vor der Satz, den ich vor einigen Jahren nach einer denkwürdigen Blindprobe geschrieben habe: Rubicon is the most underrated value in California! Er scheint mir einer der wenigen Weine aus der Neuen Welt zu sein, bei dem das Terroir eine ebenso große Rolle spielt wie die Kunst des Winemakers. Sein konstant hohes Qualitätsniveau ist beeindruckend und sein Stil ist in allem französischer als jener der meisten neuen Superkalifornier.

Damals hatte ich für einen intimen Zirkel befreundeter Connaisseurs, von denen die meisten eindeutig der Bordeaux-Fraktion zuzuordnen sind, im Hotel Louis C. Jacob in Hamburg eine verdeckte Vergleichsprobe arrangiert: Rubicon versus Haut-Brion. Beide Weine sind deutlich mehr terroir- als fruchtbetont und in ihrem klassisch ausgewogenen Sortenspiegel von Cabernet Sauvignon, Cabernet franc und Merlot liegen sie auch nicht allzu weit auseinander. Es standen die Jahrgänge 1978 bis 1991 auf dem Prüfstand. Das Abstimmungsergebnis nach Runden ist hinlänglich bekannt: 4 zu 2 für den Rubicon. Man sollte dieses Ergebnis nicht dramatisieren, aber eines machte nachdenklich: Es war vor allem der 78er Rubicon, der uns verblüffte, da er in puncto unverbrauchter Frische den Haut-Brion des gleichen Jahrgangs förmlich degradierte. Und dann darf man nicht vergessen, dass die alten Inglenook-Weine aus den 40er- und 50er-Jahren, die Private Reserves von Beaulieu Vineyards, die auf dem gleichen Terroir gewachsen sind, zum Besten gehören, was Kalifornien in diesem Jahrhundert an Weinen hervorgebracht hat.

Das Weingut Niebaum-Coppola wurde 1879 von dem finnischen Kapitän Gustav Nybom gegründet. Er wurde später einer der Weinbau-Pioniere im Napa Valley und erkannte als einer der Ersten die besondere Qualität der so genannten Rutherford Bench als Terroir für Rotweine: Das Zusammenspiel zwischen dem geröllhaltigen Boden der ehemaligen Flussbänke am Fuß der Berge, der natürlichen Dränage des Untergrunds und der idealen Sonnenexposition der Hänge machen sie zu einem perfekten Standort für die Bordelaiser Rebsorten.

Heute gehört dieses gesegnete Stück Land dem Hollywood-Regisseur Francis Ford Coppola (»Der Pate«, »Apocalypse Now«) und seiner Frau Eleanor. Die beiden erwarben 1975 zunächst das im viktorianischen Stil errichtete Wohnhaus als Wohnsitz sowie 1700 acres (gut 680 ha) mit Weinbergen in unmittelbarer Nähe. Dazu gehörte auch jener vier Hektar große Weinberg in Rutherford, der zu den ältesten des Napa Valley gehört. Im Jahr 1995 kaufte Coppola dann auch Château Inglenook. Inzwischen wurde der Besitz in seiner ursprünglichen Größe wieder hergestellt. Der Weinberg umfasst 50 Hektar. Für den Rubicon wird – wie es sich für einen echten Grand Cru gehört – nur das allerbeste Traubenmaterial gekeltert. Die Produktion ist auf 5000 12er-Kisten beschränkt. Der Fassausbau dauert drei Jahre. Anschließend reift der Wein mindestens zwei Jahre auf der Flasche, ehe er freigegeben wird. Einige dieser Weine kamen sogar erst im Alter von sieben Jahren auf den Markt. Coppola ist beim Wein genauso ein Qualitätsfanatiker wie bei seinen Filmen. Sein erklärtes Ziel ist es, den »besten amerikanischen Rotwein im Bordeaux-Stil zu machen«. »Ich will einen Wein machen, den man in 100 Jahren noch trinken kann«, hat er einmal in einem Interview gesagt. Diesem selbst gesteckten Ziel kommt er Jahr für Jahr näher.

1995 Rubicon

In diesem Jahrgang eine Cuvée aus 88 Prozent Cabernet Sauvignon, 6 Prozent Merlot, 6 Prozent Cabernet franc. Dunkles, tiefes Rubinrot. Dichte Nase mit einem vielfältigen Aromenspektrum: Brombeere, Minze, Schokolade, geröstete Haselnuss, Kaffee und Kirsch. Verschließt sich mit der Zeit, wird mineralischer, erdiger. Deutlich eleganter und feiner als frühere Rubicons. Nicht ganz so tannic, sondern etwas weicher. Am Gaumen dafür eher etwas Kirschsüße, langer tiefer Abgang. Durch den Alkohol wird das Tannin gut gepuffert und geschluckt.

Capital-Index	***152***
Scheuermann-Note	***92***
Anzahl der Flaschen	***60 000***
Marktpreis	***DM 60,00***
Platzierung	***122 (rot)***

Opus One

7900 St. Helena Highway
Oakville, CA 94562, USA
Tel. +1/70 79 44 94 42
Fax +1/70 79 48 14 96
info@opusonewinery.com
www.opusonewinery.com

Daten | Fakten

Inhaber	Robert Mondavi und Baronesse Philippine de Rothschild
Rebfläche	42 ha
Rebsorten	Cabernet Sauvignon, Cabernet franc, Merlot
Jahresproduktion	348 000 Flaschen

Der Opus One – ein Joint Venture zwischen der Robert Mondavi Winery in Kalifornien und der Baron Philippe de Rothschild S. A. in Bordeaux – ist eines der ersten transatlantischen Gemeinschaftsprojekte und eine der großen Erfolgsstorys im modernen kalifornischen Weinbau. Geboren wurde diese Idee bereits 1970 und seit 1979 funktioniert die franko-amerikanische Zusammenarbeit, die so viele Nachahmer in aller Welt gefunden hat. In den 80er-Jahren war der Opus One zunächst eher ein interessanter als ein wirklich großer Wein, mehr Marketing als tatsächliche Substanz. Aber er wurde schon damals gesammelt und es bildete sich sehr schnell ein stabiler Wiederverkaufsmarkt, sodass immer wieder ältere Jahrgänge auch auf Auktionen auftauchen. So richtig nachvollziehbar waren aber die Wahnsinnspreise, die man teilweise dafür zahlte, kaum bzw. nur dann, wenn man akzeptierte, dass der To-Kalon Vineyard in Oakville aus dem die Trauben für den Opus damals kamen, einen wirklich sagenhaften Ruf genoss. 24 000 Dollar – der bis heute höchste jemals erzielte Preis für einen kalifornischen Wein – zahlte ein Liebhaber für eine Flasche 1981er. Opus One war von Anfang an Kult, ja man darf ihn durchaus als einen Prototypen des modernen Kultweins ansehen. Ich erinnere mich gut daran, wie wir Anfang der 80er-Jahre durch die Winebars und -shops von Washington irrten, um je eine Flasche der ersten beiden Jahrgänge zu finden, um dann angesichts des Inhaltes resigniert festzustellen, dass wir es genauso gut auch hätten bleiben lassen können. Ich stand diesem Wein seither ziemlich skeptisch gegenüber.

Die Jahrgänge 1990/91 – so unterschiedlich sie auch waren – markierten eine scharfe Zäsur bei der Qualität. Der 90er war der bis dahin eindeutig beste Wein mit dem Doppelkopf-Etikett, das die Schattenprofile von Robert Mondavi und Philippe de Rothschild zeigt. Dieser Spitzenjahrgang zeichnete sich Oakville-Rutherford im Napa Valley durch eine etwas kühlere Jahrestemperatur aus. In diesem Jahrgang dauerte die Maischegärung auch länger als üblich. Der 91er mit seiner trockenen, langen Wachstumsperiode war dann der erste Wein, der in dem hochmodernen, eigens für den Opus gebauten Weingut vinifiziert wurde. Seither ist die Qualität bemerkenswert konstant geworden und mit dem 96er präsentierte das Weingut einen legitimen Nachfolger des mittlerweile legendären 90er. Der Ausbau erfolgt stets über 18 Monate in neuen Barriques aus französischer Nevers-Eiche mit einer genauso langen Flaschenreife, ehe er nur mit Eiweiß geklärt und ungefiltert gefüllt wird.

1996 Opus One

Dunkles, dichtes Rubinrot. Eine charakteristische Nase: Schwarzkirsche und Brombeere und Minze. Blackberry-Drops, dazu etwas Toast, später eher rote Konfitüre. Am Gaumen recht süß und fruchtbetont, aber auch Kokosnoten und Zartbitterschokolade. Mit der Zeit opulente Frucht, weich, dicht, marmeladig. Bleibt in seiner Dickflüssigkeit zu wenig strukturiert und etwas amorph. Langer Abgang.

Capital-Index	***159***
Scheuermann-Note	***93***
Anzahl der Flaschen	***keine Angaben***
Marktpreis	***DM 299,00***
Platzierung	***92 (rot)***

Joseph Phelps

P. O. Box 1031
200 Taplin Road
St. Helena , CA 94574, USA
Tel. +1/70 79 63 27 45
Fax +1/70 79 63 48 31
jpvwines@aol.com
www.jpvwines.com

Daten | Fakten

Inhaber	Tom Shelton, Joe Phelps, Craig Williams
Rebfläche	150 ha
Rebsorten	60 % Cabernet Sauvignon, 15 % Merlot, Malbec und Petit Verdot, 15 % Chardonnay, 10 % Syrah und Viognier
Jahresproduktion	1,1 Mio. Flaschen

Im Gegensatz zu den kultigen Mikrocuvées der 90er-Jahre und den fashionablen Joint-Venture-Weinen der 80er kann der Insignia von Joseph Phelps ähnlich wie Martha's Vineyard von Heitz für sich einen Platz im Pantheon der kalifornischen Klassiker beanspruchen. Mehr noch: Der Insignia ist für den modernen Weinbau im Napa Valley eine der historischen Benchmarks. Er war der erste Rotwein Kaliforniens, der bewusst im Bordelaiser Stil als Cuvée unter einem »Proprietary label« gemacht wurde.

Im Gegensatz zu Martha's Vineyard oder auch dem wiederbelebten Rubicon beispielsweise ist der Insignia aber kein lupenreiner Terroir-Wein. Vielmehr werden die besten Partien aus drei Einzellagen, die in verschiedenen Appellationen des Napa Valley liegen, Jahr für Jahr unterschiedlich verschnitten: aus dem Banca Dorada Vineyard auf der Rutherford Bench, aus dem Las Rocas Vineyard im Stag's Leap District und von der Spring Valley Ranch bei St. Helena. Bis vor wenigen Jahren gehörten auch die Neuanpflanzungen des Backus Vineyard dazu. Inzwischen ist dieser wieder voll im Ertrag und wird seit 1995 als eigenständiger Single Vineyard vinifiziert. Der erste Insignia-Jahrgang war der 1974er; er wurde 1978 veröffentlicht. Der Insignia konnte also 1999 sozusagen seinen 25. Geburtstag feiern. Ein Vierteljahrhundert Tradition – das ist in der schnelllebigen Neuen Weinwelt schon eine halbe Ewigkeit.

Das Weingut wurde 1972 von dem Bauingenieur Joseph Phelps gegründet. Der erste Wein, den er 1974 veröffentlichte, war ein 73er Johannisberg Riesling, und noch heute gibt es kleine Anpflanzungen dieser Sorte. Der ursprüngliche Sortenspiegel des Gutes, der sich auf Cabernet Sauvignon, Sauvignon blanc, Chardonnay, Gewürztraminer und Riesling konzentrierte, wurde zu Beginn der 90er-Jahre um die Rhone-Rebsorten Syrah, Viognier, Grenache, Marsanne, Roussanne und Muscat ergänzt, die teils sortenrein, teils als Cuvée vinifiziert werden. Diese neuen Phelps-Weine werden unter dem Markennamen Le Mistral angeboten: Ein eindrucksvoller Syrah ist darunter, ein weißer Viognier und vor allem ein erfolgreicher roter Rhone-Blend von eindringlicher Würze und Süße. Das sind Weine von zuverlässiger, gleich bleibender hoher Qualität, die sich auch weniger erfahrenen Konsumenten schnell erschließen.

Ganz anders der Insignia, und daran mag es vielleicht liegen, dass dieser Wein nach wie vor eher in der Schublade für die »Geheimtipps unter Kennern« liegt und nicht als Kultobjekt gehandelt wird. Die Cuvée besteht im Wesentlichen aus den beiden Sorten Cabernet Sauvignon und Merlot, je nach Jahrgang mit wechselnden Anteilen. Hinzu kam in früheren Jahren ein kleiner Anteil (3–15 Prozent) von Cabernet franc. Heute wird die Cuvée ergänzt durch Malbec und Petit Verdot. Auf diese Weise spiegelt der Wein Qualität und Charakteristik des Jahrgangs wider. Dies und die Tatsache, dass er in der Jugend nicht immer sofort sehr zugänglich ist, sondern Reife braucht, sind vielleicht der Grund dafür, dass er trotz hoher Bewertungen nie so richtig populär wurde.

Dennoch haben auch die Preise für den Insignia bereits deutlich angezogen. Noch vor ungefähr einem Jahr konnte man den einen oder anderen älteren Jahrgang für deutlich unter 100 Mark bekommen. Inzwischen liegen die Preise bereits zwischen 99 Mark (1989) und 175 Mark (1995). Mit dem Erscheinen des 97ers im Herbst 2000 dürfte die 200-Mark-Grenze dann wahrscheinlich schnell überschritten werden.

1997 Insignia

Dunkles Rubinrot. Verschlossene Nase. Konzentriert. Leichte Leder- und Pferdestalltöne, schöne junge Fassaromen über einer eher dunklen Beerenfrucht. Durch die neue Form der Cuvée hat der Wein an Komplexität gewonnen, ist in seiner ganzen Anmutung noch etwas französischer geworden. Ein saftiger, samtiger Wein von ausdrucksvoller Fülle, schokoladig, mit reifen Tanninen. In seiner ganzen Opulenz ähnelt er dem 95er. Langer, intensiver Abgang.

Capital-Index	***156***
Scheuermann-Note	***93***
Anzahl der Flaschen	***216 000***
Marktpreis	***$ 100,00***
	(ca. DM 230,00)
Platzierung	***106 (rot)***

Ridge Vineyards

P. O. Box 1810
Cupertino, CA 95015, USA
Tel. +1/40 88 67 32 33
Fax +1/40 88 68 13 50
www.ridgewine.com

Daten | Fakten

Inhaber	Akihiko Otsuka
Rebfläche	ca. 80 ha
Rebsorten	Cabernet, Zinfandel, Merlot, Mataro, Petite Sirah, Chardonnay
Jahresproduktion	600 000 Flaschen

Nur ganz wenige Weingüter in Kalifornien liefern seit annähernd drei Jahrzehnten so kontinuierliche Spitzenleistungen wie Ridge Vineyards in Cupertino hoch oben in den Santa Cruz Mountains südlich der Bucht von San Francisco.

Die Geschichte dieses Gutes begann im Jahr 1885, als der italienische Arzt Osea Perrone aus San Francisco ein Grundstück fast auf der Höhe des Monte Bello erwarb, terrassierte und die ersten Rebstöcke pflanzte. Der damals gebaute Keller, ein in den Berg hineingetriebener dreistöckiger Stollen, wird heute noch benutzt. Die Weine dieser Monte Bello Winery erlangten wegen der hohen Qualität schnell hohes Ansehen. Durch die Prohibition wurde die Entwicklung jedoch jäh unterbrochen. Erst in den 40er-Jahren legte William Short, ein Theologe, der das heruntergekommen Anwesen gekauft hatte, die ersten Cabernet-Weinberge an. 1959 erwarb Dave Bennion zusammen mit drei Partnern, allesamt Ingenieure am Standford Research Institute, diese Weinberge, aus denen heute der Monte Bello Cabernet kommt. 1967 verließ Bennion das Institut und kümmerte sich ausschließlich um Monte Bello. Es gelang ihm, das alte Weingut Perrones zu kaufen. 1969 trat Paul Draper, der in Stanford Philosophie studiert hatte, in das Unternehmen ein. Damit begann der steile Aufstieg des Gutes, das seit 1986 dem japanischen Geschäftsmann Akihiko Otsuka gehört. Dieser lässt seinem genialen und eher intellektuellen Winemaker freie Hand. Für seine Verdienste wurde Draper im Jahr 2000 zum »Man of the Year« des einflussreichen britischen Weinmagazins Decanter gekürt.

Neben dem Monte Bello Cabernet, der zu den besten Bordeaux-Blends der USA zählt, ist Ridge vor allem berühmt für seine Zinfandels aus Rebstöcken, die zum Teil über 130 Jahre alt sind. Der erste Zinfandel wurde 1964 produziert, aus den Trauben der Picchetti Ranch, eines kleinen Nachbarweinbergs der im 19. Jahrhundert angelegt worden war. Unter den insgesamt fünf verschiedenen Zinfandels ragt vor allem der Lytton Springs heraus. Er ist einer der großen Klassiker dieser lange verkannten Rebsorte.

1996 Ridge Monte Bello

Dunkles, tiefes Rubinrot. Kristallines Depot. Ganz zu Anfang in der Nase Blaubeere und Brombeere pur! Dazu schöne Röstaromen. Später auch eine zimtig-pfeffrige Würze. Ungeheuer frische Frucht, schöne Süße und feine Würze am Gaumen. Erinnert in seiner ganzen Anmutung an einen großen Margaux. Geschmeidig und elegant.

Capital-Index	***152***
Scheuermann-Note	***94***
Anzahl der Flaschen	***41 000***
Marktpreis	***DM 209,00***
Platzierung	***120 (rot)***

1997 Lytton Springs Zinfandel

Eine gewaltige Alkoholbombe, dieser Wein: 14,5 Vol.-% steht auf dem Etikett, und es sollen in Wirklichkeit über 15 Volumenprozent sein. Dunkles Rubinrot. Sehr tiefe komplexe Nase, zunächst konzentrierte Konfitüre, gebackene Pflaumen und Schokolade. Dann stark auch Himbeere. Dickflüssig, likörartig mit einer wunderschönen satten Süße am Gaumen. Unendliche Opulenz. Sehr langer Abgang.

Capital-Index	***152***
Scheuermann-Note	***95***
Anzahl der Flaschen	***173 000***
Marktpreis	***DM 65,00***
Platzierung	***116 (rot)***

Rosenblum Cellars

2900 Main Street
Alameda, CA 94501, USA
Tel. +1/51 08 65 70 07
Fax +1/51 08 65 92 25

Daten | Fakten

Inhaber	Kent Rosenblum und Partner
Rebfläche	12 ha und zugekaufte Trauben
Rebsorten	Zinfandel
Jahresproduktion	keine Angaben

Der ehemalige Tierarzt Dr. Kent Rosenblum gründete 1978 zusammen mit seinem Bruder und mehreren Partnern das Weingut Rosenblum Cellars. Sie besitzen zwar einen eigenen Weinberg von zwölf Hektar im Russian River Valley, kaufen aber die meisten Trauben aus ausgewählten, meist sehr alten Weinbergen aus unterschiedlichen Regionen zu. Der intellektuelle Quereinsteiger gilt heute als einer der kenntnisreichsten Spezialisten für die alte Rebsorte Zinfandel. Zum Teil sind die Rebstöcke, deren Trauben er verarbeitet, über 100 Jahre alt. Entsprechend dicht und konzentriert sind die Weine. Rosenblum Cellars ist zumindest in Europa noch immer ein ausgesprochener Geheim- und Insidertipp, während die Weinkritiker in Amerika seit Jahren seine Single Vineyard Zinfandels mit Lob überschütten.

Die Kellerei von Kent Rosenblum befindet sich im historischen Todd Shipyard Building in Alameda am Ende der San Francisco Bay und ist somit die einzige Kellerei Kaliforniens, die mit dem Schiff direkt zu erreichen ist. Die Trauben, die Rosenblum vinifiziert, stammen aus über dreißig verschiedenen Weinbergen in Napa, Sonoma, Paso Robles und Contra Costa County. Unter den Weinbergen befinden sich einige, die zu den ältesten noch existierenden Rebanlagen Kaliforniens gehören, wie der Continente Vineyard aus dem Jahr 1878 bei der Mündung des Sacramento Rivers oder der Pato Vineyard, der zwischen 1897 und 1902 am Fuß des Mount Diablo bei Oakley von einer italienischen Familie namens Pato angelegt wurde.

Einer der besten Rosenblum-Weine stammt aus einer relativ jungen Rebanlage im berühmten George Hendry Vineyard an den Hängen des Mount Veeder, einem der herausragenden Terroirs des Napa Valley. In dem für Kalifornien so prächtigen Jahr 1997 konnte Rosenblum hier perfektes Traubenmaterial aus einem Block des Weinberges ernten, der 1976 so angelegt wurde, dass die Reben die Sonneneinstrahlung optimal ausnutzen können.

1997 George Hendry Vineyard Zinfandel

Dunkles undurchdringliches Opak, eine schokoladige Farbe. Ein ungeheuer komplexes Bukett baut sich aus dem Glas auf. Mit der Konzentration eines Rumtopfs, dazu Schokolade, Makronengebäck, Mandel, geröstete Pflaumen, Kirsch und Krokant bis hin zu Kokosflocken. Dieser »Nasenwein« betört zunächst mal mit einer Fülle die Sinne verwirrender, aber auch animierender Eindrücke. Mächtiger Körper, kräftige Säure. Deutliche Kaffeearomen am Gaumen. Wird aber mit der Zeit immer süßer, immer portweinartiger, wobei er aber eine starke mineralische Würze behält. Jetzt schon superb, aber auch vielversprechend für die Zukunft.

Capital-Index	***136***
Scheuermann-Note	***94***
Anzahl der Flaschen	***10 800***
Marktpreis	***DM 69,00***
Platzierung	***207 (rot)***

1997 Pato Vineyard Reserve

Schwarzrubin. Schon in der Nase eine intensive Süße von sehr reifen Himbeeren, likörhaft. Dazu kommen tabakartige Aromen, Vanille, Karamell und Nuss, auch Mandelmilch und Schokolade. Dickflüssig und konzentriert hoch drei mit einer überwältigenden Süße und viel Süßholz/Lakritze am Gaumen.

Capital-Index	***136***
Scheuermann-Note	***94***
Anzahl der Flaschen	***10 800***
Marktpreis	***DM 69,00***
Platzierung	***208 (rot)***

Screaming Eagle

P. O. Box 134
Oakville, CA 94562, USA
Tel. +1/70 79 44 07 49
Fax +1/70 79 44 92 71

Daten | Fakten

Inhaber	Jean Phillips
Rebfläche	4 ha
Rebsorten	Cabernet Sauvignon
Jahresproduktion	6000 Flaschen (1997)

Wenn mich persönlich ein Wein bei der großen »Parker-100-Probe« Ende des Jahres 1999 enttäuscht hat, dann war es der von Parker mit 99 Punkten bewertete 95er Screaming Eagle aus dem gleichnamigen Weingut in der Nähe von Oakville im Napa Valley. Enttäuscht insofern, als er seiner Rolle als absoluter Mega-Premium nicht gerecht wurde. Natürlich liegt er immer noch deutlich über 90 Punkten, aber solche Weine gibt es auf der Welt mittlerweile viele. Dass amerikanische Freaks um ihn einen Aufstand machen, als entspränge er dem wieder entdeckten Heiligen Gral, hat mehr mit patriotischer Naivität zu tun als mit Weinverstand.
Die ehrgeizige Eigentümerin Jean Phillips, hauptberuflich eine auf Napa-Weinberge spezialisierte Immobilienmaklerin, startete 1992 mit der wirklich mikroskopischen Menge von 1620 Flaschen. Bei den jüngeren Jahrgängen wie 1996 und 1997, die ich noch nicht verkosten konnte, gelang es ihr, diese Menge immerhin auf rund 6000 Flaschen zu steigern. Aber was ist das schon bei einer weltweiten, von Parker alle Jahre wieder durch entsprechend hohe Noten angekurbelten Nachfrage? Ein Tropfen auf den heißen Stein.
Platz für mehr Weinberge gäbe es auf der fast 30 Hektar großen Ranch von Jean Phillips östlich von Oakville wohl schon. Aber: Boutique is beautiful and makes the wine expensive! Jean Phillips macht in Interviews auch kein Hehl daraus, dass sie das Ganze mehr als Hobby betrachtet, dessen Erfolg sie selbst überrascht und überrollt habe. Vinifiziert wird der Screaming Eagle von Heidi Peterson Barrett, einer der führenden Önologinnen des Napa Valley. Er wird in relativ kleinen hölzernen Gärbottichen vergoren und je nach Jahrgang bis zu 20 Monate in französischen Barriques ausgebaut. Sie werden jährlich zu rund zwei Dritteln erneuert.

1995 Screaming Eagle

Sehr tiefes, dunkles Granatrot. In der Nase recht verschlossen, mit Kaffee und Mokka über einer dunklen konzentrierten Beerenfrucht. Zeigt wenig Bukett. Kräftige Säure. Bleibt in allem verhalten. Schöne rote Fruchtsüße, mittlere Statur, deutlicher, aber nicht allzu langer Abgang.

Capital-Index	***154***
Scheuermann-Note	***92***
Anzahl der Flaschen	***2700***
Marktpreis	***DM 800,00***
Platzierung	***114 (rot)***

Seavey Vineyard

10 Conn Valley Road
St Helena, CA 94574, USA
Tel. +1/70 79 63 83 39
Fax +1/70 79 63 02 32
seaveyvineyard@msn.com

Daten | Fakten

Inhaber	William und Mary Seavey
Rebfläche	16 ha
Rebsorten	65 % Cabernet Sauvignon, 20 % Merlot, 15 % Chardonnay
Jahresproduktion	24 000 Flaschen

Für mich ist dieses Weingut hoch in den Bergen des abseits gelegenen Conn Valley derzeit der große Geheimtipp unter den neuen Namen Kaliforniens. Die Mengen der verfügbaren Weine sind zwar auch hier sehr überschaubar, aber man bemüht sich um vernünftige Mengen. 1999 wurde die Fläche erneut um einige Parzellen u. a. auch mit Petit Verdot erweitert. Noch genießt der Wein keinen Kultstatus, und so sind die Preise auch noch auf dem Teppich geblieben.

Bill Seavey, ein Anwalt aus San Francisco, und seine Frau Mary haben diese Vineyard-Ranch seit Mitte der 80er-Jahre sorgsam aufgebaut. Die in über zwanzig Parzellen eingeteilte Rebfläche wird von Weinbergsmanager Mario Gutierrez seit nunmehr 15 Jahren behandelt wie ein Garten. Die Trauben werden bei der Ernte in kleinen Körben, die 25 bis 35 Pfund fassen, gelesen, wie sie in der Champagne gebräuchlich sind. Im Kelterhaus findet dann eine zweite Selektion statt. Was mich am meisten begeistert, ist das erkennbare Bemühen um einen Wein, der durch Komplexität und Struktur, durch die Umsetzung des Terroir glänzt und nicht so sehr durch berserkerhafte Kraftmeierei. Der französische Kellermeister Philippe Melka strebt seit 1994 einen bewusst eher europäischen Stil mit Finesse und kraftvoller Eleganz an.

1996 Seavey Cabernet Sauvignon

Dunkles, dichtes Rubinrot. Hohe Konzentration, die aber eher zu einer Verschlossenheit führt als zu einem offenherzigen Duftbukett. Immerhin erkennbar sind neben einem schönen Cassisduft auch Nuancen von Tabak und Zedernholz, etwas Toast. Auch am Gaumen eher verschlossen und konzentriert, total französisch im Stil. Die fast 14 Vol.-% Alkohol sind kaum zu spüren. Balanciert und ausgewogen. Die Tannine sind allerdings kräftig in der Struktur und pelzig in ihrer Oberfläche. Sehr langer Abgang. Großer Stoff.

Capital-Index	***148***
Scheuermann-Note	***96***
Anzahl der Flaschen	***12 000***
Marktpreis	***DM 89,00***
Platzierung	***146 (rot)***

Peter Seghesio

14730 Grove Street
Healdsburg, CA 95448, USA
Tel. +1/70 74 33 35 79
Fax +1/70 74 33 05 35

Daten | Fakten

Inhaber	Peter Seghesio
Rebfläche	160 ha
Rebsorten	Zinfandel, Barbera, Sangiovese, Merlot, Cabernet Sauvignon, Arneis, Pinot gris
Jahresproduktion	keine Angaben

Die ganze Hingabe von Peter Seghesio gilt dem Zinfandel und wenn er über die uralten Rebstöcke im Alexander Valley spricht, ist es, als spräche er von seinen Kindern oder Enkeln. Diese Rebstöcke stehen auf einem der ältesten Weinberge im Sonoma County und wurden von Peter Seghesios Urgroßvater gepflanzt, der 1893 jung verheiratet mit seiner Frau Angela aus Italien einwanderte und sich hier im äußersten Westen des Alexander Valley niederließ. Zwei Jahre später pflanzte er die ersten kleinen Rebschösslinge. Heute sind dies dicke, knorrige Stämme mit machtvollem Laubdach, die dank äußerst geringer Erträge ein unvergleichliches Konzentrat an Traubensaft bringen. Eduardo Seghesio legte 1910 auch den heute ältesten Sangiovese-Weinberg Kaliforniens an. Die Familie produziert auch in kleineren Mengen Barbera, Arneis und Pinot grigio.

Der Old Vine Zinfandel stammt aus jenen Rebbergen, die von Eduardo und Angela Seghesio als erste angelegt wurden. Die ältesten Rebstöcke sind also über 100 Jahre alt und selbst das Durchschnittsalter beträgt noch 90 Jahre. Es sind knorrige, dicke Stämme, die traditionell in der Kopferziehung gehalten werden, anders als die modernen Anlagen mit Drahtrahmen. Dennoch ist die Moderne hier nicht spurlos vorübergegangen, wie viele Neuerungen belegen, so etwa behutsames Weinberg-Management oder die Renovierung der Kellerei.
Ungeachtet des sowieso schon niedrigen Ertrags werden vom Saft des Mostes beim Keltern nochmals 15 Prozent abgezogen, ehe die knapp zweiwöchige Mazeration auf den Häuten erfolgt. Der Wein reift dann elf Monate in französischen Eichenbarriques, die jährlich zu 40 Prozent erneuert werden.

1997 Old Vine Zinfandel

Vielleicht der beste »traditionel oldfashioned Zinfandel ever«. Blutiges Fleisch in der Nase, Moschus. Später Pflaumenkompott, Dörrpflaumen, Zimt, Kautabak. Ein absoluter Superwein. Etwas Rosinen, eingekochte Früchte. Sehr komplex und süß. Sehr lang im Abgang.

Capital-Index	***121***
Scheuermann-Note	***94***
Anzahl der Flaschen	***41 000***
Marktpreis	***DM 55,00***
Platzierung	***301 (rot)***

Shafer Vineyards

6154 Silverado Trail
Napa, California 94558, USA
Tel. +1/70 79 44 28 77
Fax +1/70 79 44 94 54
shafer@shafervineyards.com
www.shafervineyards.com

Daten | Fakten

Inhaber	Familie Shafer
Rebfläche	59 ha
Rebsorten	34 % Cabernet Sauvignon, 27 % Merlot, 26 % Chardonnay, 12 % Sangiovese, 1 % Cabernet franc
Jahresproduktion	360 000 Flaschen

Was für eine Preisentwicklung! Noch Anfang der 90er-Jahre konnte man den Hillside Select von John Shafer für 70 bis 90 Mark kaufen. Wohl dem, dem das damals nicht zu teuer war und der sich entsprechend eingedeckt hat. Er hat jetzt Blue-Chip-Weine im Keller. Der 94er wird heute z. B. für gut das Zehnfache gehandelt. Mit den Ratings bei Parker (99) und im Wine Spectator (100) stieg auch der Release-Preis Jahr für Jahr kontinuierlich in die Höhe und ist jetzt bei traumatischen 125 Dollar angekommen also knapp unter 300 Mark. Das Fatale daran ist, dass es der Wein auch tatsächlich wert ist, was er bei der letzten Parker-100-Probe in Hamburg unter Beweis stellte, als er in seinem Flight den 96er Lafite klar schlug und sich lediglich dem 96er Astralis geschlagen geben musste, was ja keine Schande ist.
Eine bemerkenswerte Karriere für ein Weingut, das im vergangenen Jahr gerade mal seinen 20. Geburtstag feiern konnte. 1972 verließ John Shafer Chicago, wo er 23 Jahre im Verlagswesen als Manager gearbeitet hatte, und siedelte mit seiner Familie nach Kalifornien über, um seine zweite Karriere als Winzer zu beginnen. Im Napa Valley kaufte er ein ehemaliges Weinbergsgelände im Stags Leap Disctrict, dessen alte Weinberge seit den 20er-Jahren brachlagen. In mühsamer Arbeit ließ er die steilen Hänge terrassieren und begann 1979 mit der Weinproduktion. Vier Jahre später kam dann der erste Hillside Select auf den Markt, jener Wein, der heute zu den begehrtesten kalifornischen Prestigegewächsen gehört.
Inzwischen wird das Weingut von seinem Sohn Doug Shafer geleitet, der an der Universität von Davis Önologie studiert hat. Senior John Shafer kümmert sich ausschließlich um die Strategie und den Export.
Beim Hillside Select handelt es sich um einen reinen Cabernet Sauvignon, eine Cuvée aus vier kleinen sehr steinigen, steilen Einzellagen mit Böden vulkanischen Ursprungs, deren Rebstöcke heute ein durchschnittliches Alter von ca. 20 Jahren erreichen. Der Wein wird komplett in neuen Barrqiues (Allier und Trončais) ausgebaut und zwar für insgesamt 34 Monate!

1996 Hillside Select

Tief dunkles Rubinrot mit einer ganz starken Schwarzviolettönung. Intensive Kirschfrucht in der Nase, mit etwas Vanille, schöne Röstaromen. Am Gaumen sehr intensiv, konzentriert, zunächst den Eindruck einer reinen Fruchtbombe erweckend, mit sanften, weichen Tanninen, samtig-schmeichelnder Textur. Dann aber doch sehr lang und sehr tief im Abgang mit einer eindrucksvollen Würze im Nachklang. Ein großartiger Wein mit einem Potenzial für zehn, zwanzig Jahre.

Capital-Index	*173*
Scheuermann-Note	***95***
Anzahl der Flaschen	***24 000***
Marktpreis	***$ 125,00***
	(ca. DM 268,00)
Platzierung	***66 (rot)***

Sine Qua Non

1750 N. Ventura Ave.
Ventura, CA 93001, USA
Tel. +1/80 56 52 05 01
emkrankl@netzero.com

Daten | Fakten

Inhaber	Elaine und Manfred Krankl
Rebfläche	7,1 ha
Rebsorten	44 % Syrah, 23 % Pinot noir, 11 % Roussanne, 9 % Grenache, 8 % Chardonnay, 5 % Viognier
Jahresproduktion	25 000 Flaschen

Die Geschichte von Manfred Krankl (40) und Sine Qua Non ist eine typisch amerikanische Erfolgsstory, oder noch besser gesagt ein wahrer California Dream. 1980 wanderte der gebürtiger Österreicher in die Staaten aus, um in der Westcoast-Hotellerie Karriere zu machen. Als er Anfang der 90er-Jahre mit einem befreundeten Koch ein eigenes Restaurant, das italienische Campanile in Los Angeles, eröffnete, stellte sich schnell die Frage nach gutem Brot. Eine Frage, auf die es in den USA zu dieser Zeit keine Antwort gab. Also kreierte Krankl sein eigenes Brot, richtete eine kleine, nur sechs Quadratmeter große Bäckerei ein und buk dort bald schon weit mehr Brötchen, als im Campanile gegessen wurden. Die Leute standen schon nach wenigen Wochen Schlange. Die La Brea Bakery mit ihren Spezialbroten von feinster Qualität wurde zu einem der großartigsten Gastronomieerfolge Amerikas, liefert heute an Restaurants und Läden in 23 Bundesstaaten der USA, inklusive New York, Chicago, Hawaii, und die Nachfrage wächst immer noch schneller, als die mittlerweile 400 Angestellten in drei Schichten backen können. Weil zu gutem Brot auch guter Wein gehört, widmete sich Krankl schon bald auch den Reben. Er pachtete 1992 Weingärten nahe bei Santa Barbara, experimentierte mit Rhône-Sorten und nannte seine »Garagen-Weine«, von denen es jeweils nur zwischen 50 und 500 Kisten gibt, »Sine Qua Non«. Die amerikanische Weinpresse überbot sich schon bald mit ihren hohen Bewertungen.

Krankl bezieht seine Trauben heute hauptsächlich von den vier Lieferanten Alban, Stolpman, Bien Nacido und Hudson Vineyard. Zusammen mit seinem Landsmann Alois Kracher laboriert er außerdem an einer Art kalifornischem Eiswein und kreierte für Kracher und dessen ehemaligen Traubenlieferanten Johann Schwarz drei Weine im Burgenland. Seine Sine-Qua-Non-Weine erhalten Jahrgang für Jahrgang unterschiedlich gestaltete Künstleretiketten und Fantasienamen und sind auch deswegen äußerst begehrte Sammelobjekte.

1997 Impostor McCoy

Eine Cuvée aus 95 Prozent Syrah sowie 5 Prozent Grenache und Mourvèdre mit fast 15 Vol.-% Alkohol von Alban, Stolpman und Bien Nacido Vineyards. Konzentriert und verschlossen in der Nase. Konzentration hoch drei, Kräuterlikör, Kaffee. Dickes Pflaumenkompott, viel Rauch und Pfeffer im Geruch. Dickflüssig, opulent. Am Gaumen Schokolade, Kaffee, kräftiger Alkohol, größte Opulenz, Süße, große Würze.

Capital-Index	***130***
Scheuermann-Note	***94***
Anzahl der Flaschen	***6000***
Marktpreis	***DM 213,00***
Platzierung	***245 (rot)***

1997 Twisted & Bent

Eine Cuvée aus 60 Prozent Roussanne und 40 Prozent Chardonnay aus San Luis Obispo County. Strohgelb. Feiner Honig-Kräuterton (Majoran, Oregano), etwas Nuss, Bucheckern und süßes Harz, karamellsierte Zwiebeln, Röstgemüse. Ein absolut sinnlicher Duft wie in einer mediterranen Küche. Ein Wein, der den Gaumen mit der vollen Wucht eines Blockbusters trifft. Mächtig, eine schier unendliche Kraft. Deutlich vom Holz geprägt. Lang und tief im Abgang. Wird mit der Zeit weicher, sodass es ihm etwas an Säure fehlt.

Capital-Index	***170***
Scheuermann-Note	***92***
Anzahl der Flaschen	***6500***
Marktpreis	***DM 142,00***
Platzierung	***69 (weiß)***

Turley Cellars

3358 St. Helena Highway North
St. Helena, CA 94574, USA
Tel. +1/70 79 63 09 40
Fax +1/70 79 63 86 83

Daten | Fakten

Inhaber	Larry Turley
Rebfläche	keine Angaben
Rebsorten	Petite Sirah, Zinfandel
Jahresproduktion	60 000 Flaschen

Viel Worte muss man über den Namen Turley und die wahrhaft legendären Zinfandels dieses Weingutes eigentlich nicht mehr verlieren. Sie erzielen Preise wie Weltklasse-Cabernets, gehören zu den gesuchtesten, weil rarsten Weinen der Welt und wurden zur Referenz ganz besonderer Art für die uramerikanische Rebsorte Zinfandel.

Larry Turley, bis vor kurzem Unfallchirurg im Krankenhaus von Napa, wurde zunächst bekannt als treibende Kraft hinter dem Weingut Frog's Leap, dessen Label mit dem springenden Frosch er zu einem weltbekannten Etikett machte. Als er sich von Frog's Leap trennte, um eigene Wege zu gehen, verschrieb Larry sich ganz den zwei ältesten Rebsorten Kaliforniens, dem Petite Sirah und dem Zinfandel. Zusammen mit seiner Schwester Helen Turley, einer der einflussreichsten Önologinnen Kaliforniens, machte er sich Anfang der 90er-Jahre auf die Suche nach alten Weinbergen, wurde fündig und stellte 1993 den ersten Jahrgang unter eigenem Etikett vor, der für ein Riesenaufsehen in der Fachpresse sorgte. 1995 stieg Helen Turley aus dem Projekt wieder aus, was aber der Weinqualität keinen Abbruch tat. Im Gegenteil.

Nach wie vor bekommt Larry Trauben der ältesten tragenden Rebstöcke Amerikas, die winzige Erträge von unter 10 hl/ha bringen und damit eine Konzentration von Extrakt und Gehalt aufweisen, wie man sie nur selten findet. Bis zu knapp 17 Vol.-% Alkohol haben die dicksten Weine der Kollektion: Hayne, Moore und Black Sears. Sie vergären extrem langsam und Winemaker Ehren Jordan steht immer Ängste aus, weil es ein langwieriger und kritischer Prozess ist, bis die Weine durchgegoren sind. Dieses riskante Unterfangen belohnen seine Monsterweine aber mit einem Geschmackserlebnis, das man getrost als denkwürdig bezeichnen kann.

1997 Zinfandel Hayne Vineyard

Eine völlig undurchsichtige Farbe, mehr schwarz als rot. In der Nase ein packender, überwältigender Duft: Nougat, Schokoladengrenache, Trüffel, Rumkugeln, Pflaumenkompott und getrocknete Pflaumen, dazu auch Lakritze. Der Wein duftet wie die Backstube eines Schokoladiers oder eine feine Confiserie. Dickcremig, fast wie ein sämiger Brei – ölig wäre zu wenig – fließt dieser Wein über die Zunge. Opulent wäre zu abgenutzt für diesen Eindruck. Ein ungeheurer reiches, süßes Konzentrat. Die schokoladigen Aromen hüllen die Frucht völlig ein. Es ist wirklich ein pralinenartiges Erlebnis: außen Schokolade, innen kandierte, eingedickte rote Fruchtmasse.

Capital-Index	***150***
Scheuermann-Note	***97***
Anzahl der Flaschen	***keine Angaben***
Marktpreis	***DM 150,00***
Platzierung	***136 (rot)***

Providence

Corner Omaha Flats Road and Takatu Road,
Matakana
P. O. Box 100 290, North Shore Mail Centre,
Glenfield
Northland, New Zealand
Tel. +64/94 44 60 64
Fax +64/94 44 75 46
j.vuletic@xtra.co.nz
www.Providence.net.nz

Daten | Fakten

Inhaber	James Petar und Jane Christina Vuletic
Rebfläche	2 ha
Rebsorten	70 % Merlot, 20 % Cabernet franc, 10 % Malbec
Jahresproduktion	8000 Flaschen

Es war im Frühjahr 1996, als James Vuletic erstmals mit einigen Flaschen seines Weines Providence in Europa auftauchte. Ein etwas merkwürdiger Anruf stand am Anfang unserer ersten Begegnung. Ob ich Lust hätte, in einer kleinen Runde im Restaurant »Le Canard« in Hamburg einen Rotwein aus Neuseeland gegen die besten Ersten Gewächse aus Bordeaux zu verkosten. Meine erste Reaktion: das kann sich nur ein Verrückter ausdenken. Ich wurde am nächsten Abend von dem »Verrückten« schnell eines Besseren belehrt. Bei der verdeckten Verkostung behauptete sich der avisierte Wein als Pirat gegen ausgewiesene Spitzengewächse wie 1990 Château L'Eglise-Clinet, 1990 Château Pétrus, 1991 La Landonne und 1989 Château Cheval Blanc mit Bravour. Ich selbst benotete damals diesen 93er Providence, einen hedonistischen Blockbuster, mit 93 Punkten

Kein Wunder, dass man nach dieser und ähnlichen Proben den Providence mit den Premiers Crus und verwandten Weinen aus dem Bordelais vergleicht oder auch mit den ersten Gewächsen von den Ufern der Rhône. In England und im Fernen Osten apostrophierten Kolumnisten den Wein daher auch schnell als den »Pétrus Neuseelands«. Doch so weit muss man gar nicht gehen. Es genügt doch eigentlich schon die Feststellung, dass dieser Wein in die erste Reihe der großen Rotweine der Neuen Welt gehört. Für Neuseeland jedenfalls ist es der erste Wein, dem man den Status eines Grand Cru zubilligen kann.

Das Erstaunlichste ist die Tatsache, dass dieser Wein aus einer Region des Inselstaates im Südpazifik stammt, in der vor 20 Jahren noch nicht ein einziger Weinstock zu sehen war, nämlich aus Matakana bei Warkworth im äußersten Norden Neuseelands. Der Weinberg wurde von James Vuletic 1989/90 angelegt. Der Anwalt aus Auckland wollte hier seinen Traum von einem Wein im Stil der besten St-Emilions und Pomerols verwirklichen. Die Familie Vuletic stammt ursprünglich aus Kroatien, genauer gesagt von der dalmatinischen Küste in der Nähe von Split, wo bereits der Großvater von James Vuletic einen Weinberg besaß. Der andere Großvater diente zu Kaiser Franz Josefs Zeiten als Zollbeamter. Die Eltern von James Vuletic, der selbst in Neuseeland geboren wurde, wanderten 1921, nach dem Zusammenbruch der Donaumonarchie, aus. Der Vater legte in Glenfield in der Nähe

von Auckland einen ersten Weinberg an, allerdings mit minderwertigen amerikanischen Hybridreben. Kroatische Einwanderer wie Vuletic oder auch die Familien Babich, Selak und Brajkovic spielen heute im neuseeländischen Weinbau eine große Rolle.
Vuletic hat zwei erklärte Lieblingsweine aus der Alten Welt. Zum einen Château Latour und zum anderen Château Cheval Blanc. So startete er 1979 zunächst noch zusammen mit seinem Bruder einen ersten Versuch mit einem Weinberg, dessen Sortenspiegel so aussah: 65 Prozent Cabernet Sauvignon, 30 Prozent Merlot und fünf Prozent Malbec. Das Ergebnis war vor allem beim Cabernet Sauvignon nicht so befriedigend wie erhofft. Es gab also keine Chance, einen Wein im Pauillac-Stil zu produzieren. So wurde der endgültige Weinberg mit 70 Prozent Merlot, 20 Prozent Cabernet franc und 10 Prozent Malbec bepflanzt. Er entspricht in seinem Rebsortenspiegel also eher St-Emilion bzw. Pomerol. Vuletic erzeugt daraus zwei Weine, den regulären merlotbetonten Providence und eine Private Reserve, in der Cabernet franc die Hauptrolle spielt.
Matakana liegt ca. 60 Kilometer nördlich der Hauptstadt Auckland in Sichtweite des Pazifiks. Der sanfte Hügel hat eine Hangneigung von ca. 12 bis 14 Prozent und der Weinberg ist nach Norden ausgerichtet. Der Boden besteht aus lehmigem Ton vulkanischen Ursprungs und ist durch einen kräftigen Eisengehalt rot verfärbt, was einerseits natürlich an Pomerol erinnert, aber auch an die Terra Rossa Australiens. Der maritime Klimaeinfluss garantiert eine sehr lange Wachstumsperiode, in der letzten Reifephase sind die Temperaturunterschiede zwischen Tag (33 Grad) und Nacht (sechs Grad) beträchtlich. Vuletic verzichtet auf jede Form von künstlicher Düngung und den Einsatz von Unkrautvertilger.
Die Familie Vuletic bewirtschaftet diesen zwei Hektar großen Weingarten mithilfe eines 62-jährigen Verwalters, eines ehemaligen Trecker-Fahrers und Automechanikers, sowie fünf guten Freunden, die alle aus verschiedenen Berufen kommen.
Diese Fünfer-Bande besteht aus einem pensionierten Chirurgen von 72 Jahren, einem 45-jährigen Antiquitätenhändler aus Auckland, einem 43-jährigen Mathematiker, einem 25-jährigen Buchhalter und einem 50-jährigen Ingenieur. Die Trauben werden möglichst bei voller physiologischer Reife spät und von Hand gepflückt und in Zehn-Kilo-Körben transportiert. Anschließend werden alle nicht ganz 100-prozentig gesunden Beeren einzeln aussortiert. Die Vergärung in kleinen offenen Cuves dauert ca. 21 Tage. Ausgebaut wird der Wein zu 100 Prozent in neuen Barriquefässern von Seguin-Moreau, die jedes Jahr erneuert werden. Alle drei bis vier Monate wird der Wein abgezogen. Im zweiten Winter folgt eine einzige Eiweißschönung. Gefüllt wird nach ungefähr 20 bis 24 Monaten unfiltriert. Der Wein wird auch überhaupt nicht geschwefelt, sodass er selbst nach dem strengen amerikanischem Recht als ungeschwefelt bezeichnet werden darf.

1997 Providence

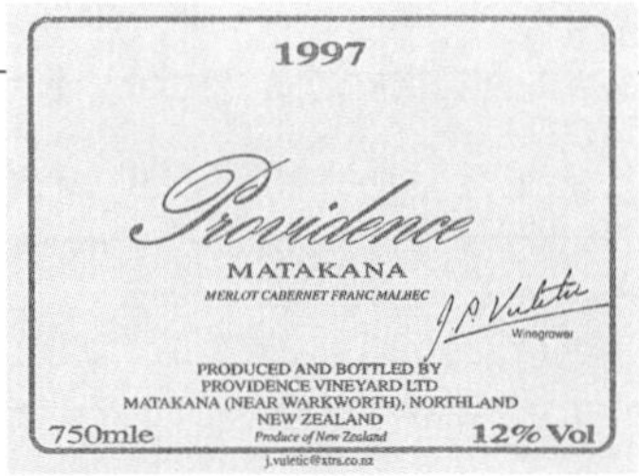

Granatrubin. Anfangs ein sehr deutlicher Pinot-Duft, erinnerte auch etwas an Syrah. Mit der Zeit mehr Cabernet (franc), etwas Kaffee und Schwarzpulver. Ein deutlich leichterer, alkoholschwächerer Jahrgang, elegant, sehr fein, nicht die hedonistische Power des 93ers. Ganz anders, zarter, und letztlich dann mit einer sehr vom Malbec geprägten Nase.

Capital-Index	***107***
Scheuermann-Note	***85***
Anzahl der Flaschen	***7000***
Marktpreis	***DM 130,00***
Platzierung	***346 (rot)***

1997 Providence Private Reserve

Erste Eindrücke von Fassproben: Rubinrot. Verschlossen. Kräftige Säure, langer Abgang, etwas feiner als der 98er. Schöne Säure, elegant, eine leichte Schärfe.
Eindeutiges Rubinrot, aber auch nur mittlere Dichte. Nase mit Cassis und etwas Kaffee, grüner Pfeffer, Lebkuchen, Zimt. Saftig, geschmeidig, Eleganz, mehr Konzentration und Schmelz, dahinter eine schöne Süße. Im Augenblick etwas viel Säure. Er ist überraschend subtil, seidig, nicht der Providence, den ich sonst kenne, ein Menuett, eine Sonate statt der großen symphonischen Dichtung des 93er.

Capital-Index	***111***
Scheuermann-Note	***89***
Anzahl der Flaschen	***2000***
Marktpreis	***DM 150,00***
Platzierung	***343 (rot)***

Boekenhoutskloof

P. O. Box 433
Franschhoek 7690, Südafrika
Tel. +27/2 18 76 33 20
Fax +27/2 18 76 37 93
boeken@mweb.co.za

Daten | Fakten

Inhaber	Boekenhoutskloof Investments (Pty) Ltd
Rebfläche	ca. 50 ha
Rebsorten	Shiraz, Cabernet Sauvignon, Cabernet franc, Merlot, Sauvignon blanc
Jahresproduktion	210 000 Flaschen

Dieses Weingut war neben Slaley und Mont du Toit der Shooting Star der südafrikanischen Weinszene im Jahr 2000. Quasi über Nacht rückten die Weine von Boekenhoutskloof in den Mittelpunkt des Interesses. Auf Anhieb erhielt der 97er Shiraz fünf Sterne im Platters-Guide. Zweiter Paukenschlag: In einem Vergleichstasting mit Syrahs aus Frankreich (u. a. Clos des Truffiers, La Chapelle) und australischen Shiraz (u. a. Grange und Octavius) schnitt er als bester Kapwein vor Saxenburg und Perold ab und ließ selbst Jaboulets La Chapelle hinter sich. Das war Sensation genug. Die Weine des Premierenjahrgangs waren binnen weniger Wochen gänzlich ausverkauft.

Die Geschichte dieses Landgutes reicht zwar bis ins 18. Jahrhundert, aber als Weinfarm dieser Qualität war es auch für einheimische Insider brandneu. 1771 als Rinderfarm gegründet, wurden hier später Obst und Gemüse angepflanzt, zeitweilig auch Wein. Die Farm liegt in einem malerischen, abgeschiedenen Winkel jenes französischen Siedlungsgebietes, das Franschhoek heißt, östlich von Stellenbosch am Rand einer schroffen Bergkette. Die Landschaft erinnert hier ein wenig an die Schweiz. Mitte der 90er-Jahre hat hier eine kleine Investorengruppe das weitgehend brachliegende Gut mit 15 Hektar Land gekauft und begann das Tal auf den Kopf zu stellen. Die Terrassen für die neuen Weinberge wurden mit Dynamit in den Berg gesprengt und so entstand hier das atemberaubende Szenario einer perfekten, blühenden Kessellage. Die sieben Partner werden symbolisiert durch die sieben Tulbaghstühle auf dem Label. Dieses typische Cape-Mobiliar aus dem 18. Jahrhundert wurde aus dem Holz der berühmten wild wachsenden Kap-Buche (Boekenhout) geschreinert. Wegen seiner besonders feinen Maserung und seiner Haltbarkeit gehört es zu den teuersten Möbelhölzern.

Bei meinem Besuch war die Kellerei noch eine einzige Baustelle. Aber das Future-Tasting einzelner Komponenten aus den Fässern der 99er und 2000er Weine zeigte, dass wir von dem jungen ehrgeizigen Weinmacher Marc Kent noch einiges erwarteten dürften. Sein 2000er Cabernet franc (von dem aber nicht feststand, ob er reinsortig gefüllt wird), kann sich durchaus mit Cheval Blanc messen. Dieses Terroir birgt ein ungeheur großes Potenzial in sich.

1997 Shiraz

Dunkles, dichtes Rubinrot. Eine Nase mit Karamell, Vanille, Makronengebäck, konzentriertes schwarzes Beerenkompott, Toast und die charakteristischen Würznoten des Syrah: schwarzer Pfeffer, Pflaumenmus, Schokolade. Ein beeindruckender Wein, aber nur eine Ahnung dessen, was hier in den nächsten Jahren noch kommen wird. Kraftvolle Säure, schöne Würze am Gaumen. Aber vor allem eine volle, weiche Süße, dickflüssig und cremig, mit satter Brombeer- und Blaubeerfrucht. Sehr langer Abgang.

Capital-Index	***114***
Scheuermann-Note	***92***
Anzahl der Flaschen	***5000***
Marktpreis	***DM 100,00***
Platzierung	***332 (rot)***

1998 Cabernet Sauvignon

Schöne rote Frucht (Kirsche und Himbeere). Ein vornehmer Wein mit einer sehr feinen Holztönung. Etwas Nuss, Vanille, Zimt, gute Säure. Für Südafrika überraschend, reife Frucht und eleganter Stil. Harmonische Säure, nichts Grünes, statt dessen eine feine Würze.

Capital-Index	***116***
Scheuermann-Note	***91***
Anzahl der Flaschen	***3800***
Marktpreis	***ca. DM 34,00***
Platzierung	***326 (rot)***

Bouchard-Finlayson

Klein Hemel-en-Aarde Valley
Hermanus, Südafrika
Tel. +27/2 83 12 35 15
Fax +27/2 83 12 23 17
info@bouchardfinlayson.co.za
www.bouchardfinlayson.co.za

Daten | Fakten

Inhaber	Klein Hemel-en-Aarde (Pty) Ltd
Rebfläche	16 ha
Rebsorten	50 % Pinot noir, 25 % Sauvignon blanc, 8 % Chardonnay, 8 % Pinot blanc, 9 % andere Sorten
Jahresproduktion	150 000 Flaschen

Die frühen 90er-Jahre brachten Südafrika ähnlich wie Deutschland einen Zeitenwechsel mit tiefgreifenden wirtschaftlichen Folgen. Das Ende der Apartheid war verbunden mit einem Neubeginn vor allem im Export. Keine andere Branche am Kap hat davon soviel profitiert wie die Weinwirtschaft. Maßgeblichen Anteil hatten dabei eine Reihe von europäisch-afrikanischen Joint Ventures. Bouchard-Finlayson ist eines der ältesten. Die Partnerschaft zwischen Paul Bouchard (Burgund) und Peter Finlayson (Südafrika) datiert aus dem Jahr 1989. Finlayson hat Önologie an der Universität in Stellenbosch und in Geisenheim studiert, ist viel gereist und arbeitete lange Zeit bei Boschendal und dann für Hamilton Russell, ehe er gemeinsam mit Bouchard diese alte Farm, einst Teil einer Missionsstation, kaufte und auf diesem Gelände eins der schönsten Weingüter am Kap errichtete mit einem eleganten, architektonisch bemerkenswerten Pavillon als zentralem Gutsgebäude.

Im Overberg District nahe der Stadt Hermanus, einer flach gewellten Küstenlandschaft am Indischen Ozean, pflanzten sie damals die ersten Weinstöcke überwiegend Pinot noir (50 Prozent) und Chardonnay sowie Sauvignon blanc, aber auch deutsche Sorten wie Kerner, Riesling, Weißburgunder und Gewürztraminer, die zu einem unkomplizierten, leichten Sommerwein, Cuvée Blanc de Mers, verarbeitet werden. Inzwischen ist das Gut im »Himmel-und-Erde-Tal« auf 16 Hektar angewachsen. Die Rebstöcke, die hier an den Hängen des Glen Vauloch Mountains auf schweren Tonschieferböden mit hohem Kalk- und Eisengehalt wachsen, haben ein Alter erreicht, dass man versuchen kann, ihnen einen Wein abzuringen, der Größe zeigt. Dazu sind aber durch entsprechenden Anschnitt niedrig gehaltene Erträge von 1 bis 1,2 Kilo pro Rebstock nötig, wie sie Finlayson anstrebt. Für sein Spitzenprodukt, die Tête de Cuvée, wird eine strenge Selektion durchgeführt. Der Inhalt der acht besten Barriques wurde nach einem zehnmonatigen Ausbau auf der Hefe ohne Abstich zu diesem Wein assembliert, der sich in einem Blindtest wohl niemals als Pinot noir aus der Neuen Welt outen würde. Dazu ist seine ganze Anmutung zu französisch.

Das ist auch die erklärte Absicht der beiden Partner. Die Weinberge sind im burgundischen Stil mit einer engen Pflanzdichte von

7500 Stöcken pro Hektar angelegt. Peter Finlayson setzte, beraten von Bouchard, von Anfang an auf den Rotweinklon Dijon 113, während die meisten anderen Pinot-Winemaker am Kap Klone pflanzten, die eigentlich für die Champagnerproduktion selektioniert worden waren. Ergebnis sind Weine von einer fast schon europäischen Art.

1997 Tête de Cuvée

Dunkles Granatrot. Eine wirklich tolle Nase mit reifer Kirschfrucht und einer sehr zarten Kräuter- und Fichtennadelwürze, dazu noch ein kleiner Schokoladenton. Am Gaumen eine saftige rote Frucht, lebendige Säure und sehr fein abgestimmte Tannine. Ein hoch eleganter und dabei gehaltvoller Pinot noir mit Finesse und schöner Länge.

Capital-Index	***113***
Scheuermann-Note	***91***
Anzahl der Flaschen	***3108***
	298 Magnum
Marktpreis	***DM 65,00***
Platzierung	***337 (rot)***

Delaire Winery

R 310, Helshoogte Pass, Benhoek
P. O. Box 3058
Stellenbosch 7602, Südafrika
Tel. +27/2 18 85 17 56
Fax +27/2 18 85 12 70
delaire@iafrica.com
www.delaire.co.za

Daten | Fakten

Inhaber	Agrifarm International (Pty) Ltd.
Rebfläche	26 ha
Rebsorten	30 % Sauvignon blanc, 20 % Chardonnay, 25 % Merlot, 15 % Cabernet Sauvignon, 10 % Cabernet franc
Jahresproduktion	120 000 Flaschen

Stolz nennt sich dieses Weingut auch »Vineyards in the Sky«, da seine Weinberge zu den höchstgelegenen Cool Climates in Südafrika zählen. Die 44 Hektar liegen vis-à-vis von Thelema spektakulär hoch oben an den Hängen über dem Helshoogte Pass, der Stellenbosch mit Franschhoek verbindet. Sie erreichen eine Höhe von 300 bis 500 Metern. In Verbindung mit den kühlen Meeresbrisen von False Bay und der exponierten Hanglage entsteht hier ein für Bordelaiser und burgundische Sorten besonders günstiges Mikroklima. Die Durchschnittstemperaturen sind mit einer Bandbreite zwischen 13 und 22 Grad eher gemäßigt. Die Niederschlagsmenge ist mit 850 mm ungewöhnlich hoch, sodass auf jede Bewässerung verzichtet werden kann. Andererseits sind die rauen Böden gut wasserdurchlässig. Die Trauben reifen unter diesen Bedingungen wesentlich langsamer, nämlich vier bis sechs Wochen später als in den tiefer gelegenen Teilen des Stellenbosch Districts.
Entdeckt wurden dieses spezielle Terroir und seine Möglichkeiten bereits Anfang der 80er-Jahre von John Platter und seiner Frau Erika, die das Weingut aufbauten und dann an Storm Quinan verkauften, der die Farm bis 1995 bewirtschaftete. Seither gehört Delaire einer englischen Holding. Zu Beginn des Jahres 1997 wurde der junge Winemaker Bruwer Raats engagiert, einer der Shooting Stars der aktuellen Weinszene Südafrikas. Während der gute Ruf von Delaire in der Vergangenheit eher auf den weißen Sorten Chardonnay und Sauvignon blanc beruhte, legte er seinen ganzen Ehrgeiz in eine neue Generation von Rotweinen mit internationaler Stilistik.
Schon mit seinem 1997 erstmals ausgebauten Merlot gelang es ihm, auf sich aufmerksam zu machen. 18 Monate reifte dieser Single-Vineyard-Wein in neuen Allier-Barriques. Das Ergebnis: ein Prachtstück, das südafrikanische Klassiker dieser Sorte richtig verblassen ließ. Mit dem Jahrgang 1998 hat Raats jetzt nochmals einen draufgesetzt und auf der Messe »Cape 2000« mit dem Botmanskop einen Cabernet Sauvignon vorgestellt, der auf Anhieb zu den besten in Südafrika zählt. Dabei handelt es sich um eine Selektion, ausgebaut zu 50 Prozent in neuem Holz (russische Eiche von Seguin-Moreau) und 50 Prozent in Nevers-Eiche (zweite Belegung). Eine solche Reife erreicht der Cabernet nicht jedes Jahr. Deshalb gab es diesen Wein z. B. 1997 und auch 1999 nicht. Erst vom Jahrgang 2000 wird es den Botmanskop wieder geben.

1997 Merlot

Mitteltiefes Granatrot. Ein leicht aufdringliches Parfüm in der Nase, Kompott von roten Beerenfrüchten, dazu Räucher- und Speckaromen. Saftig. Gute Säure, auch etwas Eukalyptus. Ein Hauch Kaffee. Schöne Süße. Hat Zukunft. Deutlich besser beispielsweise als der Rubicon von Meerlust.

Capital-Index	***127***
Scheuermann-Note	***90***
Anzahl der Flaschen	***2400***
Marktpreis	***DM 35,00***
Platzierung	***264 (rot)***

1998 Botmanskop

Dunkles, dichtes Rubinrot. Konzentration in der Nase. Eine schöne Mischung aus Kirsche, Cassis und Brombeere. Opulent, süß, dichte Struktur, kraftvolles Tannin, steht lang und intensiv am Gaumen.

Capital-Index	***129***
Scheuermann-Note	***92***
Anzahl der Flaschen	***4800***
Marktpreis	***DM 65,00***
Platzierung	***253 (rot)***

Hamilton Russell Vineyards

Hemel-en-Aarde Valley
P. O. Box 153, Hermanus
Cape 7200, Südafrika
Tel. +27/2 83 12 35 95
Fax +27/2 83 12 17 97
hrv@hermanus.co.za

Daten | Fakten

Inhaber	Anthony Hamilton Russell
Rebfläche	52 ha
Rebsorten	42 % Pinot noir, 58 % Chardonnay
Jahresproduktion	240 000 Flaschen

Hamilton Russel ist das südlichste Weingut Südafrikas und eines der südlichsten der Welt. Es liegt im Hemel-en-Aarde Valley bei Hermanus an der Walker Bay, wenige Kilometer von der Küste des Indischen Ozeans entfernt. Der erfolgreiche ehemalige Werbefachmann Tim Hamilton Russell erwarb hier 1974 zwei Farmen und legte 1981 gegen den Wiederstand der Behörden auf einer Fläche von 64 Hektar Weinberge an, vollkommen spezialisiert auf die Rebsorten Chardonnay, Pinot noir und etwas Sauvignon blanc für den Inlandsmarkt. Diese Weinberge sind die südlichsten und damit kühlsten Afrikas; eine größere Annäherung an ein Klima, wie es in Mitteleuropa herrscht, ist auf dem Schwarzen Kontinent nicht möglich.

Sein Sohn Antony Hamilton Russell, der heute das Gut leitet, hat an der Universität von Witwaterstrand seinen Bachelor of Science gemacht, dann aber sechs Jahre in Oxford Geographie und an der Universität von Pennsylvania strategisches Management und Marketing studiert. In London arbeitete er als Management Consultant und als Finanzanalyst bei Morgan Stanley. 1991 stieg er als Geschäftsführer in das väterliche Weingut ein und übernahm es drei Jahre später ganz. Er ließ einen Teil der Weinberge wieder roden, da er erkannte, dass die Sorten nicht immer den besten Standort hatten. Und er nutzte diese Gelegenheit, um alte Pinot-noir-Klone gegen neue auszuwechseln und zwar die von ihm favorisierte Dijon-Selektion. Dies zahlte sich schnell durch eine wesentlich verbesserte Qualität der jüngeren Jahrgänge aus, und so ist er inzwischen mit seinen Weinen weltweit gut im Geschäft. Sowohl der Pinot noir als auch der Chardonnay schneiden bei Vergleichsproben immer wieder hervorragend ab.

Mit dem Jahrgang 1996 begann Anthony Hamilton Russell, dem diese Erfolge noch nicht genug waren, die besten Partien seiner Weinberge zu selektionieren und diese Weine separat zu vinifizieren. So kommen die beste Pinot-Einzellage und der beste Chardonnay-Weinberg unter dem Namen Ashbourne auf den Markt. Um ein Maximum an Geschmack herauszuholen, werden diese Weine nicht filtriert. Das ging im ersten Jahrgang auch prompt daneben und schnell machte bei der Konkurrenz das Wort vom »Crashbourne« die Runde. Doch mit den Jahrgängen 1997 und 1998 gelang es ihm endgültig, sich mit den beiden Weinen ganz oben in der Hierarchie der südafrikanischen Weinwelt zu etablieren.

1998 Ashbourne Chardonnay

Strohgelb. Eine angenehme, leicht buttrige Nase mit feinen Zitrusnoten über dem Duft tropischer Früchte. Am Gaumen opulent, dabei weich, schmelzend, vanillige Buttercreme. Gehaltvoll, sehr lang im Abgang, gut ausgewogen, leicht schokoladig im Geschmack. Trotz der guten Säure auch eine schöne Süße.

Capital-Index	***171***
Scheuermann-Note	***90***
Anzahl der Flaschen	***3250***
Marktpreis	***DM 60,00***
Platzierung	***68 (weiß)***

1997 Ashbourne Pinot noir

Dunkles Rubinrot. Schöne Cassis- und Kirschnase, mit etwas Holz unterlegt. Ein eleganter, relativ reduktiver Pinot noir mit guter Tanninstruktur und langem Abgang. Schöne rote Beerenfrucht, etwas Kaffee. Noch recht verschlossen.

Capital-Index	***123***
Scheuermann-Note	***90***
Anzahl der Flaschen	***4166***
Marktpreis	***DM 50,00***
Platzierung	***286 (rot)***

Kaapzicht Wine Estate

P. O. Box 5, Sanlamhof, 7532, Südafrika
Tel. +27/2 19 06 16 20
Fax +27/2 19 06 16 22
kaapzicht@new.co.za

Daten | Fakten

Inhaber	Familie Steytler
Rebfläche	135 ha
Rebsorten	40 % Chenin blanc, 10 % Sauvignon blanc, 13 % Cabernet Sauvignon, 12 % Pinotage, 12 % Shiraz, 8 % Merlot, 5 % Cinsault
Jahresproduktion	240 000 Flaschen

Diese Farm, bereits im Jahre 1712 erstmals unter ihrem alten Namen »Friesland« erwähnt, wurde 1946 von der Familie Steytler erworben und firmierte eine Zeit lang als Rozendal Estate. Da es aber bereits ein registriertes Weingut Hazendal in der Nachbarschaft gab und man Verwechslungen befürchtete, entschied man sich – durchaus nahe liegend angesichts des atemberaubenden Ausblicks, den man von hier aus auf den Tafelberg und die Bucht vor Kapstadt hat – Anfang der 80er-Jahre für den Namen Kaapzicht. Die Aussicht war aber zunächst das einzig Spektakuläre an diesem Betrieb. Die komplette Traubenernte wurde lange Zeit an Großkellereien verkauft. Erst seit Mitte der 80er-Jahre werden Weine selbst abgefüllt, und zwar unter den beiden Marken Cape View und Friesland für die einfacheren Qualitäten ohne Holzfassausbau und den Labels Kaapzicht bzw. Steytler Range für die Premiumqualitäten – zu Ehren des verstorbenen George Steytler, der das Gut beinahe vierzig Jahre führte. Diese Weine lagern mindestens ein Jahr im Barrique.

Im Laufe der Zeit pflanzte man hier eine breit angelegte Sortenvielfalt: die weißen Reben Chenin blanc, Sauvignon blanc, Riesling, Muscat und Hanepoot, als rote Sorten Cabernet Sauvignon, Pinotage, Merlot, Shiraz und Cinsault. Die Weinberge liegen hauptsächlich an Sonnenhängen (die hier, in der südlichen Hemisphäre, nach Norden ausgerichtet sind), so in den Bottelary Hills, einer der besten Rotweingegenden Stellenboschs, auch nach Meinung von Winemaker Danie Steytler: »Bottelary is a red wine country!« Steinige Granitböden und ein Mikroklima, das von kühlen Meeresbrisen profitiert, bieten die beste Voraussetzung für die Produktion von Topqualitäten. Heute gehört Kaapzicht zur ersten Garde der Pinotage-Produzenten am Kap. Danie Steytler und seinem für die Weinberge zuständigen Bruder George gelang vor allem mit dem Jahrgang 1998 eine Pinotage Reserve, die ihnen die höchsten nationalen Ehren (Veritas Gold Medaille, ABSA Pinotage Top Ten), aber auch hohe internationale Ratings einbrachte. Die weltweite Nachfrage nach diesem alkoholreichen, opulenten Wein, einem geradezu prototypischen Repräsentanten des neuen Pinotage-Stils, wie er zur Zeit am Kap von den besten Produzenten gepflegt wird, ist riesig.

1998 Pinotage Reserve

Dunkles Rubinrot. Dicke Konfitüre in der Nase; mit der Zeit und Luft bekommt er mehr Würze und mehr Röstaromen. Riecht dann nach Dörrobst, gebackenen Früchten (Pflaume, Feige) und Toast. Deutlich holzbetont. Dickflüssig, fast schon etwas portweinsüß und sehr opulent. Lang und nachhaltig am Gaumen. Satte, hochreife Kirschfrucht. Die Tannine sind völlig in das Fleisch und das Fett dieses Weines eingebettet. Schöner Schmelz.

Capital-Index	***121***
Scheuermann-Note	***90***
Anzahl der Flaschen	***5500***
Marktpreis	***DM 30,00***
Platzierung	***302 (rot)***

Kanonkop Estate

P. O. Box 19
Elsenburg 7607, Südafrika
Tel. +27/2 18 84 46 56
Fax +27/2 18 84 47 19
kwe@cis.co.za

Daten | Fakten

Inhaber	J. H. Krige und P. S. Krige
Rebfläche	100 ha
Rebsorten	40 % Cabernet Sauvignon, 6 % Merlot, 4 % Cabernet franc, 50 % Pinotage
Jahresproduktion	300 000 Flaschen

Der martialische Name des Weingutes leitet sich von einer Kanone ab, die heute den Eingang ziert, früher dagegen auf einem benachbarten Hügel stationiert war, von wo aus sie in den Tagen der Ostindienfahrer der holländischen »Oostindie Maatschapij« die Ankunft der Flotte signalisierte. Es hat eine Größe von 95 Hektar und wurde in den 30er-Jahren in seiner heutigen Form angelegt. Kanonkop zählt zu den ersten Gütern, die die Kapsorte Pinotage anpflanzten. Diese inzwischen über 40 Jahre alten Busch-Rebstöcke sind noch immer im Ertrag und bilden das Rückgrat des Kanonkop-Pinotage. Wie zu erfahren war, haben sie auch die verheerenden Buschbrände des Jahres 1999 überstanden, die ansonsten auch bei Kanonkop erhebliche Schäden anrichteten.

Die Pinotage-Rebe ist ein südafrikanisches Unikum, das eigens für dieses Land gezüchtet wurde und bis heute fast ausschließlich hier angebaut wird. Anfang der 20er-Jahre erhielt Professor Perold von der Universität in Stellenbosch den Auftrag von der kurz zuvor gegründeten Kooperative Wijnbouwers Vereniging (KWV), nach einer Rebsorte zu forschen, die den Bodenverhältnissen und klimatischen Bedingungen Südafrikas optimal angepasst war. Südafrikas Weinbau steckte damals noch in den Anfängen, und Perold suchte nach einer Traubensorte, die am Kap zu guten Hoffnungen Anlass geben sollte. Er machte sich an die Arbeit und kreuzte Rebsorten, die er aus Europa mitgebracht hatte. Weit über hundert sollen es gewesen sein, so viele jedenfalls, dass der Professor bald ein wenig den Überblick verlor. Die meisten Kreuzungen stellten sich als Fehlschlag heraus.

Die Vermählung des noblen Pinot noir mit dem herben Cinsault erwies sich auf Anhieb jedoch als zumindest fruchtbar: Im Garten des mittlerweile nach Paarl umgezogenen Professors fielen einem Assistenten vier kräftige Sämlinge auf, die sein Interesse weckten. Die Sämlinge wurden auf andere Rebstöcke aufgepfropft, weiter kultiviert, ein erster kleiner Rebberg angelegt. In den Vierzigerjahren schließlich wurde der erste Pinotage-Wein gekeltert: gemäß Überlieferung ein ziemlich rustikaler Tropfen, der kaum für Begeisterung sorgte. Der Wein roch nach Aceton und erinnerte einige Degustatoren an rostige Nägel. Das Beste an ihm war noch die Farbe. Und so konnte man ihn wenigstens als Verschnittwein gebrauchen, um dünne Säfte optisch aufzupeppen.

Der Pinotage schien das Schicksal anderer Kreuzungen zu teilen – bis Beyers Truter, Winemaker des Gutes Kanonkop, alle eines Besseren belehrte. Auf Kanonkop gab es alte Stöcke in heißen Lagen, die noch als Buschreben im so genannten Bushwine-System (ähnlich dem Gobelet-System) gepflanzt waren. Truter beschränkte die Erträge, suchte nach einem optimalen Zeitpunkt für die Lese und begann, im Keller zu experimentieren, um die bitteren Tannine geschmeidiger zu machen. Ein paar Jahre später hatte er die richtige Formel gefunden. Der 1989er Pinotage von Kanonkop sorgte weltweit für Furore. Er entzückte mit einer tiefen Konzentration und einem üppigen Duft nach Brombeeren und reifen Zwetschgen. Nichts mehr von rostigen Nägeln, nur eine aparte Note von süßlichem Lack war übrig geblieben. Noch heute gilt Truter als der »König des Pinotage«.

1998 Pinotage

Dunkles, tiefes Rubinviolett. Schöne Nase mit einer konzentrierten dunklen Kompottfrucht, feine Würze von Dörrobst, etwas wie Fleischbrühe, Zedernholz, Röstaromen. Üppig und nachhaltig am Gaumen mit fleischiger roter Frucht. Stabile Tannine, kräftiger Alkoholgehalt (fast 14 Vol.-%), aber auch mit einer pikanten Säure gesegnet. Das neue Holz (90 Prozent) der französischen Barriques hat dem Wein gut getan.

Capital-Index	***139***
Scheuermann-Note	***89***
Anzahl der Flaschen	***keine Angaben***
Releasepreis	***DM 45,00***
Platzierung	***192 (rot)***

KWV

P. O. Box 528
Suider-Paarl 7624, Südafrika
Tel. +27/2 18 07 39 11
Fax +27/21 80 73 00 0
customer@kwv.co.za
www.kwv.co.za

Daten | Fakten

Inhaber	KWV Group Limited
Rebfläche	keine Angaben
Rebsorten	Cabernet franc, Cabernet Sauvignon, Shiraz, Chardonnay, Merlot
Jahresproduktion	keine Angaben

Bereits mit dem Triptych, einer Cuvée aus den beiden Cabernetsorten und Merlot, hat die KWV, Südafrikas größter Erzeuger, gezeigt, dass diese gigantische Kellerei weit mehr kann als nur preiswerte Alltagsweine zu produzieren. Von dem 1996 erstmals vinifizierten Abraham Perold »Op die Berg« erhofft man sich nun endgültig einen Platz unter den besten Erzeugern der Neuen Welt.
Die Abkürzung KWV steht für Kooperatieve Wijnbouwers Vereniging van Zuid Afrika. Diese Organisation wurde 1918 in Paarl gegründet und überwachte bis zur Privatisierung im Dezember 1997 im Auftrag des Ministers für Landwirtschaft Qualitätsweine nach Herkunft, Rebsorte und Jahrgang unter der Berücksichtigung festgelegter Normen und destillierter Übermengen. Mit einer Lagerkapazität von fast drei Millionen Hektolitern ist die KWV wohl weltweit die größte Genossenschaft dieser Art. Seit 1996 ist Kosie Möller der leitende Kellermeister, und man ließ ihm beim »Unternehmen Perold« völlig freie Hand. Der Name des Weins erinnert zum einen an Abraham Izak Perold, den Züchter der Sorte Pinotage und einen der Pioniere der modernen südafrikanischen Weinwirtschaft, und zum anderen ist der Zusatz Op die Berg ein Hinweis auf die spezielle Lage, nämlich eine Parzelle an den Nordosthängen des Paarl Mountains auf 550 Metern Höhe. In diesem kühleren Klima sind die Trauben für den Perold gewachsen, das ihnen eine langsamere Reifung ermöglichte. Es handelt sich um eine Selektion alter Rebstöcke mit niedrigen Erträgen. Die Mazeration war mit sechs Tagen relativ kurz. Dennoch gelang Kosie Möller ein extrakt- und alkoholreicher Wein.

1996 Abraham Perold »Op die Berg«

Tiefes Schwarzrubin. In der Nase schöne weiche Röstaromen, Alkohol und dunkle Beeren. Ein fleischiger Körper, fast schon etwas fett, aber mit einer gut präsenten Säure. Am Gaumen Karamell und Schokolade, samtige, dichte Art mit ausdrucksvoller Süße. Langer Abgang.

Capital-Index	***129***
Scheuermann-Note	***91***
Anzahl der Flaschen	***3000***
Marktpreis	***DM 200,00***
Platzierung	***252 (rot)***

Mont du Toit

Blonvleiweg
P. O. Box 704
Wellington 7654, Südafrika
Tel. +27/2 18 73 32 22
Fax +27/2 18 73 32 22

Daten | Fakten

Inhaber	Stephan du Toit
Rebfläche	40 ha, davon 30 ha angepflanzt
Rebsorten	Cabernet Sauvignon, Merlot, Syrah, Mourvèdre, Tempranillo, Cabernet franc, Malbec, Alicante Bouschet
Jahresproduktion	60 000 Flaschen (2000)

Aus Südafrika ist in Sachen Wein ein Quantensprung zu vermelden. Zum ersten Mal ist es am Kap einigen Winemakern gelungen, rote Prestigeweine zu keltern, die auch dann, wenn man Weltmaßstäbe anlegt, das Zeug zu Kultgetränken haben. Einer der Erfolgreichsten ist der Mont du Toit. Es handelt sich dabei um ein Joint Venture zwischen der alteingesessenen Hugenottenfamilie du Toit und zwei angesehenen deutschen Winzern: Bernhard Breuer aus Rüdesheim im Rheingau und Bernd Philippi aus dem pfälzischen Kallstadt. Das erst 1997 gegründete Gut liegt westlich von Paarl in der Region Wellington, dem zweiten bedeutenden Siedlungsgebiet der Hugenotten neben dem Franschhoek. Breuer und Philippi haben hier einen Teil des 40 ha großen, geschlossenen Weinbergs mit einem für Südafrika ungewöhnlichen Rebsortenspiegel angelegt. Neben den klassischen Sorten Cabernet Sauvignon und Merlot pflanzten sie auch Syrah, Mourvèdre, Malbec, Alicante Bouschet und Tempranillo. Die Weinberge liegen auf einem Hügel mit durchlässigen, sandig-kiesigen Böden aus feinkörnig verwittertem Granit und sind stellenweise mit rotem Lehm durchsetzt.

In der Region herrscht zwar ein sehr warmes Klima, aber die kühlen Brisen vom Meer frischen auf und dank der nahen Berge (auf denen im Winter schon mal Schnee liegen bleibt) ist die Wasserversorgung gut. Unter der Regie von Breuer und Philippi produziert Farmleiter Alwyn Myburgh hier Trauben von höchstmöglicher Reife, die in Handlese streng selektioniert werden. Die weitere Verarbeitung durch den jungen Kellermeister Peter-Niel Rossouw erfolgt auf sehr schonende Weise. So kann er z. B. beim Umfüllen des Weins fast völlig auf den Einsatz von Pumpen verzichten und dank der speziellen Anlage des Kellers stattdessen mit natürlicher Schwerkraft arbeiten.

Die Rebsorten werden bereits im Weinberg selektioniert, getrennt vinifiziert und in einem am Kap einzigartigen gemauerten Gewölbekeller ausgebaut, und zwar überwiegend in französischen Barriques. Gekeltert werden ein Grand Vin, daneben der Zweitwein Hawaquas sowie in besonders guten Jahren wie 1998 und 2000 eine Special Reserve. Bereits vom Premierenjahrgang ging die Hälfte der Produktion in den Export – außer nach Deutschland u. a. nach England, Italien, Österreich, in die Schweiz, die Niederlande und in die USA, wo sich kein Geringerer als Stephen Metzler in Seattle, der weltweite Agent von Pesquera, um die Vermarktung kümmert.

Die 15 000 Flaschen des ersten Jahrgangs des Grand Vins waren zum Preis von 39 Mark binnen weniger Wochen ausverkauft. Der Folgejahrgang 1999 kommt im Frühjahr und verspricht eine erste Steigerung. Das gilt aber noch mehr für die Special Reserve, die im Frühjahr 2001 ausgeliefert wird. Der Arbeitstitel für diesen Wein, OMFG (»Old men's face grape«), sagt alles. Mit diesem südafrikanischen Winzerausdruck werden besonders reife, spät gelesene Trauben bezeichnet, deren Häute durch Verdunstung geschrumpft sind.

1998 Mont du Toit Special Reserve

Undurchdringliches Schwarzrubin. Eine sehr dichte, konzentrierte Farbe. Das Bukett ist verschlossener und konzentrierter, tanninreicher als beim Grand Vin. Etwas Räucherspeck und Brombeerfrucht. Auch am Gaumen härter, massiver. Langer Abgang mit feinen Bittertönen und gerösteten Würzaromen. Deutliche Leder- und schwärzliche Toastaromen, sowohl in der Nase als auch am Gaumen. Die Syrah kommt etwas stärker zum Tragen. Der Wein zeigt aber auch eine schöne, fleischige Fruchtsüße.

Capital-Index	***122***
Scheuermann-Note	***92***
Anzahl der Flaschen	***1500***
Marktpreis	***DM 69,00***
Platzierung	***294 (rot)***

1999 Mont du Toit

Was für eine Steigerung in einem doch eigentlich für Teile der Kapprovinz klimatisch schwierigen Jahr! Der Verzicht auf die Produktion einer Reserve und eine extrem selektive Lese brachten einen großartigen Grand Vin. Die Nase zeigt noch mehr Mokka, Kardamom, Vanille, getrocknete Früchte (Pflaumen, Datteln etc.), schwarze Oliven, dunkle Beeren – ein orientalisch anmutendes Duftspektrum. Der Beduinenzeltwein! Am Gaumen kraftvoll, opulent mit einer eruptiven Frucht und reifer Süße, die an Schokolade erinnert.

Capital-Index	***112***
Scheuermann-Note	***90***
Anzahl der Flaschen	***15 000***
Marktpreis	***DM 48,00***
Platzierung	***338 (rot)***

Saxenburg Wine Estate

P. O. Box 171
Kuilsriver 7579, Südafrika
Tel. +27/2 19 03 61 13
Fax +27/2 19 03 31 29

Daten | Fakten

Inhaber	Adrian Bührer
Rebfläche	80 ha
Rebsorten	10 % Chardonnay, 10 % Pinotage, 20% Cabernet Sauvignon, 20 % Merlot, 20 % Shiraz, 20 % Sauvignon blanc
Jahresproduktion	300 000 Flaschen

Afrikanische Tradition, europäisches Kapital und internationales Know-how – nach diesem Strickmuster wird derzeit in der Weinszene Südafrikas so manche Erfolgsstory geschrieben. Selten aber geschieht es so aufwendig und konsequent wie auf Saxenburg. Seit 1989 sind Adrian und Birgit Bührer aus Luzern Besitzer dieses Bilderbuch-Weingutes an den Bottelary Hills oberhalb des Kuilsriver, von wo aus man beide Ozeane, den Atlantischen und den Indischen, sehen kann. Das Anwesen hat absolutes Hollywoodformat. Auf dem gepflegten parkähnlichen Gelände befindet sich ein eigener kleiner Zoo und das Gourmetrestaurant »Guinea Fowl«. Transportprobleme der Klientel löst man mit dem hauseigenen Bentley-Oldtimer oder, dank eines eigenen Landeplatzes vor der Haustür, per Hubschrauber. Die wechselvolle Geschichte des Anwesens reicht zurück bis in das Jahr 1693, als der aus Schweden stammende »free burger« Joachim Sax es vom damaligen Gouverneur Simon van der Stel erwarb. 1705 kam es in den Besitz von Olaff und Albertus Berg. Von diesen frühen Weinbaupionieren leitet sich der Name Saxenburg ab.

In Nico van der Merve, der in Weinsberg studiert hat, mit einer Deutschen verheiratet ist und mit schwäbischem Akzent spricht, fanden die Bührers einen kongenialen Winemaker, der seit 1990 für Weinberge und Keller verantwortlich zeichnet. Er achtet auf niedrige Erträge und verzichtet auf künstliche Düngung. Die weißen Sorten wachsen auf den kühleren Südhängen, die roten Sorten auf den wärmeren, weil nach Westen geneigten Lagen. Dank der winterlichen Regenfälle und der kühlenden Meeresbrisen im Sommer ist keine Bewässerung nötig. Bislang markierten die Weine der Private Collection Range die Qualitätsspitze der Produktion: ein tropisch-fruchtig saftiger Chardonnay, vor allem aber die vier gehaltvollen, dichten roten Rebsortenweine Pinotage und Merlot, Shiraz und der Cabernet Sauvignon, in Südafrika einer der höchstbewerteten Weine der 90er-Jahre.

Die Idee zu einer Reserve-Selektion oberhalb dieser Premium-Linie mit Erträgen zwischen 20 und 30 hl/ha hatten Bührer und van der Merve schon seit längerem. Um so erstaunlicher war die Tatsache, dass man ausgerechnet hier den Zeitpunkt verpasste, als erster Betrieb einen Superpremium-Red auf den Markt zu bringen, obwohl man ihn im Keller liegen hatte. Aber das zeigt nur, wie stürmisch am Kap die Entwicklung derzeit verläuft. Mont du Toit, Slaley, Boekenhoutskloof – sie alle haben Adrian Bührer und seinem Kellermeister Nico van der Merve im Frühjahr 2000 ein wenig die Show gestohlen. So kam der geheimnisumwitterte Triple S, über den Monate lang in der Weinwelt geredet wurde, den aber kaum jemand zu probieren bekam, zwar nicht, wie ursprünglich wohl mal geplant, als erster Super-Shiraz auf den Markt, aber dann wenigstens auf einem völlig anderen und für Südafrika neuen Preisniveau. Bei der Auktion der Unabhängigen Winemakers Gilde hatte der Wein als Auction Reserve 1250 Rand für ein Sechser-Lot erzielt (ca. 70 Mark die Flasche). Doch da die Weine der schnelleren Mitbewerber zu Preisen zwischen 40 und 80 Mark über Nacht ausverkauft waren, verdoppelte Bührer den Preis auf prohibitive 150 Mark, was aber, wie die zahlreichen Reservierungen zeigten, auch nicht viel nützte. Der Buchstabencode SSS kann wahlweise gedeutet werden als »Super Saxenburg Shiraz« oder, wie Bührer schmunzelnd meint, auch als »Super Sexy Shiraz«.

1997 SSS Shiraz Reserve

Das Jahr war insgesamt etwas kühler, auch im Herbst, daher blieb der Alkoholgehalt deutlich unter 14 Vol.-%. Das ermöglichte andererseits aber auch eine extra lange Maischestandzeit. Der Ausbau erfolgte drei Monate in neuen französischen Eichenfässern, dann in Barriques aus amerikanischer Eiche. Der Wein zeigt ein dunkles Rubinviolett und eine dichte Konzentration der Aromen schon in der Nase. Deutlich Vanille, viel schwarze Beeren, Toast und auch etwas Leder. Am Gaumen ist er opulent, fleischig, mit einer animierenden saftigen Säure und viel pfeffriger Würze. Sexy ist schon das richtige Wort für einen solchen Wein.

Capital-Index	***138***
Scheuermann-Note	***91***
Anzahl der Flaschen	***12 000***
Marktpreis	***DM 150,00***
Platzierung	***201 (rot)***

Slaley Cellars

Kromme Rhee Road
P. O. Box 119
Koelenhof, 7605 South Africa
Tel. +27/2 18 82 21 23
Fax +27/2 18 82 27 98
chris@slaley.co.za
www.slaley.co.za

Daten | Fakten

Inhaber	Familie Hunting
Rebfläche	80 ha
Rebsorten	38 % Cabernet, 5 % Merlot, 15 % Pinotage, 4 % Shiraz, 32 % Sauvignon blanc, 6 % Chardonnay
Jahresproduktion	120 000 Flaschen

Nach allem, was ich im vergangenen Jahr während und nach der »Cape 2000«, der ersten nationalen Weinmesse Südafrikas in Stellenbosch, probieren konnte, zählt dieses Gut für mich zu den absoluten Benchmarks nicht nur der aktuellen Weinszene am Kap, sondern auch für deren zukünftige Entwicklung. Im Rennen um den ersten wirklichen Weltklasse-Syrah Südafrikas, der es mit den Spitzen Australiens und Frankreichs aufnehmen kann, ist dieser heiße Favorit bereits in die Zielgerade eingebogen.

Das sah vor drei, vier Jahren noch ganz anders aus. Das Weingut produzierte damals unter dem »Senteniel«-Label hauptsächlich durchschnittliche Massenware für den Export. Das änderte sich erst, als sich die Familie Hunting, die die Weinberge seit 1957 sukzessive erworben hatte, von ihren ehemaligen Partnern Coppolse und Finlayson trennte und Martin Hunting die alleinige Regie übernahm. Er behielt die Weine und die kleine Kellerei, die 1996 neu errichtet worden war. Das Gespann Coppolse-Finlayson sicherte sich die Markenrechte und zählt mittlerweile zu den zehn größten Exporteuren Südafrikas. Hunting, auch rein optisch ein beeindruckendes Schwergewicht, hat ganz andere Ziele. Er möchte Weine internationalen Zuschnitts machen, ja Weine von Weltklasse. Dafür engagierte er den jungen Winemaker Christopher van Dieren vom Nachbargut Simonsig. Und diese Wahl erwies sich als absoluter Glücksgriff, denn innerhalb von lediglich zwei Jahren realisierte van Dieren nicht nur Huntings Idee von einem Super-Premium, sondern setzte gleichzeitig auch neue Maßstäbe für Südafrika.

Zu Slaley Cellars gehören mehrere Farmen an den westlichen Hängen des Simonsberges. Der gesamte Besitz umfasst ca. 150 Hektar. Zurzeit sind davon etwa 80 Hektar mit Weinbergen bestockt, und zwar überwiegend (zu 90 Prozent) mit roten Rebsorten, vor allem Cabernet Sauvignon, Pinotage, Merlot und Syrah, aber auch etwas Chardonnay und Sauvignon blanc. Was nicht für die Premium-Kategorie reicht, wird aussortiert und unter dem Zweitlabel »Broken Stone« vermarktet. Spektakulär ist die Top Range des Jahrgangs 1999 mit den drei roten Spitzenweinen: Shiraz, Merlot und Cabernet-Merlot. Aber das ist erst der Anfang. In den nächsten zwölf bis 18 Monaten wird van Dieren mit der Veröffentlichung der streng limitierten Reserve-Qualitäten noch eins draufsetzen.

1999 Shiraz

Dunkles Rubinrot. Zeigt seine prägnante Syrahwürze schon ganz deutlich in der Nase. Dazu Schokolade, konzentrierte Frucht, etwas Vanille von der amerikanischen Eiche. Ein Wein von opulentem dickem Schmelz, mächtigem Alkohol von fast 14 Vol.-%, schöner Süße, dahinter aber auch die nötige Struktur für eine längere Reife.

Capital-Index	*122*
Scheuermann-Note	***92***
Anzahl der Flaschen	***18 660***
Marktpreis	***DM 38,00***
Platzierung	***298 (rot)***

1999 Merlot

Der erste Jahrgang dieses Weins. Mein Eindruck des Fassmusters: Dunkles Rubinrot. Deutliche Schokolade in der Nase. Konzentrierte Fruchtaromen dank einer sehr langen Mazeration. Opulente, schöne Süße. Am Gaumen ein dichter Schmelz, dickflüssig mit viel Bitterschokolade, Mokka, sehr reich, auch an Alkohol. Sehr lang im Abgang.

Capital-Index	*123*
Scheuermann-Note	***93***
Anzahl der Flaschen	***12 000***
Marktpreis	***DM 35,60***
Platzierung	***288 (rot)***

1999 Cabernet Merlot

Diese Cuvée enthält überwiegend Cabernet Sauvignon (77 Prozent). Dunkles Rubinrot. Wirkte in seiner jugendlichen Phase etwas parfümiert wie so oft bei Cape Blends. Am Gaumen opulent, samtig, süß, es fehlt etwas Tannin, aber stoffig, saftig und balanciert.

Capital-Index	*120*
Scheuermann-Note	***90***
Anzahl der Flaschen	***12 000***
Marktpreis	***DM 38,00***
Platzierung	***308 (rot)***

Spice Route Wine Company

P. O. Box 645
Malmesbury 7300, Südafrika
Tel. +27/2 24 87 71 39
Fax +27/2 24 87 71 69

Daten | Fakten

Inhaber	Gyles Webb, Charles Back, Jabulani Ntshangase, John Platter
Rebfläche	140 ha
Rebsorten	Merlot, Syrah, Pinotage
Jahresproduktion	300 000 Flaschen

In früheren Jahrhunderten fuhren hier nah an der Küste die großen Segelschiffe der Eastindia Company, von den Gewürzinseln des Malaiischen Archipels kommend, schwer beladen mit den wohlriechenden Schätzen Asiens vorbei Richtung Heimat. Diese alte Wasserstraße trug daher bei den europäischen Siedlern am Kap den Namen Spice Route. Heute heißt so Südafrikas erstes schwarzes Weingut. Es wurde 1997 von Jabulani Ntshangase gegründet, einem in Kwazulu Natal geborenen Zulu, der in Soweto aufwuchs und 1977 nach New York ging, wo er eine beispiellose Karriere machte: vom Handlanger, der für fünf Dollar Kisten in einer Weinhandlung schleppte, bis zum Verkaufschef eben dieses Unternehmens und zum ausgewiesenen Experten für Burgunder und Rhôneweine. Nach dem Ende der Apartheid kehrte er in seine Heimat zurück und machte sich daran, die Weinwirtschaft Südafrikas zu revolutionieren. Dabei konnte er auf die tat- und finanzkräftige Hilfe einiger in der Branche hoch angesehener weißer Partner bauen: Gyles Webb, (Thelema), Charles Back (Fairview) und John Platter, Südafrikas Weinkritiker Nummer eins. Er erwarb im Herbst 1997 eine Farm samt 400 Hektar Land bei Malmsbury in Swartland, einer Weizenanbaugegend an der Westküste ca. 150 Kilometer nördlich von Kapstadt. Das Klima ist trocken und heiß. Die Böden bestehen vorwiegend aus Tonschiefer und Tafelbergsandstein mit großen Lehmeinschnitten. Hier gibt es bis zu 70 Jahre alte Weinberge, in denen man Rebsorten wie Carignan, Mourvèdre, Grenache oder auch die Portweintraube Tinta Barocca findet, die sonst nirgends am Kap heimisch sind. Die Weine sind alkoholreich und von großer Würze. Manche gewitzten Winemaker in Paarl und Stellenbosch kaufen schon seit Jahren hier Trauben und Weine zu, um ihre eigenen, weniger gehaltvollen Tropfen aufzupeppen. Bereits der Debüt-Jahrgang 1998 von Spice Route war ein sensationeller Erfolg und die Weine der Flagship Range gehören zum Besten, was man in Südafrika derzeit verkosten kann: der weiche, süße Merlot, der trotz seines hohen Alkoholgehaltes überraschend elegante Syrah und schließlich der Pinotage. Dies ist ein gewaltiger Wein, sicher neben dem Kaapzicht Pinotage einer der besten Weine, der je aus dieser für das Kap typischer Sorte gekeltert wurde. Selbst ein Klassiker wie Kanonkop kommt angesichts dieser Fülle und Komplexität nicht mehr mit. So ist Pinotage nicht mehr nur eine exotische Neuzüchtung, sondern eine Bereicherung und echte Konkurrenz zu den klassischen Spice-Sorten wie Syrah, Grenache oder auch Zinfandel.

1998 Flagship Pinotage

Dunkles tiefes Rubinrot. Ein wunderschönes, mit exotischen Düften verströmendes Bukett: Tabak, Lakritze, Schokolade, frisch geröstete Kaffeebohnen und Rauch, dazu getrocknete Früchte wie Feigen, Bananenchips, Pflaumen – auf- und anregend, nicht enden wollend. Die Bedeutung des Namens Spice Route wird einem angesichts der darin enthaltenen Würze schlagartig klar: Weihrauch, Zimt, schwarzer Pfeffer ... Am Gaumen eine dicke fleischige Süße von roten Früchten, dazu Mokkacreme und Schokolade, gehalten von massiven Tanninen. Der Wein wurde 17 Monate in französischen Barriques mit 45 Prozent neuem Holz ausgebaut. Langer, tiefer Abgang. Einer jener mächtigen, komplexen Weine, die kaum noch als Essensbegleiter taugen, da sie eine komplette Mahlzeit ersetzen.

Capital-Index	***115***
Scheuermann-Note	***92***
Anzahl der Flaschen	***12 000***
Releasepreis	***DM 50,00***
Platzierung	***329 (rot)***

Veenwouden

R 45 Road Northern Paarl
P. O. Box 7086
Northern Paarl 7623, Südafrika
Tel. +27/02 18 72 68 06
Fax +27/02 18 72 13 84
Veenwouden@intekom.co.za

Daten | Fakten

Inhaber	Deon van der Walt
Rebfläche	14,5 ha
Rebsorten	70 % Merlot, 20 % Cabernet Sauvignon, 8 % Cabernet franc, 2 % Malbec
Jahresproduktion	66 000 Flaschen

Im Weine steckt Musik« – keiner hat am Kap diesen Satz so wörtlich genommen wie Deon van der Walt, der erfolgreiche Tenor, der Mozart ebenso liebt wie Bordeaux. Seine internationale Karriere begann nach dem Studium an der Universität Stellenbosch, er sang am Zürcher Opernhaus und an der Scala in Mailand, bei den Salzburger Festspielen und an der Met in New York – doch trotz der Erfolge unter der Stabführung von Dirigenten wie Nicolas Harnoncourt und Claudio Abbado in den angesehensten Häusern rund um die Welt, hat er seine Heimat Südafrika nie vergessen. So war es für ihn nichts als folgerichtig, sich nicht nur in Europa, sondern auch zu Hause ein Heim einzurichten. An der Straße nach Wellington, nördlich von Paarl, hat er 1988 damit begonnen, den Traum vom eigenen Weingut zu verwirklichen. 1989 ließ er die ersten Weinstöcke anpflanzen.

Die Reben stehen an sanft geneigten Hängen mit nordöstlicher Ausrichtung. Vom nur 60 km entfernten Atlantik erreichen kühle Meeresbrisen das Tal und sorgen für ein geradezu mediterranes Klima. Ausreichende Niederschläge im Winter, also in der Zeit von Juni bis August, sowie ein recht langer Sommer mit Durchschnittstemperaturen von 20 bis 23 Grad bieten ausgezeichnete Wachstumsbedingungen. Der Name des Guts ist übrigens eine Hommage an die eigene Herkunft: Deons Vorfahren, die ersten van der Walts, die 1727 am Kap an Land gingen, stammten aus einem kleinen Weiler in Friesland namens Veenwouden.

Veenwouden ist mit kühlen, eisenhaltigen Böden gesegnet. Diese Art von Boden eignet sich, wie man vom rechten Ufer der Gironde aus Appellationen Pomerol und Saint-Emilion weiß, besonders gut als Untergrund für die klassischen Rebsorten des Bordeaux, insbesondere Merlot und Cabernet franc. In Verbindung mit dem günstigen Mikroklima bieten sie den Reben ideale Wachstumsbedingungen.

Der Keller wurde am Stephanstag, dem 26. Dezember 1992, offiziell eröffnet – natürlich mit einem Liederabend des Besitzers Deon van der Walt in der in Form einer kleinen Arena eigens dafür gebauten Kelterhalle, in der rund 200 Konzertgäste Platz finden. Die Eltern arbeiten im Weinberg und im Büro, Marcel, sein jüngerer Bruder, früher Modedesigner und passionierter Golfer, arbeitet seit 1993 als Winemaker auf Veenwouden. Der Maximalertrag wurde auf 5 Tonnen Lesegut pro Hektar festgelegt, die Trauben werden ausschließlich von Hand geerntet und in kleinen Körben in den Keller transportiert, wo sie sorgfältig geprüft werden, bevor sie in die

Traubenmühle kommen. Die Mazeration findet in temperaturgesteuerten Gärtanks aus Edelstahl statt. Die Weine werden in Barriques aus französischem Eichenholz (Nevers) ausgebaut, die jährlich zu einem großen Teil erneuert werden. Topwein ist der Classic, er bleibt zwei Jahre im Holz und ruht nach der Abfüllung ein halbes Jahr in der Flasche.

Bestgehütetes Geheimnis von Veenwouden sind jedoch drei Barriquefässer (Nevers und Allier), die in einem winzigen Raum hinter den Gärtanks stehen. In dieses Cabinet hat normalerweise nur die Familie Zutritt; denn hier lagert der Family Reserve Chardonnay. Dieser »Paarl-Montrachet«, der in einem kleinen Weinberg neben dem Weingut an den Ausläufern des Klein Drakensteen auf steiniger, eisenhaltiger Granitverwitterung wächst, ist der vielleicht großartigste Weißwein vom Kap. Normalerweise wird er nur bei Deon van der Walts gelegentlichen Heimkonzerten ausgeschenkt. Im Jahr 2000 wurde aber erstmals eine kleine Menge nach Deutschland exportiert.

1998 Classic

In diesem Jahr eine Cuvée aus 50 Prozent Cabernet, 36 Prozent Merlot, 12 Prozent Cabernet franc und 2 Prozent Malbec mit fast 14 Vol.-% Alkohol.
Dunkles schwärzliches Rubinrot. Dichte Konzentration, würziges Pflaumenkompott, getoastetes, mediterranes Brot und andere würzige Röstaromen. Am Gaumen eine likörhafte Süße, aber auch feine Kräuterbittertöne. Reife Tannine, gute Konzentration, langer Abgang.

Capital-Index	***132***
Scheuermann-Note	*92*
Anzahl der Flaschen	***keine Angaben***
Marktpreis	***DM 54,00***
Platzierung	*227 (rot)*

1999 Chardonnay »Family Reserve«

Goldgelb. Bei der Fassprobe ein wunderbar nussig-würziger Wein mit etwas Vanille. Zeigte ein reiches Aromenspektrum tropischer Früchte in der Nase und am Gaumen u. a. Mango, Papaya, süße Melone, reife Grapefruit, etwas Honig und weiße Blüten. Mächtiges Volumen, aber nicht fett, sondern strukturiert und lebendig. Langer Abgang und ein den ganzen Mund füllender fruchtiger Nachgeschmack.

Capital-Index	***167***
Scheuermann-Note	***91***
Anzahl der Flaschen	***800***
Marktpreis	***DM 69,00***
Platzierung	***70 (weiß)***

Zwalu

Jonkershoek, Stellenbosch
Südafrika
Tel. +27/2 18 87 06 49
Fax +27/2 18 87 06 47

Daten | Fakten

Inhaber	Neil Ellis
Rebfläche	keine Angaben
Rebsorten	Cabernet, Merlot
Jahresproduktion	keine Angaben

Neil Ellis begann seine Karriere als Önologe bei der allmächtigen KWV (1973–1989) und wurde 1992 in Südafrika zum »Weinmacher des Jahres« gewählt.
Das Joint Venture zwischen ihm, der zu den angesehensten Winzern in der Region Stellenbosch zählt, und dem Rotweinspezialisten Werner Näkel von der Ahr bringt erste Früchte. Nach dem zwar eleganten, aber wenig beeindruckenden 97er Premierenjahrgang ist jetzt beim 98er von einem großen Schritt nach vorn zu berichten. Das hat mehrere Gründe: Zum einen ist dieses Jahr in einigen Regionen am Kap einfach besser als 1997. Zum anderen schufen sich die beiden mit dem Zweitwein Z die Möglichkeit der Selektion. Und drittens hatte Werner Näkel im Gegensatz zum Premierenjahrgang 1997 bei diesem Wein Einfluss auf die Traubenqualität im Weinberg. Ergebnis: ein kraftvoller, auch alkoholreicherer Wein, der ohne Frage mit zur Spitze Südafrikas zu rechnen ist. Zwalu ist eine Cuvée aus Cabernet und Merlot, im internationalen Stil ausgebaut, der aber in puncto Alkoholreichtum und spezifischer Würze seine südafrikanische Herkunft nicht verleugnet. Die Trauben stammen aus dem mithilfe eines Wasserfalls gekühlten spektakulären Weingut, das Neil Ellis mit einem anderen deutschen Partner, Hans-Peter Schröder, auf Oude Nektar im Jonkershoek Valley aufgebaut hat. Dieses 400 Meter über dem Meeresspiegel gelegene Tal zählt zu den feinsten Rotwein-Anbaugebieten Südafrikas.

1998 Zwalu

Dunkles Rubinrot. Erster Eindruck: eher eine europäische Nase als Neue Welt. Cassis und Brombeere, Rauch, leicht dunkle Malznuancen, Kaffee und Krokant. Ein sehr saftiger Wein mit guter Säure und intensiver roter Frucht. Langer Abgang. In der Nase eigentlich spannender und vielschichtiger als am Gaumen. Hat eine schöne Konzentration, aber vielleicht etwas zu wenig Tannin und Biss.

Capital-Index	***101***
Scheuermann-Note	***89***
Anzahl der Flaschen	***6000***
Marktpreis	***DM 42,00***
Platzierung	***349 (rot)***

Das Weinranking

Platzierung	Weinname	Weintyp	Jahrgang	Weingut	Scheuermann-Note	Capital-Index	Kapitel	Land/Region	Seite
		Rotwein							
1	Château Margaux	Rotwein	1999	Margaux	98	377	Frankreich	Bordeaux	69
2	Château Margaux	Rotwein	1998	Margaux	97	357	Frankreich	Bordeaux	69
3	Château Ausone	Rotwein	1998	Ausone	96	337	Frankreich	Bordeaux	24
4	Château Ausone	Rotwein	1999	Ausone	94	336	Frankreich	Bordeaux	24
5	Cheval Blanc	Rotwein	1999	Cheval Blanc	96	328	Frankreich	Bordeaux	33
6	Cheval Blanc	Rotwein	1998	Cheval Blanc	96	328	Frankreich	Bordeaux	33
7	Pétrus	Rotwein	1999	Pétrus	94	296	Frankreich	Bordeaux	91
8	Pétrus	Rotwein	1998	Pétrus	97	286	Frankreich	Bordeaux	91
9	Château Latour	Rotwein	1998	Latour	94	281	Frankreich	Bordeaux	61
10	Château Haut-Brion	Rotwein	1999	Haut-Brion	97	276	Frankreich	Bordeaux	52
11	Château Haut-Brion	Rotwein	1998	Haut-Brion	95	272	Frankreich	Bordeaux	52
12	Château Latour	Rotwein	1999	Latour	94	264	Frankreich	Bordeaux	61
13	Château Lafleur	Rotwein	1998	Lafleur	93	264	Frankreich	Bordeaux	59
14	Château Lafite-Rothschild	Rotwein	1999	Lafite-Rothschild	91	263	Frankreich	Bordeaux	57
15	La Chapelle	Rotwein	1998	Jaboulet-Aîné	91	263	Frankreich	Rhône	180
16	Château L'Eglise-Clinet	Rotwein	1998	L'Eglise-Clinet	96	260	Frankreich	Bordeaux	45
17	La Chapelle	Rotwein	1997	Jaboulet-Aîné	94	252	Frankreich	Rhône	180
18	La Romanée-Conti	Rotwein	1998	Romanée-Conti	93	250	Frankreich	Burgund	128
19	Richebourg	Rotwein	1998	Romanée-Conti	92	241	Frankreich	Burgund	128
20	La Tache	Rotwein	1998	Romanée-Conti	94	240	Frankreich	Burgund	128
21	Château Latour à Pomerol	Rotwein	1999	Latour à Pomerol	90	237	Frankreich	Bordeaux	63

Platzierung	Weinname	Weintyp	Jahrgang	Weingut	Scheuermann-Note	Capital-Index	Kapitel	Land/Region	Seite
22	Château Lafite-Rothschild	Rotwein	1998	Lafite-Rothschild	93	232	Frankreich	Bordeaux	57
23	Château La Mission Haut-Brion	Rotwein	1999	La Mission	93	231	Frankreich	Bordeaux	73
24	Château La Mission Haut-Brion	Rotwein	1998	La Mission	91	229	Frankreich	Bordeaux	73
25	Grange	Rotwein	1994	Penfolds	93	223	Neue Welt	Australien	465
26	Château Latour à Pomerol	Rotwein	1998	Latour à Pomerol	95	222	Frankreich	Bordeaux	63
27	Hanisch Vineyard Shiraz	Rotwein	1998	Veritas	100	220	Neue Welt	Australien	474
28	Mouton-Rothschild	Rotwein	1998	Mouton-Rothschild	93	217	Frankreich	Bordeaux	79
29	Château L'Eglise-Clinet	Rotwein	1999	L'Eglise-Clinet	92	209	Frankreich	Bordeaux	45
30	Mouton-Rothschild	Rotwein	1999	Mouton-Rothschild	90	208	Frankreich	Bordeaux	79
31	Vintage Port	Rotwein	1997	Taylor	96	208	Iberien	Portugal	203
32	The Malcom Barossa Shiraz	Rotwein	1996	Magpie	100	197	Neue Welt	Australien	460
33	La Turque	Rotwein	1996	Guigal	93	197	Frankreich	Rhône	178
34	Château Sociando-Mallet	Rotwein	1999	Sociando-Mallet	91	196	Frankreich	Bordeaux	99
35	Château Le Pin	Rotwein	1999	Le Pin	98	194	Frankreich	Bordeaux	93
36	Château Le Pin	Rotwein	1998	Le Pin	96	193	Frankreich	Bordeaux	93
37	Château Lynch-Bages	Rotwein	1999	Lynch-Bages	91	193	Frankreich	Bordeaux	67
38	Vieux Château Certan	Rotwein	1999	Vieux Certan	92	192	Frankreich	Bordeaux	107
39	Château Léoville Las Cases	Rotwein	1998	Léoville Las Cases	93	188	Frankreich	Bordeaux	65
40	Quinta de Vargellas Vintage Port	Rotwein	1995	Taylor	94	188	Iberien	Portugal	203
41	Le Pavillon	Rotwein	1997	Chapoutier	97	187	Frankreich	Rhône	171
42	Vieux Château Certan	Rotwein	1998	Vieux Certan	93	187	Frankreich	Bordeaux	107
43	RWT Shiraz	Rotwein	1997	Penfolds	94	186	Neue Welt	Australien	466
44	La Landonne	Rotwein	1996	Guigal	94	185	Frankreich	Rhône	177

Platzierung	Weinname	Weintyp	Jahrgang	Weingut	Scheuermann-Note	Capital-Index	Kapitel	Land/Region	Seite
45	Harlan	Rotwein	1994	Harlan	95	185	Neue Welt	Kalifornien	509
46	Harlan	Rotwein	1995	Harlan	95	185	Neue Welt	Kalifornien	509
47	La Mouline	Rotwein	1996	Guigal	93	184	Frankreich	Rhône	178
48	Unico	Rotwein	1981	Vega Sicilia	96	184	Iberien	Spanien	229
49	Astralis	Rotwein	1998	Clarendon Hills	99	183	Neue Welt	Australien	445
50	Château Clinet	Rotwein	1998	Clinet	94	183	Frankreich	Bordeaux	35
51	Château Ducru-Beaucaillou	Rotwein	1998	Ducru-Beaucaillou	92	182	Frankreich	Bordeaux	43
52	Château Clinet	Rotwein	1999	Clinet	90	182	Frankreich	Bordeaux	35
53	Château Léoville Las Cases	Rotwein	1999	Léoville Las Cases	94	182	Frankreich	Bordeaux	65
54	Unico	Rotwein	1990	Vega Sicilia	93	181	Iberien	Spanien	229
55	Vosne Romanée Les Beaux Monts P.C.	Rotwein	1997	Leroy	93	180	Frankreich	Burgund	119
56	Château Ducru-Beaucaillou	Rotwein	1999	Ducru-Beaucaillou	93	179	Frankreich	Bordeaux	43
57	Musigny Vieilles Vignes	Rotwein	1998	Comte de Vogüé	95	179	Frankreich	Burgund	113
58	Nuits-Saint-Georges Aux Allots P.C.	Rotwein	1997	Leroy	92	179	Frankreich	Burgund	119
59	Sassicaia	Rotwein	1997	San Guido	94	178	Italien	Toskana	276
60	Château Palmer	Rotwein	1998	Palmer	91	177	Frankreich	Bordeaux	83
61	Sassicaia	Rotwein	1996	San Guido	90	177	Italien	Toskana	276
62	Château Palmer	Rotwein	1999	Palmer	92	176	Frankreich	Bordeaux	83
63	Piggott Range Shiraz	Rotwein	1998	Clarendon Hills	98	176	Neue Welt	Australien	445
64	Pingus	Rotwein	1997	Pingus	95	176	Iberien	Spanien	223
65	Brookman Shiraz	Rotwein	1998	Clarendon Hills	96	175	Neue Welt	Australien	445
66	Hillside Select	Rotwein	1996	Shafer	95	173	Neue Welt	Kalifornien	529
67	Châteauneuf-du-Pape Barbe Rac	Rotwein	1997	Chapoutier	91	173	Frankreich	Rhône	172

Platzierung	Weinname	Weintyp	Jahrgang	Weingut	Scheuermann-Note	Capital-Index	Kapitel	Land/Region	Seite
68	Saint Joseph Les Granits	Rotwein	1997	Chapoutier	91	173	Frankreich	Rhône	172
69	Château d'Ampuis	Rotwein	1995	Guigal	92	172	Frankreich	Rhône	178
70	Costa Russi	Rotwein	1995	Gaja	92	171	Italien	Piemont	239
71	Hill of Grace	Rotwein	1995	Henschke	97	171	Neue Welt	Australien	453
72	Hermitage Monier de la Sizeranne	Rotwein	1997	Chapoutier	90	170	Frankreich	Rhône	172
73	Dominus	Rotwein	1995	Dominus Winery	94	167	Neue Welt	Kalifornien	501
74	Barolo Falletto	Rotwein	1990	Giacosa	96	167	Italien	Piemont	241
75	Santo Stefano di Neive Barbaresco	Rotwein	1990	Giacosa	95	166	Italien	Piemont	241
76	Chambertin	Rotwein	1999	Rousseau	97	165	Frankreich	Burgund	130
77	Barbaresco	Rotwein	1997	Gaja	90	164	Italien	Piemont	239
78	Chambertin Clos de Bèze	Rotwein	1999	Rousseau	95	164	Frankreich	Burgund	130
79	Château Valandraud	Rotwein	1998	Valandraud	93	163	Frankreich	Bordeaux	105
80	Cabernet Sauvignon	Rotwein	1996	Caymus	96	163	Neue Welt	Kalifornien	496
81	Château Valandraud	Rotwein	1999	Valandraud	94	163	Frankreich	Bordeaux	105
82	Millenium	Rotwein	1996	Pesquera	95	163	Iberien	Spanien	213
83	Richebourg	Rotwein	1998	Méo-Camuzet	96	163	Frankreich	Burgund	123
84	Chambertin	Rotwein	1998	Rousseau	94	162	Frankreich	Burgund	130
85	Desiderio	Rotwein	1997	Avignonesi	91	162	Italien	Toskana	252
86	Château Beau-Séjour Bécot	Rotwein	1999	Beau-Séjour	95	162	Frankreich	Bordeaux	26
87	La Mondotte	Rotwein	1998	La Mondotte	98	162	Frankreich	Bordeaux	77
88	Chambertin Clos de Bèze	Rotwein	1998	Rousseau	92	161	Frankreich	Burgund	130
89	Solaia	Rotwein	1997	Antinori	89	161	Italien	Toskana	249
90	Cabernet Sauvignon	Rotwein	1995	Bryant Family	98	161	Neue Welt	Kalifornien	494

Platzierung	Weinname	Weintyp	Jahrgang	Weingut	Scheuermann-Note	Capital-Index	Kapitel	Land/Region	Seite
91	Château de Beaucastel	Rotwein	1997	Beaucastel	91	160	Frankreich	Rhône	167
92	Opus One	Rotwein	1996	Opus One	93	159	Neue Welt	Kalifornien	518
93	Château Pavie	Rotwein	1998	Pavie	95	159	Frankreich	Bordeaux	85
94	Vigna Larigi	Rotwein	1997	Altare	98	159	Italien	Piemont	235
95	Martha's Vineyard	Rotwein	1991	Heitz Cellars	94	159	Neue Welt	Kalifornien	511
96	Vigna Arborina	Rotwein	1997	Altare	97	158	Italien	Piemont	235
97	La Mondotte	Rotwein	1999	La Mondotte	94	158	Frankreich	Bordeaux	77
98	Pinot noir Barrel Aged Reserve	Rotwein	1997	Mondavi	91	158	Neue Welt	Kalifornien	514
99	Cabernet Sauvignon	Rotwein	1996	Bryant Family	95	158	Neue Welt	Kalifornien	494
100	Vigna d'Alceo	Rotwein	1997	Rampolla	95	157	Italien	Toskana	273
101	Cabernet Sauvignon Barrel Aged Reserve	Rotwein	1997	Mondavi	93	157	Neue Welt	Kalifornien	514
102	Vosne-Romanée Brulée	Rotwein	1998	Méo-Camuzet	96	157	Frankreich	Burgund	123
103	Château Troplong-Mondot	Rotwein	1998	Troplong-Mondot	93	156	Frankreich	Bordeaux	103
104	Cerequio	Rotwein	1996	Chiarlo	92	156	Italien	Piemont	237
105	Countacc!	Rotwein	1996	Chiarlo	90	156	Italien	Piemont	237
106	Insignia	Rotwein	1997	Phelps	93	156	Neue Welt	Kalifornien	520
107	Sammarco	Rotwein	1996	Rampolla	95	155	Italien	Toskana	273
108	Corton-Charlemagne	Rotwein	1998	Méo-Camuzet	93	155	Frankreich	Burgund	124
109	Château Angélus	Rotwein	1999	Angélus	92	155	Frankreich	Bordeaux	22
110	Château Beau-Séjour Bécot	Rotwein	1998	Beau-Séjour	93	154	Frankreich	Bordeaux	26
111	Chambertin	Rotwein	1998	Dugat-Py	98	154	Frankreich	Burgund	115
112	Grandes Annadas Reserva Especial	Rotwein	1994	Artadi	90	154	Iberien	Spanien	209
113	Clos de Vougeot	Rotwein	1998	Méo-Camuzet	92	154	Frankreich	Burgund	123

Platzierung	Weinname	Weintyp	Jahrgang	Weingut	Scheuermann-Note	Capital-Index	Kapitel	Land/Region	Seite
114	Screaming Eagle	Rotwein	1995	Screaming Eagle	92	154	Neue Welt	Kalifornien	525
115	Château Angélus	Rotwein	1998	Angélus	93	154	Frankreich	Bordeaux	22
116	Lytton Springs Zinfandel	Rotwein	1997	Ridge	95	152	Neue Welt	Kalifornien	522
117	Maya	Rotwein	1995	Dalla Valle	92	152	Neue Welt	Kalifornien	499
118	Château Pavie	Rotwein	1999	Pavie	93	152	Frankreich	Bordeaux	85
119	El Pison Reserva	Rotwein	1996	Artadi	91	152	Iberien	Spanien	209
120	Ridge Monte Bello	Rotwein	1996	Ridge	94	152	Neue Welt	Kalifornien	522
121	Château Troplong-Mondot	Rotwein	1999	Troplong-Mondot	90	152	Frankreich	Bordeaux	103
122	Rubicon	Rotwein	1995	Niebaum-Coppola	92	152	Neue Welt	Kalifornien	516
123	Massetto	Rotwein	1996	Ornellaia	96	152	Italien	Toskana	265
124	Château Pavie-Decesse	Rotwein	1998	Pavie-Decesse	93	152	Frankreich	Bordeaux	87
125	La Braccesca Merlot	Rotwein	1998	Antinori	92	151	Italien	Toskana	249
126	Vintage Port	Rotwein	1997	Churchill	94	151	Iberien	Portugal	191
127	Clos des Ducs	Rotwein	1999	Marquis d'Angerville	94	151	Frankreich	Burgund	121
128	Alenza	Rotwein	1996	Condado de Haza	96	151	Iberien	Spanien	211
129	Charmes Chambertin	Rotwein	1998	Dugat-Py	97	151	Frankreich	Burgund	115
130	Château Pavie-Decesse	Rotwein	1999	Pavie-Decesse	92	151	Frankreich	Bordeaux	87
131	Château Pavie-Macquin	Rotwein	1997	Pavie-Macquin	95	151	Frankreich	Bordeaux	89
132	Stonewell Shiraz	Rotwein	1994	Lehmann	93	150	Neue Welt	Australien	455
133	Château Le Tertre-Rôtebœuf	Rotwein	1998	Tertre-Rôtebœuf	95	150	Frankreich	Bordeaux	101
134	La Corte	Rotwein	1997	Querceto	92	150	Italien	Toskana	271
135	Château Pavie-Decesse	Rotwein	1997	Pavie-Decesse	91	150	Frankreich	Bordeaux	87
136	Zinfandel Hayne Vineyard	Rotwein	1997	Turley	97	150	Neue Welt	Kalifornien	533

Platzierung	Weinname	Weintyp	Jahrgang	Weingut	Scheuermann-Note	Capital-Index	Kapitel	Land/Region	Seite
137	Quinta da Agua Alta Single Vintage Port	Rotwein	1996	Churchill	94	150	Iberien	Portugal	191
138	Château Canon-la-Gaffelière	Rotwein	1998	Canon-la-Gaffelière	94	149	Frankreich	Bordeaux	30
139	Cœur du Roi Vieilles Vignes	Rotwein	1998	Dugat-Py	96	149	Frankreich	Burgund	115
140	Il Cignale	Rotwein	1997	Querceto	93	149	Italien	Toskana	271
141	Clos des Ducs	Rotwein	1998	Marquis d'Angerville	92	149	Frankreich	Burgund	121
142	Il Sole di Alessandro	Rotwein	1995	Querceto	92	149	Italien	Toskana	271
143	Chianti Classico Il Picchio	Rotwein	1997	Querceto	90	148	Italien	Toskana	271
144	Saffredi	Rotwein	1997	Le Pupille	92	148	Italien	Toskana	269
145	Balmoral	Rotwein	1997	Rosemount Estate	92	148	Neue Welt	Australien	468
146	Seavey Cabernet Sauvignon	Rotwein	1996	Seavey	96	148	Neue Welt	Kalifornien	526
147	L'Ermita Velles Vinyes	Rotwein	1998	Palacios	95	147	Iberien	Spanien	219
148	Eight Songs	Rotwein	1996	Lehmann	93	147	Neue Welt	Australien	456
149	Château Canon-la-Gaffelière	Rotwein	1999	Canon-la-Gaffelière	92	147	Frankreich	Bordeaux	30
150	Ornellaia	Rotwein	1997	Ornellaia	92	147	Italien	Toskana	265
151	Vendemia Seleccionada	Rotwein	1996	Mauro	93	147	Iberien	Spanien	217
152	Barca Velha	Rotwein	1991	Ferreira	94	147	Iberien	Portugal	193
153	Château Bon Pasteur	Rotwein	1999	Bon Pasteur	91	147	Frankreich	Bordeaux	28
154	Perwolff	Rotwein	1997	Krutzler	91	147	Mitteleuropa	Österreich	383
155	Old Block Shiraz	Rotwein	1996	St. Hallett	90	147	Neue Welt	Australien	470
156	Shiraz Reserve	Rotwein	1998	Fox Creek	99	147	Neue Welt	Australien	448
157	Pagos Viejos Reserva	Rotwein	1996	Artadi	89	147	Iberien	Spanien	209
158	Château Bon Pasteur	Rotwein	1998	Bon Pasteur	92	146	Frankreich	Bordeaux	28
159	Ried Marienthal	Rotwein	1997	Triebaumer	93	146	Mitteleuropa	Österreich	396

Platzierung	Weinname	Weintyp	Jahrgang	Weingut	Scheuer-mann-Note	Capital-Index	Kapitel	Land/Region	Seite
160	Montus XL	Rotwein	1995	Montus	91	146	Frankreich	Madiran	163
161	Castello di Fonterutoli Riserva	Rotwein	1997	Fonterutoli	90	146	Italien	Toskana	260
162	Campolongo di Torbe	Rotwein	1995	Masi	96	145	Italien	Venetien	289
163	Barossa Shiraz	Rotwein	1997	Lehmann	90	145	Neue Welt	Australien	455
164	Perwolff	Rotwein	1998	Krutzler	89	145	Mitteleuropa	Österreich	383
165	Etude Cabernet Sauvignon	Rotwein	1996	Etude	93	145	Neue Welt	Kalifornien	503
166	Pin	Rotwein	1997	La Spinetta	93	145	Italien	Piemont	243
167	Draycott Reserve Shiraz	Rotwein	1998	Burge Family	98	145	Neue Welt	Australien	443
168	Beato	Rotwein	1995	Il Poggiolo	94	144	Italien	Toskana	267
169	Grans Muralles	Rotwein	1997	Torres	90	144	Iberien	Spanien	225
170	Finca Dofí	Rotwein	1999	Palacios	93	144	Iberien	Spanien	219
171	Château Le Tertre-Rôtebœuf	Rotwein	1999	Tertre-Rôtebœuf	92	144	Frankreich	Bordeaux	101
172	Nine Popes	Rotwein	1998	Melton	94	144	Neue Welt	Australien	461
173	Château Pavie-Macquin	Rotwein	1998	Pavie-Macquin	93	143	Frankreich	Bordeaux	89
174	In Riva al Fosso	Rotwein	1998	Il Poggiolo	95	143	Italien	Toskana	267
175	Clos des Cortons	Rotwein	1997	Faiveley	94	143	Frankreich	Burgund	117
176	Cuvée Réservée	Rotwein	1998	Vieille Julienne	96	142	Frankreich	Rhône	186
177	Ried Hallebühl	Rotwein	1997	Umathum	93	142	Mitteleuropa	Österreich	398
178	Colgin Cabernet Sauvignon	Rotwein	1995	Colgin Cellars	94	142	Neue Welt	Kalifornien	497
179	Ceparello	Rotwein	1997	Isole e Olena	95	142	Italien	Toskana	261
180	Barbera d'Alba Vigneto Gallina	Rotwein	1997	La Spinetta	94	141	Italien	Piemont	243
181	Clos des Cortons	Rotwein	1998	Faiveley	92	141	Frankreich	Burgund	117
182	Sassello	Rotwein	1995	Il Poggiolo	93	141	Italien	Toskana	267

Platzierung	Weinname	Weintyp	Jahrgang	Weingut	Scheuermann-Note	Capital-Index	Kapitel	Land/Region	Seite
183	Vieilles Vignes	Rotwein	1998	Vieille Julienne	94	141	Frankreich	Rhône	186
184	Chianti Classico Riserva Petri	Rotwein	1997	Vicchiomaggio	91	141	Italien	Toskana	281
185	Mas de Daumas Gassac	Rotwein	1999	Mas de Daumas Gassac	91	141	Frankreich	Languedoc	155
186	Reserve Shiraz	Rotwein	1998	Noon	99	141	Neue Welt	Australien	463
187	Chianti Classico Riserva La Prima	Rotwein	1997	Vicchiomaggio	92	140	Italien	Toskana	281
188	La Porte du Ciel	Rotwein	1998	La Négly	93	140	Frankreich	Languedoc	157
189	Run Rig	Rotwein	1997	Torbreck	97	140	Neue Welt	Australien	472
190	Isabelle Vinyards	Rotwein	1997	Au Bon Climat	91	139	Neue Welt	Kalifornien	492
191	Trilogy	Rotwein	1996	Flora Springs	92	139	Neue Welt	Kalifornien	505
192	Pinotage	Rotwein	1998	Kanonkop	89	139	Neue Welt	Südafrika	548
193	Chambertin Clos de Bèze	Rotwein	1998	Faiveley	91	139	Frankreich	Burgund	117
194	Eclipse	Rotwein	1998	Noon	96	139	Neue Welt	Australien	463
195	Clos Apalta	Rotwein	1997	Lapostolle	92	138	Neue Welt	Chile	483
196	Château Nenin	Rotwein	1998	Nenin	95	138	Frankreich	Bordeaux	81
197	Giorgio Primo	Rotwein	1997	La Massa	91	138	Italien	Toskana	263
198	Montevetrano	Rotwein	1997	Montevetrano	95	138	Italien	Kampanien	233
199	Aurus	Rotwein	1996	Finca Allende	90	138	Iberien	Spanien	205
200	Mazis Chambertin	Rotwein	1997	Faiveley	91	138	Frankreich	Burgund	117
201	SSS Shiraz	Rotwein	1997	Saxenburg	91	138	Neue Welt	Südafrika	553
202	Barbaresco Vigneto Gallina Vürsù	Rotwein	1996	La Spinetta	90	138	Italien	Piemont	243
203	Campoleone	Rotwein	1997	La Fiorita	89	138	Italien	Umbrien	287
204	Montevetrano	Rotwein	1998	Montevetrano	94	137	Italien	Kampanien	233

Platzierung	Weinname	Weintyp	Jahrgang	Weingut	Scheuermann-Note	Capital-Index	Kapitel	Land/ Region	Seite
205	Cabernet Sauvignon	Rotwein	1997	Greenock Creek	96	137	Neue Welt	Australien	449
206	San Francesco Cabernet Sauvignon	Rotwein	1998	Tasca d'Almerita	91	136	Italien	Sizilien	247
207	George Hendry Vineyard Zinfandel	Rotwein	1997	Rosenblum	94	136	Neue Welt	Kalifornien	524
208	Pato Vineyard Reserve	Rotwein	1997	Rosenblum	94	136	Neue Welt	Kalifornien	524
209	Castello di Brolio	Rotwein	1997	Brolio	92	136	Italien	Toskana	254
210	The Steading	Rotwein	1998	Torbreck	92	135	Neue Welt	Australien	472
211	Granato	Rotwein	1997	Foradori	89	135	Italien	Trentino	283
212	Brunello	Rotwein	1995	Sassetti	91	134	Italien	Toskana	278
213	Pinot noir Grande Reserve	Rotwein	1997	Johanneshof	92	134	Mitteleuropa	Österreich	377
214	Châteauneuf-du-Pape Cuvée Tradition	Rotwein	1998	Cailloux	91	134	Frankreich	Rhône	170
215	Château La Gomerie	Rotwein	1998	La Gomerie	96	134	Frankreich	Bordeaux	47
216	Callet	Rotwein	1998	Anima Negra	92	133	Iberien	Spanien	207
217	L'Hermitage de Matras	Rotwein	1998	L'Hermitage	91	133	Frankreich	Bordeaux	55
218	Don Maximiano	Rotwein	1997	Errázuriz	93	133	Neue Welt	Chile	482
219	Pinot noir Grande Reserve	Rotwein	1999	Johanneshof	92	133	Mitteleuropa	Österreich	377
220	Cuvée Réservée	Rotwein	1998	Pégau	92	133	Frankreich	Rhône	181
221	Solitaire	Rotwein	1998	Feiler-Artinger	91	133	Mitteleuropa	Österreich	362
222	Elegy	Rotwein	1997	Heinrich, J.	93	133	Mitteleuropa	Österreich	371
223	Cabernet Sauvignon	Rotwein	1996	Franus	93	133	Neue Welt	Kalifornien	507
224	Rosso del Conte	Rotwein	1998	Tasca d'Almerita	90	133	Italien	Sizilien	247
225	Cims de Porrera	Rotwein	1996	Vall Llach	93	133	Iberien	Spanien	227
226	L'Hermitage de Matras	Rotwein	1999	L'Hermitage	90	132	Frankreich	Bordeaux	55
227	Classic	Rotwein	1998	Veenwouden	92	132	Neue Welt	Südafrika	559

Platzierung	Weinname	Weintyp	Jahrgang	Weingut	Scheuermann-Note	Capital-Index	Kapitel	Land/Region	Seite
228	San Leonardo	Rotwein	1996	San Leonardo	90	132	Italien	Trentino	285
229	Vinattieri	Rotwein	1997	Vinattieri	93	132	Mitteleuropa	Schweiz	420
230	Château Nenin	Rotwein	1999	Nenin	89	132	Frankreich	Bordeaux	81
231	Cuvée »1004«	Rotwein	1998	Feiler-Artinger	90	132	Mitteleuropa	Österreich	362
232	Clos Saint Martin	Rotwein	1999	Clos Saint Martin	91	132	Frankreich	Bordeaux	40
233	Granato	Rotwein	1998	Foradori	89	132	Italien	Trentino	283
234	Château Grand Pontet	Rotwein	1999	Grand Pontet	93	132	Frankreich	Bordeaux	50
235	Creek Block Shiraz	Rotwein	1997	Greenock Creek	91	132	Neue Welt	Australien	450
236	Marques de Borba Reserva	Rotwein	1997	Portugal Ramos	90	132	Iberien	Portugal	199
237	Cabernet Sauvignon	Rotwein	1998	Heinrich, J.	92	131	Mitteleuropa	Österreich	371
238	Collelungo Riserva	Rotwein	1997	Collelungo	92	131	Italien	Toskana	258
239	Don Melchor	Rotwein	1997	Concha y Toro	90	131	Neue Welt	Chile	480
240	Seña	Rotwein	1996	Seña	91	131	Neue Welt	Chile	490
241	Gabarinza	Rotwein	1997	Heinrich, Gernot	91	131	Mitteleuropa	Österreich	369
242	Cims de Porrera	Rotwein	1997	Vall Llach	91	131	Iberien	Spanien	227
243	Blaufränkisch Reserve	Rotwein	1998	Heinrich, J.	91	130	Mitteleuropa	Österreich	371
244	Grand Shiraz	Rotwein	1998	Viking	92	130	Neue Welt	Australien	475
245	Impostor McCoy	Rotwein	1997	Sine Qua Non	94	130	Neue Welt	Kalifornien	531
246	Château La Gomerie	Rotwein	1999	La Gomerie	94	130	Frankreich	Bordeaux	47
247	Brandlin Ranch Zinfandel	Rotwein	1996	Franus	90	130	Neue Welt	Kalifornien	507
248	Rol Valentin	Rotwein	1998	Rol Valentin	95	130	Frankreich	Bordeaux	96
249	Pannobile	Rotwein	1997	Heinrich, Gernot	90	130	Mitteleuropa	Österreich	369
250	Quintado do Passadouro	Rotwein	1997	Niepoort	94	129	Iberien	Portugal	197

Platzierung	Weinname	Weintyp	Jahrgang	Weingut	Scheuermann-Note	Capital-Index	Kapitel	Land/ Region	Seite
251	Vintage Port	Rotwein	1997	Niepoort	93	129	Iberien	Portugal	197
252	Abraham Perold »Op die Berg«	Rotwein	1996	KWV	91	129	Neue Welt	Südafrika	549
253	Botmanskop	Rotwein	1998	Delaire	92	129	Neue Welt	Südafrika	542
254	Seña	Rotwein	1997	Seña	89	129	Neue Welt	Chile	490
255	Château Grand Pontet	Rotwein	1998	Grand Pontet	90	129	Frankreich	Bordeaux	50
256	Castello Luigi	Rotwein	1997	Vinattieri	91	128	Mitteleuropa	Schweiz	420
257	Rêve de Jeunesse 19	Rotwein	1998	Pöckl	92	128	Mitteleuropa	Österreich	390
258	Cuvée Felix	Rotwein	1996	Bois de Boursan	94	128	Frankreich	Rhône	169
259	Le Dix de Los Vascos	Rotwein	1997	Los Vascos	88	128	Neue Welt	Chile	485
260	Clos des Truffiers »Hommage à Max«	Rotwein	1997	Les Capitelles	94	128	Frankreich	Languedoc	151
261	Cuvée de mon Aïeul	Rotwein	1998	Usseglio	93	128	Frankreich	Rhône	184
262	Cuvée Réservée	Rotwein	1998	Sabon	93	127	Frankreich	Rhône	182
263	La Testa Shiraz	Rotwein	1997	Classic McLaren	95	127	Neue Welt	Australien	446
264	Merlot	Rotwein	1997	Delaire	90	127	Neue Welt	Südafrika	542
265	Anima Negra	Rotwein	1998	Anima Negra	88	126	Iberien	Spanien	207
266	Clos de l'Oratoire	Rotwein	1999	Clos de l'Oratoire	92	126	Frankreich	Bordeaux	38
267	Rol Valentin	Rotwein	1999	Rol Valentin	91	126	Frankreich	Bordeaux	96
268	Le Dix de Los Vascos	Rotwein	1996	Los Vascos	86	126	Neue Welt	Chile	485
269	Dead Arm Shiraz	Rotwein	1998	d'Arenberg	94	125	Neue Welt	Australien	439
270	Percarlo	Rotwein	1996	San Giusto di Rentenanno	93	125	Italien	Toskana	274
271	Vieilles Vignes	Rotwein	1998	Charbonnière	95	125	Frankreich	Rhône	174
272	Clos de l'Oratoire	Rotwein	1998	Clos de l`Oratoire	91	125	Frankreich	Bordeaux	38

Platzierung	Weinname	Weintyp	Jahrgang	Weingut	Scheuermann-Note	Capital-Index	Kapitel	Land/Region	Seite
273	Platinum	Rotwein	1997	Brivio	93	125	Mitteleuropa	Schweiz	406
274	Old Vine Shiraz	Rotwein	1998	Lengs & Cooter	93	125	Neue Welt	Australien	458
275	Cuvée Classique	Rotwein	1998	Bois de Boursan	93	125	Frankreich	Rhône	169
276	Croix de Labrie	Rotwein	1999	Croix de Labrie	90	125	Frankreich	Bordeaux	41
277	Coppermine Road	Rotwein	1998	d'Arenberg	94	124	Neue Welt	Australien	440
278	Châteauneuf-du-Pape	Rotwein	1998	Usseglio	91	124	Frankreich	Rhône	184
279	Shiraz Moonambel	Rotwein	1998	Warrenmang	89	124	Neue Welt	Australien	476
280	Fortified Vintage Shiraz	Rotwein	1998	d'Arenberg	95	124	Neue Welt	Australien	439
281	Admiral	Rotwein	1998	Pöckl	90	124	Mitteleuropa	Österreich	390
282	The Hattrick	Rotwein	1998	ADW/Australian Domaine Wines	92	124	Neue Welt	Australien	437
283	Les Hautes Brusquières	Rotwein	1998	Charbonnière	93	124	Frankreich	Rhône	173
284	Prieuré de St-Jean de Bébian	Rotwein	1997	Prieuré de St-Jean de Bébian	89	124	Frankreich	Languedoc	159
285	Ironstone Pressing	Rotwein	1998	d'Arenberg	93	123	Neue Welt	Australien	439
286	Ashbourne Pinot noir	Rotwein	1997	Hamilton Russell	90	123	Neue Welt	Südafrika	544
287	The Custodian	Rotwein	1998	d'Arenberg	93	123	Neue Welt	Australien	440
288	Merlot	Rotwein	1999	Slaley	93	123	Neue Welt	Südafrika	555
289	Château Gracia	Rotwein	1999	Gracia	91	123	Frankreich	Bordeaux	48
290	Chianti Classico Riserva Cortevecchia	Rotwein	1997	Le Corti Corsini	93	123	Italien	Toskana	259
291	Clos Martinet	Rotwein	1997	Mas Martinet	92	123	Iberien	Spanien	215
292	Il Caberlot	Rotwein	1997	Il Carnasciale	96	123	Italien	Toskana	256
293	Montes Alpha M	Rotwein	1997	Montes	92	123	Neue Welt	Chile	487

Platzierung	Weinname	Weintyp	Jahrgang	Weingut	Scheuermann-Note	Capital-Index	Kapitel	Land/Region	Seite
294	Mont du Toit Special Reserve	Rotwein	1998	Mont du Toit	92	122	Neue Welt	Südafrika	551
295	Castello di Verrazano Chianti Classico Riserva	Rotwein	1997	Verrazano	90	122	Italien	Toskana	279
296	The Alliance	Rotwein	1998	ADW/Australian Domaine Wines	90	122	Neue Welt	Australien	437
297	Château Haut-Condissas	Rotwein	1998	Haut-Condissas	94	122	Frankreich	Bordeaux	54
298	Shiraz	Rotwein	1999	Slaley	92	122	Neue Welt	Südafrika	557
299	La Côte Ronde	Rotwein	1998	Autard	93	122	Frankreich	Rhône	165
300	Laura Hartwig Gran Reserva	Rotwein	1997	Santa Laura	90	121	Neue Welt	Chile	488
301	Old Vine Zinfandel	Rotwein	1997	Seghesio	94	121	Neue Welt	Kalifornien	527
302	Pinotage Reserve	Rotwein	1998	Kaapzicht	90	121	Neue Welt	Südafrika	546
303	Réserve	Rotwein	1998	Clos du Caillou	95	121	Frankreich	Rhône	175
304	Dedicado Cabernet Sauvignon	Rotwein	1996	Flichman	89	121	Neue Welt	Argentinien	435
305	Almaviva	Rotwein	1997	Concha y Toro/ Rothschild	90	121	Neue Welt	Chile	478
306	Tikal Vineyard Cabernet Sauvignon	Rotwein	1996	Catena	90	120	Neue Welt	Argentinien	433
307	Château Andréas	Rotwein	1999	Andréas	90	120	Frankreich	Bordeaux	20
308	Cabernet Merlot	Rotwein	1999	Slaley	90	120	Neue Welt	Südafrika	555
309	Dernau Pfarrwingert Auslese trocken Goldkapsel	Rotwein	1999	Meyer-Näkel	92	120	Mitteleuropa	Deutschland	331
310	Château Haut-Condissas	Rotwein	1999	Haut-Condissas	91	119	Frankreich	Bordeaux	54
311	Finca La Planeta	Rotwein	1997	Pasanau	93	119	Iberien	Spanien	221
312	Spätburgunder S Goldkapsel	Rotwein	1999	Meyer-Näkel	91	119	Mitteleuropa	Deutschland	331

Platzierung	Weinname	Weintyp	Jahrgang	Weingut	Scheuermann-Note	Capital-Index	Kapitel	Land/Region	Seite
313	Spätburgunder Selection A	Rotwein	1999	Keller	91	118	Mitteleuropa	Deutschland	318
314	Château Monbousquet	Rotwein	1998	Monbousquet	93	118	Frankreich	Bordeaux	75
315	Spätburgunder Selection S	Rotwein	1999	Keller	90	118	Mitteleuropa	Deutschland	318
316	Villány Merlot Selection	Rotwein	1997	Gere & Weninger	92	118	Mitteleuropa	Ungarn	422
317	Château Maugey	Rotwein	1999	Maugey	91	118	Frankreich	Bordeaux	71
318	Regnum	Rotwein	1998	Königschaffhausen	89	118	Mitteleuropa	Deutschland	325
319	Château Monbousquet	Rotwein	1999	Monbousquet	95	117	Frankreich	Bordeaux	75
320	Château Maugey	Rotwein	1998	Maugey	90	117	Frankreich	Bordeaux	71
321	Château Griffe de Cap d'Or	Rotwein	1999	Griffe de Cap d'Or	94	117	Frankreich	Bordeaux	31
322	Casa de Saima	Rotwein	1995	Saima	93	117	Iberien	Portugal	201
323	Spätburgunder Reserve	Rotwein	1998	Huber	94	116	Mitteleuropa	Deutschland	315
324	Château Quinault-L'Enclos	Rotwein	1998	Quinault-L'Enclos	93	116	Frankreich	Bordeaux	94
325	Clos Badon Thunevin	Rotwein	1999	Clos Badon Thunevin	91	116	Frankreich	Bordeaux	36
326	Cabernet Sauvignon	Rotwein	1998	Boekenhoutskloof	91	116	Neue Welt	Südafrika	538
327	Trentasei	Rotwein	1996	Gialdi	92	115	Mitteleuropa	Schweiz	408
328	Pia della Rocca	Rotwein	1997	Kaufmann	91	115	Mitteleuropa	Schweiz	410
329	Flagship Pinotage	Rotwein	1998	Spice Route	92	115	Neue Welt	Südafrika	557
330	Villány Cabernet franc Selection	Rotwein	1997	Gere & Weninger	90	115	Mitteleuropa	Ungarn	422
331	Spätburgunder Alte Reben	Rotwein	1998	Huber	91	114	Mitteleuropa	Deutschland	315
332	Shiraz	Rotwein	1997	Boekenhoutskloof	92	114	Neue Welt	Südafrika	538
333	Château Quinault-L'Enclos	Rotwein	1999	Quinault-L'Enclos	91	114	Frankreich	Bordeaux	94
334	Sassi Grossi	Rotwein	1997	Gialdi	90	114	Mitteleuropa	Schweiz	408
335	Arachon	Rotwein	1997	Arachon	91	114	Mitteleuropa	Österreich	355

Platzierung	Weinname	Weintyp	Jahrgang	Weingut	Scheuermann-Note	Capital-Index	Kapitel	Land/Region	Seite
336	Shiraz 1914 Block	Rotwein	1997	Hahn	90	113	Neue Welt	Australien	451
337	Tête de Cuvée	Rotwein	1997	Bouchard-Finlayson	91	113	Neue Welt	Südafrika	540
338	Mont du Toit	Rotwein	1999	Mont du Toit	90	112	Neue Welt	Südafrika	551
339	Saint-Dominique	Rotwein	1999	Saint-Dominique	90	112	Frankreich	Bordeaux	97
340	Mouchão	Rotwein	1995	Mouchão	94	112	Iberien	Portugal	195
341	Arachon	Rotwein	1998	Arachon	89	112	Mitteleuropa	Österreich	356
342	Old Creek Shiraz	Rotwein	1998	Barossa Ridge	97	111	Neue Welt	Australien	442
343	Providence Private Reserve	Rotwein	1997	Providence	89	111	Neue Welt	Neuseeland	536
344	Alto	Rotwein	1998	Alta Vista	90	110	Neue Welt	Argentinien	431
345	Schwarzrot	Rotwein	1999	Schwarz	94	107	Mitteleuropa	Österreich	392
346	Providence	Rotwein	1997	Providence	85	107	Neue Welt	Neuseeland	536
347	Sirius	Rotwein	1999	Grès Saint-Paul	92	105	Frankreich	Languedoc	153
348	Cayas	Rotwein	1997	Bon Père Germanier	90	102	Mitteleuropa	Schweiz	402
349	Zwalu	Rotwein	1998	Zwalu	89	101	Neue Welt	Südafrika	560
		Schaumwein							
1	Krug Vintage	Schaumwein	1988	Krug	94	323	Frankreich	Champagne	136
2	Dom Pérignon	Schaumwein	1993	Moët & Chandon	93	321	Frankreich	Champagne	139
3	R.D.	Schaumwein	1988	Bollinger	92	308	Frankreich	Champagne	134
4	Krug Vintage	Schaumwein	1989	Krug	91	294	Frankreich	Champagne	137
5	Clos du Mesnil	Schaumwein	1988	Krug	96	293	Frankreich	Champagne	137
6	Clos du Mesnil	Schaumwein	1989	Krug	92	285	Frankreich	Champagne	137
7	Vieilles Vignes Françaises	Schaumwein	1990	Bollinger	94	274	Frankreich	Champagne	134
8	Cuvée Winston Churchill	Schaumwein	1990	Pol Roger	92	222	Frankreich	Champagne	141
9	La Grande Dame	Schaumwein	1993	Veuve Clicquot	93	218	Frankreich	Champagne	143

Platzierung	Weinname	Weintyp	Jahrgang	Weingut	Scheuermann-Note	Capital-Index	Kapitel	Land/Region	Seite
		Süßwein							
1	Château d'Yquem	Süßwein	1994	Yquem	93	338	Frankreich	Bordeaux	109
2	Kiedrich Gräfenberg TBA Goldkapsel	Süßwein	1999	Weil	100	304	Mitteleuropa	Deutschland	353
3	Muskateller TBA	Süßwein	1998	Bürklin-Wolf	100	240	Mitteleuropa	Deutschland	301
4	Hochheim Domdechaney Riesling TBA	Süßwein	1999	Schönborn	97	228	Mitteleuropa	Deutschland	348
5	TBA	Süßwein	1999	Vollrads	91	202	Mitteleuropa	Deutschland	350
6	Essencia	Süßwein	1993	Pajzos	100	195	Mitteleuropa	Ungarn	424
7	Grande Cuvée	Süßwein	1996	Kracher	96	190	Mitteleuropa	Österreich	381
8	Scharzhofberger TBA	Süßwein	1999	Müller, Egon	98	190	Mitteleuropa	Deutschland	340
9	Welschriesling TBA Nummer 7	Süßwein	1997	Kracher	92	186	Mitteleuropa	Österreich	381
10	Grüner Veltliner TBA	Süßwein	1998	Bründlmayer	97	185	Mitteleuropa	Österreich	359
11	Riesling TBA	Süßwein	1998	Bründlmayer	98	182	Mitteleuropa	Österreich	359
12	Ürzig Würzgarten Auslese Goldkapsel	Süßwein	1999	Loosen	91	177	Mitteleuropa	Deutschland	329
13	Scharzhofberger BA	Süßwein	1999	Müller, Egon	96	177	Mitteleuropa	Deutschland	339
14	Kiedrich Gräfenberg Auslese Goldkapsel	Süßwein	1999	Weil	92	176	Mitteleuropa	Deutschland	352
15	Nackenheim Rothenberg Auslese Goldkapsel	Süßwein	1998	Gunderloch	93	176	Mitteleuropa	Deutschland	310
16	Scharzhofberger Auslese Goldkapsel	Süßwein	1999	Müller, Egon	95	169	Mitteleuropa	Deutschland	339
17	Wehlen Sonnenuhr Riesling Auslese Nr. 28	Süßwein	1999	Prüm	93	162	Mitteleuropa	Deutschland	346
18	Scharzhofberger Kabinett	Süßwein	1999	Müller, Egon	93	162	Mitteleuropa	Deutschland	339
19	Occhio di Pernice	Süßwein	1988	Avignonesi	98	162	Italien	Toskana	251
20	Erden Prälat Auslese Goldkapsel	Süßwein	1999	Loosen	94	160	Mitteleuropa	Deutschland	329

Platzierung	Weinname	Weintyp	Jahrgang	Weingut	Scheuermann-Note	Capital-Index	Kapitel	Land/Region	Seite
21	Kiedrich Gräfenberg BA Goldkapsel	Süßwein	1999	Weil	96	159	Mitteleuropa	Deutschland	352
22	Auslese weißgold	Süßwein	1999	Vollrads	95	158	Mitteleuropa	Deutschland	350
23	Zeltingen Sonnenuhr BA	Süßwein	1999	Molitor	97	158	Mitteleuropa	Deutschland	336
24	Mussbach Eselshaut TBA	Süßwein	1999	Müller-Catoir	94	158	Mitteleuropa	Deutschland	342
25	Wehlen Sonnenuhr Riesling Auslese Goldkapsel Nr. 33	Süßwein	1999	Prüm	94	158	Mitteleuropa	Deutschland	346
26	Ruppertsberg Reiterpfad TBA	Süßwein	1999	Bassermann, von	95	157	Mitteleuropa	Deutschland	293
27	Wehlen Sonnenuhr Riesling Spätlese	Süßwein	1999	Prüm	91	156	Mitteleuropa	Deutschland	345
28	Zeltingen Sonnenuhr TBA	Süßwein	1999	Molitor	98	156	Mitteleuropa	Deutschland	337
29	Rauenthal Nonnenberg Auslese Goldkapsel	Süßwein	1999	Breuer	91	155	Mitteleuropa	Deutschland	297
30	Kiedrich Gräfenberg Eiswein	Süßwein	1999	Weil	95	153	Mitteleuropa	Deutschland	353
31	Cuvée Madame	Süßwein	1996	Tirecul	96	153	Frankreich	Monbacillac	164
32	Rüdesheim Berg Schlossberg TBA	Süßwein	1999	Breuer	94	152	Mitteleuropa	Deutschland	295
33	Graach Domprobst TBA	Süßwein	1999	Molitor	97	148	Mitteleuropa	Deutschland	337
34	Forst Ungeheuer Riesling Eiswein	Süßwein	1999	Buhl	93	147	Mitteleuropa	Deutschland	299
35	Essingen Rossberg Weißer Burgunder BA	Süßwein	1998	Frey	95	146	Mitteleuropa	Deutschland	308
36	Essingen Rossberg Chardonnay BA	Süßwein	1998	Frey	94	145	Mitteleuropa	Deutschland	308
37	Sauvignon blanc BA	Süßwein	1999	Triebaumer	92	144	Mitteleuropa	Österreich	396
38	Sauvignon blanc Ausbruch	Süßwein	1998	Triebaumer	94	144	Mitteleuropa	Österreich	396
39	Lorenzhöfer Riesling Auslese	Süßwein	1998	Karlsmühle	97	143	Mitteleuropa	Deutschland	316
40	Aszú 6 puttonyos »Király«	Süßwein	1996	Szepsy	93	142	Mitteleuropa	Ungarn	426

Platzierung	Weinname	Weintyp	Jahrgang	Weingut	Scheuer-mann-Note	Capital-Index	Kapitel	Land/Region	Seite
41	Essingen Rossberg Chardonnay Eiswein	Süßwein	1998	Frey	93	141	Mitteleuropa	Deutschland	308
42	Kanzem Altenberg Riesling Auslese Goldkapsel	Süßwein	1999	Othegraven	92	139	Mitteleuropa	Deutschland	344
43	Kurt	Süßwein	1997	Feiler-Artinger	97	139	Mitteleuropa	Österreich	363
44	Welschriesling TBA	Süßwein	1998	Velich	95	138	Mitteleuropa	Österreich	400
45	Klaus	Süßwein	1997	Feiler-Artinger	96	138	Mitteleuropa	Österreich	362
46	Dorsheim Goldloch Riesling Auslese Goldkapsel	Süßwein	1999	Diel	94	138	Mitteleuropa	Deutschland	305
47	Brauneberger Juffer-Sonnenuhr Auslese	Süßwein	1999	Kesselstatt	94	137	Mitteleuropa	Deutschland	321
48	Riesling Auslese	Süßwein	1998	Heger	92	137	Mitteleuropa	Deutschland	313
49	Zieregg Sauvignon blanc TBA	Süßwein	1998	Tement	94	136	Mitteleuropa	Österreich	394
50	Zeltingen Sonnenuhr Auslese**	Süßwein	1999	Molitor	94	136	Mitteleuropa	Deutschland	335
51	Brigitte	Süßwein	1997	Feiler-Artinger	94	136	Mitteleuropa	Österreich	363
52	Zeltingen Sonnenuhr Auslese***	Süßwein	1999	Molitor	96	135	Mitteleuropa	Deutschland	335
53	Sabine	Süßwein	1997	Feiler-Artinger	93	135	Mitteleuropa	Österreich	363
54	Muskotály Late Harvest	Süßwein	1997	Pajzos	95	134	Mitteleuropa	Ungarn	424
55	Dorsheim Pittermännchen Riesling Auslese	Süßwein	1999	Diel	93	133	Mitteleuropa	Deutschland	306
56	Graach Domprobst BA	Süßwein	1999	Molitor	94	131	Mitteleuropa	Deutschland	336
57	Dorsheim Burgberg Riesling Auslese	Süßwein	1999	Diel	90	130	Mitteleuropa	Deutschland	306
58	Tiglat TBA	Süßwein	1998	Velich	93	129	Mitteleuropa	Österreich	400
59	Zeltingen Sonnenuhr Spätlese	Süßwein	1999	Molitor	93	128	Mitteleuropa	Deutschland	333
60	Quintessence du Petit Manseng	Süßwein	1993	Cauhapé	92	125	Frankreich	Jurançon	149

Platzierung	Weinname	Weintyp	Jahrgang	Weingut	Scheuermann-Note	Capital-Index	Kapitel	Land/Region	Seite
61	Noblesse du Temps	Süßwein	1998	Cauhapé	90	123	Frankreich	Jurançon	149
62	Saint-Martin Johannisberg	Süßwein	1998	Mont d'Or	91	123	Mitteleuropa	Schweiz	414
63	Tourbillon	Süßwein	1997	Provins Valais	91	122	Mitteleuropa	Schweiz	416
64	Essentia	Süßwein	1999	Miceli	94	116	Italien	Sizilien	245
65	Premier Décembre Johannisberg	Süßwein	1997	Mont d'Or	90	113	Mitteleuropa	Schweiz	414
66	Nun	Süßwein	ohne	Miceli	91	111	Italien	Sizilien	245
67	Mitis	Süßwein	1997	Bon Père Germanier	93	107	Mitteleuropa	Schweiz	402
		Weißwein							
1	Montrachet	Weißwein	1998	Sauzet	96	274	Frankreich	Burgund	132
2	Montrachet	Weißwein	1998	Colin, Marc	94	272	Frankreich	Burgund	111
3	Bâtard-Montrachet Grand Cru	Weißwein	1998	Ramonet	95	268	Frankreich	Burgund	126
4	Château Haut-Brion blanc	Weißwein	1999	Haut-Brion	93	266	Frankreich	Bordeaux	52
5	Corton-Charlemagne	Weißwein	1997	Leroy	95	263	Frankreich	Burgund	119
6	Grüner Veltliner Samaragd Vinothekenabfüllung	Weißwein	1999	Knoll	96	257	Mitteleuropa	Österreich	379
7	M Grüner Veltliner Smaragd	Weißwein	1999	Pichler	94	254	Mitteleuropa	Österreich	387
8	Singerriedel Riesling Smaragd	Weißwein	1999	Hirtzberger	96	253	Mitteleuropa	Österreich	373
9	Chassagne-Montrachet Les Caillerets Premier Cru	Weißwein	1998	Ramonet	93	248	Frankreich	Burgund	126
10	»unendlich«	Weißwein	1998	Pichler	99	239	Mitteleuropa	Österreich	387
11	Fumé blanc Barrel Aged Reserve	Weißwein	1997	Mondavi	94	238	Neue Welt	Kalifornien	514
12	Yatarna	Weißwein	1997	Penfolds	91	235	Neue Welt	Australien	465
13	Riesling Smaragd Ried Schütt	Weißwein	1999	Knoll	92	235	Mitteleuropa	Österreich	379

Platzierung	Weinname	Weintyp	Jahrgang	Weingut	Scheuermann-Note	Capital-Index	Kapitel	Land/Region	Seite
14	Chassagne-Montrachet Morgeot Premier Cru	Weißwein	1998	Ramonet	92	234	Frankreich	Burgund	126
15	Clos St. Hune	Weißwein	1995	Trimbach	92	229	Frankreich	Elsass	147
16	La Doriane	Weißwein	1997	Guigal	93	229	Frankreich	Rhône	177
17	Chevalier-Montrachet	Weißwein	1998	Sauzet	92	229	Frankreich	Burgund	132
18	Honigvogel Grüner Veltliner Smaragd	Weißwein	1999	Hirtzberger	94	224	Mitteleuropa	Österreich	373
19	Loibner Berg Riesling	Weißwein	1999	Pichler	94	220	Mitteleuropa	Österreich	388
20	Bâtard-Montrachet	Weißwein	1998	Sauzet	95	220	Frankreich	Burgund	132
21	Ried Klaus Riesling Smaragd	Weißwein	1999	Jamek	92	212	Mitteleuropa	Österreich	375
22	Kellerberg Riesling	Weißwein	1999	Pichler	93	210	Mitteleuropa	Österreich	388
23	Chassagne-Montrachet Les Caillerets P.C.	Weißwein	1998	Colin, Marc	92	209	Frankreich	Burgund	111
24	Heiligenstein	Weißwein	1999	Bründlmayer	96	208	Mitteleuropa	Österreich	358
25	Nackenheim Rothenberg	Weißwein	1998	Gunderloch	94	206	Mitteleuropa	Deutschland	310
26	Scharzhofberger Spätlese trocken	Weißwein	1999	Kesselstatt	90	205	Mitteleuropa	Deutschland	320
27	Wehlen Sonnenuhr Auslese trocken**	Weißwein	1999	Molitor	95	202	Mitteleuropa	Deutschland	334
28	Grauburgunder trocken	Weißwein	1999	Müller-Catoir	93	201	Mitteleuropa	Deutschland	342
29	Ungeheuer	Weißwein	1999	Bürklin-Wolf	91	201	Mitteleuropa	Deutschland	303
30	Vide Bourse P.C.	Weißwein	1998	Colin, Marc	92	200	Frankreich	Burgund	110
31	Gaisböhl	Weißwein	1999	Bürklin-Wolf	92	200	Mitteleuropa	Deutschland	303
32	Ried Lamm	Weißwein	1999	Bründlmayer	96	200	Mitteleuropa	Österreich	358
33	Kirchenstück	Weißwein	1999	Bürklin-Wolf	90	199	Mitteleuropa	Deutschland	302
34	Grauburgunder ***	Weißwein	1998	Heger	91	198	Mitteleuropa	Deutschland	315

Platzierung	Weinname	Weintyp	Jahrgang	Weingut	Scheuermann-Note	Capital-Index	Kapitel	Land/Region	Seite
35	Rüdesheim Berg Schlossberg	Weißwein	1999	Breuer	90	198	Mitteleuropa	Deutschland	296
36	Pechstein	Weißwein	1999	Bürklin-Wolf	92	196	Mitteleuropa	Deutschland	302
37	Weißburgunder ***	Weißwein	1998	Heger	92	196	Mitteleuropa	Deutschland	312
38	Hengst Grand Cru	Weißwein	1997	Josmeyer	92	195	Frankreich	Elsass	145
39	Zieregg Sauvignon blanc	Weißwein	1999	Tement	91	193	Mitteleuropa	Österreich	394
40	Hengst Grand Cru	Weißwein	1996	Josmeyer	90	193	Frankreich	Elsass	145
41	Jesuitengarten	Weißwein	1999	Bürklin-Wolf	91	192	Mitteleuropa	Deutschland	302
42	Forst Ungeheuer Riesling Spätlese trocken	Weißwein	1999	Buhl	90	192	Mitteleuropa	Deutschland	299
43	Marcobrunn	Weißwein	1999	Schönborn	93	192	Mitteleuropa	Deutschland	348
44	Josephshöfer Kabinett	Weißwein	1999	Kesselstatt	93	190	Mitteleuropa	Deutschland	321
45	Orange Chardonnay	Weißwein	1997	Rosemount	91	189	Neue Welt	Australien	468
46	Chardonnay Auslese	Weißwein	1998	Heger	93	188	Mitteleuropa	Deutschland	313
47	Roxburgh Chardonnay	Weißwein	1996	Rosemount	91	186	Neue Welt	Australien	468
48	Hohenmorgen	Weißwein	1999	Bürklin-Wolf	90	186	Mitteleuropa	Deutschland	303
49	Kittenberg Weißburgunder	Weißwein	1999	Gross	92	185	Mitteleuropa	Österreich	367
50	Graach Domprobst Auslese halbtrocken	Weißwein	1999	Molitor	93	185	Mitteleuropa	Deutschland	334
51	Ikon	Weißwein	1999	Neumayer	90	185	Mitteleuropa	Österreich	385
52	Riesling Achat	Weißwein	1998	Laible	92	184	Mitteleuropa	Deutschland	327
53	Rauenthal Nonnenberg	Weißwein	1999	Breuer	90	184	Mitteleuropa	Deutschland	296
54	Silex	Weißwein	1998	Dagueneau	93	184	Frankreich	Loire	161
55	Victor	Weißwein	1999	Diel	91	184	Mitteleuropa	Deutschland	305
56	Riesling Achat	Weißwein	1999	Laible	91	183	Mitteleuropa	Deutschland	327

Platzierung	Weinname	Weintyp	Jahrgang	Weingut	Scheuermann-Note	Capital-Index	Kapitel	Land/Region	Seite
57	Kallstadt Saumagen Auslese R	Weißwein	1990	Koehler-Ruprecht	92	183	Mitteleuropa	Deutschland	323
58	Weißburgunder Auslese	Weißwein	1998	Heger	94	182	Mitteleuropa	Deutschland	312
59	Damaris Reserve Chardonnay	Weißwein	1998	Landmark	92	181	Neue Welt	Kalifornien	512
60	Nussberg Sauvignon blanc	Weißwein	1999	Gross	94	180	Mitteleuropa	Österreich	367
61	Zieregg Sauvignon blanc Reserve	Weißwein	1997	Tement	92	180	Mitteleuropa	Österreich	393
62	Zeltingen Sonnenuhr Auslese trocken*	Weißwein	1999	Molitor	92	180	Mitteleuropa	Deutschland	333
63	Kallstadt Saumagen Spätlese R	Weißwein	1998	Koehler-Ruprecht	90	179	Mitteleuropa	Deutschland	323
64	Nuits blanches	Weißwein	1997	Au Bon Climat	94	178	Neue Welt	Kalifornien	492
65	La Bouge d'à Coté	Weißwein	1997	Au Bon Climat	92	178	Neue Welt	Kalifornien	492
66	Kanzem Altenberg Riesling trocken	Weißwein	1999	Othegraven	89	177	Mitteleuropa	Deutschland	344
67	Tiglat	Weißwein	1998	Velich	90	174	Mitteleuropa	Österreich	400
68	Ashbourne Chardonnay	Weißwein	1998	Hamilton Russell	90	171	Neue Welt	Südafrika	544
69	Twisted & Bent	Weißwein	1997	Sine Qua Non	92	170	Neue Welt	Kalifornien	531
70	Chardonnay »Family Reserve«	Weißwein	1999	Veenwouden	91	167	Neue Welt	Südafrika	559
71	Titan	Weißwein	1999	Ehn	92	165	Mitteleuropa	Österreich	360
72	Chemin de Fer Dézaley Grand Cru	Weißwein	1999	Massy	89	164	Mitteleuropa	Schweiz	412
73	Maestro Sauvignon blanc	Weißwein	1997	Gamlitz	92	159	Mitteleuropa	Österreich	365
74	Vieilles Vignes Cuvée du Maître de Chais	Weißwein	1997	Provins Valais	87	148	Mitteleuropa	Schweiz	416
75	Clos des Abbayes Grand Cru	Weißwein	1999	Ville de Lausanne	89	143	Mitteleuropa	Schweiz	418
76	Schwarzweiß	Weißwein	1999	Schwarz	92	140	Mitteleuropa	Österreich	392
77	Médinette Grand Cru	Weißwein	1999	Bovard	89	131	Mitteleuropa	Schweiz	404

Weinhandlungen in Deutschland

BERLIN

Weinhandlung Hardy
Thielallee 29
D-14195 Berlin
Tel.: 0 30/8 31 25 98
Fax: 0 30/8 32 53 80
Jahrgangsraritäten.

Hardy's Raritäten-Cabinet
Heiligendammer Straße 17
D-14199 Berlin
Tel.: 0 30/8 23 48 40
Fax: 0 30/8 23 74 80
Jahrgangsraritäten.

Vineyard
Salzufer 13–14
D-10587 Berlin
Tel.: 0 30/3 90 49 00
Fax: 0 30/39 04 90 29
Überseespezialist für USA, Australien etc.

La Vinotheque du Sommelier
Westfälische Straße 55
D-10711 Berlin-Halensee
Tel.: 0 30/89 09 58 06
Fax: 0 30/89 09 58 07
Großes Bordeauxprogramm, Burgund, Rhône.

Wein & Glas Compagnie
Prinzregentenstraße 2
D-10717 Berlin
Tel.: 0 30/2 35 15 20
Fax: 0 30/23 51 52 22
Deutsche Spitzenweine (Erste Gewächse), Burgund, Bordeaux, Italien und fast alle Spitzenweine Österreichs.

SCHLESWIG-HOLSTEIN

Eutin

WeinLexpress
Lübecker Landstraße 5
D-23701 Eutin
Tel.: 0 45 21/78 96 74
Fax: 0 45 21/70 28 60
Weltweites Angebot. Vor allem: Beste Bordeaux, Burgund, Italien. Jahrgangsraritäten.

Halstenbek

He La Handelshaus der 1000 Weine
Hauptstraße 32
D-25469 Halstenbek
Tel.: 0 41 01/4 41 11
Fax: 0 41 01/4 42 07
Sehr umfangreiches internationales Sortiment.

Lübeck

Carl Tesdorpf
Mengstraße 64
D-23552 Lübeck
Tel.: 04 51/79 92 70
Fax: 04 51/7 07 07 26
Weltweites Spitzenangebot. Nur Versandhandel und Online-shop tesdorpf.de.

Tornesch

HAWESKO
Hamburger Straße 14–20
D-25436 Tornesch
Tel.: 0 41 22/50 44 33
Fax: 0 41 22/5 10 68
Großes internationales Sortiment, Bordeauxspitzen, Übersee.

Rantum/Sylt

Weinhandel Sansibar
Seckler & Hamann gbR
D-25980 Rantum
Tel.: 0 46 51/96 46 46
Fax: 0 46 51/96 46 47
Eines der umfangsreichsten Angebote weltweiter Spitzenweine. Beschafft auch Raritäten.

Westerland/Sylt

Thomas Timm
Strandstraße 6
D-25980 Westerland
Tel.: 0 46 51/92 95 18
Fax: 0 46 51/92 95 19
Erlesene Weine aus aller Welt.

Weinhaus Schachner
Bismarckstraße 12
D-25980 Westerland
Tel.: 0 46 51/2 65 19
Fax: 0 46 51/2 15 98
Weltweites Topangebot.

HAMBURG

Enoteca im Hanseviertel
Große Bleichen 36
D-20354 Hamburg
Tel.: 0 40/35 71 43 93
Fax: 0 40/35 71 43 95
Italien, Bordeaux, Burgund, Übersee.

Weinabteilung Karstadt Mönckebergstraße
Mönckebergstraße 16
D-20095 Hamburg
Tel.: 0 40/30 94 48 34
Fax: 0 40/30 94-7 92/-8 91
Großes Angebot, vor allem Frankreich, Italien, Spanien, Übersee und Österreich.

Matthies & Möhrmann
Poelchaukamp 2
D-22301 Hamburg
Tel./Fax: 0 40/27 28 17
Frankreich, Spanien und Italien, deutsche Spitzenrieslinge.

Mövenpick Weinland
Bornkampsweg 2
D-22761 Hamburg-Bahrenfeld
Tel.: 0 40/89 12 04
Fax: 0 40/8 99 15 56
Weltweites Angebot.

Raritäten M. Butcher
Sievekingsallee 179 A
D-22111 Hamburg
Tel.: 0 40/6 51 97 83
Fax: 0 40/30 39 99 58
An- und Verkauf von Raritäten vor allem aus Bordeaux, Burgund und Italien.

Reimers Weinhandel
Clemens-Schultz-Straße 86–87
D-20359 Hamburg
Tel.: 0 40/31 12 66
Fax: 0 40/3 19 27 09
Italien, Übersee, Südfrankreich und große Champagnerauswahl.

La Vigna – Inge Jensen
Beim Schlump 10
D-20144 Hamburg
Tel.: 0 40/45 20 91
Fax: 0 40/4 50 40 32
Neben dem Schwerpunkt Italien Weine aus Frankreich, Spanien und vor allem Übersee.

The Winery
Rothenbaumchaussee 135
D-20149 Hamburg
Tel.: 0 40/45 03 50 00
Fax: 0 40/45 03 50 02
Große Elbstraße 135–141
D-22767 Hamburg
Tel.: 0 40/38 46 64
Fax: 0 40/38 61 02 00
Vor allem Frankreich, Spanien und Übersee.

Weinhandel Viehhauser
Pinnasberg 29–31
D-20359 Hamburg
Tel.: 0 40/31 77 74 10
Fax: 0 40/31 77 74 30
Bordeaux, Österreich, Deutschland und Jahrgangsraritäten.

BREMEN

Bremer Weinkolleg
Löwenhof
D-28844 Weyhe
Tel.: 0 42 03/8 13 00
Fax: 0 42 03/81 30 99
Nur Versand. Bordeaux (Exklusivimporteur von Pétrus), Burgund, Italien, deutsche Spitzenweine.

Gute Weine Lobenberg GmbH & Co
Am Dobben 82
D-28203 Bremen
Tel.: 04 21/70 56 66
Fax: 04 21/70 56 88
Nur Versand. Weltweites Angebot mit Schwerpunkten Bordeaux (auch Subskription), Italien und Spanien.

Ludwig von Kapff
Auf der Muggenburg 7
D-28217 Bremen
Tel.: 04 21/3 99 43 00
Fax: 04 21/3 99 43 01
Nur Versand. Exklusivimporteur der Domaine de la Romanée Conti.

Vinum Weinhandel
Wachmannstraße 39
28209 Bremen
Tel.: 04 21/3 49 10 45
Fax: 04 21/3 49 87 86
Schwerpunkte: Deutschland, Frankreich. Auch Spanien relativ stark vertreten.

NIEDERSACHSEN

Braunschweig

Harald L. Bremer
Efeuweg 13
D-38104 Braunschweig
Tel.: 05 31/23 73 60

Fax: 05 31/2 37 30 22
Italienische Spitzenweine, u. a. Bruno Giacosa.

Hannover

Gisy Vino Vinoteca
Groß-Buchholzer-Kirchweg 72 B
D-30655 Hannover
Tel.: 05 11/5 46 34 34
Fax: 05 11/54 82 83
Italien-Spezialist.

Versmold

Weinkontor Freund
Brüggenkamp 10
D-33775 Versmold
Tel.: 0 54 23/9 45 20
Fax: 0 54 23/94 52 52
Vor allem Spanien, Portugal und Italien.

NORDRHEIN-WESTFALEN

Aachen

Champa Elysees
Friedrich-Wilhelm-Platz 5–6 (Elisengallerie),
D-52062 Aachen
Tel.: 02 41/4 01 90 00
Fax: 02 41/4 01 90 02
Bordeaux (auch Subskription), Burgund, Champagner. Raritätenliste.

Bochum

Weinversand Arndt
Am Varenholt 64
D-44797 Bochum
Tel./Fax: 02 34/79 94 24
Weltweites Programm, v. a. Bordeaux und USA.

Dortmund

Mövenpick Weinland
Brennaborstraße 5
D-44149 Dortmund (Oespel)
Tel.: 02 31/9 65 15 60
Fax: 02 31/96 51 56 99
Breites Angebot. Auch Versandhandel.

Düsseldorf

Piemont Express
Spichernstraße 33
D-40470 Düsseldorf
Tel.: 02 11/44 40 80
Fax: 02 11/5 14 12 35
Italien-Spezialist, u. a. Exklusivimporteur von Vasco Sassetti und Il Poggiolo.

Köln

Les Amis du Vin
Ettore-Bugatti-Straße 41
D-51149 Köln
Tel.: 0 22 33/93 50 40
Fax: 0 22 33/9 35 04 31
Deutsche Spitzenweine (vor allem edelsüß), Bordeaux, Australien, sehr starkes Rhône- und Südfrankreich-Programm, auch Subskriptionen.

Fegers & Unterberg & Berts
Heumarkt 55–57
D-50667 Köln
Tel.: 02 21/9 25 93 00
Fax: 02 21/2 58 24 18
Eine der besten Subskriptionen für deutsche Spitzenweine, außerdem: Bordeaux, Burgund, Italien.

Der Kölner Weinkeller
Stolberger Straße 92
D-50933 Köln
Tel.: 02 21/1 49 87 20
Fax: 02 21/1 49 98 72
Deutschland, Frankreich, Italien, Spanien, Übersee.

Krefeld

AUSGESUCHTE WEINE
Norbert Pohl
Am Hohen Haus 2
D-47799 Krefeld
Tel.: 0 21 51/2 56 56
Fax: 0 21 51/2 88 84
International mit Schwerpunkt Italien, Frankreich und Deutschland.

0700 99666660

Meckenheim

C & D Weinhandelsgesellschaft
Am Hambuch 18
D-53340 Meckenheim
Tel.: 0 22 25/88 85 50
Fax: 0 22 25/88 85 55

Schwerpunkte: Bordeaux, Italien, Spanien. Auch Jahrgangsraritäten, Kellerauflösungen und Subskription.

Mönchengladbach

N + M Weine
Martinstraße 88
D-41063 Mönchengladbach
Tel.: 0 21 61/20 49 40
Fax: 0 21 61/2 02 91

U. a. Australien (Clarendon, Torbreck, Burge, Viking etc.), Italien (Cotarelli-Weine), Burgund, Kalifornien, Bordeaux.

VinEspa vinos españoles
Urftstraße 99–101
D-41239 Mönchengladbach
Tel.: 0 21 66/9 31 50
Fax: 0 21 66/93 15 29

Spezialisiert auf spanische Weine.

Mülheim a. d. Ruhr

Vini d'Italia
Düsseldorfer Straße 93
D-45481 Mülheim a. d. Ruhr
Tel.: 02 08/46 01 13
Fax: 02 08/46 02 81

Nicht nur Italien, auch Spanien und Übersee.

Wuppertal

Weingalerie Vineritas
Hofkamp 140
D-42103 Wuppertal
Tel.: 02 02/2 62 15 14
Fax: 02 02/2 62 15 16

Südafrika-Spezialist.

RHEINLAND-PFALZ/SAARLAND

Mannheim

Irmgard's Wein Capinet
Richard-Lenel-Straße 17
D-68259 Mannheim
Tel.: 06 21/7 99 29 11
Fax: 06 21/7 99 29 12

Weine aus Westeuropa und Südafrika.

Saarbrücken

Feine Weine
Ring am Gottwill 49
D-66117 Saarbrücken
Tel./Fax: 06 81/5 84 68 76

Westeuropa, Kalifornien und Australien.

Wolfgang Wuttke
Kreisstraße 134
D-66128 Saarbrücken
Tel.: 06 81/70 08 03
Fax: 06 81/70 04 48

Spezialisiert auf französische Weine u. a. Burgund.

Saarluis

Christ's Weindepot
Fasanenallee 12
D-66740 Saarlouis
Tel.: 0 68 31/9 47 10
Fax: 0 68 31/94 71 71

Frankreich und Italien.

HESSEN

Darmstadt

Weinmichel
Schleiermacherstraße 10–12
D-64283 Darmstadt
Tel.: 0 61 51/6 04 04 56
Fax: 0 61 51/2 35 92
Weltweites Programm. Schwerpunkt: Riesling.

Frankfurt am Main

Wein Societät
Leipziger Straße 42
D-60487 Frankfurt am Main
Tel./Fax: 0 69/70 56 07
Vor allem Frankreich und Deutschland.

Geisenheim

WEINART
Winkeler Straße 93
D-65366 Geisenheim
Tel.: 0 67 22/7 10 80
Fax: 0 67 22/71 08 20
Spitzenweine und Raritäten.

Kassel

Weinhandlung Martin Apell
Eugen-Richter-Straße 109
D-34134 Kassel
Tel.: 05 61/3 16 07 17
Fax: 05 61/3 16 07 18
Spezialist für Nordamerika, Australien und Neuseeland.

Weinhandlung Schluckspecht
Wilhelmshöher Allee 118
D-34119 Kassel
Tel.: 05 61/1 26 28
Fax: 05 61/10 28 10
Sehr gutes Italien-Programm (Piemont!).

Marburg

Die Weinrebe
Frauenbergstraße 22
D-35039 Marburg
Tel.: 0 64 21/48 51 54
Fax: 0 64 21/48 51 55
Sehr gutes Italien-Sortiment.

Neu-Isenburg

Mövenpick Weinland
Dornhofstraße 38
D-63263 Neu-Isenburg
Tel.: 0 61 02/2 20 15
Fax: 0 61 02/2 20 33
Weltweites Angebot.

BADEN-WÜRTTEMBERG

Meersburg

Georg Hack – Haus der guten Weine
Schützenstraße 1
D-88709 Meersburg
Tel.: 0 75 32/90 97
Fax: 0 75 32/90 99
Frankreich und Italien, deutsche Weine mit Schwerpunkt Baden.

Orsingen-Nenzingen

Peter Riegel Weinimport
Steinäcker 12
D-78359 Orsingen-Nenzingen
Tel.: 0 77 74/93 13 13
Fax: 0 77 74/93 13 12
Öko-Weine aus Europa und Übersee.

Rottweil

Bacchus-Vinothek
Oberndorfer Straße 2
D-78628 Rottweil
Tel.: 07 41/1 72 06
Fax: 07 41/1 72 07
Umfangreiche Liste mit Jahrgangsraritäten, v. a. Bordeaux, Burgund, Italien, Spanien, Kalifornien.

Stuttgart

Feinkost-Böhm
Kesselstraße 13
D-70327 Stuttgart
Tel.: 07 11/4 01 00
Fax: 07 11/4 01 02 00
Schwerpunkt Deutschland, Spanien, Frankreich und vor allem Italien.

Vogtsburg-Oberbergen

Franz Keller
Badbergstraße 23
D-79235 Vogtsburg-Oberbergen
Tel:. 0 76 62/9 33 00
Fax: 0 76 62/7 19
Umfangreiches Bordeaux-Angebot sowie vor allem Burgund, Italien und Übersee. Nur Versandhandel.

Wendlingen

Weinmeisterei
Stuttgarterstraße 2
D-73240 Wendlingen
Tel.: 0 70 24/92 96 92
Fax: 0 70 24/92 96 94
Ein exzellenter Rieslingspezialist. Alle großen Namen der deutschen Weinszene.

BAYERN

Aschau

Unger Weine
Narzissenweg 21
D-83299 Aschau
Tel.: 0 80 52/91 99
Fax: 0 80 52/90 93 89
Übersee, Italien, Bordeaux. Viele Raritäten!

Augsburg

Vinopolis
Curt-Frenzel-Straße 10 a
D-86167 Augsburg
Tel.: 08 21/70 02 90
Fax: 08 21/7 00 29 59
Breit gefächertes Repertoire u. a. Spanien, Südafrika, Frankreich, Österreich, Italien.

Buchloe

Alpina
Alpenstraße 35–37
D-86907 Buchloe
Tel.: 0 82 41/5 00 50
Fax: 0 82 41/5 00 51 44
Erlesene Weine aus Frankreich, Italien, Deutschland, Kalifornien, Chile und Ungarn.

Höhenkirchen-Siegertsbrunn

BONVINO
Egmatinger Straße 3
D-85635 Höhenkirchen-Siegertsbrunn
Tel.: 0 81 02/7 10 71
Fax: 0 81 02/10 24
Schwerpunkt Italien und Kalifornien.

München

California Wines Margot Schmitt
Löherweg 38
D-80997 München
Tel.: 0 89/1 49 31 29
Fax: 0 89/1 41 88 05
US-Spezialist mit zahlreichen Exklusivitäten (Phelps, Dalla Valle, Etude etc.)

Garibaldi Weinhandel
Frohschammerstraße 14
D-80807 München
Tel.: 0 89/3 59 02 22
Fax: 0 89/3 59 29 29
Umfassendes und hochwertiges Italien-Sortiment.

Geisels Vinothek
Schützenstraße 11
D-80335 München
Tel.: 0 89/55 13 70
Fax: 0 89/55 13 71 21
Deutsche Weißweine, Bordeaux, Italien und Südfrankreich, ganz speziell Neue-Welt-Weine.

Mövenpick Weinland
Maria-Probst-Straße 22
D-80939 München
Tel.: 0 89/3 16 34 22
Fax: 0 89/3 16 54 48
Weltweites Angebot.

Thomas Späth Weinhandel
Franz-Joseph-Straße 43
D-80801 München
Tel.: 0 89/34 47 61
Fax: 0 89/39 98 63
Eine der besten Österreich-Kollektionen auf dem deutschen Markt.

Nürnberg

Gebrüder Kössler & Ulbricht
Die Weinhalle/Der Weinversand
Nordostpark 78
D-90411 Nürnberg
Tel.: 09 11/52 51 53
Fax: 09 11/5 29 88 74
Eines der besten Angebote für USA und Südfrankreich, aber auch Italien, Spanien, Ungarn etc.

Il Nuraghe
Happurger Straße 88
D-90482 Nürnberg
Tel.: 09 11/50 10 91
Fax: 09 11/50 45 60
Italien-Spezialist.

Ulm

Wein-Bastion
Schillerstraße 1
D-89077 Ulm
Tel.: 07 31/6 69 93
Fax: 07 31/6 91 99
Weltweites Angebot mit Schwerpunkten Italien, Frankreich, Deutschland und Exoten.

Waldkirchen

Paulson Weinraritäten
Erlenhain 11
D-94065 Waldkirchen
Tel.: 0 85 81/91 01 45
Fax: 0 85 81/91 01 47
Raritätensortiment, viele alte Jahrgänge.

Weinhandlungen in Österreich

WIEN

Del Fabro
Johannagasse 34
A-1050 Wien
Tel.: +43/(0) 15 44 21 53
Fax: +43/(0) 15 45 78 86
Schwerpunkt Italien, aber auch sonst gut sortiert.

Hudribusch – Haus feiner Weine
Margaretenstraße 39/2
A-1040 Wien
Tel.: +43/(0) 15 85 35 50
Fax: +43/(0) 15 85 35 50-19
Homepage: Hudribusch.net
Vor allem Ungarn und Italien.

Quendlers Feine Weine
Schmidgasse 8
A-1080 Wien
Tel.: +43/(0) 14 03 57 25
Fax: +43/(0) 14 22 00 44
Ein Frankreich-Spezialist, v. a. Burgund, Rhône, Südfrankreich.

Unger & Klein
Gölsdorfgasse 2
A-1010 Wien
Tel.: +43/(0) 15 32 13 23
Topkollektion Österreich und Italien.

Vinissimo
Windmühlgasse 20
A-1060 Wien
Tel.: +43/(0) 15 86 48 88
Fax: +43/(0) 15 86 48 89
Spezialisiert auf Österreich und Italien.

Vinothek bei der Piaristenkirche
Gerald Bayer
Piaristengasse 54
A-1080 Wien
Tel./Fax: +43/(0) 14 05 95 53
Vor allem Frankreich Italien, Kalifornien, Chile.

Vinothek St. Stephan
Stephansplatz 6
A-1010 Wien
Tel.: +43/(0) 15 12 68 58
Fax: +43/(0) 22 36 45 37 05
Großes weltweites Programm.

Vinothek Steinbrecher – Casa del Vino
Burggasse 3
A-2700 Wiener Neustadt
Tel.: +43/(0) 2 62 28 41 93
Weltweites Angebot von Spitzenweinen. Viele Raritäten.

Vinothek Zawadil
Freudenau 255
A-1020 Wien
Tel.: +43/(0) 17 26 66 28
Vor allem Bordeaux (auch Subskription) sowie Italien, Chile, Österreich.

Wein & Co
Habsburgergasse 3
A-1010 Wien
Tel.: +43/(0) 15 35 09 16
Fax: +43/(0) 15 32 10 34
Homepage: weinco.at (Wein & Co)
Internationales Programm mit sieben Filialen in Wien sowie in Salzburg, Linz, Innsbruck, Graz und Bregenz.

Wienothek Peter Jiresch
Alsegger Straße 8
A-1180 Wien
Tel./Fax: +43/(0) 14 79 82 64
Homepage: www.rioja.at
Der Spanien-Spezialist.

The Wine Company
Heiligenstädter Straße 50–52
A-1190 Wien
Tel.: +43/(0) 8 10 00 88 79
Fax: +43/(0) 8 10 00 88 76
Der Hawesko-Ableger in Österreich mit einem ähnlichen Programm.

OBERÖSTERREICH

Gmunden

Vinothek Wagner
Scharnsteinerstraße 1
A-4810 Gmunden
Tel.: +43/(0) 7 61 27 84 15
Fax: +43/(0) 7 61 27 84 11
Alles und das auf Top-Niveau. Eine der besten Vinotheken Österreichs.

Kronstorf

Kuranda Feine Weine
Lippenstraße 6
A-4484 Kronstorf
Tel.: +43/(0) 72 25 – 81 55
Fax: +43/(0) 7 2 25 – 8 15 54
Eines der besten Portugal-Sortimente.

SALZBURG

Golling

Vinothek Döllerer
Am Marktplatz 56
A-5440 Golling
Tel.: +43/(0) 6 24 44 22 00
Fax: +43/(0) 62 44 69 12 42
Sehr gute internationale Kollektion.

Salzburg

Vinothek A. V. Stangl
Untersbergstraße 14
A- 5020 Salzburg
Tel.: +43/(0) 6 62 84 96 84
Fax: +43/(0) 6 62 84 36 37
Die beste Burgunderauswahl, aber auch in Italien sehr gut sortiert.

TIROL

Innsbruck

Vinothek St. Urban Gottardi
Heiliggeiststraße 10
A-6020 Innsbruck
Tel.: +43/(0) 5 12 58 44 93
Fax: +43/(0) 51 25 87 13 29
Alles von Antinori plus breites Repertoire.

NIEDERÖSTERREICH

Krems

Vinothek beim Steinertor
Schmidgasse 7
A-3500 Krems
Tel.: +43/(0) 2 73 27 14 13
Fax: +43/(0) 27 19 20 48
Ein Bordeaux-Spezialist.

Spitz/Donau

Hubert Fohringer
Donauländе 1 A
A-3620 Spitz/Donau
Tel.: +43/(0) 27 13 20 29
Fax: +43/(0) 27 13 20 29 20
Eine der besten Kollektionen Österreichs.

BURGENLAND

Andau

Werner Tell – Blumen und Wein
Kindergartengasse 7
A-7163 Andau
Tel.: +43/(0) 21 76 31 96
Boutiqueweine – klein, fein und elitär: Kracher, Fox Creek, Sine Qua Non, Schwarz ...

Eisenstadt

Vinoble
Kasernenstraße 32/10
A-7000 Eisenstadt
Tel.: +43/(0) 26 82 – 6 76 33
Fax: +43/(0) 26 28 – 6 30 93
Österreichs Spitzen, Highlights aus Spanien und Portugal.

KÄRNTEN

Klagenfurt

Alpe Adria Weindepot
Laudonstraße 27
A-9020 Klagenfurt
Tel.: +43/(0) 4 63 42 07 49
Vor allem Italien, Österreich und Übersee.

Gelautz (ehemals Scaria)
Karfreitagstraße 22
A-9020 Klagenfurt
Tel.: +43/(0) 46 35 58 27
Fax: +43/(0) 46 35 58 27 16
Breit gefächertes, weltweites Repertoire. Schwerpunkte: Österreich und Bordeaux.

Jäger's Weinkeller
Beethovenplatz 4
A-9020 Klagenfurt
Tel.: +43/(0) 46 35 73-54
Fax: +43/(0) 46 35 48 96 18
Schwerpunkt: Österreich, u. a. Wachau und Steiermark, auch Toskana und Bordeaux.

Vinothek Sussitz
Feldkirchner Straße 24
A-9020 Klagenfurt
Tel./Fax: +43/(0) 46 35 75 57
Vor allem Österreichs Spitzenrotweine, Kalifornien, Australien, Chile.

VORARLBERG

Feldkirch

Peter Windisch – Der Weinkeller
Reichsstraße 123 A
A-6800 Feldkirch
Tel.: +43/(0) 55 22 72 30 90
Fax: +43/(0) 5 52 28 31 95
Österreich, Italien und ein breites Sortiment von Überseeweinen.

ONLINE-SHOPS

www.Feinspitz.net
www.Vinorama.at
www.Vinobile.at
www.Weinschnabel.at
www.Ratmair.com
www.Weinversand.at

Weinhandlungen in der Schweiz

AARGAU

Baden

Enothek Halde 9
Untere Halde 9
CH-5400 Baden
Tel.: +41/(0) 5 64 36 86 36
Fax: +41/(0) 5 64 36 86 37
Der besondere Weinkeller: klein und fein.

Birrhard

Weinkeller Peter Riegger AG
Langgass
CH-5244 Birrhard
Tel.: +41/(0) 5 62 01 41 41
Fax: +41/(0) 5 62 01 41 49
E-Mail: info@riegger.ch
homepage: www.riegger.ch
Frankreich, Kalifornien, Portugal, 1500 Weine.

Rheinfelden

Pane Amore e Fantasia
Kapuzinergasse 4
CH-4310 Rheinfelden
Tel.: +41/(0) 6 18 36 25 04
Fax: +41/(0) 6 18 36 25 36
Toskana, Piemont, Veneto.

Unterentfelden

Veni Vino Vici
Hauptstraße 44
Haus zur Pfeffermühle
CH-5035 Unterentfelden b. Aarau
Tel.: +41/(0) 6 27 23 09 79
Fax: +41/(0) 6 27 23 09 06
E-Mail: venivinovici@vvvonline.ch
Homepage: www.vvvonline.ch
Italien, Australien.

Wohlen

Schüwo Grands Vins
Schürmann AG
Schützenmattweg 32
CH-5610 Wohlen
Tel.: +41/(0) 5 66 22 18 20
Fax: +41/(0) 5 66 22 00 79
Weine aller Provenienzen.

BASEL-LAND

Muttenz

Intervins AG
Kriegackerstraße 91
CH-4132 Muttenz
Tel.: +41/(0) 6 14 66 95 33
Fax: +41/(0) 6 14 66 92 79
E-Mail: intervins@mrspedag.com
Südafrikanische Spitzenweine.

BASEL-STADT

Basel

La Cave du Soleil
Sulzerstraße 9
CH-4054 Basel
Tel.: +41/(0) 6 13 02 28 33
Fax: +41/(0) 6 13 02 53 11
E-Mail: cavesoleil@soleil.ch
Homepage: www.soleil.ch
Languedoc-Roussillon.

Gomes Weine AG
Spalenring 150
CH-4055 Basel
Tel.: +41/(0) 6 13 03 04 50
Fax: +41/(0) 6 13 03 04 54
E-Mail: gomesweine@gomes-weine.ch
Homepage: www.gomes-weine.ch
Portugal und Italien.

Liechti Weine – L'enoteca
Steinenvorstadt 69
CH-4003 Basel
Tel.: +41/(0) 6 12 81 89 21
Fax: +41/(0) 6 12 63 90 98
Piemont, Toskana.

Der Teufelhof – Spezialitätenladen
Leonhardsgraben 47–49
CH-4051 Basel
Tel.: +41/(0) 6 12 61 41 41
Fax: +41/(0) 6 12 61 10 04
Interessante Weine kleiner Winzer.

Vini D'Amato AG
St. Alban-Vorstadt 35
CH-4052 Basel
Tel./Fax: +41/(0) 6 12 71 77 88
Italienische Weinkultur.

Vinoverum AG
Elisabethenanlage 7
CH-4051 Basel
Tel.: +41/(0) 6 12 05 85 00
Fax: +41/(0) 6 12 05 85 98
Spitzenweine aus Italien und Amerika.

Weinhandlung Klapotetz
Postfach 265
CH-4028 Basel
Tel.: +41/(0) 6 13 73 08 58
Fax: +41/(0) 6 13 73 08 55
Österreichische Topweine.

Wenger Vins SA
Thannerstraße 36
Postfach
CH-4009 Basel
Tel.: +41/(0) 6 13 02 70 07
Fax: +41/(0) 6 13 02 70 37
Burgund, Bordeaux, Piemont, Toskana, Champagne.

BERN

Belp

Wyhus Belp AG
Sägetstraße 33
CH-3123 Belp
Tel.: +41/(0) 3 18 19 30 17
Fax: +41/(0) 3 18 19 18 83
E-Mail: wyhusbelp@bluewin.ch
Homepage: www.wyhusbelp.ch
Schweiz, Piemont, Frankreich.

Bern

Casa de Vinos Argentinos
Mottastraße 20
CH-3005 Bern
Tel.: +41/(0) 3 13 52 92 32
Fax: +41/(0) 3 13 52 46 59
Argentinien.

Münsterkellerei AG
Kramgasse 45
Münstergasse 40
CH-3011 Bern
Tel.: +41/(0) 3 13 12 17 17
Fax: +41/(0) 3 13 11 81 17
E-Mail: ladengeschaeft@muensterkellerei.ch
Homepage: www.muensterkellerei.ch
700 Weine aus der ganzen Welt, Napa Valley.

Biel

Vinum SA
Renferstraße 10
CH-2500 Biel 8
Tel.: +41/(0) 3 23 44 89 89
Fax: +41/(0) 3 23 44 88 99
E-Mail: vinum@vinumsa.ch
Homepage: www.vinumsa.ch
Bordeaux, Loire, Burgund.

Gwatt (Thun)

Weibel Weine AG
Stationsstraße 21 B
CH-3645 Gwatt
Tel.: +41/(0) 3 33 34 55 55
Fax: +41/(0) 3 33 34 55 56
E-Mail: weibel@weibelweine.ch
Homepage: www.weibelweine.ch
Piemont, Toskana, Trentino und Südtirol.

Hünibach

Galvin
Chartreusestraße 2
CH-3626 Hünibach
Tel./Fax: +41/(0) 3 32 43 25 35
Frankreich, Italien, Spanien, Neue Welt.

Langenthal

Grossenbacher & Cie. AG
Eisenbahnstraße 11
CH-4901 Langenthal
Tel.: +41/(0) 6 29 16 80 70
Fax: +41/(0) 6 29 22 49 35
E-Mail: grossenbacher@spectraweb.ch
Homepage: www.winestar.com
Schweiz, Frankreich, Spanien Italien, Australien.

Muri

Wyhus Ryf
Lückhalde 12 B
CH-3074 Muri
Tel.: +41/(0) 3 19 52 71 51
Fax: +41/(0) 3 19 52 71 55
E-Mail: ryf@wyhus.ch
Homepage: www.wyhus.ch
Australien.

Ostermundingen

Barisi & Cie AG
Oberdorfstraße 2
CH-3072 Ostermundigen
Tel.: +41/(0) 3 19 31 11 53
Fax: +41/(0) 3 19 31 09 23
Italien, Frankreich, Spanien.

Utzenstorf

Terravigna AG
Drosselweg 4
CH-3427 Utzenstorf
Tel.: +41/(0) 3 26 65 45 11
Fax: +41/(0) 3 26 65 44 03
Toskana, Piemont.

FRIBOURG

Onnens

Pierre Wyss SA
Postfach
CH-1756 Onnens
Tel.: +41/(0) 2 64 25 84 10
Fax: +41/(0) 2 64 25 84 19
E-Mail: office@pierre-wyss.ch
Homepage: www.pierre-wyss.ch
Bordeaux-Discounter, Burgund.

GRAUBÜNDEN

Davos

Scala Vini
Promenade 119
CH-7270 Davos
Tel.: +41/(0) 8 14 16 55 10
Fax: +41/(0) 8 14 16 48 20
E-Mail: scalavini@swissonline
Italien, Österreich, Ungarn, Süßwein-Spezialist.

St. Moritz

Giorgio Misani AG
Badstraße 57
CH-7500 St. Moritz
Tel.: +41/(0) 8 18 33 31 53
Fax: +41/(0) 8 18 33 87 86
E-Mail: misani.ag@bluewin.ch
Italien, Frankreich, Schweiz.

LUZERN

Ebikon

Leo Wunderle SA
Neuhaltenring 2
CH-6030 Ebikon
Tel.: +41/(0) 4 14 40 10 80
Fax: +41/(0) 4 14 40 68 33
E-Mail: leo.wunderle@mit.ch
Homepage: www.wunderle.ch
Argentinien, Frankreich, Italien, Spanien, Kalifornien.

Kriens

Vinace AG
Nidfeldstraße 1
CH-6010 Kriens
Tel.: +41/(0) 4 13 19 88 66
Fax: +41/(0) 4 13 12 10 10
E-Mail: vinaceag@bluewin.ch
Homepage: www.vinace.ch
1000 Weine aus aller Welt.

Luzern

Lucullus SA
St.-Karli-Straße 18
CH-6004 Luzern
Tel.: +41/(0) 4 12 50 30 30
Fax: +41/(0) 4 12 40 70 82
E-Mail: lucullus@access.ch
Homepage: www.lucullus.ch
Bordeaux und andere Spitzenweine.

Schubi-Weine
Bernstraße 110
CH-6003 Luzern
Tel./Fax: +41/(0) 4 12 50 30 33
E-Mail: info@schubiweine.ch
Homepage: www.schubiweine.ch
Weine aller Provenienzen.

Sursee

Fischer Weine Sursee
Bahnhofplatz 7
CH-6210 Sursee
Tel.: +41/(0) 4 19 20 11 90
Fax: +41/(0) 4 19 21 15 55
E-Mail: fischer-weine@bluewin.ch
Homepage: www.fischer-weine.ch
Spanien, Frankreich, Italien, Deutschland.

SOLOTHURN

Grenchen

Wy-Huus
Friedhofstraße 49–51
CH-2540 Grenchen
Tel.: +41/(0)3 26 52 25 45
Fax: +41/(0) 3 26 52 25 73
E-Mail: wy-huus@bemo.ch
Homepage: www.wy-huus.ch
Schweiz, Italien, Spanien, Portugal, USA.

ST. GALLEN

Bad Ragaz

Cave Bordelaise – Gerstl Raritäten
Fluppe 29
CH-7310 Bad Ragaz
Tel.: +41/(0) 8 13 02 13 13
Fax: +41/(0) 8 13 02 20 22
Bordeaux, Deutschland, Burgund, Tokaj.

Balgach

Emil Nüesch AG
Hauptstraße
CH-9436 Balgach
Tel.: +41/(0) 7 17 22 22 22
Fax: +41/(0) 7 17 22 45 94
Homepage: www.nuesch-weine.ch
Schweiz, Toskana, Südtirol.

Buchs

Wellauer & Co. AG
Bahnhofstraße 10
CH-9470 Buchs
Tel.: +41/(0) 8 17 56 14 70
Fax: +41/(0) 8 17 56 31 29
Schweiz, Italien, Spanien, Übersee.

St. Gallen

Arte Vino
Wartensteinstraße 4
CH-9000 St. Gallen
Tel./Fax: +41/(0) 7 12 45 73 09
E-Mail: artevino@bluemail.ch
Piemont, Toskana, Veneto, Friaul.

Martel AG St. Gallen
Poststraße 11
CH-9001 St. Gallen
Tel.: +41/(0) 7 12 26 94 00
Fax: +41/(0) 7 12 26 94 01
Elsass, Burgund, Champagner, Deutschland, Piemont, Neue Welt.

Vinothek Jägerhof – Weine Simone Lanz
Brühlbleichestraße 11
CH-9000 St. Gallen
Tel.: +41/(0) 7 12 45 50 22
Fax: +41/(0) 7 12 45 26 12
E-Mail: 101560.2313@compuserve.ch.
Italien, Österreich, Spanien, Frankreich, USA.

Weine Il Caratello
Heiligkreuzstraße 3
CH-9008 St. Gallen
Tel.: +41/(0) 7 12 44 88 55
Fax: +41/(0) 7 12 44 63 80
E-Mail: uschiess@caratello.ch
Homepage: www.caratello.ch
Italienische Meisterwerke.

TESSIN

Ascona

Cantina dell' Orso
Enoteca-Weinhandlung
via Orelli 8
CH-6612 Ascona
Tel.: +41/(0) 9 17 85 80 20
Fax: +41/(0) 9 17 85 80 29
E-Mail: buy@orsovini.ch
Homepage: www.orsovini.ch
Tessiner Spitzenweine.

Melano

Cantine e Distillerie Badaracco SA
Via Pedemonte
CH-6818 Melano
Tel.: +41/(0) 9 16 49 93 35
Fax: +41/(0) 9 16 49 93 36
Bordeaux, Burgund, Italien, Raritäten und alte Jahrgänge.

Stabio

Vini Bée SA
Via Cantonale 1
CH-6855 Stabio
Tel.: +41/(0) 9 16 47 32 81
Fax: +41/(0) 9 16 47 31 25
Italienische Spitzenweine.

WAADT

Ecublens

Elie Gazzar SA
chemin du Dévent
CH-1024 Ecublens
Tel.: +41/(0) 2 16 91 86 71
Fax: +41/(0) 2 16 91 86 72
E-Mail: dgazzar@ worldcom.ch
Homepage: www.gazzar.ch
Bordeaux-Discounter, Burgund, Rhône, Toskana, Loire, Kalifornien, Spanien.

Rolle

Hammel Vins SA
Les Cruz
CH-1180 Rolle
Tel.: +41/(0) 2 18 25 11 41
Fax: +41/(0) 2 18 25 47 47
E-Mail: hammel@bluewin.ch
Schweiz, Frankreich, Italien, Deutschland, Portugal, Neue Welt.

Treytorrens Cully

J. & P. Testutz SA
Vinothèque du Dézaey
CH-1096 Treytorrens Cully
Tel.: +41/(0) 2 17 99 99 11
Fax: +41/(0) 2 17 99 99 22
Schweiz, Frankreich, Italien, Champagne.

Vevey

Obrist SA Vevey
Avenue Reller 26
Postfach
CH-1800 Vevey
Tel.: +41/(0) 2 19 25 99 25
Fax: +41/(0) 2 19 25 99 15
E-Mail: obrist@obrist.ch
Homepage: www.obrist.ch
Schweiz, Burgund, Italien, Kalifornien Südafrika.

WALLIS

Brig

Hischier Weine
Mariengasse
CH-3900 Brig
Tel.: +41/(0) 2 79 24 36 58
Fax: +41/(0) 2 79 24 86 43
E-Mail: info@hischierweine.ch
Homepage: www.hischierweine.ch
Wallis, Italien und der Rest der Welt.

ZUG

Baar

Utiger Weine Baar
Früebergstraße 41
Postfach 2820
CH-6340 Baar
Tel.: +41/(0) 4 17 60 67 01
Fax: +41/(0) 4 17 60 67 02
Italienische Spitzenweine.

Weinhandlung zum Felsenkeller
Aegeristraße 31A
CH-6341 Baar
Tel.: +41/(0) 4 17 61 44 22
Fax: +41/(0) 4 17 60 29 13
Homepage: www.felsenkeller.ch.
Südwestfrankreich, Spanien.

Zug

Vinothek zum Wohlsein
Innere Güterstraße 4
CH-6300 Zug
Tel.: +41/(0) 4 17 26 52 85
Fax: +41/(0) 4 17 26 52 86
E-Mail: caduff@ wineloft.ch
Homepage: www.wineloft.ch
Burgund, Kalifornien, Deutschland und alle Weine, die schwer aufzutreiben sind.

ZÜRICH

Herrliberg

Vinissimo
Pfarrgasse 14
CH-8704 Herrliberg
Tel.: +41/(0) 19 15 23 00
Toskana, Bordeaux.

Neftenbach

Vinoversum
Seuzachstraße 42
Postfach 107
CH-8413 Neftenbach
Tel.: +41/(0) 5 23 15 20 31
Fax: +41/(0) 5 23 15 13 25
E-Mail: info@vinoversum.ch
Homepage: www.vinoversum.ch
Spitzenweine aus aller Welt.

Schlieren

IberVinos, A. Roig Trading
Büro: Rütistraße 20/8
Lager: Industrie Gaswerk Nord
Kohlestraße 12 C
CH-8952 Schlieren
Tel./Fax: +41/(0) 17 30 43 72
E-Mail: info@ibervinos.ch
Homepage: www.ibervinos.ch
Spanien.

Vinothek Barili
Schulstraße 1
CH-8952 Schlieren
Tel.: +41/(0) 17 73 38 38
Fax: +41/(0) 17 73 38 39
Italien.

Urdorf

Baur au Lac Weinhandlung
Spitalstraße 71
CH-8902 Urdorf
Tel.: +41/(0) 17 34 44 50
Fax: +41/(0) 17 34 29 09
E-Mail: weinhandlung@bauraulac.ch
Homepage: www.bauraulac.ch
Frankreich, Italien, Champagner, Schweiz.

Winterthur

Caveau Vitudurum
Schaffhauserstraße 6
Postfach
CH-8401 Winterthur
Tel.: +41/(0) 5 22 64 27 27
Fax: +41/(0) 5 22 13 27 37
Schweiz, Frankreich, Italien, Spanien, Übersee.

Zollikon

Cave BB
Höhestraße 81
CH-8702 Zollikon
Tel.: +41/(0) 13 91 43 30
Fax: +41/(0) 13 91 87 21
E-Mail: a.baeggli@cavebb.ch
Homepage: www.cavebb.ch
Burgund und Bordeaux, Ribera del Duero. Insgesamt über 3500 Weine.

Zürich

Rudolf Bindella Weinbau-Weinhandel AG
Hönggerstraße 115
CH-8037 Zürich
Tel.: +41/(0) 12 76 62 62
Fax: +41/(0) 12 71 40 22
Italien, Frankreich, Spanien.

Buonvicini & Söhne AG
Hafnerstraße 60
CH-8005 Zürich
Tel.: +41/(0) 12 71 91 55
Fax: +41/(0) 12 71 35 31
Vini d'Italia.

Caves Mövenpick SA
Seestraße 160
CH-8002 Zürich
Tel.: +41/(0) 12 01 12 77
Fax: +41/(0) 12 01 72 15
Bordeaux, Kalifornien, Schweiz.

Danivins GmbH
Friedaustraße 17
CH-8003 Zürich
Tel.: +41/(0) 14 00 16 00
Fax: +41/(0) 14 00 16 01
Schweiz, Bordeaux, Burgund, Languedoc, Loire, Spanien, Chile.

Les Grands Vins Wermuth SA
Rämistraße 50
CH-8001 Zürich
Tel.: +41/(0) 12 62 07 08
Fax: +41/(0) 12 62 07 18
Große Bordeaux, Burgunder, Raritäten.

Jtschner AG
Zeltweg 26
CH-8032 Zürich
Tel.: +41/(0) 12 53 75 75
Fax: +41/(0) 12 53 75 70
E-Mail: jtschner@bluewin.ch
Schweiz, Frankreich, Italien, Spanien, Deutschland, Portugal, Neue Welt.

Landolt Weine AG
Brandschenkestraße 60
CH-8002 Zürich
Tel.: +41/(0) 12 83 26 26
Fax: +41/(0) 12 83 26 96
E-Mail: contact@landolt-weine.ch
Homepage: www.landolt-weine.ch
Weine aus aller Welt.

Silvino AG
Hohlstraße 170
CH-8004 Zürich
Tel.: +41/(0) 12 42 04 02
Fax: +41/(0) 12 42 20 03
Italienische Spitzenweine.

Veric SA
Limmatstraße 264
CH-8005 Zürich
Tel.: +41/(0) 12 73 31 30
Fax: +41/(0) 12 73 32 35
E-Mail: info@veric.ch
Homepage: www.veric.ch
Bordeaux, Raritäten.

VinKop
Limmatstraße 264
CH-8005 Zürich
Tel.: +41/(0) 12 41 44 66
Fax: +41/(0) 12 41 44 09
Gesuchtes aus aller Welt.

Vinothek Santé
Birmensdorferstraße 155
CH-8003 Zürich
Tel.: +41/(0) 14 50 16 56
Fax: +41/(0) 14 50 16 57
E-Mail: sante@sante.ch
Homepage: www.sante.ch
Piemont, Spanien.

Weinkellerei Zweifel & Co.
Regensdorferstraße 20
CH-8049 Zürich-Höngg
Tel.: +41/(0) 13 44 22 11
Fax: +41/(0) 13 44 24 03
E-Mail: info@zweifelweine.ch
Homepage: www.zweifelweine.ch
Schweiz, Kalifornien, Australien, Portugal.

Zumikon

Vina SA
Schwäntenmos 15
CH-8126 Zumikon
Tel.: +41/(0) 19 19 05 50
Fax: +41/(0) 19 19 05 52
E-Mail: vina@dplanet.ch
Schweiz, Spanien, Portugal, Italien, Frankreich, Neue Welt.

Weineinkauf per Subskription und auf Auktionen

Die klassifizierten Bordeaux-Gewächse werden traditionell über den Handelsplatz Bordeaux verkauft und zwar »en primeur«. Das heißt, man kann sie schon kaufen, bevor sie überhaupt in Flaschen abgefüllt sind, allerdings in der Regel nur exklusiv über einen der in Bordeaux direkt ansässigen und zugelassenen Händler.

Nachdem der Wein eines Jahrgangs in den Fässern ruht, wird er im März/April des auf die Ernte folgenden Jahres nach dem biologischen Säureabbau und einem ersten Abstich (Umfüllen von Fass zu Fass) dem Handel und der internationalen Weinfachpresse vorgestellt. Danach legen die Châteaux ihre Preise für eine erste Tranche fest. Der Bordelaiser Handel übernimmt diese Weine und gibt sie mit einem Aufschlag von ca. 10 Prozent an seine Kunden weiter. Dies sind in erster Linie Händler aus aller Welt, aber auch Sammler. Sie bezahlen den Wein, erhalten ihn aber erst eineinhalb bis zwei Jahre später, nachdem er nach dem Fassausbau von den Erzeugern auf Flaschen gezogen wurde.

Wenn die nachgefragte Menge die Zahl der verfügbaren Flaschen aus der ersten Tranche – meist nicht mehr als ein Drittel – übersteigt, dann schiebt das Château eine zweite Tranche zu einem höheren Preis nach. Die dritte Tranche wird meist erst veröffentlicht, nachdem die Bewertungen der Weine erschienen sind und somit ein erstes Ranking der Weine gebildet wurde. Dieser Preis liegt dann, je nachdem wie die Bewertungen der Weinkritiker ausgefallen sind, auf der gleichen Höhe, darüber oder auch darunter.

Dieses System nennt man Subskriptions- oder Future-Kauf. Es wird heute teilweise auch für andere Weine (Kalifornien, Brunello, Riesling, Erstes Gewächs etc.) benutzt. Die Kunden können sich auf diese Art ihren Wein möglichst früh sichern, während die Erzeuger nicht den ganzen Jahrgang bis zum Verkauf der gefüllten Flaschen vorfinanzieren müssen.

Vorteile des Subskriptionskaufs:

- Die Weine sind relativ günstig.
- Vor allem gefragte, weil hoch bewertete Weine sind schnell ausverkauft, weshalb man sie möglichst früh kaufen sollte.
- Im günstigen Falle steigt der Preis bereits während der Subskription und man kann seinen Kontrakt mit einem entsprechenden Aufschlag wieder verkaufen oder an den Händler zurückgeben. Für konservative Anleger, die mit einer Rendite von 20 bis 100 Prozent zufrieden sind, ist dies ein einfacher und bequemer Weg der Weinspekulation, da man keinen Lagerraum benötigt.

Nachteile des Subskriptionskaufs:

- Der normale Käufer hat kaum eine Möglichkeit, den Wein zu probieren und muss sich auf das Urteil der Journalisten und Händler, die den Wein aus dem Fass verkostet haben, verlassen.
- Der Käufer, der sie zum Genuss kauft, braucht Geduld, weil die hochklassigen Weine meist erst noch eine jahrelange La-

gerung benötigen, bis sie ihre Trinkreife erreichen.
- In der Regel muss man ganze Kisten (12 Flaschen) kaufen.

Tipps für Anleger, die längerfristig in Wein investieren wollen:

- Unbedingt nur lagerfähige Jahrgänge kaufen. Je größer die Lagerfähigkeit eines Weines, um so länger wird er gehandelt und umso höher kann auch sein Preis steigen.
- Châteaux auswählen, die schon länger berühmt und hochdotiert sind.
- Den Wein möglichst in den verschlossenen Originalkisten (OHK) belassen. Das erleichtert später den Wiederverkauf bei Auktionen.
- Vorsicht bei Weinen, die von der Publikumspresse hochgejubelt werden, ohne dass es seriöse Bewertungen dafür gibt. Diese sind zwar dann oft auch sehr teuer, aber es gibt für sie kaum einen Wiederverkaufsmarkt.
- Kein guter Wein in schlechte Keller. Entweder den Wein sachgemäß lagern (bei zehn Grad, dunkel und konstanter Luftfeuchtigkeit) oder von Brokern lagern lassen. Es lohnt, sich schon vor der Subskription nach den Preisen für die Lagerung zu erkundigen.
- Den besten Schutz vor Preisverfall und ein kalkulierbares Wertsteigerungspotenzial bieten nach wie vor vor allem hochwertige Bordeaux-Weine im umsatzstärksten Sammler-Segment zwischen 150 und 600 Mark, aber auch Burgunder und die Boutiqueweine aus Kalifornien und Australien. Ein Markt für hochwertige Weine aus Italien und Spanien baut sich erst langsam auf.

Händler für die Subskription von Weinen:

Alpina (Buchloe)
Tel.: 0 82 41/5 00 50
Bacchus Vinothek (Rottweil)
Tel.: 07 41/1 72 06
C & D (Meckenheim)
Tel.: 0 22 25/91 20 54
FUB – Fegers & Unterberg & Berts (Köln)
Tel.: 02 21/9 25 93 00
Haus der guten Weine (Meersburg)
Tel.: 0 75 32/90 97
Bremer Weinkolleg (Bremen)
Tel.: 0 42 03/8 13 00
Unger Weine (Aschau)
Tel.: 0 80 52/91 99
Champa Elysees (Aachen)
Tel.: 0 24 01/4 01 90 01
Hawesko (Tornesch)
Tel.: 0 41 22/50 44 33
La Vinotheque du Sommelier (Berlin)
Tel.: 0 30/89 09 58 06
Mövenpick-Weinland (Dortmund)
Tel.: 02 31/9 65 15 60
Les amis du vin (Köln)
Tel.: 0 22 33/93 50 40
Lobenberg (Bremen)
Tel.: 04 21/70 56 66

Seriöse Händler für die Beschaffung älterer Jahrgänge:

Cave du Connaisseur (Berlin)
Tel.: 0 30/49 89 35 43
Paulson Rare Wine (Waldkirchen)
Tel.: 0 85 81/91 01 45
WEINART (Geisenheim)
Tel.: 0 67 22/7 10 80
Weinhandel Viehhauser (Hamburg)
Tel.: 0 40/3 17 74 10
Champa Elysee (Aachen)
Tel.: 0 24 01/4 01 90 01

Die wichtigsten Auktionshäuser für Weine in Europa

Christie´s
8 King Street
St. James´s London SW1 Y 6QT
Großbritannien
Tel.: +44/17 18 39 90 60
Fax: +44/17 18 39 16 11
Büro Frankfurt:
Arndtstraße 18
D-60325 Frankfurt/Main
Tel.: 0 69/74 50 21
Fax: 0 69/75 20 79

Auktionshaus Karrenbauer
Obere Laube 46
D-78462 Konstanz
Tel.: 0 75 32/2 72 02
Fax: 0 75 31/1 65 96
www.karrenbauer.de

Koppe & Partner Weinauktionen
Schwachhauser Heerstraße 365 A
28211 Bremen
Tel.: 04 21/24 24 55
Fax: 04 21/24 23 59
Narzissenweg 21
D-83229 Aschau
Tel.: 0 80 52/91 99
Fax: 0 80 52/90 93 89
www.weinauktion.de

Sotheby´s
34–35 New Bond Street W1A 2AA
Großbritannien
Tel.: +44/17 14 93 80 80
Fax: +44/17 14 08 59 89

Steinfels Auktionen
Limmatstraße 264
CH-8005 Zürich
Tel.: +41/12 73 31 30
Fax: +41/12 73 32 35
www.veric.com

Wermuth Auktionen
Rämistraße 50
Postfach
CH-8033 Zürich
Tel.: +41/12 62 07 00 und 12 62 07 08
Fax: +41/12 62 07 18

Danksagung an Freunde und Helfer

Als kompetente Verkoster und Ratgeber waren mir folgende Weinfreunde eine große Hilfe bei der Arbeit an diesem Buch: Franco Bianca, Dr. Jürgen Herrnberger, Hanns O. Janssen, Hellmuth O. Knall, René Lambert, Hardy Rodenstock und Anton Viehhauser. Ohne sie hätte ich dieses Pensum nicht bewältigen können.
Mein Dank gilt aber auch einigen Händlern, die sich unermüdlich bis zur letzten Minute bemüht haben, seltene Weine und Fassmuster oft von weither zu beschaffen: Martin Apell, Peter Balzerowiak, Karl Dörfler, Markus Geigle, Michael Hamann, Eckart Hillmann, Rudolf Knickenberg, Martin Kössler, Christian Leve, Gerhard Neumann, Joel Payne und Gilbert Schwaentzel, Bernd und Guido Siebdrat. Ganz besonderer Dank gebührt dem Hamburger Weinsammler Dr. Arne Curt Berger, der mit seiner dritten »Parker 100 Probe« die Maßstäbe zwischen alter und neuer Welt zurechtgerückt hat.

Sie finden uns im Internet: **www.falken.de**

Dieses Buch wurde auf chlorfrei gebleichtem
und säurefreiem Papier gedruckt.

Der Text dieses Buches entspricht den Regeln
der neuen deutschen Rechtschreibung.

ISBN 3 8068 7559 6

Konzept: Dr. Gerhard Kebbel
Umschlaggestaltung: Peter Udo Pinzer
Foto hintere Umschlagklappe: Jens Wunderlich, Hamburg
Layout: Ralf Egenolf, Wiesbaden
Redaktion: Sabine Rumrich, Nieder-Olm; Ulrich Schweizer, Dießenhofen
Koordination: Winfried Schindler
Herstellung: Horst Bachmann

Satz: FROMM MediaDesign, Selters/Ts.
Druck: Ludwig Auer GmbH, Donauwörth

817 2635 4453 62